本书系中国人民大学科学研究基金项目
"当代中国新闻理论研究"
（批准号：18XNLG06）成果

新·闻·传·播·学·文·库

新闻规律论

On

Journalistic

Regularity

杨保军 / 著

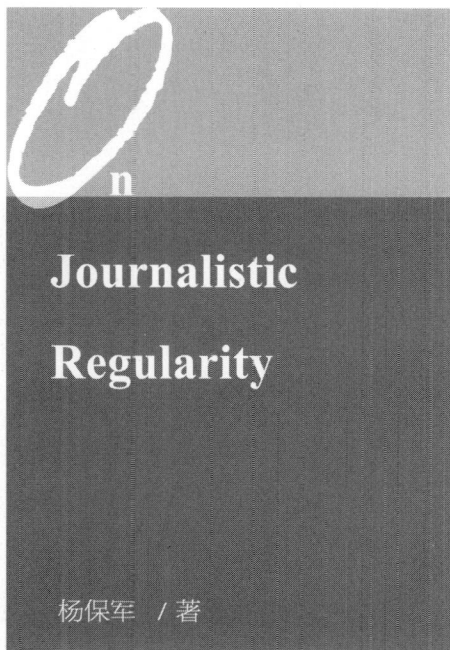

中国人民大学出版社
·北京·

总 序

自 1997 年国务院学位委员会将新闻传播学擢升为一级学科以来，中国的新闻传播学学科建设突飞猛进，这也对教学、科研以及学术著作出版提出了新的、更高的要求。

继 1999 年中国人民大学出版社推出"21 世纪新闻传播学系列教材"之后，北京广播学院出版社、华夏出版社、南京大学出版社、中国社会科学出版社、新华出版社等十余家出版社纷纷推出具有不同特色的教材和国外新闻传播学大师经典名著汉译本。但标志本学科学术水平、体现国内最新科研成果的专著尚不多见。

同一时期，中国的新闻传播学教育有了长足进展。新闻传播学专业点从 1994 年的 66 个猛增到 2001 年的 232 个。据不完全统计，全国新闻传播学专业本科、专科在读人数已达 5 万名之多。新闻传播学学位教育也有新的增长。目前全国设有博士授予点 8 个，硕士授予点 40 个。中国人民大学新闻学院、复旦大学新闻学院等一批研究型院系正在崛起。北京大学和清华大学的新闻传播学教育以高起点、多专业为特色，揭开了这两所百年名校蓬勃发展的新的一页。北京广播学院（后更名为中国传媒大学——编者注）以令人刮目相看的新水平，跻身中国新闻传播教育名校之列。武汉大学新闻与传播学院等以新获得博士授予点为契机所展开的一系列办学、科研大手笔，正在展示其特有的风采与魅力。学界和社会都企盼这些中国新闻传播教育的"第一梯队"奉献推动学科建设的新著作和新成果。

进入新世纪以来，随着以互联网为突破口的传播新媒体的迅速普及，新媒体与传统媒体的联手共进，以及亿万国人参与大众传播能动性的不断强化，中国的新闻传媒事业有了全方位的跳跃式的大发展。人民群众对大众传媒的使用，从来没有像今天这样广泛、及时、须臾不可或缺，人们难以逃脱无处不在、无时不有的大众传媒的深刻影响。以全体国民为对象的新闻传播学大众化社会教育，已经刻不容缓地提到全社会，尤其是新闻传播教育者面前。为民众提供高质量的新闻传播学著作，已经成为当前新闻传播学界的一项迫切任务。

这一切都表明，出版一套满足学科建设、新闻传播专业教育和社会教育需求的高水平新闻传播学学术著作，是当前一项既有学术价值又有现实意义的重要工作。"新闻传播学文库"的问世，便是学者们朝着这个方向共同努力的成果之一。

"新闻传播学文库"希望对于新闻传播学学科建设有一些新的突破：探讨学科新体系，论证学术新观点，寻找研究新方法，使用论述新话语，摸索论文新写法。一句话，同原有的新闻学或传播学成果相比，应该有一点创新，说一些新话，文库的作品应该焕发出一点创新意识。

创新首先体现在对旧体系、旧观念和旧事物的扬弃上。这种扬弃之所以必要，人文社会科学工作者之所以拥有理论创新的权利，就在于与时俱进是马克思主义的理论品质，弃旧扬新是学科发展的必由之路。恩格斯曾经指出，我们的理论是发展的理论，而不是必须背得烂熟并机械地加以重复的教条。一位俄国作家回忆他同恩格斯的一次谈话时说，恩格斯希望俄国人——不仅仅是俄国人——不要去生搬硬套马克思和他的话，而要根据自己的情况，像马克思那样去思考问题，只有在这个意义上，"马克思主义者"这个词才有存在的理由。中国与外国不同，新中国与旧中国不同，新中国前 30 年与后 20 年不同，在现在的历史条件下研究当前中国的新闻传播学，自然应该有不同于外国、不同于旧中国、不同于前 30 年的方法与结论。因此，"新闻传播学文库"对作者及其作品的要求是：把握时代特征，适应时代要求，紧跟时代步伐，站在时代前列，以马克思主义的理论勇气和理论魄力，深入计划经济到市场经济的社会转型期中去，深入党、政府、传媒与阅听人的复杂的传受关系中去，研究新问题，寻找新方法，获取新知识，发现新观点，论证新结论。这是本文库的宗旨，也是对作者的企盼。我们期待文库的每一部作品、每一位作者，都能有助于把读者引领到新闻传播学学术殿堂，向读者展开一片新的学术天地。

创新必然会有风险。创新意识与风险意识是共生一处的。创新就是做前人未做之事，说前人未说之语，或者是推翻前人已做之事，改正前人已说之语。这种对旧事物旧体系旧观念的否定，对传统习惯势力和陈腐学说的挑战，对曾经被多少人诵读过多少年的旧观点旧话语的批驳，必然会招致旧事物和旧势力的压制和打击。再者，当今的社会进步这么迅猛，新闻传媒事业发展这么飞速，新闻传播学学科建设显得相对迟缓和相对落后。这种情况下，"新闻传播学文库"作者和作品的一些新观点新见解的正确性和科学性有时难以得到鉴证，即便一些正确的新观点新见解，要成为社会和学人的共识，也有待实践和时间。因此，张扬创新意识的同时，作者必须具备同样强烈的风险意识。我们呼吁社会与学界对文库作者及其作品给予最多的宽容与厚爱。但是，这旦并不排斥而是真诚欢迎对作品的批评，因为严厉而负责的批评，正是对作者及其作品的厚爱。

当然，"新闻传播学文库"有责任要求作者提供自己潜心钻研、深入探讨、精心撰写、有一定真知灼见的学术成果。这些作品或者是对新闻传播学学术新领域的拓展，或者是对某些旧体系旧观念的廓清，或者是向新闻传媒主管机构建言的论证，或者是运用中国语言和中国传统文化对海外新闻传播学著作的新的解读。总之，文库向人们提供的应该是而且必须是新闻传播学学术研究中的精品。这套文库的编辑出版贯彻少而精的原则，每年从中国人民大学校内外众多学者的研究成果中精选三至五种，三至四年之后，也可洋洋大观，可以昂然耸立于新闻传播学乃至人文社会科学学术研究成果之林。

新世纪刚刚翻开第一页，中国人民大学出版社经过精心策划和周全组织，推出了这套文库。对于出版社的这种战略眼光和作者们齐心协力的精神，我表示敬佩和感谢。我期望同大家一起努力，把这套文库的工作做得越来越好。

以上絮言，是为序。

童　兵

2001 年 6 月

目　录

导论　新闻规律——新闻理论研究的直接追求

新闻学作为一门科学，与政治的关系很密切。但不是说新闻可以等同于政治，不是说为了政治需要可以不要它的真实性，所以既要强调新闻工作的党性，又不可忽视新闻工作自身的规律性。

————习近平

人类不同于自然界的其他事物，但不能由此认为，关于人类的一切都是不确定的。虽然在人类的行为中显示出一种不适用于自然界中任何其他对象的因果关系，即动机，但我们仍然必须承认，有确定的因果关系，一定会像适用于物质领域一样适用于社会领域。

————［美］路易斯·沃斯

自然规律、社会历史规律是客观存在，无时无刻不在运转并制约着人们的活动。但规律又是抽象的，看不见，摸不着，认识规律不那么容易。

————苏秉琦

一门学科或一个领域的探索研究，在真理论意义上[①]就在于揭示相关对象比较稳定的内在机制、本质关系或运行规律。恩格斯在《反杜林论》中明确指出，"现代唯物主义把历史看做人类的发展过程，而它的任务就在于发现这个过程的运动规律"[②]。其实，"对人类来说，最为重大和艰巨的理论问题

---

① 学术研究的目标当然不限于追求真理，不限于理论观念的范围，还有实践目标，还有意义与价值的追求，理论理念只有转换为实践理念，才能实现理论理念的价值。"人类认识的直接目的是获得关于事物的规律性认识即'真理'，而根本的目的则是以这种规律性的认识去规范人的思想行为，改变世界的现存状态以满足人对自己的需要。"参见孙正聿. 哲学通论［M］. 修订版. 上海：复旦大学出版社，2018：17. 对于应用性很强的新闻学研究来说，就更是如此，但追求关于对象的真理永远是理论研究的直接目标。

② 马克思，恩格斯. 马克思恩格斯选集：第3卷［M］.3版. 北京：人民出版社，2012：400.

莫过于探寻人类社会发展规律"①，"对于各门科学来说，寻找有效的规律才能为本学科的持存意义做辩护"②，才能奠定自身的根基与地位。"任何一门学科都以研究和把握某种规律为己任。任何一种学说要成为一门学科，就必须研究、把握某种规律。"③ "一门学科对其所研究对象的规律，特别是基本规律能否做出科学的揭示和准确的说明，也是表现该门学科是否达到较成熟的即系统理论的水平和阶段的一个基本标志。"④ 一个领域的研究，原则上说，只有达到规律层次的认知，其形成的观念见解、理论学说，才可以说步入了比较成熟的状态，才有根据和底气依据人们的需要转换为合目的的实践观念，发挥比较有效的稳定的实践指导作用，这自然是一个历史过程。在导论中，我先就"新闻规律"研究的意义与价值、主要对象与方法论观念特别是整部《新闻规律论》的基本内容加以提纲挈领的说明。

一

当人能被称为人时，便是社会性的存在、交往性的存在，物质交往、精神交往是交往最基本的形式。因而，可以说信息活动、新闻活动是人类固有的活动、本体性活动，信息需要、新闻需要是人类的基本需要、生存活动离不开的需要。"一切生命均靠信息运行。"⑤ "所有的社会进步都依赖于信息的获取和认知。"⑥ "传播是满足我们的需求和实现我们目标的基本途径"⑦，"一切形态的财富盖源于信息的运动"⑧。新闻活动，用现代眼光来看，是人类主体间的（新闻）信息交流、意见交流、精神交往、文化互动

---

① 孙正聿. 哲学理念创新与文明形态变革［N］. 人民日报，2016－08－08（16）.
② 刘华初. 历史规律探究［M］. 北京：人民出版社，2013：46.
③ 杨耕. 在实践中感悟和把握马克思主义的真理力量：纪念《实践是检验真理的唯一标准》发表40周年［N］. 光明日报，2018－05－11（7）.
④ 彭漪涟. 逻辑规律论［M］. 上海：三联书店上海分店，1994：17.
⑤ 莱文森. 软利器：信息革命的自然历史与未来［M］. 何道宽，译. 上海：复旦大学出版社，2011：1.
⑥ 约斯特. 新闻学原理［M］. 王海，译. 北京：中国传媒大学出版社，2011：44.
⑦ 杜斯，布朗. 追溯柏拉图：传播学起源概论［M］. 王海，译. 北京：科学出版社，2018：1.
⑧ 麦克卢汉. 理解媒介：论人的延伸［M］. 何道宽，译. 北京：商务印书馆，2000：94.

活动，它贯穿渗透于人类整体的日常生活世界之中或整体的生存发展活动
之中，展开于一定社会的整体历史过程之中，运行于一定社会系统各个领
域、各种要素的相互联系、相互作用、相互影响之中，是具有客观实在性
的人类活动。

探索、研究规律，是以坚信规律存在为前提的。并不是所有人都认为人
类活动是有规律的，但马克思主义认为，自然、社会、思维都有自身的运行
规律。"历史的进化像自然的进化一样，有其内在规律。"① 社会规律就是社
会"本身运动的自然规律"②。美国社会学家路易斯·沃斯就说："人类不同
于自然界的其他事物，但不能由此认为，关于人类的一切都是不确定的。虽
然在人类的行为中显示出一种不适用于自然界中任何其他对象的因果关系，
即动机，但我们仍然必须承认，有确定的因果关系，一定会像适用于物质领
域一样适用于社会领域。"③ 人类作为自然之子，不可能超越自然规则而生
存、活动，人类作为可以自觉创造自我的自然存在，又在一定意义上超越了
其他动物的生存方式和生存水平，因而，可能拥有特殊的不同于自然规律的
社会生存演进规律、历史活动规律。自然规律与社会规律是构成规律系统最
为宏观的两种不同类型的规律。如果世界具有统一性，那就可以相信　自然、
社会也有作为物质统一性的共同运行规律。

像人类其他社会领域的认识活动、实践活动、交往交流活动一样，新闻
活动也是人类活动的一种形式，是有规则、有规律的主体性活动。对此，马
克思有一段被人反复引用的著名论断，他说："要使报刊完成自己的使命，首
先必须不从外部为它规定任何使命，必须承认它具有连植物也具有的那种通
常为人们所承认的东西，即承认它具有自己的**内在规律**，这些规律是它所不

---

① 马克思，恩格斯. 马克思恩格斯选集：第 4 卷 [M] . 3 版. 北京：人民出版社，2012：275.
② 马克思，恩格斯. 马克思恩格斯全集：第 44 卷 [M] . 2 版. 北京：人民出版社，2001：9-10.
③ 路易斯·沃斯在《意识形态与乌托邦》一书中所作的前言. 参见曼海姆. 意识形态与乌托
邦：知识社会学导论 [M]. 李步楼，尚伟，祁阿红，等译. 北京：商务印书馆，2014：12。

应该而且也不可能任意摆脱的"①。中国著名新闻史学家方汉奇先生在谈及新闻史学的科学性时也指出,"新闻史是一门科学,是一门研究新闻事业发生发展历史及其衍变规律的科学"②。新闻规律的存在,是个客观事实问题、存在论问题、本体论问题,而非认识论和价值论问题。当然,我们现在说新闻活动是有规律的,那是对人类新闻活动、新闻实践认识、反思的结果,并不是贸然的断论或纯粹的信念。

马克思所说的"内在规律",就是报刊(现在可以扩展到所有新闻媒介去理解)活动的客观规律,是不可任意改变的,是在报刊的客观运行中形成的。马克思主义新闻思想研究专家陈力丹在解读马克思的这一论断时指出,"马克思在这里从内、外两方面谈到尊重报刊的内在规律:对于报刊内部的工作人员来说,不应为了政治需要或经济利益而不遵循报刊的工作规律;报刊外部,更不能强加给报刊职能以外的要求"③。实际上,扩展开来说,只要有新闻活动,就会有新闻规律;只要有不断变化演进的新的新闻活动方式生成,就有可能生成新的具体的新闻活动规律;只要有新闻活动存在,新闻规律就会产生作用和影响。这是人类新闻实践活动、认识活动提供的事实和认知结果,并非仅是一种坚定的信念或理论逻辑。

过往的实践活动与认识活动,使人们经验到、体会到、认识到了规律的存在、作用和影响,从而承认新闻规律的存在。过往的实践活动与认识活动,也使人们知道了新闻规律是有变化的,一些旧的规律会因曾经的新闻活动方式消亡而逝去,一些新的规律会因新的新闻活动方式形成而逐步出现。这是促使人们不断展开新闻规律研究的前提,也是激发人们持续探索新闻规律的重要根据和动力。

---

① 马克思,恩格斯. 马克思恩格斯全集:第1卷[M]. 2版. 北京:人民出版社,1995:397. 马克思的这段话尽管针对的是报刊,但从原则上也适用于后继而来的各种媒介形态,即每一种媒介形态在实现自身功能作用、意义价值的过程中都有自身的内在规律,而整个媒介系统,也可能有着统一的内在规律。这些问题也正是《新闻规律论》需要研究的问题。个别就是一般的原则可以使我们确信,依赖报刊以外任何其他媒介的新闻活动也是有规律的。

② 方汉奇. 中国新闻事业通史:第1卷[M]. 北京:中国人民大学出版社,1992:1.

③ 陈力丹. 精神交往论:马克思恩格斯的传播观[M]. 修订版. 北京:中国人民大学出版社,2016:300.

"新闻规律"是"新闻活动规律""新闻传播规律"等说法的简称。① 新闻规律是什么，有什么样的新闻规律，正是新闻规律研究的直接学术目标，也是整个新闻学特别是新闻理论研究的根本任务。或者说，新闻理论研究的主要学术追求，就在于不断认识持续变化的新闻现象特征，逐步揭示始终都在变化、变革的新闻活动的内在稳定关系、演进趋势或基本规律。②

《新闻规律论》的目的，在于以既有相关研究成果为基础，以人类新闻活动史为基本参照，以新闻学的基本问题③——事实（新闻事实）与新闻（新闻报道）的关系——为依据，并根据人类新闻实践活动的最新变化与发展，特别是依据中国新闻业的实际情况，对新闻规律做出比较深入系统的新探讨，力求做出新的观察、思考、分析和阐释，做出一些可能的新的概括和总结，努力建构一种对后续研究具有一定启发意义或参考价值的研究框架，深化或提升新闻规律研究的水平。因而，《新闻规律论》不仅有认识论的追求，也有方法论的意图，并努力实现二者的统一。

"科学的新闻传播观念来自对新闻传播活动及其规律的正确认识。"④ 如果能够形成对新闻规律不断真理化的认识，我们就有可能为新闻实践提供比较长久而深层的学术支持。当然，我们十分清楚，这是一个艰难的过程。事

---

① 新闻界（包括学界、业界）经常在同等意义上使用"新闻活动规律""新闻规律""新闻传播规律"这几个概念，但若要细究，这几个概念的内涵、外延还是有所不同的。"新闻活动规律"是最为宽泛的一个概念，指称的是新闻活动中所有可能的规律；"新闻传播规律"，顾名思义，是指新闻"传播"活动的规律，针对的主要活动对象是新闻生产者、传播者的新闻生产与传播活动，事实上，学界把"新闻传播规律"主要理解为职业新闻生产与传播活动的规律；"新闻规律"是个简化的说法，既可以是对"新闻活动规律"的简化，也可以是对"新闻传播规律"的简化。本书所言的"新闻规律"，是对"新闻活动规律"的简化，因而，它的外延远远大于新闻传播规律，因为新闻活动包括所有社会主体的新闻活动，而不只是传播主体的生产传播活动。对此，我将在后面的具体章节中展开为细致的分析。

② 其实，所有学科的基本任务，都是认识学科对象的特征，揭示学科对象的规律。经济学家高培勇就曾指出，"经济学作为一门科学，其研究成果最终要体现为客观规律的提炼和理论体系的形成"。参见高培勇. 新时代中国经济学研究面对的重大问题［N］. 人民日报，2018-01-08（16）。

③ 每一学科都有自身的基本问题，集中体现在各个学科的基本原理或基本理论之中。所谓基本问题，就是总问题，根源性的问题，生发学科其他问题的根本性问题。新闻学的基本问题就是"事实与新闻的关系问题"。事实与新闻的先后关系问题，构成了新闻学的本体论问题；事实与新闻的同一性关系问题，构成了新闻学的认识论问题（集中表现为新闻的真实问题）；如何处理事实与新闻的关系问题，则构成了新闻学的价值论和方法论问题。

④ 童兵. 比较新闻传播学［M］. 北京：中国人民大学出版社，2002：67。

实上，"人的全部活动，包括两个方面：合规律性与合目的性。无论大家是学习文史哲、政经法还是数理化、天地生，我们都要去认识规律，这意味着人要合规律性地去生存，他才是生活。但是人又不是单纯地要合规律性。为什么要合规律性？人要实现自己的目的，所以人就要合目的性地去生活"①。探求新闻规律的最终目标，并不只是单纯为学术而学术的理论追求，更在于发现新闻规律、尊重新闻规律、自觉运用新闻规律，使新闻活动能够以合乎新闻本性的方式有效展开，促使新闻活动能够更好地为人们的生存、生活服务，为一定社会以至整个人类社会的良性运行与发展服务，实现新闻活动合规律性与合目的性的统一。

二

任何理论都是关于一定对象的理论，任何规律都是关于确定对象的规律。规律是具体的，不是抽象的。《新闻规律论》将以人类新闻活动从"前新闻业"到"新闻业"再到"后新闻业"的整体历史演进过程为基础参照②，主要从现代新闻业的诞生特别是从当今时代新的媒介环境特征、新的媒介生态结构出发，或者说从人类新的新闻活动状态、活动方式及其发展的整体趋势出发，着重以新闻活动的基本矛盾或基本关系——新闻传收关系——为主要对象，对新闻规律展开比较系统的探讨。因而，《新闻规律论》并不是事无巨细的"大全"式的一般探讨，而是围绕核心性新闻活动的研究，围绕当今时代新闻现象的重大变化的研究。

落实到具体研究中，《新闻规律论》尽管会以职业新闻活动中的新闻传收关系为核心对象，但同时也会始终关注"后新闻业时代"开启后"民众新闻

---

① 孙正聿. 马克思与我们 [N]. 光明日报，2016-07-07 (11).
② 关于人类新闻活动的历史演进过程的时代划分，可参见杨保军. 新闻理论教程 [M]. 3 版.
北京：中国人民大学出版社，2014：24-30。

活动"① 中的传收关系。也就是说，《新闻规律论》会自觉认识、把握整体性的人类新闻活动现象，努力探求不同类型新闻活动中可能存在的共同规律与特殊规律，因为"我们正生活在一个新闻与社会都在经历深刻转型的时代"②。大众化、公共化的民众新闻传播、"脱媒新闻传播"现象③ 已经成为"后新闻业时代"的常态现象，一定程度上已经打破了传统"新闻业时代"职业新闻机构的新闻生产与传播结构，并且形成了新的具有一定融合性的新闻生产与传播结构。一个具有一定"偏向"性的"共享新闻资源""共产新闻文本""共绘新闻图景""共同新闻主体"的"共时代"初现面目。④ 在不断发明、创造的多种技术组合而成的整体"技术丛（群）"的支持下，一系列新的新闻采集、加工、制作、传播、收受、互动方式层出不穷，正在创造着人类新闻活动方式的新图景、新模式。有学者明确指出，"自从廉价报刊在一个半世纪前到来，我们现处于新闻界最大的变革时代"⑤。因而，《新闻规律论》的研究对象，必须延伸、扩展到新的现象、新的活动领域，与传统研究相比，要有一定的转换，即原则上要以"作为社会现象"的新闻活动为对象，而不是像过去那样，仅以"作为职业现象"的新闻活动为主要对象，这在一定意义上可以说属于时代性的重大问题，因为"新的媒体生态需要重构，而研究新闻现象和新闻实践规律的新闻学自然而然也要顺势而动了"⑥。事实上，我国哲学家孙正聿在普遍意义上就表达过这样的看法："人文社会科学是研究人和社会的。整个人的存在方式发生变化了，我们的研究范式没有相应地发生

---

① 民众新闻活动主要包括两种主要类型：一是小范围的、以点到点模式为主的具有私人性质的新闻传收活动。这是"前新闻业时代"人类新闻活动的主要方式，这样的方式在"新闻业时代""后新闻业时代"继续存在。二是与职业新闻类似的大众化、公共化的新闻传播活动。对民众新闻活动规律的探讨，《新闻规律论》将主要以第二种类型为主要对象。

② 乔根森，哈尼奇. 当代新闻学核心 [M]. 张小娅，译. 北京：清华大学出版社，2014：12.

③ 关于"脱媒新闻传播"现象，我在《新闻主体论》的不同章节都进行过相关分析与阐释。可参见杨保军. 新闻主体论 [M]. 北京：人民日报出版社，2016.

④ 杨保军. "共"时代的开创：试论新闻传播主体"三元"类型结构形成的新闻学意义 [J]. 新闻记者，2013（12）：32-41. 所谓具有一定的"偏向"性，主要是说，就目前来看，大众化、公共化的新闻传播主体仍然主要是职业新闻主体，而非社会民众或其他群体。人类社会的日常新闻图景依然主要是由职业新闻主体再现、建构的。

⑤ 乔根森，哈尼奇. 当代新闻学核心 [M]. 张小娅，译. 北京：清华大学出版社，2014：235.

⑥ 吴飞，任涸涸. "否思"新闻学 [J]. 新闻与写作，2018（1）：16-23.

变化,我们的研究怎么会符合时代的要求呢?"① 只有符合实际变化的研究,才有可能真正实现理论与现实的真实互动,诚如有位学者所说,"从重大的现实问题中发现、提出和探索重大的理论问题,又以重大的理论问题回应、深化和破解重大的现实问题,这是理论研究的真实内容和根本途径"②。

需要特别说明的是,《新闻规律论》在一般新闻规律或普遍新闻规律研究的基础上,会特别关注中国的新闻历史特别是当代中国的新闻实际与发展变化趋势,也会特别关注现代新闻文化在中国的表现特征。尽管中国事实是世界事实的一部分,具有与世界事实相同、相似的特点,但毕竟又像每个国家、每个地区的事实具有自身本土化的特点一样,中国事实也有自身的特征或特色,正如有学者所说,"中国作为历史悠久、结构复杂、世界最大的发展中国家,它所面临的问题无不有着自身的特殊性,而不可能与其他国家,尤其是西方国家同步同样"③。

中国的新闻学研究,应该更多地从中国的实际出发,从中国的经验出发,探讨新闻规律在中国新闻现象中的特殊形式,更多地为中国的新闻业发展提供理论参考、智识支持。④ "所有理论都有所依据,去语境化的理论是不存在的"⑤,只是有些理论依据的语境范围大一些,有些理论依据的语境范围小一些。当代中国新闻学的重要开启者甘惜分、王中等老一辈学者,始终主张新

① 孙正聿 . 我国人文社会科学研究的范式转换及其他:关于文科研究的几点体会 [J]. 学术界,2005 (2):7-22.
② 孙正聿 . 注重理论研究的系统性、专业性 [N]. 光明日报,2017-01-09 (11).
③ 张桂林 . 中国政治学走向世界一流的若干思考 [J]. 政治学研究,2018 (4):2-13.
④ 对于"中国特色社会主义新闻学"这一名称,学界有不同的看法,参见陈力丹 . 新闻传播学科建设若干热点问题的思考 [J]. 新闻记者,2017 (9):70-80;宫京成 . 正确理解中国特色新闻学需要探讨的几个问题:兼与陈力丹教授商榷 [J]. 新闻记者,2017 (10):65-71.
依我之见,中国特色新闻学是可以说的,也是有客观根据的,参见杨保军、李泓江 . 新闻理论研究的当代中国特征 [J]. 新闻界,2018 (2):23-39,46。我以为,新闻学只有一种,但可以有基于不同客观社会环境的不同新闻学派。所谓中国特色新闻学或中国特色社会主义新闻学,属于新闻学的一个特有学派,并不能替代新闻学这一学科总名称。中国特色新闻学,是按照中国特色社会主义这一逻辑建构的。改革开放以来(始于1978年),中国共产党逐步形成了中国特色社会主义理论。1982年9月,邓小平在中共十二大开幕词中首次明确提出"建设有中国特色社会主义的道路"。他说:"把马克思主义的普遍真理同我国的具体实际结合起来,走自己的道路,建设有中国特色的社会主义,这就是我们总结长期历史经验得出的基本结论。"参见邓小平 . 邓小平文选:第3卷 [M]. 北京:人民出版社,1993:3.
⑤ 乔根森,哈尼奇 . 当代新闻学核心 [M]. 张小娅,译 . 北京:清华大学出版社,2014:453.

闻理论研究应特别关注社会现实，注重具体问题具体分析，"新闻学的研究既不能脱离整个社会现实，孤立地考察新闻事业，也不能从主观动机和愿望出发，更不能从虚幻的社会存在出发，而必须从社会的普遍联系中、从活生生的社会现实中，从不断变更的群众生活条件中，探索新闻事业的客观规律"①。我自己也说过，"我们是中国人，我们应该首先观察中国社会，发现中国问题，解决中国问题，做好中国的事情"②。所以，中国新闻理论研究务必要从中国国情与实际需要出发，针对中国问题，提出本土化的理论与设想。当然，能否提出自己的理论，能否提出原创性的思想，不是随意的，而是要看条件、看需要，"理论是由人创造的，但也只有在创造它的条件齐备的时候，它才能被创造出来"③。与此同时，我们不能忽视"世界各处都声息相通，动静相关"④。我们只有在足够长的历史尺度上，在足够大的范围内，才能看清一个复杂对象的真实面目，正如有人所言，"在一种足够大的整体中看待事实，这对当下中国和世界是至关重要的"⑤。因而，中国的新闻理论研究，也像其他人文社科研究领域一样，尽管不可避免地具有中国特色或中国特征⑥，但我们的研究必须有世界眼光、人类胸怀，"研究中国问题和中国特色社会主义，既要坚定不移地立足中国实际，又要具有世界眼光"⑦。"必须承认，与工业化和现代化相伴而兴的新闻传播学，西方世界肯定是先行者。报纸、广播、电视、互联网等新闻媒体均发端于西方。以更宽阔的胸怀与世界对话，我们还是要虚心学习、善于借鉴。"⑧尽管新闻学基于不同实际，一定会形成多种学派、多种风格和多种具体的理论，但对世界来说，只有一种新闻学。

　　人们看到，当今的中国，是改革开放中始终以"发展"为基本主题的中

---

①　王中. 谈谈新闻学的科学研究 [J]. 新闻战线，1980（1）：12-14.
②　杨保军. 我国新闻理论研究的宏观走向 [J]. 当代传播，2011（2）：4-9.
③　周宝玺. 矛盾规律研究 [M]. 北京：中国人民大学出版社，2013：128.
④　许倬云. 许倬云观世变 [M]. 桂林：广西师范大学出版社，2008：17-18.
⑤　刘森林. 辩证法的现实性与开放性 [J]. 新华文摘，2016（13）：36-37.
⑥　杨保军，李泓江. 新闻理论研究的当代中国特征 [J]. 新闻界，2018（2）：23-39，46.
⑦　孙正聿. 哲学理念创新与文明形态变革 [N]. 人民日报，2016-08-08（16）.
⑧　米博华. 构建中国新闻"主场"[J]. 新闻与写作，2018（8）：刊首语.

国，是改革开放中逐步发生社会转型的中国①；中国是始终坚持社会主义道路、社会主义制度的中国，是坚持和平崛起、和平发展的中国；中国是一个前现代、现代、后现代交融中的中国，是一个农业社会、工业社会、信息社会交织中的中国；中国是一个正在被世界结构的中国，同时也是一个正在以自己的观念、自己的方式结构世界的中国，中国与世界确实变得谁也离不开谁，进入一个相互嵌套的时代，"作为中国特色社会主义的道路、制度和理论，正在扩大自己对世界的影响。从 1840 年以来'世界走向中国'的进程，正在被'中国走向世界'之路取代"②。中国，正在建构新的世界观、新的中国观，新的世界与中国的关系观。中国的新闻就是如此背景中、如此现实中的新闻，它的丰富与复杂是空前的。因而，只有从中国事实出发，特别是从中国的现实出发，从中国的追求出发，才能真实揭示中国新闻活动的特点和可能的规律。但作为学术研究，我们只能首先把中国作为事实对象，而不能预先作为价值对象。我们在对中国之"是"的揭示中，也许可以对人们产生一些中国之"应"有所启示。

在方法论观念上，《新闻规律论》继续保持我以往"新闻九论"③ 的基本模式与风格，主要运用历史考察、概念分析、逻辑思辨、理论阐释为三的方法，在新闻哲学层面上对新闻规律展开力所能及的分析与论述。对人文学科和社会科学来说，越是基本的问题、基本的概念，越是需要以哲学的方法展开清理，"没有哲学来澄清特定学科的基本概念和进行语义整编，就容易导致严重误解"④。但是，我会以新闻实践为根本依据，也会以学术界既有经验实证研究的成果为重要参照，以避免规律探索陷入纯粹的宏大叙事或空洞的想象之中。"我们要真想切实地认识世界，就要'沿着实证科学和利用辩证思维

---

① 文军. 社会转型与转型社会：发展社会学的中国观照及其反思 [J]. 中国社会科学评价，2017（4）：25-31.

② 任平. 论"21 世纪马克思主义"的出场路径与当代使命 [J]. 吉林大学社会科学学报，2017（6）：115-125.

③ "新闻九论"是《新闻事实论》（2001）、《新闻价值论》（2003）、《新闻真实论》（2005）、《新闻活动论》（2005）、《新闻精神论》（2007）、《新闻本体论》（2008）、《新闻道德论》（2010）、《新闻观念论》（2014）、《新闻主体论》（2016），它们先后分别由新华出版社、中国人民大学出版社、复旦大学出版社、人民日报出版社出版。

④ 韩东晖. "科学为王"的时代哲学有什么价值 [N]. 解放日报，2018-04-17（11）.

对这些科学成果进行概括的途径去追求可以达到的相对真理'。这就是说，欲要获取相对真理（任何真理都是相对的），就要将实证的研究和辩证的思维结合起来。"① 因为，我深知，"理论要向实践学习的东西，远比它能指导实践的要多"②，"哲学思考和理论创新也是基于深入的经验观察而抽象出来的，不是凭空而来的"③。只有那些基于实践事实的研究，才会获得可信的结果，才有可能对实践有所启示和指导。

在方法论观念上，我始终认为不同的方法各有所长，关键是方法与问题之间要有比较好的匹配关系。概念清理、逻辑分析、有根据有理由的说明解释，就是方法；以理性的方式讲清道理就是最基本的方法。讲道理，有时需要解释，有时需要实证，而实证也是解释，不过是另一种不同于概念分析的解释，"社会现象客观性和主观性兼具，一般说来，要得到更加全面的了解和认识，量化研究方法和质性研究方法都不可或缺"④。对于那种迷信新技术、新方法的研究取向，我以为还是谨慎为好，而那些固守旧观念、老方法的做法，自然也需要反省。在研究技术、研究方法的先进性与研究结论的科学性之间，对于充满人文问题的社科领域并没有那么简单的必然关系。研究过程中，必须考虑每一种方法的适应性。没有哪一种方法是万能的，可以解决不同性质的所有问题，"在社会科学研究中并没有一把可以解决一切问题的'万能钥匙'，我们不能奢望有一种方法论或研究方法可以适用于社会科学领域所有问题的研究，以多元主义的态度对待社会科学研究方法更为恰当"⑤。"几乎任何研究课题和理论建构都包括了科学研究和人文研究两种方法"，"没有科学的人文是盲目的，没有人文的科学可能是不完整的"⑥。每一种具体方法的选用，都要充分考虑到它的适用性，考虑到它与具体环境之中问题的匹配

①　于沛. 阐释学与历史阐释 [J]. 历史研究，2018（1）：4-8.
②　李德顺. 当代哲学思维的变革和挑战 [J]. 新华文摘，2017（13）：39-42.
③　郭苏建. 中国政治学科向何处去：政治学与中国政治研究现状评析 [J]. 探索与争鸣，2018（5）：48-52.
④　李建民. 多元主义视角下的社会科学研究方法再思考 [J]. 中国社会科学评价，2018（2）：19-25.
⑤　同④.
⑥　杜斯，布朗. 追溯柏拉图：传播学起源概论 [M]. 王海，译. 北京：科学出版社，2013：80.

性，"任何一种研究方法，或者是专业术语，必然有其自身具体的历史和社会背景"①。至于一些研究把重点放在了方法的炫耀上而不是问题的探索上，就更是本末倒置了。②

新闻活动并不是纯粹的新闻信息传收活动，而是以新闻信息传收活动为基本活动内容与方式的一种复杂社会交往、交流活动。其复杂性在于政治、经济、文化、技术等各种社会力量无不参与其中，各种社会逻辑（权力逻辑、经济逻辑、技术逻辑以及各种其他社会资本逻辑）无不运转其间。这就意味着，探究新闻规律，仅仅用传播学、新闻学的眼光、知识、思维、方法是远远不够的，需要在综合视野（跨学科或超学科视野）中对其做出整体性的把握。"学科之间没有明确的分界线"，"没有一门学科可以称得起在认识分类表中占有一个唯我独尊的位置"③，"如果新闻学研究变得过于与世隔绝，只关注新闻生产的实践世界、快速发展的科技变革、未来的融资模式，或是去比较专业身份，那么，新闻学与公民价值观的根本关系将来可能会变成一个令人忧虑的问题"④。事实上，任何一个领域的社会活动，都是具有社会整体性的活动，单一视野、单一学科只能把握到有限的内容。只有综合性的立体认知，才有更大可能使人们认识到对象相对系统的、复杂的内外关系，把握到一些规律性的东西，诚如有学者所言，"在现代意义上，没有一个问题是单一学科能够解决的，是需要大家共同来思考的"⑤。其实，"人类活动领域之间

---

① 孙飞宇. 中国社会学的"中"与"西"[J]. 新华文摘，2017（22）：19-22.

② 李军. 经济学发展须回归学科本质要求 [J]. 新华文摘，2017（1）：55-58. 李军针对经济学的社会科学性质指出，"一些人将研究方法及研究工具的先进性、前沿性，同研究成果的科学性、学术性混同起来，以为采用的研究方法、研究工具越前沿、越先进，其成果的学术性乃至科学性就越高。在此观念的作用下，一些学术论文的写作实际上是重在显示其所采用的研究工具的先进性、前沿性，为建模而建模，而不是真正为了分析与解决实际的经济问题"。有学者依据研究经验进一步指出，"很多时候，人们在定性分析中凭借直觉和少数几个变量就可以做出准确判断，而使用大数据和复杂算法反而是不必要的"。参见吴江，张小劲. 大数据国际政治研究的回顾与展望 [J]. 华中师范大学学报，2016（4）：1-10. 事实上，新闻传播学研究领域存在着同样的现象，有的论文往往针对一个没有多大实际意义的问题，采用一些最新的研究方法，得出一些毫无新意的结论。这种"方法浪费"或"方法过度"的研究，至多的价值是训练了方法的应用。

③ 怀特. 分析的时代：二十世纪的哲学家 [M]. 杜任之，译. 北京：商务印书馆，1981：242-243.

④ 吴飞，任溦溦."否思"新闻学 [J]. 新闻与写作，2018（1）：16-23.

⑤ 孙正聿. 马克思与我们 [N]. 光明日报，2016-07-07（11）.

没有绝对的界限，一个领域的活动往往对其他领域产生出意料之外的影响"①，"学科只是行政和历史的产物，学科本来无领域。本着所有的知识都在解决问题的预设，天下学问皆可为我所用"②。针对新闻研究，美国学者迈克尔·舒德森讲得更为直截了当，"新闻业应该是所有相关社会科学共同研究的一个对象，因为新闻的生产和流通与社会的各个领域都有十分紧密的联系"，"研究新闻的人应当让自身超脱于狭窄的'新闻学'领域，应当从整个'大学'的科系设置中汲取养料"③。国际知名的媒介体制研究专家丹尼尔·哈林在被问及自己的研究身份时也说，"我以为界限分明的学科观念意义不大，大部分学科都有重合的部分，只是做着不同的事情"④。法国学者贝尔纳·瓦耶纳指出，"政治学家、语言学家、符号学家以及其他本身还在摸索的整体人类学的研究者，他们都关注新闻学，这说明了由大众传播交织的极其复杂的事件和关系网中新闻学不可能是任何一门学科的特权。相反，只有通过多种途径探索，才有可能真正理解新闻学这门学科"⑤。美国学者芭比·泽利泽说得更加到位，"新闻学始终是跨学科的，囊括了社会科学和人文学，包括社会学、历史学、语言学、政治学和文化研究"⑥，"把新闻置于不同学术视角的中心至关重要，在那里它可以有最丰硕的成果"⑦。其实，这也正是我在探究新闻规律、研究新闻问题过程中的学科态度。⑧ 这也足以说明，探究新闻规律是件非常艰巨的学术任务。当然，新闻学研究必须有自身的学科专注，而不能漫无边际。

---

① 汪行福. "复杂现代性"论纲 [J]. 天津社会科学，2018 (1)：46-54，67.

② 钟蔚文，王彦. 传播教育者要警惕"训练无能"：台湾政治大学传播学院名誉教授钟蔚文谈治学与从教 [J]. 新闻记者，2017 (12)：29-33.

③ 常江，何仁亿. 迈克尔·舒德森：新闻学不是一个学科：历史、常识祛魅与非中心化 [J]. 新闻界，2018 (1)：12-17.

④ 周书环. 比较媒介体制研究与拉丁美洲特色：政治传播学者丹尼尔·哈林教授访谈 [J]. 新闻记者，2018 (6)：43-49.

⑤ 瓦耶纳. 当代新闻学 [M]. 丁雪英，连燕堂，译. 上海：复旦大学出版社，2011：1.

⑥ 乔根森，哈尼奇. 当代新闻学核心 [M]. 张小娅，译. 北京：清华大学出版社 2014：24.

⑦ 同⑥41.

⑧ 事实上，我在一些论文中早已表达过类似的看法，我认为，新闻学研究者只有既走入新闻学，同时又走出新闻学，才能做出比较好的、符合实际的研究。参见杨保军，涂凌波. "走出"新闻学与"走入"新闻学：提升当前新闻学研究水平的两种必须路径 [J]. 国际新闻界，2012 (5)：6-13。

三

《新闻规律论》将在比较零散的既有研究成果基础之上，尽力建构起关于新闻规律研究的基本概念体系与理论框架，努力对新闻规律系统中的一些关键问题做出具有一定创新性的探索。《新闻规律论》的内容主要包括以下九大方面。

（1）新闻规律的属性与特征。新闻规律是社会规律系统中的一种或一类。新闻规律属于人作为活动主体的社会规律，是主体性规律，是一种社会领域活动规律。新闻规律在一般意义上就是指新闻现象具有的相对稳定的特征和演变趋势，或者新闻活动内在的稳定关系及其变化趋势。新闻规律具有社会活动规律、主体性规律的一般特征，诸如客观性、相对稳定性、有限性（范围性）、历史性等。同时，新闻规律具有作为人类一种特殊活动内容、活动方式的特征。比如，新闻规律是以传收规律为核心的互动交流规律，是以新闻信息为核心内容的交流规律，是新闻系统与社会系统互动的规律，是高度依赖以传播技术为核心的"技术丛"演进的规律，是人类不断追求新闻自由的规律。

（2）新闻规律的形成。规律不是先在的、预制的，而是事物运动变化的产物。自然规律是在自然万物的自然运行中逐步形成的，而对人类这样相对"小时间尺度"的生命存在来说，自然规律看上去几乎是既在的、永恒的或不变的。社会规律是在社会事物的变化演进中形成的，不是一般的自然"事物"运动规律，而是"人类事实"或"人事"规律，是人类的活动规律，是相伴人类而生而成的生成性规律。按此逻辑，新闻规律是在人类新闻活动的历史实践过程中形成的，是在人类新闻活动的历史演进过程中自发自在形成的，同时也是在人类新闻实践活动中自觉自为形成的。

规律的生成性特征，从根本上决定了规律有自身的历史性特征。在新闻学视野中，尽管存在着贯穿人类新闻活动始终的可能规律，但有些新闻规律只是一定历史时代的规律、一定社会范围的规律、针对一定新闻活动方式的规律，而非永久性的规律、普遍的规律，有些新闻规律会在新的新闻活动方式产生、演进过程中逐步形成，而有些规律则会随着人类某种具体新闻活动方式的消退而消亡。

（3）新闻规律的系统构成。新闻活动系统具有自身的丰富性与复杂性，新闻规律是个规律系统，具有自身不同维度的构成方式与特点。新闻规律系统的构成分析，实质上是新闻规律的类型化分析，这是从构成形式上对新闻规律更为精细的把握方式。

如果以系统论作为基本的方法论工具，新闻规律系统可分为两大子系统：内部规律系统与外部规律系统。内部规律系统主要包括两大部分：一是各个系统要素本身的演变规律，二是各要素之间的关系规律。外部规律系统也包括两大部分：一是新闻系统与社会整体（环境系统）的关系规律，二是新闻系统与社会各个领域系统特别是主要社会子系统（如经济、政治、文化、技术系统等）的关系规律。如果从新闻规律系统的层次结构出发，则可以大致分为三个层次的规律：基于人类新闻活动总体特征的新闻活动规律；基于一定社会新闻活动特征的活动规律；基于不同媒介形态特征的活动规律。

如果以现代职业新闻为参照，新闻规律则可以分为人类社会现象意义上的新闻活动历史规律和职业新闻活动规律。而其中包含第三个大的问题：职业新闻与非职业新闻的关系问题。尤其是进入21世纪，当非新闻职业的社会主体也能够像职业新闻传播主体那样生产、传播新闻时，两类新闻活动主体间的关系规律，更是成为极为热门而重要的论题，这在一定意义上可能意味着整个传统新闻学开始进入转型时代。

（4）新闻系统要素演变规律。在一定的时空环境中，新闻活动系统是由传者、内容、媒介、收者几个要素构成的，它们的演进规律是新闻内部规律的集中表现。

新闻传播主体结构的历史演变过程，整体上是一个由私人化传播主体为主向大众化传播主体为主的历史变迁过程，最终则是所有社会主体（包括个体和群体）都成为可进行大众化新闻传播主体的过程。在这样的历史进程中，越来越多的社会主体，成为自主性、自由性越来越强的新闻传播主体，成为越来越能够冲破时空约束限制的传播主体。这在本质上是人类整体以及每一个体新闻自由度不断提高和扩大的过程。因而，可以笼统地说，新闻传播主体的演变规律，就是社会主体不断走向新闻自由境界的规律。所有可能的智能机器的新闻生产传播并不能改变人在新闻生产传播中的主体地位；智能新闻水平的不断提高，从根本上显示了人类作为新闻传播主体的创造性和能动性。

新闻传播内容的历史演进过程，是与其他内容逐步相区分的过程，是新闻内容相对独立化的过程，也是新闻内容越来越丰富的过程。伴随历史进程，人类新闻认识的范围在不断扩展、内容在不断深化。这说明新闻与人们的生命、生存、生活、生产的关系越来越紧密。新闻作为人类认识、反映甚至塑造、建构事实世界的一种方式，不仅变得须臾不可离，变得越来越清晰和相对独立，而且变得越来越重要。媒介化社会、媒介化生存进一步表明，"人类离不开新闻，新闻不会消亡"是颠扑不破的真理，"新闻消亡的流言可能大大言过其实，我们将目睹的也许是新闻的重生而非终结"①。

新闻媒介是最能反映新闻系统规律的一个要素。媒介形态的实质是各种技术或技术组合的支持与显现。不同媒介形态都有各自的典型性符号系统，不同媒介形态的信息承载介质各有特性。媒介形态的演进过程，在历史的主线上，是不同媒介形态叠加的过程，是后继媒介形态对前在媒介形态的补充过程，是一个加速度进化的过程，也是媒介越来越人性化的过程。媒介形态演进的总体性基本机制是"扬弃"过程，既有新的发明创造和对既有媒介形态的继承，又有对旧有媒介形态的抛弃。

新闻受众是新闻活动的根基。在宏观历史尺度上看，新闻收受者大致经历了作为人际新闻传播的收受者、作为大众化新闻传播的收受者、作为各种新闻传播模式融合中的收受者三个历史时期。这是一个收受角色逐步自觉化的历史演进过程，一个由新闻中模糊的收受角色主动性（人际传收）到清晰的收受角色被动性（大众化的传收），再到积极的收受角色主动性的历史过程。这一历史过程最具革命性的变化，就是当今大众传播意义上的收者角色传者化变革。这一过程表明了人类新闻活动方式的变化，而背后最根本的是

---

① 乔根森，哈尼奇．当代新闻学核心［M］．张小娅，译．北京：清华大学出版社，2014：4．

媒介方式的变化、技术支持的变化。

（5）新闻活动的核心规律。新闻活动的主要内容是新闻的生产、传播和新闻的收受。新闻传收始终是新闻活动的基本关系、核心关系。狭义的"新闻规律"，就是"新闻传收规律"，或"偏向"新闻传播主体一方的"新闻传播规律"。

新闻活动中，传播与收受处于总体的互动之中，离开任何一方的新闻活动都是不完整的。"传收互动"是新闻活动内部的总体性规律，新闻传收活动的规模、效率、方式、模式和实际内容标志着一定时代、一定社会以至整个人类新闻活动的整体状态和水平。

整体性的新闻传收互动规律，是由新闻传播主体与新闻收受主体之间的具体活动机制、活动规律呈现的，主要表现为三大方面：一是选择律，即新闻传收过程，是一种主动的、自觉的主体选择行为，选择机制支配着新闻传收过程。二是效用率，即完整的新闻传收过程，是在传播者追求传播效果、收受者追求新闻效用的互动中展开的。三是接近律，即新闻传收主体间的信息共享、分享，知情意直至行为的互相接近与一致是新闻活动持续不断的根本动力机制。

（6）新闻活动的宏观规律。新闻活动是人类众多社会活动形式中的一种，与整体的社会环境及其他各种活动形式之间有着不可分割的紧密关系，其对社会系统的运行以及个人生存、生活、工作的作用和影响，都是直接可见的经验事实。新闻活动与社会整体的互动规律，应该是新闻规律系统中最为宏观的规律。

在整个社会有机系统中，新闻活动本质上属于认识活动、信息交流活动、精神交往活动或精神文化活动，同时也是贯穿于其他社会实践活动中的活动，这就从根本上决定了它对社会物质系统的依赖性；而建制性、职业性或者说机构性新闻活动（表现为新闻传媒业）的上层建筑性质、意识形态属性，又从根本上决定了它对一定社会政治系统的依赖性。对经济、政治、技术的整体依赖性，是新闻活动存在、变化、演进的总体性宏观规律，可以称之为"新闻依赖律"。一定社会的整体发展状况，将从整体上决定新闻发展的水平；一定社会的经济制度、政治制度将从整体上决定其新闻制度和新闻运行方式。

技术发展是新闻活动演进的根本动力，这种根本动力关系，从新闻规律的角度可概括为"技术主导新闻律"。技术主导新闻律的主要内容为技术主导新闻业的整体演进，技术主导新闻活动主要方式的变革，技术主导新闻媒介形态的更新，技术主导新闻思维的变化。

（7）党媒的特殊规律。对新闻规律论研究来说，既要探索普遍的新闻规律，更要探索特殊的新闻规律。"不同的国家具有不同的历史条件，不同的文化传统，不同的社会现实，这就使不同的国家具有不同的社会发展规律。"①党媒体系是中国新闻事业的核心体系。党媒就是党所创办拥有的媒体，是党所领导管控的媒体。

党媒运行有三大规律：一是党性统摄律。党性是党媒的灵魂，党性原则是主导和统领党媒事业、党媒工作的最高原则、总体原则，贯穿于新闻舆论工作的总过程和各个环节。二是人民中心的价值律，即人民中心律。"属于人民，服务人民，依靠人民，这是社会主义新闻事业的显著特征。"② 以人民为中心、为人民服务是党媒的价值目标，党的新闻事业也是人民的新闻事业。三是舆论引导的方法律，即舆论引导律。以正确的舆论引导人，是党媒运行方法律的核心内容。正确舆论的根本标准，就是与党和政府的有关路线、方针和政策保持高度一致，用正确的方法反映舆论、影响舆论、引导舆论是党媒的核心职能。

党媒运行的三条规律共同构成了党媒规律的有机系统。党性统摄律，是党媒最具特色的运行规律，属于党媒本体性的规律；人民中心律，是党媒运行的价值律，它揭示了党媒运行的价值根源、价值动力与价值追求、价值目标，居于党媒规律系统的灵魂地位；舆论引导律，反映的是党媒的核心任务以及主要工作方式方法的内在特征，属于党媒新闻舆论工作的方法律。

（8）新闻规律的实践体现。新闻规律是看不见的存在，隐藏贯穿在人类的新闻活动中。但是，新闻规律的客观作用与影响会体现在新闻实践活动之中，新闻活动主体在不同的新闻活动（主要是新闻生产与传播活动、新闻收

---

① 杨耕. 社会科学的特殊性 ［N］. 光明日报，2017－04－24（11）.
② 项德生，郑保卫. 新闻学概论 ［M］. 武汉：武汉大学出版社，2000：278.

受活动、新闻管理控制活动等）中会自觉不自觉地遵循（违背）新闻规律。在新闻理论研究中，人们通常更为关注的问题是新闻规律对传播主体"提出"的客观要求。①

在传统新闻业时代，大众化新闻传播的主导性使得新闻实践者与研究者都特别关注新闻规律在职业新闻传播活动中的体现。所谓体现，侧重点是指新闻规律对职业新闻传播活动的客观要求，具体表现为新闻活动主体对职业新闻生产与传播活动提出的基本原则与规范，诸如真实、客观、全面、公正、公开、透明、对话等。如果新闻活动主体对新闻规律的认识把握是准确的，并且确实是按照新闻规律制定新闻准则的，那就可以说，新闻活动主体的新闻行为体现了新闻规律，而那些依照新闻规律制定的活动规范就是新闻规律的直接体现。大概正是因为这样，所以人们经常把依据新闻规律制定的一定行为原则或规范直接当作了新闻规律本身，但这在理论逻辑上是有误的。

在人类新闻活动进入"后新闻业时代"，传统上依据新闻规律针对职业新闻传播主体提出的要求也越来越应该"普遍化"到非职业新闻的生产传播活动之中。尽管这是一个相当困难的事情，但其"应当性"是不可否认的。何况在目前的新兴媒介环境背景下，非职业新闻的生产传播即民众个体与"脱媒主体"②的大众化新闻生产与传播活动不仅越来越广泛，而且对整个新闻业和人类新闻活动方式带来了越来越大的结构性影响。因而，按照新闻规律的内在要求展开新闻活动，应当成为所有新闻活动主体应有的基本素养和规范自觉。

（9）新闻规律的作用机制。新闻规律作为一种客观的新闻活动机制，有其发挥作用和产生影响的基本方式。从区分意义上看，主要有两种方式：自发为主的作用方式、自觉为主的能动运用方式。从综合意义上看，则可以说，新闻规律总是以自发与自觉相统一的方式或机制对新闻活动主体产生作用和

---

① "规律"本身是不会对主体"提出"要求的，提出要求只能是主体性的目的性行为。因而，所谓规律的客观要求，是说主体认识了规律，为了顺应规律，对主体行为提出的要求。

② 杨保军．"共"时代的开创：试论新闻传播主体"三元"类型结构形成的新闻学意义［J］．新闻记者，2013（12）：32-41．杨保军．"脱媒主体"：结构新闻传播图景的新主体［J］．国际新闻界，2015（7）：72-84．

影响的。

新闻活动主体既可能不自觉地遵守新闻规律，也可能不自觉地违背新闻规律。若违背了新闻规律，规律就会以自己的客观力量惩罚新闻活动主体，从而使新闻活动主体在经验教训中体会、认识到新闻规律的存在，进而改进自己的新闻行为。

更重要的是，新闻活动主体应该积极认知、探索、掌握新闻规律，也就是认识和掌握新闻活动的基本特征，认识和掌握新闻活动内部以及新闻系统与其他社会系统之间的稳定关系，并且自觉尊重新闻规律、按照新闻规律去从事新闻活动。

认识新闻规律、掌握新闻规律、运用新闻规律，都是相伴新闻活动实践展开的一个历史过程，自发与自觉相统一的作用机制同样是一个历史的统一过程。

四

如前所说，规律探索是学术研究追求的直接目标，在学术范围内也是最重要的目标。实现这样的目标，自然是不容易的事情。

规律研究特别是社会活动规律的研究是高难度的探索工作。"规律的发现和论证是非常严肃而艰苦的事，它要经过从具体上升到抽象，从表面上升到本质的思维过程，与工作经验总结不是一回事。"[①] 我国著名考古学家苏秉琦说："自然规律、社会历史规律是客观存在，无时无刻不在运转并制约着人们的活动。但规律又是抽象的，看不见，摸不着，认识规律不那么容易。"[②] 有学者谈及经济规律探索时写道："人的行为有高度的不确定性，由此决定了探索人的行为以及有关的经济运行规律，比探索大自然的规律实际上更为困难。"[③] 这些判断其实适用于所有的人文学科与社会科学领域，当然也适用于

---

① 陈力丹. 精神交往论：马克思恩格斯的传播观 [M]. 修订版. 北京：中国人民大学出版社，2016：302.
② 苏秉琦. 满天星斗：苏秉琦论远古中国 [M]. 北京：中信出版社，2016：49－50.
③ 李军. 经济学发展须回归学科本质要求 [J]. 新华文摘，2017（1）：55－58.

关于新闻规律的探索。而且，与其他人文学科和社会科学领域的规律研究相比，新闻规律研究也许更加困难，因为与人类的其他社会活动相比，新闻活动方式的变化实在是太快了，简直是日新月异。伴随人类社会的整体发展，特别是传播技术的飞速提升，新的媒介形态、新闻样态不断涌现。如何在变化万千的新闻现象中，在不断更新的媒介形态关系中，在不断改变表现形式的传收矛盾关系中，发现、认识比较稳定的内在关系或基本发展趋势，确实是一个非常艰苦的过程，需要持续的关注和努力。而关于新闻系统与社会整体运行的规律性关系，新闻系统与政治、经济、文化领域的规律性关系，就更是庞大和复杂的问题，需要比较全面系统且专深的人文社科素养。

规律研究也是"风险"较高的一类研究活动。仅从学术意义看，规律认识是所有理论研究中带有终极性追求目标（但认识活动本身没有终极性，也不存在终极性的真理）的研究，即学术研究的目标就在于认识相关对象的内在本质、揭示其运动变化的规律。即使那些声称人类活动没有规律的研究者，一旦仔细看看他们的研究成果，立即就可发现他们实质上也在探索对象领域中稳定的要素及其各种可能关系，这无疑就是关于规律的探索。事实上，如果认识了一定对象的变化发展规律，也就意味着完成了一定阶段的认识任务，可以开启下一阶段的认识活动，可以探求更为深入、细致或更为宏观、一般的规律，自然科学如此，社会科学、人文学科同样如此。

因而，在新闻规律探索中，也要像在其他规律探索活动中一样，不轻言发现了规律、认识了规律，更不轻言已经掌握了规律。恩格斯的一段话是值得时时牢记的，"给随便遇到的平凡事实加上一个响亮的名称，把它吹嘘为自然规律，甚至吹嘘为基本规律，那末科学的'更加深刻的基础的奠定'和变革，实际上对任何人来说，甚至对柏林《人民报》的编辑部来说，都是可以做到的了"[1]。认识规律的目的是遵循规律、运用规律，如果动不动就说已经认识了规律，或者说只有"我们"能够认识规律，都不是科学理性的精神。自然规律的"绝对性"使人类可以"预告"一些事实/现象将会确定发生，但并不存在具有这样功能作用的社会规律。社会规律是统计性的反映事物发展

---

① 马克思，恩格斯．马克思恩格斯全集：第 20 卷 [M]．北京：人民出版社，1971：241.

变化的趋势性规律。因而，只要能"预测"到社会发展的大趋势，就是很"好"的社会规律了。在新中国的历史上，我们曾经轻言认识了规律、掌握了规律，于是便随心所欲、任意妄为，给我们的事业带来重大的伤害，我们不能重蹈历史的覆辙，"科学精神已经完成的就是使人们在施展自己想象力的时候能够比一厢情愿的自我中心者做得更好"①。新闻规律，对于新闻研究者来说，是个具有整体性、本质性的问题，自然也是个很复杂的问题，而"复杂的问题是没有简单答案的"②，我们需要沉心静气地慢慢探索。

---

① 芒福德. 技术与文明 [M]. 陈允明，王克仁，李华山，译. 北京：中国建筑工业出版社，2009：289.
② 霍尔. 超越文化 [M]. 何道宽，译. 北京：北京出版社，2010：81.

第一章　新闻规律的属性与特征

要使报刊完成自己的使命，首先必须不从外部为它规定任何使命，必须承认它具有连植物也具有的那种通常为人们所承认的东西，即承认它具有自己的**内在规律**，这些规律是它所不应该而且也不可能任意摆脱的。

——［德］马克思

对于物质的每一种运动形式，必须注意它和其他各种运动形式的共同点。但是，尤其重要的，成为我们认识事物的基础的东西，则是必须注意它的特殊点，就是说，注意它和其他运动形式的质的区别。

——毛泽东

记住这一点有重要意义：和人类行为规律相比而言，物质世界的规律是相当简单的，只是对外行人来说相当复杂。

——［美］爱德华·霍尔

像人类其他社会活动一样，新闻活动也是有规律的活动。"新闻规律"既是"新闻活动规律"的简称，又是各种具体新闻规律的总称。新闻规律是一个规律系统。理解"新闻规律"的前提是理解"一般规律"或"规律一般"。所谓一般是个别的方法[①]，"必须用一般性来深入思考特殊性"（凯恩斯语）[②]，"各学科所遇到的基础性问题正是它们所不能自己解决的"[③]，需要从更为一般的层次入手去思考。新闻规律，作为人类在新闻领域的活动规律，必然具有根源于自身活动内容、活动方式的属性与特征。本章将围绕规律的一般特

[①]　我国伦理学家王海明指出，"不懂得一般，就不懂得个别：一般是个别的方法……理解鱼是理解鳜鱼的方法"。参见王海明. 伦理学方法［M］. 北京：商务印书馆，2003：22。

[②]　钱颖一. 理解经济学原理［EB/OL］.（2017-08-31）［2019-10-10］. https://mp.weixin.qq.com/s?_biz=MjM5Njc3Mjk0Mg%3D%3D&idx=3&mid=2650396542&sn=3528bda8b51f3f3c0437d1bef3d93d77.

[③]　赵汀阳. 一个或所有问题［M］. 南昌：江西教育出版社，1998：89.

征与新闻规律的个性特征这两个基本问题，展开初步的分析与阐释，为后面
各章关于新闻规律不同维度的探讨奠定基础、设定前提。

一、规律的一般理解

"事物总有其一定的规律，物有物理，事有事理。"① "人类社会是按照一
定的规律和趋势发展的。"② 理解规律是理解新闻规律的逻辑前提。讨论规律
问题自然要以规律的客观存在为基础。如果自然事物的运行、人类社会活动
的展开不存在客观规律，那所有关于规律的研究就失去了意义。但有无规律，
规律到底指称什么，只有通过认识活动才能加以确认，不然"有"或"无"
就成了信念式的断言或论断。人类因经验、实践、认识而发现存在规律，又
因规律的可能存在而不断探索和研究。

（一）规律的实质

指出规律的实质，就是揭示规律的内涵，直接表现则是给"规律"以定
义或界定。定义规律不是一件容易的事情，但我在此不可能也没有必要将哲
学界关于规律的不同定义予以罗列，而是仅就哲学界共识程度比较高的对规
律的理解加以引用和稍作解释，以为我下文关于新闻规律的讨论设定一个大
的前提。

规律不是实体概念，而是关系概念。规律揭示的是客观事物本身内在的
联系，"规律就是关系……**本质**的关系或本质之间的关系"③，"规律乃是隐藏
在现象背后的一种本质的关系，一种必然的趋势"④，"规律是事物本身固有
的本质的、必然的联系，是事物运动变化的基本秩序和必然趋势"⑤。马克思
指出，"一般规律作为一种占统治地位的趋势，始终只是以一种极其错综复杂和

---

① 苗东升. 系统科学辩证法 ［M］. 济南：山东教育出版社. 1998：96.
② 郭湛，桑明旭. 面向未来的公共主义发展观 ［J］. 新华文摘，2017 (7)：38－42.
③ 列宁. 列宁全集：第 55 卷 ［M］. 2 版增订版. 北京：人民出版社，2017：128.
④ 彭漪涟. 逻辑规律论 ［M］. 上海：三联书店上海分店，1994：11.
⑤ 陶富源. 实践主导论：哲学的前沿探索 ［M］. 合肥：安徽人民出版社，2001：222.

近似的方式，作为从不断波动中得出的、但永远不能确定的平均情况来发生作用"①。而所谓本质的、内在的、必然的关系，就是指构成事物的要（元）素、部分、环节之间的稳定的、持久的关系。规律可以简单理解为事物运行展开的稳定机制，它从根本上规定着事物的基本面貌、外在表现和主导趋势。揭示事物或一定对象的规律，一定意义上就是要抓住事物内部众多复杂关系中最核心、最本质的关系，以最简洁的方式说明事物的实际状态和运行机制，"非常复杂的现象要用非常简单的道理来解释，它的好处就是可以抓住本质的东西"②。探索事物的规律，其实就是想抓住最能说明事物的简单道理。

针对特定的事物而言，规律是由事物内在的要素关系以及事物整体与其环境的各种主要关系决定的。也就是说，事物内部的稳定关系以及事物与环境之间的稳定关系，属于事物存在状态、变化发展的规律性关系，这样的关系可以称为事物存在与变化的规律。其实，任何事物的规律性运动，是由内外要素和内外关系共同决定的，只是内在要素、内在关系更为基础和根本而已，或者说事物与环境的关系必须最终落实在事物本身才能产生作用。因而，人们在言说事物规律时，并不会特意说事物与环境的关系规律，但实质上却包含着这样的内容，因为任何事物都是一定环境中的事物。

人类生存、生活、演进在自然世界与社会世界的融合之中。在区分意义上，人类处在两个大的世界——自然世界和社会世界——之中。因而，在规律论视野中，可以说人类面对或身处两大类型的规律——自然规律和社会规律——之中。"自然是上帝的神迹，历史是人的故事。"③ 人，既有自然属性，又有社会属性，是两种属性的统一存在。人类既生存在自然的"物理"之中，又生活在社会的"事理"之中，"人类不仅仅生活在一个受制于因果关系的自然世界中，更跃迁到一个人文世界的'意义系统'中"④。人类，是在自然规律与社会规律的共同自在支配下演进的，也是在自觉发现、认识、掌握、运

① 马克思，恩格斯. 马克思恩格斯全集：第 25 卷 [M]. 北京：人民出版社，1974：181.

② 钱颖一. 理解经济学原理 [EB/OL]. (2017-08-31) [2019-10-10]. https://mp.weixin.qq.com/s?_biz=MjM5Njc3Mjk0Mg%3D%3D&idx=3&mid=2650396542&sn=3528bda8b51f3c0437d1bef3d93d77.

③ 德布雷，赵汀阳. 两面之词：关于革命问题的通信 [M]. 张万申，译. 北京：中信出版社，2014：119.

④ 孙向晨. 哲学反思与现代性的价值形态 [J]. 学术月刊，2016 (10)：5-11.

用这两类规律的过程中求得不断演进和发展进步的。因而，如果我们承认自然规律和社会规律，那就完全可以说，人是规律世界中的存在，人本身也是规律性的存在。

规律概念是人类用来把握对象内在运行机制的概念。自然规律是以自然事物为主体对象的规律，属于相对主体人而言的客体规律。社会规律则是以社会事物即人的活动为主体对象的规律，也就是人作为活动主体（也就是社会作为主体）的规律。简单说，社会规律就是一种主体性的活动规律，是人的实践活动规律。

对于人的生存与发展而言，自然规律是更为根本性、基础性的规律，也就是说，人类首先要顺应自然规律、尊重自然规律，然后才能生存，才能顺利展开社会活动。人类在自然历史进程中，逐步成为社会性的动物，人是在自然进化过程中成为人的。自然进化，使人既依赖自然，又超越自然。人类在社会化的过程中，以自身的社会活动生成了、创造了人类社会，并通过人类自身的社会活动生成了社会规律。这是在接受、顺应自然规律基础上的创造。因而，比起社会规律来，自然规律对人类活动具有更为基础的作用和影响。但社会规律则是直接的人的活动规律，对人类的演进与发展作用可能更大、更强。比起自然规律纯粹属于自然事物的规律而言，社会规律可能更为复杂。社会规律既是人类改造自然的规律，同时又是人类自身之间相互交往、交流并不断改造自身的规律，可以说是这两种偏向性规律共同塑造的总体性规律。因而，"较之对自然规律的认识，对人类社会发展规律的把握显得更为复杂和困难"①。

自然规律是自然界整体或自然世界中万事万物相互关系的稳定状态及其演变趋势。"真正的自然规律所表现的是真正使事实联系起来的关系，而不是按照人们的希望使事实联系起来的关系。"② 自然界可能拥有整体的演变规律，也存在着不同自然领域以及具体自然事物的演变规律。自然科学研究，核心目标就在于发现这些总的规律和具体规律。自然世界相对人类社会在时

---

① 李成旺. 重释历史唯物主义本真精神的三个视角［N］. 光明日报，2018 - 03 - 21 (11).
② 迪尔凯姆. 社会学方法的准则［M］. 狄玉明，译. 北京：商务印书馆，1995：46.

空上可以说都是无限的存在，发现、认识自然规律，掌握、运用自然规律，对人类来说，显然是一个无限的过程。人类每对自然规律有了新的认识和把握，就意味着人类在自然面前获得了新的自由和发展可能。

社会规律则是人类社会系统基本要素存在与演变过程中的内在联系及其运行变化中的稳定趋势。人类通过自身的社会活动，创造并历经了不同的社会形态，形成了社会演进的基本机制。这样的机制其实就是人类历史演变的总体规律，也就是人们通常所说的历史发展规律。迄今为止，关于人类历史演进或发展规律比较科学的认识，属于马克思主义的历史唯物主义。对此，马克思在1859年《〈政治经济学批判〉序言》中有过经典的表述，"人们在自己生活的社会生产中发生一定的、必然的、不以他们的意志为转移的关系，即同他们的物质生产力的一定发展阶段相适合的生产关系。这些生产关系的总和构成社会的经济结构，即有法律的和政治的上层建筑竖立其上并有一定的社会意识形式与之相适应的现实基础。物质生活的生产方式制约着整个社会生活、政治生活和精神生活的过程。不是人们的意识决定人们的存在，相反，是人们的社会存在决定人们的意识。社会的物质生产力发展到一定阶段，便同它们一直在其中运动的现存生产关系或财产关系（这只是生产关系的法律用语）发生矛盾。于是这些关系便由生产力的发展形式变成生产力的桎梏。那时社会革命的时代就到来了。随着经济基础的变更，全部庞大的上层建筑也或慢或快地发生变革"①。这段话通常被人们简括为生产力决定生产关系，经济基础决定上层建筑，生产关系、上层建筑对生产力、经济基础具有反作用。这一人类社会历史演进发展的总规律，在今天看来，依然是科学的、合理的，对我们理解社会的整体发展以及具体社会领域发展规律具有方法论上的指导意义。

人类在历史演进过程中，有着各种各样具体的活动类型与方式，并逐步形成了具有必然内在联系的不同的社会活动领域和社会分工。因而，作为整体的社会发展规律，便有了不同领域化的表现，也就自然形成了不同社会领域的活动规律，诸如经济规律、政治规律、文化规律、技术规律等等。本书

①　马克思，恩格斯. 马克思恩格斯文集：第2卷［M］. 北京：人民出版社，2009：591－592.

所研究的新闻规律，就是关于人类新闻现象、新闻活动领域的规律；或者说，是将人类看作新闻活动主体的主体性规律。领域活动与社会整体之间的自然天成的关系，从客观根基上就决定了领域规律的研究，不仅仅是关于一定领域本身的研究，也必然会关涉到领域系统与社会系统之间的基本关系规律。

（二）规律的基本特性

如上所述，规律是指事物本身固有的、本质的、必然的或内在的联系，是事物运动变化的基本秩序和必然趋势。那么，如此意义上的规律，具有什么样的基本特性呢？从新闻规律论的角度看，理解规律的一般特性是理解新闻规律个性特征的基础或前提。作为规律中的一种，新闻规律自然具有规律的一般特征或基本特性。

其一，规律最大的也是最根本的特性就是客观性。规律是事物的规律，客观性首先是事物的客观性，事物的客观性就是事物的存在性。凡是事物的规律当然是以事物本身的存在为条件的，规律都要依托一定的事物。这里的事物可以是自然事物，也可以是社会事物，可以是物质性的事物，也可以指精神性的存在，自然也可以是自然事物与社会事物的一体化或融合性存在，可以是物质事物与精神事物的一体化或融合性存在。因而，规律可以是自然规律，也可以是社会规律，可以是物质事物的规律，也可以是精神事物的规律，从理论逻辑上说，也可以是它们整合或融合而成的规律。世界的本质是物质的，统一的物质世界，应该有统一的运行规律。看得出，规律有极为复杂的构成性。正因为如此，规律研究才会成为各种研究中最难、最复杂、带有一定时期终极意义的研究。

蕴含在事物中的内在联系、基本秩序、变化趋势是规律的实质，是规律所指的客观内容。事物及其这样的实质内容是自在的，是事物在自身运动过程中自主自在形成的，不是什么神或什么人附加上去的，本质上是超越任何个人的认识、情感、意志的存在，因而不依赖于主观性，从而说它是客观的。

规律的客观性，是相对人的意识的主观性而言的，离开主观性谈论客观性是没有意义的（在认识论意义上，客观性是人意识到、自觉到的客观性，是人描述事物与主观性特性相对的一个概念），也会让客观性陷入无法理解的神秘性。客观性，在本体论意义上是说，规律所依托的相关存在具有实在性（实际存在），它外在于主观意识或主体，"客观规律的一层基本意思是：它无论是否得到认识都存在在那里"①，即不管一定的主体是否意识到它的存在，它都是存在的，这便是不以主体意识、意志为转移的基本含义。规律的客观性，还在于规律是客观事物自身在自然运动变化过程中形成的、生成的，不是某种精神力量预先设计的或指定的规则。"无论历史学家怎样设计自己的目标，无论他们怎样地怀疑和否定史学认知的作用，有一点可以肯定，对于客观历史而言，它的自然历史进程，是被其自身塑造的一般规律支配的；历史研究本身自然蕴含着对规律的探索及对未来的预言，无论你喜欢还是不喜欢，自觉还是不自觉，这一点是逃脱不掉的。"②

规律不依赖于主体的客观性，对于自然规律来说是比较好理解的，也是可想象的。自然世界本身就独立于人（意识）而存在，自然事物的外在性、先在性、实在性，对于人类来说具有直观性，其运行变化规律存在于自然整体或自然事物内部，是人的主观意识无法左右的。自然科学提供的研究结果，是对自然内在联系的发现和描述，能够帮助人们比较好地理解规律的客观性。

但是，规律的客观性，对于人作为主体的社会活动规律来说，理解起来确实还有一定的难度。"所有的社会现象都是历史地通过人类活动构成的，没有一个社会会被其所有成员视作理当如此；同样，也没有哪个符号/象征性意义共同体被视作理当如此。"③ 人是社会历史活动的主体，其社会活动是感性的、客观的，但作为人的客观活动本质上都离不开人的精神和观念，离不开人的意识、情感和意志，"'历史'并不是把人当做达到自己目的的工具来利用的某种特殊的人格。历史不过是追求着自己目的的人的活动而已"④。因而，我们应该在社会存在与社会意识的统一中，也就是主客体的统一中把握

---

①　陈嘉映. 说理 [M]. 北京：华夏出版社，2014：228.

②　张江. 评"人人都是他自己的历史学家"：兼论相对主义的历史阐释 [J]. 新华文摘，2017（10）：60－64.

③　伯格，卢克曼. 现实的社会建构 [M]. 汪勇，译. 北京：北京大学出版社，2009：87－88.

④　马克思，恩格斯. 马克思恩格斯全集：第 2 卷 [M]. 北京：人民出版社，1957：118－119.

人类历史活动规律的客观性。"要把握社会存在与社会意识统一的社会历史发展，只能用主客统一的概念及其自己运动、自我否定和自身发展的体系，亦即社会历史辩证法的理论形式来把握"，"在物质性的社会存在中看到精神，在精神文化的观念中看到物质，主客统一的概念是社会历史自身的特性决定的表达方式"①。人自然是以人自身的统一性或完整的主体性参与社会活动的，即在人的活动中自然包含着人作为主体的认知、意志、情感等要素。社会活动规律的客观性，并不是说人的活动不包括这些要素，而是恰好承认人是积极能动的活动主体。人，本身就是客观的活动主体，其活动规律的客观性，正是由这样具有主观意识、意志的客观主体在实践活动中造成的。"历史规律是通过生活于历史中每一个有目的、有意识的人的行为相互作用而形成的。"② "历史是人创造的，历史规律是人的实践活动合力的结果。"③ 因而，"社会科学研究的不仅是一个客观世界，同时也是一个主观世界，或者说是一个具有主观内核的客观世界"④。主体活动规律的客观性强调的是，主体活动是客观的，客观活动是有内在机制的，这些机制不是以人的主观意志随意转移的，而不是说这些活动是与人的主体性没有关系的。比如，生产力决定生产关系这样的社会运行机制或规律，不是哪个人愿意不愿意的事，不是哪个人想改变就能改变的事，它是人类作为主体在社会运行过程中、社会活动过程中形成的客观规则。

其二，规律具有稳定性或持久性。规律是事物本质的、必然的或内在的联系，是事物运动变化的基本秩序和必然趋势，这样的特性自然具有稳定性。简单说，不具有稳定性的内在关系，就不可能是必然性的关系，也就不能被认定为事物运行的规律。

规律揭示的是事物演进的一种总体趋势，并不是事物运动、变化的所有

---

① 孙利天，王丹. 社会历史的辩证法：辩证法的高阶问题与当代处理 [J]. 新华文摘，2017 (1)：40－43.
② 杨生平，李鹏. 唯物史观与解释学历史观的根本区别及其关联 [J]. 新华文摘，2018 (3)：38－40.
③ 陈先达. 论历史的客观性 [J]. 新华文摘，2018 (10)：35－41.
④ 李建民. 多元主义视角下的社会科学研究方法再思考 [J]. 中国社会科学评价，2018 (2)：19－25.

细节。自然规律揭示了自然事物变化的总体态势或总体方向，并不否认自然变化进程中的偶然性；"历史规律主要表现为统计学规律"，它"揭示的不是事物之间一一对应的关系，而是一种必然性和多种随机现象之间的规律关系。对于统计学规律来说，不仅不能忽视大量的偶然现象、随机现象，相反，正是在大量的偶然现象、随机现象中才能表现出规律性"①。也就是说，与自然规律相似，社会规律揭示的是社会事物发展变化的总体趋势，而非社会事物发展变化中的细枝末节。

其三，规律具有具体性。规律是具体的，不管什么事物、什么类型的规律（自然规律、社会规律），不管什么层次、什么范围的规律（普遍规律、特殊规律），其本身都是具体的，有确定的事物对象，有确定的具体内容。

所谓规律是具体的，首先是说，规律总是一定具体事物的规律。也就是说，事物的具体性决定了规律的具体性。总体性规律针对的是事物总体，但总体也是具体的总体，是具体的存在，是有边界的存在，自然总体是具体的，社会总体也是具体的。具体规律针对的是具体事物，即针对一定事物、一定领域的规律，而一定事物、一定领域的具体性就更好理解了，一定事物是具体的，一定领域也是具体的，它们都有着比较明确的边界范围。尽管自然、社会甚至一些具体领域的边界是模糊的，但这不等于事物没有相对确定的自身边界。但要注意的是，不同事物的边界形式是不一样的，有些可能更多的是物理性的边界，而有些则是比较抽象的边界，是想象性的、推理性的边界。比如，我们不可能给新闻领域划定一个物理性的边界，但却可以通过理性方式对新闻活动的性质、特征作出界定，从而确立其相对清晰的边界范围。

规律的具体性，实质是指任何规律的内容都是具体的。规律，不管理解起来多么抽象，其都是对事物内在关系、内在运行机制、可能变化趋势的揭示和说明，是实实在在的，而非玄虚空洞的。比如，牛顿定律揭示的是宏观世界中事物运动的具体规则，达尔文的自然进化规律揭示的是生物进化过程的具体规则。又如，马克思的社会形态演变规律揭示的是人类历史不同社会形态之间的具体变化关系。所有这些规律都可以表述为不同概念之间的具体

---

① 杨耕. 社会科学的特殊性［N］. 光明日报，2017-04-24（11）.

关系，实质指向相关具体自然要素或社会要素之间实在的、稳定的关系。

经过理论探索、规律研究所得到的规律，都是关于研究对象的规律，都是具有具体内容的规律。如果对象消失了，规律也就消亡了，正像"任何一种成熟的理论，都有自己确定的对象"① 一样。

其四，规律具有历史性。在一般意义上说，规律的历史性，实际是指规律存在的条件性，即任何规律都是一定条件下的事物规律。这一特点的实质是说，在不同条件下，相同或相似事物的运动变化规律是有差异的，事物规律与事物存在的具体环境是相关的。因此，我们也可以说，规律的历史性，实际揭示的就是规律的历史时空性。也就是说，事物的规律与事物所处的环境始终相关，这也正是我们理解规律特殊性的根据和基础。

具体一点说，规律是事物的规律，事物是具体的，事物的存在条件是具体的，而事物存在的条件是有差异的，这就从根本上决定了相似的事物会有差异性的规律。这在社会规律中表现得尤为典型。比如，同样是新闻业，不同历史时代的新闻业有不同的特点，不同国家的新闻业有不同的表现，因而，新闻业的规律内容在不同历史环境中很可能有不同的特点。即使是自然事物，也有可能因为自然环境的变化，表现出有差异的规律特点。比如，同样是一种植物，在不同的环境中，其生长规律就有差异性的表现。

规律的历史性还有一层意思，就是规律内容本身是历史变化的。规律是事物的规律，任何事物都是运动的、变化的，因而规律也是运动的、变化的，即规律是历史性的存在，并不是永恒性的存在。规律是在事物的运动变化过程中形成的，也是在事物运动、变化、消亡过程中消亡的。当新的事物出现时，人们不仅会关注新旧事物之间变化、转换、更替的规律，也会关注新生事物本身的变化发展规律。

二、新闻规律的实质

新闻规律是指人类新闻活动的规律，或者说是指人类新闻现象的变化规

---

① 张江. 理论中心论：从没有文学的"文学理论"说起 [J]. 文学评论，2016 (5)：5-12.

律。然而，新闻活动、新闻现象都是内涵丰富、外延宽泛的概念对它们做出明确的界定本身就是难题。因而，在既往的研究中，关于新闻规律有多种说法、多种所指，一定意义上还是比较模糊的概念。但要专门研究新闻规律，就得对新闻规律根源的对象做出明确的界定，对新闻规律具体所指是什么更是需要做出清晰的说明。只有明确了新闻规律的对象物，明确了新闻规律概念的实际所指，才能进一步准确分析新闻规律的特性。

（一）新闻规律的根源对象

规律是规律对象的规律。理解新闻规律是以理解新闻规律所根源的对象为前提的。新闻规律是指新闻现象中蕴藏的规律，或者说是指人类新闻活动的规律。界定了新闻活动也就等于界定了新闻规律的范围。对新闻活动本身的不同理解，意味着对新闻活动规律、新闻规律指称对象的不同理解。因而，如何理解新闻现象、新闻活动，直接决定和影响着对新闻规律的根源性理解。

"新闻现象"在普遍意义上就是指"人类新闻活动现象"，因此"新闻活动"与"新闻现象"可以在等同意义上理解和使用。在本部分，我将主要对新闻规律的承载对象"新闻活动"的内涵做出一般性阐释。

新闻活动是人类的固有活动，是人类众多社会活动方式中的一种。新闻活动①是一个含义十分广泛的概念。狭义上，新闻活动主要是指人类以"新闻信息传收"为核心的活动，这样的活动贯穿于人类历史始终，弥散于人类所有的社会活动领域。广义上，人类所有与新闻生产、传播、收受、使用、管理控制相关的活动都可以称为新闻活动。

除了这种狭义、广义的一般理解外，在新闻理论研究中，还有另一种常见的关于广义与狭义的理解。狭义上通常把新闻活动理解为职业新闻生产传播活动，即主要是指新闻事业领域中新闻传播机构、新闻职业工作者的新闻生产、传播活动；广义上的新闻活动则不仅指所有社会主体的新闻生产传播活动，也指其他方面的新闻活动，诸如新闻收受活动、新闻管理控制活动等。

---

① 关于新闻活动的系统论述，参见杨保军. 新闻活动论［M］. 北京：中国人民大学出版社，2006。

　　此处，我先抛开这些关于新闻活动狭义、广义的各种理解，将新闻活动当作人类众多活动方式中的一种活动方式，对其基本的内涵、实质加以解释和揭示，以便初步理解新闻规律所依托的对象。在后面相关章节的论述中，我再根据具体论题的设定，对其做出说明。在一般意义上，可以对新闻活动的内涵做出这样的基本解释。

　　首先，在直接性上新闻活动是人类认识世界诸多方式中的一种，本质上属于认识活动。从新闻现象的原始产生到"后新闻业时代"已经开启的今天[①]，新闻活动依然是人类认识世界的一种基本方式，并且还会继续成为人类认识世界、把握世界的一种有效方式。

　　对周围环境的及时认知和把握是人类生存发展的基本需要、必然需求，它从根本上决定了人就是天然的信息动物。这使得新闻认识具有了永恒的客观基础和根本动力，同时也使新闻认识成为人类认识世界的一种基本方式，成为人类生存发展的基本组成部分，使新闻认识具有了特殊的价值和意义。就今天的事实来看，在人类社会生活越来越依赖媒介的背景下，新闻认识的作用和影响只能越来越大。当然，新闻认识与其他认识，比如科学认识、人文学科认识、宗教认识等是不一样的，通过新闻认识向社会大众提供的知识也有自身的特征，更接近日常生活知识的层面，诚如有学者所指出的那样，"新闻知识的优势就在于易于被公众理解，并增进公众之间的相互理解。在数字时代，尽管新闻知识更为多样，互动性也更强，但我们仍然看重新闻作为一种日常知识的重要性"[②]。

　　其次，新闻活动表现为信息交流活动，是关于事实信息的交流活动。交往是人类生存的基本方式，人在本质上属于社会关系、社会交往中的存在。信息交流活动本身不仅是人类最基本的交往方式之一，而且是其他交往方式得以实现的中介桥梁。交往是在交流中实现的，交流也是在交往中达成的。当人类迈进媒介化生存、媒介化程度越来越高的社会时，作为信息交流活动之一种的新闻活动，不管以怎样的具体方式展开，都对人类的生存与发展具

---

① 杨保军. 简论"后新闻传播时代"的开启 [J]. 现代传播，2008 (6)：33-36.
② 卡尔森. 自动化判断？算法判断、新闻知识与新闻专业主义 [J]. 张建中，译. 新闻记者，2018 (3)：83-96.

有更加重大的意义和价值。

新闻信息交流活动，主要是人们社会生活中最新变动内容的交流，实际上是人们生活交流、生命交流的重要方式，是一种最为鲜活的、生动的人类生活、生命交流方式。从现代文明社会的角度看，特别是在人类步入信息社会后，分享新闻信息是人类每个成员的基本权利。现代新闻业产生以来，尽管它在不同历史时期、不同社会中有着并不完全相同的功能作用，但在不同的环境中，其最基本的功能首先是为公众提供所需要的信息。"新闻业对于一个文化而言有其独特的作用：为公民提供实现自由所需的独立、可靠、准确、全面的信息。"① 在今天这样的信息时代，作为信息交流活动的新闻活动对于整个社会、对于每个社会成员有着更加重要的意义和作用。

再次，新闻活动实际上也是人类之间的一种精神（文化）交往活动。新闻活动是人类认识生存发展环境的手段，新闻活动是人类之间实现信息交流的手段，但更为重要的是，新闻活动也是人类用来建构共同精神家园的手段，是人类用来建立精神关系、实现精神交往、实现文化共享的手段。仅从新闻角度看，我们甚至可以说，精神交往、文化共享是新闻认识、新闻交流的结果，这是对新闻活动更深层次的理解。正是在日日常新的新闻交流中，在日复一日的历史累积中，在新闻成为历史、历史成为新闻的不断转化中，人们形成了共同的符号世界，形成了可想象的共同的经验世界，从而也可能成为一定范围的共同体。

透过新闻信息交流活动，我们可以看到一个时代的特点、一个民族的特点、一个人的人性特征，它反映着一定时代、一定主体深层的精神世界，呈现着一定时代、一定主体拥有的文化世界。通过新闻活动，我们确实可以管窥到一个时代、一个社会的整体精神交往、文化生活水平。一个精神错乱的疯狂时代，绝对不会有理智的新闻活动方式。相反，一个思想解放、政治开明、经济繁荣、文化勃发的时代，一定会有繁荣昌盛的新闻传播事业。新闻活动的方式、新闻活动的质量、新闻活动的景象，是一个时代、一个社会以

---

① 卡尔森. 自动化判断？算法判断、新闻知识与新闻专业主义 [J]. 张建中，译. 新闻记者，2018（3）：83-96.

及这个时代主体、这个社会主体精神世界、心灵世界的呈现。新闻活动不仅是人类精神生活的一部分，更是展示人类其他精神活动的媒介；新闻活动不仅是人类文化生活的一部分，更是承载其他文化形式的重要中介。

新闻活动展现的不仅是职业化的新闻活动者的精神面貌，也展现着一个时代、一个社会的精神面貌和文化景象。在当今新闻生态环境中，就更是如此了，所有登上媒介平台、新闻活动舞台的人，都在以信息方式、新闻方式展示着自身的面貌，同时也在以各自的方式呈现着时代的特征。新闻活动有其自身的精神定位与精神追求。求实为本的科学精神、正义至上的人文精神、和谐为美的自由精神，是现代新闻精神的基本内涵。以这样的精神追求，实现通过新闻方式的精神交往、文化共享，是新闻活动的深层目标。新闻活动编织的不只是信息之网，更重要的是在编织人们之间进行相互交流的精神之网、文化之网；新闻活动不只是在履行传递信息的功能，也在建构共同的文化家园，不仅在传播文化，也在传承文化。新闻活动塑造的空间是公共空间，所建构的领域是公共领域；新闻作品呈现的是事实世界，传播的是文化的精神，传承的是文化的历史。

最后，新闻活动是具有多元功能的信息活动，是贯穿在人类各种社会交往活动、实践活动中的一种信息活动。新闻活动本质上是一种传收新闻信息的活动。在信息传收过程中，包含着认识世界的活动、信息交流的活动、精神（文化）交往的活动。

如果我们从新闻活动与其他社会活动的关系中审视新闻活动，或者说从新闻活动的社会功能角度分析新闻活动的性质，就会有新的发现，在现实社会中，新闻活动往往难以成为独立性很强的社会活动，反倒是常常容易成为各种社会实践活动的中介，成为其他基础性或根本性社会活动的手段或工具，比如成为社会经济力量、政治力量实现自己目的的工具或手段。因此，新闻活动也是实现政治目的、经济目的或其他目的的活动，是各种意识形态的工具，很可能表现为制造舆论、引导舆论的活动，大张旗鼓或隐晦曲折的宣传活动，明目张胆或遮遮掩掩的公关活动。其实，我们要明白，并不存在纯粹的新闻活动。新闻活动也像任何一种其他社会活动一样，总是与自身之外的环境交融在一起，共同塑造着自身的活动性质和特征。

（二）新闻规律的实际所指

作为新闻理论研究中的一个重要概念，"新闻规律"是一个简化的表达，主要是对"新闻活动规律"的简称。同时，新闻规律也是"新闻传播规律""新闻收受规律""新闻价值规律""媒介形态演变规律""新闻业演进规律""新兴媒体发展规律"等诸多新闻活动具体规律形式的总称。但这只是新闻规律的名称问题，外延所指的范围问题，并不是新闻规律的实质问题。新闻规律的实质，是要揭示新闻规律到底是什么性质的规律，新闻规律反映的到底是新闻活动中什么样的内在关系。

规律是对象物内在的关系、本质的关系或比较稳定的发展趋势。依照这样的逻辑，新闻规律就是新闻活动的内在关系、本质关系。这是对新闻规律实质最抽象（从而也显得最为空洞）的表达。其实，马克思早就说过这样的话，"要使报刊完成自己的使命，首先必须不从外部为它规定任何使命，必须承认它具有连植物也具有的那种通常为人们所承认的东西，即承认它具有自己的**内在规律**，这些规律是它所不应该而且也不可能任意摆脱的"①。这里不仅说明新闻规律是存在的，而且表明新闻规律是"内在关系"。

内在关系是相对外在关系而言的，内在规律也应该是相对外在规律而言的②，但这样的表达总是有点让人费解。其实，内在关系就是稳定的本质关系，就是内在规律，就是事物变化发展的"内在机制"。"'内在规律'是个有点奇怪的表达式——'规律'多多少少是在表观层面上说的；所谓'内在规律'就是机制，机制隐藏在现象背后，决定着现象的规律性。"③

新闻规律的存在，是个本体论或存在论问题，而非认识论、价值论问题，即不管人类是否发现了它、认识到它，喜欢不喜欢它，它都是存在的，都在

---

① 马克思，恩格斯．马克思恩格斯全集：第 1 卷［M］．2 版．北京：人民出版社，1995：39.

② 相对内在关系的外在关系，必须针对具体的对象物才能说得清楚。内在关系看的是一定对象内部结构、层次、部分、要素等之间的稳定的（包括稳定的动态）关系；外在关系则指对象物与其周围相关事物（环境）之间的关系。这样的关系也有一定的规律性，因而，在相对内在规律意义上，这样的稳定关系也属于更大范围的内在关系，可以称为外在规律。我在相关论述中，也会使用内在关系与外在关系以及内在规律与外在规律这些概念。

③ 陈嘉映．说理［M］．北京：华夏出版社，2014：228.

以客观的方式发挥作用和影响。马克思所说的"内在规律",就是报刊(现在可以扩展到所有新闻媒介去理解)活动的客观规律,是不可任意改变的。

要想进一步理解新闻规律的实质,就要理解这里所说的新闻活动的内在关系、本质关系到底指的是什么样的关系,或从哪些方面、维度去观察、理解基本的内在关系、本质关系。

前面,我们对新闻活动做出了一般性的分析,认为新闻活动是人类固有的一种活动,是人类诸多社会活动方式中的一种。新闻活动直接表现为关于新闻信息的交流活动,在这样的信息交流中,包含着人类之间的精神交往与交流、文化交往与交流;在社会功能意义上,新闻活动是具有多元功能的信息活动,也是贯穿在人类各种社会交往活动、实践活动中的一种信息活动。因而,新闻活动必然与社会整体以及各个社会领域产生诸多关系。新闻活动内容的丰富性、功能的多元性,决定了新闻活动内在关系的多样性和复杂性。因而,要将其本质关系揭示出来,是非常艰难的,这也正是规律研究的难度所在。但有了对新闻规律对象物——新闻活动——的初步认知,就为我们理解新闻活动的本质关系,也即新闻规律,指明了宏观方向。

其一,新闻活动是人类的一种社会活动,因而,新闻规律属于社会规律(与自然规律相对而言);进一步说,新闻规律是人类作为新闻活动主体的活动规律,因而属于主体性规律,这是它的基本性质。因此,我们在揭示、解释新闻规律的过程中,始终要抓住其作为社会规律、主体性规律的基本性质。关于新闻规律作为主体性规律的基本性质,具体讲,主要包含这样几个要点。

第一,新闻规律是人类新闻实践活动过程中形成并表现的规律。说新闻规律是主体性规律,是指新闻规律是在主体新闻活动过程中生成的,也是在新闻活动中存在的、表现的,并不是新闻活动之外的自然力量造成的。这实质是说,新闻规律是在人类漫长的新闻活动过程中逐步"内生"的,新闻活动者(其实就是整个人类,就是人民大众)是新闻规律的创生者和体现者。实际上,包括新闻规律在内,所有的"历史规律就是我们人类自己的活动所构成的"[①]。"马克思主义哲学强调,人民是历史活动的主体、历史的创造者;

----

① 孙正聿. 马克思与我们 [N]. 光明日报,2016 - 07 - 07 (11).

社会历史规律就是人民活动的规律。"① 新闻规律，作为主体性规律，自然包含着新闻活动者的主体性或主观性因素，正是在这一点上，它与自然规律有着根本的不同。因而，我们在揭示、解释新闻规律的过程中，必须始终注意其包含、蕴藏的主观性因素，诚如有学者所说，"对于历史事物之真正的客观解释来说，它必须（而且首先必须）将人的主观性意图包含在自身之内，因为历史事物一开始就是在与自然事物的区别和对待中确立自身的。而这样的区别和对待又总是以人的主观意图是否介入作为基本根据的"②。事实上，"社会的一切都是由人和人的自觉活动构成的自为存在，社会历史的规律性也是通过人和人的自觉活动表现出来的"，"人通过自己有目的的活动创造了自己的历史，也同时创造了人在其历史活动中所遵从的规律"③。新闻规律，作为人类历史活动的一种规律，同样遵循这样的基本逻辑。

第二，新闻规律是伴随人类新闻活动方式的历史变化而不断产生新的内容、新的表现形式的规律。人类的所有活动都是历史性活动，新闻活动当然不能例外；人类本就是历史性的存在，人类的所有活动规律自然而然也都是历史性的规律。这就意味着，作为主体性规律的新闻规律，必然会随着人类新闻活动历程的展开而变化。那些相对古老的、传统的新闻信息交流方式总会拥有自身的特征与规律，而那些相对新近的、现代的新闻信息交流方式一定会有自己的属性与内在规律，不同新闻信息交流方式之间的相互影响、作用很可能会生成新的新闻规律，造成新的规律表现形式。这就是说，作为主体性规律的新闻规律总是与新闻活动主体的具体历史属性相关，离开特定历史中、社会中的新闻活动主体谈论新闻规律，一定是抽象的、空洞的。这实质是说，作为人类活动规律，新闻规律一定具有人类意义上的普遍性，而作为具体环境中的人类活动规律，新闻规律必然具有不同环境意义上的特殊性。

第三，新闻规律，作为主体性规律，像客体性规律或自然规律一样，是人类可以认识、反思、把握并自觉运用的规律，更是人类可以直接亲身体验感受的规律。任何规律，不管人类是否意识到、认识到，都会以目在自发的

---

① 吴向东. 以人民为中心的发展观 [N]. 光明日报，2018-01-15 (15).
② 吴晓明. 历史事物中的主观意图及其客观阐释 [J]. 新华文摘，2017 (1)：40-44.
③ 叶泽雄. 论马克思人类学视野中的"历史规律" [J]. 哲学研究，2014 (12)：31-35.

客观机制产生作用，以规律的客观力量矫正人类偏离规律的行为。但要使规律产生更大的正面作用，人类就得充分发挥主观能动性，准确认识规律，自觉运用规律。[①] 这也正是人们探讨新闻规律的根本目的之所在。每一种新闻活动方式、每一种新闻媒介形态、每一种具体的社会环境等等，都有其自身的特征与规律性的特点，人们只有比较准确地认识把握了它们，才能更好地实现和满足新闻需要，并为其他相关活动提供信息条件。

其二，新闻活动直接和主要表现为信息交流活动，因而，新闻规律是人类之间的一种信息交流规律。人类之间的信息交流，在逻辑区分意义上，可以分为事实信息的交流、意见信息的交流和情感信息的交流；但在现实的信息交流中，这三类交流通常是统一融合的，只是不同的信息交流类型有不同的偏向，而在自觉的信息交流中，由于不同类型的信息交流有着各自的目的诉求，因而，不同信息交流类型有着差异性的原则和要求。作为信息交流规律，新闻规律因新闻信息交流的特征而拥有自身的特征，不能随意与其他类型的信息交流活动相混淆，以免使新闻规律不再成为建立在新闻事实信息交流基础上的规律。

第一，新闻规律是在新闻信息交流中形成的，自然也是在新闻信息交流中体现的。人类新闻活动，是人类众多实践活动类型、活动方式中的一种，是人类为了自身的生存发展而展开的实践活动，是为了满足客观的新闻需要、实现更好生存发展的信息交流活动。这就意味着，新闻规律主要是一种信息交流规律。因而，我们在探索、研究新闻规律的过程中，要始终抓住信息交往、信息交流这个中心，特别是要始终抓住新闻信息交流的个性特征，这样才不会偏离新闻规律这个核心。对于现代新闻活动来说，是理应以新闻为本位的活动。对现代自觉的新闻活动来说，是以反映报道事实世界最新变动为基本职能的活动。只有建立在如此活动基础上的规律探索，发现的才可能是新闻规律。

第二，新闻规律直接表现为信息交流规律，但如上所说，作为主体性规

---

① 关于新闻规律的效应方式，后文会专列一章加以系统探讨。关于新闻规律效应方式的初步论述，可参见杨保军.新闻理论教程 [M].3 版.北京：中国人民大学出版社，2014：191-194。

律的新闻规律实质上反映的是不同新闻活动主体之间相互联系、相互作用、相互影响的交往、交流性规律。人类的实践活动大致可以分为劳动与交往两类[1]，新闻活动主要属于后者。因而，新闻规律也主要属于交往交流规律。交往交流总是发生在主体之间。在新闻学视野中，如果以新闻活动中的主体结构为参照，新闻信息交流实质上发生在新闻信源主体（包括报道对象主体）、传播主体、收受主体、控制主体、影响主体之间。[2] 也就是说，所谓新闻信息交流活动实质上就是这些不同主体之间关于新闻信息的共享或分享，只是在这样的活动中，不同的主体在特定的环境和条件中，担当着不同的具体角色。

进一步说，由于传播新闻与收受新闻是新闻活动中的核心活动，传播主体与收受主体是新闻活动主体中的核心主体，它们之间的传收关系也就成了新闻活动中的核心关系。因而，不管是作为主体性规律的新闻规律，还是作为信息交流规律的新闻规律，核心任务是探索新闻传播主体与收受主体之间关于新闻信息的共享、分享关系，探讨和阐释新闻传播主体与收受主体之间的关系规律。抓住了这一核心，也就抓住了新闻规律论的关键。

其三，新闻活动是发生在社会环境中的活动，也是贯穿渗透在其他社会活动中的活动，因而新闻活动不仅必然与社会整体有着内在的关系，也必然与其他社会领域有着紧密的关系。这意味着，新闻规律作为新闻活动内在关系、本质关系的反映，必然包含着新闻活动与其他社会领域的本质关系，也包含着新闻活动与社会整体的本质关系。这两种本质关系，实际反映的就是新闻活动与社会整体、新闻活动与其他社会领域的相互作用、相互影响规律。

如果要做区分，我们可以把新闻活动内部的关系称为内在关系或内部关系，而把新闻活动与社会整体的关系、新闻活动与其他社会领域（如经济领

---

① "实践作为现实人类活动主要表现为劳动和交往，在处理人与自然的关系中体现为劳动，在处理人与人、人与社会的关系中表现为交往。"但这两个方面是统一的而非割裂的，参见王宏宇、芮鸿飞. 作为总体性的生产 [J]. 新华文摘，2015（11）：42-44。

② 在完整的新闻传收活动中，不管是职业新闻还是民众新闻（folk journalism）的生产与传播，原则上都存在由信源主体、传播主体、收受主体、控制主体、影响主体构成的基本主体结构。参见杨保军《新闻理论教程》（第三版）第三章中的相关内容，更为系统的论述可参见杨保军《新闻主体论》一书。

域、政治领域等）的关系称为外在关系或外部关系。由于第二种关系（外在关系）总是要落实、体现在第一种关系（内在关系）中才能对新闻活动产生真实的作用和影响，因而，在总体意义上仍然可以在新闻规律论的视野中将这两类关系统一称为新闻活动的内在关系。

综上所述，我们可以对新闻规律做出这样的初步定性：新闻规律属于社会规律，是主体性规律；新闻规律是主体间的信息交流规律，特别是新闻活动主体关于新闻信息的交流规律；新闻规律是新闻活动与社会整体互动（相互作用、相互影响）的规律，也是新闻活动与其他社会领域互动（相互作用、相互影响）的规律。本书随后主要章节关于新闻规律的讨论，都将基于这里关于新闻规律范围的设定进行。

三、新闻规律的特征

新闻规律，作为规律系统中的一类，自然具备前述一般规律具有的客观性、稳定性、具体性、历史性特征，同样具备作为社会规律或主体活动规律的主体性特征，但在这些一般特征的基础上，它还具有一些根源于新闻活动自身活动内容、活动方式特殊性的个性特征[①]或细化特征。只有比较好地认识这些相对个性化的特征，才能对新闻规律形成进一步的清晰认知。本节的核心任务，就是要分析新闻规律主要个性特征的构成。

（一）系统性的主体交流规律

如前所述，看上去简单的以交流新闻信息为核心的新闻活动，客观上却相当复杂。在新闻信息交流活动中，实际上还包含着主体间的精神交往与交流关系、文化交往与交流关系；而且，新闻活动还是具有多元社会功能的信息活动，它与社会整体以及其他社会领域具有复杂多样的关系。这就是说，

---

① 所谓个性特征，有些其实也并不那么个性，是其他规律对象也具备的，但毕竟具体的规律存在对象不同，相关的内容不同，因而，我们都可以把依托于一定对象的属性大致称为一定对象的特性。

新闻活动本身就是庞大的系统性活动，是弥漫性、渗透性很强的活动。如此活动特点，从根源上决定了新闻规律必然是由诸多具体规律构成的有机规律系统，并不是一条或几条简单的规律。但需要说明的是，我这里只是指出新闻规律具有系统性，重点分析的是系统性的根源或根据，并不分析这个规律系统具体由哪些规律类别构成，这样的分析、阐释任务我将在第三章"新闻规律的系统构成"中专门进行。

说新闻规律是系统性规律，主要是说新闻规律是个整体的有机系统，这个整体或系统是由一系列具体规律按照一定关系组成的，即具体规律之间有着内在的联系。新闻规律的系统性，根源于新闻活动自身的系统性，根源于新闻活动与其他社会活动关系的系统性。对新闻规律系统性的根源，具体可以从这样几个方面来理解。

第一，新闻活动是人类的普遍活动。新闻活动既是贯穿于人类整个历史过程的活动，也是人人都必然参与的活动。新闻活动的客观普遍性，从根本上决定了新闻规律的系统性。新闻活动的历史普遍性，蕴含着总是令人神往的问题，即人类新闻活动演进变化的规律是什么，也即不同历史时代、不同历史时期之间的新闻活动有无内在的关系，如果有又是什么；新闻活动的现实普遍性，同样蕴含着令人好奇着迷的问题，在同一历史时代、同一历史时期中，不同新闻活动方式之间有无内在的稳定关系，如果有又是什么。

对所有这些问题的回答，需要从不同视野、不同角度、不同要素出发去探索。这些虽然不是此处的任务，但已足以说明探索新闻规律是个系统性的工程，必须从整个新闻活动系统出发。

第二，新闻活动不是孤立的社会活动，更不是简单纯粹的信息交流活动，而是弥漫性、渗透性很强的社会活动。新闻活动发生、运行于社会环境之中，贯穿在所有的社会活动领域，渗透在人们的日常生活、工作、休闲之中，也就是说，新闻活动与其他所有的社会活动领域都有自然而然的紧密联系。并且，随着现代社会的整体发展，特别是现代传播技术的日新月异，人们看到，整个人类社会的媒介化进程不断加快，新闻对于政治、经济、文化以及日常生活世界的弥漫性、渗透性作用与影响在同步加强、迅猛扩展，新闻与社会的关系越来越成为重要的社会关系。

具体来说，新闻活动的弥漫性、渗透性或者说与社会联系的紧密性，意味着探寻新闻与社会整体的内在关系、新闻与其他社会领域的内在关系，也就是规律性关系，成为新闻规律研究的重要任务。只有从社会系统与新闻系统整体的关系出发，从人类生活的整体系统与新闻系统的关系出发，才有可能发现、认识和把握到真实而系统的新闻规律。那种仅仅针对新闻系统的孤立研究也许能够发现一些新闻活动的特殊规律，但很难探索到新闻活动在社会系统中呈现的真实面目和复杂关系。

第三，新闻活动不是某类、某个主体的孤立活动，而是发生在所有社会主体之间互动过程中的活动。不管什么样的新闻活动，都是社会主体的活动；新闻活动中的各种关系本质上都会体现为不同主体间的关系。比如，仅以新闻内部系统而言，并仅从传播主体视野出发，就存在着传播主体与新闻源主体、报道对象主体、收受主体的诸多关系；如果加上与传播环境的关系，又存在着传播主体与控制主体、与各种各样可能的影响主体之间的关系。当然，所有不同类型主体内部也存在着各种可能的关系。显然，这样的内外关系是丰富而复杂的关系系统，不同类型主体间的内在关系以及同一类型主体的内部关系，都可以构成相应关系维度的具体规律。

事实上，新闻规律所反映的乃是不同社会主体通过新闻活动方式所生成的内在关系。这样的关系既有历史的呈现方式，也有现实共时的呈现方式。当人类新闻活动演变到"后新闻业时代"开启的状态，人们最感迷惑的可能就是在这样的状态中新闻活动主体间是一种什么样的关系，这样的关系会有怎样的历史演变趋势。而面对这样一些问题，只有通过对对象系统各种内在关系的系统探索，才有可能做出一定的回答。

第四，在现代意义上看，新闻业已经成为相对独立的业态领域，新闻职业也已成为社会分工意义上的一种职业；也就是说，职业新闻活动是制度化、机构化或组织化的新闻活动，职业新闻人员已经成为社会分工系统中的独立职业。尽管在不同国家、不同地区，新闻业可能有着不同的表现方式和发展水平，但都作为现代新闻业的一些基本运行习惯、规则和机制，其新闻活动都是成体系、成系统、有规则、有秩序的。

如此业态化（事业化、产业化）的新闻活动，职业化、专业化的新闻活动，自从现代社会产生以来，在现代化的历史过程中，逐步成为人类主导性的新闻活动方式。事实上，新闻业作为信息业、文化业的一部分，已经成为世界各国、各地区重要的一种业态（事业、产业）。新闻业相对自成系统，拥有自身相对独立的运行方式和规则，即拥有自身作为事业、产业的演变发展规律，拥有自身以新闻生产、传播为主的规律。如此等等足以说明，即使仅从新闻业态出发，新闻规律也具有自身的系统性。其实，传统新闻理论在研究新闻规律时，主要关注的就是以新闻业态为对象的新闻活动——职业新闻活动，探讨的新闻规律也主要是新闻业的演进变化规律和职业新闻生产传播规律。

第五，从人类新闻活动发展的最新表现看，"职业新闻"与"非职业新闻"的关系已经成为一种重要的具有整体性社会影响的关系，已经和正在改变着人类新闻活动方式的整体结构，实际上也在改变着人类日常生产、生活中的信息秩序、新闻秩序。因而，职业新闻与非职业新闻的关系到底会如何演变，对人类社会的整体发展都有重要的影响。而这样的关系同样具有系统性，不是某种单一的关系，它已经关涉到整体的新闻活动结构的革命性变化。在如此变革的背后，不仅拥有以传播技术为主的各种技术的支持，也有一定社会政治、经济、文化等构成的宏大背景。

人们已经看到，与传统新闻业时代相比，尽管一些传统的"新闻关系"依然具有稳定的一面①，但更突出的是，整体的新闻环境变了，人们不难发现，媒介生态结构变了，大众化传播主体结构变了，新闻生产传播的方式变了，新闻传收的关系变了，受众身份角色变了，新闻的内容结构也变了。②如此等等系统的、全要素性及其关系的变化，不仅要求人们以新的系统观念、方法研究新的新闻活动现象，也意味着新闻规律有可能会有系统性的变化。这也正是在新时代必须特别关注"新兴媒体发展规律"研究的根据所在。正

---

① "新闻关系"是我在先前著述中提出的一个概念，有两方面的意思：一是指新闻系统内部的各种关系；二是指新闻系统（新闻业、新闻领域、新闻传媒、新闻传播、新闻）与社会整体以及其他社会领域之间的关系。可参见杨保军. 新闻理论研究引论 [M]. 北京：中国人民大学出版社，2009：171-239.

② 杨保军. 新时期中国新闻系统的结构变迁解析 [J]. 兰州大学学报（社会科学版），2014（1）：77-84. 杨保军. "共"时代的开创：试论新闻传播主体"三元"类型结构形成的新闻学意义 [J]. 新闻记者，2013（12）：32-40.

如一些学者所言，"在新闻规律与相关规律的关系中，尤其亟待研究的是与新兴媒体发展规律的关系。这是一个全新的课题"[①]。

第六，新闻规律是个规律系统，还可以从新闻规律与其他相关规律的关系中来观察。我已多次说明，现实社会中的新闻活动，不管在哪个时代、哪个社会，都不是单一纯粹的新闻信息交流活动；如果再从业态角度观察，新闻业不仅是一种重要的事业，同时也是一种重要的产业。如此等等表明的是，支配现实新闻活动的规律不可能只有新闻规律，还可能有其他各种可能的社会活动、社会领域规律，诸如信息规律、宣传规律、意识形态规律、经济规律、政治规律等等。诚如有学者所说，"新闻活动不仅受到新闻规律的制约，而且还会受到其他规律的制约，会与其他相关规律发生这样那样的关系"[②]。显然，从新闻规律与其他相关社会活动规律关系的角度看，新闻规律也是一个规律系统。

顺便可以简要指出的是，正是在新闻规律与这些可能的社会规律的相互作用中，才造成了新闻活动的现实景象。从这一意义上说，支配新闻活动的规律本身就是混合性的、复合性的或融合性的规律；大概正是因为这样，新闻活动才会显现出丰富多彩而又光怪陆离的面貌。

由上面的分析可见，"新闻规律"确实只是一个简化的说法，或者说是一个统摄性的说法，是对新闻活动系统所有具体规律构成的概说。[③] 而要真正理解"新闻规律"的丰富内容，发现不同具体规律之间的可能关系，还得打开这个新闻规律系统进行仔细的考察，而这正是本书后面的主要任务。

（二）以传收规律为核心的规律

无论新闻活动多么复杂多样，具体的新闻生产方式、传播方式、收受方

---

① 丁柏铨. 中国新闻理论体系调整之我见 [J]. 新闻大学，2017（5）：29-37.

② 同①.

③ 在新闻理论研究中，人们使用较多的概念是新闻规律、新闻传播规律、新闻活动规律等。从准确性上讲，"新闻活动规律"的概念更能体现规律的全面性和系统性。"新闻规律"作为一种简化的说法，与"新闻活动规律"的含义是等同的。"新闻传播规律"通常的理解是从传播主体出发的，指的是新闻生产与传播的规律，并且在既往的概念使用中是指职业新闻生产与传播的规律，但在传播概念的广义（狭义仅指传递出去的意思，广义则包含传递与收受双重意思）上，人们也用新闻传播规律指称系统意义上的新闻活动规律或新闻规律。

式、管理控制方式在历史演进过程中发生怎样的变化和更新，却总有其稳定甚至不变的核心活动，这就是它始终是关于新闻信息的传收活动。也正是因为这一点，人类才能比较明确地将新闻活动从其他各种活动中区分出来。因而，无论新闻规律是多么庞大的一个复杂系统，有多少具体的规律，其核心的内在规律仍是"新闻'传—收'规律"，或者说是传收主体间关于新闻信息的共享、分享规律。这可以说是新闻规律系统在整体内容构成上最为突出的个性特征。

尽管新闻规律是多层次、多维度的规律，是系统性的主体间交流规律，但新闻规律反映的核心关系乃是关于新闻信息的传收关系，新闻活动中的所有其他关系都要围绕传收关系展开，或者说最终都会落实到新闻传收关系上。细致一些说，任何试图通过新闻媒介、新闻方式、新闻手段实现的社会目的，诸如经济、政治、文化之类的宏大社会目的，或者具体的舆论、宣传、公关、广告等目的，都得落实到看得见、摸得着的新闻传收关系上，才有可能产生实实在在的社会效应。因此，新闻规律系统客观上是以新闻传收规律为核心的规律系统，新闻传收规律应该是新闻规律系统中的中心规律，自然应该成为新闻规律研究的重心。

新闻活动中存在着诸多的关系或矛盾，但只有新闻传收矛盾是新闻活动系统的基本矛盾、主要矛盾，只有新闻传收关系才称得上是新闻系统内在关系中的核心关系。这样的关系本身也是相当复杂的。在历史维度上，新闻传收关系有一个从传收混沌不分到传收相对独立，再到新的传收一体化的宏观过程①，在一定历史时代的共时性上，传收关系可能同时具有多种互有联系的具体模式。新闻规律研究，正是要对这些复杂具体的关系现象展开观察、分析和探究，从中发现那些比较稳定的关系，揭示出传收关系的历史变迁规律和共时存在的不同传收关系模式之间的规律性关系。

进一步说，新闻传收规律，揭示的是"新闻传播"与"新闻收受"之间的本质关系，因而，从比较严格的意义上说，新闻传收规律并不就是"新闻传播规律"，而是基于"传播规律"与"收受规律"基础上的规律。狭义的新闻传播规律仅指"传递规律"意义上的传播规律，背后的新闻活动主体是新

---

① 杨保军．新闻理论教程［M］．3版．北京：中国人民大学出版社，2014：60-63．

闻生产与传播主体；与此相对，狭义的"新闻收受规律"仅指收受新闻的规律，背后的新闻活动主体是新闻收受主体。由于传播与收受之间有着内在的互动关系，也就意味着传播规律与收受规律之间有着内在的互动关系，正是这两种规律之间的本质关系，构成了新闻传收规律，这才是我所说的新闻活动中的核心规律。它才是新闻规律应该关注和研究的核心。从此处的分析也可以看出，新闻传收规律实际上反映的是新闻传收活动中传播主体与收受主体的关系规律，这也是新闻规律作为主体性规律最为典型的特征所在。

需要注意的是，社会整体发展，特别是各种技术发明创造的飞速发展，已经造成了人类社会的整体变革，而变革最快、最大、最突出的社会领域就包括信息传播领域、新闻活动领域。与传统新闻业时代的大众化传收模式相比，新兴媒介环境中的新闻传收结构、传收方式已经发生了天翻地覆的变化。在传统新闻业时代，由职业新闻组织建构的那种比较稳定的单向性传收结构关系早已被打破，那种传收之间由大众传播模式决定的相对单一的"主—客"关系模式正在为多样化的传播模式所代替，传收之间的"主—客"关系模式也正在为"主—主"关系模式所替代，正在为更为复杂多元的主体（信源主体、传播主体、收受主体、控制主体、影响主体）间关系所替代。这意味着，传收规律支配下的人类新闻活动已经有了新的表现，进入了新的时代，需要我们作出新的探讨和解释。

（三）以新闻为主要内容的交流规律

如果说上面一点反映的是新闻规律在规律系统构成内容上的典型特点，那么，以新闻信息为核心的交流规律，呈现的就是新闻规律在具体规律内容上的典型特点，是对以新闻传收规律为核心规律的进一步细化和深化。

人类是信息动物。在由物质、能量、信息构成的世界中，信息对于人类生存发展具有越来越重要的作用和影响。"信息就是财富""信息就是金钱"早已成为流行时髦的口号，而信息经济也早已成为重要的经济领域。至于信息对政治活动、文化活动、日常生活活动的重要性更是不必多说。

人类的信息交流内容丰富而多样，但大致可以分为三类：事实信息、情感信息和意见信息。在现实的人类信息交流活动中，要想将这三类信息清清如水似的分离开来，几乎是不可能的。就是说，在每一种信息交流中，都会有其他信息的进入或渗透。因而，我们只能说以某种信息类型为主的交流。比如，一般说来，情报交流就以事实信息为主，宣传交流就以意见信息为主，而文学艺术交流就以情感信息为主。在现实社会中，大部分交流的信息内容是综合性的，很难明晰确定信息类型比例的多少。也就是说，人类之间的交流，原则上总是信息融合性的交流，而非某类信息的纯粹交流。这也意味着每一类型的信息交流总有可能受到其他类型信息交流规律的制约和限制。但是，不同类型的信息交流也是可以区分开来的，这不仅是理论逻辑上的可能，也是实践中的经验事实。实际上，在历史的演进过程中，人类针对不同类型信息交流的本质特征已经形成了不同的交流规范，不然也就区分不开不同领域、不同信息类型的社会交流活动了。

广义的新闻交流，如果以现代新闻观念为参照，可以说包括事实信息（狭义新闻）交流、意见信息（新闻评论）交流，当然还有不可避免（有时也不应避免）的情感信息交流。即使在一个简单的新闻文本中，原则上也包含着事态信息、情态信息和意态信息①；更不用说在实际的新闻传播中，各种语境信息（社会语境信息、媒介语境信息、文本语境信息等）的进入②，从而使新闻交流不再是单纯的事实信息交流，而成为一种"复合信息"交流。狭义新闻交流是以"事实信息"为核心、为基础甚至是为直接目的的交流，最能代表新闻交流的个性特征。新闻的本质是对一定事实信息的反映和陈述；离开事实信息的交流，原则上就不再是新闻交流，相应的活动不再是新闻活动，也就没有根据谈论新闻规律。

事实信息是新闻交流内容上的根本。所谓新闻活动必须以新闻为本位，最基本的意思就是以事实信息为本位。正是在这一点上，新闻交流从内容上与其他交流初步区别开来，这也是新闻专业观念在新闻业务层面上的根本所在。新闻评论或新闻意见作为主体间的意见交流方式内容，渗透在新闻报道、新闻评论中的媒介情感信息也总是以新闻事实或新闻信息为前提，没有新闻

---

① 杨保军. 传播态新闻作品的信息构成分析［J］. 当代传播，2006（6）：13-14.
② 杨保军. 传播态新闻语境信息构成分析［J］. 当代传播，2008（5）：10-14.

事实基础的新闻意见交流、情感交流将失去新闻交流的意义。

进一步说，新闻活动、新闻交流所关注的事实信息，并不是"一般的"事实信息，而是具有"新闻价值的"或新闻属性的事实信息（可以简称为"新闻事实信息"或"新闻信息"），这就从内容上决定了新闻规律作为一种信息交流规律，必然具有自身的个性特征，在交流实践中必然拥有自身内容上、方式上的个性化要求（最典型的就是真实、全面、客观、公正、及时、透明、公开）。对此，我将在第八章"新闻规律的实践体现"中专门论述。

在新兴媒介环境中，传统的以新闻事实信息为核心内容的交流方式已经受到了挑战。新闻漂移现象①变得越来越严重，正在侵蚀现代新闻产生以来的基本观念、原则和方法。如果说职业新闻还能基本坚守传播新闻事实信息这一基本原则②，那么可以说非职业新闻几乎无视这一原则③。人们不难看到，在非职业新闻传播中，多种类型的信息混杂、搅和在一起，一股脑儿地撒播在整个网络空间，甚至已经造成了一个新闻视野中的"后真相"时代；到底是什么类型的信息，有时确实很难清楚分辨，因而，很难用传统眼光看清新兴环境中的新闻交流特征。也许这正是"后新闻业时代"开启后的新兴现象，需要我们展开新的观察、分析和探讨。

---

① 所谓新闻漂移现象，就是新闻活动特别是职业新闻生产和传播活动对事实世界的偏移或背离，以及对新闻事实的扭曲性建构，具体表现为弱化新闻报道、膨化言论传播、制造"伪新闻"、扭曲新闻报道理念与方法等。参见杨保军，李泓江. 新闻的"漂移"及应对之道［J］. 新闻记者，2018（10）：19-28。另外，关于"伪新闻"现象，可参见杨保军，朱立芳. 伪新闻：虚假新闻的"隐存者"［J］. 新闻记者，2015（8）：11-20。

② 事实上，职业新闻传播机构选择、传播的也并不完全都是有新闻价值的事实信息，有时会在各种因素的作用影响下，传播一些非新闻事实信息的其他信息。至于充当政党、政府喉舌的新闻机构，其生产传播新闻往往首先考虑的是宣传价值、公关价值，而非新闻价值。

③ 杨保军. 民众新闻观念的实质及其可能影响［J］. 编辑之友，2015（10）：5-10.

第二章 新闻规律的形成

我的观点是把经济的社会形态的发展理解为一种自然史的过程。

——［德］马克思

在社会历史领域内进行活动的，是具有意识的、经过思虑或凭激情行动的、追求某种目的的人；任何事情的发生都不是没有自觉的意图，没有预期的目的的。

——［德］恩格斯

作为文化史的一个部分，新闻史和文化史其他方面的联系更是异常密切。

——方汉奇

对于只有几百万年生存历史的人类来说，自然规律是"已在""既在"或"永在"的东西，与人类自己的社会活动无关。人类自己的规律探索、研究活动，是一个近乎纯粹发现的过程。但对人类自身的社会活动规律而言，如果有规律，从总体上说也属于生成中的规律，属于贯穿在"曾在""现在"和"将在"的实践活动中的规律。因此，作为主体性规律，新闻规律是如何生成的便成为规律研究的重要问题。由于人类新闻活动是不断展开的历史活动，因而规律生成本身就是一个历史的过程，并不是现成的规律摆在那里等待我们去发现、去认识和去应用。简单说，规律并不是隐藏在宝库中的宝藏，等待发现或开掘，而是形成中的东西；规律是问题，还不是答案。

一、新闻规律是新闻活动的产物

作为主体性规律，新闻规律自然蕴含在人类新闻现象、新闻活动之中，是在新闻现象的不断变化中、新闻活动的不断演进中形成的。伴随人类新闻活动方式的演进、更新过程，那些贯通性的新闻规律始终处在形成之中，而有些具体规律会消亡，有些具体规律会诞生。但作为主体性的新闻规律，不管是贯穿于人类新闻活动始终的历史性规律，还是仅仅存在于一定历史时代、一定社会新闻活动中的特殊规律，抑或是那些针对具体媒介形态而言的个别规律，本质上都是人类自在活动与自觉创造活动的共同结果。新闻规律不是天定的、预制的，而是在人类作为新闻活动主体的新闻活动过程中生成的。

（一）新闻规律是新闻活动的自在产物

新闻活动是人类传收、交流新闻信息的活动，是人类固有的一种活动，并且首先是相伴人类历史演进的自在自发的活动。因而，如果人类新闻活动存在规律，那它首先也是在如此自在自发过程中自然而然形成的，不是什么神秘意志或权威意志的产物，不是上帝的预制，也不是某个人设计的、创造的结果，而是在所有新闻活动者的新闻活动中逐步形成的，是新闻活动系统中所有要素相互作用、相互影响的自发产物。这是理解新闻规律形成的基础。

人类首先是自然进化的产物，人类历史就像自然世界的展开过程一样，是一个自然的历史过程。在《资本论》第一卷第一版的序言中，马克思就曾明确指出：“我的观点是把经济的社会形态的发展理解为一种自然史的过程。”①

马克思论述的对象是经济现象，但对我们理解其他社会领域现象具有重要的方法论意义。其实，人类的所有活动包括新闻活动的历史形态②演变也首先是一个自然的历史过程，即只要人类生存发展，就是一个必然的或不得不展开的过程。这就从根本上决定了人类历史活动规律及其所有具体活动领域、活动方式的规律，都是在人类自然演进过程中形成的，而不是按照某种神秘的意志预先设计的、创造的。

新闻活动不是纯粹孤立的人类活动形式，它始终与人类的其他活动形式

---

① 马克思，恩格斯. 马克思恩格斯文集：第 5 卷 [M]. 北京：人民出版社，2009：10.
② 新闻活动的历史形态就是指不同历史时代新闻活动的不同方式，一个时代主导的新闻传收方式就标志着一种新闻活动的历史形态。比如，我就将人类新闻活动的历史过程从宏观上分为三个时代：前新闻业时代、新闻业时代和后新闻业时代。

交融渗透在一起。因而，新闻规律既是新闻活动内部自发形成的规律，也是新闻活动与其他社会活动自发相互作用过程中形成的规律（对后一点我将在下文专列一节讨论）。新闻活动，不管是自发的还是自觉的，主要是人类认识事实世界变化、反映事实世界变化的一种活动，理论逻辑上，有其内容上、方式上的相对独立性和特殊性，因而，新闻规律首先是人类新闻活动之内的规律，而非新闻活动之外其他力量附加的规律。这就是说，作为人类自然演进中的一种活动规律，新闻规律首先应该是在新闻活动中自然自在形成的。

新闻活动是自发的历史过程，又是不断发生历史变迁的过程；新闻活动的历史变迁规律就是在这样的过程中形成和表现的。同时，不管是针对整体的人类社会来说，还是针对一定的具体社会①而言，都有其不同历史时代主导性的新闻活动方式。比如，在人类意义上，如果以媒介形态做参照，人们通常认为人类社会经历了这样一些主导形式不断变迁的新闻时代：前口语时代—口语时代—文字时代—印刷时代—广播时代—电视时代—网络时代—融合时代，或者是生物媒体时代—机械媒体时代—智能媒体时代（刚刚开启）。如果以业态为参照，则大致的历时形态是：前新闻业时代—（现代、传统）新闻业时代—后新闻业时代或新新闻业时代。② 面向未来，新闻活动的时代演进都是开放的，人类对未来的新闻活动方式很难具有完全确定的认知，而在所有的时代之间，并不像理论上描述的那样清清如水，而是总存在着相互交融、模糊的状态。

每一时代都有主导性的新闻形态及新闻生产方式、传播方式、收受方式和管理控制方式，而每一主导方式都有自身自发自在形成的过程，相应有一些时代性、主导性的具体新闻规律，比如印刷新闻必然有印刷新闻的具体规律，传统电子新闻（主要指广播电视新闻）必然有电子新闻的具体规律，网络新闻以及各种新兴媒体新闻必然有自然的相关规律。这些具体规律同样不是人类自身主观设计的、预制的，而是在相关新闻活动过程中自发自在形成的。比如，建立在互联网技术基础上的一系列新兴媒介对人类新闻活动产生

---

① 不同具体社会之间，新闻活动方式、发展水平是不平衡的，这与整个人类不同地区之间文明、文化发展的不平衡是相一致的。

② 学界会以不同的标准为参照，对人类新闻活动史进行时代划分，但通常采用的标准主要有两个：一是代表性新闻媒介形态的出现；二是新闻业态的诞生和演变。

了翻天覆地的作用和影响，已经形成了与以往具有巨大区别的新闻生产、传播、收受、管理控制等的结构，但目前人们对新兴媒介的演进规律仍是茫然的。这不仅是因为人类的认识能力有限，更主要的是因为新兴媒介毕竟只有几十年的历史，其变化演进的趋势还没有在客观上显露出来，它还是一棵破土时间不长的新苗，可能还没有表现出稳定的规律性的方向。新兴媒介作为技术性的存在，有其自身作为技术的自主性，有其自身演进的特点，但这需要自在自发的历史过程。技术，一经产生，便具有自身的相对独立性，不会完全按照人的意志演进，人在一定意义上很可能成为技术自身演进的"生殖器"。

正是因为新闻规律也像其他社会活动规律一样，其形成具有自在自发性，人们才会说新闻发展的未来是开放的、可能的，是难以准确预测具体图景的；但是，以自在自发形式生成的规律又是可认识的，因而，人类又能够在一定程度上预测新闻图景的可能变化。这属于另一个问题，此处暂不深究。如果规律是已定的、既在的东西，那就意味着未来的图景是必然的，人们只要按照蓝图"施工"就行了。但事实不是这样，未来是不断展开的过程，其中的动力、机制也要经历一个不断生成的过程。显然，规律认识与规律运用的艰难性也在这里。

总而言之，就像人类新闻活动具有自发自在的一面，新闻规律也是在人类新闻活动历史过程中逐步自在自发生成的规律，具有自然历史的自发性和自在性，不是哪个神、哪个人或哪种主观愿望、主观力量自行设计的、预制的。这也正是人类历史活动规律包括新闻活动规律客观性的生成根源。新闻规律的这种自发自在生成性，也从根源上决定了新闻规律也像自然规律和其他社会规律一样，会以自发自在的客观力量作用和影响人类的新闻活动，不会具有主体偏向性。如果说新闻规律具有主体偏向性，那也是偏向那些能够认识它的人、尊重它的人、按照其内在要求展开新闻活动的人。对此，我将在后文专列章节进行讨论。

（二）新闻规律是创造性新闻活动的产物

如上所说，新闻活动是人类自在自发的社会活动，是自然而然展开的社会活动，但与此同时，人在自然进化中转变成了典型的社会动物，人转变成了可以自觉自主活动的理性动物。这就是说，新闻活动也是人类自觉展开的活动，是有目的性的活动，并且是目的性越来越强、越来越专门化的活动。作为主体性规律，新闻规律无疑是在主体活动中形成的，自然也是在主体自觉自为的新闻活动中产生的。

其实，恩格斯早就说过这样的话："在社会历史领域内进行活动的，是具有意识的、经过思虑或凭激情行动的、追求某种目的的人；任何事情的发生都不是没有自觉的意图，没有预期的目的的。"① 新闻活动，正如我们反复言说的，就是以传收新闻信息为目的的活动，实际上是为了满足社会主体的新闻需要，最根本的则是主体通过新闻认识方式，了解生存发展环境的变化，进一步实现其他一些延伸性的社会目的。只是人类可能在相当长时期的新闻活动中，并没有自觉的新闻意识、新闻观念，并没有将新闻信息与其他信息清楚分开的意识，但人类并不是无目的地展开信息交流活动的。这意味着，新闻规律也是在人类自觉的目的性的新闻活动中产生的、形成的。

社会活动规律内在于人的社会活动之中，内在于所有活动者的相互作用、相互影响之中。事实上，整体的人类历史发展规律、社会领域活动规律和某种具体活动规律，都是在不同活动主体相关活动的相互作用、相互影响之中形成的。原则上说，所有的具体社会活动主体都是自觉的活动者、有目的的活动者。这些不同的具有自觉性、目的性的活动主体之间，以恩格斯所说的"力的平行四边形"原则或"合力"原则②，最终形成不以任何个人意志为转

---

① 马克思，恩格斯. 马克思恩格斯选集：第4卷 [M]. 3版. 北京：人民出版社，2012：253.

② 所谓"力的平行四边形"原则或"合力"原则，是指恩格斯有关单个人的目的、意志与社会整体发展方向、机制的关系方面的观点。恩格斯在《路德维希·费尔巴哈和德国古典哲学的终结》和致布洛赫的信中，表达了这样的原则。恩格斯说："历史是这样创造的：最终的结果总是从许多单个的意志的相互冲突中产生出来的，而其中每一个意志，又是由于许多特殊的生活条件，才成为它所成为的那样。这样就有无数互相交错的力量，有无数个力的平行四边形，由此就产生出一个合力，即历史结果，而这个结果又可以看做一个作为整体的、**不自觉地**和不自主地起着作用的力量的产物。因为任何一个人的愿望都会受到任何另一个人的妨碍，而最后出现的结果就是谁都没有希望过的事物。所以到目前为止的历史总是像一种自然过程一样地进行，而且实质上也是服从于同一运动规律的。但是，各个人的意志——其中的每一个都希望得到他的体质和外部的、归根到底是经济的情况（或是他个人的，或是一般社会性的）使他向往的东西——虽然都达不到自己的愿望，而是融合为一个总的平均数，一个总的合力，然而从这一事实中决不应作出结论说，这些意志等于零。相反，每个意志都对合力有所贡献，因而是包括在这个合力里面的。"参见马克思，恩格斯. 马克思恩格斯选集：第4卷 [M]. 3版. 北京：人民出版社，2012：605-606. 我认为，恩格斯的"力的平行四边形"原则或"合力"原则，实际上揭示了历史规律的形成机制，对于我们思考探究任何一个社会领域或人类具体活动方式的规律形成具有重要的方法论意义。

移的活动机制，也就是活动规律，并形成一定的活动表现或活动结果。因而，人类活动规律的形成，离不开社会主体的自觉性和目的性，但又不是任何个人意志的主观愿望和主观结果，这便使人类活动规律既有客观性又有主体性的特征。新闻规律作为人类活动领域、活动方式的一种规律，也是通过如此机制形成的，即在不同新闻活动主体的相互作用、相互影响之中形成的。因而，一定意义上可以说，新闻规律是人类新闻活动的产物，是在人类创造性新闻活动中生成的。甚至可以直接说，新闻规律是人类自己在新闻活动中创造的规律，但又不是按照某些人的主观意志创造的、形成的，而是在所有新闻活动主体的相互作用、相互影响中形成的，其中包含着所有活动主体的主观意志、认识活动、实践行动所释放出来的能量。但要比较准确地理解这一点还需要进一步的阐释，还需要哲学家们针对社会规律的主体性做出不断的探究。

如果纵观人类新闻活动的历史过程，就会看到，这不仅仅是一个自发自在的演进过程，也是一个人类不断主动创造新的活动方式的过程。不同信息载体的选择、加工和运用，不同符号形式、符号系统的发明、创造，不同媒介形态的发明、创造，不同传播技术的发明、创造，不同生产方式、传播方式、收受方式、管理控制方式的发明、创造、设计、建设，等等，并不都是自然而然的产物，更多的是人类自觉自为活动的产物。可以说，麦克卢汉意义上的所有人类延伸物①，都是人类自主性、积极性、创造性在新闻活动中的体现。人类从最初的以人体本身或人体感觉系统为中介的直接传收活动发展到以传统机械技术中介系统为主的间接传收活动，直到今天已经开启的以智能技术（人工智能媒介）为中介的传收活动，正好说明，像人类的其他社会活动一样，新闻活动也是一个自觉性、创造性不断增强、不断提高的过程。在这样的历史过程中，不是某个人创造了历史，而是所有人在新闻活动中共同创造了历史，其中的机制就是相互作用、相互影响。历史的方向就是"合力"的方向，历史是在千千万万社会民众的共同活动中创造的、形成的。群

---

① 麦克卢汉把所有的人类创造物都看作人类的延伸，而他比较集中关注的是人们通常所说的传播媒介的延伸（其实，麦克卢汉把所有的延伸物都称为媒介）。参见麦克卢汉．理解媒介：论人的延伸［M］．何道宽，译．北京：商务印书馆，2000。

众是历史的主体，是历史的创造者，应该是颠扑不破的真理。在新闻活动历史演进过程中，可能有些主体的力量大一些、强一些，有些主体的力量小一些、弱一些，但不管是人类新闻活动的总体的历史变迁规律，还是某种具体的新闻规律，都是在人类自觉的新闻活动历史过程中形成的，新闻规律不是一些人为另一些人创造的，而是人类作为新闻活动主体的共同产物。

　　人类历史的展开过程是社会文明程度不断提升、社会日益复杂化的过程，自然也是一个信息需求持续增多的过程，是一个对事实世界新近变化需要及时准确认识把握的过程。事实上，在一般意义上，人是需要的动物，需要的升级更新史就是一个维度中的人类演进史。正如马克思指出的，"由于人类本性的发展规律，一旦满足了某一范围的需要……又会游离出、创造出**新的需要**"①。信息需求、新闻需要的持续扩大、增加与更新，作为最强劲而深层的动力，会促使人类更加自觉地创造新的信息活动方式、新闻活动方式。实际上，人们能够明显地看到，信息领域、新闻领域越来越多的革命性变革，都是在人类主体高度理性、自觉的行动中形成的。这就是说，在规律论视野中，自觉自为的行动越来越成为新闻活动规律形成的力量源泉。每当人类创造出新的具有变革性或革命性的新闻活动方式——主要表现为新的技术的诞生、新的媒介形态的形成，本质上就在促成一种可能的新闻活动规律。事实上，列宁早就表达过这样的思想，"每个历史时期都有它自己的规律"②。当人类新闻活动进入以互联网为基础的新兴媒体时代时，不仅对人类探究媒介形态历史演化规律带来了新的课题（如"后新闻业时代"的演变规律）。同时，新兴媒体本身的发展规律也会成为新闻规律系统中的重大问题。事实上，我们已经看到，当今世界的重要国家都在战略层面上高度重视新兴技术的发展变化，都在探索未来技术发展的趋势，都在争取自己在新的信息时代的优势地位。这从规律论的角度看，就是都在试图很好地认识、把握和运用新兴技术的发展规律。

---

① 马克思，恩格斯．马克思恩格斯全集：第 32 卷 ［M］．2 版．北京：人民出版社，1998：223.
② 列宁．列宁选集：第 1 卷 ［M］．3 版修订版．北京：人民出版社，2012：34.

（三）新闻规律是自在与自觉的共生结果

如上所述，人类新闻活动具有自发自在的一面，是一个自然的历史过程。同时，人类新闻活动又有自觉自为的创造性的一面。这就从根本上决定了，蕴含于新闻现象、新闻活动中的新闻规律必然是在自发与自觉的新闻活动中形成的，即新闻规律是自在与自觉的共生结果。原则上看，自发自在与自觉自为之间是一个共在共动的历史过程。

如果我们回望历史，不难发现，人类的社会活动总体上是一个自觉性不断提升的过程。事实上，所有人类活动，只有演进到一定历史阶段，人类才会形成反思性的认识，充分自觉到它的存在，才会以自觉方式展开相关的活动，提高活动的自觉水平。在一般意义上说，几乎所有人类活动最初都是浑然一体的，只是演进到一定程度，不同领域活动才逐步相对分离、独立出来，分门别类，各司其职，最终形成在一定历史时期比较稳定的社会活动领域、行业结构、社会分工、社会职业。可见，自觉以及自觉的不断提升都有一个漫长的历史过程，从自发到自觉也是一个历史过程，并不是某一时刻的断然产物。这里足以见出，人类某种活动的规律是一个历史的形成过程，也是在自发与自觉相互作用过程中形成的。只是在有些历史阶段，自发自在的作用大一些，在有些历史阶段，自觉自为的作用大一些。

需要特别指出的是，并不是说某种人类活动发展到整体自觉的水平，自在自发的因素就消退了、没有了，其实，"主体性不可能完全自我认识，就像眼睛不能看见自身"①。每一种人类活动，不管演进到什么样的状态、发展到什么样的水平，总有一些因素是人类无法自觉到、认识到的，人类也难以总是以非常清醒的、理性的方式进行某种活动。人类并不是被纯粹设计的或计划式地生活，不是"按图索骥"式地生存和发展。正像无意识总是相伴人类的意识活动一样，自发自在的因素、自发自在的活动方式总是存在的，自发自在的作用和影响总是自然而然地进行着。人类对自身的活动不可能做到上帝式的绝对或完全觉知，总有一些盲目的（自在的）力量在支配着人类的行

---

① 赵汀阳. 四种分叉［M］. 上海：华东师范大学出版社，2017：100.

为，这是由人类的人性能力从根本上决定的。何况，主体性的活动规律，如上所说，是在不同主体的"合力"作用中形成的，而"合力"的具体机制是人类能力无法完全自觉自知的，起码在一种活动的起始阶段和进行过程中活动主体不大可能完全认识和把握其中的内在关系。这就是说，新闻活动规律的形成，有自身的客观机制，不是主体可以控制的；一定主体能够在一定程度上控制的、自律的，只能是自己的具体新闻活动方式，而非整体的新闻活动环境和活动方式。因而，任何轻言掌控了规律生成机制的说法都是危险的。

规律是在主体自觉活动中形成的，不过是说主体的活动具有自觉性、目的性，但并不是说规律是主体自觉地、有目的地创造的，并不是说活动主体想创造什么规律就能创造什么规律。同样，新闻活动可以是目的性活动，但新闻规律不是目的性产物，新闻规律是在人类目的性的新闻活动中自然形成的，这是自发与自觉相结合、相统一的实质。我们不能说，要通过什么样的新闻活动方式创造想要的某种新闻规律。从本体论上说，规律是在客观的感性活动过程中形成的，尽管这一过程始终有主观因素、主体因素的参与，但我们却不能说规律是主观意志的产物。从认识论上说，规律是可认识的，但它是人类通过"后知后觉"才能做到的，并且，"后知后觉"是相伴人类历史全过程的事情，而非某一历史阶段的事情。规律形成在先，规律认识在后，这是不可颠倒的逻辑。人类关于任何事物的未来趋势预测与想象，如果是严肃的而非纯粹的幻想，都总是基于对既有事实内在机制的认识。

人类整体的历史活动规律，不同社会领域的活动规律（包括新闻活动规律），总体上就是在自发与自觉活动的统一过程中形成的。如果以今天的人类眼光观察，也许我们可以说，越是向过往的历史深处观望，自发自在的力量在规律形成中的影响越大，而越是向未来的远处眺望，自觉自为的力量在规律形成中的影响越大。但这只是可能，并非必然，因为，如前所说，人类直接创造的是新闻活动方式，并不是新闻活动规律。一定意义上说，人类不断创造新的新闻活动方式，本身可能就是新闻规律的历史表现。

二、新闻规律是社会系统共同作用的产物

如前所述，新闻规律是在自在的人类新闻活动中形成的，也是在自觉的人类新闻活动、新闻实践中生成的，是自在的新闻活动和自觉的新闻活动的共同产物。但是，不管是自在的还是自觉的新闻活动、新闻实践，都不是单一孤立的存在，而是在整体的社会有机系统中、社会环境中展开的，要受到各种社会要素的共同作用与影响。也就是说，新闻规律是在新闻系统与其他社会系统相互作用、相互影响过程中形成的，而非新闻系统内部孤立的产物。新闻规律的形成还要受制于社会整体的运行规律，受制于一定社会政治、经济、文化、技术等发展变化的整体状况，受制于其他社会领域或社会活动规律。

（一）新闻规律形成于整体的社会运行系统

作为新闻活动领域的规律，新闻规律具有自身的独立性和自主性，这根源于新闻活动有其自身的活动领域、内容、方式和特征，有其特有的社会功能和作用、意义和价值。但是，新闻活动不是孤立的人类活动，而是与其他人类活动共存共在的社会活动，因而，新闻规律的形成必然要受到社会整体发展状态、发展水平的影响，必然会受到其他相关社会活动不同程度的作用和影响。在本部分，我们先来分析新闻规律形成于整体的社会运行系统这一问题，实际上就是分析社会整体发展状态或水平在新闻规律形成过程中的作用和影响。

首先，社会的整体发展水平制约着新闻活动的整体活动方式和活动水平，也就自然制约着新闻规律的整体形成方式及其表现形式。

一定历史时期内，人类能够拥有什么样的新闻活动内容和方式，不是由新闻活动自身决定的，而是由整体的社会发展水平决定的，新闻活动不过是社会整体运行的一部分、一个子系统。因而，从规律层面上说，整体的人类历史演变规律、社会活动规律，从根本上决定着新闻活动的历史演变规律和诸多具体规律，或者说，人类新闻活动的历史规律不过是人类整体历史发展

规律的一种表现形式、一个领域的体现形式。

如我在第一章所指出的，新闻活动本质上属于人类认识世界的一种特殊方式，直接表现为关于新闻事实信息的交流活动；它关注的是事实世界中的最新突出变动情况，它以新闻方式反映和呈现自然、社会的变化面目。因而，新闻活动的内容与方式必然会受到社会整体活动内容与方式的限制，新闻活动只能在社会整体运行设定的边界内展开。这自然意味着，不管是总体的新闻规律还是具体的新闻规律，只能在社会系统的整体运行过程中形成，只能在新闻活动与社会活动的整体关系中形成。

其次，人类不同历史阶段的整体发展状态决定着相应阶段新闻活动的整体状态和方式，也就决定着相应阶段主导性新闻规律的形成方式以及新闻规律的样式和表现形式。这其实是对上一条更为细致、深入的具体化说明。

不同社会发展时期，有着整体的生产力水平，也就有着整体的社会生产方式，从而形成了人们常说的不同的社会形态。按照马克思主义的社会发展理论，人们不管是把人类社会形态演变过程描述为原始社会—奴隶社会—封建社会—资本主义社会—社会主义社会，还是将人的存在状态描述为在前资本主义社会中人的存在以人与人的依赖关系为基础（人对人的依赖状态）—在资本主义社会中人的存在体现为以人对物的依赖关系为基础（人对物的依赖状态）—在未来社会中人的存在体现为自由个性的发展（自由全面的发展状态）①，其背后最为根本的动力要素都是生产力要素。这是一种总体性的历史判断。但就某一具体的历史时期来说，都有其代表性的生产技术以及相应的生产方式。从新闻活动角度看，一定历史阶段的整体生产力发展水平从根本上决定着人类主导性的新闻生产方式或主导性的新闻活动方式。主导性的新闻生产方式决定着主导性的新闻形态，也就意味着不同时代会有主导性的

---

① 马克思在《政治经济学批判》中提出人类社会发展的三大形态："人的依赖关系（起初完全是自然发生的），是最初的社会形态，在这种形态下，人的生产能力只是在狭窄的范围内和孤立的地点上发展着。以**物**的依赖性为基础的人的独立性，是第二大形态，在这种形态下，才形成普遍的社会物质变换，全面的关系，多方面的需求以及全面的能力的体系。建立在个人全面发展和他们共同的社会生产能力成为他们的社会财富这一基础上的自由个性，是第三个阶段。第二个阶段为第三个阶段创造条件。"参见马克思，恩格斯．马克思恩格斯全集：第46卷上册［M］．北京：人民出版社，1979：104。

新闻规律形成方式，进而形成主导性的新闻规律，这需要做出进一步的说明，我将在后面的"新闻活动的宏观规律"一章做专门的阐释。

在现代印刷技术诞生之前，人类传收新闻信息的具体方式多种多样，但总体上的主导模式是人与人之间的面对面交流方式，这属于"前新闻业时代"的主导模式，这一历史时期的新闻规律就是在如此模式的交流活动中形成的①。当15世纪中期现代印刷技术诞生之后（谷登堡印刷术为历史标志），人类新闻生产方式逐步开始超越以人际交流为主的模式，经过几百年的历程，形成了现代印刷新闻业，进入了现代印刷新闻业时代，建构起了点到面的大众传播模式。而随后20世纪广播、电视新闻业的兴起，又将现代新闻业推进到了一个新的时代，使点到面的大众新闻传播模式成为绝对主导的新闻传播模式，这属于传统新闻业时代的主导模式。在这样的模式中，形成了具有大众新闻传播模式特征的新闻规律。而具体的报刊新闻规律、广播新闻规律、电视新闻规律，恐怕只能在印刷新闻活动、广播电视新闻活动中形成。当人类演进到20世纪七八十年代，特别是进入21世纪之后，以互联网为基础的新技术迅速将建立在传统三大新闻媒介（报纸、广播、电视）之上的传统新闻业带进了一个新的时代——后新闻业时代，开启了以融合传播模式为主的时代，智能传播也已初露曙光，为新兴媒体发展规律提供了生成环境和条件，也使得新兴媒体发展规律成为新闻规律研究中的时代性主题。

最后，新闻规律形成于社会系统的整体运行之中，这意味着有什么样的社会运行方式就会有什么样的特殊新闻规律形成方式。这里实质上是说，在不同社会形态、不同社会制度中，新闻规律的具体形成方式、具体表现方式都可能是有差别的。

在现实世界中，人们看到，不同社会、不同国家有着不同的经济制度、政治制度、文化制度，或者笼统地讲，不同社会、不同国家有着不同的制度体系，因而有着不同的整体社会运行方式。当新闻活动处于这些不同的社会整体系统中时，就会自然而然以不同的方式展开，从而形成有差异的新闻运

---

① 前新闻业时代，人们交流新闻信息和其他信息的规律是什么，这是需要研究的问题。面对面的交流模式、交流方式不过是交流现象上的表现。

行规律。大概正是因为如此根源性的原因，才会从根本上决定了新闻规律在不同社会中有着各自的特殊表现，形成所谓的特殊性新闻规律。有关新闻学的各种本土性界定，其实也正是根源于这样的事实。①

就当今世界来说，主要由资本主义与社会主义两大社会形态构成。在资本主义社会，新闻活动展开于资本主义社会的整体运行系统之中，也受制于资本主义社会的整体运行系统，因而只能在这样的系统中形成与其社会制度相适应的新闻制度、新闻运行方式、新闻规律；同样逻辑，在社会主义社会，新闻活动展开于社会主义社会的整体运行系统中，也受制于社会主义社会的整体运行系统，因而只能在这样的系统中形成与社会主义制度相适应的新闻制度、新闻运行方式、新闻规律。不同社会形态中新闻规律的特殊性，正是首先根源于不同社会的特殊性，以及由这种特殊性决定的新闻活动的特殊性。

从新闻规律形成的社会机制可以看出，由于新闻活动不可能超越社会活动系统而存在，因而新闻规律也不会超越社会规律而存在，这不仅表现在整体的人类社会意义上，而且表现在特殊的社会意义上。关于新闻规律与社会规律的具体关系，我将在后面的相关章节中论述。

（二）新闻规律形成于新闻活动与其他社会活动的相互作用

在社会有机系统中，并不存在纯粹的某类社会活动，不同领域的社会活动都是相互作用、相互影响地交融交织在一起。因而，从原则上说，不同社会领域的活动规律也是交融交织在一起的，一个领域的规律总是要受到其他领域规律的牵制或影响，差别只在于有些领域的规律具有更强的独立性和自主性，而有些领域的规律自主性、独立性可能相对弱一些。从规律形成论的角度看，新闻规律形成于新闻活动与其他社会活动相互作用、相互影响的过程中。由于新闻活动贯穿、渗透在所有的社会活动之中，对新闻活动与所有其他社会领域活动的关系展开全面的讨论几乎是不可能的。因此，我只选择通常认为与新闻活动关系最为紧密、对新闻活动影响可能最大的几种活动，分析阐释它们对新闻

---

① 比如，中国人将根源于中国事实的新闻学称为有中国特色的新闻学。其实，新闻学只有一种，但基于不同本土实际，新闻学会形成不同的本土地域特征，形成不同的新闻学派。

规律形成的影响。关于不同社会领域规律与新闻规律之间的关系则是新闻规律研究中的另一重要问题，我将在后文的相关章节中专门论述。

首先，新闻规律的形成始终受到一定社会经济活动的基础性影响。从社会结构上看，物质领域、经济领域始终处于基础地位（被称为经济基础），经济基础对建立其上的政治上层建筑和意识形态领域具有决定性的影响。当然，在马克思主义的社会理论中，从不否认上层建筑对经济基础的反作用以及在特定环境和条件下的决定性作用。

在总体的社会活动结构中，与感性的物质活动相比，与经济活动相比，新闻活动总体上属于认识世界的信息交流、精神交往活动。当人类新闻活动发展到拥有现代新闻业的时代时，新闻业尽管具有一定的社会经济基础功能，但在总体性质上依然属于社会上层建筑的一部分，属于总体意识形态领域的一个分支。因而，它必然受制于经济基础，受制于经济活动。这就是说，一定社会的经济制度、经济运行方式、经济发展水平将在基础意义上决定新闻活动的内容和方式，决定新闻业的制度、体制和经济运行方式。由此，在规律论视野中，经济活动无疑也会在基础意义上决定新闻规律的形成。自由主义的经济制度将从根本上决定新闻规律只能形成于如此制度支撑的新闻活动之中，而计划主义的经济制度将从根本上决定新闻规律只能形成于如此制度限定的新闻活动之中。这也最终意味着在不同的经济制度、经济活动环境中，不仅新闻规律的形成机制有所不同，形成的具体新闻规律也会有所不同。

其次，新闻规律的形成过程会受到政治活动的直接影响甚至决定作用。经济基础、经济活动是以社会结构的基础地位决定新闻活动方式的，政治活动则是在社会上层建筑层面内部对新闻活动产生直接作用和影响的。一定社会中的新闻活动如何展开，往往直接受制于该社会的政治权力结构方式、运行方式。从历史事实到现实表现，人们都能看到一个明显的现象：新闻制度直接受制于政治制度。一定社会中的新闻活动内容、活动方式，不可能超越政治制度、政治权力所规定的界限。

在如此情境下，新闻规律的形成自然会受到政治活动的影响。事实上，人们在现实社会中很容易就能看到这一景象：在不同的政治制度下，有着不同性质、不同制度的新闻业，有着不同功能偏向的新闻业。就当前世界范围的情况看，资本主义新闻业是在资产阶级政权统治下运行的，倡导的是具有自由主义性质的专业新闻主义新闻活动，拥有自身的一套基本理念和具体操作原则与方法。与此同时，社会主义新闻业是在无产阶级政权统治下运行的，倡导的是充当党、国家和人民耳目喉舌的新闻活动，同样拥有自身的一套不同于资本主义社会的新闻理念（主要是党媒理念）以及相应的具体操作原则和方法。作为新闻活动，它在不同的政治统治下应该存在着一些共同的基本功能（如信息功能）；但是，在不同的政治统治下，新闻活动，特别是建制性的职业新闻活动，有着明显的功能差异。比如，西方世界的新闻传媒通常更强调报道新闻、表达意见、实行监督、促进民主，而我国的新闻传媒更强调以正面宣传为主，坚持正确的舆论导向。显然，不同社会中的具体新闻规律只能在这些有差异的新闻活动中形成。在不存在党媒新闻活动的地方不可能形成党媒运行规律。

总而言之，新闻规律虽然是在新闻活动中直接地、内在地形成的，是在新闻业的运行中形成的，但新闻活动、新闻业却总是在一定政治权力的支配、指导、引领下展开的。当然，这样的支配、指导、引领作用在不同国家有不同的具体方式，在有些政治制度下新闻领域的相对独立性大一些，有些政治制度下新闻领域的相对独立性可能小一些。但无论在哪种情况下，政治活动对新闻规律形成的作用和影响都是不可否认的，独立于政治权力之外的新闻业是不存在的。新闻规律是主体性规律，不同社会主体不管以怎样的方式参与新闻活动（何况是领导、管理、控制新闻活动的政治力量），都会在新闻规律的形成中显现出自身的力量效应，留下自身的痕迹。

最后，新闻活动直接表现为传收新闻信息的活动，但广义上它同时也是一种文化传播、文化传承活动。其实，新闻活动始终展开在一定的社会文化系统中，总会受到一定社会文化传统、文化特征、文化追求、文化信念的影响，新闻文化、新闻规律的形成也就自然会受到整体文化状况的影响。诚如我国著名新闻史家方汉奇先生指出的，"作为文化史的一个部分，新闻史和文化史其他方面的联系更是异常密切"①。新闻活动、新闻文化总是与其他文化

---

① 方汉奇. 中国新闻事业通史：第1卷［M］. 北京：中国人民大学出版社，1992：1-2.

活动"纠缠"在一起，其自身特征、规律的形成总是受到不同文化活动的影响，只是有些文化活动的影响大一些，有些文化活动的影响小一些而已。

作为信息活动，新闻活动在展开过程中同时兼具舆论活动、宣传活动等功能，也一定包含着深层的思想交流和精神交流，所有这些东西其实都是融合在一起的，尽管在理论逻辑上我们似乎可以将它们分得清清楚楚，但在现实的新闻信息传收活动中很难分得一清二楚。

在新闻活动中，新闻总在反映舆论、表达舆论、引导舆论甚至制造舆论，新闻活动本身就是一种典型的舆论活动[①]；新闻在传播信息的过程中，总是发挥着某种广告效应和宣传效应；在新闻事实信息的传收中，不同社会主体间总在进行着某种类型、层次或深度的思想交流、心理交流和精神交流。事实上，这些活动和这些功能效应常常是融合在一起的。尽管专业新闻主义认为，应该把新闻与宣传、新闻与公关、新闻与广告彻底区别开来，在新闻报道中要努力把事实与意见、事实与情感等区分开来，但这总是一件相当困难的事情。就实际情况来看，舆论活动、宣传活动等总是对新闻活动构成一定的作用和影响。如从规律形成角度观察，完全可以说，新闻规律总是在这些活动的"相互掺和"中形成的，新闻规律总是与宣传规律、舆论规律、公关规律等交融在一起的。作为传播活动，它们必然遵循一些共同的规律；而作为不同内容、目的、方式的传播活动，它们也必然拥有各自特殊的规律。

三、新闻规律具有一定的生命周期

讨论新闻规律的生成、形成问题，也就说明新闻规律是有生命过程的存在。事物的诞生、运动、变化是过程性的，具体事物的存在是有生有死的，自然事物如此，社会事物也一样。这就从根本上意味着，事物运动规律也是有生命周期的，具体规律的实际存在是有期限的。按此逻辑，新闻规律作为

[①] 比如，进入改革开放新闻时代以来，中国共产党就直接根据新的形势非常明确地将过去称为新闻工作、新闻宣传工作的新闻活动改称为"新闻舆论工作"。当然，这不只是一个叫法的变化，更是根据新的媒介生态结构、环境做出的一个重要调整。

人类新闻活动的规律，同样也是有自身生命周期的。规律具有自己的有效期，与规律蕴含于其中的对象物的生命有限性是密切相关的。历史维度上不同时代、不同时期的具体规律之间，就像活动方式、媒介方式之间的关系一样，具有历史的承继性和扬弃性。

（一）新闻规律存在生命长度

事物是过程性的存在，作为事物运行内在关系、本质关系的规律也是过程性的存在，即具有生命的长短。自然规律看起来是确定的、永恒的，似乎没有生成过程，没有生命周期，但这其实是人类的错觉。那是因为人类的生命周期相对自然世界的存在而言，实在是太短暂了，人类面对的自然世界对人类来说是相对稳定的、似乎是既成的，因而自然规律在人类面前似乎就是不变的、永久的规律，人类只要发现它、认识它、运用它就是了。但对以主体生为突出个性特征的社会规律来说，就不太一样了。各种社会活动规律是相伴人类活动而形成的规律，因而，具体的、不同的社会规律的生命长短一定是不一样的。

就新闻规律系统而言，有些规律贯穿于整个人类新闻活动史中，从而形成人类新闻活动的历史规律；有些规律可能只属于一定历史时代、历史时期主导性的新闻活动方式、媒介形式，形成历史时代、历史时期主导性的新闻规律、媒介形态规律；有些规律可能只适用于一定社会的历史阶段，适用于特定社会中的有关新闻活动，形成一些特殊的新闻规律。如此等等，需要做出具体的分析和解释。

第一，人类新闻活动的历史规律，就像人类历史规律一样，贯穿人类活动始终，贯穿人类新闻活动始终。就是说，新闻活动的历史规律，与整体人类新闻活动史相伴而生，在规律系统中这样的规律具有最长限度的生命周期。历史规律就是揭示一定对象历史形成、历史演变的规律，只能通过事物的历史过程来展现。

但是，正如我在前文已经讲过的，贯穿人类新闻活动始终的新闻规律并不是神定的、预制的。新闻规律作为主体性规律，是在人类作为新闻活动主体的活动过程中形成的。可见，新闻规律始终是生成中的规律，而非既定的完成性存在。因此，人们只能根据既往的新闻活动窥探到人类新闻活动的大体方向与趋势，不可能准确描绘出未来新闻发展的图景和细节，这也正是我们将规律界定为事物变化内在关系及未来趋势的根本原因。人类认识新闻规律的过程，同样是相伴新闻活动展开的过程，相伴新闻规律生成的过程。认识周期与活动周期、规律周期可能是同在的。甚至可以说，人类认识规律的活动本身也是规律生成的一种力量或因素。

在社会活动包括新闻活动中，人类总是具有一定的盲目性，具有必然的自在自发性，可能有许多主客观原因；但最根本的一条在于，历史规律是在历史进程中形成的规律，而非既定的摆在那里只需要发现认识的规律。事实上，人们发现、认识规律的过程，展开和调整自身主体活动行为的过程，也是影响规律形成的必然因素。人的活动就在规律之中，而非规律之外；人的活动停止了，人的活动规律也就停止了。这与自然规律全然不同，即使人不存在了，在本体论、存在论意义上，自然规律依旧存在，依旧支配着自然的运行，与人类无关。因此，在社会活动中，身在"庐山"之中的人类，要完全遵循规律展开实践活动其实是相当艰难的事情。本质上说，人类不可能得到完整的社会规律，也不能完全按照社会规律办事。不管是在客观逻辑上还是理论逻辑上，社会规律都是未完成的存在，也不可能成为完成的存在。果真到了这一步，人类存在也就结束了。

第二，一些新闻规律的生命长度与一定社会的形态、性质具有某种程度的匹配性。人类社会本身是历史性的存在，表现为不同社会形态之间的历史演进关系。每一种社会形态可能都有各自主导性的、个性化的新闻活动方式（当然也有一些共同的新闻活动方式），从而形成适应自身社会形态特点的新闻活动特征和规律。这就像在以市场经济体制为主导的社会经济中，其具有的主导性经济规律只能是市场经济规律；而在以计划经济体制为主导的社会经济之中，其具有的主导性经济规律只能是计划经济规律。① 新闻规律的这种生命性或历史性，是一种客观存在，也是很普遍的现象。正是这种与社会

---

① 至于针对一定现实社会，到底"应该"实行怎样的社会制度（包括最为核心的政治制度、经济制度以及由它们决定的具体社会领域制度），则是另外的重大问题，不是我这里能够讨论的。但规律研究，在一定意义上回答的正是这一核心问题。探索的目的就在于发现一定的现实社会实行怎样的社会制度才是合理的，才更符合社会演进的内在规律。

形态、社会性质相应的规律性特征，使得人们关于新闻规律普遍性特征的存在问题争论不休。

如果我们以特定社会为对象，观察其新闻活动，特别是观察其现代新闻业的实际状况，就会看到，不同性质的社会有着不同性质、不同特征的新闻业。这些不同性质、不同特征的新闻业（如自由主义性质的资本主义新闻业，集体主义、共产主义性质的社会主义新闻业），原则上说都有自身的运行特征和生命周期。因而，如果存在各自的新闻业发展规律、新闻传播规律，那也就意味着这是一些具有一定生命长度的规律，而非相伴人类新闻活动始终而存在的规律。在人类意义上或世界范围内，这些与特定社会历史时期、国家形态、社会形态相伴而生的规律，不过是人类新闻活动历史规律的特殊表现，就像阶级斗争规律不过是阶级社会的演进动力规律，并不是人类社会整体历史的演进动力规律。

在世界范围内，不同性质的新闻业并不是简单的接续性或前后性存在，而是在共时性上存在着不同性质的新闻业。比如，当今人类社会中就存在着两种典型的新闻业（具体亚类型更多）——资本主义新闻业和社会主义新闻业，这就意味着存在着两种新闻业的运行规律，它们也是共时存在的。到底哪种新闻业的规律能够更长久地存在，显然要看哪种性质的新闻业能够更长久地存在，进一步说，则要看哪种社会形态、社会制度能够更长久地存在，更具有未来性，更能代表人类发展的整体趋势。显然，新闻历史规律与社会历史规律是有内在关系的。关于社会规律与新闻规律的关系问题，不是此处的任务，我将在后文"新闻活动的宏观规律"一章中展开分析和论述。

其实，贯穿人类新闻活动史的历史规律与一定历史时期的三导性规律，以及一定社会形态中的主导规律，既有区别，又有联系。历史规律要通过不同时代、不同时期的规律来具体体现，离开具体历史时代、历史时期的具体规律，历史规律自然是空洞的、不可理解的。还有在共时性上，有世界不同地区共同具有的普遍规律，亦有不同地区各自的特殊规律，它们之间也有内在的关系。关于这些不同类型或不同层次、不同范围的新闻规律的关系问题，相当复杂，我将在下一章"新闻规律的系统构成"中详细讨论。这里只是指出，所有这些规律都有自身的生命表现和生命周期。

第三，一定历史时期存在的特定新闻活动方式，其相应的新闻规律客观上也只能存在于一定的历史时期。正像讨论人类社会历史发展规律时，我们说作为社会演变动力机制的阶级斗争规律，只能存在于、适用于阶级社会，一旦没有普遍的阶级社会存在，普遍的阶级关系存在，普遍的阶级斗争存在，阶级斗争规律也就没有实际的依托了。之所以说有些新闻规律只能存在于一定的历史时期，客观根据在于，一些新闻活动的方式确实是历史性的，只存在于一定的历史时代、历史时期，而非永久性的存在。一定的新闻活动方式，比如新闻业、新闻媒介形态等若是退出了历史舞台，相应的具体规律客观上就必然不会存在，至多说它是曾有的规律。

纵观人类新闻活动史（暂不考虑具体社会之间的差别，而是把人类作为一个整体来看待），可以看到，在不同的历史时期，人类有着不同主导性的或者说能够代表一定历史时期典型特征的新闻活动方式。比如，在"前新闻业时代"，典型的新闻传收方式是面对面的或"点到点"的人际交流方式；建立在传统三大新闻媒介之上的"传统新闻业时代"，不仅创造了现代新闻职业，创造了一定专业程度的新闻工作方式，也创造了"点到面"的大众新闻传播方式；而到了"后新闻业时代"已经开启的今天，多元化的、全媒体的、融合的传播方式（将"点到点""点到面"的模式，将单向的、双向的传收方式融合在一个整体的平台上）正在占据主导地位。显然，这些不同的主导方式可能有着各自的内在机制，也就是有着各自的主导性规律。我们可以说，从"点到点"到"点到面"，再从"点到面"到"点到点""点到面"融合具有内在的历史规律性，构成了人类新闻传收模式整体的历史演进规律，但就确定的历史时代来说，在传收模式上都有自身的特点，也存在与其模式相应的传收规律。这种与特定历史时代相应的传收模式、传收规律都不可能是超时代的存在。

简而言之，不同的新闻活动时代实际上有着不同的主导性新闻活动规律。一旦人类新闻活动在一定的历史时期发生了整体的结构性变革，主导性新闻活动方式就变了，一定历史时期的主导性新闻规律也就随之更新了。就是说，这些规律的客观存在只是在一定历史时代或历史时期的存在，不能相伴人类新闻活动过程的始终。因此，这些具体新闻规律的生命是相当有限的，只可能主导一定的历史时期。任何将某一历史时代、某一社会形态当中的新闻活动规律宣称为面向未来的永恒规律的行为，都是荒谬的。

第四，一定技术特别是媒介技术支持下的媒介形态，最能标识一个时代新闻传播的总体特征，也可以标识一个时代新闻生产传播的典型方式，麦克卢汉谜一样的判断"媒介即信息"① 很好地阐释了这一点。因而，如果我们再细致一点，以媒介形态为对象来观察新闻规律的生命长短，就更容易看得清楚。事实上，人们通常也是通过媒介形态的历史演变来描述人类新闻活动历史更迭过程的。

就目前能够看到的新闻媒介史来说，每一种媒介特别是人工媒介（也就是麦克卢汉所说的人的延伸）② 都有自己的生命周期，至少是有各自的历史主导时期。有些媒介形式、媒介形态的生命长久一些，有些短暂一些。有些曾经风云一时的新闻媒介已经退出历史舞台，比如，曾在新闻历史上产生过革命性作用的电报近乎销声匿迹了③；有些前几十年似乎还风华正茂、充满生机的新闻媒介却在网络时代开启后迅速走向疲软、走向没落，比如作为大众新闻媒介历时最长的报纸，尽管依然是重要的新闻媒介，但已没有过往纵横天下、叱咤风云的气概了④。这恰好说明，每一种媒介都有自己的"好日子"，也都可能会迎来自己"风光不再"的"寒冬时节"。因而，每一种媒介形态蕴含的新闻规律，其实也都有各自的历史过程或生命周期。如果一种具体的媒介形态消失，与其相关的具体新闻规律或媒介规律也就退出历史舞台了。

客观规律的生命性存在，决定了有些规律已不是现实性的存在，而

---

① 麦克卢汉. 理解媒介：论人的延伸 ［M］. 何道宽，译. 北京：商务印书馆，2000：33.

② 我们可以把基于人体的各种媒介形式（如体态语、手势语、表情语、口语等）统统称为生物媒介，它们是自然而来的，当然也是在社会化过程中不断进化的；而把通过人的知识、智慧，通过一定手段，制造、发明、创造的非自然的媒介统统称为人工媒介（就现在来看，大致包括机械媒介和智能媒介）。

③ 麦克卢汉就曾指出，"有了电报之后，整个新闻业的方法，包括搜集和表现新闻的方法，都发生了革命性的巨变。自然，它对语言、文风和题材的影响都是令人惊叹的"。参见麦克卢汉. 理解媒介：论人的延伸 ［M］. 何道宽，译. 北京：商务印书馆，2000：310。

④ 如果从世界上最早的每周定期出版的单张印刷新闻纸——德国的《通告：报道或新闻报》（1609 年）算起，报纸已经有 400 多年的历史了。参见维尔. 世界报刊史：报刊的起源、发展与作用 ［M］. 康志洪，王海，译. 北京：科学出版社，2018：5 - 17。

只能是历史性的"曾在"。这样的规律，当然还会存在于人们的观念之中，或者存在于理论叙说之中，存在于学术史中、思想史中，但它们不再对直接现实的新闻活动产生实际作用和影响。然而，只要存在过，就会留下痕迹，就会以各种各样的方式留下影响。对此，我将在下一部分论述。

把握规律的生命性、周期性，有着特别重要的意义。人们认识规律的目的在于遵循规律、运用规律。如果人们还用过时的新闻规律指导今天的新闻活动，必然是牛头不对马嘴。比如，如果用传统书信新闻规律、电报新闻规律、印刷新闻规律甚至广播电视新闻规律指导今天新兴媒体的新闻生产与传播，也许具有一定的参考价值或启示意义，但在根本上有可能是文不对题、走上歧路。人们强调用新媒体思维、互联网思维、大数据思维、智能思维等思考、指导当今时代的新闻活动，恐怕主要不是赶新潮或追时髦，而是因为新兴媒介构筑起来的新环境、新的媒介生态与以往传统媒介环境、传统媒介生态相比，已经发生了结构性的或革命性的变化，需要人们积极探索主导当今时代的媒介规律、新闻规律。如今，人们不断呼吁探索新兴媒体的发展规律、新闻传播规律，正是对规律生命周期的承认和应对。[①] 当然，规律之所以是规律，就是因为它是事物内在性、稳定性和根本性的关系，这样的关系不会轻易变化，它会以自己的方式持续下去，这正是我在下面将要进一步讨论的问题。

（二）规律的扬弃

如前所述，新闻规律是在新闻活动的历史过程中形成的，是在新闻活动与社会整体运行以及其他社会活动的相互作用、相互影响过程中形成的。而这样的活动过程，既是一个连续的过程，也是一个不断变迁更新、能够显示出不同时代和不同时期特征的过程。这就自然提出如下问题：如何理解贯穿

---

① 比如，习近平在最近的一次讲话中指出，我们必须科学认识网络传播规律，提高用网治网水平，使互联网这个最大变量变成事业发展的最大增量。参见张洋. 举旗帜聚民心育新人兴文化展形象，更好完成新形势下宣传思想工作使命任务 [N]. 人民日报，2018 - 08 - 23 (1)。

在人类整体新闻活动①中形成的历史规律，如何理解不同历史时代、历史时期主导新闻规律之间的承继发展关系。这便是本部分要讨论的新闻规律的承继与扬弃问题。

首先，历史规律既是在历史活动过程中形成的，又是在历史活动过程中表现的。新闻活动的历史规律，揭示的就是人类新闻活动历史演变过程中的内在关系。原则上说，它是以"整体"的人类新闻活动史为对象的，需要发现的问题就是，在这样的整体活动过程中，不同历史时期之间有无内在的关联，不同历史时期的变迁之间有无相似的关系，是什么样的内在机制在支配着人类新闻活动的历史展开。

但是，任何一个时代的研究者都无法看到完整的人类历史、人类新闻活动史，特别是任何历史现实中的研究者都无法看到未来人类的新闻活动，因而人们只能根据既有的经验事实，并以既有的有限能力，依据过去与当下的事实对未来的可能世界、可能事实做出猜测、推理和想象。研究未来，不可能像研究历史那样，总可以看到一些历史遗迹和历史资料；也不可能像研究现实那样，总可以对当前的感性现实进行一些直接的观察、分析甚至真切的体验。未来，相对过去和当下现实，可能时间会更长、内容形式也更复杂，但无论如何，当下的人们无法知道。因而，基于历史和现实的规律研究并未包含未来的可能事实。这样，人们得到的所谓历史规律只是可能的，也是相当有限的，只可能窥探到大致的总体历史趋势。从逻辑上说，对部分的研究并不必然意味着对整体的把握，部分并不必然能够代表整体。没有人能够对未来的发展做出决断性的判断。人类活动，是创造性的活动，是不断开辟可能世界的活动。总体性的历史规律，哪怕是一个社会领域的总体性历史规律，只是一种可能，哪怕是很大的可能。在这一点上，自然规律与社会规律有着很大的不同。人们一旦准确认识了自然规律，就可以预测相关自然事物的未来情况，这是由自然本身相对人类的稳定性、既成性决定的。但对社会事物来说，由于它本身就是人的创造物，总要受到人作为活动主体的价值或意义

---

① 所谓人类整体新闻活动，是指人类从古至今以及未来可能的新闻活动，这是具有比较明确的起点但无法确定终点的活动。事实上，人类所有的活动形式从原则上说都具有这样的整体性特点。

要素的各种作用和影响，历史规律也只能在创造过程中生成或显示出来，因而将现在作为起点，去准确预测未来是比较困难的，人类要能大致预测到未来的整体方向就不错了。

当然，不必太过悲观，未来总要到来。现实是依赖历史而来的，未来也是依赖现实开辟的，这样的源流关系是直观的、必然的，无须证明。马克思早就讲过，感性世界是历史发展的产物，"是世世代代活动的结果，其中每一代都立足于前一代所奠定的基础上，继续发展前一代的工业和交往，并随着需要的改变而改变他们的社会制度"①。不管是在直觉上，还是在实践经验上，人类都能感知到、认识到历史、现实与未来的一些相连关系。人类不可能凭空而来，也不可能凭空而去。因而，如果能够发现历史演变过程中的一些内在关系、稳定关系，对现实及未来新闻活动的走向、趋势，人类就可以进行大致的预测和把握，从而可以在一定程度上提高人类现实新闻活动的自觉性和创造性，使新闻活动能够更好地为人类社会的良性运行与发展服务。而这正属于对新闻规律的认识问题、自觉运用问题，也是人们探索规律的真正意义之所在（我将在最后一章专门论述新闻规律的运用问题）。

客观历史的内在关系，从根本上决定了不管人类哪个社会活动领域都有自身的历史承继性，后继事物不可能凭空而来，这也就从根本上决定了新闻活动的历史规律只能在新闻活动的历史整体性上去认识和理解，历史规律就是贯穿历史活动过程的内在关系。人类只有在历史演进的大尺度上，才能比较清楚地看到历史过程的那根红线，看到不同历史时代、历史时期之间的大致承继与扬弃关系。截取一个时代、一个时期的历史规律认识，很可能是局部的和片面的。"历史研究不仅仅是对事实的细节及碎片的挖掘，也不仅仅是对事件记忆的巩固与刷新。它的根本意义是把握历史大势、发现历史规律，为当下人的行动指明未来。"②

其次，具体一些说，不同历史时代、历史时期的新闻活动拥有各自的特

---

① 马克思，恩格斯. 马克思斯恩格斯选集：第 1 卷 ［M］. 3 版. 北京：人民出版社，2012：155.

② 张江. 评 "人人都是他自己的历史学家"：兼论相对主义的历史阐释 ［J］. 新华文摘，2017（10）：60 - 64.

点，表现为各种各样具体的新闻传播方式、收受方式、管理控制方式等。依据历史经验事实，它们之间不仅具有后世对前世的历史继承关系，也有后世对前世的历史扬弃关系。也就是说，历史经验事实史已经表明，历史不是既有事物的简单持续存在，而是在既有事物基础上的不断变迁、不断更新和不断发展。在这样的过程中，有些事物会得到发扬光大，有些事物则会偃旗息鼓，悄然退去。人类是创造性的存在，通过自身的历史活动，始终不断地开辟着新的现实、新的景象。新闻活动正是这样一个历史过程，每一历史时代、历史时期都有自己主导性的新闻活动方式、主导性的媒介方式。从规律层面看，就有相应的具体活动规律的历史主导期，以及具体媒介规律的历史主导期。而从历史关系角度观察，不同历史时代、历史时期的新闻活动方式、媒介方式形成了既有继承又有扬弃的过程；与此同时，也就形成了不同具体活动规律、具体媒介规律之间的继承与扬弃关系。

如果以可触、可见的媒介为参照就可发现，以历史方式存在的不同媒介形态之间（背后主要是相关技术的支持），在历史演进过程中，既有相互叠加、互补，也有不断整合、融合、创新、扬弃的过程。这说明，每一时代都有自身的主导新闻媒介，都有围绕主导新闻媒介形成的媒介生态结构方式，而在不同的代际之间，则形成了不同媒介形态之间的扬弃关系。如果由媒介形态决定的前一历史时期、历史时代的主导新闻传收方式在后继历史时期、历史时代不再存在，那就意味着原先的相关新闻规律客观上已经退出历史舞台，让位于其他媒介形态主导的具体新闻规律了。那些过往曾在的新闻规律，只能存在于思想史、学术史、理论逻辑之中。

当然，应该特别注意到，如果先前的交流方式、交流模式依然存在，那就需要我们在更长的历史视野中，探索其历史演变规律。事实上，人们不难看到，越是古老的交流方式，越是具有长久性，甚至具有相伴人类始终的永恒性。[①] 比如，自从语言诞生起、文字诞生起，人类就一直通过口头方式、书面方式交流新闻信息，它们没有因为后继各种新媒介的出现、其他符号系

---

① 就客观情况来看，生物媒介（生物体本身具有的媒介方式）具有与生物存在相伴随的永恒性，而延伸性的人工媒介（不管是机械媒介还是智能媒介），在历史演进过程中似乎都有自身的生命周期。

统的诞生而消亡。因而，我们就必须以通贯历史的方式，或者说将其作为历史规律展开研究，不仅要研究它们本身的演变规律，还要研究它们与其他媒介形式、媒介符号的关系规律。比如，对于具体的书信新闻来说，它不过是"前新闻业时代"中一定历史时期的产物和表现，在现代印刷新闻业诞生之后，特别是电子新闻诞生之后，书信新闻就基本消亡了。因此，它的规律形成及表现只限于它所在的历史时期。但是，需要注意的是，作为文字传播的一种特定形式，书信新闻规律同样会以某种方式沉淀在印刷新闻规律之中，它的某些规律性因素并不会彻底消亡。

自从广播新闻、电视新闻出现，特别是网络新闻出现，人们就在讨论印刷新闻的存亡问题。如果从新闻规律角度观察，假设印刷新闻退出历史舞台，那就不会存在独立的印刷新闻规律，至多只能说印刷新闻规律的一些要素有可能渗透在其他媒介形态的新闻规律之中，或者说，印刷新闻规律的要素有可能沉淀在总体性的新闻传收规律之中。当然，作为新闻媒介，不同媒介形态之间可能有着内在的历史变迁关系。后继的媒介技术总是依赖既有的媒介技术，总是在前行的媒介技术基础上进一步组合、融合、创新，从而创造出新的媒介技术、媒介形态。[①] 因而，不同媒介形态所蕴含的规律之间也会有内在的关系，这属于我在前文所说的媒介形态的历史演进规律，也是一种贯通性的人类新闻活动历史规律。

总而言之，规律的生命性、周期性意味着规律间的历史承继性、扬弃性是个必须关注的问题。规律的生命性、周期性根源于人类新闻活动方式特别是媒介形式的（形态的）生命性和周期性。需要特别说明的是，不同新闻活动方式之间总是有一些共同的、稳定的要素及其关系，这些共同的、稳定的要素及其关系会以历史遗传的方式被新的新闻活动方式继承，而那些共同的规律要素同样会被新的活动规律继承。事实上，正是因为有这些共同的、稳定的要素及其关系，规律才会形成，规律才会存在。

---

① 美国学者布莱恩·阿瑟认为，所有新技术都是在既有技术基础上发展的，甚至是对过往技术的组合，这是进入演进的重要规律。参见阿瑟. 技术的本质［M］. 曹东溟，王健，译. 杭州：浙江人民出版社，2014。

第三章 新闻规律的系统构成

把极其复杂的研究对象称为系统，即由相互作用和相互依赖的若干组成部分结合成具有特定功能的有机整体，而且这个系统本身又是它们从属的更大系统的组成部分。

——钱学森

我们被迫在一切领域中运用"整体"或"系统"概念来处理复杂性问题。

——［美］贝塔朗菲

科学是内在的整体，它被分解为单独整体不是取决于事物本身，而是取决于人类认识能力的局限性。实际上存在着从物理学到化学，通过生物学到人类学的连续的链条，这是任何一处都不能被打断的链条。

——［德］M.K.普朗克

新闻活动是个活动系统，具有自身的丰富性与复杂性；新闻规律是个规律系统，具有自身不同维度的构成方式与特点。要比较充分认识和把握新闻规律的构成，就得从不同视野、不同角度、不同层次、不同要素等进行全面分析与揭示。新闻规律的系统构成分析，实质上也是新闻规律的类型化分析，这是对新闻规律更为精细的把握方式，使我们能够更为清楚地看到新闻规律的面目。如果以当前时代人类新闻活动的总体景象为参照，我们大致可以对新闻规律的系统构成做出以下几个主要方面或角度的观察与分析。需要预先说明的是，随着新闻研究的整体深入与进一步细化，人们可以找到更多角度去分析新闻规律的系统构成，因此，我在这里提供的分析只具有参考意义。但研究新闻规律，也不能陷入过于琐碎的状态。我下面所做的规律系统构成分析，更多具有的是方法论的而非知识论的意义。需要再加明确的是，本章的主要任务并不是对各条规律内容的具体考察，而是关于新闻规律类型形式构成的初步分析，目的是为后面几章关于新闻规律具体内容的讨论奠定基础。

一、系统内外视野中的新闻规律构成

新闻系统是相对独立的社会活动系统，但它总是运行于一定的自然环境、社会环境之中。因此，如果以系统论作为基本的方法论工具，把新闻活动以及相应的新闻规律作为内部对象，把社会整体或其他社会领域的整合作为环境，就可以将新闻规律系统也就是新闻规律的内容构成从宏观上分为两大子系统：一个是内部规律子系统，另一个是外部规律子系统。下面，我们就在内外区分的视野中具体分析新闻规律的内容构成。

（一）新闻系统内部规律构成

如果从新闻活动视野出发，把人们交流新闻信息的活动系统看成相对独立的系统，就可以分析探索该系统的内部运行规律。人们通常所说的新闻规律主要是指新闻内部系统的运行规律。所谓尊重新闻工作的相对自主性、独立性，核心就是指尊重新闻系统自身的运行特征和规律；而所谓按照新闻规律办事也主要是指承认新闻系统内部规律的存在，并遵从、敬畏这样的运行规律，进而展开新闻活动。

从一般意义上说，系统论方法就是把对象看作系统，进而考察分析系统由哪些要素构成，更进一步则是在静态与动态之中考察分析系统要素之间的结构关系、功能关系，最终则是发现系统要素之间的本质关系或内在关系，也就是系统运行的规律。依据这样的方法论观念，可以说，新闻系统内部规律主要包括两大部分内容：一是各个系统要素本身的演变规律，二是各要素之间的关系规律。

所谓新闻系统构成的要素规律，就是指构成新闻系统的基本要素的历史演变规律。新闻内部系统是由传播者、传收内容、媒介形态、收受者共同构成的[①]，要素演变规律实质上就是指这四个基本要素在人类新闻活动中各自

---

① 关于新闻系统的要素构成，学界有不同的观点，主要有三种。三要素说：事实、传者、收者；四要素说：事实（内容）、传者、媒介、收者；五要素说：事实（内容）、传者、媒介、收者、反馈。我选择的是四要素说。具体根据与理由分析，可参见杨保军. 新闻理论教程［M］. 3 版. 北京：中国人民大学出版社，2014：34－36.

稳定的历史变迁机制。关于各个要素的演变规律，我将在下一章专论。

所谓要素关系规律，要复杂一些。一方面包括这些基本要素在人类新闻活动中的历史性稳定关系。比如，在人类新闻活动演进中，传播者与收受者有着怎样的关系机制，传播者与媒介形态之间有着怎样的历史关系等。另一方面包括这些基本要素在共时性上的内在关系。比如，如果从传播主体出发，在当代新闻生态环境中，传播主体与收受主体之间，传播主体与媒介形态、传播内容之间，有着怎样的规律性关系等。并且，新闻活动系统要素之间的历史关系与共时关系之间也有内在的关系。事实上，一定共时性的内在关系总是通过历史的过程性关系来呈现的。因而，历史关系与共时关系本质上是统一的，反映的都是新闻系统要素之间的内在关系。毫无疑问，新闻系统内部要素之间的关系规律是更为重要的规律，因为实际的新闻现象、新闻活动，只能在这些要素的相互作用、相互影响关系中展开，正是它们之间的实际关系造成了新闻图景的真实景象。关于要素间的关系规律我将在第五章专论。

要素演变规律与要素关系规律实质上也是统一的，要素演变是在要素关系中的演变，要素关系规律则始终表现在要素演变、要素关系演变之中。但这两种规律毕竟侧重有所不同，要素演变规律关注的是一个个具体要素的演变实质与机制，而要素关系规律关注的则是这四个要素在一定环境中相互作用、相互影响的实质关系。前者使人们能够更为精细地认识新闻系统的展开过程，后者则使人们能够更为深刻地认识新闻系统的运行本质。

一般意义上说，规律的本质就是关系，就是事物内部或事物之间的本质关系；更准确地说，规律就在关系之中，就是关系的表现。现实的新闻活动，不管是职业的、民众的还是其他组织的、其他群体的，都是在各种要素的相互作用关系中展开的。因此，在新闻规律研究中，关系规律才是规律系统真正的核心构成部分。

（二）新闻系统外部规律构成

如果从新闻活动系统内部观察，如前文所述，新闻规律主要是由不同要素演变规律以及要素关系规律构成的。但任何系统都是针对一定环境而言的，都是环境中的系统，系统与环境之间总是存在着物质、能量、信息的输入、输出关系。纯粹孤立、封闭的系统是死的系统，不可能在历史过程中生存和发展。任何系统本质上都是开放的系统、运动变化的系统。新闻系统也一样，它总是要与作为环境的社会整体发生关系，它只能生存和运行于社会大系统之中。同时，新闻系统总是要与其他社会子系统发生相互作用和相互影响，其实，正是在这样的相互作用、相互影响中，新闻系统才形成了自身的历史面目和现实形象。

新闻系统与作为环境的社会整体以及其他社会子系统的关系，可以称为相对新闻系统内部关系的外部关系。如果把新闻系统内部要素演变规律、要素关系规律称为内部规律，那么，就可以把新闻系统与社会整体以及其他社会子系统之间的关系规律称为外部规律。如果将新闻系统内部规律看作微观规律，那就可以将外部规律看作宏观规律。内外部规律一起，构成完整的新闻规律系统。

按照这样的逻辑，就可以说，以新闻系统的内外构成为参照，在新闻规律总系统中，外部规律系统也包括两大部分内容：一是新闻系统与社会整体（环境系统）的关系规律，二是新闻系统与社会各个领域系统特别是主要社会子系统（如经济、政治、文化、技术系统等）的关系规律。新闻学关于新闻与社会，新闻与政治、经济、文化、技术以及与其他社会领域的研究，直接的学术目标就是探求新闻与它们之间的本质关系，也即与它们之间相互作用、相互影响的基本规律，而最终的学术目的则是在规律认识的基础上，为建设新闻系统与其他社会系统的良好关系提供实践观念支持。

所谓新闻系统与社会整体的关系规律（可称之为总体关系规律），是指新闻系统与社会整体之间的内在关系，即稳定的或本质的关系。所谓新闻系统与其他社会子系统的关系规律（可称之为具体关系规律），主要是指新闻系统与政治系统、经济系统、文化系统、技术系统等之间的内在关系，即稳定的、本质的关系。这些关系决定着新闻系统与社会环境、新闻系统与其他社会子系统之间的整体走向与趋势。显然，这些关系到底有着怎样内在的、稳定的关系方式、机制和演变趋势，从规律研究角度看，要弄清楚是极其庞大、复杂而艰难的任务，也并不仅是新闻学研究的任务，而且是多学科、跨学科、超学科共同研究的对象。从新闻学角度的研究，我将在第六章进行初步的分析和阐述。

（三）内外部规律间的基本关系

关于内部规律与外部规律的关系，在此可以加以简要说明。在客观上，内外规律是共时共在的，共同支配着新闻现象或新闻活动的展开。从理论逻辑上说，内部规律比外部规律要更重要，但在客观逻辑上也就是客观关系上，哪些关系对新闻活动的实际作用和影响更大是个事实问题，不是观念问题或理论问题。就人类新闻活动的实际看，不管是历史事实还是现实情况，新闻系统在社会整体结构中处于从属地位，受制于社会的整体发展情况，受制于一定社会政治、经济、文化和技术系统的整体状况或发展水平。因而，新闻系统如何运行常常要看新闻与社会的实际关系。当然，这种关系在不同的历史时代、不同的社会、不同的国家，有着诸多差异性的表现。但总体上看，外部规律比起内部规律来，对新闻活动有着更大、更强的制约作用。对此，我将在后面的专章中加以论述。

从研究角度看，通常情况下，新闻理论关于新闻规律的研究，直接关注的核心对象是新闻系统的内部规律，这是因为新闻系统之外各种因素对新闻的作用和影响，或者说外部规律对新闻系统的制约作用，最终还是要渗透、落实在新闻内部要素及其关系上，要通过内部要素及其关系的变化来实现，所谓外因要通过内因而起作用。因而，研究内部规律时，必然关涉到外部的各种因素、各种关系，必然要对各种相对而言的外部因素、关系进行考察和分析。[①] 在这一意义上，所谓内外其实也是相对而言的，不可能存在纯粹的内部规律或外部规律研究，它们总是相互紧密地渗透纠缠在一起。按照这样的理解，完全可以说，新闻规律只有一个，并不存在内外规律之分。事实上，人们通常都说"新闻规律"，而不会说内部新闻规律、外部新闻规律。我们之所以分开论述，一方面是因为确实存在系统内外的区别，有一定的客观根据，另一方面则是为了在理论逻辑上比较好表述一些，使人们对问题看得更清楚

---

　　① 作为研究者，我们应该明白，这里所谓的新闻系统内外要素、因素、关系，其实是相互贯通的，本质上是一体化的，在新闻系统（新闻业、新闻传媒）缺乏自主性、独立性的国家、社会中更是如此。

一些。

二、新闻规律系统的层次构成

新闻规律本身就是一个系统。新闻规律系统有自身的层次结构，表现为不同层次的新闻规律。新闻活动是具体的，不是抽象的，表现为具体的人的新闻活动。新闻活动是所有人的活动，因而应该存在基于人类新闻活动总体特征的新闻活动规律；新闻活动是一定社会中的新闻活动，因而应该存在基于一定社会新闻活动特征的新闻活动规律；新闻活动表现为不同具体媒介形态的活动，因而应该存在基于不同媒介形态特征的新闻活动规律。下面，我将主要在这三个层面上讨论新闻规律系统的层次构成。

（一）宏观层面的普遍规律

新闻活动是所有人的活动，新闻规律是人类新闻活动的规律。所谓新闻活动的普遍规律，是指人类整体意义上的新闻活动规律，因而也是最为宏观的新闻规律。这样的新闻规律是在人类作为主体的新闻活动过程中形成的，深藏或蕴含在人类新闻活动之中，也会表现在人类丰富多彩的新闻活动中。关于新闻规律的普遍性，我们至少可以从以下几个维度加以理解。

第一，在纵向意义上，普遍新闻规律是指存在着贯通整个人类新闻活动史的新闻规律，这样的规律可以称之为新闻活动的历史规律，它是人类历史演进规律的一部分，或者说是人类历史演进规律的领域化体现。

我们知道，在历史唯物主义视野中，人类历史有其自身的演进规律，这就是生产力决定生产关系、经济基础决定上层建筑的根本关系，同时，生产关系、上层建筑对生产力、经济基础具有反作用的稳定关系。正是这样一些基本的客观关系，从根本上决定着人类社会历史的整体演进方式，决定着人类社会的基本形态更迭机制。

那么，具体到人类新闻活动就是，其背后存在着什么样的根本性的历史关系，即新闻活动有无自身的历史规律，如果有，这样的规律又是什么。这里的实质问题是到底是什么样的基本关系决定着人类新闻活动的不断演进，决定着媒介形态的不断更迭与扬弃，决定着新闻生产传播方式、收受消费使用方式的变化与更新，决定着新闻传收模式、新闻管理控制方式等的不断升级与变革，决定着新闻现象、新闻活动在不同时代、不同社会的基本表现，从而形成人类新闻活动史的整体面貌。如果我们能够在这些现象背后发现、找到比较稳定的内在关系，那就等于我们在一定程度上认识把握了人类新闻活动整体的历史规律。对此，我将在随后几章中从不同角度加以分析和阐释。

第二，在横向意义上，也即在共时意义上，普遍新闻规律是指存在着一定历史时期人类社会范围内的新闻规律。这样的普遍规律，尤其表现在近代新闻业诞生之后的职业新闻活动中。当然，在近代新闻业诞生之前，人类新闻活动中也存在着共同的以人际交流为主的活动规律。

随着印刷新闻时代的开启，具有现代意义的新闻活动就迈开了全球化的步伐。近代报刊最初在欧洲诞生，随后向世界各地扩散，经历了一个比较长的历史过程，逐步成为世界范围的产业和事业。[①] 伴随 20 世纪广播新闻业、电视新闻业的诞生与发展，时至今日，现代新闻业已经是全球各国的普遍事业，现代新闻观念也已成为世界各国普遍接受的新闻观念。[②] 当今，尽管以互联网为基础的新兴媒介对传统新闻业形成了巨大的冲击和挑战，但那只是新闻业的新生或再生问题、结构转型问题，并不是新闻业退出历史舞台、终结自身的问题。就实际来看，现代新闻业形成至今，在新闻行业内部，在新闻职业范围内，逐渐形成了一些普遍的、共同的新闻活动原则和规范。不难发现，尽管世界各国有着种种不同与差异，有着不同性质、规模、水平的现代新闻业，有着差异化的甚至是多元的现代新闻观念，有着不同的传媒功能

---

① 陈力丹 . 世界新闻传播史［M］. 上海：上海交通大学出版社，2002：9 - 12.

② 现代新闻观念，最根本的几条如下：（1）新闻信息是一种事实信息，核心在于公共利益和公共兴趣；（2）新闻传播应该以新闻为本位，以客观理念与方法进行报道；（3）新闻生产与传播应该有相对的自主性、独立性，新闻自由应该是普遍的基本权利；（4）职业新闻工作者要坚守新闻伦理原则，普通社会大众作为新闻活动者至少应该坚守社会公共道德；（5）新闻业应该属于公共事业，新闻应该是公共产品。但应该注意的是，现代新闻观念扩散到世界各地后都发生了一定的本土化改变，体现出不同地域特色的多元现代化色彩。

偏向，但在职业新闻工作领域，大家却认可和遵循一些共同的、基本的业务要求，至少所有的现代新闻职业新闻工作者、专业新闻组织机构都会宣称遵循诸如真实、客观、公正、及时、公开、对话、透明等新闻传播的基本原则。而这些原则正是现代新闻业的本质性要求、规律性体现。也就是说，对于现代新闻业来说，在横向上存在着人类意义上的普遍规律，至少存在着形式化的普遍规则。对此，我将在第八章展开专门论述。

第三，在媒介形态意义上，普遍新闻规律是指存在着贯穿于所有媒介形态之中的新闻规律。即不同媒介形态，尽管介质有所区别，背后的技术支持不同，所运用的个性化媒介符号系统不同，但它们却遵循一些共同的新闻生产和传播原则，这些原则是超越不同媒介形态的共同规范。

媒介形态是人类新闻活动的中介或平台，也是人类新闻活动方式、活动水平的重要标志。如果以媒介形态为参照，到目前为止，人类新闻活动已经历了口语时代、书写时代、印刷时代、广播时代、电视时代、网络时代、融合时代或全媒体时代，并且正在开启智能媒介时代。显而易见的是，不同媒介形态各有自身的属性和特征，对新闻生产传播有自身的一些特殊要求，这属于新闻规律的特殊性问题，我将在下文分析。这里的问题是，面对这些不同的媒介时代，在新闻规律论的视野中，有无贯穿于不同媒介形态的共有新闻规律。

我的回答是肯定的。不管哪个地域的人们都会以口头方式展开新闻信息的交流活动，因而应该有一些共同的、稳定的基本规则体现在不同地域人类的新闻活动之中。若就现代新闻媒介形态而言，依据新闻实践经验或事实，职业新闻工作者在以它们为中介的新闻生产传播中总是遵循一些相对统一的新闻思维规律、新闻价值规律和新闻传播原则。也就是说，不管媒介形态发生怎样的变化，它们都得遵循一些相对统一的新闻逻辑，总有一些共同的新闻规则，这便是规律性的表现。

（二）中观层面的特殊规律

中观层面的特殊规律，是相对宏观层面的普遍规律而言的。普遍规律揭示的是，人类新闻活动的普遍内在关系。由于这样的规律根源于人类整体意义上的新闻活动，因而它自然存在于人类整体意义的新闻活动中。特殊规律揭示的是，一定社会人群在一定历史时期、一定社会范围内新闻活动中形成的稳定机制或内在关系，因而，这样的规律只存在于特定的历史时期和特定的社会之中。下面，我就以此设定为前提，对特殊新闻规律加以分析。

首先，特殊新闻规律是指特定社会范围内的新闻规律。这也是最易理解的特殊规律。上文说过，新闻活动是人类的活动，因而，必然会形成一些人类整体意义上的普遍规律。但事情的另一面是，全球所有地区之间、不同社会之间以及不同国家之间，除了具有同一性、相似性之外，都拥有各自的历史进程、地域特点、文化传统和社会特征、国家特色，而且所有这些特征或差异都会在一定程度上体现在新闻活动和新闻事业之中。这就从根本上决定了人类不同地域的新闻活动，全球不同社会、国家的新闻业，并不是一个模子里铸就出来的事物，它们各具个性，在遵循普遍规则的同时也会拥有自身的特殊运行规律。或者说，每一具体社会、国家中的新闻活动、新闻业都有自身时代化、本土化的基本运行规则，这种针对具体环境的新闻规律就是我所说的特殊规律。

至于一定社会范围内特殊的新闻规律是什么，则要根据不同社会中新闻活动的特殊表现展开探究。比如，当今世界新闻业主要由两大类型构成，一种是资本主义新闻业，另一种是社会主义新闻业，它们存在、运行于不同的社会和国家之中，有着不同的历史背景、文化传统和社会环境。在资本主义世界，新闻传媒总体上是相对独立的，即在形式上独立于政府和政党；在社会主义世界，新闻传媒是政党（主要是执政的共产党）和政府的耳目喉舌。这两类新闻业显然有很大的不同，奉行的新闻观念、运行的基本逻辑定有差异，必然拥有各自特殊的运行规律。至于在资本主义世界或社会主义世界内部，每一社会、国家还有自身的特色，自然会有更小范围的特殊规律。

其次，特殊新闻规律是指特定历史时期、历史时代的新闻规律。在历史向度上，人类新闻活动可以说是一个进化的过程，因而存在着我在上文所说的总体性的历史演进规律。但是，人类新闻活动总会形成不同的历史时代、历史时期。也就是说，一种主导性的媒介形态或新闻活动方式形成之后往往会持续一段时期甚至会一直持续下去。以该一定历史时代、历史时期主导媒介形态为主的新闻活动，就会形成该历史时代、历史时期主导性的新闻规律。这样的规律不大可能贯穿整个人类新闻活动史，就像阶级社会时期的社会运行规律不同于非阶级社会时期的社会运行规律（阶级斗争规律不会存在于非阶级社会时代）、资本主义时期的具体社会运行规律不同于社会主义时期的具体社会运行规律一样①。这也可以说是新闻规律历史性的典型表现。

具体来看，人类新闻活动已经经历了前新闻业时代、新闻业时代，如今正在开启后新闻业时代。② 每个大的时代又由一些小的时代构成，比如，新闻业时代就经历了单一的报业时代，报业与广播业并行的时代，报业、广播业、电视业三足鼎立的时代，以及如今与后新闻业并行的时代。但不管是大时代还是小时代，每个时代都有各自主导性的、代表性的或典型性的新闻活动方式。比如，在前新闻业时代，主导性的新闻活动方式是面对面的人际交流方式，在新闻业时代，主导性的新闻活动方式是大众化新闻传播方式，而在后新闻业时代开启后，则不仅在一定程度上改变了、融合了过往的各种新闻活动方式，还开启了以新兴媒介形态为主的新闻活动方式。主导性新闻活动方式的变化，自然意味着不仅可能存在着贯通整个人类新闻活动史的新闻规律，同时还存在着与特定历史时代、历史时期相适应的特殊新闻规律。

不要说在人类新闻活动层面上存在着不同的历史时代、历史时期，从而存在着时代性的特殊规律，就是在一个社会、一个国家中也同样如此。每一社会、每一国家都有自己的新闻活动史，因而不管是普遍规律还是特殊规律，在特定社会、特定国家也都会有特殊的表现。以美国新闻史为例，党报时期与商业报纸时期的新闻运行机制就不可能完全相同。党报时期，报纸上充满

---

① 资本主义社会运行规律不会存在于社会主义社会之中。但要注意，不同社会之间存在着一些共同的事物，在这些方面它们又有着一些共同的运行规律。

② 这是我以近代新闻业的诞生为参照，对人类新闻活动史大尺度的历史时代划分。可参见杨保军. 新闻理论教程［M］. 3 版. 北京：中国人民大学出版社，2014。

了言论争斗；商业报纸时期，报纸逐步向信息纸、新闻纸转化。因而，这两个时期的报纸各有自身的特征，各有特殊的运行规律。又如，改革开放前后两个时代的中国新闻业同样可以充分说明这一点。改革开放前，中国的新闻业是单一政治意识形态属性主导的新闻业，而改革开放后的中国新闻业逐步成为具有意识形态属性、产业属性和一定公共属性的新闻业，因而，支配新闻业的运行逻辑在改革开放前后发生了很大的变化。在前一时代，简单说，政治决定一切；在后一时代，新闻业的运行机制（也就是规律）至少是由政治逻辑和经济（商业）逻辑共同决定的。

（三）微观层面的个别规律

微观层面的个别规律，是相对宏观层面的普遍规律（针对的新闻活动主体是人类主体）、中观层面的特殊规律（针对的新闻活动主体，主要是一定社会范围内、国家内的主体）而言的。个别规律主要是基于具体新闻业领域（或者说领域性新闻业）和具体新闻媒介形态形成的，它所针对的新闻活动主体主要是一定新闻行业领域的主体，以及以一定新闻媒介形态为主导工作平台的主体。

首先，个别新闻规律是指以特定媒介形态为中介展开新闻活动形成的规律。这其实是对特殊规律的进一步细化。

对于一个历史时代、历史时期而言，很难说只存在一种新闻媒介形态。实际上，每一时代都有多种媒介形态共在，形成一定的媒介生态结构，人们的新闻活动自然会通过多种媒介形态中介平台得以展开。基于不同媒介形态的新闻活动，存在一些共同的普遍规律（如上文阐释），这是超越具体媒介形态的。与此同时，新闻活动也存在着针对各种具体媒介形态的个别规律，反映着每一种具体媒介形态的个性化要求。

就以媒介形态构成最为丰富且复杂的当今时代来看，存在着传统新闻媒介，如报刊、广播、电视等，也存在着大量以互联网为基础的不同的新兴媒介形态，它们一起构成了当代新闻媒介生态的总体格局，共同再现、塑造、建构着一定社会新闻世界的整体图景。

显而易见的事实是，每一种媒介形态都有自身的属性与特征，在新闻传收中有各自的优势、劣势和不同的偏向。① 因而，它们作为中介，在人类的新闻活动中应该具有不同的诉求，拥有各自的客观规则，也就是各自的媒介形态规律，这可以看作依据媒介形态个性的个别规律。也因此，每当一种新的媒介形态诞生，每当一种新的媒介形态投入新闻传播之中时，就必须研究它的个性特点、个性规律。② 比如在当前的中国新闻传播学术界，探求新兴媒介特别是智能媒介发展规律、新闻舆论传播规律就成为热门话题。③

进一步说，不管是传统媒介形态还是新兴媒介形态，都有各自的属性、特征和功能，因而才形成了各种样态的新闻类型，诸如印刷新闻、广播新闻、电视新闻、互联网新闻、微博新闻、微信新闻以及各种各样的智能新闻样态。从原则上说，由每一种媒介形态支持的新闻生产、传播、收受、管理控制活动都会有自身相对特殊的运行机制或生产、传播、收受、管理控制规律。其实，也正是因为这样，才会以历史性的方式形成报纸新闻学、广播新闻学、电视新闻学、网络新闻学、融合新闻学以及可能的智能新闻学等诸多以媒介形态为基本根据的新闻学分支。而所有这些分支，在新闻理论视野中，都有一个重要任务，就是研究、探索以各自媒介形态为依托的新闻活动规律。所有这些规律，在新闻规律论视野中，都可大致归属到新闻规律系统层次结构中的微观层面（个别规律）中。

其次，个别新闻规律是指领域性新闻业的运行规律。新闻行业是个整体，有其整体的运行规律（普遍规律），但在新闻行业（作为事业和产业的统一体）系统中，依托一定的主导性媒介形态又形成了既有历时性又有共时性的领域性新闻业，诸如报业、广播业、电视业等，如此也就自然形成了具体领域性新闻业的个别规律。

---

① 事实上，媒介环境学派或媒介技术学派，对不同媒介形态及其依托的传播技术有着深入而系统的研究，已经得出比较可靠的结论。不同的媒介有着不同的"偏向"（伊尼斯），有着不同的"冷热"（麦克卢汉）。参见刘海龙. 大众传播理论：范式与流派 [M]. 北京：中国人民大学出版社，2008；第十二章"多伦多学派及媒介研究"。这里实质上是说，不同媒介形态拥有不同的内在特点和客观规则。

② 习近平就曾明确提出，"遵循新闻传播规律和新兴媒体发展规律"。参见共同为改革想招一起为改革发力 群策群力把各项改革工作抓到位. 人民日报，2014 - 08 - 19 (1)。其中，"新兴媒体发展规律"指向的对象就是新兴媒体，说明它的发展规律不同于传统媒体。

③ 丁柏铨，任桐."新闻舆论的传播规律"初探 [J]. 新闻记者，2017 (12)：4 - 13.

从历时性上看，在人类新闻活动史或一定社会、国家的新闻活动史中，近代新闻业产生以后，大致经历了印刷新闻业、广播新闻业、电视新闻业和如今的网络（新兴媒体）新闻业。这些不同的新闻业都有它们各自的历史主导时期，都有自身个性化的运行方式和规则，也就是说，它们拥有自身的基本运行规律。

从共时性上看，当今时代最为典型，历史上曾经出现的主要新闻媒介形态，以叠加、累积、扬弃的方式积淀到当前时代平台上，形成了一种全媒体式的、融合媒体式的媒介生态结构，同时也形成了不同分支领域性新闻业共在的行业生态结构。因而，人们现在看到的景象是，既有传统新闻业的各个领域存在，又有新兴新闻业的领域生成，它们有分离、有交融，确实处于一种特殊的历史变革或转型状态。当前的这种转型状态将会向什么样的方向、状态发展，本身就是需要研究探索的重大问题。

每一领域性新闻业都有各自的主导技术支持，也有自己的主要物理介质、核心符号系统；每一领域性新闻业都有各自的业务工作流程、具体工作方式，也有相对特殊的领域性媒介体制和管理运行方式，还有各自的历史传统、行业习惯。如此等等的区别性或差异性，从客观上决定了每一具体领域性新闻业都有自身的运行特点和个性化规律。其实，这些规律与新闻实践似乎离得更近、结合更为紧密，也更受到学界和业界的关注。

最后，个别新闻规律是指新闻内部系统中每一具体要素的历史演变规律。这种演变既可以包括人类新闻活动意义上的演变，也可以包括一定社会范围内新闻活动要素的演变。

针对每一具体要素的规律探索是整个新闻规律研究的基础。从逻辑上说，我们只有把居于要素（传播主体、传收内容、媒介形态、收受主体）层次的演变规律搞清楚了，才能探求要素间的关系规律，进而探求新闻内部系统与环境系统之间的本质关系。

实际上不难发现，新闻理论的基础研究首先集中在对各个要素的研究上，大量关于传播者的研究（表现为新闻生产、传播研究，新闻伦理道德研究，各种新闻业务研究等）、关于受众的研究（表现为传播效果研究、受众心理研究等）、关于媒介形态的研究（表现为传收技术研究、新闻符号研究等）、关于传收内容的研究（表现为内容定位研究、内容选择研究等），如果暂时不考虑它们的实践目的，那就在于从理论上探索各个要素的变化规律，就在于为进一步弄清楚各个要素间的本质关系做准备。

（四）不同层次规律间的基本关系

如上所述，如果从新闻规律系统的结构层次上看，我们可以将新闻规律分解为普遍规律、特殊规律和个别规律几个层面。这样的划分尽管有一定的客观根据，但更多的是为了研究、叙述方便的一种逻辑区分。在实际的新闻活动中，被我们称为新闻规律的那些新闻活动中的内在关系、本质关系，并不是以规律层级的方式分别产生作用的，而是以整体方式发挥影响的。因此，被我们区分为不同层次的新闻规律有着怎样的基本关系，也是需要分析说明的重要问题。

第一，从层次结构上看，普遍规律是最高层次的规律，特殊规律属于中间层次的规律，个别规律属于最低层次的规律。需要注意的是，这只是规律的层次划分，并不是对规律的价值评价。从客观逻辑或理论逻辑上说，层次比较高的规律，影响面相对广泛，而层次比较低的规律，作用范围相对较小。就实际情况来说，越是层次比较低的规律，对新闻活动的作用影响越直接，也越强烈；越是层次比较低的规律，越是能够反映具体范围、具体对象的内在特征。

第二，不同层次的新闻规律本质上是相互贯通的、统一的，它们对新闻活动的作用和影响本质上是一体化的。高层次的规律最终都要落实在低层次的规律中，才会对实际的主体新闻活动产生效用。一般只有通过个别才会最终落实。新闻传播的普遍要求（普遍要求是普遍规律的体现），只有与具体社会、国家的新闻实际结合起来（与特殊规律结合起来），并落实在具体新闻传媒机构、传媒工作人员的实际业务工作中（与个别规律结合起来），才有可能转化为新闻传播的实际表现。当然，这是针对自觉按照新闻规律办事的情形而言的。实际上，不管一定的新闻活动主体是否认识到新闻规律、是否按照新闻规律办事，各个层次的新闻规律都会以自在自发的方式发生作用（关于新闻规律的作用方式与机制，我将在第九章专论）。如果按照新闻规律办事了，就可能取得比较好的传播效果；如果没有按照新闻规律办事，那就很难取得优良的传播效果。新闻规律总会以它的客观力量对主体的行为予以"提醒"或"警示"。

第三，同一层次和不同层次间的新闻规律既具有一定的统一性也可能具有一定的相异性或矛盾性，其间的关系比较复杂，需要做具体的分析。

在同一层次的新闻规律之间，即普遍规律之间、特殊规律之间、个别规律之间，基本的关系大致如此：（1）普遍规律之间本质上是统一的。人类新闻活动的历史规律体现在每一历史时代的共同规律之中，也体现在代与代之间的联系之中，更具体表现在不同媒介形态共同遵守的规则之中。（2）特殊规律之间的关系要分为两大方面分析。一方面，在同一社会、国家或性质相同、相似的社会、国家之间，特殊规律之间应该是统一的。另一方面，在不同社会、国家之间，特别是在不同社会、国家拥有的不同性质的新闻业之间，特殊规律之间很可能恰好是不一样的。比如，适应于社会主义社会、社会主义国家的党媒规律就不可能适用于资本主义社会、资本主义国家的自由传媒规律。（3）个别规律之间的关系大致也有两个大的方面。一方面，个别规律之间本质上是统一的、一致的。比如，具体媒介形态规律与领域性新闻业规律之间本就是一回事，因为一定的领域性新闻业总是依托于一定的主导性媒介形态。另一方面，个别规律之间也存在着差异，同样都是媒介形态规律、领域性新闻业规律，但不同媒介形态之间的客观差别以及基于媒介形态差别的领域性新闻业差异从根本上决定了这些依托不同对象的个别规律之间一定会有所不同。总而言之，同一层面（主要指特殊规律和个别规律）的规律之间，具有一定的相对独立性，不可随意混淆。不同性质的新闻业之间很难有同一的运行规律，不同媒介形态之间的个别规律、不同领域性新闻业的个别规律反映的恰好是各自的个性，不可张冠李戴。

在不同层次的规律之间，即普遍规律与特殊规律、普遍规律与个别规律之间，特殊规律与个别规律之间，同样有着比较复杂的逻辑关系，需要条分缕析地加以说明和解释。（1）在普遍规律与特殊规律、普遍规律与个别规律之间，理论上应该是统一的，特殊规律、个别规律应是普遍规律的体现。但在实际中未必如此，比如，不同性质的新闻业（表现在不同性质的社会之中）

都会宣称遵守新闻传播的普遍原则（真实、客观、及时、公开等，这些新闻传播原则是新闻普遍规律的体现），但不同性质的新闻业对这些原则的贯彻落实会有很大的差别。需要说明的是，这属于规律的运用问题，不是规律的客观作用问题，不同层次规律本身是统一的。（2）在特殊规律与个别规律之间，在理论与实践上应该是统一的，在实际中也易于实现统一。比如，社会主义的党媒规律就直接体现在每一种媒介形态规律之中，体现在每一领域性新闻业之中。

第四，规律的层次性是绝对的，但同时也有一定的相对性，需要具体问题具体分析。当我们从人类整体意义上系统观察、分析新闻活动的规律性时，上面三个层次的划分就是绝对的。如果我们只从一定社会、国家范围考察新闻规律，那就可以把整体的社会层面看作普遍规律，领域性新闻业的规律层次看作特殊规律，个别层次则是不同类型新闻媒体的运行规律问题。如在当代中国，就存在着不同类型的新闻传媒，党媒和商业性比较强的媒体，它们的个别运行规律是有所不同的。

三、职业与非职业视野中的新闻规律

如果从现代职业新闻诞生或现代社会分工意义上看，关于新闻规律的研究可以说主要有两大问题：一是人类意义上的新闻活动历史规律，二是职业新闻活动规律。而其中内含第三个大的问题，就是职业新闻与非职业新闻的关系问题。尤其是进入21世纪，当非新闻职业的社会主体也能够像职业新闻传播主体那样生产传播新闻时，两类新闻活动主体间的关系规律更是成为极为热门的论题。因此，我们需要在职业新闻与非职业新闻的视野中考察新闻规律的构成问题。

（一）非职业新闻活动规律

人所共知，比职业新闻活动更为久远、更能贯通人类新闻活动历史的乃是非社会分工意义上的、非职业新闻活动。在与职业新闻活动相比较的意义上讨论非职业新闻活动，主要是指非职业新闻活动主体的新闻生产传播活动。职业新闻活动不过是近代新闻业产生以来的产物。因而，非新闻职业的民众个体和社会群体（包括组织主体）的新闻生产传播活动具有怎样的规律，应该是更具历史意味、更为深厚的问题。

如果从非职业新闻角度观察人类新闻活动，截至目前大致经历了这样几个大的历史时期：其一，民众新闻相对单一的主导时期，即人类新闻活动的主导方式就是民众个体之间相互交流的方式，新闻生产、传播、收受处于一种自在自然的融合状态。其二，民众新闻相对衰落时期，即民众新闻与职业新闻共在的时期。职业新闻诞生后，民众新闻与职业新闻共时存在，职业新闻逐步成为主导性的新闻生产传播方式，而民众新闻在整个新闻生产传播中的地位下降，民众主要成了大众新闻传播的收受者，职业新闻传播机构以外的其他社会主体在新闻活动中扮演的主要角色是新闻控制主体和影响主体，并不展开新闻生产传播活动。① 其三，新民众新闻时期，主要是指网络新闻时代开启之后，特别是各种自媒体形态成为普遍现实后的状态②。自从互联网新闻传播诞生以来，民众个体以及其他非新闻职业组织、群体（脱媒主体③），在新兴媒介形态支持下不再仅仅是新闻信息收受者的角色，而且成为类似职业新闻生产传播的主体，从而使民众新闻进入一个新的时代。有人甚至说，"社交媒体对传统新闻业的冲击几乎是颠覆性的"④。在这样的背景下，新闻业的实际结构已经发生了变化，新闻的内涵、外延也在发生变化，"对新闻业而言，以往不被视为新闻业的合法成员、元素或实践的形式都可能日益被接受为正当的新闻形式，由此便会不断重新定义新闻、记者和新闻业的边

---

① 杨保军. 新闻主体论［M］. 北京：人民日报出版社，2016：171－263.

② 自媒体兴起之后，人人成为传播者（大众传播意义上的传播者），因而"公民新闻"成为现实。我在历史贯通意义上，使用"民众新闻"这个概念。新民众时代也可以称为公民新闻时代。

③ 我所说的"脱媒主体"，实质上是指那些非民众个体亦非职业新闻传播组织主体的组织性、群体性新闻传播主体，即"非职业新闻组织（群体）主体"。使用"脱媒"一词，意在说明这样的组织或群体曾经主要依赖职业新闻主体满足自己的新闻传播需求，而在"后新闻业时代"开启后却自建媒体特别是自建以互联网为基础的新媒体，超越了原来完全依赖职业新闻主体的状态，开始实现比较自由自主的、以自身为核心内容对象的新闻生产与传播，从而也使自身成为新媒体环境中一类新的面向社会公众进行新闻传播的主体。

④ 彭增军. 权力的丧失：社交媒体时代新闻人的职业危机［J］. 新闻记者，2017（9）：65－69.

界及文化权威"①。有学者依据美国的现实情况指出，"当新闻业给新媒体公司如谷歌、脸书、推特等占领和控制后，还存在一个所谓的新闻业吗？至少可以这样说，传统新闻业已经被冲击得七零八落，新闻产业正在重构，而新闻职业也在重新定义"②。这些说法也许有些夸张，但民众个体作为大众化的传播主体、相对传统媒体而言的脱媒主体，确实给传统新闻业带来了巨大的挑战，带来了结构性变革的时代。

非职业新闻活动的历史演变，从一个角度说明了人类新闻活动的历史演进情况。而非职业新闻的历史演变本身可能也有自身的规律，这如今已成为新闻与传播研究聚焦的核心问题之一。但就目前的研究成果来看，还处于起步阶段，我们还无法描述民众新闻的基本规律。但可以肯定的是，它是新闻规律系统内容的重要组成部分，主要内容至少应该包括两大部分。第一，民众新闻活动的历史规律。我在上文描述的三个历史时期有着怎样的内在关系，这样的关系意味着怎样的历史趋势，是规律论需要探讨的。第二，民众个体、脱媒主体作为大众化新闻生产传播主体的活动规律。非职业的新闻生产传播现象是新闻学术研究面对的新现象，相关的新闻规律问题只是其中的重要问题之一。事实上，大众化、公共化的非职业新闻传播才刚刚开始，其规律性的机制应该说还在生成之中，因而描述其活动规律为时尚早，但作为前瞻性的研究不应该等待，理论不能总是停留在实践的身后。正是因为传统新闻业时代不存在这样的问题，它才成为今天极为"诱人"的大问题，并且在我们所处的当今时代会变得越来越突出。当然，这也是比较困难的问题。

（二）职业新闻活动规律

新闻活动是人类的历史性活动，经历了不同的历史时代。探索这一历史演进过程的规律，可以说是新闻规律研究中最重要的问题，也是总体性的问题。它要揭示的关键秘密是，人类新闻活动是以怎样的基本机制演进到今天这样的状态的，可能的未来趋势会是什么。这里的基本机制就是新闻活动中

---

① 陈楚洁. 意义、新闻权威与文化结构：新闻业研究的文化-社会路径 [J]. 新闻记者，2018 (8)：46-61.

② 彭增军. 权力的丧失：社交媒体时代新闻人的职业危机 [J]. 新闻记者，2017 (9)：65-69.

各种要素的内在关系，也就是新闻活动的历史规律。对此，我们在前文的规律层级构成分析中已有初步论述，后文还会做专门深入的研究，这里不再赘述。

在截至目前的人类新闻活动史中，最大的结构性变革就是近代西方新闻业的诞生。从新闻生产角度看，人类新闻活动由自然自在的单一民众新闻活动方式演进为民众新闻活动与职业新闻活动二元共在的活动方式。并且，由此开始，新闻行业或职业新闻活动越来越成为人类主导性的新闻活动方式（主要是指新闻生产传播方式），人类社会的新闻图景在整体上主要是由职业新闻塑造的，而民众的新闻生产传播行为对整个社会新闻图景的生成影响逐渐退居次要的地位。

尽管进入网络时代之后，民众新闻与职业新闻的结构性关系比起传统新闻业时代有了巨大的变化，主要表现为在新兴媒介形态支持下，民众主体和脱媒主体自主自由的新闻生产传播对整个新闻生产传播的结构性影响越来越大；但就目前的实际情况来看，职业新闻在常态的新闻生产传播中依然占据着主导性地位；并且就可见的未来而言，职业新闻所代表的新闻专业化生产传播方式不可能退出历史舞台，很有可能变得越来越必要和重要。诚如有学者所说，"职业新闻业并非走向死亡，而是获得了更为广阔的实践空间"①，"在人人都可以是新闻人的时代，专业性更为重要，更为紧迫，这也就是说新闻业重塑专业性的机会比任何时候都大"②。尽管当今媒介环境中的社会大众、脱媒主体可以相对自由自主地生产传播新闻、交流信息，但"今天的用户仍然需要媒体的专业性，特别是社会守望能力、真相追求能力，如果媒体丢弃了自己的专业性而单纯追求形式上的语态变革，有可能是舍本逐末"③。专业就是专业，业余就是业余，从整体上说，业余不可能替代专业，哪怕一些领域的专业性不是那么强，但它们仍需要专业的理论、知识、技能，更需

---

① 潘忠党. 在"后真相"喧嚣下新闻业的坚持：一个以"副文本"为修辞的视角［J］. 新闻记者，2018（5）：4-16.

② 彭增军. 因品质得专业：人人新闻时代新闻专业主义的重塑［J］. 新闻记者，2017（11）：27-34.

③ 彭兰. 移动化、社交化、智能化：传统媒体转型的三大路径［J］. 新闻界，2018（1）：35-41.

要专业的精神和伦理，"正因为社交媒体时代，人人都可以参与到新闻的生产和传播中来，才更应该强调新闻的专业性和职业性"①。进一步说，业余新闻如果要真正形成广泛的社会影响，可能不是远离专业新闻的要求，而是要向专业新闻的规则不断靠近。

因而，在新闻规律系统的构成中，就目前的实际来看，最重要的毫无疑问是职业新闻活动规律。事实上直到目前，新闻规律研究主要就是对职业新闻传播规律的研究。这在传统新闻业时代似乎自然而然，毕竟大众新闻传播是塑造新闻图景的主导性力量。

职业新闻规律研究主要包括两个大的方面：一是把新闻业当作一个社会领域、一种行业，探讨它的历史演变规律，即探讨人类新闻业或一定社会新闻业（包括各种领域性新闻业）从孕育、成长、发展到未来可能趋势的内在机制，包括新闻业自身以及新闻业与社会环境的基本关系。二是着重从新闻业务出发，探讨职业新闻生产传播的基本规律，核心在于探讨各种具体新闻业务（如采写编评制播等）的基本规律，探讨不同媒介形态方式或整合、融合方式中新闻生产传播的具体规律等，这也是新闻规律研究中最为常见的主要内容。

（三）两类规律间的关系

若是以职业新闻现象为一方，非职业新闻现象为另一方，那就意味着在新的媒介生态环境中已经和正在生成的职业新闻与民众新闻、"脱媒主体"新闻之间的新型关系将是今后需要人们长期关注的重要新闻内部关系，很有可能对未来新闻业的走向、未来人类新闻活动的结构与方式带来重大影响。因而，职业新闻与非职业新闻在新形势下的关系会有怎样的趋势性表现也是新闻规律研究中应该关注的重大问题。事实上，整个新闻学在新的时代都需要调整转型，都需要从以职业新闻现象为主要对象转向新时代的以职业新闻现象与非职业新闻现象为共同对象，这很可能是新闻学研究的一次具有革命意义的对象转换过程、范式转换过程。这样建构的新闻理论也才有可能是比较

---

① 彭增军. 权力的丧失：社交媒体时代新闻人的职业危机 [J]. 新闻记者，2017（9）：65-69.

完整的、能够反映人类整体新闻活动现象的理论。

从历史角度考察，近代新闻业发展到一定程度，就存在着职业新闻与非职业新闻的关系问题。无论职业新闻（表现为建制性新闻、组织新闻、机构新闻）在新闻生产传播中有着怎样的重要地位和作用，民间性的、自在自然的新闻生产传播都是存在的，差别主要在于职业新闻是以大众化为主的方式传播，民间新闻则是以人际交流为主的方式传播。实际上，两种传播方式交融在一起，共同塑造着一定社会的新闻图景。而所谓的两类规律实质上要探讨的问题是两种新闻生产传播活动到底有着什么样的内在关系。

当时代演进到后新闻业开启的时候，职业新闻与非职业新闻的关系变得更加复杂起来。两类新闻活动主体都在以大众化的方式传播新闻，同时也都在以其他方式（人际方式、小众方式等）传播新闻。而且，在新的媒介形态支持下，两类新闻活动主体的新闻生产传播行为整合交融在了一起，出现了各种各样复杂的关系。其中又有着什么样的规律性关系，都是需要追踪观察研究的重要问题。

在本章中，我对新闻规律的构成（只是形式上的构成，不是新闻规律的具体内容）做了初步分析，需要说明的是，我只是提供了新闻规律系统构成分析的几个主要向度，而非所有可能（也做不到，有些可能也无必要）。实际上，还可以从其他维度对新闻规律系统内容的构成做出分析。所有不同视角都有可能深化、细化新闻规律研究，让人们进一步看清新闻规律系统的构成。比如，在微观层次上，可以进一步从新闻业务领域、业务层面的诸多视角，探索新闻采写、编辑、评论、制作、主持等具体业务规律。其实，那些总的、大的、宏观层面的、中观层面的规律，最终还是要落实到这些业务操作中。从认识论的角度看，微观层面才是新闻活动的直接现象表现。我们正是通过对微观层面的直接表现的观察分析，才能认识其具体操作规律，而又是通过对这些具体规律的把握，才能进一步把握更高层面或更深层次的规律。又如，我们可以从媒体属性的不同侧面出发，探索新闻传媒（新闻媒体）的不同运行特点。在现实社会中，新闻媒体并不是纯粹单一属性的组织机构，在不同视野中可以将其看作不同属性的实体——经济实体、文化实体、舆论机构甚至政治组织等，这意味着新闻传媒并不是在单一规律支配下运行的，而是同时在经济规律、舆论规律、宣传规律、意识形态规律等相互作用下运行的。因此，我们只有把这些规律都大致弄明白了，才能理解新闻规律的真实构成。

第四章　新闻系统要素演进规律

系统是处于一定相互联系中的与环境发生关系的各组成成分的总体。

——［美］贝塔朗菲

我们需要新闻维持生活、保护自己、联络他人、区分敌友。新闻事业就是为了提供新闻而产生的系统。这就是我们关心新闻和新闻事业品质的原因：它们影响了我们的生活质量、思想和文化。

——［美］比尔·科瓦奇、汤姆·罗森斯蒂尔

在机械时代，我们完成了身体在空间范围内的延伸。今天，经过了一个世纪的电力技术（electric technology）发展之后，我们的中枢神经系统又得到了延伸，以至于能拥抱全球。

——［加］马歇尔·麦克卢汉

新闻活动是具有自身结构稳定性的人类活动。在相对抽象的意义上，新闻活动系统是由一些稳定不变的基本要素构成的相对独立的活动系统。根据既有的研究成果，学术界普遍认为，任何在一定自然环境、社会环境中展开的人类新闻活动都由四大基本要素构成，它们是传者、内容、媒介、收者[①]。如果遵从"四要素"说，那就可以分别以它们为对象主体，对它们自身的内在结构、历史变化进行解释，从而发现每一要素自身的演变规律，这也是进

[①] 尽管关于新闻系统要素构成是新闻理论研究中最基本的问题之一，但至今在新闻传播学界并没有达成一致的看法，主要有以下几种："三要素"说——事实、传者、收者；"四要素"说——内容（事实）、传者、媒介、收者；"五要素"说——内容（事实）、传者、媒介、收者、反馈；甚至还有"七要素"说。对这些要素构成的不同观点，我在相关著作中做过比较细致的分析。就目前的研究情况看，共识度比较高的是"四要素"说。可参见杨保军. 新闻理论教程［M］. 北京：中国人民大学出版社，2005：48-50。

一步探究更为复杂的要素关系规律的基础，实质上则是研究总体性新闻系统内在规律的基础。①

一、传播主体演变规律

所有的人都是新闻活动者，就意味着所有的人都是新闻传播者。那么，人作为新闻传播者这样的角色，在历史长河中是如何演变的，其内在的机制到底是什么？新闻传播主体演变规律回答的正是这个问题。具体一点说就是，在历史视野中，新闻传播者的角色、身份是如何展开结构性和功能性变化的，这种变化趋势是否具有内在性、稳定性或者说不可逆转的历史大趋势？如果说存在着这样的内在关系或机制，那就可以说存在着新闻传播主体的演变规律。

（一）主导性新闻传播主体结构的历史变迁

新闻传播主体并不是抽象的存在，而是历史的、具体的存在。在不同的历史时代，从社会现象上看，主导性的新闻传播角色在不断演变，呈现出不同时代的人类新闻活动特色。如果以近代西方新闻业的诞生或西方职业新闻传播主体的形成为基本参照，通贯历史，可以从新闻传播主体角度大致将截

---

① 这里需要特别提醒读者注意的是，新闻系统要素之间内在的稳定关系是新闻系统约内部关系、内在关系，主要是指新闻系统内部要素之间的关系，核心就是四大要素之间的关系，主要表现为传收主体间的关系，传收主体分别与传播内容、传收媒介间的关系，媒介形态与传收内容间的关系。四大基本要素在相互作用、相互影响中形成的基本秩序与演变趋势才是整个新闻系统的核心规律。在这众多关系中，尽管每对关系都有自身的相对独立性，有自身的关系规律，但最终都要集中凝结体现在传收主体这对关系上。因而，新闻系统内部的核心关系、核心规律就是传收主体间的关系规律。参见杨保军. 新闻传收（受）活动矛盾探究［J］. 湖南大众传媒职业技术学院学报，2006（2）：5-9；杨保军. 简论新闻活动主体的构成及其总体关系［J］. 今传媒，2009（10）：23-25。但从逻辑上说，只有先弄清楚各个要素的历史变迁规律，才能进一步讨论它们之间的关系变化规律。由于要素间的关系规律在整个《新闻规律论》中有着特别主要的地位，我将在后文专列一章展开分析阐释。

至目前的"人类整体"① 新闻活动划分为三个大的时代：民众个体为主导性主体的时代—职业新闻传播主体为主导性主体的时代②—职业新闻传播主体与非职业新闻传播主体共同为主导性主体的时代③。

第一，民众个体为主导性主体的时代。在以印刷新闻为标志的近代（现代）新闻业（modern journalism）诞生之前④，人类的新闻信息分享、共享活动，尽管还有书写新闻（书信新闻、手书新闻）的形式，但最主要的是通过人际交流的方式得以实现的口传新闻，面对面的直接传收互动是人们之间的主要信息交流方式。乔治·维尔在《世界报刊史》中写道："印刷新闻的前身是手书新闻，手书新闻的前身则是任何时代、任何国度都不曾缺失过的口传新闻。"⑤ 在这样的情境中，所有的普通民众包括社会地位较高的所谓精英分子、统治者，就是最基本也最为庞大的新闻活动者、新闻传播者。⑥ "在现代技术产生和发挥作用之前，共同体的传播活动主要通过直接参与、共同打造互动'空间'所进行。"⑦ 当然，在社会主体的不同群体、不同阶层构成

① 以"人类整体"作为主体对象论说人类的新闻活动，其实是非常大而化之的做法，也是相当不准确的做法，因为在人类不同群体（地域、社会）之间，从古至今一直存在着或大或小的差异与差距（包括历时性和共时性上），诚如美国新闻史家米切尔·斯蒂芬斯所说："信息的收集和传播方式在不同社会发展各有先后。"参见斯蒂芬斯. 新闻的历史：第3版 [M]. 陈继静，译. 北京：北京大学出版社，2014：3。以人类整体的名义来描述、论说人类的新闻活动演进史时，其实更多关注的是历史的先行者的步伐，或人类整体新闻活动的可能历史趋势，而非人类整体新闻活动史实际的整体进程。

② 关于职业新闻传播者的身份演变等问题，可参见黄旦. 传者图像：新闻专业主义的建构与消解 [M]. 上海：复旦大学出版社，2005。

③ 关于职业与非职业新闻传播主体的构成，可参见杨保军. "共"时代的开剀：试论新闻传播主体"三元"类型结构形成的新闻学意义 [J]. 新闻记者，2013（12）：32-41；杨保军. 新闻主体论 [M]. 北京：人民日报出版社，2016。这里的叙述是对《新闻主体论》相关内容的简化和补充。

④ "近代"更多的是个历史时间概念，相对古代而言，"现代"不仅指时间，更侧重反映社会相对古代的性质变化。近代新闻业是现代性的表现或体现。另外，现代新闻业的形成是一个历史的过程，很难以某一技术、某一报纸甚或某一人物、某一事件作为标志去划分历史时代。

⑤ 维尔. 世界报刊史：报刊的起源、发展与作用 [M]. 康志洪，王海，译. 北京：科学出版社，2018：5。他还在书中写道，"手书新闻的诞生日期已无从稽考"，但手书新闻从原则上说应该是伴随文字的诞生而诞生。在欧洲，它的兴盛期在15世纪到16世纪之间，但即使在印刷新闻诞生之后，手书新闻仍然存续了很长时间。参见维尔. 世界报刊史：报刊的起源、发展与作用 [M]. 康志洪，王海，译. 北京：科学出版社，2018：5-9。

⑥ "民众"主要是指广大普通的社会群众，是相对社会精英群体与统治群体而言的，广义上则可以指所有社会成员，不管其具体的社会地位、社会身份、社会角色是什么。尤其是在近代新闻业诞生之前，所有社会成员事实上都以人际关系为主展开面对面的信息交流。

⑦ 殷晓蓉. 传播学历史维度的特点 [J]. 新闻记者，2016（3）：30-41.

中，不同群体、阶层内部及不同群体、阶层之间的新闻传播存在着内容上、方式上的客观差异。但其中的具体情况需要实证性的历史考察去描述，不是理论想象可以解决的。

民众传播者为主的时代这个说法是个相当模糊的总体性描述。其实，在印刷新闻诞生之前，民众传播者为主的时代内部本身是十分复杂的。从大的时代划分上，通常分为口语新闻时代和文字（书写或手书）新闻时代。应该说，"口语新闻时代"能够比较好地反映民众新闻传播者为主时代的特点，但"文字（书写或手书）新闻时代"并不能真实反映民众新闻传播者为主时代的典型特征。在文字（书写或手书）新闻时代，只是说人类有了可以通过书写方式、文字符号方式传收新闻的新形式，出现了不同于单一口语新闻传播方式的新方式，但在现代新闻业形成一定规模之前，由于人类整体的文化与识字水平有限，文字（书写或手书）新闻本身并没有占据新闻传收的主导地位，人类交流新闻信息的主导方式依然是面对面的人际交流方式。文字（书写或手书）新闻本质上属于社会上层内部的部分新闻传收方式①，局限于狭小的范围。当然，我们对此不能做绝对化理解，可以想象，文字（书写或手书）新闻也会在下层社会存在，而不只是存在于上层社会或一定社会的统治网络结构之中。

需要说明的是，民众新闻传播方式并不限于以近代新闻业为参照的"前新闻业时代"，而是贯穿人类新闻活动始终的一种方式，即在人类产生之后的任何时代，面对面的口头信息交流、新闻交流方式会始终存在，即使在今天如此发达的媒介环境中，普通民众依然会以直接的方式交流新闻。技术媒介中介化的人际交流并没有也不可能替代直接的信息交流方式，因为直接的面对面的人际交流、社会交往仍然是整个人类生活的基础交流方式、交往方式。

第二，职业新闻传播主体为主导性主体的时代。现代新闻业诞生后不断演进，逐步成长为一个相对独立的行业领域，具有了自身相对独立的功能与作用，成为人类社会一个重要的领域。在新闻学视野中，其中最直接、最突出的表现之一，就是职业新闻传播者的逐步诞生、自主与相对独立，使得新

---

① 郑超然，程曼丽，王泰玄．外国新闻传播史［M］．北京：中国人民大学出版社，2000：7-10．

闻职业成为一种独立的社会职业，进而使职业新闻工作者成为社会新闻图景的主要再现者、塑造者和建构者。因而，如果从传播主体角度看，可以说人类新闻活动进入了一个职业新闻传播主体占据传播主导地位的时代。这也就是人们常说的"（传统）新闻业时代"，也是新闻传播的大众传播或职业传播主导的时代，它一直持续到现在，并且还在继续演变。

现代新闻业是西方社会现代化过程的产物，同时也是现代化过程的手段。可以说，现代新闻业是整个社会现代化的一部分，是现代性展开的重要体现和标志。现代新闻业的产生是一个漫长的过程，并不是以某个时间节点断然划界的。关于现代新闻业的形成，人们有着不同的看法。诸如，约翰·汤普森的"中介式准互动"的媒介功能理论，詹姆斯·凯利的大众媒体的形成理论，本尼迪克特·安德森的"想象共同体"理论，比尔·科瓦奇和汤姆·罗森斯蒂尔对咖啡馆、酒吧公共意见的考察，哈贝马斯的公共空间生成理论以及对传播技术与新闻活动的整体演化关系的考察[①]，都在试图揭示现代新闻的起源问题。总体来看，"现代新闻业在观念内容和形式结构上萌芽于 17 世

---

① 约翰·汤普森认为，在现代社会中人们主要有三种互动方式："面对面式互动"（face-to-face interaction），属于直接的个人间互动；"中介式互动"（mediated interaction），属于间接式个人之间的互动；"中介式准互动"（mediated quasi-interaction），属于通过大众媒介作为中介形成的个人之间的互动，这也是现代新闻业在现代社会中的地位与作用。詹姆斯·凯利认为，现代媒介形态形成于 19 世纪 90 年代到 20 世纪 70 年代，在此期间，全国性杂志（national magazines）、大众化都市类报纸（mass urban newspapers）、广播电视媒体和通讯社新闻传播的发展造就了全国性媒体（national media）和全国性受众（national audience）。这些现代传媒使得民族国家内的个体第一次可以直接地与"关于国家的想象性共同体"（imaginary community of the nation）联系起来，从而超越了前现代社会（pre-modern society）中传统报业（traditional press）的地域性空间限制。本尼迪克特·安德森的"想象共同体"理论认为，以报纸为先驱的大众传媒的发展在将现代社会彼此独立的个体（private individuals）转变成公众成员（members of the public）的过程中发挥了重要作用。比尔·科瓦奇和汤姆·罗森斯蒂尔认为，现代新闻业应是起源于 17 世纪初英国的咖啡馆（coffee houses）和美国的酒吧（public houses）等公共社交场所的谈话。哈贝马斯尽管也着眼于英国的咖啡馆，但他认为现代新闻业的起点是 18 世纪，而非 17 世纪。在他看来，英国咖啡馆开始流行是 17 世纪末 18 世纪初的事情，那时在咖啡馆里兴起的关于公共议题的讨论摆脱了政府的审查和社会身份的限制，建立起了讨论的自由空间和理性基础，伴随着的是公共领域从早先的文学公共领域到 18 世纪初期带有政治功能和批判色彩的公共领域的转变。参见程金福，胡祥杰. 现代新闻业起于何时［J］. 新闻大学，2014（5）：25-30。

纪的英国咖啡馆，而成型于 19 世纪末 20 世纪初"①。新闻职业、专业有其自身的演进成长过程，正是在这样的过程中，职业新闻传播主体逐步成长为一定社会新闻传播的主导力量。

在一定的社会中，一旦职业新闻传播机构与职业新闻工作者成长为主导性的新闻传播主体，那就意味着该社会的新闻活动从整体上进入了职业化的时代，即新闻生产与传播进入了职业新闻传播主体主导的时代，就是说职业新闻传播主体成为再现、塑造、建构一定社会整体新闻图景的主导性力量，成为新闻传播内容与方式的直接"把关者"，为人们再现、塑造、建构着日日常新的新闻符号世界。

在职业新闻传播主体占据主导地位的时代，主导性的新闻传收模式显然是后来人们概括的"点—面"的大众化模式。这种模式具有强烈的单向传播特征，它使新闻传播进入了可大众化、公共化、社会化的"广"播时代，冲破了"前新闻业时代"比较狭小的传收范围，使得新闻传播有了迅速规模化、收受共时化的可能，使所有的新闻收受者有机会、有可能想象、推断一定社会、国家和群体的整体性与共在性，从而使新闻活动及新闻真正成长为一种越来越重要的能够广泛作用与影响社会政治、经济、文化等各方面变化发展的力量，成为人们日常生活世界越来越不可缺少的一部分。毫无疑问，在这样的新闻活动时代，职业新闻传播主体具有更大的主动性，对于一定的社会范围内传播什么、如何传播更多的是由职业新闻传播主体直接决定的。职业新闻传播主体主导的时代，普通社会大众没有足够的有效渠道可以表现为大众化、公共化、社会化的新闻传播者，他们更多的是相对消极被动的新闻收受者。因而，整个社会的传播自由一定是相当有限的自由，新闻自由主要表现在传播主体身上。

第三，职业与非职业新闻传播主体共同为主导性主体的时代。自从职业

---

① 程金福，胡祥杰. 现代新闻业起于何时 [J]. 新闻大学，2014（5）：25 - 30. 作为现代社会的一部分，现代新闻观念的产生与演变，现代新闻业的产生与成长，绝不是简单的事情，也不会是某一个或某几个社会因素影响的结果，而是社会整体演进的结果，一定会关涉到整个社会的转型问题，具体会关涉到政治、经济、文化、技术、宗教等各个方面。而且，在现代新闻产生与现代社会形塑之间一定是一种互动关系，很难简单描述为谁决定谁的绝对关系。

新闻传播产生，新闻传播者的构成方式在原则上就已进入职业与非职业共在的时代。但是，如果从能够展开大众化、公共化、社会化新闻传播这个角度看，只是在互联网传播、新兴媒体传播发展到一定程度的时候①，人类新闻活动才真正进入一个不同以往任何时代的新时代，这就是新闻传播主体视野中职业传播主体与非职业传播主体共存共在的时代②。诚如有学者指出的那样，自从互联网诞生以来，特别是伴随移动互联网的不断发展与升级，"全球范围内的传统新闻组织面临同一个问题，其作为唯一的新闻提供者的地位已经被撼动……传统新闻组织的性质因此被改变，新闻生产的传统机制受到冲击"③，从人类整体的新闻活动角度看，这正是"后新闻业时代"开始的时代。

在这样的新时代，大众化三元类型新闻传播主体结构已经形成，即民众个体、"非民众个体以及非职业新闻传播主体的其他组织主体、群体主体"（又可称为"脱媒主体"，后文中提到这类传播主体时，一律使用"脱媒主体"），在新的媒介环境中也成为类似职业新闻传播主体的大众化新闻传播主体。三元类型大众化新闻传播主体结构的形成，实质上开创了一个各类社会主体"共享新闻资源、共创新闻文本、共绘新闻图景"的"共时代"。对于职业新闻传播主体来说，"用户自发生产的内容中存在大量可为媒体使用的资源，对于这些资源的挖掘与利用，可以提升媒体的内容生产能力"④。但这仅

① 到目前为止，学界普遍认为，从媒体和传播的角度，中国互联网发展经历了这样几个阶段：初始阶段（1994年至1998年），Web 1.0阶段（1999年至2004年，以门户网站、新闻网站为代表），Web 2.0阶段（2005年至2009年，以博客、播客为代表），Web 3.0阶段（2010年迄今，以微博、微信、移动客户端为代表）。Web 1.0阶段奠定了网络媒体的地位，Web 2.0阶段造就了自媒体的局面，Web 3.0阶段造就了社会化媒体和媒体社会化的局面。互联网传播的每一次"升级"，均是在新技术的引领下出现新的应用、新的业态，进而造成整个格局和市场的变化。互联网进入的Web 3.0阶段，从更大的技术背景看，是今天已全面进入的光纤宽带时代、移动互联网时代、后PC时代、云计算时代和大数据时代。参见闵大洪. 从边缘媒体到主流媒体：中国网络媒体20年发展回顾[J]. 新闻与写作，2014（3）：5-9。我此处所说的"一定程度"，是指第二阶段的开启，它标志着"人人都是（大众化、公共化、社会化）传播者"时代的开启。

② 杨保军. "共"时代的开创：试论新闻传播主体"三元"类型结构形成的新闻学意义[J]. 新闻记者，2013（12）：32-41.

③ 张志安，束开荣. 新媒体与新闻生产研究：语境、范式与问题[J]. 新闻记者，2015（12）：29-37.

④ 彭兰. 移动化、社交化、智能化：传统媒体转型的三大路径[J]. 新闻界，2018（1）：35-41.

仅是最为简单的现象，实际上，职业与非职业之间早已进入了互动、共同的新闻生产传播状态，新闻传播主体结构已经进入新时代。

面对新近的新闻活动，在新闻传播主体视野中，人们已经看到了前所未有的新景象。伴随着人工智能技术的迅猛发展，在新闻生产传播领域，智能新闻蓬勃而起，其中最为突出的表现之一便是形式上的"人-机"共同主体成为事实，甚至"机器主体"已经出现，机器新闻已被普遍使用。也就是说，传统的生物意义上的"人"主体正在获得新的存在或表现方式，这对新闻传播的构成及其历史演进必将带来重大影响。智能机器能否成为相对独立的新闻生产传播主体？智能机器还是麦克卢汉意义上的人的延伸吗？还是莱文森意义上的"人性回归"吗？我们到底应该如何看待机器新闻或智能新闻的主体性？如何运用智能新闻或机器新闻？这些问题都是相当复杂的新问题，需要做出深入细致且有前瞻性的思考和探索。对此，我将在后文专列一节讨论。

（二）新闻传播主体结构变化的意味

新闻传播主体的历史演进过程说明了什么，特别是当今媒介环境中大众化新闻传播主体的普遍形成（所有的社会主体原则上都已经是可进行大众化新闻传播的主体）意味着什么，这是我们在新闻规律研究视野中需要高瞻远瞩、探幽入微的大问题。就已形成的事实现象和可能的发展趋势来看，至少以下几点是比较明了的。

其一，新闻传播主体结构方式的历史演进意味着新闻生产方式、新闻生产关系的不断变革。如果以新闻传播主体的历史进化为参照，可以清晰地看到，人类新闻生产方式的演进是由私人化到职业化再到私人化与职业化不断提升统一水平的过程，是新闻生产社会化水平不断提高的过程，也是新闻生产关系不断丰富化、复杂化的过程。

在前新闻业时代，新闻生产依赖的主要是个体对生活世界中获得的相关信息的偶然加工，并不是人们自觉自为的新闻行为，因而可以说此时的新闻生产方式以自在自发为主。但在近代新闻业开启之后，主导的新闻生产方式逐步转变为专门的职业行为，新闻生产也转变为专门的社会化生产传播行为，因而逐步成为一种事业和产业，成为一定社会系统重要的有机构成部分。正是生产传播主体的如此转化，才进一步形成了大众化的新闻传播方式、收受方式、消费方式。

后新闻业时代开启后，传统新闻业那种新闻资源主要由职业新闻传播主体独自垄断、占有、开发、利用的时代逐步结束，因而新闻生产方式、传播方式、控制方式、收受方式、使用方式都已发生相应的变革。从新闻传播主体角度看，新闻生产方式发生了巨大的变化，社会化的生产主体不再仅仅是职业新闻传播主体，所有其他的社会主体都在一定程度上成为公共化的新闻生产传播主体；与此相应，新闻生产关系的基本表现主要不再是传统新闻业时代职业新闻传播主体内部的关系，而是职业主体与非职业主体之间的关系。新闻生产方式、生产关系的变化导致的直接结果是，一定社会的新闻图景不再是由职业新闻传播主体独自描绘的、建构的、决定的，而是由所有的新闻活动者——职业的和非职业的"我们"共同决定的。① 如此一来，职业新闻传播主体与非职业新闻传播主体间的互动关系将越来越成为今后整个人类新闻活动中的重要关系、基本关系，各种社会力量将会在相互博弈中争取新闻图景塑造建构的主导权。应该说，这种主体关系的变化趋势将在相当程度上决定着人类未来新闻活动的总体趋势。

其二，新闻传播主体结构方式的历史演进在更深层次上则说明，人类的新闻生产就像人类整个物质生产、精神生产一样，是由相关的生产力从根本上决定的。新闻传播主体的历史结构变革反映和呈现的正是新闻生产力的变革，直接表现为媒介技术的历史变革。我们看到，新闻传播主体的每一次历史性角色转换、新的结构形成，背后一定存在着诸多的社会因素作用和影响，但其中最为重要和突出的就是新的媒介技术的出现；似乎每一种新的革命性传播技术都有自身的意向性结构力量②，从而促成或造成新的传播主体结构方式，形成新的新闻生产传播局面。

---

① 杨保军."共"时代的开创：试论新闻传播主体"三元"类型结构形成的新闻学意义 [J]. 新闻记者，2013（12）：32－41.

② 这里指技术的意向性结构，它是指技术的功能倾向，即每一种技术或技术工具都有自身的功能偏向，内在包含着特定的价值取向。人们常说互联网是天生的自由媒介、民主媒介，描述的其实就是互联网固有的意向结构。关于技术及技术工具的意向结构，可参见吴国盛. 技术哲学讲演录 [M]. 北京：中国人民大学出版社，2016：7－11。

从前文对新闻传播主体演进的叙述中可以看出，新闻传播主体结构的历史演变整体上是一个由私人化传播主体为主向大众化传播主体为主的历史变迁过程，最终可能是所有个体、所有类型的社会主体都成为可进行大众化新闻传播的主体①。当然，在这一历史过程中人们始终保持了私人化的传播角色，但随着时代发展人们私人化的交流方式、手段变得越来越丰富多样。在这样的历史进程中，越来越多的社会主体成为自主性、自由性越来越强的新闻传播主体，成为越来越能够冲破时空约束甚至是社会制度、道德规范约束的传播主体。与此同时，我们也应该特别注意到，"脱媒主体"在整体新闻传播结构中力量越来越大，特别是那些新兴媒体组织（比如很多互联网公司），它们尽管并不专门生产新闻，但却以新闻媒体生产的新闻为资料，以数以万计、亿计的网民信息产品（实质上是网上的信息留存）为资料，运用互联网技术、大数据技术、算法技术等创造着新的不同于职业新闻传播主体所创造的新闻图景。这些新兴媒体组织在信息的生产与再生产过程中，成为实质上越来越重要的信息力量、新闻力量、舆论力量，正在改变着现实社会新闻图景的建构方式和结果呈现。这背后更多的是资本的巨大力量，它实际上已经在相当程度上影响着人们对一定社会甚至整个世界和日常生活世界的感知和看法。之所以能够发生这样的历史变革，最基本的动力和保障都是不断更新的技术特别是媒介技术。正是技术的每一次革命性进步，使所有社会主体在新闻活动中不断获得新的力量，能够不断转换自身的活动角色，展开不同的新闻活动方式。如此结构变革到底会给一定社会发展、人类发展带来怎样的影响，特别会给新闻业带来怎样的影响，是目前新闻传播学需要关注的重大问题。

其三，新闻传播主体结构方式的历史演进，从总体的历史大尺度上看意味着新闻自由的不断提升，实质上则说明了人类新闻活动的演进过程就是新闻自由质量不断提高的过程，同时也是人类获得整体自由进步（诸如政治自

---

① 事实上，仅从技术角度看，人人可以成为大众化新闻传播主体的时代已经到来，所有其他类型的社会主体（组织主体、一般群体）成为新闻传播主体的时代已经到来，但这不是纯粹的技术问题。每一社会个体、不同类型的社会主体能否成为真实的可大众化的新闻传播主体，还依赖于政治、经济、文化等诸多方面的条件。

由、经济自由、社会自由等）的过程。在如此演进的历史道路上，必然会有大大小小的曲折起伏，但大的历史趋势是稳定的。

新闻传播主体的历史进化过程，在新闻自由视野中，本质上可以说是人类整体以及每一个体新闻自由度不断提高和扩大的过程。在没有大众化新闻传播的"前新闻业时代"，人类的新闻交流主要限于比较狭小的人际范围，普通社会大众能够交流的也基本上是狭小生活世界中鸡毛蒜皮的小事，很难建构或形成新闻方式的公共领域。但在职业新闻传播产生之后，在现代印刷新闻以及随后的广播电视新闻传播产生之后，社会分工意义上的专门从事大众化新闻传播的主体产生了。专门的新闻生产传播组织机构、职业新闻工作者能够以不断进步的专业方式向社会大众传播新闻。能够展开大众化新闻传播主体的诞生，使新闻传播主体的构成方式发生了结构性的变化。至少由前新闻业时代单一的私人化传播主体转变成了新闻业时代的二元结构——私人化的传播主体与大众化的传播主体。如此结构变化，大大提升了社会主体之间的交流效率，扩大了交流规模、范围，从而也使职业新闻主体或组织机构新闻主体乃至个体意义上的职业工作者在整体的社会结构中获得了某种特殊的地位和影响，"新闻权威"似乎也成为社会权威的一种类型。[①] 职业新闻传播主体的新闻生产传播，为一定的社会领域开辟了新的信息交流时空，使一定社会中的人们甚至整个人类逐步成为信息共同体、新闻共同体，这对人类的生存发展具有重大的意义。

网络时代、新兴媒体时代到来后，开启了"后新闻业时代"，促生了可大众化、公共化、社会化的"共同新闻传播主体"，即前文所说的三元类型主体结构开始形成：普通社会大众个体以及其他社会组织、群体（脱媒主体）在原则上可以运用新型媒介形态、新型媒介方式，也就是人们通常所说的社会化或社交性媒体[②]，像职业新闻传播主体一样向整个社会进行新闻传播，从

---

① 白红义. 新闻权威、职业偶像与集体记忆的建构：报人江艺平退休的纪念话语研究 [J]. 国际新闻界，2014 (6)：46-60. 陈静茜，白红义. 新闻业能做什么？：美国宾夕法尼亚大学芭比·泽利泽（Barbie Zelizer）教授学术访谈. 新闻记者，2018 (7)：84-90.
② 社会化媒体主要包括三类平台：其一为推特、微博等即时信息发布平台；其二为 WhatsApp、微信等即时通信平台；其三为脸书、人人网等社交网络平台。参见隋岩，常启云. 社会化媒体传播中的主体性崛起与群体性认同 [J]. 新闻记者，2016 (2)：48-53.

而使普通大众和新闻媒体以外的其他组织、群体获得可以不依赖职业新闻传媒组织机构的直接生产新闻、传播新闻和直接表达意见的媒介权利和机会。从传播主体角度看，显然这又是一次革命性的变化。它打破了传统媒介时代或新闻业时代新闻传播主体的结构方式，开辟了一个新闻传播主体结构的新时代。而且，这样的趋势似乎不可阻挡，越来越凶猛，就像有人描述的那样，"通讯系统将像烈火一样蔓延，无法控制，无法预报，就像一颗突然出现的彗星的镜像。每一个男人、每一个妇女不久都能够成为天空中的一颗星星，并且能够按照自己的意志在想象所允许的范围内传播自己的信息"[①]。虽然这多少有点诗意或浪漫，但事实正在向这个趋势演进。人人皆媒、万物皆媒，不再是纯粹的想象，而是加速到来的事实。互联网、物联网、人联网[②]，正在创造着新的媒介社会，正在创造着人类新的媒介化生存方式，也在原则上创造着新的自由交流的可能。

无疑，我们从中可以发现的是，可大众化、公共化、社会化的新闻传播者在历史的演进过程中越来越多，直至现实地属于每一个人、每一个社会组织、社会群体，这意味着人类新闻传播自由是一个历史的进化过程，自由权利是一个不断由特殊化而普遍化的过程，新闻传播者的自由度越来越高，这就是新闻自由的历史进化规律，也是一个不可阻挡的历史趋势。因而，可以笼统地说，新闻传播主体的演变规律就是社会主体不断走向新闻自由境界的规律，在传播主体身上集中表现为传播新闻自由的规律。而对于言论自由、出版自由或表达自由来说，甚至对人的整体自由来说，传播自由其实是最基本、最重要的自由，它对其他自由的实现具有前提性的、基础性的意义和价值。

（三）机器新闻的主体实质

面对今天人类新闻活动的新图景，在新闻生产传播主体视野中，可能还有一个非常值得关注的越来越普遍的现象，这就是智能机器的新闻生产问题，

---

① 张康之，向玉琼. 网络空间中的政策问题建构［J］. 中国社会科学，2015（2）：123-138.
② 关于人联网的描述，可参见陈昌凤. 未来的智能传播：从"互联网"到"人联网"［J］. 人民论坛·学术前沿，2017（23）：8-14。

简单点说就是"机器新闻""智能新闻"问题（我在同等意义上使用"机器新闻""智能新闻"这两个概念）。智能新闻或机器新闻，笼统地讲就是人工智能技术在新闻报道领域的具体应用，通过人工智能技术生产传播的新闻。有些人认为，人工智能将会在不久的将来替代人作为主体展开新闻生产和传播，可能成为新的新闻生产传播主体。比如，就在当下，"由机器人记者自动生成的报道已经成为路透、美联等全球主要通讯社的常态产品"①。还有一些人认为，智能机器与人一起形成（构成）人-机"共同主体"，展开共同的新闻生产传播，"在未来的新闻生产系统的各个环节，参与主体都未必是'人'。一个新的'万物皆媒'的时代也将到来"②。这些将智能机器（人工智能的体现）主体化的见解或观点是值得怀疑的，需要做出反思。

我们确实看到，建立在各种技术之上的智能新闻写作或机器新闻写作已经成为事实。那么，机器（智能机）是否就是新闻（写作）主体？如何看待机器在新闻生产中的属性（主体性或工具性）问题？智能机器在未来是否会完全代替人作为新闻生产主体、传播主体的地位和作用？我对这些问题的回答是明确的，也是"否定"的。智能机器相对人这个新闻生产、传播主体来说，从原则上看，永远处于从属性的工具地位、手段地位，不可能具有与人一样的作为新闻主体的地位。下面，我从几个方面加以简要阐释。

1. 智能机器是人的本质对象化的产物

智能机器，包括所有可能的智能技术，本质上都是人作为主体的自觉发明物、创造物，本质上都是人作为主体的对象化结果，是人作为主体的本质力量的显示或体现。正如德国哲学人类学的重要代表人物阿诺德·盖伦所言，"假如我们把技术理解为人类由于认识自然的性质和规律，以便利用它们与控制它们，从而使得自然能为人类自身服务而具有的多种能力和手段，那么技术在这种高度普遍的意义上，就是人类自身本质的最重要的部分"③。技术是

① 史安斌，王沛楠. 2018 年全球新闻传播业新趋势：基于六大热点话题的全球访谈［J］. 新闻记者，2018（4）：17-25.

② 彭兰. 新媒体传播：新图景与新机理［J］. 新闻与写作，2018（7）：5-11.

③ 盖伦. 技术时代的人类心灵：工业社会的社会心理问题［J］. 何兆武，何冰，译. 上海：上海科技教育出版社，2008：4.

人类自然演进史中的产物，"一切技术都是人的思想的体现"①，"无论如何，机器不过是人类智慧和努力的产物"②。当然，从人类史与技术史的关系角度看，技术作为人的"发明创造"，起初也是自发的产物，"原始人没有意识到他有发明创造的能力；他的发明不是深思熟虑、苦心探求的结果。他并没有去寻求它们；倒更像是它们来找他"③。进一步说，在技术的演进过程中，总是有自发的一面，只是伴随人类文明的研究，技术发明创造的自发性在减弱，而自觉性在不断加强。

在人类社会，只有人具有主体性。"人的主体性是人作为活动主体的质的规定性，是在与客体相互作用中得到发展的人的自觉、自主、能动和创造的特性。"④ 简单说，人的主体性就是指人的自觉、自主、能动和创造特性，集中表现为人的"创造性"。人的自觉性、自主性、能动性典型地表现在人的创造性之中，就是"人能够认识和把握事物的本质规律，并且遵循和顺应规律去改造自然、社会和自身"⑤。至少在目前看来，没有第二种动物，也没有任何其他事物同时具备这些特性。并且，依据现有的认识逻辑、实践逻辑，我们也很难想象在地球上能够出现完整具备这些属性的事物。如果说智能技术具备部分或某种程度上具备这些属性，那也是人作为主体的创造物，它们所表现出的形式上的"主体性"不过是人的主体性或人的本质能力的体现或一定的延伸。就可见的未来来看，只有作为主体的人能够在遵循自然规律、社会规律的背景下自主选择自己的命运，而依赖人之能力的智能机器不可能具备超越于人的自觉性，更不可能自主选择自己的命运。如果智能机器能够自觉到自身是不同于其他存在的一类存在，人间必将是一个可怕的世界。

用历史的眼光观察，"技术和人类自身同样古老"⑥。所有技术及技术产

---

① 莱文森. 软利器：信息革命的自然历史与未来 [M]. 何道宽，译. 上海：复旦大学出版社，2011：34.

② 芒福德. 技术与文明 [M]. 陈允明，王克仁，李华山，译. 北京：中国建筑工业出版社，2009：9.

③ 吴国盛. 技术哲学经典读本 [M]. 上海：上海交通大学出版社，2008：268.

④ 郭湛. 主体性哲学：人的存在及其意义 [M]. 昆明：云南人民出版社，2002：30-31.

⑤ 左亚文，吴朝邦. 论"对象化"与人的本质的实现 [J]. 华中师范大学学报（人文社会科学版），2016（4）：63-69.

⑥ 同③508.

物都是人类实践活动、实践经验的产物，并且越来越成为人类科学认识转化的产物。就技术发明创造的真实历史来看，有些技术主要是在人类实践活动过程中凭借经验，依赖人类的需要一步一步发明创造出来的，并不是先有科学认识，然后才有技术发明和创造。越是在人类活动早期，可能越是如此，即人们并不明确知道技术背后的科学机制或原理。正因为如此，有人才说，"技术比科学有更漫长的历史和更深刻的人性根源"①。而有些技术主要是在人类科学认识基础上的产物，也就是说，技术发明创造以一定的科学认识为前提，只有认识了一定的科学原理、科学规律，才能发明、创造出一定的技术（产品）。而且，越是技术高度发达的时代，技术发明创造似乎越是依赖科学认识这个前提，"以科学技术知识为基础是现代技术活动的基本特征。特别是在高技术领域，最先进的技术形态往往是在科学研究重大突破的基础上创造出来的"②。因而，从总的原则上可以说，技术是经验、实践与科学认识的共同产物。正如美国著名技术思想家布莱恩·阿瑟所言："断言技术只是科学的'应用'是幼稚的，毋宁说技术是从科学和自己的经验两个方面建立起来的。这两个方面堆积在一起，并且随着这一切的发生，科学会有机地成为技术的一部分，被深深地织入技术。"③ 阿诺德·盖伦也说："技术从新的自然科学中引出了它那惊心动魄的进步节奏。而科学则从技术中获得了实用的、建设性的、非思辨的倾向。"④ 其实，刘易斯·芒福德早就阐释过技术与科学之间的这种关系，他说："技术是将科学理论的真理隐含的或明确表述的、期望的或已被证明的，翻译成适当的、适用的形式。科学和技术是互相独立但紧密联系的两个世界：它们有时相互靠近，有时分道扬镳。"⑤ 但是，具体的技术不管是如何产生的，都是人作为主体的产物。离开人的主体性和主体能力，任何初级的或高级的技术都是不可能自生的，自然不会生产技术，任何

---

① 吴国盛．技术哲学经典读本［M］．上海：上海交通大学出版社，2008：6.
② 王伯鲁．技术困境及其超越［M］．北京：中国社会科学出版社，2011：30.
③ 阿瑟．技术的本质［M］．曹东溟，王健，译．杭州：浙江人民出版社，2014：65.
④ 盖伦．技术时代的人类心灵：工业社会的心理问题［M］．何兆武，何冰，译．上海：上海科技教育出版社，2008：8.
⑤ 芒福德．技术与文明［M］．陈允明，王克仁，李华山，译．北京：中国建筑工业出版社，2009：47.

机器自主"生产"机器首先得以人对机器的初始生产为前提。因而,一言以蔽之,技术不过是人作为主体的产物,是人的各种属性、能力、潜能的延伸物、对象物,它们确实能够体现人的主体性,但它们本身并不就是主体,而是人作为主体为自己的认识活动、实践活动、生活活动创造的工具和手段,技术是人类"反作用于环境,不听任'世界之所是'"的方法,"这是人的特性","没有技术(即没有对环境的反作用),人就不成为其'人'"①。人类可以被描述为、定义为技术动物,但在人与技术之间,主动性只能来自人类,人类必须成为主体,这样才有可能使技术演进在温顺适度的而非狂野的轨道上。对此,法国哲学家柏格森早就说过,"除非向技术卑躬屈膝的人类,借助技术方法成功地改变自身并望向天空,否则技术绝不会按照其能力大小提供服务"②。人在技术面前不仅具有主体性,也不能放弃主体性。成为技术的奴隶,只能是人类的不幸和悲哀。

人是目的,技术本身不会成为目的。是人,而不是技术,必须成为价值的最终根源;所有计划的标准不是生产的最大限度的发展,而是人的最理想的发展。③ 人是主体,机器不管多么具有智慧仍然是机器、是物。"说到底,高端智能机器人的人工类人格仍然不是人格,仍然是物的属性"④,不能把机器的智能属性等同于人的属性。"人类最好把价值判断留给自己,这也是保持一种人类对机器人的独立性乃至支配性。我们最好让机器人始终保持它们'物'的基本属性,而不是给它们建立一套以人为中心的价值体系。"⑤ 如果智能机器获得了独立的价值体系,那可能人类的末日真的要到来了。技术的进步或"进化",本质上属于人的进步或进化,"至少在技术发展的目前阶段,技术的建构和繁衍还依然需要人类作为其代理人"⑥。技术的自主性是说技术演进发展有自身的规律,人类不能任意发明创造技术,已有的技术对后继技

---

① 吴国盛. 技术哲学经典读本 [M]. 上海:上海交通大学出版社,2008:267.
② 同①129.
③ 弗洛姆. 弗洛姆著作精选:人性·社会·拯救 [M]. 黄颂杰,译. 上海:上海人民出版社,1989.
④ 杨立新. 用现行民法规则解决人工智能法律调整问题的尝试 [J]. 中州学刊,2018(7):40-49.
⑤ 何怀宏. 人机伦理调节的底线 [N]. 北京日报,2018-08-27(15).
⑥ 阿瑟. 技术的本质 [M]. 曹东溟,王健,译. 杭州:浙江人民出版社,2014:210.

术的走向具有一定的作用和影响，即"技术的发明和进化都是基于已有的技术条件，已有的技术条件决定了虽不是完全决定了未来技术进化的路线"①，并不是说技术、智能技术可以在本质上自主创造自身②。机器自己"繁衍"自己的时代还处于想象之中，"自演化的软件能够使机器自己改代码，但现在肯定是不可能的"③。即使到了某一天，像一些人想象的，人所创造的智能机器能够自主创造、生产自己的"后代"，但从原则上说，仍然没有超越它们在本源上是人的延伸这一逻辑。如果机器不再是人的延伸物，而是成为超越人、脱离人控制的存在，那我们也没有必要按照人的逻辑去讨论机器了。一旦机器成为超越人类整体智能或整体能力的存在，变成了一个新的"物种"，人类也就不可能与其发生真正的对话与交流，正像人类不可能与低等动物进行真正的理性交流一样。

2. 智能新闻是人作为主体的意志体现

机器新闻本质上并不是机器按照自己的主观意志、主观愿望自主生产的新闻，即不是智能机器自己说是或说不是的新闻，而是按照人作为新闻传播主体的意志和愿望生产的新闻。说透了就是新闻价值观念属于人，不属于机器，新闻价值是由人认定的，不是由机器认定的。

写作新闻的机器本身是由人设计、创造的，选择新闻、写作新闻的程序根源上是由人设计、创造的，用来组合、建构新闻文本的原始资料、原始信息是由人通过一定的手段获取的（获取这些资料、信息的手段可以通过人所设计、创造的其他技术来实现，如各种形式的传感器、记录传输技术），写出来的新闻是否传播、如何传播、如何收受也是由人作为主体决定的。因而，机器新闻本质上、总体上体现的是作为新闻生产传播主体的人的意志和愿望，而收受什么类型的新闻总体偏向上受制于人作为收受主体（用户）的选择，

① 吴国盛. 技术哲学讲演录［M］. 北京：中国人民大学出版社，2016：183.

② 曾经担任过美国哲学与技术学会第五任主席的兰登·温纳认为，技术在三种意义上可以理解为是自主的：首先，它可看作一切社会变化的根本原因，逐渐改变和覆盖整个社会；其次，大规模的技术系统似乎可以自行运转，无须人的介入；最后，个人似乎为技术的复杂性所征服和吞没。参见吴国盛. 技术哲学经典读本［M］. 上海：上海交通大学出版社，2008：47. 在我看来，温纳的见解虽然具有一定的合理性，但就实际来看每一点都有所夸大。

③ 梅宏. 大数据与数据驱动的智慧［EB/OL］.（2018－01－08）［2019－11－01］. http：//www.qunzh.com/qkzx/qwqk/dzxt/2017/201706/201801/t201801018＿36294.html.

那些建立在各种数据基础上的新闻分发、信息分发依赖的主要是用户的数据。无论这样的机器如何聪明，它仍然不过是人这个主体手中的工具或不断升级的工具，总体上仍然是受人操纵的延伸物，"任何铅笔都不能自己书写或传播任何东西，爱因斯坦的铅笔不能，任何人的铅笔都不能；如果没有铅笔背后指引它的人脑和人手，铅笔一事无成"①。诚如麦克卢汉所说的，"即使有意识的计算机，仍将是我们意识的延伸，正如望远镜是眼睛的延伸，口技演员操纵的傀儡是口技演员的延伸一样"②。另一位媒介环境学派代表性人物罗伯特·洛根也说，"计算机只不过是我们智能的延伸，人工智能胜过人的智能是难以想象的。实际上，这个方向上的进展几乎为零"③，"计算机生成的'智能'不是人的智能，而是人的智能的模拟"④。那些向社会大众宣称新闻是机器智能自动选择的结果的媒体，不过是截取新闻生产的某一环节，用以偏概全的方式的遮蔽性描述，并没有告诉社会大众新闻生产传播的完整过程。那些通过点击量自动生成的所谓"头条"、所谓"推荐"以及背后的"算法"，说明的恰好不是机器聪明，而是人的选择，人的智慧或能力，甚至是人的阴谋和诡计。

算法就是力量，算法就是影响力，算法即权力⑤，"网络社会的到来使人与机器之间的界限逐渐模糊"⑥，这些说法没有什么错误，但略有夸张。而更需要人们弄清楚的是，这不仅是算法的力量、技术的力量、算法的权力，还是其背后创造算法、发明技术的主体的力量、人的力量；不仅显示着不同社会主体的权力，而且显示着依赖权力的利益追求。"如果算法取代人工编辑成

---

① 莱文森. 软利器：信息革命的自然历史与未来 [M]. 何道宽，译. 上海：复旦大学出版社，2011：179. 所谓爱因斯坦的铅笔，是指爱因斯坦说过，他的铅笔比他本人更聪明，暗喻技术、工具比人更聪明，或者说，离开技术、工具人就无法践行自己的思想或观念。

② 麦克卢汉. 理解媒介：论人的延伸 [M]. 何道宽，译. 北京：商务印书馆，2000：431.

③ 洛根. 理解新媒介：延伸麦克卢汉 [M]. 何道宽，译. 上海：复旦大学出版社，2016：287.

④ 同③288.

⑤ 喻国明，杨莹莹，闫巧妹. 算法即权力：算法范式在新闻传播中的权力革命 [J]. 编辑之友，2018（5）：2-7.

⑥ 喻国明，韩婷. 算法型信息分发：技术原理、机制创新与未来发展 [J]. 新闻爱好者，2018（4）：8-13.

为新闻的把关人，那么又由谁来为算法'把关'。"① 事实上，正是创造算法、发明技术的人的价值选择偏向、利益追求目标，以及以收受方式运用这些算法、技术的社会大众的选择偏向，才造成了人们所诟病的新闻传播中的偏向，造成了"内容下降的螺旋"②。因而，面对这样的现象，恐怕人们不应该急于欢呼"机器的公正"，而是要操心"人心的端正"或人心的善良。当技术、机器、智能机器被看作纯粹的工具时，它们也许是价值无涉的，可一旦与现实的应用、现实的社会主体勾连起来，它们的中立性就没有那么纯粹了，技术本身具有的客观偏向性就会显露无疑，技术或技术工具的意向性结构是不可否认的。谁能掌控技术、谁能更为自由地运用技术，从技术发明创造那一刻起就已"基因"性地蕴藏在技术机制之中，"技术并非绝对中立，算法同样具有新闻伦理和价值观"③，而价值主体、伦理主体在最终意义上只能是人，不能是机器人，"将责任归咎于器物比归咎于受害者更加愚蠢"④。所有媒介伦理以及关于物的伦理，终极意义上其实都是人的伦理。

建立在大数据和算法及计算能力基础之上的智能新闻，并不就是天然客观、全面、公正的新闻。事实上，这样的新闻只是基于特定范围大数据的新闻，它的真实性、客观性、全面性都是相当有限的，它呈现的只是数据范围内的真实，没有进入数据范围的信息连新闻呈现的机会都没有，更谈不上新闻真实了，诚如有学者所言，"在许多意见不能表达的情形下，大数据的性质就是这些表达的缺失"⑤。以什么样的数据为基础，以什么样的算法为模式，受种种因素的限制与影响，这自然不是技术本身能够决定的事情。⑥ 一些

① 史安斌，王沛楠. 2018 年全球新闻传播业新趋势：基于六大热点话题的全球访谈 [J]. 新闻记者，2018（4）：17 - 25.

② 宋建武. 智能推送为何易陷入"内容下降的螺旋"：智能推送技术的认识误区 [J]. 人民论坛，2018（17）：117 - 119.

③ 同①.

④ 吴国盛. 技术哲学经典读本 [M]. 上海：上海交通大学出版社，2008：185.

⑤ 许成钢. 人工智能、工业革命与制度 [J]. 新华文摘，2018（15）：44 - 47.

⑥ 比如，建立在网络数据基础上的很多报道只能在一定程度上反映网民的态度和看法，并不能反映非网民的态度和看法。即使在网络数据范围内，由于相关法律、政策或制度的约束与限制，一些信息得不到传播，一些意见没有表达的机会，一些信息被过滤掉，因而，建立在网络数据基础之上的新闻真实性、全面性、客观性、公正性其实是相当有限的。其实，通过智能传感器获得的很多社会数据都存在这样的问题，因而，不能神话建立在大数据基础上、算法基础上的新闻。

人认为，"基于算法的内容生产将不再依赖记者、编辑等单独点的信息采集，而是通过对大数据库的实时分析，构建起跨语言、深层次、全局性地认识事物、表征和预测现实的模型，突破了以往人们'脑海真实'的片面性和局部性，从而仿真出无限逼近于客观真实的'符号真实'"①。这样的推理具有一定程度的现实基础，但未免有点浪漫。其实，新闻所面对的不同的点，或者说记者、编辑所侧重的点往往是更具新闻价值的点，而数据抹平的不同的点很可能恰好遮蔽了对象特有的新闻价值。用什么样的数据、怎样使用数据，选择者直接表现为机器运行，表现为算法、计算能力的实现，但这一切的"顶层设计"者是社会环境中的人，有他们的价值观，有他们的价值选择，"公司自身的企业文化左右其算法设计；算法设计团队对于人们偏好的认知包含着价值观；算法系统在给用户展现什么信息、过滤什么信息，都体现了其自有的价值观"②。说到底，人是终极性的主体，而由人作为主体所发明创造出的有"智慧""聪明"的机器还是机器，还是手段和工具，至多是人作为主体的延伸性存在。

在人与机器之间，机器越是能够显示出自主性、自由性，只能表明人的主体性越强，即人作为主体能够把自身主体性对象化的能力越强。这是人与机器之间难以改变的基本逻辑。只有当人成为机器的工具，成为实现机器目的的手段，为智能机器所主宰或奴役，才可以说人是客体，机器是主体。但按照现有的人与技术的关系，人作为主体是不可能创造出高于人之主体性的对象物的。人的能力是人工智能的边界。③ 即使未来有这样的智力可能，人创造的技术创造出比人更强大的智能、比人更强烈的感情，人作为社会主体也未必真的愿意创造和接受人与机器、人与技术的如此实际关系。愿意接受智能机器奴役的人类一定是变态的人类，是自寻死路或自找毁灭的人类。

① 喻国明，韩婷. 算法型信息分发：技术原理、机制创新与未来发展［J］. 新闻爱好者，2018（4）：8-13.
② 陈昌凤. 让算法回归人类价值观的本质［J］. 新闻与写作，2018（9）：1.
③ 许成钢. 人工智能、工业革命与制度［J］. 新华文摘，2018（15）：44-47.

3. 智能新闻生产中存在异化现象

就现实来看，人类确实会在一定程度上、一些方面为自己本质的对象物，包括技术特别是智能技术所异化，人确实有可能在一定程度上为自己的创造物所控制。诚如马尔库塞所说，"随着科学技术的高度发展，劳动分工的日益专门化，人们在劳动中从事越来越单调乏味、千篇一律的操作，人越来越成为一种工具"①。但异化并不意味着智能机器就是主体，而是说人类在一定程度上失去了自身的主体性，失去了理性和自律的能力，这种状况过去存在，现在存在，将来也可能存在。人类其实总处在"异化"与"化异"（消除异化）的道路上，如何克服技术异化，走出技术困境，对人类是个越来越大、越来越复杂的难题。通过技术进步本身不可能完全超越这样的困境，正如F. 拉普所言，"同从前的时代相反，现代科学技术赋予人类的力量，需要人有一定程度的自我控制。而这完全超出了人类的能力，这就是现实让人进退两难的地方"②。人是技术的发明者、创造者，技术异化的根源在人身上，不在技术本身。技术会异化到什么程度，取决于人性能力。而人性能力（人的知情意的能力、实践能力）总有其潜在的一面，因而，人类的未来总是蕴藏着多种可能性，没有人能够对人类的未来做出绝对的预测，"正如进步是不确定的一样，历史的倒退和毁灭的结局也不是确定的"③。异化并不是技术范围内可以完全解决的，它更多地需要依赖人类整体社会技术的进步、整体文明的进步。

人们可以像一些科幻小说、科幻电影中那样想象极端化的情况，可以想象在人类与智能机器之间出现"奇点"④，人类被自己的发明物、创造物——智能机器控制甚至消灭的场景。但说到底，并不是机器战胜了人，而只能说

① 马尔库塞. 爱欲与文明［M］. 黄勇，薛民，译. 上海：上海译文出版社，1987：6.
② 拉普. 技术哲学导论［M］. 刘武，康荣平，吴明泰，译. 沈阳：辽宁科学技术出版社，1986：6.
③ 汪行福. "复杂现代性"论纲［J］. 天津社会科学，2018（1）：46－67.
④ 在某个时候机器人达到超人的水平，这种想法被归结为"奇点"。机器人可能会获知它们是怎样被人类控制的，并实现自我控制。但就目前而言，关于"奇点"的争辩还更多地停留于学术（以及虚构的）层面，而非现实层面。参见艾丹米勒. 机器人的崛起与人类的法律［J］. 李飞，敦小匣，译. 新华文摘，2017（24）：153－156。

是人类的非理性战胜了人类的理性，人类自己消灭了自己作为生物生命的存在、作为社会主体的存在，这样的可能性是可想象的，但也仅是可想象的而已。人类果真创造了自己不可控制的力量，并且是反过来危害自己的力量，那恐怕只能说"异化"达到了极端状态。而要消除异化现象或降低这种异化现象的程度，最终依赖的并不是机器的智慧，而是人的主体性的增强。诚如英国历史学家汤因比所言，"要消除（技术）对人类生存的威胁，只有通过每个人的内心的革命性变革"，"对付（技术）力量所带来的邪恶结果，需要的不是智力行为而是伦理行为"①。人们现在担心的、怀疑的可能不是智能技术（机器人）的"叛变"，而是人类自身的伦理能力、自律能力的失控。有学者就认为，机器新闻在新闻领域的应用其实是资本贪婪的表现，因而，"如果我们按照市场化的逻辑一直走下去，从记者劳工化走向数码劳工化，最后就会走向机器人写作。这就是资本主义的市场逻辑，也就是人的异化逻辑"②。这样的担心未免过分，但它却说明异化的原因主要不在技术，而在人类选择的生产方式。有些生产方式易于导致异化，有些则可能有利于"化异"，这对于物质生产、精神生产包括新闻生产都是一样的逻辑。

如果有一天智能机器真的超越了人类的智能，那么它所拥有的绝对不是人性，而是"机器性"，它拥有的也绝对不是"人类观"，而是"机器观"。它也许会继承人类的理性思维，但从根本上不会以人的逻辑而会以机器的逻辑思维、存在和活动。那是人所不可理解的逻辑。当机器有了自身的自觉性、主体性时，它一定会以自己为中心，创造自己的世界，它可能会有自己的情感和意志，但那与人没有多大关系，"它对人类的存在以及人类价值观都不感兴趣"③。"虽然机器拥有超人的智力，但其很难拥有人类意志和创造力。"④就像现在的动物界，尽管与人类有一些或近或远的相似性，但动物从本质上并不理解人类的情感和意志。到那时，人类只能是机器的玩物、宠物，就像

① 汤因比，池田大作. 展望二十一世纪：汤因比与池田大作对话录 [M]. 荀春生，朱继征，陈国梁，译. 北京：国际文化出版公司，1985：39，59.
② 吕新雨，赵月枝，吴畅畅，等. 生存，还是毁灭："人工智能时代数字化生存与人类传播的未来"圆桌对话 [J]. 新闻记者，2018（6）：28-42.
③ 赵汀阳. 四种分叉 [M]. 上海：华东师范大学出版社，2017：116.
④ 张一清. 颠覆性技术和社会变革 [J]. 新华文摘，2017（17）：24-28.

现在的一些动物，只不过是人类的玩物、宠物或食物一样。就现在来看，机器（本质上）是理性的、逻辑的，但人不只是如此。如何使机器获得恰当的非理性能力，才是真正的（不可能的）难题。人拥有不可计算的一面，世间的万事万物都有不可计算性的属性，"任何不可度量的对象，都无法变成数据，机器也就无法处理"①。也许，正是在这一点上，人是任何机器不可替代和不可战胜的存在。人类只能以直接或间接的方式自杀，绝不可能他杀，为自己创造的智能机器所毁灭。

这样的猜测、想象、幻想对人类自身具有一定的警醒意义。未来是可能的，是开放的，不是人类可以完全预料和驾驭的，人性能力是有限的。有学者指出，"汇聚技术②将把生物的人变成机器人、电子人，彻底打破人与机器之间的原有界限，进而形成半人类、准人类或超级机械化人类。这些'新兴人类'将像今天的计算机一样可以不断升级，功能成倍扩展与提升。这是从外部对人类生命的改造，必将给人类社会带来一系列严峻挑战"③。因此，人类对自己的智能延伸、神经系统的延伸，还是应该谨慎一点，"只要人类继续对相关的技术进行设计、销售和使用，我们就无法仅仅通过建立更多更新的技术从我们自己挖掘的环境困境中摆脱出来。因为每一代人都是在没有充分的技术德性智慧的情况下使用大量的新技术，因此困境被持续地造出来"④。对人类来说，现有的技术伦理边界不可轻易冲破，"技术有度"应该成为技术发展的一条规则。"毫无疑问，未来的人也是技术的人，未来的社会也是技术的社会，人类不可能远离技术世界而生活，也不可能彻底消除技术矛盾，但是却可能更加合理、善意地创造和运用技术"⑤。面对新兴技术，我们不能盲目乐观，也不能无由悲观，"不要在技术崇拜的思潮中丧失深度思考的能力"⑥，要充分认识技术在人的自由与解放过程中的特殊价值，也要注意

---

① 许成钢. 人工智能、工业革命与制度［J］. 新华文摘，2018（15）：44 - 47.

② 汇聚技术，是指把纳米科学和技术、生物技术、信息技术、认知科学四大科学技术领域汇聚起来的技术。

③ 王伯鲁. 技术困境及其超越［M］. 北京：中国社会科学出版社，2011：107.

④ 维乐. 论技术德性的建构［J］. 陈佳，译. 东北大学学报（社会科学版），2016（9）：441 - 449.

⑤ 同③265.

⑥ 李平. 不确定性时代呼唤"非理性"［J］. 清华管理评论，2016（11）：75 - 81.

科技所带来的不可知的风险①，人应该承担其作为唯一主体的责任。

4. "人-机"结构中人依然是唯一主体

就人与机器在新闻生产传播中已经表现出的关系看，特别是从人类能力特别是科学能力、技术能力的发展趋势看，人机互动结构已经形成，"他/它们"至少在外在表现上看已经成为共同的生产传播主体。实际上，不只是在新闻领域，在人类活动的其他广大领域，都已开始出现人工智能意义上的"人机互动"现象，"人工智能的疾速开发与普遍使用，确又使得人类和人工智能间发生频繁的依赖性交往和互相作用。在某种程度和意义上，人类和人工智能已开始出现了区别于以往人际互动的'人机互动'"②。而且，在新闻学视野中，就目前的发展趋势看，"人机互动的主体结构形式"一定会越来越高级、越来越完善。机器会越来越成为看上去与人类一样的新闻生产传播主体，成为人类越来越离不开的"高级助手"和相对的"独立工作者"；作为主体的人也可能越来越不像纯粹的自然人、生物体，而成为"杂交"人，成为与技术结合、融合在一起的人，电子人、"赛博人"③事实上在一定程度上已经出现。今天的人，不管是在心灵上、精神上还是在肉体上、身体上，都开启了新的技术性"进化"步伐。"当智能芯片植入了人体之后，人机某种意义上就成一体了"，"人类可能会在人机共生大背景下，试图理解乃至听从身体中的'导航仪'，并尝试着与它形成一种共进共退的平衡与妥协"，这就是说，"人机一体的出现，将可能导致人的行为选择和机器的运行选择都不再是单一的和独立的，而是嵌入在人机互动结构中，可将之称为你中有我、我中有你的'互为嵌入'的相互影响与相互制约的关系"④。可见，人，越来越成为技术动物，越来越成为人工智能式的动物，"纵使我们可以经营自己所处的微观

---

① 吴根友. 中国哲学的时代任务与创新的可能性 [J]. 学术月刊，2016 (10)：15-17.

② 毕宏音. 人工智能发展的社会影响新态势及其应对 [J]. 重庆社会科学，2017 (12)：50-58.

③ 所谓"赛博人"，是指为技术所穿越、数据所浸润的身体，实质是技术与人的融合的新型主体，是一种终极性的媒介。主体性的这种变化，即赛博人的产生，才是媒介融合出现后一系列社会系统融合重组的根本性条件与动力。参见孙玮. 赛博人：后人类时代的媒介融合 [J]. 新闻记者，2018 (6)：4-11。

④ 同②.

环境并获得某种自由感，但在宏观背景下，基于科技的全景监视早已无孔不入"，"纵使我们到了周边没有什么人造工具的荒山老林，仍然逃不出科技的手掌心。这不仅是指卫星早已笼罩全球，也是指我们的身体早已打上了科技的烙印——从十月怀胎到长大成人，没有一个环节少得了科技的介入"[①]。身心上纯粹的生物学意义上的人实际上已经不存在了，人类已经迈开了"无机"与"有机"相结合的步伐，人类的身心正在逐步进入可建构、可改造、可组装的时代，似乎一种新的"杂交"式的人类就要诞生了。人在改造世界的过程中也在时时刻刻改造自身，这是真真切切的事实，但人的身心应该向哪个方向改造却是人类并不十分清楚的事情。

在我看来，只要机器本质上还是人类主体能力或人性能力的对象化、外在化、客观化产物，无论它与人类身体心灵有着怎样的结合或融合，它在本性上都只能属于工具性、手段性存在，而不能成为独立的、与人类并列的新闻活动主体。那些以各种科技方式"有机"结合进、组装进身心的科技产品，依然是人作为主体所发明创造的产物，这些产物有可能改变人作为主体的某些能力，但不能从根本上改变人作为主体的性质。当然，需要人类警惕的是，这种"人机互嵌"存在着潜在的风险，可能异化人类自身的身心结构。有哲学家提醒人们，"在人身上什么东西是可以改变的，什么东西是不能改变的，这里有个限度，即不能让他不再是人，不能让他变成另外某种东西"[②]，这正是我上文所说的必须"技术有度"，技术上能做到的不一定是应该做的，技术上可以做的并不都是合理的，其中的道理人们似乎都知道，但落实到具体问题上划出应做与不应做的界限就不那么容易了。在人机统一体中，能够统一到何种程度，统一到何种程度才是可以的、才是合理的、才是不会威胁人类自身"纯粹"性的，不仅不好回答，而且就目前来看是难以预料的问题。在哲学意义上，这关涉到人的本性问题，但人到底是什么也是一个开放性的问题，现时的人们不可能给出一个绝对的答案，人只能在自身的实践过程中不断获取人性的表现。

---

① 黄鸣奋. 信息时代科学与艺术互动的三种模式 [J]. 中国文艺评论，2017（12）：4-12.
② 列克托尔斯基. 什么是哲学 [J]. 张百春，译. 学术交流，2018（5）：165-174.

就现在来看，"人机互动的主体结构形式"也只是比喻意义上的新闻传播主体存在方式，并不是说机器真的成了新闻传播"主体"。"人是现实技术系统的构成部分，离开了人的创造与操纵，就没有技术系统的建构与运转。"① "即使有意识的计算机，仍将是我们意识的延伸，正如望远镜是眼睛的延伸，口技演员操纵的傀儡是口技演员的延伸一样。"② 即使是那些放置在人体内的"机器"，仍然是人的创造物，是人的智慧与本质的体现。对于那些过度放大智能机器在新闻生产传播中作用和影响的看法，还是谨慎为好，免得人们忽视或忘记了背后的真正主体——人。"事实上，互联网存在依靠的是每一个用户作为劳动者的贡献，所以真正的创造者是我们自己，我们应该是互联网的主人——这应该成为所有技术与人文的旨归。"③ 人与机器的关系永远不能代替人与人之间的关系，这是两类性质完全不同的关系。新闻活动，说到底体现的乃是人与人之间的信息交流、精神交流、心理交流、文化交流关系，新闻，说到底本质上只能是人的产物，而不是机器的产物，"其实，正是深度调查无法被机器取代，下基层、跑现场更是没办法通过编程来完成，而这才是新闻业的核心"④。"好的记者永远不需要担心被机器取代，因为只有人才能够赋予内容以真正的灵魂。"⑤ 因而，"未来传播趋势将会更加突出'人'的主体性因素，社会建构对于互联网和传播形态的发展将会发挥更大的作用"⑥。"智能化机器与技术驱动的内容生产革命，并非机器代替人的过程，而是'人-机'协作、共同进化的过程。""通过'人-机'协作，机器可以放大人的能量、提升人的效率，赋予人对客观世界及其规律的新认知能力、新提炼能力，甚至可以开垦人类能力不能达及的'荒原'。"⑦ 人机互动、结合、共同进化，说到底是在人作为活动主体"主持"下的进化，而不是相反。即

---

① 王伯鲁. 技术困境及其超越 [M]. 北京：中国社会科学出版社，2011：48.

② 麦克卢汉. 理解媒介：论人的延伸 [M]. 何道宽，译. 北京：商务印书馆，2000：431.

③ 吕新雨，赵月枝，吴畅畅，等. 生存，还是毁灭："人工智能时代数字化生存与人类传播的未来"圆桌对话 [J]. 新闻记者，2018 (6)：28-42.

④ 同③.

⑤ 柯佳时. AI 和物联网带来新闻分发新可能 [N]. 新京报，2018-11-08 (33).

⑥ 陈昌凤. 未来的智能传播：从"互联网"到"人联网" [J]. 人民论坛·学术前沿，2017 (23)：8-14.

⑦ 彭兰. 新媒体传播：新图景与新机理 [J]. 新闻与写作，2018 (7)：5-11.

使技术演进具有一定的自主性，那也是在人的主体性范围内的自主性，人一旦自觉到、充分警觉到技术对自身异化的威胁，即会对技术的不当发明创造与运用采取必要的限制措施。

技术本质上是对自然的发现和改造，是对人的延伸，是为了人与自然更和谐地相处，为了人与人更加有效地交往、交流，如果走向反面，技术便是对人的异化。如果人成了技术的工具和手段，失去自身的主体性，技术便失去了人之延伸的意义和价值。人在主体意义上与技术的"杂交"化，对于人类来说，可能是悲剧而不是喜剧。有意义的技术边界就是它是相对主体也就是人而在的客体，是工具，它不能成为超越人类意义上的主体。果真某一天机器开始对人类说"不"，机器有了自身独立的意识、情感和意志，人类的末日也就到来了。

二、传收内容演变规律

从理论逻辑上说，新闻活动是人类之间交流新闻信息的活动。新闻信息就是新闻传收的主要内容。这样的信息或内容，根源于人类的生存与生活，根源于人类所在自然环境、社会环境的变化，根源于人类之间的实际交往和交流。因而，新闻内容是历史性的。尽管从学术角度可以对什么是新闻做出本质性的比较稳定的抽象规定，但不同时代对新闻的界定是有所不同的。新闻传收内容的变化，在一定程度上反映和呈现着人类历史面貌的变化，反映和呈现着一定社会政治、经济、文化、技术以及社会大众生活世界内容的变化。如果没有高质量的新闻内容，任何新闻媒介都难以生存，更不能兴旺发达。那么，作为新闻传收的内容，其可能的历史面目是什么，其中的演变机制又是什么，这是本节将要分析阐释的问题。

（一）新闻传收内容的结构变化

根据人类新闻活动史，我们大致可以描述出新闻内容的历史构成方式，也就是新闻内容作为一类特殊的信息内容，在人类新闻活动历史演进中与其他信息内容的结构关系。到目前为止，我们大致可以对新闻传收内容的结构性演变做出这样的描述。

第一，新闻信息与其他信息混沌不分的时代，这种混沌不分是新闻内容在前新闻业时代的典型存在特征。我们可以想象或推断，在人类还没有比较明确的新闻意识、新闻观念之前，人们的信息交流在内容结构上是笼统的，各种类别的信息是混沌不分的，不会像职业新闻产生之后将新闻信息与其他类别的信息区分开来。事实上，直到今天这样的信息时代、媒介化社会，普通社会大众在日常生活世界中的交流并不会特意区分不同类别的信息，他们只是把所有交流的内容看作生活世界中的信息。只是在一些特定的专门交流中，人们才会区分不同信息的类别和性质。

人类作为信息动物，为了生存生活，实际上始终处在各种信息的交流之中，用新闻眼光看新闻信息不过是其中的一类，诚如有人所言，"新闻信息是始终存在的，只是在人类活动的早期，融于一般信息的传播之中，难以以一种绝对的标准予以辨别"①。可以说，在这样的时代状态中，新闻信息与生产信息、生活信息及其他各种可能信息融合在一起，不分彼此，人们的交往、交流更多的是一种自在自然的状态，各种信息交流主要以直接的面对面的方式展开。但需要我们明白的是，当时人们没有区分不同属性信息的意识或能力不等于不同信息之间没有客观属性的区别。其实，正是因为不同信息之间有着属性上的差异，才为后来的区分奠定了客观基础，也为不同性质的传播提供了根据和理由。

第二，新闻信息与其他信息的区分比较清晰的时代，这种区分是新闻内容在新闻业时代的典型存在方式。伴随人类新闻活动的历史演进，书信新闻诞生了，间接化的、非面对面的新闻传播方式出现了。到了15世纪中后期，随着具有现代意味的欧式印刷技术（谷登堡印刷机的出现为基本标志）的诞生，印刷新闻诞生了。又经过两三个世纪的发展，现代新闻业在整体的人类进步中于19世纪二三十年代后逐步成型了，这意味着大众化的点到面的新闻传播方式成为现实。到了这样的历史时代，人们的新闻意识、新闻观念逐步

---

① 陈力丹. 世界新闻传播史［M］. 上海：上海交通大学出版社，2002：1.

自觉了、明晰了，有关新闻的信息观念、时间观念、真实观念、价值观念也慢慢形成了[①]。这表现在实际的新闻活动中，就是将新闻信息与其他信息区别开来，并进一步在新闻传播内容系统之内，将事实信息与意见信息加以区分[②]，且在传播中以不同的方式对待，如将新闻与言论内容编排在不同的报纸版面上，形成了结构化的区分方式。"信息模式作为客观性理念的实践形式，是报纸专业化的产物……它是保证媒体降低成本，谋求最大经济效益的生产方式，它使得媒介能够日复一日地为广大新闻受众提供丰富而及时的新闻。"[③] 到了 19 世纪末 20 世纪初，在新闻业比较发达的国家（如美国、英国），形成了职业新闻传播领域中的客观理念及其相应的客观报道方法、操作技巧，随后几十年则更是形成了比较系统的专业新闻主义观念及其实践方法，建构起了比较系统的新闻职业规范。这时，何谓新闻内容更是有了明确的评判标准，狭义的新闻必须是关于客观事实的真实报道，"事实是事实，意见是意见"的内容区分更是一目了然。

从新闻传播内容角度看，与前新闻业时代相比，新闻业时代的到来与不断发展是一个将新闻信息与其他信息逐步区分开来的历史过程。人类的新闻活动在内容上似乎有了专门的特殊对象，因而也使职业新闻活动所从事的新

[①]　从历史上看，信息观念开始形成于 19 世纪美国便士报革命，最终形成于 19 世纪末《纽约时报》等专业性报纸的新闻实践。便士报革命带来了现代"新闻"概念，这便是信息观念。美国新闻社会学家迈克尔·舒德森曾言，便士报的作用，一言以蔽之，即它发明了现代新闻概念。信息观念来自与社论模式、故事模式相区别的信息模式。社论模式强调说教、表达性、政论、意见、活动家、论战、反思、鼓吹、动员、工具化、评论取向、政治认同、取向、造势、喉舌等概念，目的在于宣传政策、影响舆论、发起倡议、服务于政治事业。故事模式则强调情感、大众、通俗性、日常性和猎奇性，目的是营造出全新、猎奇、不可预料的生活体验，影响公众的生活态度。而信息模式则与观察、记录、呈现、调查、报道、陈述、自治性、独立性这些词语相关，目标是提供能让公民对自己的利益和公共利益做出独立判断的信息。从世界范围看，新闻价值这一概念，最早是德国学者托比亚斯·朴瑟于 1690 年提出的；美国在 19 世纪 30 年代，才有新闻价值概念；中国最早是由徐宝璜在 1918 年《新闻学大意》中提出的。参见徐培汀. 中国新闻传播学说史（1949—2005）[M]. 重庆：重庆出版社，2006：59. 另可参见杨保军. 新闻价值论 [M]. 北京：中国人民大学出版社，2003. 亦可参见戴比尔. 全球新闻：全球新闻业易变、难以捉摸却最为基本的特征 [M] // 戴比尔，梅里尔. 全球新闻事业：重大议题与传媒体制. 郭之恩，译. 北京：华夏出版社，2010：155 - 168.

[②]　按照英国学者布莱恩·麦克奈尔的说法，"在 17 世纪 40 年代，在新闻中正式形成了新闻和评论的区别，或是事实和观点之间的区别"。参见乔根森，哈尼奇. 当代新闻学核心 [M]. 张小娅，译. 北京：清华大学出版社，2014：254.

[③]　张军芳. 报纸是"谁"：美国报纸社会史 [M]. 北京：中国传媒大学出版社，2008：177.

闻生产与传播成为反映、呈现、塑造、建构事实世界形象的一种特殊方式。更为重要的是，在这一历史过程中，新闻业成了专门的社会行业或社会领域，新闻传媒组织机构成了专门的建制性的存在，新闻活动有了专门的职业，并且逐步形成了一定的新闻专业理论、专业知识、专业伦理和专业操作原则与规范。与此相应，职业新闻活动逐步成为一定社会演进、发展、运行中的重要力量，新闻与政治、经济、文化等各个社会领域的关系也越来越紧密，成为重要的社会关系。而在人们的日常生活世界，新闻需要也越来成为社会大众的基本需要，新闻产品成为日常生活的基本需要品，直接关系到人们的政治、经济、文化活动，关系到人们的工作、学习以及休闲娱乐活动。

第三，具有新闻自觉意识的泛新闻化时代，这种新闻内容的泛化状态，可以说是后新闻业时代开启后的典型表现方式。就今天的现实来说，不要说职业新闻工作者，就是普通的社会大众，也都有了比较明确的新闻观念和新闻意识，媒介素养、新闻素养成为当今时代社会公众的基本素养。这意味着，人们拥有将新闻内容与非新闻内容加以区分的基本能力。然而，现实却是多少有点悖反的表现。

人们很容易看到，新兴媒体时代的到来，特别是社交媒体的广泛运用，可大众化新闻传播主体的普遍实现（三元类型传播主体的形成），使得人们关于新闻内容的界定出现了模糊化或泛化的现象，似乎所有信息、资讯都可以成为新闻传播的内容。诚如有人所言，"新闻的涵盖面变得更大，过去不属于新闻的日常信息、流行话题、社交聊天、普通人经历等都有可能登上新闻之'殿堂'；新闻的呈现方式更加注重个人视角、对话性和视觉化；作为一种重要的知识类型，新闻的边界，比如新闻与娱乐、新闻与公关、新闻与社会科学等的关系，正在解构和重建"[1]。总而言之，传统新闻业时代所强调的新闻性、新闻价值标准不再那么严格，现代新闻价值观念所强调的新闻要关注"公众兴趣、公共利益"已被冲淡，新闻内容似乎失去了自身的标准，"新闻

---

[1] 王辰瑶. 新闻创新：不确定的救赎 [N]. 中国社会科学报，2016－05－05 (3).

漂移"现象①、"伪新闻"现象已经相当普遍②。新闻内容的泛化已经是普遍的事实。

进一步说，在后新闻业时代开启后，如果仅从外在形式表现上看，新闻内容似乎又进入与其他类别信息模糊不分的状态，似乎又回归到了前新闻业时代无新闻意识的境地。但实际并非如此，我们应该明白的是，后新闻业时代表现出的新闻内容泛化现象，和新闻信息与其他信息混沌不分的前新闻业时代还是显然不同的，应该说有着质的区别。前新闻业时代是没有新闻意识的混沌不分，如今是在经过新闻自觉（经过了传统新闻业时代）后的再次浑然一体。新闻内容泛化，新闻边界模糊，直接原因是媒介生态结构、媒介环境变化，深层原因则是新闻生产力、生产关系的时代性变革。由于所有社会主体原则上都可以生产传播新闻，而不同主体对新闻的感觉、经验、体会、认知、理解、评判、认定可以说千差万别，新闻标准的相对性一面便在新的环境中突出地表现出来。因而，新闻泛化也就在所难免，凡是信息就是新闻好像也属"正常"。

现实的另一面我们也必须看到，在当今这样的媒介环境中，尽管所有的社会主体都可以生产传播新闻，尽管不少人唱衰或贬低专业新闻，尽管职业新闻人、职业新闻传媒生产传播的新闻确实面临着公信力、影响力不断疲软的困境③，存在着新闻业和新闻职业的双重危机，不少职业新闻人从传统新闻行业流失，但由职业新闻组织机构以专业水准、专业规范生产的新闻内容依然独树一帜、不可替代，新闻传媒机构的新闻生产主要关注的依然是与社会公共利益、公众兴趣相关的事实现象和事物变化，而非那些鸡零狗碎、鸡

---

① 杨保军，李泓江. 新闻的漂移及应对之道 [J]. 新闻记者，2018（10）：19-28.

② 伪新闻之"伪"，在于它报道的对象虽然是真实存在的，但是却不具备新闻价值，或者新闻报道并没有准确反映新闻事实的新闻价值。参见杨保军，朱立芳. 伪新闻：虚假新闻的"隐存者" [J]. 新闻记者，2015（8）：11-20。

③ 有学者根据世界上新闻业最为发达的美国新闻界的情况指出，"根据近年的调查，在美国200个职业排名中，报社记者连续三年倒数第一。电视记者相对'风光'一些，倒数第二"。职业新闻更是遭到了公众的冷漠和不信任，"在水门事件后的1972年，高达72%的美国人对于新闻界有信心，到了1991，降到了55%。而现如今，只有不到32%的人对媒体有信心。而在中国青年人群中，只有可怜的26%"。参见彭增军. 权力的丧失：社交媒体时代新闻人的职业危机 [J]. 新闻记者，2017（9）：65-69。如此现象是世界范围内的普遍现象，几乎没有例外。

毛蒜皮的事情。因此，我完全赞同这样的判断和呼吁，"正因为在社交媒体时代，人人都可以参与到新闻的生产和传播中来，才更应该强调新闻的专业性和职业性"①。没有高水平的专业人员、高质量的专业新闻机构，一个社会不可能拥有社会大众真正满意的新闻生产与传播，社会大众也不可能获得新闻需要的真实满足。

如果我们换个角度观察，那就可以说，新兴媒体时代到来之后，由于整个媒介环境、媒介形态结构的变化，由于职业新闻与非职业新闻之间的互动互补、互相作用和互相影响，新闻的内容更加丰富多彩、纷繁复杂。在新闻业时代难以得到反映和呈现机会的事实世界的角角落落，在后新闻业时代开启后终于获得了反映和呈现的可能。我们看到，凡是人类生命、生存、生活所涉及的事物，凡是自然环境中与人类利益、兴趣相关的比较突出的事物和变化，几乎都有可能以新闻的方式呈现在媒介上，这在传统新闻业时代是不可想象的。

（二）新闻传收内容历史演变的实质

通过上文的初步描述，我们看到，新闻传收内容演进的宏观历史结构还是基本清晰的，是一个由简单到复杂、由贫乏到丰富、由片面到全面的过程，但这样的历史结构演化进程在新闻规律论的视野中表明了什么、意味着什么是需要我们进一步分析的。

首先，新闻内容与其他内容逐步相区分的过程，标志着新闻意识、新闻观念的产生是一个历史过程。人们只有在一定程度上对新闻现象、新闻活动有了反思性的认识，有了基本的新闻意识或观念，新闻认识才会在历史过程中逐步成为人类认识世界相对独立的一种方式。事实上，只有新闻内容与其他内容有了区分，新闻活动才有可能成为一种职业活动，新闻领域才有可能成为一个相对独立的社会行业领域。也就是说，正是新闻内容从与其他信息内容混沌不分的状态中分离出来，才奠定了现代新闻业的内容基础。从新闻活动与其他活动的关系看，这也许是新闻信息与其他信息逐步分离的最大意

---

① 彭增军. 权力的丧失：社交媒体时代新闻人的职业危机 [J]. 新闻记者，2017 (9)：65 - 69.

义之所在。

当然，在内容独立与行业、职业产生之间实际上是一个互动的过程。新闻意识的诞生强化了新闻信息与其他信息的区分意识，而一经区分就更是加快了新闻活动的行业性、职业性、专业性步伐。新闻行业的诞生，新闻职业的社会分工性存在，新闻专业的独立性要求（专门的知识、专门的技能、专门的伦理），是新闻传播、新闻内容能够产生、发挥相对独立的功能或作用的基础。新闻内容的相对独立使其逐步与文学、广告、公关、宣传等区别开来，新闻观念的逐步清晰使新闻信息与其他信息的传播逐渐区别开来。如此，才会有真正的新闻本位意识的诞生，也才会慢慢产生出新闻传播的特有原则和要求、新闻活动的伦理原则和道德规范。可以说，新闻内容的相对独立，是新闻能够展现自身特有方式的根本，也是新闻能够产生特殊作用的基础。

其次，新闻内容相对独立化的存在，不仅使专门化的新闻生产传播成为可能，使新闻业、新闻职业成为可能，更为重要的是，这使得新闻事业、新闻产业在整体的社会结构中具有了独特的地位，使新闻传播、新闻在人类社会整体发展中具有了独特的功能和价值，使新闻与经济、政治、文化等社会领域的关系成为越来越突出、越来越重要的结构性关系。一言以蔽之，正是新闻信息、新闻内容与其他类别信息、内容的相对分离，使新闻具有了相对独立的社会力量，从而新闻活动成为其他社会活动不可轻易替代的活动，新闻业、新闻职业成为不可替代的社会事业和社会职业。

通观人类新闻活动史，人们不难看到，自从现代新闻业产生（以印刷新闻业的诞生为起点），伴随着新闻业自身的成长，它所生产传播的新闻内容不仅在报道新闻、传播信息、传承文化、提供娱乐和监测环境、守望社会、引导民众方面贡献巨大，也成为促进经济发展、建设政治文明、推进社会进步的重要力量。笼统地讲，相对独立的现代新闻以其特有的内容和方式，在世界各国的政治革命（不管是资产阶级革命还是社会主义革命）、社会发展中，在世界各国的现代性转型和现代化建设中，都产生了不可替代的巨大作用[①]。

---

① 当然，应该注意的是，掌握在不同社会主体手中的新闻力量会发挥不同的作用，对特定环境中的社会进步并不都是正面的影响。但从社会结构上看，新闻作为一定社会上层建筑意识形态领域的重要组成部分，在人类历史演进的整体意义上，其所产生的作用总体上是正面的。

我无法在此展开新闻内容变迁与经济、政治、文化等发展的具体关系描述，但翻开每一社会、每一国家的新闻活动史，几乎就是相关社会、民族、国家起伏曲折的进步史。仅以中国改革开放的历史进程为例，就可以看得比较清楚，在迄今为止的几次重大社会变革节点上，都有新闻不朽的身影和突出的历史贡献，《实践是检验真理的唯一标准》[①] 拉开了中国新时期思想解放运动的大幕，《东方风来满眼春》[②] 吹响了中国进入改革开放大发展的伟大号角。其实，几乎每一次大的改革实施，新闻传媒都以自身特有的新闻传播内容和方式，冲锋陷阵，驰骋在改革开放的前沿阵地。

最后，上文关于新闻内容历史变迁的描述透露出新闻内容演变的历史规律，也从新闻内容维度显现出人类新闻活动的基本规律，具体说有这样几个要点。

第一，从新闻内容的结构变迁来看，在形式上是一个否定之否定的过程。前新闻业时代的新闻内容与其他信息内容浑然一体，新闻业时代的新闻内容获得了自身的相对独立性，后新闻业时代的新闻内容在形式上似乎又与其他信息内容浑然不分。显然，在新闻内容的结构形式上，这是一个否定之否定的过程。需要特别注意的是，后新闻业时代开启后的形式上的回归与前新闻业时代有着质的不同。后新闻业时代的新闻内容看上去再次进入不同信息混沌不分的状态，但这是经过了新闻业时代区分后的新的"混沌"状态。实际上，当今的人们普遍有着比较明确的新闻意识、新闻价值意识，他们不仅能够基本区分新闻与非新闻，也在很大程度上能够辨别什么是重要新闻、什么是一般新闻，什么是严肃新闻、什么是娱乐新闻。而且，对于那些有意混淆不同价值新闻的现象，人们有着不断的反思和批判。进一步说，后新闻业时代开启后，人们在职业新闻与非职业新闻的交织中，已经开始探索重新定义新闻的路径，重新思考传统新闻业时代形成的一系列基本新闻观念。对于职业新闻，我们可以坚定地说，面临危机，新闻业可以转型、新闻职业可以转型，但新闻业不会消亡、新闻职业不会消亡，并且伴随一次次技术革命，新

---

① 实践是检验真理的唯一标准. 光明日报 [N]. 1978 - 05 - 11 (1).
② 东方风来满眼春. 深圳特区报 [N]. 1992 - 03 - 26 (1).

闻业、新闻职业会一次次转型，经过一次次转型，它们会获得更好的发展。这很可能是历史的必需，也是人类新闻活动演进的规律性表现。这便是新闻内容结构历史进化给我们的最大启示。

第二，就新闻内容的整体演进历程来看，其中呈现出一个明显的历史事实，这就是伴随人类社会的整体发展以及新闻活动本身的历史进步，人类新闻认识的水平在不断提高，自觉程度在不断增强，相应的新闻认识范围在不断扩展，新闻内容在不断丰富。在当今信息时代、媒介化社会中，人类在一定意义上已经成为信息人、媒介人，进入了媒介化的生存状态。这不仅从一个侧面说明了媒介的重要性（媒介即信息），也说明了媒介内容（包括新闻内容）的须臾不可缺少（信息中的信息）。这一切都在表明新闻作为人类认识、反映甚至塑造、建构事实世界、生活世界、心理世界的一种方式，与人们的生命、生存、生活、生产的关系越来越紧密。这是一种总体的、基本的历史趋势，也可以说是新闻内容的历史演进规律。这实质上意味着新闻的必要性、重要性在人类社会的未来发展中，不会降低，只会升高。进一步说，不管人类新闻活动的具体方式如何变化，不管职业新闻或专业新闻以怎样的方式发展、面临怎样的挑战，"人类离不开新闻，新闻不会消亡"可能真是颠扑不破的真理。但对任何类型的新闻生产者、传播者来说，它们提供的新闻"首先要有用，使人们可资利用，使得生活得以维持，对整个社会有正面建设性意义"[①]。只有如此，人们才会对新闻有所期待，新闻内容也才会从信息内容中真正相对独立出来。

第三，新闻内容的历史结构变迁说明，如果从整体上看、从历史演进的大趋势上看，人们对自身环境的了解、把握是一个越来越比以往更快、更真、更为多元、更为复杂丰富、更为深入细致、更为系统全面的进程[②]，"人类渴望感知世界的一切景象"[③]。今天的技术环境已经开启了智能媒介甚至是智能

①　赵立兵，文琼瑶. 超越危局：新闻业应立足于公共生活：美国威斯康星大学传播艺术系教授潘忠党学术专访［J］. 新闻记者，2017（12）：14-21.

②　与此同时，人们应该注意到，各种信息有可能进一步鱼目混珠、真假难辨，人们会处于更加令人焦虑不安的信息环境中。每一次技术的进步都会给人们带来新的困境，这很可能是人类难以逃脱的宿命。

③　刘建明. 媒介进化定律的历史解码［J］. 新闻爱好者，2018（5）：7-11.

媒介时代的大门，互联网开辟的"人人记者、万物皆媒"进一步成为可能，因而也使人们能够进一步超越时空限制更为能动自由地获知各种变动信息。如此趋势充分表明，我们可以在信息维度、新闻内容变迁视野中看到人类始终是追求更加全面发展的主体，始终是追求更加自由存在的主体，而新闻也始终是这条理想之路上的有效手段。

三、媒介形态演变规律

这里所说的媒介，是指承载新闻信息的中介物。[①] 在一定的自然和社会环境中，新闻活动内在系统由传播者、收受者、（传收）内容、媒介（形态）四个基本要素共同构成。在这几个要素中，人们通常最为关注的是看得见、摸得着的媒介要素，最感兴趣其实也最难的问题是弄清楚媒介形态如何演进，也就是媒介形态的演变规律（实质也是媒介技术演变规律）[②]。大量的著述都在专门研究媒介形态间的历史关系与共在关系。[③] 本节中，我将从以下三个方面就新闻媒介形态的演进规律问题做出分析和阐释。

（一）新闻媒介形态的历史演变

关于新闻媒介形态的历史演变应该说在现有的新闻学教科书中已经有了比较清晰的描述，通常将媒介形态的历史演变描述为这样的过程：口语时代—文字时代—印刷时代—广播时代—电视时代—网络时代—融合时代（数

---

① 在目前的大量新闻传播学著述中，很多人在同等意义上使用"媒介"与"媒体"这两个概念。我在此处比较严格区分这两个概念，媒介仅指承载新闻信息的事物，媒体则指媒介组织或媒介机构。

② 媒介形态，粗略地说就是由媒介技术系统与符号系统有机结合的产物。比如，现代纸质媒介就是由现代印刷技术与文字符号（可印刷符号）为主的系统相结合的产物，广播媒介是由广播技术与声音符号系统相结合的产物。

③ 除了媒介（环境）技术学派的经典著作外，最近这些年比较有代表性的著作，可参见菲德勒. 媒介形态变化 [M]. 明安香，译. 北京：华夏出版社，2000；莱文森. 新新媒介 [M]. 何道宽，译. 上海：复旦大学出版社，2011；莱文森. 思想无羁：技术时代的认识论 [M]. 何道宽，译. 南京：南京大学出版社，2003。

字智能时代）^① ……但这只是个大致的历史描述，并且是以新媒介诞生作为新时代开启的标志性描述，而不是以一定时代比较完整的媒介结构（媒介系统构成）方式的描述。^② 事实上，每一历史时代的媒介形态都不会是单一的，而是由多种媒介形态构成的一个媒介生态系统。这样的描述也是整体人类意义上的描述，并不是针对具体地区、国家、社会的差异性描述。实际上，由于历史发展的不平衡性、非同步性，每个地区、国家、社会都有自身相对独立的新闻媒介形态演进史，不能一概而论。由于人们对口语时代—文字时代—印刷时代—广播时代—电视时代—网络时代—融合时代这样的描述比较熟悉，我不再解释。我想提供一些新的思路，以加深我们对媒介形态演进史的理解。需要略做说明的是，我所做的各种媒介时代划分，直接表现为技术代际或媒介形态代际的划分，反映的实质是新闻生产方式即怎样展开新闻生产的代际区别。在这一问题上，马克思早就给我们提供了很好的方法论启示，他在《资本论》中指出，"各种经济时代的区别，不在于生产什么，而在于怎样生产，用什么劳动资料生产"^③。

1. 直接媒介时代、间接媒介时代以及直接媒介与间接媒介融合的时代

如果以人体和人的感觉器官为参照，那么媒介形态的演变过程可以划分为这样几个大的历史时期：直接媒介时代、间接媒介时代，以及直接媒介与间接媒介融合的时代。^④

---

① 我在描述新闻媒介形态史时，在口语时代前加了一个时代——"前口语时代"，目的在于说明人类在"说人话"之前一定有一个长期的酝酿时期，这一时期没有言语，但又必不可少，只能称之为"前口语时代"或"前言语时代"。参见杨保军. 新闻理论教程［M］. 3 版. 北京：中国人民大学出版社，2014. 加拿大学者罗伯特·洛根也将这一时代称为"前言语时代"或"模拟式传播时代"。他说："在言语滥觞之前，人类就有传播行为，其形式是模拟式传播，包括前言语的声音（咕哝、哭泣、大笑、尖叫和呻吟）以及手势、面部表情、体态语。因此，我们可以将言语滥觞的时代定义为模拟式传播时代。"参见洛根. 理解新媒介：延伸麦克卢汉［M］. 何道宽，译. 上海：复旦大学出版社，2016：24 - 25。另外，每一大的媒介时代内部都可以划分出不同的小的历史时期来，因为每一种媒介形态本身都有自身的历史进化过程。

② 每一时代的新闻媒介都不是单一的，甚至不是由单一媒介形态主导的。人们之所以用某一种媒介形态标志一个时代，是因为它是该时代的新媒介，同时也是该时代有较大传播力和影响力的媒介。每一时代都有自身的媒介形态结构或媒介生态方式。

③ 马克思，恩格斯. 马克思恩格斯全集：第 23 卷［M］. 北京：人民出版社，1972：204.

④ 这一划分方式受到黄旦的启发，参见黄旦. 新闻传播学［M］. 修订版. 杭州：杭州大学出版社，1997. 但我增加了直接媒介与间接媒介融合的时代。

所谓直接媒介时代，就是指人们直接的面对面的交流时期，依赖的媒介就是人自身生物体及其天然的感觉器官。依赖生物体本身作为媒介的交流，是天然的也是最为自然的互动式信息交流方式。人本身就是最好的信息载体之一，并且是自然而然的移动媒介，是可以"自动"采集、加工、制作、传播、收受信息的"全能"性媒介。可以说，在人身上，媒体与媒介是自然合一的。

所谓间接媒介时代，就是在人与人之间有了其他物理性媒介——机械媒介、智能媒介。不管是机械媒介还是智能媒介（参见下文的专门解释），都以中介物的方式将人们的直接交流隔离开来，使之变成了间接的中介化交流。中介化交流的间接性造成的直接隔离就是身体的隔离，它使依赖身体感觉器官的信息交流失去了直接的可能性，从而也意味着"间接关系"（中介化关系）成为重要的媒介资源。间接关系之所以成为当今媒介环境中最突出甚至最重要的关系，就是因为间接传播是当前媒介环境中最主要的传播方式。

所谓直接媒介与间接媒介融合的时代，从逻辑上说就是直接媒介与间接媒介共在的时代。从历史实际看，这样的时代从上文所说的间接媒介时代就开始了。直接媒介的存在是永恒的，是相伴人类作为生物体始终而存在的。间接媒介的具体形态在不断更新变化。自从间接媒介产生，人类实际上就是在直接媒介与间接媒介的共在中展开信息交流的。就人类信息交流特别是新闻交流的历史实际来看，间接交流比起直接交流来至少在形式上具有越来越大的作用和影响。因此，也不难发现，在新闻研究领域，人们特别重视的是通过各种间接媒介形态的交流，而对直接媒介方式的交流现象可以说关注与研究甚少。这也导致研究者把更多的目光投注到不断更新的技术、五花八门的媒介形态上，而把较少的精力投入到新闻活动主体（人）上。这当然是需要反省的现象。比起直接交流来，间接交流不过是短暂的一瞬。直接交流永远都是信息交流的基础，需要不断地深入研究。

可能需要注意的是，间接媒介本身的进化使得直接媒介与间接媒介的融合形式在不断发生变化。从当初的手书新闻到现在的手机新闻，间接媒介与直接媒介的融合程度不可同日而语。直至今日，间接媒介相对直接媒介都是延伸性的、外在的，但我们可以想象，智能媒介发展到一定程度就会超越现在的可穿戴设备的外在融合形式，很可能进入某种内在嵌入的形式，从而形成直接媒介与间接媒介的内在融合形式。到那时，我们就可以说，一个真正的、内在的直接媒介与间接媒介的融合时代开启了。当然，这样一个时代，对人类来说到底是好事还是坏事，我们现在还难以预料。

2. 生物媒介时代、机械媒介时代和智能媒介时代

如果将直接媒介时代与间接媒介时代两大时代进一步细化，但仍然属于宏观的层面，那么我们可以将媒介形态演变过程划分为这样三大历史时期：生物媒介时代、机械媒介时代（主要包括印刷媒介和传统的广播电视媒介）和智能媒介时代。

生物媒介时代，就是以人体自身作为核心媒介的时代。在文字发明之前，尽管人类可以用原始的或初级的图画或其他中介方式传递、交流信息，但最主要、最直接的交流方式乃是人与人之间的面对面的交流。在如此状态中，人体及其感觉器官可以说就是最重要的信息传收媒介，并与自然自在的物理事物（如光、空气等）融合一起，构成最主要的媒介形态或媒介方式（当然也可以把人体与感觉器官发出的体态语、口语话语看作符号，而把光、空气等看作自然载体）。它们是天生的、自然而然的，当然也是在人类作为自然生物的进化过程中逐步产生的，其中更是包含着人类不同于其他动物的"劳动"方式。比如，语言就不是纯粹的自然进化产物，而是在人类原始劳动过程中逐步产生的。

现在看来，相对语言（口语）时代之后的其他时代来说，生物媒介时代是最长的媒介时代。这不仅是说语言主导的时代最为漫长，而且是说语言作为"人"类①最古老的符号方式也是相伴人类存在的永恒媒介符号，并与人类以一体化的方式持续存在。如果人类语言不存在了，那就意味着人类也不存在了（正是在这一意义上，人类被称为语言的动物）。当然，用语言标志一个时代并不是忽视其他交流要素的存在，语言如果没有人类的听觉系统以及其他感知系统支持，如果没有大自然提供的空气等物理介质，是不可能单独发挥功能或作用的。

机械媒介时代，就是以各种机械技术为支持的媒介形态的时代，主要由

---

① 人们通常把人类语言的诞生作为人类诞生的标志，人类因开始说"人话"而成为人类。

印刷媒介时期和传统电子媒介时期构成。人类在近代开始进入工业社会也就进入了机械媒介时代。"近代以来，在社会生产需要与自然科学发展的推动下，生产的技术基础以及技术世界的面貌都发生了重大变化，形成了以机器装备为核心的技术形态。"① 机械媒介时代是工业社会在媒介领域、新闻活动领域的表现。机械媒介时代是自从机械技术产生之后一直持续至今的时代，并将在相当长的未来社会持续下去。当文字发明之后，当人类可以用各种书写技术特别是印刷技术将文字符号与纸张或其他物质载体结合起来之时，媒介形态就进入了间接的机械时代。这样的媒介形态延伸了人类身体，延伸了人类的整体感觉系统、认识系统（麦克卢汉称之为人的延伸），将人类信息活动、新闻交流活动不断带入新的状态和境界，最重要的是开辟了大众传播时代，创造了大众传播方式和模式。

在人类历史进程中，不断更新的印刷技术、电报技术、摄影技术、电影技术以及随后的广播技术、电视技术、计算机技术、网络技术等，与其他各种科学技术一起，建构起庞大的技术系统，创造出了多种多样的以机械技术、电子技术支持的媒介形态，其中最典型的就是人们看到的印刷媒介、广播媒介、电视媒介、网络媒介（包括各种以网络技术、数字技术、其他通信技术为基础的具体媒介形式、媒介样态）。正是在这些媒介形态支持下，出现了印刷新闻、广播新闻、电视新闻和网络新闻、手机新闻以及各种样态的新兴媒介新闻样态。就现实来看，尽管已经受到新的智能媒介的挑战，但人类当今仍然主要处在以机械媒介形态为主的时代。

智能媒介时代，就是以类人智慧形式运行的媒介形态的时代。智能媒介形态的典型特点就是它在某种程度上可以表现出类似人类的自主性和创造性（这样的自主性和创造性更准确地应该描述为本质上的自动性）。当人类发明、创造的各种智能技术发展到一定程度时，新的媒介形态就生成了。如今，从原则上说，人类已经开启了智能媒介时代，一些智能化新闻采写分发传播服务方式已经变成了现实②，智能新闻产品也初步成为事实，这很可能意味着

---

① 王伯鲁. 技术困境及其超越 [M]. 北京：中国社会科学出版社，2011：29 - 30.

② 到目前为止，智能新闻集中表现为传感器新闻、机器新闻写作，算法新闻分发推送以及各种智能新闻服务。

人类的信息交流活动、新闻活动进入了一个新的时代。不少学者已经做出了这样的判断："数据分析技术、人工智能技术、物联网技术等种种新技术，正在把媒体带到一个智能化时代"，"智能化已成为传媒业的大势所趋"①，"未来媒体发展的基本方向是智能化"②，"人工智能及其分支技术将对全球新闻业产生深刻影响，最终新闻生产的每一个环节都将从当前的数字化迈向智能化"③。因此，"媒体行业需要有更加开放的心态、更加开放的机制和更加开放的举措来适应这种智能化的发展趋势"④。当然，这一时代毕竟刚刚开启，未来发展如何，现在还难以准确预料。

但从大的趋势上可以肯定的是，在未来的新闻生产、传播中，智能媒介的地位、作用、影响会越来越大。但是，在我看来，智能机器（智能媒介）不可能成为像人类一样的新闻主体，智能媒介在原则上只能是人作为新闻活动主体的手段和工具。人机互动的主体结构方式应是未来媒介结构的主导方式，但主体偏向的是人而不是机器，人是优先的，机器是置后的、服从的。可以预料的是，智能媒介在整个人类新闻活动中会越来越成为主导性的媒介系统，一系列的智能媒介会更多地替代人作为主体的普通工作。智能媒介依托的是高新技术特别是高新的信息技术，它的实质就是人类智力的解放，是一场智力革命。但它能否将人类带入新闻自由的新境界仍然是问题，而不是答案，因为新闻自由并不仅仅取决于技术的能力。

（二）新闻媒介形态演变的实质

一种完整的媒介形态直观上是由一定的物理媒介与一定的符号系统有机构成的，但这只是人们直接感觉到的感性存在。比如，作为印刷媒介形态的报纸，人们看到的是纸张以及纸张上负载的各种以文字为主的符号（系统）。作为广播电视媒介形态的节目，人们看到的是广电信号上负载的以声音、图像为主的符号（系统）。其实，对每一种媒介形态来说，不只是直接可以看到

① 彭兰. 移动化、社交化、智能化：传统媒体转型的三大路径 [J]. 新闻界，2018 (1)：35-41.
② 胡正荣. 智能化：未来媒体的发展方向 [J]. 现代传播，2017 (6)：1-4.
③ 余婷，陈实. 人工智能在美国新闻业的应用及影响 [J]. 新闻记者，2018 (4)：33-42.
④ 同②.

的东西，还有隐藏在其背后的事物，一种媒介形态正是由显的和隐在的要素共同构成的。

首先，媒介形态是各种技术或技术组合的支持与显现。生物媒介时代的技术是人们创造发明的体态语表达技术（身体技术）、语言技术。① 文字新闻依赖的是书写技术。而机械媒介形态、智能媒介形态依赖的是各种有差异的、先进程度和复杂程度不同的机械技术和智能技术，以及使这些媒介形态能够按照人的意愿运行起来的各种其他科学技术的支持。这些技术都有自身的思维技术逻辑、过程形态或操作方法逻辑，具有自身的技术产物（实物）表现，它们有机组合在一起从技术角度构成完整的媒介形态。可以说，"媒介的技术依赖性是大众传播的基本特征之一"②，当然媒介的技术依赖性不会限于大众传播。

从生物媒介到机械媒介，再到智能媒介，这看上去是一个显然的媒介进化过程，本质上则是技术进化的过程。当然，媒介技术的进化不能理解为类似生物体的自然进化，即技术本身是不会完全自主进化的，尽管技术在其演进过程中可能具有自身内在的规律性和自主性，以客观的力量对人提出发明创造的诉求。媒介技术的不断进化，从根本上反映的乃是人类自身认识能力、实践能力的历史发展与不断提升。媒介形态的演变，背后的根本动力是技术的不断发明与更新，而更为深层的反映则是人类认识世界、改造世界之愿望、需要、能力的增强与进步。"至少在技术发展的目前阶段，技术的建构和繁衍还依然需要人类作为其代理人。"③ 技术是人的延伸物，技术本身不会"自主繁殖"、进化，人才是技术进化的"繁殖器"。有什么样的人才会创造出什么

---

① 技术的概念有狭义与广义之分。狭义的技术概念把技术限定于人与自然的关系的维度，只承认自然技术或产业技术形态，而排斥和否定人类其他活动领域的技术形态。广义的技术概念认为，技术是人类目的性活动的基本模式，人类所有目的性活动都可以理解为技术活动。在广义上，有人将技术分为身体技术、社会技术和工具技术。参见王伯鲁. 技术困境及其超越［M］. 北京：中国社会科学出版社，2011：10；吴国盛. 技术哲学讲演录［M］. 北京：中国人民大学出版社，2016：65。当我把体态语表达技术、书写技术称为技术时，就是在广义上使用技术这一概念的。而当我在机械媒介形态、智能媒介形态的意义上使用技术概念时，主要是在狭义上理解技术概念的。而从总体的媒介形态划分上，我是在广义上使用技术概念的。
② 屠忠俊. 中国新闻业技术改造的总体态势（之八）［J］. 当代传播，2000（2）：15-18.
③ 阿瑟. 技术的本质［M］. 曹东溟，王健，译. 杭州：浙江人民出版社，2014：210.

样的技术，西班牙哲学家敖德嘉说，"'人的需求'这个概念是理解'技术'的基础"①。因而，所谓的技术进化本质上是人的进化，或者更细致准确地说是人的理智能力的进化，是人的总体实践能力的进化。技术不过是人的精神力量的感性表现，是人的实践能力的展示，是人的本质或人的力量的对象化。因而，媒介形态不断更新的实质是人的本质力量通过媒介方式的表现。而在感性活动层面，则具体表现为人类新闻活动的方式越来越丰富，新闻活动的效率总体上越来越高，新闻在人类社会的整体发展中影响越来越大。

其次，不同媒介形态都有各自的典型性符号系统。不同媒介形态之不同，除了背后的技术支持不同，还有一点就是它们的个性化符号呈现方式不同。"媒介是心灵的延伸，和心灵一样，媒介需要从两方面去描绘，一是其符号内容，二是其传播的物质机制。"② 生物体及其感觉器官作为媒介时的典型性符号系统就是体态语和口语符号系统，印刷媒介形态的典型性符号系统是文字，广播媒介形态的是声音，电视媒介形态的是图像，而网络媒介形态的符号系统具有典型的全能符号系统特征，即它可以比较好地将各种符号系统整合、融合在一起，并且能以数字化的方式存在，比电视符号系统的全能性更强。符号系统的全能化一定意义上也是一种回归，人类的信息交流似乎又可归到直接以自身与自然为对象、为媒介的时代。当然，这样的回归是经过媒介中介化的回归，是人类可以将"在场"之外事物以信息方式"拉回"到交流现场的回归。这依赖的是人类文明的整体性历史进步。

人类是符号动物。除了直接面对万事万物的自然表征获取信息外，对编码符号的解读是人类获取信息的另一种基本方式。一种媒介技术在一定意义上就是一种处理符号系统的方式，只有技术逻辑、符号逻辑与人类的感知逻辑、理性逻辑形成某种匹配关系，才能建构出一种新的媒介形态。而一类媒介形态样式的直观特征，除了物理性的外在形式表现，最具实质意义的乃是它的符号表征方式。符号表征方式的差异，不仅显示出不同媒介形态的不同，也从符号偏向上决定着媒介的偏向、传播的偏向，以及传收效应的个性化实

---

① 吴国盛. 技术哲学经典读本 ［M］. 上海：上海交通大学出版社，2008：268.
② 洛根. 理解新媒介：延伸麦克卢汉 ［M］. 何道宽，译. 上海：复旦大学出版社，2016：80.

现方式。可以顺便指出的是，符号学之所以能够成为支撑传播学、新闻学的基础学科，重要的根源就在于符号系统是媒介形态的核心构成要素，传收中的基本信息依赖于符号系统的意义负载或蕴含。

最后，不同媒介形态的信息承载介质不同。印刷媒介通常是纸介质，编码符号或文本印刷在纸面上或其他物质材料界面上；而广播、电视、网络媒介的介质笼统讲都属于电子介质、光介质，通过电子界面（屏幕）来显示编码符号或文本。作为媒介形态的介质，本质上都是人类改造加工自然物的结果，在间接的中介化新闻活动中占据主导地位，不像在直接的新闻活动中那样主要依赖的是天然的产物，如大自然提供的空气、光或其他事物以及直接的生物体本身。

介质可以说是媒介形态的中介因素，它在本质上是可以抽离的存在，不依赖于符号系统。比如，纸可以在不承载任何符号的状态下独立而纯粹地存在，电信号、光信号也可以在不负载意义符号的情况下以纯粹的物理方式存在。因而，介质可以作为自然物或人类发明创造物而相对自主地存在。如果从技术发明创造角度看，媒介形态的进化一定意义上就是介质的演进。介质的差异是不同媒介形态最为直观的外在表现。一种新的介质出现，也许就意味着一种新的媒介形态将成为可能。所谓的人人皆媒、万物皆媒，不过是说，所有人、所有事物被新的技术"改造"，都可以成为承载意义符号的介质。

上面关于媒介形态要素构成的分析说明，技术、符号、介质的有机统一构成了一种完整的媒介形态。这意味着三种要素的匹配关系是媒介形态得以形成的关键。不同的技术会诉求不同的介质和符号系统，不同的符号系统需要不同的技术和介质支持，而新介质的产生本身需要新技术的创造。可见，任何单一媒介形态要素都难以反映媒介形态的整体结构性质。因而，媒介形态演进本质上是由三大要素（技术、符号、介质）结构而成的统一体不断更新进化的过程。

（三）媒介形态间的可能历史关系

从上面对媒介形态的历史描述中可以看出，不同的媒介形态都是历史性的产物，都有各自的历史存在方式。这就自然产生如下问题，不同媒介形态之间有着怎样的历史关系，不同媒介形态之间有无比较稳定的更新机制（规律）。如果有，这样的机制可能是什么。这正是我下面要做的阐释。

首先，媒介形态的演进过程，至少在现在看来，在历史的主线上是不同媒介形态叠加的过程。即前在媒介形态总是叠加在新兴媒介形态身上，形成新的媒介生态结构，以历史共在的方式继续向未来演进。或者说，新兴媒介叠加在旧有媒介的身上，形成新的媒介形态结构方式，一并向未来演进。

从宏观层面观察，直接媒介是相伴人类始终的永恒性媒介，间接媒介是叠加在直接媒介之上的新的人工化媒介。或者说，生物媒介是永恒性的媒介形式，而机械媒介、智能媒介是文明人类不断发明、不断创造的产物，叠加在生物媒介之上，"上帝"（自然）延伸出了人，人则通过自己创造的人工物延伸了自己。可以想象，直接媒介与间接媒介之间或者说生物媒介与延伸媒介之间的这种基本关系是相伴人类始终的一个永久过程。事实上，任何媒介形态，作为一种技术，都不可能离开人作为主体的智慧、知识与操作，人是内在于任何媒介形态的，离开人的媒介形态只能是死的媒介形态。自动的智能媒介的"第一推动者"不是智能媒介自己，而是能够自动作为主体的人。延伸媒介，无论如何延伸发达，本质上总是人的延伸，从身体到感觉器官，从神经系统到智能、情感系统，这是一个可以不断延伸以及将各种延伸加以整合、升级的过程，是人的本质属性或人的能力不断对象化的过程。

细致一点看，在间接媒介内部，总体上看也是后续媒介不断叠加在前在媒介之上的一个历史过程。尽管每一种新生媒介都有自身的历史孕育期、辉煌期、衰退期甚至消亡期，即每一种媒介形态都有自身的演进机制，都是历史性的存在，但就几类大的媒介形态来看，比如传统三大媒介——印刷媒介、广播媒介、电视媒介并没有因后者的诞生前者便立即退出历史舞台，而这三大传统媒介也并未为以互联网为代表的新兴媒介系统所整体替代。就现实来看，它们在整体上仍然以共在方式存在，形成了一种共在的新的媒介生态结构，它们一起为人们反映、塑造、建构着信息环境和新闻符号世界。

事实上，每当一种新的媒介形态出现时都会与以往的媒介一起形成新的媒介生态结构。比如，印刷媒介诞生后，就形成了口语媒介、书写媒介和印刷媒介为主的媒介生态结构。广播媒介诞生后，就形成了口语媒介、印刷媒介、广播媒介为主的媒介生态结构。电视媒介诞生后，就形成了口语媒介、印刷媒介、广播媒介、电视媒介为主的媒介生态结构。而在当代，则形成了口语媒介、印刷媒介、广播媒介、电视媒介、网络媒介、手机媒介为主的媒介生态结构。可以想象，如果技术不断演进发展，新的媒介形态就会诞生，新的媒介生态结构会继续生成。这样的媒介生态结构可能是多元性的结构，也可能是融合式的统一结构，但更多的是多元与融合并存。全媒体与融媒体共存可能是一个长期的过程。未来的媒介生态结构形式上可能越来越简单，但实质内容可能越来越复杂，人工智能可能使媒介形式以及媒介使用在现有基础上进一步日常化、"傻瓜化"，但其内在的技术却是越来越令普通人难以理解，它将历史成果积淀凝结在统一的媒介形态中，形成一种内在的媒介形态叠加方式。

在不同的媒介生态结构时代，不同媒介形态之间的地位、作用、影响力大小是不一样的，总有一种甚至多种媒介形态会逐步成为该时代新闻生产传播的核心或主要媒介，从而凸显出一定时代新闻生产、传播、管理控制、收受的总体个性特征。比如，在报纸成为真正的大众化新闻媒介后①，以它为中心的媒介生态结构就会形成，报纸新闻或印刷新闻就是新闻样态的主导形式。广播、电视在 20 世纪二三十年代诞生后，首先在西方发达国家、随后则在其他国家、地区逐步形成了三种大众媒介"三足鼎立"的生态结构，广播电视新闻就成为与印刷新闻并驾齐驱的新闻样态，甚至成为某一历史时期占据核心或主导地位的新闻样态。比如，电视媒介就曾被人们称为三大传统媒介中的第一媒介。② 进入 21 世纪，在世界上很多国家都正在形成以互联网为

---

① 近代西方印刷媒介诞生后，很快就出现了印刷物、印刷新闻，但报纸作为大众化媒介，恐怕是在 19 世纪二三十年代商业报纸兴起之后的事情。只有商业报纸成为事实，城市普通工人大众才有可能买得起报纸，从而使报纸成为他们"基本的生活资料"。

② 由于世界各国发展的不平衡，特别是发达国家与发展中国家之间的差距，媒介生态结构在不同国家有着历史性的不同。比如，从原则上说，以美国为代表的西方发达国家，早在 20 世纪 50 年代中期之后就可以说形成了报纸、广播、电视三足鼎立的大众化新闻媒介生态结构；但对中国这样的发展中大国，直到 20 世纪 80 年代中后期才可以说大致形成了三足鼎立的大众化新闻媒介生态结构。而对一些更为不发达的国家来说，形成三足鼎立结构则是更为晚近的事情，甚至会在一些国家出现这样的景象：还没有生成传统的媒介生态结构就直接进入新兴的媒介生态结构了。这就是所谓的跨越式发展，就像当初中华人民共和国成立后，一些地区的人们直接从封建社会进入社会主义社会一样。

代表、以新兴媒介为中心的媒介生态结构。核心或主导性媒介的不同，不仅标志着一个时代的媒介生态结构的特点，也意味着各个时代人们新闻活动方式的差异，从而在整体上展现出不同的新闻活动景象。

其次，媒介形态的演进过程是后继媒介形态对前在媒介形态的补充过程，主要表现为媒介符号系统的补充，实质则是媒介介质的新发明、新创造，媒介功能方式的补充。这是媒介形态演进过程中一个比较明显而重要的规律性现象。首先要说明的是，这种补充不是简单的修修补补，而是包含一些根本性或革命性的变化因素。如此补充的过程，不只是旧媒介运用新技术的更新改善扩展过程，更是新兴媒介的发明创造过程，是新兴媒介符号系统的运用过程。

从直接媒介到间接媒介，那是对整体媒介形态的延伸，超越了生物媒介形态只能"在场"交流的天然局限性，将整个人类的信息交流活动带进了一个新的历史时代，可以说，开创了媒介形态的人类文明时代。从机械媒介时代到智能媒介时代，尽管现在还难以看清其中的各种具体变革，但智能机器、智能媒介将会以"类人"的方式同时又在很多方面高于人的工作效率展开新闻工作，这是已经能够看到端倪（如信息采集、加工、机器新闻写作、新闻分发与个性化服务等）的现象。智能媒介很可能在不久的将来把人类新闻活动带进一个前所未有的新时代，尽管在我看来，人是也应该是新闻活动中永恒的、终极性的主体，再高级的人工智能本质上也只能属于人的本质的对象化或人的能力的延伸，属于工具性的存在而非目的性的存在。

在具体的媒介形态进化过程中，我们可以从符号系统角度看到，广播媒介弥补了印刷媒介没有声音的不足，而电视媒介弥补了广播媒介没有图像的不足。当人类发明创造出以网络媒介为代表的新兴媒介时，新兴媒介高度整合、融合了文字、声音、图像等所有媒介符号，可以说弥补了过往各种媒介形态的符号不足，形成了全能符号系统的呈现方式。人们可以想象，未来的媒介形态完全可能是"全觉性"的媒介形态系统，人们完全可以全身心地进入"侵入"式的传播收受状态，现在的 VR 新闻以及各种"临场新闻"很可能只是"全觉新闻"的先声和预演。"互联网传播已经完全颠覆了大众传播的线性模式，成为典型的动态、开放、非线性传播的混沌系统。"[1] 这一过程一定意义上就是莱文森所说的媒介的"人性化"进化（趋势）过程。[2] 其实，早在 1934 年，芒福德就在《技术与文明》中指出，"任何我们能够展望的机械化秩序都必须是更广义的生命秩序的一部分"[3]。事实上，"技术运用得越好，它越是具身化，越是跟我们身体融合在一起"[4]。也许，从未来的某一阶段开始，那些现在开始流行的外在的穿戴式媒介形式逐步减少，而与身体媒介真正合一的嵌入式媒介成为常态，但这将给人类带来怎样的影响还是未知的问题。

在传播功能层面，新旧媒介之间同样存在着互补互助的关系。美国著名媒介研究者莱文森就说："实际上，旧媒介和新新媒介有一种互相协调、互相催化的作用；在聚焦新新媒介的革命冲击时，我们很容易忽视两者的相互促进作用。"[5] 如果新旧媒介之间不具有完全的可替代性，就都有独立存在的基础和可能。当然，哪种媒介更具有现实性和未来性则取决于它相对其他既有媒介的优势。如果某一种或一类媒介可以包容所有其他媒介的优势和特征，成为一种全能性的媒介形态，那它就有可能在未来的某一时期独霸媒介领域，成为唯一的媒介形态，但至少目前还没有出现这样的媒介，以互联网为代表的新兴媒介还远未达到这样的独霸程度。从目前的整体媒介生态结构看，尽管新旧媒介形态之间正在形成偏向性的结构，即以互联网为主导的媒介结构方式，但在人类意义上传统媒介远未到被整体淘汰出局的时刻，远未到我们可以宣布报纸消亡或传统广播电视消亡的时刻。诚如加拿大学者罗伯特·洛根所言："融合是'新媒介'的一个重要特征，但这并不意味着总有一天，今天的所有媒介会合而为一，会成为一个汇总了一切媒介的媒介。""我们不能

① 陈力丹. 互联网的非线性传播及对其的批判思维 [J]. 新闻记者，2017（10）：46-53.

② 莱文森. 人类历程回放：媒介进化论 [M]. 邬建中，译. 重庆：西南师范大学出版社，2017.

③ 芒福德. 技术与文明 [M]. 陈允明，王克仁，李华山，译. 北京：中国建筑工业出版社，2009：332.

④ 吴国盛. 技术哲学讲演录 [M]. 北京：中国人民大学出版社，2016：137.

⑤ 莱文森. 新新媒介 [M]. 何道宽，译. 上海：复旦大学出版社，2013：62. 莱文森把网络媒介之前的媒介统称为旧媒介或老媒介，把初级互联网称为新媒介，而把高级互联网之后的所有媒介统称为新新媒介。参见莱文森. 新新媒介 [M]. 何道宽，译. 上海：复旦大学出版社，2013.

预计，未来世界是一种媒介独霸的世界，而是满足不同需求、各有侧重的许多设备。"① 在媒介的"合""分"之间或"融""分"之间，我以为始终存在的是客观上的辩证关系，没有分就不会有合或融，每一种富有个性的媒介都有其客观的独立性，可以满足人们相对独立的某种需要。即使所有媒介形态能够融合在一个平台上、一种"容器"中，人类依然会在特定的情境中只使用其中一种符号系统、一种功能方式。就像今日的人们，尽管可以通过智能手机同时读文字、听声音、看图像，但在平卧床上、微闭眼睛的时候，人们的耳朵只需声音就足够了。

再次，媒介形态的演进过程是一个加速度进化的过程。这一点已经成为常识，我们只要做出一些简单的说明和解释就足够了。

"有声语言的发明造就了人类"②，语言（口语）作为媒介形态有以百万年为单位的历史了，文字只有四五千年的历史，现代印刷媒介的历史不足600年（中国的唐代发明了雕版印刷术，中国宋代的毕昇在 11 世纪 40 年代发明了活字泥版技术，德国人谷登堡在 1450 年左右发明了欧式活字印刷机）③，广播电视的历史不到 100 年，计算机诞生不到 80 年④，互联网诞生区区 50 年左右⑤。但我们从中恰好可以看到的是，技术更新的速度越来越快，媒介形态演进的速度越来越快，"20 世纪 90 年代，人类的传播技术发明和创造超过之前 2000 年之和"⑥。人类文明以加速度演进，这是一个显见的规律性现象，它体现在人类社会活动的各个领域，传播领域、新闻活动领域则尤为明显，这似乎是由信息作为人类生存发展的"前沿阵地"的特征决定的。

媒介形态的加速度演进，使得我们对未来媒介形态的准确预料几乎不大

---

① 洛根. 理解新媒介：延伸麦克卢汉 [M]. 何道宽，译. 上海：复旦大学出版社，2016：51.

② 维尔. 世界报刊史：报刊的起源、发展与作用. 康志洪，王海，译. 北京：科学出版社，2018：5.

③ 现代印刷技术以德国人谷登堡发明的欧式活字印刷机为标志。关于谷登堡印刷机的发明时间，学界的认识并不统一，有人认为是 1445 年，有人认为是 15 世纪初。参见吴璟薇. 德国新闻传播史 [M]. 北京：人民日报出版社，2017：23.

④ 1946 年 2 月，世界上第一台电子积分式计算机 Eniac 的问世标志着现代技术革命的开端。

⑤ 有人进一步将互联网业态的发展大致分为三个大的时期：一是门户媒体时代，即 Web 1.0；二是社交媒体时代，即 Web 2.0；三是智能场景时代，即 Web 3.0。参见胡正荣. 智能化：未来媒体的发展方向 [J]. 现代传播，2017（6）：1-4。

⑥ 杜斯，布朗. 追溯柏拉图：传播学起源概论 [M]. 王海，译. 北京：科学出版社，2018：73.

可能。未来是开放的，人类的技术潜力到底有多大同样是难以准确预测的。我们现在的所有想象主要是基于互联网的想象，所有互联网的思维还局限在"互联互通"的范围内，但在逻辑上一定存在着互联网之外的可能更为神奇的媒介。然而，这样可能更为神奇的媒介到底会是什么，那只能留给明天的人们发明创造了。

最后，从大的历史尺度上看，媒介形态演进的总体性基本机制是"扬弃"。所谓扬弃，就是指"继承"和"抛弃"的统一。也就是说，媒介形态在历史演进过程中，既有新的发明创造不断产生，又有对既有媒介形态的继承，还有对旧有媒介形态实质内容、外在形式的抛弃。但是，每一种媒介的历史扬弃过程都有特定的情境和条件，有些可能是充分完成了自己的历史使命，有些则可能是过早的夭折，这需要具体问题具体分析。就媒介的整体历史演变情况看，麦克卢汉的这一判断还是基本正确的，"一切媒介都要重新塑造它们所触及的一切生活形态"①。也就是说，一种媒介在衰落之前总会以其全部潜能尽可能改变和影响它能够改变和影响的一切。

从人体自身为主的时代（生物时代）到技术中介为主的时代（机械时代），再到人体与技术中介逐步高度自然化融合的时代（智能媒介的典型表现是人机共体或人机统一），这一过程不是简单的媒介替代方式，不是简单的谁死谁活的方式，而是基因遗传、基因积淀并包含一定基因变异的过程。说直接一些，就是不断继承、扬弃、互补、变革的过程。但直到今天，对于媒介形态的演变规律，人们并未形成高度统一的看法，相关争论还会持续下去。除了各种极端的"媒介消亡"论或"传统媒介死亡"论——报纸消亡论、广播消亡论、电视消亡论——之外，人们关注更多的问题是不同媒介形态之间到底是怎样的继承关系、互补关系、扬弃关系、替代关系、合分（融合与分离）关系等。我下面试着对这些问题做出自己的回答。

从总体上说，媒介形态的演进过程不是简单的新旧替换关系，也不是简单的积淀累加关系。应该说，媒介形态的演进是包含渐进性与革命性的统一过程。人类发明创造各种技术的目的在于身心能力的直接延伸，从而提高

---

① 麦克卢汉. 理解媒介：论人的延伸 [M]. 何道宽，译. 北京：商务印书馆，2000：86.

实践活动的效果和效率。因而，发明创造传播技术（体现为媒介形态）的目的就在于增强传播的效果和提高传播的效率。人们不难看到，每有新的媒介诞生都会在一定程度上扩大传播范围，加快传播速度，拉近传收主体之间的关系，从而提高传播（包括新闻传播）的整体社会影响力。这自然意味着，当新兴媒介能够在整体上替代旧媒介时旧媒介就会被抛弃，当新兴媒介只能部分替代旧媒介的功能或作用时旧媒介就有可能继续留存，而更多的可能是，新兴媒介会继承和吸纳旧媒介的一些优势因素，以获得更多、更强的功能，即老媒介的精华被吸纳了，而老媒介的"旧皮囊"被抛弃了，诚如有学者所说，"尽管形如电报的一些传播技术在物件上似乎不存在了，但这些技术并未消失，而是被整合和囊括到当前的技术当中继续存在着"①。这显然是"扬弃"的过程，而非简单的消亡过程。

再进一步细论，媒介形态的扬弃过程主要表现为两种方式：一种是渐变性的更新，一种是革命性的创生。前一种方式主要针对的是既有媒介形态的演进，后一种方式主要针对的是新兴媒介的诞生。

一种媒介形态的诞生、成长总是有一个过程。只有相关技术积累到一定的程度，一种媒介形态才会形成。而一旦形成，它就会在历史过程中随着相关技术的发明，不断更新改善自身的形态和功能。比如，印刷媒介就会伴随印刷技术的不断进步而不断改善自己的表现方式，同样，广播媒介、电视媒介、网络媒介都是在相关技术的不断进步过程中逐步改善更新自身的形态、功能和表现的。这就是说，每一种媒介形态本身都有自身的历史进化过程。但一种媒介形态能够延续多长时间，确实是不好测算的事情，恐怕只能做出一些定性的说明。从原则上说，只有后续新生媒介形态能够在整体上替代原有某种媒介形态的所有功能，同时又具有更好的传收效果和效率，那原有媒介形态就会遭到历史淘汰。其实，旧事物只有到了某个临界限度上才会在整体意义上退出历史舞台，"历史证明，附载信息的介质经过移动传播信息，会在更便捷的媒介出现后不再适应人的需要，渐渐消失在历史的尘埃中"②。人

① 潘忠党，刘于思. 以何为"新"？"新媒体"话语中的权力陷阱与研究者的理论自省［J］. 新闻与传播评论，2017，春夏卷：2-19.

② 刘建明. 媒介进化定律的历史解码［J］. 新闻爱好者，2018（5）：7-11.

类文明的延伸物常常都在历史惯性中延伸至自身的极限才会被新的事物替代。这是新旧事物间的基本替代规律。

媒介形态的演进过程必然会发生一些革命性的变革，一些媒介形态会以全新的不同以往媒介形态的形式出现。熊彼特说："无论你如何重组邮政马车，你永远不能因此而得到铁路。"① 前一时代性质的东西无论如何不可能组装出后一时代性质的事物。就像旧时代的人很难成就新时代的事业一样，每一时代的人都有各自的能力和职责。事物间一旦有了性质或根本性的层级差别，那就本质上属于两类事物，就像中世纪的人不可能是现代人一样。新的技术中总是可以看到回归式的各种先前技术的影子，技术似乎是一个自组织的过程、自我进化的过程，但其实并非如此，它不是有机物，它是在人的智力与实践作用下升级进化的。如前所说，媒介形态的实质是其背后的技术发明创造。既有媒介形态是在其依赖的技术进化中不断改善自身的。但一种全新技术的发明，则意味着全新媒介形态的可能出现。广播技术不同于印刷技术，互联网技术不同于广播技术、电视技术，因而会有相应的新的媒介形态诞生。不同以往的新的媒介形态的诞生就是或大或小的革命性变化、结构性变化，只有这样的技术才会对整个社会或一定的社会领域带来新的面貌、创造出新的图景。

我们看到，在技术领域，一项核心技术的过时或退出，最终可能导致一个行业、一种职业、一门专业（手艺、工艺）的退出，进一步可以累及众多其他的相关领域。如果一个技术领域被整体取代，并且是社会性的取代，那便有可能形成马克思所说的生产方式的变革。这实质上表明的是技术作为生产力要素的标志性。仅从新闻活动领域观察，如今的互联网技术、数字技术、大数据技术以及其他一些高新技术创造了以互联网为基础的新兴媒介形态。新兴媒介形态不仅创造了一个全新的互联网产业，深度介入和结构了传统新闻业，而且由于对传统媒介形态具有革命性的作用和影响，已经改变了传统新闻业的格局，正在把新闻业带入"后新闻业时代"。正如有学者指出的，在

---

① 阿瑟. 技术的本质［M］. 曹东溟，王健，译. 杭州：浙江人民出版社，2014：119.

互联网时代，"社会化媒介平台的广泛应用是媒介发展史上最具革命性的变革"①，这其实也是后新闻业时代的典型特征之一。

不管是渐进式的更新完善还是革命性的创造新生，媒介形态的演进过程有自身的速度和节奏，继承和扬弃拥有自身的机制和规律。支持媒介形态的技术是历史的产物，"每一个新技术都是从已有的技术中来的，因此每项技术都站在一座金字塔之上，而这座金字塔又是由别的技术在更早的技术之上建立的，这个连续的过程可追溯到最早人类捕获的现象。它告诉我们所有未来的新技术都将来自现存技术（也许是以一种不明显的方式），因为它们都是构成未来新元素的元素，而这些新元素将最终使未来新技术成为可能"②。"以往的技术成果就像'滚雪球'似的被累积、集成到后发展起来的技术形态之中。"③这就是说，不同媒介形态之间是有某种连续性的，后继媒介是在前在媒介的基础上得以演进发展的。但是，我们也应该注意到，每一种新技术、新的媒介形态的诞生，与之前的媒介形态相比，总是有其革命性的一面，也有其断裂性的一面，因而才能对媒介形态整个的结构带来某种程度的革命性变化，才能给整个人类新闻活动带来新的局面和景象。

如果从媒介形态结构层面看，扬弃机制就更加明显。一个对象的结构变化属于根本性的变化、革命性的变化，但也正因为是根本性的、革命性的变化，结构变化不仅是艰难的，也是一个相对长期的过程。技术思想家布莱恩·阿瑟就说："结构变化的过程动辄要几十年，而不是几个月。"④ 从先前一个时代的媒介生态结构转变为下一个时代的媒介生态结构到底需要多长时间，我们只能根据历史经验说越来越快、时间间隔越来越短，但准确的时间周期是无法断言的。规律只是一种大的趋势和历史方向，并不是确定无疑的时间阶段或节点。

需要注意的是，技术发明创造的不断升级，媒介形态及其结构的不断更

---

① 隋岩，常启云. 社会化媒体传播中的主体性崛起与群体性认同 [J]. 新闻记者，2016（2）：48-53.

② 阿瑟. 技术的本质 [M]. 曹东溟，王健，译. 杭州：浙江人民出版社，2014：190.

③ 王伯鲁. 技术困境及其超越 [M]. 北京：中国社会科学出版社，2011：69.

④ 同②222.

新，不是简单直线的令人乐观的事情，还是需要理性对待。我不是极端的技术乐观主义者，也不是极端的技术悲观主义者，而是比较中庸辩证的技术现实主义者。技术是人类社会发展的基础，是生产力水平的典型标志，但技术发明创造至少在目前看来已经给人类带来了诸多的困境，需要我们认真对待。诚如有人所说，技术越来越快的发展过程也是一个风险越来越大的过程，"复杂而庞大的技术体系中的微小技术故障就会产生'蝴蝶效应'，导致整个技术体系瘫痪，造成巨大的损失。日益增强的技术功能与技术自主性，是'人正在面临着一股自己根本无法控制的力量，与这股力量相比，人只是一粒尘埃罢了'"①。媒介技术也一样，人们在不断更新的媒介形态面前，一方面似乎越来越自主、自由，越来越能够广泛而迅速地了解事实世界、生活世界的变化；但另一方面似乎更难准确、真实地认识把握周围的环境变化。在信息洪流、新闻洪流中越来越多的人变得不知所措，无法判断信息的真假对错。即使在一般的信息交流意义上，人们也已经深深感到，交流变得越来越高效方便，但人们的心灵似乎却相隔越来越远。不时听到人们的慨叹，这到底是为什么。人确实是技术动物，但技术只是人类生存、生活的一种因素，无论它多么重要，它并不是全部。同样，人类对媒介的依赖程度越来越高，很难想象，在今天这样的媒介化社会中人们如果离开现有的各种媒介还能不能正常生活、工作。但无论如何，媒介也只是我们生活的一部分，并不是全部。我们只有不断克服各种技术困境、媒介困境，才有可能更好地生活。

四、收受主体演变规律

新闻受众（收受者）是新闻活动的根基，与新闻传播者共同构成新闻传收活动中的双重主体。不管人类新闻现象如何变换，新闻活动总是围绕新闻传收需要展开的活动，新闻传收主体间的矛盾也是新闻活动的基本矛盾，就像事实与新闻的关系永远是新闻活动的基本关系、基本问题一样。因而，无

---

① 王伯鲁. 技术困境及其超越 [M]. 北京：中国社会科学出版社，2011：7.

论是从新闻活动主体视野还是从新闻规律角度看，作为新闻活动系统要素之一的新闻收受主体角色的演变规律，都是极为根本而重要的问题。就像前面讨论新闻传播主体演变规律一样，我也主要从两个方面进行分析和阐释：一是针对新闻收受主体角色变化的历史演变描述，二是分析这种角色演变过程的实质与意味。

（一）新闻收受角色构成的历史演变

在宏观历史尺度上看，新闻收受者大致经历了这样的主导角色或身份演变过程：作为人际新闻传播的收受者—作为大众化新闻传播的收受者—作为各种新闻传播模式融合中的收受者。接下来，我分别加以描述。[①]

第一，自然而然的双重角色时代。作为社会性的群居动物，互相交往、互相交流对人类来说是自发自在的事情。群居促成了交流，交流建构了人群；交往、传播既是人类生存的方式，也是形成人类的方式。在自在的信息交流状态中，人自然既是传者也是收者，是传收双重角色的统一体。这种传收双重角色的统一状态贯穿于人类信息活动、新闻活动的始终。只要人类存在，这样的统一状态就会持续下去。不管人类是否对此有所自觉，什么时候对此有所自觉，这都是基本事实。

从历史向度上看，在现代新闻业促成的大众传播模式诞生之前，或者说在现代职业新闻传播诞生之前，人类的信息交流包括新闻信息交流主要依赖的是面对面的传收方式或点对点的互动传收模式。在这样的传收结构中，收受角色与传播角色是高度互动一体化的。人们并没有关于传者与收者的明确意识和区分。谁是传者、谁是收者，只能依赖具体的情境而定，并没有社会分工意义上的稳定角色。在如此模式中展开的信息交流、新闻交流，交流双方或多方都是"活生生"的"在场"存在，是一种在场化的、人与人之间的直接交流，传收身份、角色是伴随交流过程而随时转换的。

第二，职业新闻传播塑造的相对单一的新闻收受角色为主的时代。当以

---

① 本部分内容，是在《新闻主体论》相关内容基础上修改而成的。参见杨保军. 新闻主体论［M］. 北京：人民日报出版社，2016。

印刷新闻为标志的规模化的、周期性的、持续展开的现代新闻生产与传播方式诞生之后，在人类的新闻活动领域逐步产生了专门从事采集、制作、传递新闻信息的社会职业角色，新闻生产与传播逐渐演进为社会的一个行业领域。当这样的新闻行业、新闻职业发展到一定程度时，社会大众获取新闻的主流渠道就逐步稳定化、专门化，这就是大众媒介（mass media）渠道。正是杂志、报纸、广播、电视这些大众传播媒介的出现使得人类新闻活动中出现了不同角色的界分，其中最为典型的就是，新闻传播者处于一端，而新闻收受者处于另一端，而将双方沟通起来的便是大众媒介。如此中介化的、间接的传收结构的形成改变了"前新闻业时代"的直接的传收结构，这是历史性的变革，标志着人类新闻活动开启了一个新时代。与此相应，普通社会大众在新闻活动中的角色就不再是现代新闻业诞生之前的传收角色统一体，而是以相对单一角色显现出来的收受者或受众角色。

需要进一步说明的是，现代新闻业的产生演变是一个历史过程，在世界不同地区（国家、民族）的具体发展过程是有很大差异的，是相当不平衡的。就历史事实看，总体上是一个由欧美地区向全球持续不断扩散的过程。从结果上看，只有在一定社会范围内、一定时空范围内生成了比较成型的现代新闻业、现代新闻职业工作者群体，比如至少有一种大众化新闻传播媒介成为人们收受新闻信息的主要媒介渠道，社会大众成为相对单一的新闻收受主体角色才有可能。当然，还须说明的是，即使现代新闻业形成，即使在大众新闻传播模式诞生之后，人们依然在以人际的、面对面或间接的互动方式交流信息、交流新闻，也就是说，传收角色一体化、统一化的方式依旧存在，只是在大众新闻传播模式诞生之后这样的角色模式逐步失去了主导地位。

自从现代新闻生产与传播方式逐步产生以来，社会大众作为新闻收受者的角色一直延续至今。即使目前人类的新闻活动在整体上正在进入一个新的时代——"后新闻业时代"，这种基本角色依然存在。即使传收技术、传收方式日新月异，收受者的自主性不断增强，但社会大众在新闻行业主体、职业主体面前依旧是相对被动的存在，依旧是以收受者的身份或面目出现的①，即作为收受者角色的被动一面始终都是存在的。现代新闻业、新闻职业所创造的新闻传收大众化结构依然存在、依然在运行，尽管受到了强烈冲击，但目前来看并没有发生根本性的变化，更不要说终结或消亡。② 我们完全可以说，只要大众传播媒介存在，大众化传播模式存在，社会大众作为大众化收受主体的角色、身份就不会消失，其受动性的或被动性的一面就不会彻底消失。但是，这样的身份、角色能否继续占据主导地位则是另一回事了，毕竟新的媒介时代的到来正在改变着这种传统景象。

第三，"后新闻业时代"开启后的新型多重角色主导的时代。当人类新闻活动演进到 20 世纪末特别是进入 21 世纪时，传播技术更加日新月异，发生了翻天覆地的革命性变化，表现在新闻领域的最大变革就是互联网、移动互联网以及各种新兴媒体样态的普遍使用。而最近这些年，智能媒介也加速进入新闻传媒领域，这些新的技术力量、新的媒介形态，正在以新的势不可挡的结构性力量调整、变革着新闻传媒业乃至整个传媒业③的未来发展。人们看到，一个互联互通的普遍联系的世界正在形成，一个万物皆媒、人人皆媒、人人互联（人联网）的世界正在形成④，一个比以往任何时代更加自由传收的时代已经成为事实，几乎每个人在互联网时代都被激活了，人人（实质上是所有社会主体）在原则上都可以成为大众化、公共化、社会化的新闻生产

---

① 比如，即使在目前看来最为新潮的 VR（virtual reality）和 AR（augmented reality）技术面前，"真正的生产者并非受众本人，而是记者、编辑和技术人员"，"受众依然是被动的存在"，"运用 VR 和 AR 进行新闻生产的合理性和风险性仍要接受批判学派'技术操控论'的严格审视"。参见史安斌，张耀钟. 虚拟/增强现实技术的兴起与传播新闻业的转向 [J]. 新闻记者，2016（1）：34 - 41.

② 一些人对互联网引发的传播结构变革做了过分夸张的描述。事实上，直到今天，传统三大媒介（报纸、广播、电视）依然稳定存在，传统大众化传收结构并未受到根本性的动摇。时代转换（结构更新）是需要时间的。

③ 传媒业是比新闻传媒业更大的概念，新闻传媒业只是传媒业的一部分。"今天的'传媒产业'是生产和传播各种以文字、图片、影像等符号形式的信息内容产品以及提供各种信息服务的机构或自然人按照市场方式形成的企业集群。"参见章淑贞. 网络空间时代的传媒研究需要范式创新：专访《传媒蓝皮书》主编崔保国 [J]. 新闻与写作，2018（8）：76 - 79.

④ 关于万物皆媒、人人皆媒、人人互联即"人联网"的相关论述，可参见陈昌凤. 未来的智能传播：从"互联网"到"人联网" [J]. 人民论坛·学术前沿，2017（23）：8 - 14；彭兰. 移动化、社交化、智能化：传统媒体转型的三大路径 [J]. 新闻界，2018（1）：35 - 41；彭兰. 新媒体传播：新图景与新机理 [J]. 新闻与写作，2018（7）：5 - 11.

者、传播者的新的新闻活动结构方式正在形成。"网络开创了一个大众成为广大的受众和大众成为最广大的传者的时代。没有哪一种传播媒介，能像网络如此广泛地调动人们参与传播，如此广泛地进行社会动员，如此广泛实现人们之间的心灵沟通和情绪感染。"① 这确实是前所未有的景象。

在这样的背景下，传统媒介时代的大众化新闻收受者继续保持自身作为大众传收结构中新闻收受者的角色，但与此同时正在转变成为可以进行大众化新闻生产传播的收受者，即传收角色的一体化或同一化，这是新时代新闻活动领域最大的主体角色变革。"在过去大众传播过程中，传者和受者两种角色边界很清晰。但在当下的互联网传播中则出现了这样的情况：一个用户前一秒是传者，下一秒就是受者。"② 社会大众收受角色的传者化意味着新闻活动中普遍的、大众化的"产消者"（prosumer）的生成。受众角色的传者化特别是受众角色的大众化形式的传者化，应该说从根本上改变了社会大众以及其他社会主体形式在新闻活动中的整体角色结构，将人类新闻活动带入了一个新的时代。人们不能再把社会大众仅仅看作单一的大众化新闻传播的收受者了。

如果仅仅从形式上看，人类在新闻活动中的传收角色似乎又回归到了现代新闻业诞生之前的状态——传收统一角色。但这只是形式上的相似，实质内涵却发生了天翻地覆式的、根本性的变化。在现代新闻业诞生之前的角色统一是未经分化的自然统一，传收关系近乎一种混沌的状态，而如今的统一则是在媒介高度发达状态下的统一，是在现代新闻业中角色分离后的再统一、再度一体化。其中，无论是作为传播者还是作为收受者的实质内涵已经发生了根本性的变化，他们不再是狭小范围内的纯粹在场的私人范围的传收者，而是无远弗届的可以面向整个世界的传收者。对此，我们必须做出新的观察、分析和思考。

作为新闻收受者，如今的社会大众从原则上说，不仅可以作为私人交流范围内的收受者（但不再限于传统的以面对面的人际交流为主，而是变成了

① 丁柏铨. 浅议网络传播规律 [J]. 中国地质大学学报（社会科学报），2017（6）：127 - 137.
② 宋建武，黄淼. 信息精准推送中主流价值观的算法实现 [J]. 新闻与写作，2018（9）：5 - 10.

以互联网为中介的交流，各种新兴的社交媒介成了核心中介方式）存在，也可以继续作为大众新闻传播对象中的新闻受众存在，还可以在网络空间中充当各种传收模式中的信息收受者角色。一言以蔽之，仅从新闻收受角度看，社会大众已经成为多重收受角色一体化的收受者。正是如此多重化的身份，使"受众"这个角色越来越复杂，也越来越意味深远，需要我们对其中的实质做出进一步的分析和透视。

（二）新闻收受角色演变的实质

从上文关于新闻受众角色的历史描述中可以看出，社会大众（民众）作为新闻收受者的角色、身份一直都在变化。那么，这样的角色、身份演变意味着什么，实质又是什么，这样的历史演进有无可寻的内在机制或规律，这才是新闻规律研究视野中更为关注的问题。下面，我就这些问题展开分析阐释。

第一，从最直观的新闻活动历史事实看，这是一个收受角色不断复杂化或丰富化的历史过程。这样的过程实质上说明了，人类新闻活动的历史过程是一个社会大众新闻活动自觉性、主动性、积极性、创造性不断增强的过程，它意味着社会大众在新闻活动中表现出越来越广泛的全面性，而非限于某类单一角色的狭小范围，从而使新闻活动成为人的"全面发展"或成为"全面的人"的一个重要维度。也就是说，新闻活动以它自身的方式为人类的全面发展、为每一个人的全面发展发挥着自身的功能与作用、意义与价值。

我们看到，新闻收受者角色结构演变的三个时代，即从原始意味的传收角色一体化时代到大众新闻传播环境中的相对单一的收受角色为主的时代，再到多重角色融合特别是传收角色一体化为主的时代（融合角色时代），是一个收受角色逐步自觉化的历史演进过程，一个由新闻收受中模糊的收受角色主动性（人际传收）到清晰的收受角色被动性（大众化传收），再到积极的收受角色主动性的历史过程。看得出，在这一历史过程中，收受者的自觉性、主动性在不断地强化和提升。抽象点说，这是社会大众作为新闻收受者由"受众"而成为"收受主体"的历史过程，由"人"而成为作为"主体"的人的历史进化过程。

事实上，传播学关于大众传播效果的历史变化研究①，也在一定程度上说明了这一基本历史规律。作为新闻收受者的社会大众，其自觉性、主动性像传播者身份一样，同样是一个历史的提升过程，具有不可阻挡的客观历史趋势。在新闻活动中，作为接收、接受新闻信息的一方，收受者的角色结构方式或特征是历史性的，是不断变化的，而其中的一条红线就是收受主体性的持续增强和提升。

若是进一步从新闻规律论的角度看，我们大致可以看到收受者的历史演变趋势或规律，这就是收受主体身份、角色经历了一条否定之否定的历史轨迹，可以进一步从两个大的方面做出说明：一是收受者的身份特点从"前新闻业时代"双重角色（传收）混沌不分演进到"传统新闻业时代"的传收分离分立、收受角色清晰，又进化到"后新闻业时代"的多重身份角色的新统一，这可以看作一个维度上的否定之否定；二是收受者的主动性与被动性关系的历史演变似乎也是一个否定之否定的历史过程，由最初自在自发的主动性与被动性的统一状态演变到新闻业时代大众传播模式中被动性比较强、主动性比较弱的状态，再演进到今天新兴媒介环境中自觉的主动性与被动性相统一的状态。显然，这是一个典型的新闻收受者主动性、积极性的历史性螺旋上升过程，也从新闻活动维度上体现了人类历史主体性的螺旋式上升过程。诚如一些学者针对当今现实所描述的，"受众已经由新闻信息的被动接受者变成了媒介产品的积极使用者，传播逻辑由'传者本位'转向'受众本位'"②。尽管受众本位在我看来具有理想化的色彩，但这样的观念和逻辑转换为最终的"传收共同本位"实现奠定了基础。

第二，新闻收受角色的历史变化表明了人类新闻活动方式的变化，而背后最根本的是媒介方式的变化、技术特别是媒介技术支持的变化，或者说是新闻生产能力的变化。也就是说，只要人类新闻生产方式发生不断的历史进化，收受新闻的方式就必然会发生变化；同时，新闻收受角色的存在方式、

①　关于受众地位、角色的历史演变以及相关的大众传播效果研究，可参见洛厄里，德弗勒. 大众传播效果研究的里程碑［M］. 刘海龙，译. 北京：中国人民大学出版社，2004。

②　喻国明，韩婷. 算法型信息分发：技术原理、机制创新与未来发展［J］. 新闻爱好者，2018（4）：8-13.

表现方式也会发生相应的必然变化。因而，这意味着我们可以通过对收受者收受方式的历史考察，从一个角度窥探到人类新闻活动的历史演进规律。

观察新闻活动史不难发现，伴随人类新闻活动方式的演进与展开，在与传播主体角色关系的视角中[①]，新闻收受角色属性、特征的历史变化突出表现为人类主导性收受新闻方式的变化。从人际的直接互动（互说互听）方式到阅读书信新闻的间接方式，到以传统大众媒介为中介的阅读、收听、收看方式，再到今天互联网时代更为自由主动的多媒介、多渠道的融合收受（订阅、定制等）方式、消费方式[②]，这一历史过程越来越复杂、越来越丰富。这些收受新闻、消费新闻、使用新闻方式的变化也使新闻收受者在不同的情境中获得了不同的名称，诸如读者、听众、观众、浏览者、（总体性的）受众、新闻消费者、新闻（媒介）用户等等。这些名称不只是针对具体媒介形态、具体收受方式的简单标识，也是历史性的标志，标志着社会大众作为新闻收受者主体性的进化历程。但我们也需要说明：所有这些名称的变化并没有改变人们接触新闻、收受新闻、理解新闻、运用新闻这一最基本的实质。这再次说明，新闻活动是人类固有的活动，新闻需要是人类的基本需要，而最基本的社会主体就是作为收受者的社会大众，他们的新闻需求才是人类新闻活动历史演进的根本动力。

在新闻受众视野中，我在此更想说明的是，这样的过程是社会大众作为新闻受众越来越自由的过程，典型地表现在两个大的方面：其一，在新闻内容上，今天的新闻收受者近乎可以自主收受一切自己想收受的新闻内容。只要是媒介渠道、媒介平台上有的，各种人际网中存在的新闻内容，其都可以收受。其二，在收受方式或形式上，今天的新闻收受者更是拥有新闻业时代、前新闻业时代难以想象的自由。受众的收受方式近乎彻底超越了传统媒体时代职业新闻传播主体对收受所做的时空限制，受众完全可以根据自己的意志

[①]　我在此之所以特意强调"在与传播主体角色关系的视角中"的收受角色构成演变，是因为在不同具体的新闻活动主体视角中可以发现同一角色的不同变化。比如，如果从新闻信源主体角度观察新闻收受主体角色的历史变化，我们就会更强调收受者不仅是收受者，其也会在不同的新闻历史时代显现出不同的信源角色特征。

[②]　人类收受信息的方式是叠加演进的，后世总是继承扬弃前世已有的方式，并不是有了新方式就抛弃旧方式的简单更替过程。

与偏好、自己所处的场景或环境特征选择收受新闻的方式，传播主体的传播节奏、传播时间安排等已经失去了传统时代的那种约束作用①。因而，我们完全可以说，新闻收受自由在内容与方式以及二者的统一上都已进入一个新的更加自由自主的时代。受众已经在新兴媒介环境中获得了前所未有的解放，具有典型的后现代色彩，传播的统一打破了，收受的统一更是烟消云散。如果说"随着智能通信的普及，知识阶层、城市居民正在步入后现代生活"②，那就可以说，信息消费、新闻消费是"后现代生活"中的"先行者"。

当然，我们要清醒地意识到，这还是刚刚开启的历史新时代，我们不能将其乌托邦化。一方面，一些真正重要的新闻，社会大众应该知道的新闻，很可能依然在各种社会力量的约束限制中难以获得。也就是说，社会大众作为新闻收受主体的自由与解放依然是有限的。另一方面，收受内容与收受方式的高度自由并不意味着所有的内容与方式都是合理的、正当的。新闻内容异化、收受手段异化，在今天的环境中并不是什么鲜见的事情。因而，新的时代并不就是完美的时代，受众的解放并不就是完全进入了自由的境界。套用一句老生常谈，在自由与解放的道路上，作为新闻收受主体的社会大众还有很长的路要走。

第三，从新闻收受活动的历史走向看，从收受角色变化形成的现实结果看，收受身份的最大变化就是收受角色的传者化（主要指大众传播意义上的传者化，即受众成了可向社会大众传播新闻、表达观点、广泛交流的传者）。或者更为准确地说，就是收受角色由相对单一的收受身份变成了收受与传播一体化的身份。这意味着什么呢？

收受角色的传者化，不只是简单的身份多元化问题，更为重要的是，它在一定程度上意味着人类整体新闻活动能力的提升和进步，意味着人类整体新闻自由水平的提升和进步。如果按照现代文明社会的标准，新闻自由从大

---

① 比如，在传统媒介时代，受众要想收受新闻，特别是收受广播电视新闻，就必须按照新闻媒体传播的时间安排和节奏去收受。因而，不仅在内容上而且在形式上，收受行为都会受到传播主体的约束和限制。由此，也有了所谓的"黄金时代"，而如今，什么时段是黄金时间，原则上尯是由收受主体自身设定的，"我方便的时间就是黄金时间"，"我方便的方式就是最佳方式"。

② 孙向晨. 哲学反思与现时代的价值形态 [J]. 学术月刊，2016（5）：5-11.

的方面包括传播自由和收受自由，而且，没有传播自由也就很难有实质性的收受自由。在新兴媒体时代到来之前，对于普通社会大众来说，他们主要是传统大众新闻传播的被动收受者，很难自主、自由地传播新闻、表达意见，社会大众之间很难实现真正的自由互动与交流。因此，即使法律上规定公民有言论自由、出版自由、表达自由（实质性地包含着新闻自由）权利，但在现实中却很难落实。而以互联网为基础的新兴媒体时代的开启，带来了大众化新闻传播主体的结构性变化（参见前文关于传播主体演变规律的论述），其中最为典型的就是收受主体的传播主体化，它为新闻自由的开辟创造了新境界。那些曾经属于理想的、停留在观念和纸面上的表达自由、交流自由，越来越成为现实的自由、实际可行的自由。尽管我们不能把这样的自由乌托邦化，但前所未有的自由交流、自由表达时代的到来却是不争的事实。也许如此时代的到来可能会给人类社会自身的管理、治理带来新的问题和挑战，但从大的历史方向上看，自由生活始终是人类的美好理想，而自由的信息关系、自由的新闻关系不仅是自由生活、自由世界本身的一部分，也是人类实现其他自由的前提和基础。实际上，不少思想家都表达过，在所有自由中言论自由、新闻自由是优先的自由。马克思就曾把是否存在新闻出版自由，作为衡量整个社会政治自由、经济自由的尺度，他说："没有新闻出版自由，其他一切自由都会成为泡影"[①]。他还说过，发表意见的自由是一切自由中最神圣的，因为它是一切的基础。[②]

收受主体与传播主体的一体化，使社会大众不仅拥有新闻收受的自由，也实质性地拥有了生产传播新闻的自由，这显然扩大了新闻自由的范围，也使新闻自由真正实现了传播自由与收受自由的统一，从而使新闻自由更加真实、更加美好。如果我们从历史角度看，那就完全可以说，新闻收受角色的历史演进是一个新闻自由不断走向全面化的过程，是一个高质量、高水平的过程。因而，新闻自由在新闻收受主体身上的统一，即传收自由的统一，标志着新闻自由整体进入了新境界。而新闻传收自由的统一水平每有提升，都

---

① 马克思，恩格斯. 马克思恩格斯全集：第 1 卷 [M]. 2 版. 北京：人民出版社，1995：201.
② 陈力丹. 马克思主义新闻思想概论 [M]. 上海：复旦大学出版社，2003：71.

在一定程度上意味着人类进入了自由的新境界。这再次说明，人类新闻活动的历史规律确实是一个新闻自由不断发展提升的规律。新闻收受主体角色的传者化、融合化以及自主性、主动性的提升，都在说明新闻规律就是新闻自由质量不断提高的规律，人类新闻活动就是一个新闻自由度不断提升扩大的过程，这不仅是新闻受众的自由解放过程，也在一定程度上标志着人类自由解放的过程。

第五章　新闻传收的核心规律

交换时事、缓解新闻饥饿的愿望甚至出现在没有文字的文化中。

——［美］米切尔·斯蒂芬斯

传播发生时的关系看上去很简单：两个人（或两个以上的人）由于一些共同感兴趣的信息符号而聚在一起。

——［美］威尔伯·施拉姆、威廉·波特

从狭义的角度讲，对话是人们的一种特定的交流和沟通方式，这种方式突出了参与各方的平等性，彼此之间特定人际关系的形成，参与者表达意见和观念的自由与权利，个体性思维与集体性思维的本质等众多方面。对话有其独特的精髓。从广义的角度讲，对话涉及人类存在的基本哲学命题，涉及人类的历史与文明。

——［英］戴维·伯姆

在上一章，我描述了新闻内部系统四个基本要素的历史变化，分析了各个要素变化的实质意义，初步探索了每个要素演进的历史规律。但这对新闻内部系统的整体规律探索来说，还是极为初步的基础性内容。更为重要而复杂的问题是，这些基本要素之间的本质关系问题。基本要素间的关系决定着新闻内部系统的基本结构，或者说，正是这些要素之间本质的或内在的、稳定的关系，才在更为根本的意义上决定着新闻内部系统的运行方式和历史演变，更具整体性的意义①。而在新闻规律论的视野中，这样的关系也是更为

---

① 任何一个社会领域也像社会整体系统一样，都有各自的系统性、整体性，都会有自身的整体有序性和内部关联性。因此，对一定社会领域的认识与把握，既要从部分或要素出发，更要从部分或要素间的关系出发，认识把握整体性的运行规律。"整体性的实质含义是指系统结构的有序性，即构成系统的诸要素之间或内部在具有了协调关系的基础上所形成的一种稳健有序的结构，从而使系统拥有了不同于个体的部分或要素的整体性功能。"参见邱耕田. 论整体性发展［J］. 北京大学学报（哲学社会科学版），2017（5）：5-14。

重要的新闻规律内容，可以在更为完整的意义上揭示新闻活动的本质关系。这正是本章将要讨论的问题。

一、核心规律的认定

一种社会活动区别于其他社会活动，主要有这样几方面的原因或根据：一是它有相对特殊的活动内容，二是它有相对特殊的活动方式，三是它对社会包括个体具有特殊的功能作用或价值意义。也正是这样一些根本原因，决定了每一种社会活动、社会领域都有自己的特殊规律、领域规律。进一步说，由于社会领域活动本身的复杂性，任何一种社会领域活动的规律都有自身的规律系统。在规律系统中，尽管不同具体规律之间有着必然内在的关系，但在区别意义上看不同具体规律有着不同的地位作用。有些规律处于核心地位，有些规律则相对边缘一些。核心规律可以统摄边缘规律，也就是说，核心规律能够包含边缘规律的机制、体现边缘规律的作用和影响。那么，在新闻规律系统中，如果主要针对新闻内部系统而言，核心规律是什么？又如何认定核心规律？这些问题都是我们讨论新闻内部系统规律的前提性问题。

（一）核心规律的认定根据

任何一种社会活动，特别是已经形成社会分工意义的社会领域活动，成为建制性存在或体制性存在的社会领域活动，一定具有区别于其他社会活动的典型特征。而一定的社会活动领域，又是由多种具体的活动构成的。在这些有区别的具体活动之间，尽管每一种具体活动对总体活动都是不可缺少的，但总是有一些活动比起另一些活动对一定社会领域的整体运行具有更为重要的地位和作用。如此客观的差异性从根本上决定了不同活动中蕴含的活动规律之间也是有差别的，不同的活动规律对一定领域活动的整体作用和影响是不一样的。我把那些对一定社会领域活动具有根本性、主导性作用和影响的活动规律称为核心规律，而把相对核心规律的其他规律称为边缘性规律或非核心规律。可见，核心规律与非核心规律是在一定的相对关系中认定的。只有设定一定的前提条件，核心与非核心才有绝对的意义。那么，如何具体认定核心规律的核心性呢？

首先，从规律对象上说，核心规律应该是关于核心活动的规律。每一社会活动领域都是由丰富多彩、纷繁复杂的具体活动内容、活动形式构成的，可以看作一个巨大的活动系统。其中有些活动比起其他活动具有更为重要的地位，左右着其他活动的可能表现。同样，在这样的活动系统中，由不同的活动要素、不同的活动主体构成不同的具体活动关系。其中有些活动具有总体性、主导性，有些活动只具有辅助性、边缘性。那些主导性的活动、主导性的活动关系必然决定着一定社会活动领域的主导性面貌，蕴藏在其中的关系机制（规律）就是该领域的主导性规律、核心规律。也就是说，反映一定社会活动领域主导性活动、主导性关系的规律才是核心规律。

其次，从规律地位或规律间的关系上说，核心规律应是具有统摄性或凝结性的规律。这是从规律的系统性、层次性以及主次关系来说的。一定社会活动领域的规律总体上是一个系统，有不同要素的规律，有不同层次的规律，有不同地位作用的规律。与活动本身的中心、边缘相应，规律系统中的不同规律也有客观上的中心与边缘、主导与辅助的差别。那些能够把其他规律统摄起来、凝结起来的具有总体意义的规律，就是核心规律。比如，人类历史演进的总体规律就可以统摄各个社会领域的具体规律。各种具体社会领域规律尽管具有各自的特殊性，但与总体的历史演进规律相比，又不过是总体规律的具体表现。或者说，各个社会领域的具体规律会以一定方式凝结为社会总体演进规律。马克思发现的历史演进规律（生产力决定生产关系，经济基础决定上层建筑）会体现在各个历史时代、各种社会形态、各个社会领域及其关系之中。

最后，从规律功能作用上说，核心规律应是对相关对象具有主导作用和影响的规律。规律系统包含多个具体规律，但只有那些在功能作用上能够决定一个社会活动领域总体面貌的规律，决定一个社会活动系统总体走向趋势的规律，才可以认定为核心规律。在活动表现上，有些活动关系具有把其他活动关系统一起来、包容起来的作用，而有些活动关系只是局部的一些小关系，原则上只对局部活动构成影响。在一个系统中，会有主要元素与次要元素、核心结构与非核心结构、主导关系与非主导关系的差别和区分，也会有主要矛盾与次要矛盾、矛盾主要方面与矛盾次要方面之间的客观差别与区分，因而，反映这些不同关系的规律自然在整体规律系统中的功能作用大小是不一样的。

（二）新闻活动的核心规律

依据上面关于核心规律的认定根据或标准，我们可以分析确定什么样的规律才是新闻内部系统的核心规律。分析之前，需要"重复"说明的是（之所以说是重复说明，是因为我在第三章已有解释），从新闻内部系统来看其基本规律主要由三部分构成：系统中每一要素的演变规律、要素间的关系规律、新闻内部系统的整体演变规律。这里所说的核心规律，就是要进一步将这些规律一分为二，看看哪些规律处于整个新闻内部规律系统的核心地位，哪些规律处于非核心地位。显而易见的是，整体性规律当然会包容要素规律和要素间的关系规律。因此，这里的实质等于是，我们要找到新闻内部系统的整体运行规律，要从要素之间众多的关系中找出最具统摄意味的关系。

在一定环境（包括自然环境和社会环境）中，新闻内部系统由四个要素——传播主体、传播内容、媒介形态、收受主体——构成。因而，从系统内部观察，新闻活动的展开实质上就是这四个要素及其相互关系的展开（这里暂时不讨论环境与新闻内部系统的关系）。这些关系具体表现为传播主体与传播内容的关系，传播主体与媒介形态的关系，传播主体与收受主体的关系，传播内容与媒介形态的关系，传播内容与收受主体的关系、媒介形态与收受主体的关系。那么，在这众多关系中什么关系才是基本的关系、主要的关系或总体性的关系呢？对此，我在相关著述中已经做过分析[①]，结论是传播与收受关系也即传播活动与收受活动之间的关系是新闻内部系统的主要关系，或者说，传播主体与收受主体之间的关系是新闻内部系统的主要主体间关系。因而，讨论新闻内部系统的核心规律必须紧紧抓住这一核心关系。可以说，

---

① 杨保军．新闻活动论［M］．北京：中国人民大学出版社，2006：第 1 章第 4 节．

新闻内部系统的核心规律就是新闻传收（关系）规律（简称为"新闻传收律"），它具有新闻系统内部整体规律的地位和意义。下面，我来加以具体论述。①

　　首先，传收活动是新闻活动的核心。说新闻传收规律是新闻内部规律系统的核心规律，最基本的理由是，新闻活动是人类的本体性活动，相伴人类而生发，相伴人类而存在，相伴人类而演进。在这样的活动中，无论在历史上、现实中还是在可想象的未来里，不管以何种具体方式展开，其核心都是传收活动，即新闻活动是人们对新闻信息的传收，并自然表现为新闻传播活动与收受活动之间的互动、传者与收者之间的共在和互动，只是在不同的时代，互动的具体方式有所不同，互动的紧密程度有所差别而已。即使当今媒介环境中的传收一体化，在客观上、逻辑上仍然存在着传收关系。建立于新闻活动基础上的任何非新闻目的（政治的、经济的、文化的、军事的、外交的等），都首先得以新闻信息的传收为前提。因而，新闻传收关系是新闻活动的基本关系、主要关系、总体性关系，也可以在矛盾论视野中说传收矛盾是新闻活动的基本矛盾、主要矛盾。因此，在整体的新闻内部规律系统中，新闻传收规律就是核心规律，也是总体性规律。顺便可以指出的是，新闻传收规律，作为新闻活动的核心规律，集中而充分地体现了新闻规律的主体性，说明新闻规律本质上就是社会主体新闻活动的规律，是在社会主体新闻活动中生成的规律。新闻传收规律作为整个新闻内部规律系统的核心规律，自然也是"新闻规律论"应该和必须探讨的核心问题。因而，本章也是本书的核心内容之一。

　　进一步说，新闻传收关系实质上体现的是新闻需要关系。在一般意义上说，人是需要的动物，需要的进化就是人类的进化，需要的丰富与全面就是

————————————————

　　①　但是，这里需要特别说明的是，尽管传收关系是新闻内部系统的总体关系、主要关系、基本关系，可以统摄和凝结其他关系，但是这一关系并不能代替所有其他具体关系，传收（关系）规律也不能代替其他要素之间的具体关系规律。比如，传播主体与传播内容的关系，传播主体与媒介形态的关系，传播内容与媒介形态的关系，传播内容与收受主体的关系、媒介形态与收受主体的关系，都有各自的特点和内容，自然会有各自的内在关系及其规律。所有这些关系及其规律都需要专门研究，这显然是我在此没有足够能力完成的，也不是《新闻规律论》这本专著可以完成的。这里只是抓住新闻内部系统要素之间最主要的关系，试图揭示最主要的可能规律。

人类的丰富与全面。在人类需要系统中，作为信息需要的新闻需要，是人类的基本需要之一，甚至是基本需要系统中的前提性需要，基本需要的实现需要信息作为重要的条件。所谓"基本"需要，强调的是需要的永久性、不可替代性和不可超越性，就是不管新闻传播环境如何变化，人类如何发展，都需要新闻。昨天需要新闻，今天需要新闻，明天依然需要新闻，"新闻是现代精神交往的最常见形态，已经构成了人们精神生活的固有部分"①。在新的媒介环境中，一些人一会儿唱衰这种媒介形态，一会儿唱衰那种媒介形态，但这在本质上与新闻无关。"媒介变换，新闻不死"，"历史更迭，新闻不死"，这是自然的过程，也是永远的真理，人类对新闻的需要具有不可超越性或基本性。

新闻需要实现于新闻活动之中。新闻活动是历史性的，新闻需要也是历史性的，"交换时事、缓解新闻饥饿的愿望甚至出现在没有文字的文化中"②。"新闻需要"是一个总的说法，在新闻活动中主要表现为"新闻传播需要"与"新闻收受需要"③。人类不仅具有获知的欲望，也有告知的欲望。在社会生活中，任何主体包括各种形式的群体与个体都既是传播新闻的主体，又是收受新闻的主体。因而，不管是在怎样的新闻活动方式中、活动水平上，都必须处理的核心关系是新闻传播需要与收受需要之间的关系，实质上处理的就是传播主体与收受主体之间的新闻关系。收受主体的新闻需要（也可以说是社会主体的普遍新闻需要）是新闻传播活动得以展开的根本动因与动力，收受主体新闻需要的变化与演进也是新闻传播活动方式（生产方式、传播方式）发生变化与演进的基础动力。可谓生产因需要而产生，无需要就无生产。④而传播主体的传播需要，反过来可以创造和引导收受主体的新闻需要。这样的传收互动规律其实就是新闻传收的总规律、核心规律。从一定意义上说，新闻传收规律也就是新闻需要规律。

---

① 陈力丹. 精神交往论：马克思恩格斯的传播观 [M]. 北京：中国人民大学出版社，2016：200.

② 斯蒂芬斯. 新闻的历史：第 3 版 [M]. 陈继静，译. 北京：北京大学出版社，2014：7.

③ 所谓新闻的社会需要表现为传播需要和收受需要，所有社会主体包括群体和个体都有传播新闻和收受新闻的需要。

④ 王宏宇，隽鸿飞. 作为总体性的生产 [J]. 新华文摘，2015（11）：42-44.

因此，从新闻活动内部系统来看，新闻传收主体就是新闻活动中最重要的双重主体，核心规律也可以称为传收主体关系规律。在传统新闻业时代，特别是在大众化传播的视野中，传收主体关系表现得比较清晰也比较简单，主要就是职业新闻传播主体与社会大众作为收受主体的关系；而在前新闻业时代，传收关系是自在自然的，比较混沌模糊；在后新闻业时代开启后的今天，这种关系变得复杂起来，新闻业时代比较清晰的主体间关系依然存在，但同时出现或生成了新的主体间关系——职业主体与非职业主体互为传播主体与收受主体之间的关系，社会大众同时作为大众化新闻传播主体与收受主体之间的关系也生成了。但这些复杂的关系在逻辑上仍然可以区分清楚，仍然可以看作传播主体与收受主体关系的不同形式，看作传播需要与收受需要之间的多样化表现，我们依然可以在传播与收受相互区分的意义上观察、分析和探究新闻活动。当然，我们更需要在传收一体化的视野中研究今天的新变化。所有这一切都意味着新闻传收规律的作用机制更为复杂，需要我们在新的媒介环境中做出进一步的探索。

其次，传收关系是新闻活动中的总体性关系。在新闻系统内部要素的诸多关系中，传收关系对其他要素间的关系具有统摄性的作用，其他各种具体关系最终都可以归结或凝结体现在传收关系之中，或者说其他关系就是传收关系的具体表现和展开。因此，新闻传收规律是新闻内部规律系统的核心规律、总体性规律。

我们可以进一步扩展开来看待这里所说的核心规律。在新闻活动内外系统中，如果从活动主体角度观察，除了传收双重主体之外，所有其他主体的活动诸如新闻信源主体的活动、报道对象主体的活动、新闻控制主体的活动、新闻影响主体的活动，实质上都是围绕新闻传收活动这个中心展开的。这些主体最为关注的是如何作用和影响、约束和限制、运用和利用传播主体的传播内容和传播方式，从而也就在一定程度上约束、限制了收受主体的收受内容和收受方式。① 而在今天的媒介生态环境中，在这些主体自己也可以作为

---

① 在《新闻主体论》中，我以新闻传播主体为视角，讨论了它与其他各类新闻活动主体之间的关系。参见杨保军. 新闻主体论［M］. 北京：人民日报出版社，2016。

大众化新闻传播主体时，处理的核心关系仍然是与收受者的关系，关注的核心问题依然是传播内容和传播方式。因此，尽管新闻活动包含着丰富多彩的主体活动，但无论在怎样的传播环境中居于关键地位的仍然是传收新闻信息的活动、传收主体间的关系。如此，我们就可以说，在新闻规律论的视野中，新闻传收规律是整体新闻规律系统的核心；其他新闻规律如新闻传收要素及其关系之外的其他要素演变规律、其他要素关系规律以及新闻内部系统与环境间关系规律等，或体现在其他新闻活动中的规律如蕴含在新闻管理控制活动中的规律、隐藏在新闻影响活动中的规律等，都是围绕新闻传收规律这个核心规律产生影响、发挥作用的。

最后，传收机制是新闻活动的核心机制。由于传收活动是新闻内部系统的核心活动，传收关系是诸多新闻关系中的总体性关系，传收主体是新闻活动系统中最重要的双重主体，因而，在更为高级的抽象层次上完全可以认定，传收机制一定是新闻活动的核心机制，是新闻活动中的支配性机制。这也从根本上决定了新闻传收规律必然在整个新闻规律系统中具有核心的功能地位。反过来说，正因为新闻传收规律具有这样的功能地位，它才是核心规律。

传收机制实质上就是形成传收基本方式的动力机制，即传播需要与收受需要的相互作用机制，这也正是传收规律的实质内容，它是导致新闻活动得以持续展开的客观力量，表现为不同的维度或侧面。我将在下节专论。

通过上面的分析可以看出，新闻规律系统虽然庞大，但核心只有一个，这就是新闻传收规律，它是新闻规律研究中必须抓住的关键问题。进一步说，关于新闻规律的研究，尽管具体方向、具体问题很多，但应该围绕这一核心规律也可以称为总规律来展开。这正是下面将要分析的内容。

二、核心规律的构成

核心规律源于核心性的新闻活动，反映揭示的是新闻传收活动中稳定的、内在的关系。这一稳定的内在的关系可以超越具体的新闻传收方式，具有一定的普遍性。这一稳定的、内在的关系就是上文反复强调的传收互动关系，核心规律本质上就是"新闻传收互动律"。只是这样的说法太过大而化之。如果把互动关系机制揭示出来了，也就找到了新闻传收规律的本质内容或具体构成。事实上，关于新闻内部系统核心规律的内容构成，我在过往的著述中做过反复阐释。① 直到目前，我认为过去关于核心规律构成的分析依然基本成立。下面，我将在既往探索的基础上，根据新闻生态环境的新变化，依据人类新闻活动整体的最新发展情况，做出进一步的、带有一定补充性的阐释。

（一）新闻传收选择律

新闻传收选择规律，简称"新闻选择律"。这一规律是指在新闻内部系统中，新闻活动主要是在传播主体与收受主体的相互选择过程中展开的。传播主体选择收受主体的目的在于实现自身的传播需要，收受主体选择传播主体的目的在于实现自身的收受需要。因而，传收主体间的互相选择实质上是传播需要与收受需要之间的互动，两种需要之间的互动才是传收选择的内在机制、稳定关系，"随时随地与我们想要的信息保持联系是一种深刻的人类需要"②。人类在信息领域，既是传播的动物又是收受的动物，没有纯粹的传播者也没有纯粹的收受者，人在本质上都处在传收互动的关系中。只是在不同的情境中，人类才区分出传收的不同角色，这也正是我们能够从理论上研究传收关系的客观根据。事实上，人的本质是社会关系的总和。作为新闻活动主体的人，在新闻学视野中就是各种新闻关系的总和。所有的新闻活动原则上只能根源于关系，并在一定的关系中展开。因而，互相选择是必然的、客观的，并不是哪个新闻活动者愿意不愿意的事情。

在一般意义上说，任何完整的新闻传收过程总是发生在一定的自然环境、社会环境之中，展开于新闻内部系统与环境系统的相互作用之中，因而存在着不同主体（信源主体、报道对象主体、传播主体、收受主体、控制主体、

---

① 关于新闻规律的以下这三项主要内容，我在以往的研究中已经做过阐释论述。参见杨保军．试论新闻传播规律［J］．国际新闻界，2005（1）：59-35；杨保军．新闻理论教程［M］．3版．北京：中国人民大学出版社，2014：第9章。本书将在过往研究基础上再加以深化和提升，力求概括与表述得更为合理准确。

② 莱文森．人类历程回放：媒介进化论［M］．邬建中，译．重庆：西南师范大学出版社，2017：序言2.

影响主体）间可能十分简单也可能相当复杂的各种关系。但可以肯定的是，所有新闻活动主体都有自己的利益和目的、立场和倾向、追求和理想，都有自己的"新闻"选择。自然，并不是所有的选择都是高度自觉的。不同新闻活动主体的新闻选择最终都要围绕传收主体的这一核心关系来展开，也表现在、落实在传收关系之中。因此，总体上可以说，新闻传收过程是一种主动的、自觉的主体选择行为，选择机制支配着新闻传收过程。

当然，我们应该注意到，在新闻活动过程中不同类型活动主体的主动性强弱、积极性高低表现是有差别的。这可以从两个维度上去理解。在历史维度上，我们首先可以笼统地说，人类新闻活动的主动性、自觉性、创造性整体上是一个不断加强、不断提升的过程。也就是说，新闻活动越来越成为人类自觉自为的活动。其次可以粗线条地讲，在"前新闻业时代"面对面为主的人际新闻传收模式中，新闻传收双方并没有明确的身份界限，双方的自主性、主动性大致处在自然自在的同一水平上，人们并没有普遍的所谓新闻意识或新闻观念。在"新闻业时代"（传统媒体塑造的新闻业时代），大众化新闻传播主导模式（点到面的传播模式）决定了传播主体更为主动一些，而收受主体则相对被动一些；而在人际交流模式的传收中，依然保持着传收主体大致相似的自主性。在"后新闻业时代"开启后（新兴媒体时代到来后），首先是传收主体的主动性得到了整体的加强和提高，甚至可以说新的媒介时代也把传收的自主性带入了一个新的时代；尤其是曾经主要作为职业新闻传播收受者的社会大众已经从原则上获得了传收双重主体身份（既是大众化新闻传播的收受者，又是可以进行大众化传播的主体），但在偏向传统大众传播模式的新闻活动中收受者的被动性仍然存在，社会大众作为收受者与职业传播主体的平等互动依然是相当有限的。在横向维度上，以当今最为复杂的新闻活动现实为例，可以看到，不同类型的新闻活动主体都已具备比较积极的主动性和自觉性，在新闻活动中都会自觉根据自身的（新闻）需要①展开主动

---

① 在新闻活动中，不同活动主体的需要不会完全相同，即新闻传播主体、新闻收受主体、新闻信源主体、新闻控制主体、新闻影响主体的需要是有差别的，并不都是新闻需要，而是以新闻为手段、为中介来实现的需要。但正因为这些主体都是通过新闻活动、新闻手段谋求需要的，因而可以将这些需要笼统模糊地称为新闻需要，或以新闻为中介的需要。

选择。可以说，一定时空范围内的具体新闻面目、整体新闻图景都是在新闻活动主体的互动中形成的，是通过各种各样的新闻对话形成的。当然，有必要指出的是，有些主体的主动性可能并不合理恰当，但那是另外性质的问题，属于主体性的异化，我们在此不做讨论。

微观一些看，任何一次完整的新闻传收过程，新闻传播主体——不管是职业的、民众个人的还是既非民众个人又非职业新闻组织主体的其他社会组织、群体主体（脱媒主体）——总要选择新闻事实，确定传播（转发）内容，选择传播方式，寻求传播对象；同样，收受主体总要选择新闻媒体、新闻媒介（渠道、平台、端口等）、收受的方式、收受的内容。这是一个自然而然的传收互选互动过程，当然也是一个互相约束、互相限制的过程。在这一过程中，其他新闻活动主体（信源主体、控制主体、影响主体等）或明或暗地、或强或弱地发挥着自身的作用和影响。实际上，传收主体的总体互动局面就是由一次次具体的传收互动选择有机构成的。传收规律不过是如此总体局面的内在机制。其实，传收机制或传收规律也正是在如此无限多的互动选择中形成、表现的，就像历史活动或历史演进规律是在无数主体的合力中形成的一样。

透过上面的选择现象，就新闻内部系统中的双重主体来说，它们之间的互相选择性表现得最为强烈和明显。其实，新闻选择律反映的实质是传播主体与收受主体间的"互相"选择，并非只是某一方对另一方的单向选择。

从传播主体一方看，直接的新闻选择行为核心表现为对新闻传播内容与传播方式的选择，但这些行为背后最为重要的其实是对目标收受主体（受众）的选择。传播主体"对谁传播"或"为谁传播"永远是其新闻选择中最重要的选择，甚至可以说是所有其他选择行为的出发点。只有"目标受众"选定了，才会为新闻传播内容与方式的选择确立根本的标准。对个体传播如此，对机构传播来说就更是如此。选定目标收受主体，媒体方针、编辑方针、内容标准、编辑风格等才有了最关键的确立根据。传播主体深知，自身的传播需要只能以满足收受主体需要、引导收受主体需要的方式才能最终得到实现，传播主体的新闻传播只有得到收受主体的认可和信任（表现为公信力、影响力），传播的直接目的才能达到。从本质上说，只有把收受主体当作目的，把传播主体自身当作手段，最终传播主体才能成为目的。在职业化、专业化的机构新闻传播主体之外，民众个体的新闻传播指向也常常有一个基本的圈层结构，什么信息、什么新闻传给什么重点人群、什么人群范围甚至什么具体的人，传播者是有选择的。至于职业新闻组织主体之外的其他新闻传播群体主体更是会依据自身的立场、目的、利益追求选择目标受众。如今，众多组织性、群体性的传播主体，特别是掌控着高技术平台的互联网企业、公司等，正在运用大数据技术、人工智能方式"计算"甚至是"算计"目标受众，时时关注着用户的一举一动，可以说，传播主体对收受主体的选择已经进入了定点式的强选择时代，只不过在形式上似乎表现为受众自己对自己的强化性选择，似乎你收到的内容纯粹是由你过往的收受行为决定的，与传播主体没有多少实质性的关系。但这其实是假象，至少只是事情的一面。实际上，计算受众的算法是由传播主体设计的，受众"舀水"的"信息池"或"信息水库"是由传播主体修建的，哪些信息能够进入"信息池"或"信息水库"主要不是由收受者决定的，而是由传播主体决定的。从原则上说，收受主体能够收受到的新闻、信息或其他内容是经过传播主体直接或间接过滤的。

从收受主体一方看，只有那些能够满足其收受需要的传播媒介、传播内容、传播方式才会成为其选择的对象。① 而选择什么样的媒介，选择什么样的内容，本质上就是选择什么样的传播主体。在传统新闻业时代，作为收受主体的社会大众，面对的主要是机构化、组织化的新闻传媒或职业新闻传播主体，选择读什么样的报纸、听谁家的广播、看哪个台的电视节目，尽管会受到总体上的限制，但具体选择的主动权却在收受主体手里。至于如何阅读、收听、收看，如何理解，如何接受，则更是收受者自己掌控的事情，并不会受到传播者的左右。在后新闻业时代开启之后，作为新闻收受主体的社会大众（暂且不考虑他们作为大众化传播者的新角色）变得更为复杂了，他们既可以收受职业新闻传播主体传播的新闻，也可以收受非职业新闻传播主体传

---

① 在传播学研究中，针对受众的译码行为，有所谓的选择性定律。它实际上揭示的就是收受主体在接收信息过程中，势必要根据个人的需要和意愿有所选择、有所侧重甚至有所曲解，以便使接收的信息同自己固有的价值体系和既定的思维方式尽量协调一致。关于选择性定律的具体内容，参见李彬. 传播学引论 [M]. 北京：高等教育出版社，2013：120 - 125。

播的新闻，也就自然可以在不同类型的传播主体之间做出自己的选择，信任哪类传播主体，偏向哪类传播主体，完全是收受者自己的事情，其间的关系可以说复杂多变。但这不是这里要分析的重点，此处我要重点指出的是，不管后新闻业时代开启后收受主体面对的传播主体结构如何复杂（参见上一章相关内容），传收主体间的互动互选关系始终存在，或者说也变得更为复杂。对于收受主体来说，在一般意义上，只有选择了合适恰当的传播主体，才能较好地满足自身的新闻需要。如今，对收受主体（用户）来说，相对自身的时间精力能力来说，可选择的传播主体似乎是无限的，可选择的内容更是浩瀚无边，然而，这不只是提供了选择的自由，同时也加剧了收受者的选择焦虑和困难，意味着收受选择比传统媒介时代更加必要且重要。

由上面的简要分析可以看出，不同新闻活动主体间的互动，特别是传收主体间的互动选择过程，有和谐一致的一面也有矛盾冲突的一面，即在传播需要与收受需要之间既有统一的一面也有分离的一面。实际上，正是在传播需要与收受需要的矛盾关系中才形成了传收主体间互动互选的根本机制。传收主体之间的互相选择也是调适两类新闻活动主体的基本方法。后新闻业时代的开启，智能媒介时代的到来，并没有改变传收选择机制的存在，但很可能改变传收选择机制的运行方式，而这是需要继续观察探究的问题。

综上所述可以说，正是在新闻活动主体之间，特别是传收主体的互选机制作用下，才形成了新闻活动的基本面貌。传收选择的展开过程就是新闻活动的展开过程。传收主体之间的互动是一定环境中全面的互动，但其中最为重要的乃是传播需要与收受需要之间的互动，它们才是新闻活动最为真实、深层的动因或动力。

（二）新闻传收效用律

新闻传收效用律，简称"新闻效用律"。这一规律是指新闻活动是在传收双方追求各自直接目的的互动中展开的。效用的本质是价值①，直接表现为

---

① "关于价值定义，现已大体得到公认：价值是客体中所存在的对满足主体需要、实现主体欲望、达到主体目的具有效用的属性，是客体对于主体的需要、欲望、目的的效用性，是客体对主体的效用。"参见冯平. 评价论［M］. 北京：东方出版社，1995：254。

新闻对传收主体的作用与意义，背后则是传收主体间的互为手段、互为目的的关系。价值是人类互动核心层面的追求，从本质上决定着一种活动的稳定取向。因此，新闻效用律其实是对新闻选择律的进一步深化，它要回答的核心问题是传收主体之间为什么会形成稳定的、内在的互选机制。追求效用是其中的根本，诚如有人所说，"新闻首先要有用，使人们可资利用，使得生活得以维持，对整个社会有正面建设性意义"①。新闻是传收双方都离不开的有用之物，正是它作为中介物（信息）将人与事实世界勾连起来，将传收双方联系在一起，使彼此至少首先在形式上成为新闻活动中的共同体。

人是目的性动物，其活动本质上都是有目的的。新闻活动是主体性活动，新闻活动中的各类主体从事着侧重不同的活动，尽管可能有一些共同的目的，但更多的时候可能会有不同的目的，从新闻活动中追求着不同的新闻效用。新闻信源主体常常会通过对新闻信息资源的掌控与过滤，实现对新闻内容的偏向性传播，从中为信源主体自身谋取利益，或实现自己的愿望追求。新闻控制主体通过手中的政治权力、法律权力等控制新闻传播内容、传播方式，通过控制新闻来实现社会控制（把控制新闻作为管理控制社会的手段之一），从而使新闻传播成为有利于实现自身利益的传播。新闻影响主体则会充分利用自己的各种资本（主要是金钱资本与社会资本），或明或暗地影响甚至左右新闻传播内容与传播方式，以通过新闻手段维护和实现自身的利益。直截了当地说，新闻领域不只是（新闻）信息场、舆论场、思想场、文化场，也是经济场域、政治场域、利益场域，说到底就是价值场域。所有的新闻活动主体都会在这个复杂交融的场域中展开博弈，都会通过对传收主体、传收关系的干预、影响、调控，谋求对自己有利的新闻效用，谋求自己利益的最大化。新闻，在这样的过程中充分显现出它作为利益工具、手段的作用。

仅就新闻内部系统中的传收主体来说，双方更是要直接通过新闻方式、新闻手段追求、实现自己的利益。像新闻活动中的其他主体一样，传收主体可能有一致的利益追求，因而谋求共同的新闻效用，但更多的时候拥有各自

---

① 赵立兵，文琼瑶. 超越危局：新闻业应立足于公共生活：美国威斯康星大学传播艺术系教授潘忠党学术专访［J］. 新闻记者，2017（12）：14-21.

的价值取向和利益追求，因而期望的新闻效用是有差异的。但在一般意义上说，追求新闻效用这一目标是一样的。可能正是在不同新闻效用追求过程中，形成了不同类型偏向的新闻传播主体和新闻收受主体，形成了复杂的相互作用、相互影响关系。新闻传收过程中传收双方的和谐一致与矛盾冲突，就是在或一致或不一致的新闻效用追求中产生的。

以新兴媒介环境为参照，各种类型的传播主体（机构化、组织化的职业新闻传播主体，民众个体和脱媒主体），各种具体角色、身份的传播主体（包括原创者、转发者、通过技术手段再造者、分发者、各种各样的信息补充者甚或新闻评论者），一旦进入新闻生产、传播活动，就有自己的需要，就有自己的目的，就会以自觉（不同主体的自觉程度可能有差别）的态度与方式，处理传播过程中各种可能的问题和矛盾，以便按照自身的愿望、意图、目标，满足自己的传播需要，达到自己期望的新闻效用，从而也把自己塑造成不同利益偏向或不同形象特征的传播主体。如今最引人注目的是，各种非传统的媒介平台大都在运用新的技术手段（如大数据技术、人工智能技术等），通过对媒体机构新闻、民众个体信息、其他非媒体组织群体信息的加工再生产和再次分发传播，为自身谋取利益。在具有不同偏向的传播主体之间自然会有各种各样的复杂关系，对此，我在上一章关于传播主体的历史演变规律中已经有所论述，此处不再赘言。这里的重点是从新闻效用角度分析传收主体之间的内在关系。

就机构性、组织性的职业新闻传播主体而言，人们不难看到，有些传播主体的核心目标是实现政治利益，它们奉行的传播观念偏向宣传新闻主义[①]，自身的身份更像是宣传传播主体或政治传播主体，它们追求的新闻效用更多

---

① 所谓宣传新闻主义观念，简单说就是以宣传为本位的"新闻观念"。在理论逻辑上应该说，宣传新闻主义观念本质上是一种"宣传观念"，而非"新闻观念"，但由于这种观念支配的行为主要是通过作为宣传品的"新闻"来获取宣传者追求的利益的，因此，我们将其在新闻学视野中定性为一种新闻观念。宣传新闻主义观念，无论在理论逻辑上还是在实践逻辑上，都是把"新闻"作为实现新闻目的之外的手段，是在工具理性支配下对新闻的使用。在宣传新闻主义观念中，宣传成为新闻追求的直接目的。与这样的观念相对应，"新闻人"事实上成为了"宣传者"，或者是"新闻宣传工作者"；而新闻机构或新闻传媒组织也被定性为宣传部门、宣传组织机构，有的也称为舆论宣传组织（机构）、思想舆论中心等等。所有这些名称都是在宣传新闻主义观念支配影响下根据新闻机构的实际功能或预期功能而命名的结果。参见杨保军. 新闻观念论［M］. 上海：复旦大学出版社，2014：53。

的是新闻的宣传效用或政治效用，直接目标在于引导社会大众接受认同传播主体传播的观念和希望。有些传播主体的核心目标是经济利益或商业利益，它们奉行的传播观念偏向商业新闻主义①，自身的形象更像是商业化的传播主体，它们追求的新闻效用更多的是新闻的商业效用。有些传播主体的核心目标是公共利益，它们奉行的传播观念偏向新闻专业主义②或公共新闻观念，自身的形象更接近理想的专业新闻主体，它们追求的新闻效用更多的是新闻传播应有的效用——公共效用。当然，在现实新闻活动中，机构性、组织性新闻传播主体的身份或角色并不那么纯粹或单一，人们看到更多的是综合性的新闻传播主体，它们要顾及各种利益、身份、形象之间的平衡，各种传播观念之间的平衡。但总而言之，不管身份相对单一还是多元，追求一定的新闻效用，始终是新闻传播主体的新闻活动内容、活动方式的核心动力根源，追求这些效用，在新闻学视野中，可以看作它们的新闻需要（传播需要）。对于任何新闻传播组织主体，在一定时期总是拥有比较稳定的利益目标、比较稳定的新闻操作方式（生产传播方式），以追求稳定的新闻传播效用。

对于那些主要由新兴媒介技术塑造出来的新的大众化新闻传播主体——民众个体和脱媒主体来说，更是有着丰富多彩、五花八门的利益追求，有着难以清晰描述和分类的各种传播观念，但总的特点可能是从"我"出发，从"我的立场、利益出发"展开传播③，它们有着数不清、道不明的各种身份形象，期望着各种各样的新闻效用。但不管新兴媒介生态环境中的非职业新闻传播主体结构如何纷繁复杂，可以大致确定的是，它们首先都是自己的利益

---

① 所谓商业新闻主义，简单说就是以新闻为手段、以商业利益为最高目标的一种新闻观念。它的本质是新闻本身不是新闻活动的本位或出发点，即新闻本身不是目的，而是实现商业利益的工具。因而，在理论逻辑上，我们也可以说，商业新闻主义观念本质上是一种商业观念，而非新闻观念。但由于这种观念支配的行为主要通过作为商品的"新闻"来获取利益，因此，我们将其在新闻学视野中定性为一种新闻观念、一种商业新闻主义的观念。参见杨保军. 新闻观念论［M］. 上海：复旦大学出版社，2014：50。

② 所谓新闻专业主义，用最简单的话说就是以新闻为本位的新闻观念，它从新闻出发，并以新闻自身为直接目的。新闻专业主义是一种主张新闻（新闻业、新闻媒体、新闻人）独立自主的观念，要求新闻工作者积极自治自律的观念，追求新闻为社会公众服务的观念。参见杨保军. 新闻观念论［M］. 上海：复旦大学出版社，2014：56。

③ 杨保军. 试论民众新闻观念的实质及其可能影响［J］. 编辑之友，2015（10）：5-11. 杨保军. "脱媒主体"：结构新闻传播图景的新主体［J］. 国际新闻界，2015（7）：72-84.

追求者，都有自己期望的新闻效用。也就是说，追求一定的（或明确或模糊）新闻效用，始终是它们展开新闻传播活动的重要动力源泉。当然，不可否认的是，不管是民众个体还是其他社会组织主体或群体，总是一定社会中一定意义上的共同体，因而，它们也总有一些共同的新闻效用追求。

对于新闻收受主体来说，只要接触新闻媒介、获取新闻信息，就总有自己的需要和目的，只是有些主体目的比较明确，有些主体目的比较模糊，有的主体想更多地获取有用的新闻信息，有的主体想更多地获取有趣的新闻信息，还可能有很多主体只是把新闻作为简单的休闲品、消遣品。因此，不同的收受主体会采取不同的收受态度和方式。但无论如何，收受目的是存在的，总想让新闻信息发挥某种效用也是不可否认的。

比起新闻传播主体的结构来，收受主体的结构就更为复杂，这是专门的受众研究需要探讨的重要问题之一。我们只能笼统地说，所有新闻收受主体都是具有一定特性的主体，它们具有不同的社会地位、社会角色、社会身份，有着不同的社会经验、社会阅历，有着不同的个性特征，等等。因而，它们对自己面对的新闻传播主体及其新闻传播一定具有不同的态度、观念和方法，对新闻也一定会有不同的效用期待、价值希望。也许，正是在追求不同新闻效用的过程中，有些受众被当作市场的受众，有些受众被当作权利主体的受众，有些受众则被看成社会群体成员的受众。[①] 其实，更多时候，新闻收受主体是多重社会身份、社会角色的统一体，只是一些主体偏向这样的角色身份，一些主体偏向那样的角色身份。收受主体在不同偏向的角色身份中，与传播主体建构起不同特色的传收关系。

但是，不管新闻收受主体以何种具体特征展开新闻收受活动，获取新闻效用、追求新闻价值（有用或有趣）始终是它们收受新闻的重要动力根源，这与传播主体获取新闻效用、追求新闻价值，在逻辑上是没有区别的。因而，我们完全可以在更高的抽象层面上说，追求新闻效用是新闻传收活动的共同动力根源。而且，新闻传收主体各自的追求都需要通过对方的追求来达到。

实际经验告诉我们，尽管新闻活动始终是在"两种效用"（在传播主体那

① 郭庆光. 传播学教程［M］. 北京：中国人民大学出版社，1999：173-179.

里可以称为"传播效用",在收受主体那里可以称为"收受效用",统一称为
"新闻效用")的相互作用中展开的,但正像传收主体之间的新闻需要关系一
样,两种效用之间并不总是一致的、和谐的,而是始终处于某种不一致甚或
矛盾冲突之中。如前所言,正是这样的一致与不一致,才是新闻活动得以持
续展开的真实动力根源。自然,只有传收之间和谐一致,才能取得良好的新
闻传收效用。事实上,传收效用实现的核心是传收之间的匹配,正如默顿针
对宣传现象所言,"除非宣传的内容是与接收者的心理需要相一致,否则,宣
传不会产生预期反应的"[①]。因而,追求和实现传播效用与收受效用的统一和
谐,使新闻传收主体成为真正的新闻活动共同体,永远都是人类新闻活动的
理想目标。在今天的媒介环境中,人们能够清楚地看到,通过新兴的技术平
台、新的智能媒介,传收主体之间正在展开越来越高匹配度的传收关系。尽
管算法新闻分发、推送、服务中存在着各种各样潜在的问题和风险[②],但更
有效的传播、更有效的收受在新兴智能技术支持下已经初步成为事实。当然,
如何使传播效用与收受效用达到和谐一致还有更长的路要走,这个问题并不
是这里讨论的主题,但我将在"新闻规律的作用机制"一章(本书第九章)
中从规律层面对此做出一些原则上的论述。

综上所说,我们似乎可以得出这样的结论:完整的新闻传收过程其实就
是在传播者追求传播效果、传播效用与收受者追求新闻效用的互动中展开的;
这种效用互动是任何新闻传收活动中必然的、稳定的、内在的根源性关系,
是规律性的关系。新闻传收效用律,是新闻活动内部系统规律的重要组成
部分。

(三)新闻传收主体接近律

新闻传收主体接近律,简称为"新闻接近律"或"主体接近律"。这一规
律揭示的是人类新闻活动的目标机制,因而也可以称为"新闻活动目标律"。

---

① 默顿. 社会理论和社会结构:第 2 版 [M]. 唐少杰,齐心,等译. 南京:译林出版社,
2015:777.
② 杨保军,杜辉. 智能新闻:伦理风险·伦理主体·伦理原则 [J]. 西北师大学报(社会科学
版),2019 (1):27-36.

新闻活动的最终目的，就是通过以新闻事实信息为基础的交流，实现传播主体与收受主体之间的相互理解、相互认同，使传收双方成为和谐、平等相处的共同体，实际上也就是通过新闻方式促进一定社会群体成为共同体，以至以新闻方式促进人类命运共同体的形成。自然，谁都知道，建构社会共同体不是新闻活动单一可以做到的事情，甚至主要不是新闻活动能够做到的事情，但新闻活动的最终目标或根本目的就是努力以新闻方式为传收双方的相互理解和接近、为整个社会共同体的形成做出独特的贡献。

从宏观上看，新闻传收活动是人类相互了解、理解、接近的重要方式方法，是人类一定社会范围以至整个人类塑造、建构共同体的重要方式方法。尤其是人类整体上进入新的全球化、信息化、媒介化社会后，新闻业整体上进入以互联网为基础的后新闻业时代，新闻传收越来越成为一定社会以至整个人类建构共同体的重要方式方法。尽管在特定条件下、一定环境中，新闻传收也可能成为分裂、分离人类共同体或一定社会共同体的力量，产生某些负面效用，但从总的历史趋势上说，新闻传收是人类交往的重要基础或前提，是人类相互沟通、相互理解的前沿阵地，也是形成想象的共同体的基本渠道。新闻，特别是当代全球性新闻，以它特有的真实、客观、及时与公开方式，能够促使人类意识到自己面对诸多全球性问题，从而在一定程度上形成人类共同体观念。可以说，新闻是形成和造就新的"人类意识"的不可或缺的渠道和方式。

在大的历史尺度上观察一下人类新闻活动历史的基本过程可以看到，这个过程是传收主体不断接近、亲近的过程。在传收主体关系视野中，起初是传收主体的浑然不分状态，也可以说是传收角色的一体化状态（前新闻业时代）；之后是传收主体的相对分离分立状态（新闻业时代），即传播角色与收受角色分离两端、界限相对分明的状态；如今则进入一个重新融合一体化的时代（后新闻业时代），即传收角色再次一体化的状态。即使在大众化的职业新闻传播模式中，在目前媒介生态环境中，传收主体双方的地位也越来越平等，正在形成一种新的主体间关系。这样一个历史过程显然是一个肯定（传收一体化）、否定（传收分离）、否定之否定（传收再次一体化）的历史螺旋上升过程。如此螺旋上升的过程本质上则是传收主体不断以新的方式互相接近、不断提升一体化实质水平的历史过程。诚如有学者所言，"在人类传播史中，面对面的对话被认为能够达到最好的传播效果。而每一次媒介技术与媒介实践的革命都在试图拉近传收主体之间的空间距离，以图重回传播的对话模式"①。进一步说，这一过程是客观的历史过程，是在人类主体性的新闻活动过程中自然形成的，表现出必然性的趋势，并非谁想谁不想的问题。因而完全可以说，传收主体接近律是人类新闻活动的历史演进规律。人类新闻活动会以自己的方式与其他社会力量一起，促成社会共同体的形成，促成人类共同体的形成。在大的历史尺度上，我们可以看到，通过新闻传收，人们之间的关系会变得越来越紧密、越来越亲近，尽管在历史的长河中会有波澜起伏，但总体的历史趋势不会改变，而这也正是历史规律的表现。

从中观层面看，新闻活动直接表现为传收主体间的新闻信息交流活动，但其中却包含着和反映着社会主体间的各种其他可能关系，诸如政治关系、经济关系、文化关系、精神交往关系等。所有这些关系信息总有一些会以新闻信息方式体现出来。因而，新闻交流的实质不再限于简单的事实信息交流，而是整体社会交流、主体间交流的一种方式。在一般意义上说，新闻活动主体间的交往、交流，是为了更好地了解和掌握环境的变化，提高人们实际行动的有效性，但总的目的如前所说，是互相知情、相互理解、和谐相处、共同发展，形成一个良好的社会共同体。这样的目的并不仅仅是新闻活动主体的主观愿望，而且是人类生存发展的客观诉求。社会发展、个人生存在客观上需要一个自由、平等、和谐的信息交流环境、精神交往环境，需要人们之间的和谐相处与共同合作。因而，以新闻传收为中介，实现新闻活动主体间（直接表现为传收主体间）的相互接近具有不可阻挡的客观趋势。正是这种客观上的接近需求，使传收主体接近律成为新闻活动的内在规律。也就是说，新闻传收关系作为新闻活动内部系统的核心关系，传收主体作为新闻活动中的双重核心主体，彼此之间追求怎样的关系状态并不是纯粹主观决定的，而是有着客观的内在动力和机制。新闻传收主体的相互接近，是新闻活动的必

---

① 丁方舟. "新"新闻价值观的神话：一项对即时性、互动性、参与性的考察［J］. 新闻记者，2018（1）：81-89.

然趋势与结果。

人们看到，如今在新的传收技术、新的媒介环境中，传收互动、传收互近、传收一体已经成为常态现象，诚如有研究者所言，"传者和受众之间呈现出一种互构共变的新型关系。在互构中，作为传者的一方与作为受众的一方之间互相建构与型构。在共变中，作为传播系统中的两大主体——传者朝着受众的期望迈进，走进受众的生活，并以多种层次的参与由浅入深地改变受众的思想和生活。而受众也在与传者的互动行为中，对传者增加更多的认同、理解和支持，在心理上接纳传者"[①]。在新的媒介生态环境中，传收双重主体越来越成为传收共在的共同主体、一体化主体。新兴媒体的演进过程，其实就是个体主体性增强的过程，就是由传播客体向传播主体进化的过程，是建立主体间关系的过程。学者对新兴社会性或社交性媒介（social media）演进过程的描述生动地说明了这一点。"回顾社交媒体的前世今生，与其说是技术的发展，不如说是人的解放。从 BBS 等将人从单向的大众传播中解放出来，到博客中开始以'个人门户'的形式主动传播，再到 SNS 将个人的价值凸显出来，再到移动社交媒体帮助人开始建立起属于自己的社会关系网络，个人的能力在不断得到解放，个人不再是被动接受的客体，而成为传播的主体，社交媒体也因此构建起新的社会网络和社交模式。"[②] 最新智能媒介的发展，进一步增强了传收主体间的实质互动关系。在智能媒介平台上，传收双方至少在形式上表现得更加平等，新闻传收内容、方式不再是某一方单一决定的，而是传收主体的共同行为决定的。事实上，人们已经看到，在新闻生产传播中，传收主体之间传统的那种主-客体关系模式正在为新兴的主-主间关系模式所替代，一种传收主体间平等对话的局面已在形成之中，一体化景象已经浮现。这种新兴的比较平等的对话关系、共同主体关系，将新闻生产传播带入了一个对话新闻时代、共同主体时代，将新闻带入一个更加透明的时代，使得社会大众在新闻活动中获得了更多的自主性、积极性和创造性。新兴的传收主体一体化和不同主体间的相对平等地位，是人类新闻活动演进到一个

---

① 张森. 政府传播视角下环境信息公开的现状与出路 ［J］. 新华文摘，2016（21）：151 - 155.
② 谭天，张子俊. 我国社交媒体的现状、发展与趋势 ［J］. 编辑之友，2017（1）：20 - 25.

新时代的重要标志，也可以说是传收主体接近律内在力量的必然表现。

从微观层面观察，新闻传收主体的互相接近是每一次新闻传收的直接目标。每一次具体的新闻传收活动，其实都是传收双方相互接近的一次实践或"演练"。每一次新闻传收，传收双方面对的不仅是新闻信息或其他相关信息，同时也在以新闻为中介展开主体间某种程度的对话和交流。在新兴传播环境中，传播主体越来越具有比较明确的目标指向、受众定位，收受主体则通过每一次新闻的收受活动形成对其背后传播主体的认识和评价，并逐步以此为根据选择传播主体、选择新闻。新闻传播以及新闻传播主体的传播力、影响力、公信力、引导力正是在这样的过程中形成的，新闻传播主体的形象也正是在这样的过程中塑造的、建构的。当然，若是扩展开来看，每一次具体的新闻传收活动也是通过传播主体这个中介实现不同社会个体、群体相互沟通、相互接近的。正是在这一次次的新闻传收中，人们加深对自身生存环境的把握，同时获知他人的生存状况，进而形成我们共在、我们相似、我们有着基本一致命运的意识和认知。

具体一点说，在每一次新闻传收过程中，传播者总是期望收受者能够认同自身的传播内容与方式，认同或明或暗的价值取向与情感渗透，实际上就是认同传播者的传播需要；同时，收受者总是希望传播者能够像受众期望的那样，反映、报道收受者欲知、应知、未知的事实信息，能够满足收受者的知情权或收受需要。所有实际的新闻传收过程，始终是一个传播需要与收受需要、传播效用和收受效用相互调适的过程、相互接近的过程。因而，"达到传播主体与收受主体之间的精神交流与接近，进而产生行为上的某种一致"，"是新闻传播的深层目的和理想境界，也是新闻传播过程遵循的一条重要法则"，"可以称之为'最佳双重主体接近律'"[①]。如果通过新闻传收实现了传收主体之间的接近和认同，那便是理想的传收活动；如果新闻传收造成的是传收主体间的矛盾和冲突，那就很难说是成功的传收活动。其实，新闻活动就是在这多种可能的传收关系中不断展开的，但之所以会不断展开、不断进

---

① 杨保军. 新闻价值论 [M]. 北京：中国人民大学出版社，2003：230. 另外，可参见黄旦. 新闻传播学 [M]. 修订版. 杭州：杭州大学出版社，1997：239-240。

行，是因为其目的就在于实现传收双重主体的相互认可。

总而言之，人类新闻活动不只是简单的事实信息交流活动，更是深层次的精神交往活动，是通过新闻传收方式建构共同体的活动。

三、三大核心规律的基本关系

选择律、效用律和接近律构成了新闻传收规律的具体内容，揭示的是新闻传收活动中不同维度、侧面、环节的具体内在关系，它们构成新闻传收的总体互动规律，因而这三条规律之间必然有着内在的统一性。具体来说，它们之间的关系主要表现在以下几个方面。

第一，通过前面的分析阐释，比较明显的是，这三条规律有各自的侧重内容：选择律是最易理解的传收规律，比较明显地表现在新闻传收主体的传收活动中，可以说是新闻传收活动的行动规律、手段规律或方法规律。效用律是比较深层次的传收规律，揭示的是传收互动的基本动机或动力根源，反映的是传收双方对于传收活动的需要或效用预期，可以说是新闻传收得以展开的动力学规律。接近律，揭示的是传收双方展开新闻传收的终极目标，希望达到的传收主体关系状态；传收的发生在于传收主体天然的共在（因共在而传收，因传收而共在），传收的接近则是传收双方相处的理想境界（通过传收交往形成和谐的共同体），因此可以说是新闻传收活动展开的目标律。因而，我们可以说，新闻传收总体互动律是由效用律、选择律和接近律构成的。

第二，从传收过程各个部分或环节上分析，这三条规律之间有着复杂的具体关系。首先，作为手段律、方法律的选择律，会受到效用律、接近律的制约。传收双方选择什么样的对方，选择什么样的传收内容、传收方式，一方面取决于传收双方的动机和需要，即传收双方追求什么样的新闻效用，另一方面则受制于传收双方试图达到一种怎样的主体间关系状态，也就是怎样一种传收主体的接近程度。作为主体性活动的新闻活动，这些都是由主体选择的。简捷一点说，传收双方的动机与目标从深层次上决定着传收手段与方法的选择。效用律是选择律的动力机制，接近律是选择律的目标机制，选择律在这两种机制作用下得以运行。其次，效用律、接近律又是在选择律的作用下得以展开和实现的。这一点最易理解。传收双方的动机需要、目标追求（结果状态）总要依赖一定的方式方法去实现，不同的动机需要、目标追求自然会促成传收双方的不同选择行为。动机、手段、结果（目标），只有形成相互和谐匹配的关系，才能形成有效的传收过程，相反，则会产生更多的传收矛盾和冲突。实际上，每一次具体新闻传收过程的展开，都是由这些机制间的相互作用造成的，也是这些机制的某种体现；而新闻活动的历史呈现，则是在这些机制的历史展开过程中形成的景象。最后，效用律与接近律之间本质上是一致的。从逻辑上说，传收双方的效用动机将决定传收双方可能达到的接近状态和程度；反过来说，传收双方试图达到的主体间亲近关系将决定传收双方展开传收活动的动机强烈程度。传收主体如果出现效用动机错位，就不可能达到主体关系的接近状态；同样，传收主体如果没有相同或相似的主体间关系状态追求，也就不大可能具有相同或相似的新闻需求动机。

第三，从总体上看，效用律、选择律和接近律揭示了新闻传收完整过程中的内在联系。不管是传播（主体）还是收受（主体）都有各自的动机（需要）、手段（方法）和目的（目标），双方的动机、手段与目的之间自然也会形成互动关系，从而既形成各个传收环节之间、要素之间的内在关系，又形成传收完整过程的内在关系。效用律着重揭示了传收的动机规律，选择律着重揭示了传收的手段规律或方法规律，而接近律则揭示了传收的目标规律，显示出新闻传收的终极性追求和目标。选择律具有中介规律的作用，将效用律与接近律勾连起来，即传收主体的动机，只有通过具体的传收手段，才能最终实现传收主体间的统一，也就是形成真实的新闻活动共同体。显然，这三条规律的统一，无论从系统性上（静态分析）还是从过程性上（动态观察），都比较完整地揭示了新闻传收之间、新闻传收主体之间的互动规律。抬高点说，只有传收双方具有成为共同体的愿望，才有可能实现成为共同体的目标，也才会采用成为共同体的手段。

第六章　新闻活动的宏观规律

如果我们将新闻媒体从其运作的社会、经济和政治背景下分离出来，我们就有可能夸大媒体的权力和影响力。

——〔英〕斯图亚特·艾伦

归根到底，唯一跳出星球运转的循环意义外的革命不是政治革命而是技术革命，因为只有它们才是不复返的。有了电流后就不再用蜡烛，有了汽轮船就不再用帆船。……最具有颠覆性的革命是没有人鼓吹、没有人策划甚至没有人宣布过的。它们既没有领袖也没有旗帜，悄悄地踮起脚尖，默默无闻地往前走：活塞，电流，数字化。

——〔法〕雷吉斯·德布雷

媒介体制对政治体制以及政治体制与媒介体制的相对影响也许是随历史发展而变化的，一些时期政治力量主宰媒介体制，其他时期媒介体制则较为独立（或更多地受到经济力量的决定），并且可能对政治世界施加较大的自主性影响。

——〔美〕丹尼尔·C.哈林、〔意〕保罗·曼奇尼

作为相对独立的一种人类社会活动方式，新闻活动有其自身整体的历史运行机制或历史展开规律，这种整体规律是由新闻活动系统内部具体活动方式形成的历史关系。前面两章关于新闻内部系统要素演变规律的揭示，关于新闻内部系统核心规律（实际上就是要素关系规律）的揭示，面对的主要是相对孤立的新闻系统，因而，很难全面深入认识新闻规律的系统性。作为社会有机运行系统中的一类活动，新闻活动又总是与其他活动融合在一起，在相互作用、相互影响之中形成自身的活动规律。因而，新闻规律必然表现在新闻活动与其他社会活动或新闻系统与其他社会系统的关系之中，新闻系统

也是在社会整体系统中演进的。那么，新闻系统的整体演进规律是什么？新闻内部系统与其环境相互作用、相互影响的规律又是什么呢？这正是本章的核心任务，最重要的方法论是将新闻系统放置于真实的社会环境中，考察分析它的实际运行状况。我把这样的规律暂且称为新闻活动的宏观规律、整体规律。①

一、宏观新闻规律所指

我这里所说的宏观层面的新闻规律是相对新闻系统或新闻活动内部的那些要素演变规律（第四章）和要素关系规律（第五章）而言的，是从人类新闻活动的整体出发，看其在历史演进过程中有无比较稳定的内在机制和总体趋势，看其与社会整体或社会主要系统有无比较稳定的关系。因而，宏观层面的新闻规律或宏观新闻规律主要包括两大方面：第一，新闻系统或新闻活动的整体运行规律；第二，新闻系统与社会主要系统的关系规律，或者说与社会整体运行的关系规律②。下面我对这两个方面及其关系做出进一步的阐释。

新闻系统运行的总体规律主要包括两个大的方面：一是作为社会现象的新闻现象，有着怎样的历史变化特征和趋势。这是对通贯人类历史的新闻活动的规律性把握，也是从人类整体意义上即从新闻现象的发生、演进直到新闻现象的最新表现与可能趋势中，发现认识其变化发展的内在总体机制。二是作为社会活动领域性存在的人类新闻业的运行特征与趋势。新闻业是新闻现象历史存在的一部分，现代新闻业更是现代性的产物，因而新闻业的演进

---

① 相对新闻内部系统规律而言，逻辑上应该把内部系统与环境系统相互作用的规律称为外在规律，但考虑到新闻系统只是社会系统的一个子系统，其内部规律相对来说是微观的，因而，我们也可以把它的整体演进规律以及它与社会系统的关系规律称为宏观规律。我在本章的分析阐释中主要使用"宏观规律"这一概念，在有些特定的语境中也会使用"整体规律"这一概念。另外，我之所以多少有点"忌讳""外在规律"这一概念，是因为规律都是一定对象内在的本质关系，因而，"外在"一词总是显得逻辑上有点问题，修辞表达上有点别扭。

② 我在一些地方也把这样的关系规律称为"外在规律"，是在与新闻系统内部规律相对的意义上使用的。但外在规律这个说法与规律本身是事物内在关系的揭示在语词表达上多少有点冲突，所以称为"新闻关系律"还是比较恰当的。

规律，与作为社会现象的新闻现象、新闻活动的演进规律还是有差别的。但是，新闻业毕竟是人类新闻现象、新闻活动的一部分，因而，二者之间有着内在的关系。从原则上说，人类新闻活动只是在新闻业产生之后，才真正进入比较自觉的时代，新闻生产与传播才开始成为一种领域化并逐步职业化、专业化的活动，才成为影响人类整体发展越来越重要的社会力量。因而，下文我将把新闻业的演变规律作为宏观新闻规律的主要内容之一进行探讨。

新闻系统与其环境的关系规律，主要是指新闻系统与社会整体环境的内在关系。新闻活动仅是人类众多活动内容、活动方式中的一种，它不过是社会系统中的一个子系统。因而，从总体上说，它与社会整体系统以及其他社会子系统之间必然具有相互作用、相互影响的关系，但它们之间具体有什么样的内在关系或规律性关系是需要对历史与现实关系进行分析才能看到的。这也正是新闻系统与社会环境关系规律的内容，我将在本章第三节展开比较深入的探讨。

无论是从客观逻辑还是理论逻辑上说，新闻系统的总体演进规律与"关系规律"会有内在关系，说穿了，它们不过是同一种规律，只是我们观察分析的角度不同而已。新闻现象、新闻业的演变运行规律，就是在人类社会活动的整体展开中形成的，就是在新闻活动与其他活动的相互渗透中形成的，这样的规律体现的就是新闻系统与社会系统的关系。我们之所以做出前面的区分，一是基于客观上的根据，新闻活动、新闻业毕竟具有相对的独立性，与其他社会活动、社会事业是可区分的，二是为了研究方便，使我们将复杂的问题相对简化，分析叙述起来也比较明晰。

二、人类新闻活动的宏观演变历程

新闻现象是相对独立的社会现象，新闻活动是相对独立的社会活动，具有自身可分辨的活动内容、活动方式、活动特征，有自身特殊的社会功能与作用、意义与价值，新闻活动系统也是社会有机系统中相对独立的一个子系统。如果以西方近代新闻业的兴起为基本参照可以看到，除了从前新闻业时代承继而来的民众新闻活动的继续演进，人类新闻活动还逐步形成了社会分工意义上的行业领域和职业类型，逐步形成了自己的专业理论、专业伦理及专业工作技能和方法，开辟了不同于前新闻业时代的新闻生产、传播、消费方式。这就意味着，我们需要从业态视野中观察、分析、探究新闻活动自身的规律，即新闻业的演进规律。由于自从新闻业产生以来，现代社会主导性的新闻生产传播方式就是业态方式或职业方式，因此，在新闻现象或新闻活动的整体演变规律分析中，我将重点探讨新闻业的演进规律。

对于人类来说，新闻现象、新闻活动是相伴人类而生并且持续存在变化的现象和活动，"人类社会的新闻传播活动，早在远古时代就已经产生了"[1]。学术界通常将人类新闻活动的起点设定为人类语言的诞生。[2] 对如此漫长的历史现象进行描述其实是非常困难的事情，对其中演进机制或演进规律的揭示就更加艰难了。这里的基本问题可以概括为两大方面：一是对人类新闻活动的历史演进轨迹做出描述；二是在此基础上，进一步探索如此活动轨迹背后的演进机制。

关于人类新闻活动的历史演进轨迹，我在前面的相关论述中其实已有描述，此处可以集中加以说明。对人类新闻活动的历史演进轨迹，新闻传播学术界有不同的描述方法，但最常见的主要有两种：一是按照人类使用的传收新闻信息的媒介形态变化，将截至目前的人类新闻活动的历史大致描述为口语时代—文字时代—印刷时代—广播电视时代—互联网时代。[3] 二是以近代西方新闻业诞生为基本参照（以印刷新闻的出现为标志），将人类新闻活动的历史大致描述为前新闻业时代（上古新闻活动现象、古代新闻业时代）—新

---

① 方汉奇. 中国新闻事业通史：第 1 卷 [M]. 北京：中国人民大学出版社，1992：19.

② 大约在距今 4 万～1.4 万年的旧石器时代后期，清晰的有声语言正在形成，人类已从血缘群婚向外婚制转化，社交活动逐渐扩大，最原始的宗教和艺术开始出现，标志着新闻传播条件的成熟。参见方汉奇. 中国新闻事业通史：第 1 卷 [M]. 北京：中国人民大学出版社，1992：20。

③ 这样的历史划分方法是新闻学、传播学中最常见的，几乎在所有的新闻传播史论教材中都可以见到，差别只在于有些划得粗一些，有些可能对历史时代的划分更细致一些。比如，美国学者莱文森就将媒介形态划分为老媒介或旧媒介（以传统三大媒介为代表）、新媒介（相当于 1.0 时代的互联网媒介）、新新媒介（相当于 2.0 时代之后的互联网媒介）。而在通常的新闻传播史论教材中，则进一步将广播电视时代划分为广播时代、电视时代，将网络时代或新兴媒体时代划分为 1.0、2.0、3.0 时代等。

闻业时代（近现代新闻业时代）—后新闻业时代（当代新闻业时代）。^① 当然，除了这些最基本的描述方式，我们还可以在其他视角或视野中对人类新闻活动的历史演进过程做出描述。比如，以直接传收为参照就可以将人类新闻活动的历史演进过程描述为这样几个历史时代：直接传收为主时代—间接传收为主时代—直接与间接统一时代。^② 又如，若是以传收媒介的整体历史特征为参照可以将人类新闻活动的历史演进过程描述为生物媒介时代（身体时代）—机械媒介时代—智能媒介时代^③。再如，以主导新闻传收模式的历史变化为参照可以将新闻活动的历史演进过程描述为点到点传播模式时代—点到面传播模式时代—融合传播模式时代；以对媒介形态的时代定性为参照可以将人类新闻活动史划分为前传统媒介时代—传统媒介时代—后传统媒介时代；以现代性、现代社会诞生为标志可以将人类新闻活动史划分为前现代新闻活动时代—现代新闻活动时代—后现代新闻活动时代。这样的划分还可以找出不少，每一种合理的时代划分标准的确立都能帮助我们从一定的角度和视野发现认识人类新闻现象、新闻活动的特征。如果我们能够综合不同角度的认知，也许能够更好地揭示人类新闻活动的历史规律。

透过这些不同的历史描述，大致可以发现两个重要机制：

其一，技术演进是人类新闻活动演进中最重要的杠杆。可以说，有什么样的技术就有什么样的传播。不管哪一种历史划分方式，关注的实质都是媒介形态的变化，而媒介形态的背后就是技术，差别只是不同时代拥有不同的技术。这个技术是广义的，可以说，人类文明的表现都是人类技术的产物。那些支持人类新闻活动的技术，主要包括支持媒介形态得以形成的技术，各

---

① 这是我在 2003 年左右提出的关于人类新闻业时代的一种划分方式，它的核心是以近代西方新闻业的诞生为标志，对人类新闻活动从业态角度做出的一种历史描述，其中的关键是对后新闻业时代的理解，这里有两个要点：一是时间节点，二是"后"的实质，即新闻传收所表现出的去权威化、去中心化、去标准化同时却显现出碎片化、多元化、多样化的特征。参见杨保军. 新闻理论教程 ［M］. 3 版. 北京：中国人民大学出版社，2014：第 1 章。

② 这是我在黄旦关于人类新闻活动由直接传播为主向间接传播为主转化思想的基础上做出的一种划分。关于黄旦的相关论述，可参见黄旦. 新闻传播学 ［M］. 修订版. 杭州：杭州大学出版社，1997：26－29。

③ 这是我根据新闻媒介形态智能化的最新发展状况，针对未来可能，对人类新闻活动历史过程做出的一种历史时代划分。

种各样的语言、文字、符号的技术，以及渗透在传收活动之中的交往、交流技术（艺术）。当然，技术既不是新闻内部系统的单纯产物，也不是新闻系统之外的单纯产物，而是整个人类社会演进的产物。技术作为人类文明演进的杠杆性力量，是生产力决定生产关系、交往关系的根本表现。这样的判断还是非常大而化之的，因而，我将在后文中专列一小节对技术与新闻活动演进的关系进行深入细致的讨论。

其二，人类新闻活动的历史演进始终与人类社会的整体发展水平保持基本一致。从大的原则上说，有什么样的人类社会就有什么样的新闻活动。一定社会中的新闻活动特别是新闻业的性质和水平，总是与一定社会的形态、性质、发展水平相适应。农业社会只能拥有与农业社会相匹配的新闻活动，不可能有工业社会中的新闻活动方式，更不可能有后工业社会中的新闻活动方式；封建社会只能拥有封建社会的新闻活动，不可能拥有资本主义社会的新闻业，更不可能拥有社会主义社会的新闻业。其中的具体关系到底是什么，即到底是谁决定谁，谁依赖谁，谁对谁的作用影响更大，我将在本章第三节展开专门讨论。

三、宏观新闻规律的主要构成

依据上文的分析，我们可以把人类新闻活动的宏观规律概括为两条：从社会整体与新闻系统的关系看，可以概括为新闻活动水平依赖社会整体发展水平，如果聚焦于新闻业则可以说新闻业的发展依赖社会整体的发展，这条规律可以命名为"新闻依赖律"。从技术发展与新闻活动方式的整体关系看，可以概括为新闻活动方式决定于技术发展的整体水平。这条规律可以命名为"技术主导新闻律"，简称为"技术主导律"。这两条规律就是我所说的宏观新闻规律。如果把针对新闻内部系统的规律叫作"本体规律"，这两条宏观规律本质上就属于"关系规律"，是在新闻系统与社会整体关系中、新闻系统与技术系统关系中对新闻活动规律的揭示。相对前面两章揭示的新闻内部系统的"内在规律"而言，这两条规律也可以姑且称为"外在规律"。整个新闻规律系统可以说就是由"本体规律与关系规律"或"内在（内部）规律和外在（外部）规律"一起构成的。下面，我就对新闻宏观规律意义上的"关系规律"或"外在（外部）规律"展开比较深入细致的阐释。

（一）新闻依赖律

前面，我们粗线条地分析了作为社会现象的人类新闻现象的总体性的历史演进特征与趋势。新闻现象、新闻活动是相伴人类而生的现象和活动，但作为以新闻信息生产与传播活动为主的新闻业（新闻事业、新闻产业）却并不是自古而生的事物，而是人类演变发展到一定历史时代的新现象、新事物，并且在人类历史的自然演进中不断更新着自身的内容和形式。这里，我们主要以诞生于近代西方的新闻业为参照①，分析探讨新闻业的演进发展规律。其实，这样的规律也适用于整个人类新闻活动，只是在前新闻业时代，这样的规律内容可能更为简化一些，而在后新闻业时代，这样的规律内容可能更为丰富一些。

新闻业的运行是指构成新闻业的诸多内外要素、条件通过相互作用所形成的以新闻传播活动为主的实际过程。所谓新闻业演进、运行规律就是试图分析、探索人类新闻业产生、变化、运行、发展的基本特征与总体性趋势。尽管新闻业是人类的事业，但它的实际存在与发展都是具体的，依赖于不同的历史条件、不同的社会制度，运行于不同的社会文化环境之中。"不同民族在广阔但却疏离的空间中创造自己的历史，造成各民族历史的巨大差异。"②这意味着新闻活动、新闻业在不同地区、不同国家有着不同的具体演进历程、

---

① 在西方近代新闻业诞生之前，对于是否存在古代新闻事业即是否存在着专门的以新闻生产传播为主的新闻机构和专门人员，学界有着不同的看法。在中国学界，通常认为中国古代存在着这样的机构和人员，典型的代表就是从唐代开始的邸报。因此，在中国新闻史研究中，历来就有古代新闻事业、近代新闻事业、现代新闻事业和当代新闻事业这样的时代性划分。比如，《中国新闻事业通史》第一卷的第一章章名就是"中国古代的新闻事业"。该书认为，"中国是世界上最先有报纸的国家，也是世界上最先有新闻事业的国家"。"从盛唐到清末，中国古代的新闻事业持续了近1 200年。这是中国新闻事业史的重要一页。"参见方汉奇. 中国新闻事业通史：第1卷［M］. 北京：中国人民大学出版社，1992：18.

② 张江. 评"人人都是他自己的历史学家"：兼论相对主义的历史阐释［J］. 新华文摘，2017（10）：60-64.

发展状况。因此，研究探讨新闻业的演进规律至少应该在两个主要维度上展开：一是把新闻业作为整个人类的事业，在人类整体意义上探讨新闻业的运行特征和规律；二是在一定社会范围或现代民族国家范围的意义上探讨具有"地方化"特征的新闻业发展规律。事实上我们看到，在世界各国的新闻传播学研究中也正是这样做的，研究者在世界新闻史的视野中探讨人类新闻活动、新闻业的整体历史特征，而在本土视野中探讨一定社会范围、国家范围新闻活动、新闻业的具体历史演变特征。这里，我以近代以来西方的新闻业为参照，并主要在人类整体意义上，初步描述、总结、概括一下人类新闻业变化发展的总体性、规律性的基本特征。对于中国新闻事业的总体特征与规律问题，特别是当代中国新闻业的突出特征和规律性表现问题，我将在下一章进行专门的讨论。

新闻业自诞生以来，经历了印刷新闻时代、电子新闻时代，目前正在经历着网络新闻时代。但就现实的新闻传播来说，这是一个复合的、并驾齐驱的时代，是印刷新闻、广播电视新闻、网络新闻、手机新闻以及各种智能新闻等共同塑造新闻世界的时代。并且，所有这些新闻样态在智能媒介时代开启后，正在整合进入一种新的状态，分中有合、合中有分是当今时代的基本特征。透过历史的演变与现实的表现，能够发现新闻业的发展有其自身的特点和规律。在世界范围内，尽管存在着不同性质、不同类型新闻业之间的差别，但总有一些共同的一般特征。在新闻与社会之间，总体特征就是新闻对社会的依赖，或者明确地说就是社会整体发展对新闻演进的决定作用。① 当然，我们也会注意到，新闻对社会具有反作用，并且，随着信息时代、信息社会或媒介化社会的到来，新闻对社会发展具有强烈的或越来越大的反作用，新闻与社会正在进入一种前所未有的互动状态。下面，我将新闻与社会之间的规律性关系分两个不同方面加以分析和阐释。

1. 社会整体发展对新闻业演进的决定作用

在关系论视野中，新闻与社会的关系在逻辑上可以分为两个方面：一是

---

① 后文中，为了叙述方便，我将把新闻系统与社会系统之间的关系或新闻活动演进与社会整体发展之间的关系简化为新闻与社会的关系。

宏观关系，就是新闻系统与社会整体有机系统的关系①；二是微观关系，就是新闻与其他社会领域特别是与主要社会领域的关系。从本质上看，这两方面其实是一回事，当把新闻作为对象物时，其他社会子系统一起构成社会整体系统，构成新闻活动的整体环境，但将社会整体与各个社会子系统区分开来是有意义的，因为不同社会子系统与新闻的具体关系是有所不同的，有些十分紧密，有些比较松散。在整体关系视野中，人们主要是从社会结构维度讨论新闻与社会的关系，而在具体关系视野中，人们更注重的是新闻与不同具体社会领域的关系，诸如新闻与经济、政治、文化、技术的关系，也会关注新闻与宗教信仰、文学艺术的关系，关注新闻与科学领域、社会日常生活的关系等。下面，我将这两个方面糅合在一起加以综合论述。

第一，人类新闻活动的发展水平依赖或受制于社会的整体发展状况，这是由社会结构方式从根本上决定的。诚如皮埃尔·布尔迪厄所说："新闻业在很大程度上是不可能自主的，或者从最悲观的方面看，是总是必须重新赢得自主性而永远没有终点的故事，因为自主总是被威胁。新闻生产总是为社会，特别是政治和经济以及构成它的社会条件所强力规定。"② 法国报刊史专家乔治·维尔在 20 世纪 30 年代初就指出，报刊的演进并非仅仅仰仗科技进步与经济变革所带来的影响，它是整体社会环境造成的，"一切政治、经济、文化和科技方面的重大创新都曾对报刊产生过影响"③。国际传播学会新闻学部的创始人托马斯·哈尼奇也说："将近 40 年的研究传统已经揭示出新闻生产取决于影响新闻工作的文化、政治和历史环境。"④ 就新闻业态而言，新闻媒介制度（新闻制度）是由社会制度（主要表现为经济制度和政治制度）决定的。

首先，按照历史唯物主义的社会结构理论，一定社会可分为经济基础和

---

① 为了叙述的简便，我在具体的文字表达中会用"新闻"指称新闻活动、新闻系统、新闻业，而用经济、政治等简化说法指称经济系统（经济领域）、政治系统（政治领域）等，但在确定的语境中简称的所指是明确的。

② 布尔迪厄. 政治场、社会科学场和新闻场［M］//本森，内维尔. 布尔迪厄与新闻场域［M］. 张斌，译. 杭州：浙江大学出版社，2017：52.

③ 维尔. 世界报刊史：报刊的起源、发展与作用［M］. 康志洪，王海，译. 北京：科学出版社，2018：2.

④ 乔根森，哈尼奇. 当代新闻学核心［M］. 张小娅，译. 北京：清华大学出版社，2014：437.

上层建筑两大部分或双层结构。二者之间的基本关系是，经济基础决定上层建筑，上层建筑对经济基础具有反作用。在这样的社会结构中，新闻领域作为人类认识世界、把握世界的一种特殊方式，属于上层建筑，经济领域属于经济基础。因而，新闻领域自然受制于经济领域，也就是说，在一定社会中，经济发展水平在根基意义上决定着新闻活动水平。进一步说，由于经济领域是整个社会发展、运行的物质基础，因而，我们也可以说，社会的整体发展水平决定着新闻活动的整体水平。一定社会大众化的新闻生产传播能够达到什么样的规模，能够以什么样的生产能力展开新闻生产传播，本质上都是由该社会的生产能力、生产水平决定的，是由该社会整体的经济能力决定的。

其次，在一定社会的上层建筑结构内部又可分为政治上层建筑和思想上层建筑（意识形态领域）两个部分。这两部分之间最基本的关系是，政治上层建筑决定意识形态领域，意识形态不同形式对政治上层建筑具有反作用。政治上层建筑主要由政治领域、法律领域构成，主导着一定社会、国家的政治制度和政治文明；而意识形态领域主要由宗教、哲学、文学、艺术、道德等具体意识形态构成，呈现着一定社会的精神文化状况。作为实践活动的新闻，本质上属于人类认识世界的一种方式，作为科学的新闻（学）是人类认识反思新闻活动的方式，因而它也像其他科学形式一样，整体上属于人类的意识形态领域、精神领域。按照政治上层建筑与意识形态领域二者间的基本关系，可以说新闻受制于或依赖于一定社会的政治上层建筑。也就是说，作为意识形态领域的重要构成部分，新闻依赖政治上层建筑，受制于政治上层建筑，即有什么样的政治上层建筑，就有什么样的新闻意识形态。新闻意识形态本质上不过是政治意识形态的延伸、派生或具体落实与体现。或者说，一定社会的主导政治意识形态体系决定着新闻意识形态体系。

上面我们主要从相对静态的社会结构出发进行分析，如果从动态的历史演进角度看，就可以说人类或一定社会整体的物质文明、政治文明、精神文明程度决定着新闻业的整体发展规模和水平。人类或一定社会新闻业的每一次划时代的提升，总是与物质生产方式的进步、科学技术的更新、整体文化水平的提高、政治统治的变革相一致。而且，这种同步性、一致性，并不只是与其中某一个要素的同步或一致，而是与由各要素统一形成的社会的整体发展相一致。细致一些说，新闻业的演变与一定社会的性质演变几乎亦步亦趋、完全一致。我们所说的社会性质主要有两个含义：一是指社会形态，比如封建社会、资本主义社会、社会主义社会；二是指同一社会形态的不同制度表现，主要包括经济制度和政治制度。因而，所谓新闻业与社会性质演变具有同步性或同质性，就是指新闻业的性质总是与一定的社会形态性质相一致，与体现一定社会形态的经济制度、政治制度相一致。封建社会形态的官报与封建经济制度，与封建政治统治的集权性、专制性是一致的。资本主义社会形态的商业化报纸与其自由市场经济制度、资产阶级民主制度是一致的，而垄断式的新闻业与其整体的垄断经济是一致的。社会主义形态的计划性新闻传播业与其计划经济、高度集中的政治权力是一致的。当社会主义的计划经济转变为社会主义的市场经济，当社会主义政治制度的民主化程度不断提高时，新闻业的经济形式、政治形式也在发生着变化。需要注意的是，不管是在社会主义社会还是在资本主义社会，不管因为什么样的具体原因，一旦出现集权式的统治、法西斯式的专制，新闻业的性质就会随之改变，蜕变为具有封建色彩的运作方式。而且，即使没有出现经济体制上、政治统治上的剧烈变化，新闻业甚至也会随着一定社会一些特殊的经济变化、政治变化而不得不改变自身的运作。这些都恰好说明，新闻活动整体上受制于经济和政治的运行方式。即使在今天这样的新兴媒体时代，尽管在技术支持下社会大众的新闻自由度有了整体的扩大和提高，也并没有改变作为事业和产业形态的新闻活动对于政治和经济的依赖性。西方学者依据西方的实际情况指出，"只要政府和政治家一直对新闻经济握有客观的影响力，新闻机构就很可能扮演宣传他们政治利益的载体。即使全球化和市场影响在过去几十年中改变了媒介体制，这个基本安排大体维持不变"[①]。其实，建制性的、组织化的新闻传媒业、新闻传媒机构，其新闻生产传播活动总是受制于所在的经济环境和政治环境的变化，并且是一种"敏感性"的变动关系，即只要一定社会的经济体制、政治权力运行方式出现不同以往的变化，新闻必然会随之发生相应的变化，这在新闻缺乏相对独立性的社会中更加明显。

①　乔根森，哈尼奇. 当代新闻学核心［M］. 张小娅，译. 北京：清华大学出版社，2014：397.

第二，新闻活动发展的整体水平特别受制于或依赖于一定社会的经济制度性质与经济发展水平，而一定新闻业的经济制度又对整个新闻业的忙质与主导新闻传播价值取向具有根本性的决定作用。这一点在上面第一点中已经包含，但需要对具体内容加以解释，以充分认识新闻领域对经济领域的依赖性，揭示出"新闻依赖律"的实质内涵。

首先，一定社会的主导性经济制度决定着新闻业的经济制度。新闻制度、新闻体制，"与国家基本的政治制度和经济制度、文化制度相比，它是亚层次的制度实体，是整个社会制度体系中的一个构成'要素'"①。因此，它必然受制于一个国家的基本经济制度和政治制度。以私有制为主的自由资本主义经济制度要求建立与其相适应的新闻经济制度，同样，以公有制为主的社会主义经济制度也会要求建立与其相适应的新闻经济制度。演变至今的人类新闻事业史在这一点上尚未出现例外，形成了一种规律性的关系。

一定社会整体性的经济制度是领域性的媒介制度的基础。媒介制度的核心表现为媒介的资产制度，经济维度上新闻媒介制度的核心则是新闻资产所有制度。②因而，我们可以从新闻资产所有制进一步说明经济制度对于新闻传播的决定性影响，从而进一步揭示新闻对于经济的依赖性。

新闻资产所有制是新闻业的物质基础，它意味着新闻业归谁所有，具体的新闻媒体归谁所有。因而，它从根本上决定着新闻业的性质，尤其决定着新闻传播根本的、整体的立场和价值取向，决定着新闻业、新闻传媒、新闻传播为谁服务的根本问题。可以说，有什么样的新闻资产所有制形式，就有什么样的新闻传播价值取向，这是新闻业运作中最为明显的一个特征。新闻

---

① 朗劲松. 中国新闻政策体系研究 [M]. 北京：新华出版社，2013：148.
② 新闻体制指的就是新闻业的体制。"新闻传播体制又称媒介制度，是指传媒机构的隶属关系、传播宗旨、管理方式和经营运作模式"，"新闻媒介体制的核心是资产的所有权和新闻报道的支配权"。参见刘建明. 当代新闻学原理 [M]. 北京：清华大学出版社，2013：464. "新闻体制指的是新闻事业的所有制性质、决策机构的构成、新闻事业的结构和国家社会对新闻事业的制约机制等等。"参见李良荣. 新闻学概论 [M]. 上海：复旦大学出版社，2003：79.《新闻学大辞典》是这样界定新闻体制的：新闻体制是"新闻事业的组织制度，它包括新闻事业的行政隶属关系、内部结构、组织体系、干部制度等"。参见甘惜分. 新闻学大辞典 [M]. 郑州：河南人民出版社，1993：5.

资产所有制形式与新闻传播价值取向间通常有两个层面的关系。在宏观层面上，新闻资产所有制形式决定了新闻传播在整体上必然要维护某种所有制形式所依赖的社会经济制度和政治制度，要维护新闻传播赖以存在发展的文化环境和社会主流价值理念，因为这是新闻资产所有制自身存在的前提条件；在微观层面上，新闻资产所有制性质决定着具体媒体的传播价值取向，表现为新闻资产所有者最终决定一定媒体的经营管理方针（媒体方针）和业务方针（编辑方针）。美国学者本·巴格迪坎在《传播媒介的垄断》中针对美国的新闻业实际情况指出，"许多公司声称给他们雇佣的记者、生产者和作者更多的自由。一些确实给了很大的自由。但当他们最敏感的经济利益有风险，母公司极少能够忍住不用他们的权力影响公共信息"①。

　　新闻资产所有制与传播价值取向之间这两个层面的关系是稳定的、持久的，从原则上说，只要资产所有制性质、形式不发生根本性变化，新闻业和新闻媒体的新闻传播方针就不会发生根本性的变化。资本主义新闻业通过新闻传播活动维护资产阶级的统治和资本主义社会的正常运转，在整体上极力维护资本主义的经济制度、政治制度、文化价值理念；而私有的具体媒体，从总体上说，都把经济利益置于首位，按照资本的赚钱本性运作媒体，新闻传播以及其他信息活动最终都成为实现经济利益的手段。当然，不能否认，即使是私有媒体也会在一定程度上维护社会公共利益，这不只是新闻媒体的社会责任，也是其自身生存发展的方式。社会主义新闻业也不例外，其新闻资产的公有、国有性质，决定了它必然通过新闻传播在总体上要维护自身所依存的社会经济制度、政治制度、文化价值理念。由于在社会主义国家，新闻事业受党（执政党）领导，而新闻媒体通常为党和国家直接所有（党和国家有关机构和组织直接指派重要媒体的领导者，包括主要负责资产经营管理的社长、台长和负责新闻业务的总编辑），因而，新闻媒体也就会直接表现为党和政府的耳目喉舌，成为党和政府展开新闻宣传、新闻舆论引导的重要工具和手段。

　　从历史演进角度观察，尽管新闻资产所有制可以不断地在不同国家的历

---

① 乔根森，哈尼奇. 当代新闻学核心［M］. 张小娅，译. 北京：清华大学出版社，2014：236.

史发展过程中发生变化，可以从一种资产所有制变为另一种资产所有制，比如苏联解体之后，东欧发生剧变之后，原来的新闻资产所有制大都由公有制变成了不同形式的私有制，但有一条却是稳定的、变化甚微的，这就是资产所有制与新闻传播价值取向的稳定关系即前者决定后者没有变化，只不过新闻传播的价值取向由原来维护公有制制度变成了现在维护私有制制度而已。因而，完全可以说，由一定社会、国家整体经济制度决定的新闻媒介制度特别是新闻资产所有制度，也从根本上决定着新闻传媒的价值取向。事实上，这是近代以来世界各国新闻业的普遍特征，可以看作人类新闻业发展的基本规律之一。

其次，一定社会经济发展的整体水平将在总体上决定新闻业的发展水平。作为上层建筑的新闻领域，不仅具有意识形态属性，也具有一定的产业属性，因而新闻业是可以经济基础化的。① 但是，从根源上说，新闻业的生存基础不在自身，而是通过信息服务、新闻服务，从其他经济领域获得生存资本、发展机会。这就意味着社会的整体经济发展状况即经济发展规模与水平，将从根源上影响新闻业的发展水平，影响新闻传播的各种能力，诸如传播力、影响力、公信力以及对于舆论的引导能力。这些能力概括起来说，就是新闻话语权，或者说是新闻话语权的集中表现。

人们不难发现，当今世界，西方发达国家之所以在新闻领域具有强大的话语力量可能有许多原因，但最根本的一条是它们拥有强大的经济力量，拥有比较高的经济发展水平。西方国家的新闻媒介经济力量更是其他国家难以匹敌的，全球范围内排名靠前的大的媒体集团公司大都属于西方世界。如果暂时不考虑其他因素的作用和影响，我们就可以说，正是在强大经济力量的支持下，西方新闻传媒才有足够的实力展开全球新闻报道和传播，将自己的声音传遍世界，将自己的价值观念传遍世界，抢占在全球范围内的新闻话语权。若从另一面看，也许正是因为这些年来（2008 年从美国发生金融危机以来）西方发达国家经济发展面临一些暂时的困境，也连累了媒介经济的发展，

---

① 加拿大学者文森特·莫斯可认为，"在垄断资本主义社会中，上层建筑日益明显地产业化，它被经济基础渗透，以致上层建筑与经济基础之间的区分崩溃，只剩下经济基础了"。参见莫斯可. 传播政治经济学 [M]. 胡正荣，张磊，段鹏，等译. 北京：华夏出版社，2000：100。

使得一些新闻媒体组织不得不裁员缩编，不得不减少派驻全球各地的新闻工作机构和记者。因而，它们的声音相对减弱，其他一些新兴国家（主要指新兴经济体）的声音在相对增强。但人们一定会看到，一旦世界经济整体复苏，西方国家经济重整旗鼓，媒介经济再次勃兴，它们的新闻传播就会再次扩大规模，放大声音，强化影响力。这些现象也恰好说明了"物质决定意识"在新闻领域的体现。没有强大的经济力量作为后盾，是不大可能具有强大的新闻话语影响力的。

关于社会经济发展水平与新闻业发展水平的关系，以及经济发展与新闻传播之间的直接关系，我们从中国的实际情况可以看得更加清楚。改革开放之前，中国尽管有将自己的声音传遍全球的雄心和愿望[①]，但在客观上却很难将自己的声音传向世界、传遍全球，除了政治的、外交的、技术的原因之外，最重要的原因乃是我们没有足够的经济力量作为强大的后盾支持。而改革开放40多年来，中国的国际传播能力、全球传播能力却是与日俱增，规模越来越大，声音越来越强。如今，实事求是地说，中国已经具有比较强大的话语能力，向世界说明中国、向世界传播中国、向世界解释中国，甚至在一定程度上已经能够让世界理解中国，倾听中国的声音。其中当然原因很多，但毫无疑问，最为重要的基础就是中国综合国力的提高，而综合国力中最为重要的基础就是经济力量的快速增长，中国已经成为全球第二大经济体就是最有力的证明。正是因为国家整体经济的快速发展和经济总量的持续增长，为媒介经济的发展、新闻媒介经济的发展，提供和创造了强大的基础和良好的机会，进而为中国新闻传媒国际国内传播能力的增强奠定了坚实的基础和强有力的保障。

同样，我们也能看到，这些年来，其他发展中国家特别是新兴国家（新兴经济体）之所以能够日益为世界所认识、所重视，基本的原因也是它们经

---

① 早在20世纪五六十年代，中国领导人就曾发出把我们的声音传遍全球，"把地球管起来"的号召，毛泽东1955年12月对新华社的指示中有言，"把地球管起来，让全世界都能听到我们的声音"。在毛泽东的指示之后，刘少奇、周恩来、邓小平等也相继对发展新华社国外事业、建设世界性通讯社做出了指示。参见陈力丹．马克思主义新闻观百科全书［M］．北京：中国人民大学出版社，2018：180-181。

济的快速发展和经济总量的规模化增长。经济的快速发展，使它们在全球舞台上有了说话的更多资本和机会，也使它们自己的媒体有了向国际社会传播自身形象的力量和资本，从而使世界人民有机会听到这些国家的声音，了解这些国家的情况。一个连饭都吃不饱的人，是没有力气说话的，更不要说大声说话了。一个人如此，一个国家同样如此。新闻，作为一个社会、一个国家说话的渠道、方式之一，反映的其实是这个国家整体的国力，特别是作为基础能力的经济力量。

综上所述，毫无疑问，媒介的经济力量是媒介说话的底气，谁的经济力量强大，谁的说话声音就会更加洪亮，影响就会更加广泛。而这一切的背后依赖的是一个社会、一个国家整体的经济发展规模和水平，这是一种必然性的关系。

最后，就近现代新闻业的整体发展来看，不同经济方式是维系不同性质新闻业运行的基础机制。从总体上说，不同的新闻业可能会有不同的经济支持模式，但没有经济支持的新闻业、新闻传媒、新闻传播是不可能生存和发展的。[①] 就全球现有的实际情况来看，市场经济方式或者说各种商业模式是维系媒体经济命脉的基本手段。[②] 前面两条，主要论述的是一定社会整体经济制度、经济发展规模、经济发展水平对于新闻制度、新闻业发展水平的决定性作用和影响。这里主要在于说明，一定社会的整体经济运行手段（经济体制或经济机制）从机制上决定着新闻媒介经济的运行方式，决定着新闻业、新闻传媒的生存方式和发展机制。

近代新闻业的产生过程表明，它的起源、演变尽管受到政治斗争、阶级

---

① 不管新闻业依赖什么样的经济制度，依赖什么样的具体经济体制，它都得依赖经济这个基础，没有经济支持，任何新闻业、新闻传媒都无法生产和发展，这从根本上已经说明了新闻对于经济的依赖是必然的，新闻依赖律是成立的。

② 媒体的商业模式，讲的是媒体的经济生存发展模式，或者就是人们通常所说的盈利模式。不同的新闻媒体有不同的盈利模式，但在市场经济这个大背景下，我们可以笼统地将其称为市场经济模式。需要注意的是，"媒体的商业模式"与"新闻模式"不是一回事，"新闻（journalism）不等于媒体（media），因而新闻模式不等于媒体模式"。以严肃新闻为基础的新闻模式，其功能有三大方面即启蒙民众、监督权力、提供论坛，也就是报道和解释事关国计民生的重大问题。这是至关重要的新闻，是新闻的灵魂。新闻模式可细分为几种：欧洲的更文学化、政治化、个人化、知识化的模式和美国的客观、平衡、事实性报道的大的模式，但归根结底是公共服务模式。参见彭增军. 主义与生意：新闻模式与商业模式的悖论［J］. 新闻记者，2018（1）：69-75。

斗争、宗教活动、军事活动等的影响，但其背后最根本的动力是市场经济的孕育和形成。"资本主义商品经济孵化了新闻事业。"① 历史事实告诉人们，手抄小报之所以最先出现并繁荣于意大利的一些商业城市，最基本的原因乃是商业贸易对各种信息的及时性和规模性需求。而意大利之所以没有成为近代报刊发展的"黄金地区"，同样是由于各种历史机缘使它失去了商业贸易中心的地位。也就是说，商业贸易、市场经济始终是近现代新闻业演变、发展的基本动力。"全球性市场经济的发展，是推动现代新闻传播业发展的基本动力。如果没有现代世界市场和世界交往，现代新闻传播业是不可想象的。"② 如果新闻业的发展偏离了市场经济的逻辑，它就多少变得与自身的天职（传播新闻是新闻业最根本的性质）不相一致，而市场经济的力量一旦回归，新闻业的基本职能也就回归了。市场经济以其客观的、必然性的力量，调整左右着人们的主观行为。阶级斗争、政治斗争的需要，一定会造成人们对政治信息的需求，但这种斗争的需要难以形成广泛的、持久的社会性市场，人们不会总是生活在阶级斗争、政治斗争之中，人们的需要是多元的、多层次的，需要自由的传播环境，需要新闻传播、收受的自由，而这是市场经济最易做到的事情。因此，"对新闻传播的社会化需要，只能来自市场经济，而不可能来自其他经济形态"③。近代新闻业的市场经济基因，注定了它只能按照市场经济的方式开辟自己的发展道路。只有创造性地运用新闻业的这一发展规律（还有其他规律），才能促进新闻业的顺利发展。当然，我们必须清醒地注意到，单一依赖市场经济的自发力量很难保证新闻的公共服务模式，要保证新闻业能够为社会公共利益服务还必须有市场以外的手段和方法。但如何保证新闻（journalism）为公共利益服务不是我们这里讨论的问题，此处的核心是要说明媒体要发展必须有一定的经济模式，而在市场经济环境中市场经济机制就是总体性的生存发展机制。

面对现实，就当前世界各国的主导情况来看，市场机制是媒体获取经济保障和经济利益、维护正常运转的基本手段。新闻业是产业，新闻媒体是企

---

① 复旦大学新闻系新闻理论教研室. 新闻学概论 ［M］. 福州：福建人民出版社，1985：37.
② 陈力丹. 世界新闻传播史 ［M］. 上海：上海交通大学出版社，2002：17－18.
③ 同②18.

业，新闻产品是商品。① 由市场经济规模化信息需求催生的近代新闻业在当代已经获得了世界范围的本性回归，使市场手段成为大多数新闻媒体主导型的生存与发展方式。新闻媒体通过新闻传播或其他信息传播吸引社会公众的注意力，塑造广泛的社会影响力，从而赢得发行费、视听费、流量费，特别是赢得广告商的青睐，使自己不断从社会环境中汲取营养，维系运作的经济命脉。

新闻业整体的产业运作方式，使新闻产品和其他信息产品的质量即它们能够满足新闻市场需求的程度，成为新闻媒体生存与发展的根本所在。与此同时，人们看到，市场经济行为的利己目的，经济利益的最大化追求，有可能导致新闻市场的恶性竞争，导致新闻产品的低俗化，如黄色新闻、煽情写作、恶性炒作、弄虚作假、凭空捏造等，这正是市场手段丑陋的一面。因此，在市场经济体制下，并不能以完全自生自发的方式让所有的新闻传播都步入"市场化"的道路。市场不是万能的，市场不是自然良性的，必须有一定的规范和界限。有学者的如此认识是比较平衡而周全的："传媒的历史是整个社会历史的有机组成部分，从社会发展规律来看，市场化或许是传媒发展历史上必须经历的一个阶段，积极利用它来发展现代新闻生产力，改造传统新闻生产关系，努力限制其'异化'的程度和范围，以达到最终超越它的目的，这才是正确的态度。"② 因而，市场经济的法治要求、道德要求（所谓市场经济是法治经济、道德经济）以及"看得见的手"的适度干预，不是反市场经济的，而是保证新闻传播市场良性化的必要手段，也是新闻业作为社会舆论事业、文化事业的内在要求。这既是世界各国新闻业的现实，也是我们理解市场手段作为维系媒体经济命脉的方式时应该注意的一面。但市场手段成为当今媒体的基本生存手段是不可否认的共同特征。

第三，新闻活动发展的整体水平特别受制于或依赖于一定社会的政治制度与政治权力（政治统治权力）的运行方式，受制于一定社会的主导政治意

---

① 纯粹的新闻信息本质上不是商品，新闻信息只有转化成新闻产品、新闻报道才成为商品。作为精神产品、商品的新闻，与其他商品有着很大的区别，它可以通过直接售卖获得商业利益，也可以通过二次售卖（把新闻卖给受众，把受众卖给广告主）获取商业利益。

② 芮必峰. 新闻生产中的力量博弈［M］. 北京：中国传媒大学出版社，2018：47.

识形态的支配。进一步说，在经济制度确立之后，一定社会的主导政治观念、政治制度、政治运行方式，对新闻活动的变化发展，具有更为直接、更为强烈的决定作用。有学者明确指出，"国家媒介系统和政体关系紧密相连"，媒介系统是"政治有机体的神经系统"①，"在塑造特定国家新闻文化的因素中，来自政治体制的影响最为重要"②。这主要表现在以下几个方面。

其一，在制度层面上，新闻制度受制于政治制度。在两种制度之间，政治制度的层级高于新闻制度，新闻制度不过是政治制度的体现或落实、衍生和延伸。"新闻生态其实是政治生态的一种表现。"③ "任何新闻（报业）制度，均为政治制度之一环。换言之，一个社会的政治哲学决定它的新闻哲学；而新闻哲学又直接决定它的新闻政策、新闻制度与新闻观念价值的标准。所以任何国家的新闻事业，必须服务它所依附的政治制度及其生存社会的价值标准，此乃一项必然的逻辑。"④ "在新闻媒体的政治性和阶级性归属上，一个国家的政治制度和统治阶级的阶级立场具有决定性的影响。"⑤ 因而，有什么样的政治制度，就有什么样的新闻制度。⑥ 若政治制度是专制的，就不可能有民主自由的新闻制度；若政治制度是民主的，它就必然诉求自由主义的新闻制度。处于一定社会主导地位的政治制度、政治权力，为新闻媒体、新闻传播设定的最宽边界是，不反对政治制度、政治权力的正当性和合理性，不管一种政治制度、政治权力本身是否正当合理，这就是现实的政治逻辑。但我们也注意到，文明的政治统治会主动追求和增强自己的正当性和合理性，会把新闻传播作为促进政治文明的手段。政治制度与新闻制度之间的这种关系，落实在新闻传播过程中是很具体的。比如在新闻传播内容的选择上，除

---

① 乔根森，哈尼奇. 当代新闻学核心 [M]. 张小娅，译. 北京：清华大学出版社，2014：24.
② 同①444.
③ 吕新雨，赵月枝，吴畅畅，等. 生存，还是毁灭："人工智能时代数字化生存与人类传播的未来"圆桌对话 [J]. 新闻记者，2018（6）：28-42.
④ 李瞻. 新闻学：新闻原理与制度之批评研究 [M]. 台北：三民书局，1973：4.
⑤ 刘华蓉. 大众传媒与政治 [M]. 北京：北京大学出版社，2001：40-41.
⑥ 这里需要注意，新闻制度受制于政治制度是在整体意义上讲的，是在一定社会制度化的结构中而言的，并不是说在特定的社会中不会存在反对现实政治制度的新闻行为。事实上，人们总会看到，在一些社会中总有一些反政府的媒体组织（有些是公开的、有些是隐蔽的）通过新闻方式批评、反抗政府的统治，反对、反抗既有的政治制度、新闻制度。

了新闻传播规律性的标准外，内容选择总要符合一定社会的规范性标准①，而且，规范性标准是更为严格的、精细的标准，在实际运用中往往高于规律性标准要求。

其二，在意识形态方面，一定社会中的主导政治意识形态决定新闻意识形态②，主流社会价值观念决定新闻价值观念，新闻意识形态、新闻价值观念不过是政治意识形态、主流社会价值观的落实或表现。"意识形态是一定阶级、阶层和利益集团的思想体系，是它们对现存世界及其秩序的'整体性'反映和判断，是政党的政治信仰和政治观点的表达方式。"③ "对于任何一个负有远大使命的执政党而言，它的首要任务便是建构意识形态。"④ 任何政治力量，特别是处于统治地位的政治力量都有自身的政治意识形态（通常其政治意识形态也总是占据着意识形态领域的主导地位），总是要把一定社会的新闻业、新闻传媒牢牢掌控在自己的手中，作为宣传、塑造主导政治意识形态体系、社会价值观念体系的重要工具和手段。因而，在现实社会中，新闻媒体不仅仅是信息传播、新闻报道的机构，也是重要的意识形态机构或思想组织机构，甚至是一个政治权力的意识形态中心、思想宣传中心。

现实社会中的主流新闻媒体大都维护主流意识形态，因为这些媒体奉行的新闻意识形态本身就是主流政治意识形态的体现。自由主义政治意识形态主导下的新闻事业，奉行的一定是自由主义的新闻意识形态，表现为专业新闻主义意识形态；社会主义政治意识形态主导下的新闻事业，奉行的一定是马克思主义新闻观念。诚如有学者所说："新闻是由有特定的意识形态和文化价值观的有专业资格的人在特定的民族国家中的特定新闻体制中的特定新闻

---

① 这些标准通常表现为法律标准、政策标准、纪律标准、社会道德标准等。关于这些标准的详细内容以及它们与规律性标准的关系，可参阅杨保军的《新闻理论教程》（第一版）第六章相关内容。

② 意识形态本身并不只是政治性的。意识形态是社会性的存在，每个人的社会化过程也就是被社会所拥有的各种意识形态化的过程。人作为精神动物，本质上就是意识形态动物。不同主体层次、主体存在，都有自身的意识形态；不同社会领域、专业领域，同样拥有自身的意识形态体系。

③ 童世骏. 意识形态新论［M］. 上海：上海人民出版社，2006：3. 意识形态形式上的主观性，决定了意识形态本身有正确与错误之分、真实与虚假之分、正当与不当之分。因而，某种意识形态到底是怎样的意识形态，要具体对象具体分析。一种政治意识形态，只有正确反映社会现实，准确表达社会需要，确立合理政治信仰，才有可能成为合理的意识形态体系。一些人一听到意识形态几个字就反感，是缺乏对意识形态认识的表现。

④ 童世骏. 意识形态新论［M］. 上海：上海人民出版社，2006：6.

机构里做出来的。新闻还是由在特定的民族国家中有特定的意识形态和文化价值观念的人解读的。"① "西方媒体的报道是受国家利益、主流意识形态、商业利益以及记者作为中产社会阶层自身的社会利益和文化认同等因素影响的。在西方主流意识形态和议会政治框架内，客观性是存在的，但超越国家利益、超越意识形态的客观性是没有的。"② 有人经过研究认为，"在美国，媒体是政治运作的一部分。……总结美国媒体与政治的关系，我们不难看出，媒体也是为政治服务的。虽然政府不直接控制媒体，但由于美国的政治经济制度，媒体是由一小部分与政府关系密切的人和组织控制的，其报道内容、价值取向，都受到政治经济制度的影响。总之，美国媒体是为美国的资本主义制度，为美国在世界的强权地位服务的"③。这种服务当然只能主要是一种意识形态的服务，通过新闻方式按照新闻自身特点提供的服务。有学者指出，"在市场垄断加剧的条件下，在媒体受众市场日益碎片化的背景下，在反恐的语境下，赤裸裸的倾向性新闻俨然已成了美国媒体服务于政府，并在新闻市场中争取观众的法宝"④。同样，在社会主义中国，政府和政党更是直接把新闻媒体作为自己的耳目喉舌，作为直接的意识形态机构、思想宣传组织中心，新闻媒体是有力的"新闻宣传""新闻舆论"工具⑤，核心任务是实现对社会大众的正确舆论引导。主导意识形态、主流社会价值观念，只有落实在新闻之中，落实在各个社会领域之中，才能真正产生实际效用，"社会主义核心价值观只有具体化为不同层面、不同领域的价值体系，并实现制度化、具体化，才能够真正落地、生根、开花、结果，渗透到社会生活各领域，成为国家的

---

① 赵月枝. 为什么我们今天对西方新闻客观性失望? [J]. 新闻大学，2008 (2)：9-16.

② 同①.

③ 俞燕敏，鄢利群. 无冕之王与金钱：美国媒体与美国社会 [M]. 北京：中国社会科学出版社，2002：85.

④ 同①.

⑤ "新闻宣传"是江泽民在1989年开始使用的一个概念，不是指新闻传播和宣传，而是指通过新闻传播媒体进行的宣传工作。参见陈力丹. 马克思主义新闻思想概论 [J]. 上海：复旦大学出版社，2003：327. "新闻舆论"是习近平在2016年2月19日召开的党的新闻舆论工作座谈会上提出的，从此把过去的"新闻宣传"工作改为"新闻舆论"工作。有人认为，从宣传到舆论的变化，一是反映了党对时代变化的准确把握，二是反映了党对现实挑战的清醒判断，三是反映了党对舆论的认识达到了一个新的高度，四是标志着党对宣传思想工作提出了新的更高的要求。参见唐绪军. 由"宣传"到"舆论"意味着什么? [N]. 中国社会科学报，2016-04-29 (4)。

主流文化"①。

在国际政治舞台上，新闻媒体同样是各种政治力量较量的平台和手段。每个国家、每个地区或者区域性的利益集团都会通过直接或间接拥有的政治权力、政治影响力，控制自己有能力控制、影响自己有能力影响的新闻媒体，维护自己的意识形态、政治观念，实现自身的利益追求。在国际政治斗争中，各国政府、政党都会充分利用自身手中掌握的政治权力，运用本国媒体甚或他国媒体，张扬自己拥有的意识形态的合理性、价值观念的先进性，都会努力用自己的意识形态观念去支配和影响新闻媒体的新闻传播行为。"比如，西方主流媒体从来没有宣称过要对共产主义意识形态保持客观和中立。在对内和对外报道中，西方主流媒体对客观性的运用也有双重标准。"② 同样，社会主义国家的新闻媒体，也会对资产阶级意识形态展开批判，揭露其虚假性和虚伪性。实际上，两类不同性质（社会主义和资本主义）的媒体之间，由于信奉的政治观念、理想不同，尽管也会在新闻传播公认的一些原则下合作交流，但更多时候会展开直接的面对面的冲突和斗争。新闻与舆论的较量，往往是国际政治斗争的前沿阵地。

其三，新闻对政治的依赖表现在政治权力对新闻传媒的直接控制或间接控制方面，并进而表现在政治权力通过控制新闻而控制社会，即把新闻作为重要的社会控制手段之一。在不同的社会或国家中，政治权力有一些共同的或相似的管理控制新闻传媒的手段，如法律的、经济的、行政的手段，也会有一些不同的管理控制新闻传媒的手段。比如，在西方发达国家，它们更多采用媒体自治的方式，新闻业主要属于社会公共事业；而在中国，中国共产党作为唯一的执政党会直接领导管理新闻传媒（通过党的组织部门指派任命媒体领导者的方式），新闻业不仅是社会事业，更是党的事业。但总体上来说，不论中外，政治权力都会管控新闻媒体，不会放任自流，媒体受制于统治权力是基本一样的。

政治权力管理控制新闻媒体的目的很多，有些是直接为政治权力服务，

① 戴木才. 社会主义核心价值观的融通之"道"[N]. 光明日报，2017-04-10（11）.
② 赵月枝. 为什么我们今天对西方新闻客观性失望？[J]. 新闻大学，2008（2）：9-16.

如直接宣传主导政治意识形态观念，直接宣传政治权力拥有者的相关主张，以及执政过程中的路线、方针、政策，有些则是利用新闻传媒、新闻传播调控社会大众的意识和观念，引导社会舆论。有学者指出，"统治者利用新闻来凝聚社会。新闻向人们提供了同一感知和共同目标，甚至帮助专制统治者利用共同的威胁来控制人民"①，"对新闻的控制能够左右舆论，以及影响社会议题与社会辩论的能力"②。在今天这样的文明时代，新闻一方面是人民用来监督社会、监督权力的手段，但另一方面，新闻权力也紧紧掌握在统治者、统治阶层的手中，成为其控制社会、控制民众的重要手段。

　　显然，作为社会控制手段的新闻，本质上是一种政治权力的体现，是通过信息控制、思想控制、意识控制、精神控制实现的政治权力控制。只不过这是一种软控制，是相对硬权力（军队、警察、法院、监狱等）而进行的软权力控制③，更多地表现为信息引导、观念引导、舆论引导。美国著名媒介批判学者巴格迪坎针对美国新闻媒介早就提出了这样的看法，"传播媒介的权力是一种政治权力。正式的美国政治制度好像是为阿克顿勋爵的警句而设计的，阿克顿说：权力即腐化，绝对的权力即绝对的腐化。传播媒介的权力也不例外。当50个公司的男女领导人控制了影响二亿二千万美国人一半以上的信息和观点的时候，也就是美国人检查一下那些为他们提供日常世界图景的机构的时候了"④。他指出，当权者早已认识到，要控制公众，就必须控制信息。新闻控制是更加适应了信息时代、信息社会要求的社会控制方式，是越来越被统治者或者其他社会势力用来影响人们实际生存、生活的社会控制手段，也是对社会发展、对人们的社会生活影响越来越大的社会控制手段。在一些国家中，作为政治权力延伸物的新闻控制也会转换花样，隐藏赤裸裸的面目。有学者观察到这样的事实，"在日常的报道中，西方主导政治经济势力

---

① KOVACH B, ROSENSTIEL T. Elements of journalism: what newspeople should know and the public should expect [M]. New York: Crown Publishers, 2001: 21.
② 乔根森，哈尼奇. 当代新闻学核心 [M]. 张小娅，译. 北京：清华大学出版社，2014：118.
③ 但在一些社会的特殊历史阶段，作为软权力的新闻权力几乎和硬权力发挥过同样的作用。
④ 巴格迪坎. 传播媒介的垄断 [M]. 林珊，王泰玄，范东生，等译. 北京：新华出版社，1986：7.

作为新闻源对媒体的影响，政府日趋高超的操纵新闻的手段，媒体对新闻的取舍和对客观性等职业规范的主动和灵活使用，已经取代了政府的新闻审查。这使西方媒体能占领拥有新闻自由的理论和道德制高点，不仅在'国际社会'中更有合法性和可信度，也使其为西方主流意识形态服务的功效更为隐蔽"[①]。社会的统治阶层、统治者直接地或间接地控制着大众媒介，大众媒介则直接实行着对各种信息的控制，塑造着人们日常生活能够看到的、理解的世界图景、事实景象，最终的结果是人们按照统治者、统治阶层的意图去生活。但这只是统治者期望的逻辑，现实的社会生活不会如此"顺理成章"，尤其在当今新兴媒介环境中，社会大众实际上可以绕过一些体制化的新闻媒体，通过更为广泛的社交媒介了解世界、把握环境，进而形成自己对社会的独立认知。

新闻控制的直接结果表现为对人们知情权、表达权的约束和控制，这也可以看作新闻控制的核心——对新闻内容的控制。在今天这样的社会，知识和信息与实际的资本具有同等的甚至是更大的价值、更大的利益，或者说，利益实现的基础越来越依赖于相关的信息。用一句话说就是，拥有信息，才能实现利益。因而，控制了信息的流动也就在一定程度上控制了观念的流动、思想的流动、利益的流动。一个人能够知道什么，思考什么，表达什么，他实际上就是什么。如果一个群体、一个阶层是拥有一定社会中主要政治信息、经济信息、文化信息、技术信息等的群体和阶层，那么这个群体，这个阶层毫无疑问就是该社会的核心阶层。信息占有优势是利益优势生成的基础，因而，知情范围和数量、知情程度和质量的约束与限制总是信息控制、新闻控制的核心。尽管在当今信息环境中这样一些管理控制变得越来越难，但人们也不难发现，越是困难，新闻控制主体越是会采取更为严格的法律方式、行政方式、科学技术手段展开管理控制，以维护和创造有利于政治权力顺利运行的信息秩序、新闻秩序。

其四，政治对新闻的决定作用更为直接的表现是，政治力量会把新闻传媒、新闻传播作为直接的政治活动工具和活动手段。或者说，新闻活动不过

---

① 赵月枝. 为什么我们今天对西方新闻客观性失望? [J]. 新闻大学，2008（2）：9-16.

是政治活动的有机组成部分，是政治活动的重要表现场域。人们看到，在资产阶级革命斗争和资本主义政权初期的政党斗争中，新闻媒体就是展开政治斗争的机构，新闻传播基本上是政治斗争的工具。当时，作为大众媒介意义上的报纸实质上充当着政治斗争的工具，其存在与发展实际上依附于政治组织和政治力量，报道传播的内容与形式同样具有鲜明的政治倾向性。"书籍和报纸与 18 世纪欧洲启蒙运动是联系在一起的。报纸和政治小册子参与 17 世纪 18 世纪所有的政治运动和人民革命。"① 因此，人们说这时期的媒体（主要是报纸）"基本上是政治媒体"②。商业化媒体的兴起，尽管极力追求政治上的独立性，但这种独立性仍然是一定政治统治下的独立性，不可能超越政治统治的权力界限。其实，马克思主义经典作家们作为政治家、革命家活动时，事实上都把新闻媒体当作政治活动、革命活动的工具和手段。比如，列宁当年就把办报作为建党的方法和工具，而在领导苏维埃革命的过程中，报纸则是革命的工具。十月革命胜利后，报纸就转变成了经济建设、社会建设的工具。在中国，由于特殊的历史原因和社会需要，政治性媒体从近代以来一直占据着绝对的主导地位，始终是各种政治力量进行政治斗争和政治宣传的工具，无论是维新派、革命派，还是后来的国民党、共产党，都把报刊作为展开政治活动、政治斗争的工作和舞台。直到今天，坚持党性依然是新闻媒体展开新闻舆论工作的最重要的原则。也就是说，新闻媒体本质上仍然是政治第一的媒体，新闻媒体依然是极为重要的政治工具。

　　新闻媒体在政治舞台上，不仅是国内政治的工具，也是国际政治的武器，是各国之间展开政治交往的有效平台和进行政治竞合的有力手段。不难看到，几乎在每一次重要的国际政治事件中，甚至在带有政治味道的其他事件中，相关国家的主流媒体之间斗智斗勇、互不相让，都在为本国的政治利益、经济利益、文化利益等服务。比如，对于西方之外的国家来说，"一个国家会不会被西方媒体妖魔化和污名化，与这个国家的政权性质有关，而这里最关键的是这个国家的主导力量是不是维护西方（主要是以美国为核心代表的国际

---

① 施拉姆，波特.传播学概论［M］.陈亮，周立方，李启，译.北京：新华出版社，1984：18.

② 唐海江，吴高福.西方政治媒体化评析［J］.国际新闻界，2003（2）：17 - 22.

垄断资本）在该国的利益"①。西方媒体会受制于西方政治的影响，而成为批评攻击与西方不一致的政治的工具。对于西方以外的国家，本质上也一样，也会动用本国媒体与西方国家的政治攻击、政治批评展开斗争，维护自身的政治利益或其他利益。在媒介形态越来越复杂丰富的环境中，政治竞合的平台、中介也越来越多，通过各种平台、中介参与国家之间展开的政治交流、政治斗争的主体类型越来越多。

其五，政治对新闻的主导作用最为常态的表现是，政治新闻是新闻传媒日常报道的主角，政治活动内容始终是主流媒体新闻传播的核心部分，它们占据报纸的主要版面，占据广播、电视、网络的主要时间段和空间。诚如有人所言，"在大众传媒报道的内容上，政治是大众传媒重要的消息来源和报道内容，由于会对人们的生活和社会发展带来巨大影响，大众传媒特别是综合性的有影响的大众传媒必须对政治领域的状况进行报道"②。不同政治制度中的新闻媒体都是如此，几乎没有例外。当然，在有些政治制度下，报道什么样的政治内容、如何报道相关政治内容，主要是由新闻传媒自身决定的，甚至在媒体与执政者之间表现出某种对立③。而在有些政治制度下，报道什么、如何报道，在事关重大政治新闻、时事新闻时，可能是由政治统治权力通过相关方式直接决定的，通过政治权力机构实行统一的安排，以千报一面、千台一声的方式表现出来。④

---

① 赵月枝. 为什么我们今天对西方新闻客观性失望？［J］. 新闻大学，2008（2）：9－16.

② 刘华蓉. 大众传媒与政治［M］. 北京：北京大学出版社，2001：41.

③ 这里需要特别注意的是，新闻媒体与当前执政者的对立并不是与其所在社会环境中政治制度的对立，反倒很可能是媒体认为执政者的执政战略、执政策略和相关决策、行为违背了国家根本利益，实行了错误的执政理念，因而，媒体会对执政者展开激烈的批评。比如，美国总统特朗普与一些美国主流媒体的对立呈现的正是这样的情况。但这样的情形，只能发生在奉行政治自由、新闻自由的社会环境中，并不是所有社会中的新闻媒体都可以直接批评执政者。

④ 比如，在我国，对于重大政治新闻的报道，如关于党的全国代表大会的报道、全国"两会"的报道，甚至是关于一些重要典型的报道，中共中央宣传部、中国记协都会直接领导、策划、设计、组织相关重要报道。这些组织、机构不仅会管控整个新闻报道过程，还会统一重要新闻媒体的报道内容和形式（如在相同的时间推出相同的报道，采用统一的新闻报道主体和栏目），自然也就出现了"千报一面、千台一声"的局面，从而形成新闻报道的统一步调和规模化效应。我国新闻传媒在重大政治新闻报道中形成的这种"以规定动作为主、自选动作为辅"的模式，当然是由我国的政治制度决定的，是由政治制度决定的媒介制度决定的，是由我国新闻业的性质与新闻传媒是党和政府的耳目喉舌的功能定位决定的。

政治性内容之所以能够成为新闻媒介的重要内容，原因来自两个方面：一是政治权力本身的诉求，政治权力面对的总是一定的社会人群和组织，它需要社会能够看到自己的形象，听到自己的声音，贯彻自己的意志。反过来讲，社会大众对政治权力、政治权威的政治行为也比较关心，因为这关系到他们的实际利益和命运。二是正是由于政治权力在社会运行中的特殊地位与作用，新闻媒体不得不关注它的一举一动。因而，新闻媒体对政党、政府消息源的依赖是司空见惯的事情，具有全球普遍性。而且，在一个国家中，越是重要的、有影响的新闻媒体，事实上对政党（主要是执政党）、政府作为信息源的依赖性越强。这是因为，通常来说，越是重大的新闻，越是事关社会大众利益的事情，越是具有重大新闻价值的事情，政党、政府实际拥有的新闻资源、新闻控制权力越大，对新闻媒体的作用和影响也就越大。

在大多数情况下，新闻媒体与政府之间是实质性的合作者，甚至是合谋者，它们会在国家利益、人民利益的名义下、招牌下，共同塑造它们想让人民看到的"实际景象"，它们会把新闻媒介当作共同的塑造社会秩序的中介工具。政治逻辑有时会与媒介逻辑十分巧妙地合拍运转。在西方社会，政治逻辑需要与媒介逻辑协商，以求得实质上的和谐一致。当然，由于西方国家实行多党制，政府与媒体之间的关系表现得比较复杂，执政党与在野党都有偏向各自的媒体，自然也会形成各自性质偏向、形式偏向的报道内容，但这恰好说明政治对于新闻的制约作用。在中国，毋庸讳言，政治逻辑与媒介逻辑本身就是一个逻辑，因为新闻事业就是党的事业，就是政府的事业，政党、政府对新闻有着直接的管理控制能力，新闻传媒直接充当着党和政府的耳目喉舌。因而，即使在新闻操作层面上，媒介逻辑同样必须服从政治逻辑，政党会通过自己的相关组织部门（如宣传部门），在重大新闻的报道中直接策划、设计、规定相关的报道内容及报道方式。

第四，新闻依赖律特别表现为人类新闻活动的历史演进受制于人类社会生产力的整体发展状况。从总体上说，生产力水平越高，人类新闻生产能力、传播能力就越强。细致一点说，一定社会的生产力水平、整体的技术发展水平，特别是传播技术发展水平，对新闻活动的具体形态、具体方式有着更为直接的主导性作用。由于技术对新闻媒介形态的历史演变、新闻生态环境的结构变革、新闻生产传播方式、新闻收受消费方式、新闻管理控制方式以及它们背后的新闻思维方式、新闻观念等有着全面而实质性的作用和影响，也就是说，在技术与新闻之间有着特别直接而重要的内在关系，因此，我在下文将专列一小节对此加以论述，并在总体性的新闻依赖律之外提出技术与新闻之间的特别规律——技术主导律。

上面，我从社会整体结构角度，从新闻领域与经济领域以及与政治领域的关系角度论述了社会整体发展对新闻业演进的决定作用。在新闻规律论视野中，我将其概括为新闻依赖律。就是说，人类社会的整体发展水平决定着人类社会新闻活动的整体水平，二者是同步的、一致的。从近现代新闻业角度看可以说，一定社会发展的整体水平决定着新闻业的整体发展水平，与社会整体发展、社会形态、社会性质演变的同步性是新闻业发展最明显的特征之一。就是说，社会整体发展的特征，特别是政治、经济变化特征，主导着新闻业的演进特点。比如，自从近代新闻业诞生以来，法国新闻业总是动荡起伏，很少有哪家报纸能够长期稳定发展，这与法国政治、社会的不断变革高度相关。相关研究者指出，"在历次动荡中，法国新闻业多次被迫中断、重新洗牌，这造成法国历史上影响重大的报刊数量众多，但却大都稍纵即逝"①。与法国不同，英国的新闻业的发展总体上就比较稳定，这与英国社会的整体发展特点也是相一致的。有学者指出，"整体而言，历史的延续性和英国政治的非绝对对立的发展传统，使得英国新闻传播业的发展保持了相当的延续性，商业性新闻传播业的发展遇到的阻力较小，发展呈渐进型；新闻传播史上没有因政治原因而出现断代的现象，各种媒介的消失基本上是经济竞争的结果"②。如果我们观察一下中国政治与中国新闻业的历史关系，同样能够看到这样的情景。每当政治统治相对宽松，新闻业便蓬勃发展，每当政治统治比较严苛，新闻业便出现萎缩。中国近现代史上的新闻起伏（办报高潮

---

① 陈继静. 法国新闻传播史［M］. 北京：人民日报出版社，2017：263.
② 陈力丹，董晨宇. 英国新闻传播史［M］. 北京：人民日报出版社，2015：12.

的出现与跌落）都可以说是这种关系的典型表现。[①] 其实，世界各国的新闻业发展与其社会发展的特征是相似的，有什么样的社会整体变化特征，特别是有什么样的政治统治特征，新闻业就会显示出什么样的特征。因而，应该说，人类新闻活动、新闻业与人类社会整体发展的同步性，是由社会系统的有机性决定的。

从社会系统的结构出发，我们就能更好地、更为清楚地看到新闻对于社会的依赖性，看出新闻依赖律的实质内容。作为思想上层建筑一种形式的新闻领域，直接受制于政治上层建筑，从根本上则受制于经济基础。具体表现为以下方面：人类新闻活动、新闻业的演进根源上是由一定社会整体的生产力发展水平决定的，典型表现为人类新闻活动的历史演进状态是由技术演进主导的（下一节专论）；一定社会的经济制度与经济发展水平，政治制度与政治权力运行方式，从整体上决定着新闻制度，决定着新闻业的性质、属性及功能，决定着一定社会主导性新闻媒体的构成方式，决定着一定社会整体的新闻图景再现、塑造和建构方式。因为"一个社会的主导媒介定义了该社会符号活动的空间范围和时间定位，凝聚了该社会生产、消费和再生符号的方式和规律"[②]。

新闻依赖律提醒人们，从原则上说，新闻业的发达与社会文明程度是成"比例"的[③]，有什么样的社会制度（主要表现为政治制度、经济制度），就有什么样的新闻制度、新闻体制，就有什么样的新闻。"社会环境不仅决定传媒制度、传媒发展水平，甚至决定传媒的行业规范、职业理念和运作方式。"[④] 因此，"如果我们将新闻媒体从其运作的社会、经济和政治背景下分

---

① 方汉奇. 中国新闻传播史［M］. 北京：中国人民大学出版社，2002. 其中第三章"国人办报活动的兴起与在维新运动中报业的大发展"中的第二节"维新变法运动与第一次国人办报高潮"、第四章"辛亥革命时期的新闻事业"中的第二节"清末新闻法制的建设与第二次国人办报高潮"、第五章"民国初年的新闻事业"中的第二节"袁世凯与北洋军阀统治下的新闻事业"均有相关论述。

② 张森. 政府传播视角下环境信息公开的现状与出路［J］. 新华文摘，2016（21）：151-155.

③ 邵飘萍的观点。参见朱至刚. 早期中国新闻学的历史面相：从知识史的路径［M］. 厦门：厦门大学出版社，2016：32-33。

④ 罗以澄，吕尚彬. 中国社会转型下的传媒环境与传媒发展［M］. 武汉：武汉大学出版社，2010：54.

离出来，我们就有可能夸大媒体的权力和影响力"①。而这正是我们研究新闻的人应该特别注意的事情。即使在新的媒介环境中，在新闻业整体上已经开启后新闻业时代的背景下，新闻与社会，新闻与经济、政治如此的基本关系也并没有发生什么改变。人们看到在新的媒介形态环境中，新闻生产传播的主体更多了，也似乎更为自由了，但是，谁也不会否认，当今的新闻生产传播消费更会受到经济力量、商业力量的左右，人们能够看到的新闻越来越多地操控在那些巨无霸式的新兴互联网公司手里。正是这些公司、企业，凭借强大的经济力量，运用新兴技术力量通过算法"算计"着社会大众的新闻消费行为，而背后的动机更多的是它们自身的利益，而非公共利益。社会大众在虚假的主动性新闻消费中其实变得更加被动，一定意义上失去了对真实新闻需要的判断能力；政治统治力量同样通过新的法律、行政等手段，通过新的技术安排，力求使新闻活动运行于它们希望的范围内。其中自然有合理的、有不合理的，但这不是我们这里关注的主要问题，这里只是想说明，新兴媒介环境并没有改变新闻与社会整体之间、新闻与经济和政治之间的基本关系。新闻依然像过去一样，受制于或依赖于社会整体发展，受制于或依赖于一定社会经济、政治的整体状况。

当然，在新闻与社会之间，新闻与政治、经济、文化、技术之间，新闻与宗教、哲学、艺术、道德等之间，有着十分复杂的具体关系，新闻在政治、经济、技术等面前，也不仅仅是受制于它们，它也会对它们有反作用，也会对它们形成一些主动的影响，具有自身的相对自主性和独立性，这正是我要在下文中分析的另一面。

2. 新闻对社会发展的能动作用②

新闻系统与社会整体之间本质上是相互影响、相互作用的关系，不只是新闻对社会的依赖，对政治、经济的依赖，还有新闻业、新闻传媒、新闻传播、新闻对社会整体发展以及其他社会子系统变化的主动作用和影响。事实

---

① 艾伦. 新闻文化［M］. 方洁，陈亦南，牟玉涵，等译. 北京：北京大学出版社，2008：3.

② 特别说明，本小节与上小节的部分内容，以本人撰写出版的《新闻理论研究引论》相关内容为基础，但做了较大幅度的调整和修改。参见杨保军. 新闻理论研究引论［M］. 北京：中国人民大学出版社，2009：第6章，第7章。

上，"新闻在人类社会中占据极其核心的话语地位，是左右历史发展的一种力量"①。有人就从社会权力角度指出，"毫无疑问，媒体是现代社会一种典型的权力机构，它凭借社会分工和技术手段所获得的'话语权'，可以形成强大的舆论力量，对其他社会领域中的权力产生干预和影响"②。新闻依赖律所强调的核心是政治、经济对新闻的作用根本上和整体上要大于新闻对它们的反作用。但要全面理解新闻依赖律的内容，还得从新闻对社会的主动作用（反作用）一面去探讨。如此，我们才能在相互作用、相互影响的关系中揭示出新闻依赖律的内在机制。这里，我主要从新闻与政治、新闻与经济、新闻与文化的关系入手，阐述一下新闻对它们的一些主动作用和影响。需要预先特别说明的是，在现实社会中，政治、经济、文化等对新闻的作用，与新闻对它们的反作用是共在共时的，更多时候是融合在一起的，很难像我们在表述逻辑上分得那么清楚。

第一，新闻对政治的主动作用和影响。新闻传播直接表现为信息手段、舆论手段，既为社会公众参与政治活动提供条件，又是展开政治监督的有效方式。新闻对于政治文明、政治权力的公正运行具有促进作用，但运用不好也会对政治建设带来负面影响。新闻对政治的作用和影响主要表现在以下几点。

其一，作为相对独立的社会子系统，新闻领域具有传播信息、报道新闻、监测环境、守望社会的特殊功能作用。从新闻与政治的关系角度看，新闻最基本的功能就是它能够为社会公众参与政治活动提供真实、新鲜的事实信息。

新闻本质上属于事实信息，新闻的基本功能是反映和呈现社会的最新变动情况。在一定社会范围内，真实、客观、全面、准确、及时、公开、透明的新闻报道，是保障人们知情权、参与权、表达权、监督权的信息基础。同时，新闻媒介，作为可以呈现、交流公共意见的平台或领域，也是保障人们言论自由、出版自由、新闻自由权利得以实现的公共渠道和平台。新闻媒介与新闻的这些基本属性与特征说明它们不仅是社会公众参与政治活动的工具，

①　史剑辉. 新闻观：人文主义转向何以可能?：南京大学杜骏飞教授专访［J］. 新闻记者，2018（10）：29－36.

②　芮必峰. 新闻生产中的力量博弈［M］. 北京：中国传媒大学出版社，2018：187.

其本身也是重要的政治活动方式。因而，媒介领域也成为相当重要的政治场域，人类的政治活动、人们的政治参与往往会以新闻方式呈现在媒介平台上。

新闻是现代社会监测环境变动、监督政治权力运行的重要方式，甚至被看作一种特殊的社会权力系统。[①] 监督政府、守望社会、监督其他社会领域权力的运行情况，是新闻媒介作为社会公器的重要职能，是新闻媒介维护社会公共利益、承担社会责任的基本方式。通过新闻手段，揭露各种政治丑行、腐败行为、不良社会现象，维护社会公平正义，促进政治权力的良性运行，已经成为当今世界各国政治治理的基本手段之一，也是建设政治文明的必需手段之一。新闻的如此重要职能说明，新闻对政治权力的公正使用，对政治权力机构、组织的正常运行，保证社会政治文明的健康发展有着特别的作用和影响。这样的作用和影响会表现在新闻媒体的日常新闻报道中，媒体通过对政治运行中各种具体行为表现的报道，不仅能够形成直接的新闻监督，也能使社会大众及时了解相关情况，并引发一定的社会舆论，对权力的运行形成社会监督。在新兴媒介生态生成之后，民众个体与"脱媒主体"由于都可以相对独立地展开大众化传播，自然成为新的具有社会普遍性的监督力量。事实上，人们已经看到，在当今这样的媒介环境中，非职业新闻传播主体的新闻监督、舆论监督力量一定意义上正在超过职业新闻传播主体的影响，这是因为如此传播主体天然分布在社会所有领域、分布在社会的角角落落，比起职业新闻传播主体的有限性，能够及时发现大大小小发生在社会环境中的各种可能事件。当然，职业新闻传播主体在监督政治权力运行、监督各种社会力量活动中有非职业新闻传播主体不可替代的作用，毕竟有些领域非职业新闻传播主体无法进入，非职业新闻传播主体也难以用专业的方式展开相关的调查和报道，其监督的准确性、合理性往往会出现一些偏差。

同时，我们必须注意事情的另一面。如果新闻传媒不能履行自己的基本职能，不能有效满足社会公众的知情需要，特别是不能正常履行自身监督政

---

① 在西方发达国家，新闻媒介往往被看作与立法、行政、司法并列的第四权力机构，而新闻则被看作与其他三者并列的第四权力，其功能主要是对其他三种权力的运行展开监督。这虽说有点夸张，但也足以说明新闻系统在整个社会系统中的特殊地位与作用，特别是它对社会权力系统的监督作用。

府、监督社会的重要职能，那就难以对政治文明建设发挥良好的作用。现实中，一些新闻传媒不仅没有履行应该承担的社会职责，没有遵循新闻传媒应该坚守的新闻传播原则，而且还会主动与一些政治组织、政治力量或社会力量沆瀣一气，利用新闻媒介、新闻手段造谣生事、蛊惑人心。如此一来，新闻就成了破坏一定社会政治权力正常运行的不当力量。因此，新闻传媒如何以正当且合理的方式展开新闻监督始终是一个重要的理论与现实问题，必须依据不同社会的具体环境做出具体的分析探讨。

其二，进一步说，新闻是进行政治动员、政治教育、政治引导的有力手段，是公众参与政治活动的重要渠道或平台，也是产生政治变革的重要力量。新闻媒介的政治偏向、相关议题设置，不仅会影响一些政治事件、政治问题的走向和解决方式，也会直接或间接影响一些政治人物的政治命运、人生际遇。

自从近代大众媒介产生以来，新闻传播就成为人们进行政治动员、社会动员的有力手段。有政治意图、政治理想的新闻传播者，总会想方设法利用新闻传播去影响既有的政治力量，甚至会创设新的政治理念，展开社会动员、政治动员，鼓动新的政治行动，促成新的政治力量登上历史舞台。有学者指出，"在世界文明史上，报刊宣传与社会政治体系的变革密切相关。当历史处于和平演进状态时，报刊的社会影响力是难以明显觉察的，但是一旦变量的累积引发历史的质变时，报刊将成为政治变革动能的倍增器"[①]。马克斯·韦伯明确指出，新闻"在所有情况下都始终是专业政治活动最重要的手段之一"[②]。这样的事实，我们在资产阶级和无产阶级革命运动史上，可以说屡见不鲜。每一政治力量，在试图使自身发挥社会作用的过程中，无不充分利用新闻媒介、新闻手段。"新闻力量"始终是政治力量系统中的重要组成部分，是"笔杆子"力量系统中的"先锋官"。即使在社会和平时期，媒介的新闻传播也是极其重要的政治动员、社会动员手段，而新闻媒介更是成为社会公众

---

① 唐海江. 清末政论报刊与民众动员：一种政治文化的视角 [M]. 北京：清华大学出版社，2007：5.
② 乔根森，哈尼奇. 当代新闻学核心 [M]. 张小娅，译. 北京：清华大学出版社，2014：395.

展开政治思想、政治观念交流、交锋的渠道或平台。比如，在中国，1978 年改革开放以来的历次思想解放运动无不与新闻媒介、新闻传播高度相关。如关于"实践是检验真理的唯一标准"的全国性大讨论，关于市场经济到底"姓社姓资"的争论，以及政治民主进程的加快，都离不开新闻传播的社会动员和政治动员。新闻在社会政治启蒙、大众政治觉醒、思想解放中发挥了不可替代的巨大影响力。至于新闻传播在日常的政治教育、政治引导、政治观念传播中，更是发挥了不可小视的重要作用。在西方社会，新闻的政治动员、政治教育、政治引导作用同样司空见惯，只是表现方式与中国可能有所不同。比如，对每次不同层次政治选举的新闻报道，实质上就是全民性的政治教育过程、政治动员过程，也是一些基本政治观念的传播过程。美国新闻界甚至是世界新闻界关于美国总统选举过程的报道，都在有意无意之间实质上传播了美国的政治民主观念，一定程度上报道和传播了美国民主选举制度的运作方式。就是在日常的新闻监督中，也清晰宣示了新闻传播主体的政治立场和政治理想，什么是传播主体赞同的、什么是不赞同的，什么是传播主体希望的、什么是不希望的，通过新闻监督的重点偏向，就会跃然纸上。

新闻媒体经常通过新闻报道设置政治议题，为国际或国内政治活动营造一些热点，促使统治阶层或组织（政党、政府）、政治人物重视并解决相关问题。人们常会看到，新闻媒体高度关注的事件、现象才会成为政党、政府不得不关注的问题，成为政治家不得不关注的问题。在一定社会范围如此，在世界范围同样如此。人类共同面对的一些问题，诸如环境污染、气候恶化、资源枯竭、贫穷等，如果没有全球新闻传媒的高度关注、反复报道，那就很难引起各国政治家的重视。反过来看，如果一些政治活动、政治议题，不能吸引媒介的关注，得不到新闻的报道，它们可能就不被世人关注。在一些极端情况下，新闻传播已经在某种程度上表现出主导政治活动的情况，具体表现为"媒体议程主导政府议程""媒体报道主导政治事件的产生、发展和结局""媒体主导政治人物的命运"等。[①] 这种描述、判断未必完全符合实际，但至少在现象上似乎如此。美国一些政治学者认为，"在美国政治中，大众传

---

① 唐海江，吴高福. 西方政治媒体化评析 [J]. 国际新闻界，2003（2）：17-22.

媒总是显得颇为突出"，"今天，大众传媒是美国政治中举足轻重的组成部分"①。媒体与政治的整体关系也被描述为"政治媒体化"的关系。② 无可置疑的是，新闻媒介、新闻报道对政治活动的激发与引导作用在当今社会已经成为普遍事实。因而，政治媒介化或媒介政治化，才会成为人们关注和研究的现象。

当然，新闻对社会公众的政治动员作用，以及对政治活动的引导作用、议题设置作用，也会产生一些不好预料的负面效应。有些新闻报道往往会引发社会动荡和社会混乱，个别新闻报道甚至成为国家之间、民族之间发生各种争端的导火索。不少时候，新闻媒介和新闻本身成为政治争斗的舞台和方式。在今天这样的全球化、信息化、网络化社会，人们更是经常看到，网络空间不时成为国际、国内政治"口水战"的前沿阵地，身在其中"战斗"的，主要不是政党、政府、政治人物，而是不同群体、不同国家、不同民族的普通社会大众。新闻成了战斗方式，媒介成了战斗平台。这些虚拟空间中的"言论活动"，对现实政治往往形成相当大的影响。我们甚至看到，一些本无多少政治意义的事件，一旦进入网络空间，成为不同国家社会大众之间的争议话题，过不了几个回合，就有可能上升到民族感情、国家情怀层面上，成为国际政治意味浓烈的碰撞。

其三，不断变化更新的媒介形态、新闻形式也在不断改变政治活动的方式，从而显示出媒介、新闻对政治与时俱进的作用和影响。一定意义上说，不是政治活动主体利用了不断更新的媒介形态、新闻形式，而是政治活动主体不得不屈从于媒介形态的属性和新闻形式的变化。也就是说，不同时代的媒介形态、新闻形式在一定程度上制约着政治活动的展开方式、政治权力的运用方式。

传播技术和其他相关技术的不断发明创造，导致新的媒介形态结构在生成，新的传播主体结构在生成，新的新闻活动方式在生成。与此相伴，政治活动的方式也在不断发生变化，媒介与政治、新闻与政治之间也不断出现一

---

① 罗斯金，等. 政治学［M］. 林震，王锋，范贤睿，等译. 北京：华夏出版社，2002：130－131.

② 唐海江，吴高福. 西方政治媒体化评析［J］. 国际新闻界，2003（2）：17－22.

些前所未有的表现形式。到了当今新兴媒介时代，整个政治活动的方式已经开启了一些新的结构性变化，传统媒体政治依然存在，而网络政治、新媒体政治已经成为极为重要的媒介政治领域。可以说，从政治传播到实际的政治运行都受到了新兴媒介与新兴媒介环境的强烈影响。

从纵向上看，每当一种新的媒介形态面世，就会促成新的政治活动方式和政治表现方式（通常表现为政治动员方式、宣传方式、组织方式和实现方式）。有了报纸，就有报纸政治；有了广播，就有广播政治；有了电视，就有电视政治；有了网络，就有网络政治；有了手机，就有手机政治；有了社交媒介，就有社交媒介政治。政治会渗透在每一种媒介形态之中，反过来说，不同媒介形态会促成不同的媒介政治形式。媒介形态及其信息（包括新闻）传收方式，制约着一些政治活动的展开方式。很多政治活动不得不按照媒介特点设计，不得不按照新闻传播的节奏展开，不得不按照人们的媒介接触方式运行。也就是说，政治在媒介和新闻面前显现出明显受制的一面。[①]

从当今现实观察，我们甚至可以看到政治对媒介、新闻高度依赖的景象。一些政治活动只有经过新闻呈现才有实质意义，一些政治人物不得不通过新闻媒介、新闻报道来"刷"或展现自己的存在感。在日常的政治活动中，如果政治家们的形象、声音、讲话等在电视上、广播里、网络中、报纸上得不到呈现和传播，人们就很难意识到政治家们的存在，人们也无法评价政治家的言行。如果某些政治人物因为特殊情况在一段时间内没有被媒体新闻呈现，人们就会产生各种各样的猜忌和推测。媒介和媒介的新闻报道，已经成为政治呈现的平台与必要方式，成为政治人物的表演空间和场地，成为政治人物与民众互动的中介。在这样的过程中，政治活动者在媒介面前、在新闻报道面前，往往会表现出更多的"被动的"主动性，他们"有求于""依赖于"媒介的新闻报道。显然，在一般意义上说，新闻在政治面前也会表现出自身主动有力的一面。

如果再看一些比较细致的画面，就能更为清楚地看到媒介、新闻对于政

---

① 正因为如此，在当今新兴媒介环境中，越来越多的政治组织、机构也像其他社会群体、组织一样，为了及时主动展现自身的政治观念、政治行为，积极创办了自己的媒介平台，以减少对其他媒介渠道、平台的依赖。

治的作用和影响。当今，大多数情况下，政治变成了电视聚光灯下的政治，变成了网络视频中的政治，变成了微博、微信中的政治，政治成为一种"展示政治""形象政治"①，一种屏幕政治或界面政治。"在电视上，政治家们给观众的不是他们自己的形象，而是观众想要的形象。"② 在社交媒介中，政治家们不再那么颐指气使，而是努力与公众平等友好地交流。"一些批评家认为，只要有足够的钱，候选人在实质上可以通过电视买到官职。"③ 美国前总统奥巴马在其《希望的勇气》一书中写道："竞选，需要电视媒体和广告，这就需要钱，去弄钱的过程就是一个产生腐败影响的过程，拿了钱，就要照顾提供金钱者的利益。"④ 这里，我们既可以看到媒介、新闻对政治的影响，又可以看到资本、经济对新闻的深层作用。毫无疑问，新闻媒介已经成为展现政治活动的舞台，"政治权力的行使愈来愈多地发生在一个可视的世界舞台上"⑤。"电视政治"或者宽泛点说"媒介政治"已经拉开大幕并且节目不断上演。比如，战争，血淋淋的战争——政治斗争最集中的表现甚至成了"完美的"电视表演，成为政治逻辑与媒介逻辑合谋下的产物和罪恶。⑥ 议会政治成为各种政治人物充分利用媒介的公开的表演方式，他们的辩论就像一场精彩的话剧，有时还会有一些"少林小子式"的表演插曲⑦。政治似乎多多少少有点娱乐的味道。但所有这些真真假假的政治表演，都需要媒介的配合。如果某种政治活动不被新闻媒介关注，不能成为新闻报道的内容，这种活动在世界上似乎就没有发生过。不被媒介关注的政治也就成为不被社会大众关心的政治，而不被社会大众关心的政治将失去政治的意义。

以互联网为基础的新兴媒介时代到来后，媒介、新闻对政治的作用和影

---

① 关于"形象政治"，可参见波兹曼. 娱乐至死 [M]. 章艳，译. 桂林：广西师范大学出版社，2004：第9章。

② 波兹曼. 娱乐至死 [M]. 章艳，译. 桂林：广西师范大学出版社，2004：174.

③ 罗斯金，等. 政治学 [M]. 林震，王锋，范贤睿，等译. 北京：华夏出版社，2002：136.

④ 张维为. 平视西方体制，中国应更自信 [N]. 环球时报，2008-07-07 (11).

⑤ 史蒂文森. 认识媒介文化：社会理论与大众传播 [M]. 王文斌，译. 北京：商务印书馆，2001：217.

⑥ 阿什德. 传播生态学：文化的控制范式 [M]. 邵志择，译. 北京：华夏出版社，2003：第9章.

⑦ 人们不时会从电视上看到，一些国家、地区的议员，在议会辩论中，不仅唇枪舌剑，也会大打出手，在聚光灯下上演三流少林拳脚。

响也可以说进入了一个新的时代。一个新的政治时空（网络政治时空）正在形成，它对传统的政治活动、政治权力运行已经带来并必将带来巨大的影响。从原则上说，新兴媒介具有的属性和特征都会带入它对政治活动的影响之中。借助新兴媒介，社会公众更易于了解政治权力的运行，更易于行使自己的政治权利、参与政治活动。通过新兴媒介渠道和平台，社会大众更容易被动员、组织，不仅形成虚拟空间中的政治表达，也会形成现实空间中的政治行为。通过网络空间，不同社会阶层、群体之间的政治沟通更加容易，但政治矛盾、政治冲突也更易爆发。借助网络空间，社会大众有更多机会和可能揭露政治腐败、政治权力滥用现象，但也更易于形成官民矛盾和冲突，更易放大一些事件的政治影响和社会影响。总而言之，新兴媒介时代的到来，后新闻业时代的开启，使得媒介、新闻对于政治的作用和影响有了更多、更大的机会，甚至会带来结构性的影响。"以互联网为代表的当代信息技术的兴起与普及，直接开启一个平民参与的政治时代"，"及时、廉价、便利，成为互联网时代政治参与的突出特点"[①]。因而，网络政治、网络时代的新闻与政治，必然会成为政治学、政治实践越来越重要的课题，当然也会成为越来越重要的媒介问题、新闻问题。

第二，新闻对经济的能动作用和影响。在新闻与经济之间，我们在前文已经阐明，经济处于整个社会结构的基础地位，对作为上层建筑意识形态领域的新闻具有决定性的作用。但与此同时，新闻对经济领域也有特殊的能动作用。作为一个行业（新闻业）的新闻领域、新闻系统已经成为越来越重要的信息产业，是一定社会经济基础的重要组成部分。新闻媒体在市场经济环境中也是一类企业，必须按照经济规律、市场经济规律展开运行。新闻作为产品，在市场经济环境中已经成为一类特殊的文化商品、精神商品、信息产品。新闻的经济化、商业化、市场化，使新闻成为经济系统的有机构成部分。笼统地说，新闻的产业化使它对整个经济系统的实际运行状况有了自然的作用和影响，即媒介经济、新闻媒介经济的质量对整个经济系统的运行质量有了直接的作用和影响。这样的作用和影响似乎更具实质性，但并不是新闻对

---

① 庞金友. 消解民粹主义［J］. 新华文摘，2017（11）：10-12.

于经济领域的典型作用和影响。分析新闻系统对经济系统的作用和影响，要从新闻系统的特性、特殊功能出发去考虑，也就是把新闻系统主要看作传播信息、报道新闻这样一个系统。在这样的视野中，新闻对经济的作用和影响才是新闻对经济的反作用。这样的反作用主要表现在以下几个方面。

其一，新闻对于经济的直接作用，就是通过新闻报道、信息传播能够使人们及时了解整个世界特别是一定社会的一些经济运行情况，进而激发人们的经济行为，从而有可能对经济发展形成动力作用。

新闻传媒通过新闻报道和其他各种信息的传播活动，可以对社会公众进行经济引导和经济教育①，可以激发和引导社会公众作为经济活动主体的经济思维和经济开创行为。新闻报道以及其他资讯，不仅使人们能够获得经济知识、经济信息，了解世界经济、国家经济、地方经济的宏观发展状况，认识经济活动的本质、表现及其重要性，更为重要的是，在此基础上，可以指导、引起甚至激发人们的经济行为。施拉姆等人在论及大众传播的功能时，就把经济功能放在十分重要的位置上，其中就包含着大众传播媒介通过经济信息的收集、提供和解释能够帮助人们开创经济行为②，从而对整个社会的经济运行和社会经济生活构成实质性的影响和作用。

在信息社会的大背景下，特别是在经济活动、经济行为全国化、全区域化、全球化的现实环境中，新闻报道对经济活动有着特殊的沟通作用、启示作用、醒示作用和开创引导作用。从原则上说，新闻报道（不只是经济新闻报道）可以为所有的经济活动主体提供超越时空限制的、几乎不需要什么成本的相关信息，可以为那些有准备的经济头脑全天候地提供有价值的各类信

---

① 列宁当年曾经把报刊作为对人民进行经济教育的工具，使其成为实现"伟大过渡"——从政治斗争为主向建设社会主义经济基础过渡——的工具。参见童兵. 马克思主义新闻思想史稿［M］. 北京：中国人民大学出版社，1989：279-290。中华人民共和国成立初期和改革开放以来的中国将经济报道作为新闻业活动的核心，对社会经济发展起到了巨大作用。对普通社会大众来说，他们正是通过日复一日的新闻报道与其他信息（当然这不是唯一的渠道和方式），建构了自己对整个世界、整个国家宏观经济的理解图式，并在潜移默化之中积淀了常识层次的经济知识。甚至一些专业性的经济知识也是通过媒介的经济报道和相关信息获得的。

② 在施拉姆等人的眼中，大众传播的经济功能并不仅仅限于为其他产业提供信息服务，它本身就是知识产业的重要组成部分，在整个社会经济中占有重要的地位（对此，我们在前文的上层建筑经济基础化中已经做过分析）。参见郭庆光. 传播学教程［M］. 北京：中国人民大学出版社，1999：114-115。

息。新闻，包括纯粹经济新闻以外的所有其他新闻，都有可能直接或间接影响到大至国家、跨国公司，小到一个企业、一个家庭、某一个人的经济生活或者经济行为。很多新闻不只是直接的经济新闻或经济信息，在某种意义上都有转化为有经济价值的信息的潜力。新闻信息，早已成为公开并且重要的经济情报；不少新闻报道，其中蕴含着或者透露着重要的经济开发契机或者难得的商机。经济活动主体的经济决策、经济行为，总是依赖它们获取的相关信息以及它们对各种信息价值的分析和判断。在互联网成为重要的商业平台后，经济新闻以及相关的经济资讯为无数普通社会个体从事商业活动提供了先导性的服务。不少人正是通过新闻报道、商业信息获知一些供需情况，然后开设网上交易平台，开创了自己的经济行为。

在时间、空间不再成为新闻传播障碍的当今社会，一条相关的新闻可能会激起全球化的经济关注，引起巨大范围的金融波动、市场起伏、价格升降，甚至会促成相关经济体既有经济政策的调整和新的经济政策的出台。由新闻报道引发的不同经济体之间的经济矛盾，也是司空见惯、不足为奇的。新闻报道已经对各种经济活动主体的经济活动形成了实际的影响和作用，不管是正面的还是负面的，它们的存在都是不可否认的。作为意识形态的新闻信息，已经深深嵌入到整个社会的经济生活之中。

新闻报道以及其他媒介信息对经济活动主体的经济观念、经济思维、经济心理、经济行为等的影响和作用是多样化的，结果也具有多种可能性。但具体如何，则要看新闻报道本身的内容和性质、新闻传播的具体环境和时机、经济活动主体自身与相关报道的关系，以及经济活动主体对待新闻报道的态度与处理方式等。如何处理与新闻媒介的关系，在普遍意义上说，已经成为经济活动主体，特别是组织化经济活动主体日常事务中的重要工作。在某种可能的公关危机事件面前，经济活动主体与新闻媒介之间则更会形成一种特别的关系。我们甚至可以说，在今天的信息环境中，不会与新闻媒介、不会与新闻打交道的经济活动主体很难在市场经济的海洋中自由徜徉。

新闻报道，特别是与普通大众日常经济生活、经济行为相关的新闻报道，往往会引起人们的高度关注。新闻报道，特别是与经济活动密切相关的新闻报道，会营造出一定的经济氛围、经济环境，甚至会营造出某种经济气息和经济情绪。一条关于物价的新闻，可能会在某种情境中引发非常态的生活经济行为。对某些具有一定大众影响力经济学家经济观点的报道，都有可能引起人们对相关经济问题、经济现象的热烈争论。这其实是市场经济环境下的必然。在这样的社会中，整个社会的生活方式都已经市场经济化了（对此当然不能做绝对的理解），每个人可以说都是独立的经济活动主体。因而，每个人都会关注自己的经济生活、自己的经济命运，这是建构所有其他生活的基础。我们看到，普通大众在一些新闻报道面前，特别是直接或者间接关涉到一定经济问题的报道面前，一方面会表现出理性和冷静，另一方面则可能表现出非理性和焦躁不安。在关系经济利益的新闻报道面前，很多人的心理表现得相当脆弱、六神无主，新闻往往成了调节或刺激人们心理的信息药剂（股票、金融市场的相关报道就有这样的典型作用）。这种现象充分说明，新闻报道与整个社会日常经济生活的运行也是高度相关的；同时也提醒我们，新闻报道以及相关信息的传播实际上能够对人们的经济观念、经济思维、经济心理、经济行为等产生作用和影响。因而，运用新闻媒介对人们进行经济生活的指导、经济教育是可行的和必需的，通过新闻媒介的信息传播引导和激发人们的经济开创行为同样是可行的和重要的。

从总体上说，新闻的经济化才是市场经济背景下新闻显示的普遍本性，新闻的经济化功能才是新闻在市场经济下的普遍功能。人们看到的新闻的娱乐化、平民化、草根化，或者相反，新闻的精英化、"贵族"化、个人化，以及各种新闻传播收受模式的变化和整合，在一定意义上说，都是新闻经济化在市场经济体制下、在新技术时代五花八门的现象样式。新闻本身并不能决定经济的命运，也不能决定人们的经济行为和经济生活。新闻首先是对经济事实的反映和报道，是对环境变动的最新反映和报道。在经济面前，新闻主要是摇旗呐喊的拉拉队，"加油"或者发出"嘘声"，只能在一定程度上影响经济活动主体的情绪和行为，并不能从根本上改变经济活动主体的实力和能力，也难以改变经济实际运行的宏观结果。这恐怕也是新闻作为一种意识形态发挥作用的有限性。

其二，新闻媒介通过新闻、广告或其他经济服务信息的传播，既可以为人们的日常经济活动提供服务，也可以在一定程度上沟通整个社会生产与社会需求之间的关系，促进产销的顺利进行。更为重要的是，新闻媒介在日复一日的新闻报道、信息传播中，建构或消解着人们的经济信心，从而对经济领域产生或大或小、或明或暗的作用和影响。

新闻、广告或其他经济服务信息，包括真实的、虚假的（传言、谣言）、半真半假的各类相关新闻和信息，共同编织着整个社会经济活动的信息网络，也在一定意义上塑造着社会经济环境的整体形象。这种整体塑造，正是人们形成对一定社会经济状况整体感觉、做出整体判断的基本信息根据。这样的感觉、判断尽管是大致的、模糊的，但却以无形的信息力量影响着人们对社会经济的信心、经济状况的判断和评价，直至影响人们的经济行为，从而对社会经济运行构成实质性的作用。

普通百姓的经济信心一方面是由一定社会经济运行的实际状况建立的，人们会根据自己对经济生活的现实感受判断经济环境和经济状况，另一方面则是通过各种媒介信息所营造的信息环境建立的，人们对生活环境之外的经济状况的判断更多依赖的是符号世界。人们生活在狭小的现实世界中，但却生活在广阔的符号空间中。由各种符号塑造的经济景象对人们的情感、理性有着更为直接的影响。在经验事实上，我们知道，人们对一定社会经济运行的整体心理感觉和信心，对一定社会经济运行情况的心理预期，确实都会对实际的经济运行构成真实的作用和影响。因而，经济学不只是关注人与物之间的关系，更关注人与人之间的关系，还关注一定社会文化心理的特点、一定社会中人们日常生活行为的特点。因为其中所谓精神性的东西、心理性的东西、文化性的东西，都会对人们的经济行为构成实际的影响。从我们研究的问题的角度看，所有这些关系、这些特点的形成和变化，在今天这样的社会环境下，无不与新闻传播以及其他信息的传播相关，因此它们都会以直接的或者间接的方式与渠道影响实际的经济运行。

媒介的广告信息，特别是新闻媒介刊播的广告信息，对经济活动有着特别的影响和作用。① 在新兴媒介环境中，广告创意、广告表现令人眼花缭乱，

---

① 在一般媒介与新闻媒介之间，人们更信任新闻媒介刊播的广告。但这只是我们的经验判断，带有一定的假设性，需要实证研究去证实。从逻辑上分析，人们觉得新闻媒介始终以追求新闻的真实性为基本职责和使命，以为社会公共利益服务为宗旨，因此，新闻媒介刊播的广告应该有更高的可信度。

但所有商业广告，不管它们以什么样的媒介形态呈现，不管它们以什么样的媒介符号塑造，不管它们以什么样的信息类别展示，最终包装的实质乃是经济信息、经济价值这个核心。至于广告在其他方面的价值诉求，即使有也是延伸性的、派生性的。广告信息的所有用心就是围绕经济活动主体的利益而旋转，只是有时侧重展示产品、有时侧重展示形象罢了。在一般意义上说，广告主、广告传播者、广告信息收受者，都是我们这里所说的经济活动主体。广告不仅是绝大多数新闻媒体的经济命脉，也是广告主建构自身经济命脉的重要渠道，同时还是社会大众日常经济生活的重要参考信息。扩展开来看，新闻，特别是经济新闻，在告知人们事实是什么的时候，同时也是最朴素、最真切的广告，它以本质上非艺术化的方式，立足于新闻的本质属性，把一定经济活动主体的本来面目比较真实地呈现在人们面前。大概正因为这样，总有人试图把广告做得像新闻一样，以获得人们更大的信任。广告是广告主自我编码和塑造的结果，新闻则是专业新闻工作者对事实形象的真实再现和一定意义上建构的结果，这种差异使广告看上去很美、听起来很妙，但真实性却往往无法避免地受到怀疑；而新闻看上去似乎过于平实，缺少广告的绚丽多彩，但新闻的原汁原味有着天然的朴素、自然的可信。①由此可见，如果经济活动主体的经济行为与结果成了新闻媒介主动关注的新闻报道对象，也就等于它们创造了世界上最经济、最有效的广告。因而，新闻始终都是经济活动主体关注的信息形式，始终都对经济领域具有特殊的作用和影响。

其三，新闻的宣传功能、舆论引导功能与监督功能，可以在一定程度上促进社会经济的健康发展，可以帮助一定社会塑造良好的经济环境，可以在一定程度上促进经济活动主体塑造良好的组织（企业）精神和文化，可以用新闻方式引导经济活动主体社会责任感的形成，从而彰显出新闻对经济活动领域的特殊作用和影响。

新闻报道特别是经济新闻报道，不仅可以反映建构经济报道对象的事实

---

① 关于一个对象的自我评价为什么没有他人评价可信，不仅是心理学的问题，也是传播学中非常值得研究的一个课题。

形象，还可以建构经济报道对象的观念形象。新闻报道可以塑造一定企业的良好形象，可以扩大一定品牌或者产品的社会影响力。如果一家企业在媒介上形成了正面形象，赢得了人们的信赖，那么它的发展一般说来都是比较兴旺。在普遍意义上，新闻报道可以通过由点到面、由个别到一般的逻辑，使人们对一定社会整体的经济状态形成良好的印象。自然，相反的情况、相反的逻辑同样存在，而且往往更加突出。

通过发挥新闻特有的监督功能，可以在一定程度上促进某个经济活动主体、一定经济领域以至整个社会经济建设的健康发展。监测环境、发现问题、揭露丑恶是新闻媒介的基本职责，也是新闻报道能够发挥的重要监督功能。新闻媒介通过对经济领域中存在的各种不正常现象、腐败事件等的揭露和批评，引发全社会对相关问题的关注，形成普遍的社会舆论，从而以社会公众的力量促进经济的健康发展。经验事实告诉我们，如果一家企业因为不正当的经济行为或者其他行为被新闻媒介揭露、批评、曝光，它的日子一定不会好过，它就不得不改邪归正，以新的形象面对社会公众。任何经济活动主体，凡是以负面形象出现在媒介的新闻报道中的，它的命运都会面临巨大的风险。反过来说，真实全面的新闻报道、合理的批评揭露报道，都有利于经济环境的改善，有利于社会经济的健康发展。

其四，在新闻对经济的影响中，还有一些不正常的方式需要注意。新闻媒体与商业机构、经济组织常常主动合谋，为自己牟取不正当的利益，却损害了社会公共利益。在新闻实践中，一些新闻媒体凭借新闻媒介特有的公共性以及新闻报道特有的社会影响力，诱使或迫使一些企业向媒体提供各种赞助或提供广告资源；更有甚者，则通过虚假新闻、有偿新闻、有偿不闻、公关新闻、广告新闻甚至新闻敲诈等诸多不正当方式获取不正当利益，给企业造成负面影响，给整个经济运行带来损害。

除了这些比较极端的不正常情况外，人们还能看到另一些比较常见的现象。有的新闻传媒，在有意与无意之间，报道了一些不应报道的经济新闻或商业秘密，从而给一些经济活动主体造成或大或小的损失。还有新闻传媒，在新闻竞争中，借口追求新闻价值，违背国家法律或相关政策规定，提前泄露一些重要的经济信息或商业机密，使国家或相关经济活动主体在一些经济交往中处于被动的状态。至于一些新闻传媒因为新闻专业水平不足，职业道德水平不高，对经济报道领域不熟悉，从而在新闻报道中对经济活动造成不良影响，就更为常见了。

由此可见，作为一个特殊的社会子系统，新闻并不必然在任何条件下都能促进社会经济的发展，就像新闻并不必然在任何时候都能够促进社会文明、政治文明的健康发展一样。不正当的或者不合理的新闻传播，往往会引起社会起伏、政治动荡，也会导致经济秩序混乱、经济生活恐慌。我们应该明白，不只是商业逻辑会腐蚀新闻逻辑，当新闻逻辑不正常、不正当时，它同样会腐蚀经济逻辑、扰乱商业逻辑。而且，由于新闻传播特有的大众性或广泛性，它对经济、商业的负面影响可能更大。

其五，在新闻与经济之间还有一点需要特别关注，这就是在新兴媒介背景下，新的媒介技术、新的媒介形态结构创造了一系列新的新闻、信息传播方式、消费方式。这不仅给媒介经济、新闻经济本身带来了巨大的影响，也给新闻对经济的作用带来了不同以往的一些新情况、新问题。

当后新闻业时代开启后，对媒介经济来说，其产品具有的特殊精神品质，在新媒介、新技术形态下，获得了前所未有的、可以集大众之智慧的创新方式和生产方式。传统新闻生产传播模式正在打破，而新的新闻信息以及其他信息的生产传播模式正在形成，比如传统新闻业时代没有出现过的人机协同新闻生产方式、大数据背景下的算法新闻分发模式等。这意味着新闻传播产业经济正在开启一个新的时代，必然带来新的经济开创模式。这些新的现象对媒介经济、新闻经济与其他经济的关系带来怎样的影响，还是需要观察和研究的现象。当新闻事业开启新的时代，新闻传播进入新的状态时，从逻辑上说，新闻对经济活动的各个方面都会产生新的作用和影响。

第三，新闻对文化的主动作用和影响。广义上，文化是指人类创造的物质的或精神的活动成果[①]，是相对自然而言的一个概念；狭义上，文化主要

---

① 张云鹏. 文化权：自我认同与他者认同的向度［M］. 北京：社会科学文献出版社，2007：序 1.

指各种属于意识形态、观念形态的精神文化①，诸如哲学、宗教、道德、文学、艺术以及各种社会领域观念等。这里是一种广义的讨论，大致相当于在文化视野中讨论新闻与社会整体文化的关系，不过侧重点是新闻对社会文化的作用与影响。

从总体关系上说，新闻作为一种文化形式，与社会整体文化之间、与各种具体文化形式之间，始终是一种互生、互动的关系。从根本上说，新闻业的发展依赖社会整体的发展，但是，新闻作为一种特殊的人类文化形式，对其他文化形态以至整个人类文化的演进、传播、传承有着特殊的作用和影响，特别是在近代新闻业诞生以来，在文化学视野中，新闻活动是影响极为广泛的一种社会文化活动。诚如美国学者卡斯珀·约斯特 20 世纪 20 年代就说过的，"新闻事业已经成为现代生活和文明进步的必要条件"，"它渗透到人类文明的各个层面，而且对人类的思想和成就产生持续影响"②。事实上，新闻作为一种文化形式，具有自身的特征，在整个文化系统中具有一定的相对独立性。一些文化社会学者就认为，新闻业的文化结构具有一定的自主性和独立性，"具有独立于政治结构和经济结构的力量"，"新闻文化是一种自变量而不是因变量"③。因此，很有必要梳理一下新闻对社会文化的作用与影响。

其一，新闻对社会文化最直接、最突出的作用在于，它是反映、传播、传承社会文化的重要中介之一。新闻媒介、新闻传播，是人类所有其他物质文化、精神文化产品（信息）得以传播、传承的重要手段和方式，尤其是对精神文化的传播与传承，具有任何其他方式不可替代的作用和影响。

首先，作为一种反映、再现、建构事实世界的基本方式，新闻对社会文化活动、文化经验、文化成果具有反映、再现、建构的作用。或者说，反映、

---

① 在狭义上，新闻与文化的关系主要阐释的是新闻与精神活动成果之间的关系，或者说论述的是新闻作为一种精神活动与其他精神文化之间的关系，也可以说是新闻文化与其他精神文化之间的关系。我们可以把其他精神文化作为一个笼统的整体，视为与经济、政治等平行的一个社会领域，来简要讨论新闻与这个整体的关系；我们也可以具体讨论新闻与各个具体精神文化领域的关系，比如新闻与哲学、新闻与宗教、新闻与文学艺术等的关系。但要论说这些具体关系，需要专门的、系统的、深入的研究，不是我们这里可以做得到的。

② 约斯特. 新闻学原理［M］. 王海，译. 北京：中国传媒大学出版社，2015：7.

③ 陈楚洁. 意义、新闻权威与文化结构：新闻业研究的文化-社会路径［J］. 新闻记者，2018 (8)：46-61.

再现、建构社会文化事实、文化景象、文化成果，是新闻媒介、新闻对社会文化最基本的作用。

作为社会文化的载体和传播通道，新闻媒介、新闻传播直接反映、呈现着社会文化事实，特别是社会文化发展的最新变动情况。自从近代新闻业特别是大众化报刊诞生以来，新闻媒介就成为与社会大众联系最密切、最普遍、最及时的一类文化媒介，是沟通人们生活世界与事实世界的基本方式，新闻报道本身更是成为直接的通俗性的大众文化文本、知识文本。也正是在新闻业的规模化发展过程中，在新闻媒介形态不断更新的过程中，在新闻传播收受方式不断变迁的过程中，社会文化景象在新闻媒介或新闻中得到了越来越清晰的整体性呈现。① 伴随传播技术的提升、媒介形态的新生、新闻形态的演变，在历史向度中，人们可以看到这样一条大致的轨迹：新闻报道的内容不断从狭小的田地走向宽广的世界，从私人范围走向公共领域，如今可以说包容了人类生活的方方面面。新闻业的每一次提升，都使新闻获得了反映、再现、建构其他文化现象更为有效的方式。

新闻不仅能够直接呈现新闻事实的形象，也在时时刻刻反映和呈现着事实产生的环境的文化特征、文化意味。政治新闻，呈现的不仅仅是政治领域发生的新闻事实，也在呈现一定社会以至于整个人类的政治生态和政治文化的面目；经济新闻，呈现的不仅仅是经济领域发生的新闻事实，也在呈现着一定社会经济制度的变革、生产方式的变化、经济观念的转变、经济文化的特征；文化新闻，呈现的不仅仅是各个文化领域不时出现的新闻事实，同时也在呈现着整个社会文化生活、文化景象、文化价值观念等的大致面貌和变化图景……一言以蔽之，新闻呈现的不只是一定社会以至整个人类社会最新变动的事实景象或事实图景，同时也在呈现着一定社会以至整个人类社会最新变动的文化景象或文化图景。丰富多彩的新闻事实，其实就是丰富多彩的文化景象。

其次，作为一种社会传播方式，新闻对任何社会文化都具有一定的传承

---

① 不过，我们应该明白，近代科学技术的进步、资本主义社会化大生产的勃兴、传统社会生产方式的工业化变革、资本主义市场经济的不断成长、资产阶级政治民主的发展、社会大众文化水平的普遍提高等等，乃是新闻传播业大众化的根本的社会原因。

功能。新闻传播在横向上的反映、再现功能，传播、扩散功能，体现在历史向度上，自然会形成对于社会文化整体以及各种具体文化的传承作用。新闻在传播社会文化的过程中，实现了对社会文化的传承，这是一个现实与历史的统一过程，也是文化传播时空的统一过程。

新闻以自己特有的再现事实的方式，日复一日地反映、呈现着人类文化活动，能够及时广泛传播各种信息。如此日日常新的传播累积为历史传承活动，必然会形成今日新闻成为明日历史的效应，也就自然而然使新闻成为传承人类文化的一种重要方式。其实，文化"传承功能"早就被认定为大众传播的一种基本社会功能。[①] 新闻传播特别是近代以来的大众化新闻传播，越来越成为人类文化传承的重要方式。

进一步说，新闻活动不仅通过新闻报道、新闻传播塑造、建构新闻活动自身的形象和历史，也以自身的方式记录、传承人类文化活动史。我们有足够的理由把新闻文本看作文化文本、文化载体，也可以看作历史文本、历史载体，它是人类传承文化的鲜活方式。"新闻文化不仅是人类文化的有机组成部分，更是文化的文化，是文化的中介，是所有其他文化得以传播的重要渠道"[②]，以及文化传承的重要方式。说新闻文化是文化的文化，是说新闻文化是其他文化的产物，是对其他文化现象的新闻式呈现，是各种文化得以传播、传承的一类文化载体，各种文化现象都可以负载在体现新闻文化的核心——新闻作品——之上，并在新闻文本的历史传承中传承自身。

其二，新闻是不同文化之间展开交流的重要方式，新闻媒介是不同文化之间展开交流的重要渠道、中介和平台。新闻与新闻媒介的特点，使它们在文化交流中具有特殊的地位、作用和影响。

从交流媒介角度看，作为信息交流平台的新闻媒介，作为公共领域的新闻领域，是各种文化展开交流的便捷的"中介场域"或舞台。现代新闻业建构的新闻媒介空间，本身就是一种开放的公共空间。原则上说，不同社会主体都可以在这样的空间中展开交流，因而，不同主体依托的、拥有的、创造的不同类

---

① 郭庆光. 传播学教程［M］. 北京：中国人民大学出版社，1999：113－116.
② 杨保军. 新闻活动论［M］. 北京：中国人民大学出版社，2006：60.

型、不同形式的文化自然能够在这样的空间中展开交流。不同国家文化、民族文化、地域或地方文化之间，不同类型、不同形式、不同层次的文化之间，都可以通过新闻媒介这个平台进行交流。在今天的新兴媒介环境中，更好地体现了这一特点。如果我们超越传统新闻视野，在一定意义上把今天的互联网信息平台看作新闻平台，那么整个互联网空间中的新闻交流无不是文化交流，它的交流时空远远超越了传统媒介，开辟了近乎广阔无限的文化交流时空。

从具体交流形式上看，新闻报道、新闻传播本身是各种文化展开交流、对话的有效方式或形式。文化交流有多种多样的方式或形式，或是经济的、政治的、军事的、外交的等，或是宗教的、哲学的、文学的、艺术的等。所有这些方式或具体形式，各有自身的特点，各有优劣短长，各有自身的作用和影响。与所有这些文化交流方式或形式相比，新闻拥有自身的特征。

作为文化交流的一种方式，新闻交流不仅仅是新闻文化间的交流，更是一种以新闻为中介的交流。新闻架起了不同文化之间交流的桥梁。新闻传收、新闻交流，并不限于新闻事实信息的交流，本身就是一种文化交流、精神交流[①]。新闻活动编织的不只是新闻事实信息之网，更重要的是人们之间进行相互交流的文化之网、精神之网。各种文化都会成为新闻报道的内容，负载于新闻媒介之上。作为中介，新闻不仅提供了某一类文化内部的交流中介，同时为不同文化之间的交流提供了中介。比如，新闻的传收与交流，可以跨地域、跨国界、跨民族地进行，实质上就是可以跨文化地进行。在这些"跨"性交流中，特别是跨国性的新闻交流中，新闻的事实信息意义已经不是那么强烈了，尽管它是必不可少的基础和中介，而文化交流的价值意义才是真正的目的。世界上不同国家之间、不同民族之间正是通过新闻这一最为方便的载体、中介来相互了解、理解对方的文化特点的，也正是通过新闻这个重要的中介（当然不是唯一的中介）去想象、理解和建构自己心目中的他者形象

---

　　① 关于新闻活动的本质，我在《新闻活动论》中做过这样的说明："新闻活动是人类认识生存发展环境的手段，新闻活动是人类之间实现信息交流的手段，但我以为，更为重要的是，新闻活动是人类用来建构共同精神家园的手段，新闻活动是人类用来建立精神关系、实现精神交往的手段。精神交往是新闻认识、新闻交流的结果，这是对新闻活动更深层次的理解。"参见杨保军. 新闻活动论[M]. 北京：中国人民大学出版社，2006：59。

的，"全球化已经把所有地方间的问题世界化了，几乎任何一个地方性问题都不得不在世界问题体系中被思考和解决"①。因而，新闻媒体所做的新闻报道能否客观、全面、公正，在一定意义上直接影响着不同国家、不同民族之间的相互理解，以及不同文化主体之间的相互想象和理解。

与其他文化交流形式相比，真实交流、及时交流、广泛交流可以说是以新闻作为文化交流中介的典型特征。新闻的真实性、及时性、公开性，保证了文化交流内容的真实性、新鲜性、快捷性和广泛性。在今天这样的信息环境中，新闻报道不仅成为各种文化交流方式特别是跨文化交流的基本方式之一，而且总是处在跨文化交流的前沿阵地。不同文化之间最快、最广的交流方式，就是新闻方式。人们不难发现，不同文化之间的文化友好合作或者文化敌视对抗，也往往首先表现在新闻传播领域。

需要注意的是，作为文化交流中介与方式的新闻媒介、新闻，无论是在全球意义上还是在一定社会范围内，还是一种不平衡的文化交流媒介和方式。

在新的全球化背景下，伴随着跨国媒介的全球性扩张，新的全球新闻传播、跨国新闻传播已经开启，"我们生活在全球化时代，新闻和全球化过程纠缠不清地交织在一起"②。但就目前和今后相当长的历史时期来看，能够进行全球新闻传播的渠道、媒介基本上控制在少数世界大国、强国手中，也就是控制在西方一些国家手中。这不仅意味着世界的新闻图景正在由它们（西方）来塑造和建构，世界新闻图景正在按照它们（西方）的意愿成形，也意味着它们（西方）正在通过新闻手段和其他手段呈现、传播、塑造、建构它们（西方）拥有的价值观念、文化理念，呈现、传播、塑造和建构它们（西方）认为真实、正确的社会意识形态。这显然是极不平衡的新闻图景，也是极不平衡的文化呈现、传播、塑造和建构方式。大概正是因为人们看到了这样的现实和趋势，"新闻（信息）侵略""新闻（信息）霸权""文化殖民""文化侵略""文化霸权""文化帝国主义"等问题才会成为全球性的热门话题。确实，这种极不平衡的现象已经造成了不同国家、不同民族之间的新闻冲突和

①　赵汀阳. 没有世界观的世界［M］. 北京：中国人民大学出版社，2010：7.
②　乔根森，哈尼奇. 当代新闻学核心［M］. 张小娅，译. 北京：清华大学出版社，2014：376.

文化冲突。① 新闻媒介、新闻报道，在现实世界中并不总是文化交流的"友好使者"。如何使新闻交流为人类之间的相互理解发挥更多的正面作用，依然是摆在整个人类面前的问题。

同样，在一定社会之中不同社会主体拥有和使用新闻媒介的能力不同，这也意味着不同社会主体通过新闻媒介、新闻报道展开文化交流的能力会有差别，因而，不同文化在新闻媒介上呈现、交流的情况是不会一样的。何况，新闻媒介主要是一种大众化的媒介形态，它在文化呈现、文化交流上会有自己的文化偏向，会选择与自身属性更为切近的文化内容。因此，通过新闻媒介的文化交流，尽管及时而广泛，但仍然是有限的，并不能替代其他形式、方式的文化交流。

其三，新闻媒介的公共性、新闻传播的大众性，使得新闻媒介、新闻传播在一定社会主流文化的倡导中，在一定社会主导价值观念的塑造、维护和建构中，更易发挥能动的作用和影响，成为一种重要的工具和手段。

新闻媒介是大众化、公共化的媒介，与社会公众具有天然广泛的紧密联系。在当今这样的新兴媒介环境中，媒介泛化已是基本事实，而所有媒介在一定意义上都可以充当新闻媒介，而且既是大众媒介，也是具有私人化的人际媒介，不仅可以连接松散的大众化关系，也可以连接紧密的私人化关系。这样的境况，促使所有国家、社会都高度重视新闻媒介、新闻传播在社会主流文化、主导意识形态建设中的作用和影响。

新闻，由于其内容上日日常新、形式上及时公开的突出特点，早已成为反映社会主流文化，塑造、维护和建构一定社会主导价值观念中最灵活、最重要的手段。新闻媒体，本就是有立场的、有价值取向的存在②；新闻传播，

---

① 面对相同的新闻事件、相同的社会想象或同样的文化体育活动，不同新闻媒体的报道立场、倾向、方式往往有着很大的差别，造成不同的传播效用。比如，在北京奥运会奥运火炬传递过程中，特别是在西方一些国家的传递中，中西新闻媒体采取了不同的报道态度和报道方式，非常鲜明地呈现了新闻冲突和文化冲突，其深层的冲突不仅源于利益，也来源于文化价值观念之间的不同。当然，火炬传递报道的冲突还有着其他方面的复杂原因。

② 新闻传播是有价值取向的传播，不等于说可以不尊重事实，可以进行任意的主观化传播。而是说，新闻传播主体总是拥有自身的价值取向，会按照自身的价值标准选择事实、选择报道方式，会在新闻传播的整体取向上体现自身的价值理想。而在具体反映每一个新闻事实上，仍然要尊重新闻报道的普遍要求，那就是真实、客观、公正、及时、公开、透明。当然，那些以公共利益为取向的新闻传播主体更有可能以公共利益为基本标准去处理宏观与微观新闻报道之间的平衡关系。

本就是有选择、有理想、有信念的传播；新闻，本非纯粹事实信息的传播，还包含着情态信息和意态信息的传播。其实，所有的文化产品、精神产品都包含着一定的价值观念，也在传播一定的价值观念，塑造和建构一定的价值观念，诚如有人所说，"电影、广播电视节目、书籍、新闻报道等随处可见的文化产品或服务，它们所提供的并不仅仅是消息和娱乐，同时也是传播社会价值或政治观点的工具；最终，它们会对全社会的精神结构产生深刻的影响"①。显然，这意味着，新闻传播对于一定时代、一定社会价值观念的塑造与维护具有不可忽视的意义和价值。

在特定社会里，新闻业在总体上总是掌握在统治阶级、统治阶层、统治集团的手中。为了维护社会的统一性和稳定性，证明统治权力的合理性和正当性，统治者总会充分利用新闻媒介的各种优势，倡导、宣扬和建构统治阶级的政治、法律、文学、艺术、道德甚或宗教等各种文化观念，即统治阶级、统治阶层、统治集团总会通过新闻方式（和其他精神生产方式一起）建构和宣扬社会主导性的意识形态、核心价值观念、核心价值体系②。"一切阶级、政党、国家无不重视社会意识形态问题。"③ 因而，新闻业必然是一定社会主导意识形态和政治文化的扩音器或放大器，是塑造、建构社会主流文化和主导价值观念的核心手段。如果社会大众能够认同和接受统治者宣扬、建构的意识形态体系，在一般情况下也就意味着他们会心甘情愿地认同和接受现实的政治制度、经济制度④，因为"社会意识形态是社会经济形态（经济基础）的反映和政治形态（政治制度）的体现，是系统反映、体现社会经济形态和政治形态的思想体系"⑤。

---

① 郭庆光. 传播学教程［M］. 北京：中国人民大学出版社，1999：253.

② 一定利益集团的意识形态和其拥有的核心价值观念、价值体系实质上是一个东西。我国著名价值哲学专家李德顺认为："价值观念与意识形态之间有本质的一致性。一般说来，阶级、政党、国家的价值观念，就是它们的意识形态。因为，任何一个社会意识形态体系的核心，实质上就是一定主体的价值观念体系。"参见李德顺. 关于价值与核心价值［J］. 新华文摘，2008（12）：35 - 37.

③ 袁贵仁. 社会主义意识形态的本质体现［J］. 新华文摘，2018（12）：1 - 2.

④ 我们之所以说"在一般情况下"人们会认同和接受现实的政治制度、经济制度，是因为统治阶级建立的现实制度，与其意识形态观念宣称的相去甚远，往往说的是一套，做的是另一套。这也就意味着意识形态具有一定的虚假性和欺骗性。

⑤ 同③.

新闻手段必然会被掌握控制它的主体用来作为一种软性的社会文化控制手段。什么样的文化观念能够得到宣传和张扬，什么样的文化信息能够得到呈现和传播，什么样的文化景象能够通过新闻得到描绘和美化，什么样的文化人物能够得到报道和赞美，如此等等都是新闻媒介呈现、塑造、建构社会文化的具体方式，都是直接或者间接进行文化控制（通过新闻控制）的方式①。文化控制实质上就是文化选择、文化建构行为。新闻传播通过日复一日的选择性报道、有形无形的倾向性传播，在潜移默化之中积淀、塑造着整个社会的文化价值观念，凝结着社会的文化价值核心。我们看到，西方新闻媒介在新闻报道中总是把自由、民主、平等、人权等挂在嘴边，总是高度关注与这些核心价值观念相关的新闻事件，天长日久，这些核心性的文化价值观念就成了社会大众可以随口谈论的东西，成了人们日常生活的基本观念，成了大众文化的一部分，而非仅仅属于社会精英们谈论的文化观念、价值理想。同样，中国的普通大众之所以能够比较熟练地运用一些政治话语，理解一些政治观念，谈论中国式的政治文化，其中一个极为重要的原因就是我们的新闻媒介充满了中国式的政治新闻、政治理念、政治话语，已经把政治话题大众化了，使政治文化成了大众文化的一部分。中国的新闻舆论工作，把正确引导舆论始终作为头等大事，其实质就是通过新闻手段（新闻报道和新闻评论）与其他信息传播手段②，把人们的注意力、把人们的思想观念、把人们的价值追求，引导到社会主导性的意识形态观念和价值追求上来，引导

---

① 关于新闻控制问题，可参见杨保军. 试论作为社会控制手段的新闻控制 ［J］. 当代传播，2008（13）：9.

② 坚持正确的舆论导向，不只是新闻报道的职责，更是所有信息传播必须坚持的原则。习近平指出，新闻舆论工作各个方面、各个环节都要坚持正确舆论导向。中共中央总书记习近平在 2016 年 2 月 19 日召开的党的新闻舆论工作座谈会上强调，党的新闻舆论工作是党的一项重要工作，是治国理政、定国安邦的大事，要适应国内外形势发展，从党的工作全局出发把握定位，坚持党的领导，坚持正确政治方向，坚持以人民为中心的工作导向，尊重新闻传播规律，创新方法手段，切实提高党的新闻舆论传播力、引导力、影响力、公信力。各级党报党刊、电台电视台要讲导向，都市类报刊、新媒体也要讲导向；新闻报道要讲导向，副刊、专题节目、广告宣传也要讲导向；时政新闻要讲导向，娱乐类、社会类新闻也要讲导向；国内新闻报道要讲导向，国际新闻报道也要讲导向。参见李斌，霍小光. 习近平在党的新闻舆论工作座谈会上强调：坚持正确方向创新方法手段，提高新闻舆论传播力引导力 ［EB/OL］.（2016 - 02 - 19）［2019 - 10 - 10］ http：//www. xinhuanet. com/politics/2016 - 02/19/c _ 1118102868. htm。

到与党中央、中央政府保持高度一致的方向上来，即与党和政府的路线、方针、政策相一致的方向上来。新闻舆论不仅发挥工作引导、思想引导的作用，也在发挥文化价值的向导作用、社会心理的整合作用，还在不断建构着一定社会的整体理想目标追求。

其四，新闻是塑造、建构大众文化的重要手段，也是展开文化濡染、进行文化教育的便捷方式。也就是说，新闻对社会文化的作用，除了前面所说的反映、再现、传承功能，它对文化尤其是大众文化还有不容忽视的塑造、建构作用。

首先，新闻会以自己的方式塑造其他文化的形象。新闻对社会文化的呈现，不只是镜子式的反映。从原则上说，新闻关注所有文化领域的变化与发展，始终充当着文化环境监测者、守望者的角色。新闻在呈现其他文化形象、文化内容时，并不是完全被动的、消极的。新闻传播有自己的原则和观念，有自己的方式和要求，有自己的选择和创造。在现实新闻活动中，新闻传播主体在反映、呈现社会文化的过程中，拥有自己的立场、倾向和观念，对各种文化事实、文化现象、文化人物会有一定的选择和评判，从而对社会文化的变化发展产生塑造、建构作用。因而，人们接触到的新闻文本就不只是新闻文本，也能够实质性地成为政治文本、经济文本、文化文本等。社会大众对不同社会领域文化观念、文化形象、文化实质的了解，很多都是由新闻传播塑造、建构出来的。比如，中国电影人的文化形象、不同体育人的文化形象，对于普通社会大众来说，主要是由新闻媒介通过新闻为主的方式呈现的[1]。因而，新闻也是一种建构性的文化和建构性的文化手段，即它在呈现其他文化的过程中，也在以自己的方式建构其他文化的样式和形象，自然会在某种程度上促成其他文化的变化与发展。

其次，作为媒介文化的一种具体形式，新闻媒介文化是典型的大众文化，新闻与大众文化具有天然的接近性，更易形成对大众文化的作用和影响。可以说，新闻文化是典型的大众文化形式，同时新闻方式也是塑造、建构大众

---

① 自然，一个群体的文化形象如何最根本的是由自己的言行塑造的，他们的实际活动、实际行为情况永远是最重要的根基。新闻如何反映报道，依据的是事实，而非自己的主观意愿和想象。

文化的中介方式。

新闻认识是接近大众日常生活、认识水平的典型认识方式。新闻主要是以普通大众能够理解的方式，把事实世界中有意义的变动信息，及时准确地告知大众，既不是玄妙晦涩的哲学认识，也不是经验实证的科学认识。在现代社会，新闻主要是通过大众媒介、以职业新闻或者组织化的新闻形式传播的，新闻关注和反映的主要是与社会大众普遍利益、共同兴趣相关的事实，新闻文本在整体上也是以社会大众能够普遍理解的水平创制的。在当今新兴媒介环境中，技术进步更使新闻成了社会大众认识环境、交流信息的基本手段，在相当程度上进一步解构了传统新闻业时代新闻的精英性特征。可以说，新闻成了最为普遍的大众化精神产品，新闻文化成了典型的大众文化形式。正是新闻本身具有这样的特点，新闻传播具有这样的优势，才使新闻媒介成为传承社会文化、播撒文化成果、进行文化教育的最佳渠道之一，成为高级文化、精英文化走向民间、走向大众，实现平民化或大众化的通道之一，才使新闻业成为影响社会文化发展最为重要的事业、产业之一。

在今天，人们更是看到，"市场经济的发展，科学技术的进步，教育程度的普及，生活水平的提高，闲暇时间的增多等众多因素，使'文化'变成了'大众文化'，即不再属于某些特定阶级（或阶层）的文化。在这个意义上，'大众文化的兴起'和'精英文化的失落'，不能不是一种历史的巨大进步"①。大众文化可以说是通过大众媒介培养塑造起来的文化，而新闻也是其中的一种重要中介或手段。新闻作为塑造、传播大众文化的手段，不仅使新闻文化本身成为大众文化的一部分，也使被新闻报道传播的文化成为大众文化。新闻媒介是整个社会文化生态中的重要文化生物，它以自己特有的传播方式，穿针引线，编织着最新的大众文化之网。新闻媒介不仅仅是传播新闻的媒介，也是建构一定社会文化世界的媒介。人们看到，一些文学艺术作品如小说、诗歌、绘画、摄影、流行音乐等，都会通过媒介方式、新闻方式呈现在社会大众面前，成为大众文化、流行文化的有机组成部分。

---

① 孙正聿. 辩证法研究：下 [M]. 长春：吉林人民出版社，2007：187.

宏观一点说，新闻传播业作为媒介产业、文化产业的主要组成部分，其各种新闻机构本身就是创制大众文化产品特别是新闻文化产品的文化实体。它们进行的生产与传播活动，直接构筑着社会文化的宏观体系，塑造着社会的文化环境。新闻业以它自身特有的手段，使自己成为反映和传播各种文化的窗口，成为文化普及、文化教育的媒介，因而，新闻媒介常常被人们称为"百科全书""知识的海洋""世界的镜子"。新闻媒介与其他大众媒介一起构筑着每个人走入社会的文化通道；经过媒介文化的不断洗礼，每个人逐渐成为社会人、文化人。因此，我们说新闻已经成为人在社会化过程中的一种重要中介并不为过。对于当代媒介化社会来说，人的媒介化过程就是人的社会化过程，而这些本质上都是文化的过程。新闻业的每一次革命性变革，可以说同时给大众文化的发展带来了革命性的变革机会；新闻业的每一次进步，都给更多的人带来了享受所处时代文化成果的机会和可能。新闻业的发展与大众文化的发展可以说是同步的。

最后，需要注意的是，新闻媒介、新闻在呈现、塑造、建构文化的过程中具有一定的负面作用。作为大众文化的新闻文化，在新闻呈现、塑造和建构社会文化图景的时候，对社会大众文化环境的质量既有提升的作用，有时也存在污染性的影响。新闻文化既有它的大众性和通俗性，同时也难免有它的庸俗性和低俗性，因而它对社会文化系统的健康发展、对社会精神文明的不断提升难免有一定的不利影响。

从本质上说，社会文化与新闻文化是同质的。健康的新闻文化集中体现为健康的新闻报道，对于塑造一个美好的文明社会是必不可少的。反过来讲也一样，良好的社会文化环境[①]，比如良好的政治文化、道德文化环境一定有利于良好的媒介环境、媒介文化的形成，对于塑造新闻工作者诚实勇敢的品质、敢于负责的精神能起到积极的作用，对于健康、良性的新闻报道的形成具有促进作用。

---

① 比如整个社会的文明程度、文化成果积累，人们普遍的受教育程度和文化水平，社会大众的宗教信仰、风俗习惯、审美心理等，人们的价值追求、价值观念等，这些要素共同构筑着一定社会的基本文化环境。

（二）技术主导律

新闻活动的整体发展水平是由社会的整体演进决定的，其中，具有核心地位的社会系统是生产力系统，具有核心地位的要素是技术要素。也就是说，技术发展是新闻活动演进的根本动力，我把技术发展与新闻活动演进的这种根本动力关系，从新闻规律的角度概括为"技术主导律"①。像上文讨论新闻依赖律一样，此处也主要以近代以来的新闻业为主要参照对象，因为从近代西方新闻业诞生以来，技术对新闻活动演进的主导性作用表现得淋漓尽致。本小节主要通过两大方面阐释这一规律，即先对技术主导律做出一般性的解释，然后进一步分析它的基本内容。

1. 技术主导律的一般理解

在承认历史演进具有客观规律的前提下，理解社会演进的整体历史规律是理解社会领域规律的基础。只要我们理解了人类历史发展的总体规律，就容易理解人类具体活动领域、具体活动方式的规律。也就是说，人们如何理解人类历史的整体演进规律，就会如何理解社会领域演进规律。理解历史发展的总体规律，对认识具体社会领域演进规律具有重要的方法论意义。因而，要在历史意义上理解新闻领域的整体演进规律，就得先理解人类历史的整体演进规律。

关于人类历史演进现象，存在着不同的解释方式，形成了不同的历史观和历史解释理论。马克思主义历史观，是我们理解人类历史整体发展的基本立场、观点和方法，也自然是我们理解一定社会领域历史的基本立场、观点和方法。马克思主义的立场、观点和方法，是历史唯物主义的立场、观点和方法。它对人类社会变化、演进最基本的判断是，社会存在决定社会意识，社会意识对社会存在具有反作用。马克思主义把人类社会看作一个历史的、开放的、不断变化发展的复杂系统，该系统主要由生产力、生产关系、经济

---

①　就新闻依赖律与技术主导律的关系看，技术主导律应该说是新闻依赖律的有机组成部分，因为技术领域或技术系统是社会系统的一个子系统。但由于技术作为新闻生产力要素，对整个新闻活动的演进发展具有特别重大的作用和影响，因此，我单列加以讨论，并提出"技术主导律"这一规律命题。

基础与上层建筑四大要素构成，每一要素都有自身相对独立的构成方式。人类社会的整体演进规律是生产力决定生产关系，经济基础决定上层建筑；历史是在这些要素的相互作用、相互影响过程中演进的，是在不同社会主体的相互作用、相互影响形成的合力中前进的。简单点说，在历史唯物主义视野中，生产力系统从根本上、总体上决定生产方式，决定着社会的整体演进方式，决定着人的发展状况。"按照唯物史观的看法，生产力的发展是社会发展的终极动力，而科学技术是最重要的生产力"①，"历史唯物主义的根本特征和根本方法，就是把社会关系归结于生产关系，把生产关系归结于生产力的水平，从而提供了判断社会发展的'客观标准''科学标准'"②，"人们所达到的生产力的总和决定着社会状况"③。这意味着，"每每出现技术的革命性更新，人类社会也随即进入一种全新的形态，即社会能够发生整体上的结构变换，生产方式、消费方式、生活方式、思维方式等均会随之因应"④，"不同的技术以不同的方式构造环境"⑤，就像马克思在更高的层次上所说，"手推磨产生的是封建主的社会，蒸汽磨产生的是工业资本家的社会"⑥。如此人类历史整体演进规律，既会体现在物质生产领域，也会体现在精神生产领域，具体表现在人类活动的各个社会领域。

生产力系统是由多种基本要素构成的，技术只是其中的要素之一，但与其他要素比起来，技术的地位作用可以说不同凡响。看看不同学者们的相似判断就可一目了然："技术一开始就不是一个可有可无的东西，没有不存在技术的文明史。一部文明史基本上首先是一部技术史。"⑦ "技术与人类同样古老，技术的命运在很大程度上反映了人类的命运。"⑧ "一部技术史就是一部人类文明史，研究人类历史而不了解技术因素在其中所起的基础作用，也几

---

① 孙利天. 现代性的追求和内在超越［J］. 中国社会科学，2016（2）：5 - 9.

② 杨耕. 在实践中感悟和把握马克思主义的真理力量：纪念《实践是检验真理的唯一标准》发表40周年［N］. 光明日报，2018 - 05 - 11（7）.

③ 陈新夏. 人的发展研究的理论范式［J］. 马克思主义与现实，2016（1）：52 - 58.

④ 杨保军，张成良. 论新兴媒介形态演进规律［J］. 编辑之友，2016（8）：5 - 11.

⑤ 吴国盛. 技术哲学经典读本［M］. 上海：上海交通大学出版社，2008：407.

⑥ 马克思，恩格斯. 马克思恩格斯选集：第1卷［M］. 3版. 北京：人民出版社，2012：222.

⑦ 吴国盛. 技术哲学讲演录［M］. 北京：中国人民大学出版社，2016：4.

⑧ 张明仓. 虚拟实践论［M］. 昆明：云南人民出版社，2005：28.

乎是不可能展开的。"① "科技发展，既是社会变革的一部分，同时又对整个社会产生巨大的变革效应。"② "现代科学技术处于一切生产力形式、过程和因素中的首位，现代科学技术是生产力中相对独立的要素，是生产力诸因素中起决定性作用的主导因素。"③ "从理论上讲，人类社会活动的过去及现在都与我们的技术实践存在着不可分割的联系。"④

技术在人类文明发展中的重要性，使得人类自认为是技术动物、工具动物⑤，并且越来越成为技术动物，技术成为现代生活的核心层面，技术环境成为人类生存演进的基本环境，人常常被定义为会制造工具、使用工具和携带工具的动物。德国技术哲学家汉斯·约纳斯明确指出，"现代技术几乎与所有生存的——物质的、心智的、精神的——必需品都息息相关"⑥，另一位著名的德国哲学家海德格尔则不无忧虑地说，"所到之处，我们都不情愿地受缚于技术，无论我们是痛苦地肯定它还是否定它"⑦。

作为生产力要素，技术在感性直观上主要表现为生产工具，背后则存在着一定的科学原理以及技术操作程序与方法。作为生产工具的技术，最能反映和标志人类一定历史阶段的生产力水平，也最能反映和标志人类一定历史阶段整体的生产水平。技术对于人类社会的整体演进与发展，具有直接的动力作用。我国技术哲学专家吴国盛就说，"我们的时代是一个技术的时代，技术对于今日政治、经济、文化有着惊人的、不可思议的决定性影响"⑧；美国发明家、思想家、未来语言学家雷·库兹韦尔说，"计算机技术的加速发展已经改变了社会关系、经济关系、政治关系以及其他一切"⑨。正因为如此，尽管多少有点不太准确，人们还是习惯说"技术是第一生产力"⑩，美国技术哲

① 王伯鲁. 技术困境及其超越 [M]. 北京：中国社会科学出版社，2011：28.
② 张瑾. 科技在社会变革中担当什么角色 [N]. 北京日报，2018-02-12 (14).
③ 刘大椿. 科学技术哲学概论 [M]. 北京：中国人民大学出版社，2011：23.
④ 维乐. 论技术德性的建构 [J]. 陈佳，译. 东北大学学报（社会科学版），2016 (9)：441-449.
⑤ 同④.
⑥ 吴国盛. 技术哲学经典读本 [M]. 上海：上海交通大学出版社，2008：322.
⑦ 同⑥301.
⑧ 吴国盛. 技术哲学讲演录 [M]. 北京：中国人民大学出版社，2016：前言1.
⑨ 库兹韦尔. 奇点临近 [M]. 李庆诚，董振华，田源，译. 北京：机械工业出版社，2011：66.
⑩ 工具水平或技术水平是生产力水平的重要标志，因此，尽管"技术是第一生产力"这样的说法不是十分准确，但它在一定意义上表明技术在整个生产力系统中极为重要的地位。

学专家仙农·维乐针对技术的最新发展指出,"机器人和人工智能、新媒介和通讯技术、数字监控和生物强化技术等新兴技术创新正在对我们在 21 世纪乃至将来的生活方式选择构成根本性的影响"①。

严谨一些看,技术要素毕竟只是生产力系统的要素之一,何况技术背后的动力要素或"活"的要素是人,是人的知识、智慧和人的创造能力,是人的发明、制造、使用、携带工具的能力,是人的整体发展水平从根本上决定着技术的水平。即使发展到今天的智能技术,它仍是人的发明,人工智能也终究是人的发明创造。一言以蔽之,人才是生产力系统中的第一要素。因而,在讨论技术的重要性时始终不可忽视创造它的主体,"人是社会发展的动力机制发生和维持的根据所在","作为发展主体的人实际上是在'需要'的作用下为社会发展提供着强大的、源源不断的、势不可挡的推动力量"②。因此,历史唯物主义并不是简单的历史技术决定主义,技术也不可能脱离它所处的社会环境而孤立地产生社会作用,诚如有人所说,"技术路线最终能否实现,或以何种方式实现出来,和所处的政经体制和社会文化动因息息相关"③。这为我们提供了理解具体社会领域技术与社会领域整体发展关系的方法论观念。

社会子系统的发展,受制于社会整体系统的演变。一定社会生产力的发展水平决定着一定社会领域的生产力水平。当然,不同社会子系统之间的发展可能会存在一定的不平衡性。新闻领域作为人类社会活动领域之一,遵循历史唯物主义揭示的客观历史规律。因此,从整体上说,在新闻活动领域,新闻生产力决定新闻生产方式④,这可以说是最抽象、最一般的新闻活动历史规律,但也是我们理解所有具体新闻规律的总体方法论观念。这一总体规律意味着,人类新闻生产方式的历史变革,从一个时代向另一个时代的历史

---

① 维乐. 论技术德性的建构 [J]. 陈佳,译. 东北大学学报(社会科学版),2016(9):441-449.

② 邱耕田,唐爱军. 论社会发展的三种机制 [J]. 新华文摘,2017(5):40-45.

③ 陈昌凤. 未来的智能传播:从"互联网"到"人联网" [J]. 人民论坛·学术前沿,2017(23):8-14.

④ 有什么样的生产方式,就会有什么样的具体传播方式、收受方式(消费方式、运用方式)。因此,这里我仅用新闻生产方式的概念展开论述,不再叠床架屋式地使用传播方式、收受方式等概念。

转换，首先是由人类社会与一定社会整体生产力发展水平决定的，也就是由社会整体发展水平决定的（前述新闻依赖律揭示的就是这一点），直接是由新闻生产力决定的。其实，马克思在社会演进的一般意义上早就表达过这样的思想，他指出"各种经济时代的区别，不在于生产什么，而在于怎样生产，用什么劳动资料生产。劳动资料不仅是人类劳动力发展的测量器，而且是劳动借以进行的社会关系的指示器"①。在新闻学视野中，新闻活动主体、新闻生产技术与新闻生产对象的历史性有机结合②呈现出不同历史时代的整体新闻图景。也就是说，我们从宏观上描述的前新闻业时代、新闻业时代和后新闻业时代的历史演进形态不过是新闻活动主体、新闻生产技术与新闻生产对象在不同历史时代有机统一的表现而已。

在新闻生产力系统中，作为生产力中活的要素的主体，人通过其感觉系统与智力系统，可以直接采集、加工、制作、传播新闻信息，作为新闻生产工具的新闻生产技术③则在历史演进过程中被不断发明创造出来，而作为新闻生产对象的事实信息或其他信息，则伴随人类历史的演进时时刻刻都在变化更新。在这三类基本要素中，作为新闻生产主体的人会依据自身不断进化、扩大的新闻需要以及其他相关信息需要，在整体社会环境中，不断发明创造新的新闻生产技术，持续延伸和提升新闻生产的能力（整个不断更新的新闻生产技术都可以看作人的感觉系统、智能系统的延伸）。与此同时，新闻生产主体会运用不断更新的新闻生产技术（工具），对不断更新的新闻生产对象（新闻事实信息及其他相关信息）进行加工、制作，从而形成不断更新的新闻生产方式和新闻产品形态。显然，在这三大要素的相互联系、相互作用中，新闻生产主体是最重要、最活跃的要素，只有主体能够在不断演进的历史中，

---

① 马克思，恩格斯. 马克思恩格斯选集：第 2 卷 ［M］. 3 版. 北京：人民出版社，2012：172.

② 普遍意义上，生产力由三大要素构成，即劳动者、劳动资料和劳动对象。因而，对于新闻生产力系统来说，可以说是由新闻活动主体、新闻生产资料（主要是生产技术）和新闻生产对象（新闻事实信息等）构成的。

③ 人们习惯于将"新闻生产技术"称为"传播技术"，但传播技术的含义过于狭窄。新闻传播学界这些年使用的"新闻生产"概念，实际包含传播这个具体的环节，但不只是指传播环节（刊播）之前的采写制作环节。因此，我在这里使用含义更为广泛的"新闻生产技术"概念，这也更有利于从生产力与生产方式的关系的角度准确阐释新闻活动的总体性历史规律。

以不断更新的方式将三者有机统一起来，形成新闻生产方式的整体进化。但是，这三大要素以怎样的方式有机结合或统一，主要不是依赖新闻活动主体的主观愿望，也不是凭借新闻事实信息的内容变化，而是取决于新闻生产技术的特征和水平。因此，一个历史时代能够拥有什么样的新闻生产方式，新闻能够具有怎样的样态，主导性的要素或力量就是作为新闻生产手段、工具的新闻生产技术，它是将新闻生产主体与生产对象连接起来的真正中介。人类发明创造了媒介技术，媒介技术又反过来改变人类的新闻生产方式，这是一个历史的辩证演进过程。

经过上述的层层分析，我们可以得出一个总体性的结论：新闻生产技术主导着新闻生产方式，主导着新闻的呈现方式或形态，在历史向度上也在改变着新闻生产关系。我把技术与新闻之间的这种关系称为"技术主导律"，它揭示的实质问题是技术演进与新闻活动演进之间的内在关系。

2. 技术主导律的主要内容

上面，我们只是从一般社会结构意义上，从新闻生产力系统的内在构成维度上，对技术主导律做了一些初步的逻辑分析，这尽管为理解技术主导律提供了一般前提，但应该说还是比较抽象、空洞的。要想真正理解这一规律，还得深入考察、分析其具体内容。技术与新闻的关系是极为复杂多维的，涉及方方面面。作为理论研究和规律层面的探讨，我们不可能事无巨细、面面俱到，也无这样做的必要。下面，我将围绕技术与新闻业的整体演进关系、技术与新闻活动主要方式之间的关系、技术与新闻媒介形态更新之间的关系以及技术与新闻思维之间的关系等四个方面揭示技术主导律的主要内容。

（1）技术演进主导新闻业态的更新。

如果以近代西方新闻业的诞生为起点观察技术特别是传播技术演进与新闻业态变化之间的关系，就可以比较明显地看到，技术进化主导着新闻业态的变化和发展。每当一种新的具有某种程度革命性的传播技术出现，在不久之后就有可能造成一种新型媒介形态的诞生，进而造成一种新的新闻业态的出现和成长，并在一定程度上改变整个新闻业态的结构。一种革命性新闻生产传播技术的诞生，意味着一种全新的具有时代意义的新闻业态的生成，意味着新闻业态的时代性转换。

　　从技术角度看，近代新闻业本身就是技术发展的产物（当然不只是技术因素造成的）①，法国新闻史家乔治·维尔指出，"成就报纸的推手，非印刷术莫属"②。没有近代印刷术，就没有印刷新闻，也就不会有印刷新闻业。③没有不断改进的印刷术，没有电报、电话技术的发明，没有铁路等交通技术的创造，很难想象会有现代大众化新闻业的不断成长和发展④，"技术发展也是 19 世纪报业快速发展的重要因素。1814 年快速印刷机和 1829 年铅板浇铸术相继问世。从 1872 年开始，采用蒸汽机为动力的工业化卷筒印刷机取代了单张纸印刷机，使得报刊的大量发行成为可能"⑤。没有电报技术的发明，很难想象通讯社的出现，"19 世纪 30 年代电报和莫尔斯码的发明成为通讯社产生的重要推动力"⑥。"19 世纪中期，电报网的迅速扩张使哈瓦斯通讯社与欧洲其他通讯社展开竞争"⑦，而国际电缆、越洋海底电缆的技术使用使通讯社的新闻生产具有了更大的影响力。同样，没有这些技术向全球的蔓延扩散，也很难想象现代新闻业从欧美向全球各地的不断延伸和扩展。当广播技术、电视技术诞生后，广播新闻业、电视新闻业也就相继诞生了。以计算机技术、

---

　　① 　与古代新闻相比，近代新闻是一种现代性的新闻，是相对传统时代的现代新闻，它是整个现代性的一部分，或者说是现代性的一种重要表现形式。现代新闻的诞生，与西方世界（主要指欧洲以及后来的北美地区）由传统文化向现代性文化的整体转型有关，与西方社会整体的商业经济、市场经济的形成、成长相关，与近现代民族国家的逐步建立相关，与新型传播技术的发明、创造、运用以及现代科学的逐步生成有关。其中真实而复杂的关系，需要专门进行深入系统的研究。

　　② 　维尔. 世界报刊史：报刊的起源、发展与作用［M］. 康志洪，王海，译. 北京：科学出版社，2018：1.

　　③ 　"15—16 世纪之间，由邮局发行并印有新闻信息的新闻纸与单页印刷传单相融合，形成了'新报纸'——一种短期发行的载有新近消息的单页或者多页印刷品，它被认为是现代报纸的雏形。""德国新闻传播史研究的主流观点认为，目前有实物可证的第一份报纸产生于 1609 年，但一些研究也指出，其实早在 4 年之前，即 1605 年已经出现了现代意义上的报纸。"1615 年，德国书商艾莫尔（Egenolff Emmel）创办了世界上第一份周报《法兰克福新闻》。1650 年，德国书商里兹（Timotheus Ritzsch）在莱比锡出版了世界上第一家日报《新到新闻》。参见吴璟薇. 德国新闻传播史［M］. 北京：人民日报出版社，2017：28-31，33-34。

　　④ 　法国报刊史专家乔治·维尔反复指出，"在 19 世纪，机械印刷机令日报的数量成倍剧增，铁路则使得日报广为传播"，"技术进步使报刊的发行量日益增加"，"科技进步与工业化使机器、电报及所有交通联络方式都得以完善，从而为报刊提供了采集新闻、扩增版面及应对大批量印刷所必需的各种手段"。参见维尔. 世界报刊史：报刊的起源、发展与作用［M］. 康志洪，王海，译. 北京：科学出版社，2018：123-124，150。

　　⑤ 　吴璟薇. 德国新闻传播史［M］. 北京：人民日报出版社，2017：64.

　　⑥ 　同⑤88.

　　⑦ 　陈继静. 法国新闻传播史［M］. 北京：人民日报出版社，2017：141.

卫星技术、互联网技术等为代表的一系列新兴技术的诞生与运用，创造了今天正在蓬勃发展的互联网新闻业、新兴媒体新闻业。当不同技术在历史的积淀扬弃中以整合、融合的方式新生时，全媒体新闻业态、融合新闻业态也就自然而然地出现了。人们已经看到，以互联网为代表的新兴技术给传统新闻业带来了结构性危机①，正在开启一个新的新闻业时代（后新闻业时代）。事实上，今天的新闻业态与20年前相比，已经发生了巨大的变化。

如今，人工智能技术正在进入新的历史发展阶段，智能时代已经开启，它必将对整个人类社会的演进与发展带来重大影响。②有研究者断言："谁赢得了人工智能竞赛，谁就可以主导信息时代的下一阶段。"③事实上，世界各国早已在人工智能技术领域展开激烈而全面的竞争。有学者从经济维度指出，"纵观世界经济发展的总体趋势，正在从数字化、网络化和移动化经济，逐步走向智能化经济"④。经济领域如此，其他社会领域也是一样，新闻活动领域更不例外。实际上，智能技术、智能媒介已经进入新闻活动领域，一定范围内的智能化新闻生产、新闻传播、新闻收受、新闻管理控制已经成为事实，机器新闻、算法新闻已经成为业界学界的热门话题。可以说，一定程度的人工智能已经迈开了改变现实新闻业态的步伐。诚如有学者指出的，"未来传媒业的发展，很大程度上依赖于前沿性技术、颠覆性技术的发展，技术进步不仅形塑了整个传媒业的业态面貌，也在微观上重塑了传媒产业的业务链"⑤。"从传媒和传播的角度看，大数据、人工智能、云计算、物联网、虚拟现实、增强现实等技术从简单的信息工具和传播渠道上升为整个社会的基础设施，

---

① 所谓结构性危机就是一种使现有体系无法再回到均衡，并因此无法继续运转的危机。参见沃勒斯坦．结构性危机：一次迥异的危机 [J]．张发林，译．北京大学学报（哲学社会科学版），2017（1）：5-10．

② 人工智能一定会给人类社会的发展带来重大影响，但也会向其他技术一样，不只是具有正面效应，也会有负面效应，而且可能会带来不可预知的负面效应。人类作为主体能否合理驾驭人工智能，对整个人类来说，也是极为重大的问题。

③ 许晔．下一代人工智能：引领世界发展的新兴驱动力 [J]．新华文摘，2018（2）：119-124．

④ 同③．

⑤ 喻国明，张文豪．VR新闻：对新闻传媒业态的重构 [J]．新闻与写作，2016（12）：47-50．

媒体也在不断利用新技术进行着尝试和探索"①。"新闻业正在进入一个技术导向的时代，出现了数据新闻、机器人新闻、自动化新闻、算法新闻等新的实践类型。"② 所有这些观察、分析与阐述都在一致表明，新闻传媒领域高度关注前沿技术、人工智能与新闻业态变革、发展的关系。③ 我们相信，伴随人工智能技术以及智能媒介的发展，一种新型的智能新闻业态一定会出现，会进一步改变甚至革新目前的新闻业态。

从上面的描述中可以看出，技术演进不仅使人类新闻活动从前新闻业状态进入新闻业态，而且使新闻业在技术进步中不断显现出新的业态形式。显然，传播技术的不断发展与整合是人类新闻业能够不断更新发展的直接动力。

（2）技术演进主导新闻活动方式。

新闻活动是人类交流新闻信息的活动。作为一种社会活动现象，人类新闻活动的历史演进过程总体上是一个从初级向高级、从简单向复杂演变的过程，是一个从前新闻业向新闻业、再由新闻业向后新闻业演进的过程。在近代新闻业诞生特别是新闻职业成为一种社会职业之后（在全球范围这是一个极不平衡的演进过程），人类新闻活动逐步分离出不同的活动方式。就一个社会系统而言，在区分意义上，不同社会主体在新闻活动中充当着不同的角色，它们大致可以分为充当新闻生产传播角色的传播主体、充当新闻收受角色的收受主体、充当新闻控制角色的控制主体，还有充当新闻信息资源拥有者的信源主体、充当新闻报道对象的对象主体以及充当影响新闻报道活动的影响主体。这些区分意义上的新闻活动角色，在现实新闻活动中往往是多重角色合一。④ 在如此多样的新闻活动角色中，每一种都有自身的功能地位，它们相互作用、相互影响，在时空流转中形成一定社会整体的新闻活动图景。在这些角色当中，传播主体、收受主体、控制主体具有比较核心而稳定的角色身份，对整个新闻活动的展开具有更为重要的作用和影响，因此，下面我将

① 崔保国. 被互联网漫卷的时代 [J]. 新闻与写作，2016（12）：1.

② 白红义. 新闻创新研究的视角与路径 [J]. 新闻与写作，2018（1）：24-31.

③ 张志安，刘杰. 人工智能与新闻业：技术驱动与价值反思 [J]. 新闻与写作，2017（11）：5-9.

④ 杨保军. 新闻主体论 [M]. 北京：人民日报出版社，2016：第1章第2节.

重点讨论技术演进与这些角色的新闻活动方式之间的基本关系，即技术与新闻生产传播方式、技术与新闻收受方式以及技术与新闻管理控制方式的关系。

首先，技术主导新闻传播主体的新闻活动方式。传播主体的新闻活动，核心是生产传播新闻的活动，因而，活动方式就是生产传播新闻的方式。显然，技术主导律在这里的直接体现就是技术主导着传播主体新闻生产传播的方式、方法。其实，深入一点看，技术先是决定、影响着新闻生产传播主体本身的构成方式，之后才是决定、影响着新闻生产传播的具体方式、方法。

我在本书第四章讨论新闻传播主体历史演变规律时指出，可以从新闻传播主体角度将人类新闻活动划分为三个大的时代：民众个体为主导性主体的时代、职业新闻传播主体为主导性主体的时代、职业与非职业新闻传播主体共同为主导性主体的时代。为什么会形成这样的传播主体演进轨迹？如果从技术角度看，就可以说，这是技术特别是传播技术发展的必然结果。当人类还没有发明创造出能够进行大众化传播的技术时，就只能依赖人类作为生物体本身进行传播，依赖一定范围内的文字进行传播，人类也就只能成为狭小时空范围内的私人化传播主体。当能够进行大众化传播的技术发明创造出来后，就会形成大众化新闻传播主体。当欧式印刷术发明之后，大众化传播成为可能，"印刷术令幽居作家出现在无限的可能读者范围"①，谷登堡发明的印刷术"创造了大众传播和机械化大生产的概念"②。当能够让所有人进行大众化传播的技术发明创造出来后，那也就自然会形成"人人都是传播主体"、人人都可向整个社会大众进行传播的景象，从而使大众化新闻传播主体进入多元结构的时代。显然，人类能够成为什么形态或什么类型的传播主体，主导性的影响因素是技术。同样，人类在整体上能够形成怎样的新闻生产传播主体结构方式，主要也是由技术主导的。正是在今天这样的网络技术支持下，才会形成各种身份（个人身份、小众身份、大众身份以及诸多身份的一体化）的传播主体结构。如果没有计算机，计算机辅助性的新闻生产主体结构方式就是不可能的；如果没有进一步发展的人工智能技术，"人机协同"的新闻生

---

① 吴国盛. 技术哲学经典读本 [M]. 上海：上海交通大学出版社，2008：283.
② 杜斯，布朗. 追溯柏拉图：传播学起源概论 [M]. 王海，译. 北京：科学出版社，2018：24.

产主体类型就是不可想象的。技术不仅改变着新闻生产主体的宏观结构方式，也改变着作为主体的人在新闻生产中的主体表现方式。这些结构性的变化，可以说对新闻生产的主体性提出了新的值得关注的问题。

技术进步对新闻传播主体的构成方式有着根本的作用，而技术对新闻生产传播方式的主导作用就更为直接明了。人类不断进化升级的需要，是所有技术发明创造最重要的动力源泉。而每一种新技术的出现又会激发新闻生产者、传播者探索的欲望和兴趣，成为创造新的生产方式、传播方式的重要动力要素。可以说，有什么样的新闻生产传播技术，就会有什么样的新闻生产传播方式，就会有什么样具体的新闻生产传播方法。

时代性的技术革命会带来时代性的整体变革，造就具有不同时代个性或时代特色的总体新闻生产传播方式。在宏观历史尺度上，一定历史时期人类以什么样的主导方式展开新闻活动，始终与该历史时期的生产传播技术水平相适应。当人类只能依赖口语技术展开交流时，也就只能用口语方式生产传播新闻；当人类能够用文字书写技术展开交流时，也就有了新闻的书写生产传播方式；当人类进入印刷技术时代时，也就逐步有了印刷新闻生产传播方式；当人类有了电报、电话、广播、电视等技术之后，相应的新闻生产传播也就进入了电报电话时代、广播电视时代；当人类进入互联网技术时代、智能技术时代时，也就会自然形成互联网时代、智能时代的新闻生产传播方式。按照这样的历史逻辑，只要有新的革命性技术生成，就必然会有新的不同以往的新闻生产传播方式出现。

从社会维度观察，技术会改变新闻生产的社会结构方式。在人类没有发明创造出大众化新闻生产传播技术之前，人类就只能依赖面对面为主的口语化新闻生产传播方式，新闻传收自然被限制在相对狭小的时空范围；而在人类发明创造出能够进行大众化新闻生产传播的技术之后，也就自然产生了大众化为主的新闻生产传播方式，新闻传收的规模、范围、效率因而得到了迅速提高。当人类发明创造出原则上人人都可运用的大众化传播技术，也就意味着人类大众化新闻生产传播方式进入了前所未有的新状态，传播自由进入了新的境界。这正是今天人们看到的景象，职业新闻传播主体与非职业新闻传播主体的共同生产传播已经成为当今时代人类新闻生产传播的基本社会方式，这给人类新闻生产传播方式带来了结构性的变化。如此变化，影响的可能不只是人类新闻活动领域，也会延伸至社会运行的其他各个领域，因为作为信息交流的新闻活动贯穿在整体社会活动之中。事实上，技术、媒介、社会之间是相互作用、相互影响的关系，不是简单的谁决定谁的关系。诚如有学者所指出的那样，"媒介的进化是一个技术与社会相互作用的结果。技术的崛起是目的性和工具性的复合体，它会引发社会制度、社会结构与功能的改变，以构建容纳新技术的情境，从而导致人类社会结构、交往方式、认识途径的改变"①。

对于职业化的机构新闻、组织新闻来说，技术不仅会改变新闻生产传播的整体运行方式、组织方式，也会对媒体机构本身的组织结构方式带来新的要求。不同的技术支持不同的新闻生产传播方式，也内在要求不同的组织结构方式和运行方式。印刷新闻的生产传播与广播电视新闻的生产传播，从采制到刊播，大的逻辑程序是相似的，但在具体的生产组织结构上、运行方式上、工作环节上还是有差别的。至于这些传统新闻生产机构，与网络新闻组织特别是融合媒体组织机构就有更大的区别了。传统新闻生产更偏向于流水线式的环环相扣，而网络新闻生产更偏向于共时性的协调配合。出现不同的根本原因在于这些新闻组织机构背后的技术支持、技术结构方式是不一样的，其展开新闻生产的思维方式、实践观念也是不一样的。尽管我不可能在这里对此展开专门的分析，但可以指出的是，一个高效运行的新闻生产传播组织机构必须按照支持它的技术属性、技术程序、技术功能去建构和运行。当人们拥有了新的新闻生产传播技术时，那就不只是对技术的运用，也会在一定程度上受到技术的约束和限制，人们必须按照技术的特征安排和展开新闻生产活动。传统的报纸新闻不可能通过"中央厨房"式的方式进行生产，而在媒介融合时代，这样的方式就是可行的，有时也是必要的。

技术对新闻生产活动的主导作用体现在上述诸多宏观的、中观的层面，即技术影响着新闻业的整体面貌，决定着媒介形态的演变，主导着整体的新

---

① 喻国明，韩婷. 算法型信息分发：技术原理、机制创新与未来发展 [J]. 新闻爱好者，2018 (4)：8-13.

闻生产传播方式，但技术对新闻生产传播的最终作用还是要落实在新闻生产传播的各个环节，体现在新闻产品形式之上，即技术会改变新闻采写编评、制作播出主持等一系列环节的具体方式方法，更会直接决定新闻的具体表现形态。

新闻采写编评等的基本方式方法当然会有一些稳定的要素，会有一些相对稳定的基本规范，但新的相关技术的发明创造必然引发相关中介工具、中介技术的更新变化，从而引发采写编评等具体操作程序、操作方法、实现方式等的变化。比如，不管技术如何变化，到新闻现场采访是采集新闻信息永远必需的、任何其他方式都不可替代的方式方法，但一代又一代新的技术的诞生，使得有些采访可以更方便地进行。有了电话，就可以用电话采访；有了电子邮件，就可以用电子邮件采访；有了微信，就可以用微信采访。更重要的是，有些过去无法实现的采访，在新技术（微摄影、传感器、无人机等技术）的支持下，变得易如反掌，可以使记者更为方便、更为快捷地获得更为深刻周全的新闻信息。又如，在传统媒介时代，报纸编辑只能通过版样纸去规划设计编辑版面，但在计算机技术支持的网络时代，编辑软件可以使编辑直接进行电子版面编辑。再如，网络时代新兴媒介环境中各种新兴新闻样态的推送传播方式方法，都是在以往传统媒介时代难以想象的，而这些本质上都是技术支持的结果和表现。总体而言，每当一个新的技术时代到来，都会在一定程度上改变新闻生产传播各个具体环节的操作方式和方法。有些变化更新不只是新方式、新方法的运用，更是带有一定的革命性变革。比如，算法新闻推送与传统新闻时代的大众化匿名式传播就有巨大的差别、革命性的变化。它把新闻传播建立在了收受主体自主选择的基础之上，从根本上提高了受众的自主性、积极性，更重要的是它为传收主体间新型关系的建立创造了前所未有的技术支持。尽管其中会有新的问题、新的风险出现，但新技术为新闻生产传播方式的革新创造了更大的机会和可能，这是不可否认的。

新闻的具体表现形态，同样会受到相应技术的影响。只会说话、不会其他的人类，那就只能有口语新闻，若能写字，就会有书写新闻。有了电报技术、照相技术，就有电报新闻、图片新闻。有了印刷技术、广播技术、电视技术，就会出现印刷新闻、广播新闻、电视新闻。有了网络技术、新兴媒介技术，就会诞生网络新闻、各种社交媒介新闻。相对单一的技术只能生产出单一形态的新闻，而复合的、整合的技术，就能生产出复合的、整合的新闻，融合技术就可以生产出融合形态的新闻，智能技术就能生产出智能新闻。每一种新的生产传播技术的出现，都意味着一种新的新闻形态的可能。有了微博技术、微信技术，就有了微博新闻、微信新闻；有了大数据技术，就有了大数据新闻；有了VR/AR技术，就有了VR/AR新闻；有了传感器，就有了传感器新闻；有了机器（计算机或智能）写作技术，就有了机器新闻样态……具体的新闻形态、呈现方式必将伴随智能技术的发展展现出新的面貌，"从技术发展趋势来看，未来的媒体将出现人—机一体的新闻报道体系，机器的作用，不仅仅是自动获取数据并进行填充，还将体现在引导新闻线索的发现、驱动新闻深度或广度的延伸、提炼与揭示新闻内在规律、对内容的传播效果进行预判等方面"①。未来的新闻样态具体会有哪些，我们难以准确预料，但可以断定的是，只要有新的媒介技术出现，就可能有新的新闻样态出现。

其次，技术影响着新闻的收受方式。新闻收受者如何收受新闻、使用新闻，同样会受到相关技术的直接影响。社会大众以怎样的方式、方法接触新闻媒介、收受新闻信息、使用新闻信息，都与技术因素高度相关。

我们先来讨论技术对新闻收受方式的主导作用。从历史演进过程看，技术决定着人类收受新闻的主导方式。当人类只能用口语传播新闻时，那就只能用耳朵收受新闻；当人类可以用书写文字的方式、印刷文字的方式传播新闻时，那就意味着可以通过阅读书信新闻、报纸新闻的方式收受新闻；当人类能够以大众化的广播方式、电视方式传播新闻时，那就意味着人类可以通过收音机、电视机收听、收看新闻；当人类可以用互联网方式传播新闻时，当人类可以把所有的符号系统整合、感觉系统统合在一起的时候，那就意味着人类也可以通过互联网方式，可以通过将读、听、看整合在一起的方式、以统合全觉的方式收受新闻；当大数据、云计算以及相关智能技术运用到新闻生产传播中时，人们收受新闻的方式就进入了一个全新的境界，可以定制

---

① 彭兰. 机器与算法的流行时代，人该怎么办 [J]. 新闻与写作，2016（12）：25-28.

新闻，可以个性化"被"分发推送新闻，可以全天候地收受新闻。当然，在所有收受方式中，都必然存在着思维活动、理解活动、心灵活动，至于思维活动等与技术中介有着怎样的具体关系，即不同的媒介技术对人们收受、理解新闻有着怎样相同的或不同的作用和影响，这是一个艰深的科学问题，我没有能力说得清楚。

看得出，每一种收受新闻的方式背后都有相关接收技术的支持。有了收音机，新闻就在耳边；有了电视机，新闻就在眼前；有了智能手机，新闻就在"手中"；有了移动互联网，新闻就在每一可能的时空、每一可能的场景。一言以蔽之，有什么样的终端就有什么样直接的新闻收受方式，而每一种终端都是由一套技术作为支持的。总体来看，人类收受新闻是一个越来越方便的过程，是由相对单一方式向全面立体方式进化的过程，是一个不断让收受者靠近新闻现场的过程，是收受主体主动性、积极性、自由性不断提升的过程。从文字新闻到图片新闻，从广播直播到电视直播，从网络直播到 VR/AR 新闻，从以身体为载体的新闻到机械媒介新闻，再到智能媒介新闻，是一个传播与收受高度同步的过程，是收受者向生动鲜活的新闻事实接近的过程。而如此过程的背后，是传收技术不断提高、创新的过程。其实，新闻生产传播与收受技术本质上就是一个技术系统，没有完整的传收技术系统，也就难以完成完整的新闻传收活动。

最后，技术影响着新闻的管理控制方式。每个国家、每一社会都会对新闻传播进行管理控制，并会采用各种各样的具体方式，诸如法律的、行政的、纪律的、伦理道德的等。但这不是此处关注的问题。我所关注的问题是，新闻的管理控制总要受到一定技术的影响，总要运用一些能够对新闻生产传播、新闻收受行为形成制约限制的技术。需要预先说明的是，我在这里不讨论这种约束限制的正当性或合理性问题。

新闻管理控制的直接对象是新闻传播主体，主要表现为对传播内容和传播方式的管控，也就是对新闻生产传播的管控。从技术角度看，就是对生产传播技术使用方式的管控。新闻活动是由传收两大环节构成的过程，因而，新闻管控会自然延伸到新闻收受环节，延伸到对收受技术使用的管理控制，尤其在无法管控新闻传播主体的情况下，就只能直接管控收受主体的新闻接收行为、技术使用行为[1]。

从历史向度上看，新闻管理控制过程是一个伴随技术发展而不断调整管控方式的过程。新闻管控会始终关注新闻生产传播技术、新闻收受技术的最新状况。新闻管控总会依据不同媒介形态的技术特点而采取一些特殊的方式方法。因而，人们不仅会看到针对所有新闻媒介形态的统一性的新闻管控规范（法律、政策等），也会看到分门别类的、针对每一种媒介形态的新闻管控规范，如针对报纸、广播、电视、网络以及各种不同新兴媒介形式的具体管理办法。从原则上说，每当一种新的新闻生产传播技术得到运用，就会有新的相关新闻管控方式被制定和使用。

具体一些看，新闻管控会限制、禁止对一些技术的使用，主要有两个方面。一方面是限制新闻生产传播主体对一些技术产品、技术手段的使用，特别是限制一些技术在特定情境中的使用，什么时候可以运用什么技术工具往往会在法律规范或专业伦理规范中做出明确规定。另一方面是限制新闻收受主体对一些信息接收设备、手段的使用。总而言之，技术管控是新闻管理控制的重要内容，而且，随着技术的发展，技术管控难度会变得越来越大。当然，也有一种可能，伴随整个社会法治水平、民主程度和道德水平的提高，技术管控会越来越宽松。

新闻管控，不只是规范控制，即不仅仅是对传播主体和收受主体的技术使用提出约束和限制，新闻管控机构也会在技术层面上展开直接的干预活动，会采用与新闻生产、新闻收受相关的一些技术，形成对传播内容、方式的直接限制，可称之为技术管理、技术控制。比如，管理控制机构会运用一定的技术手段对传播主体的传播活动进行实时监控，会使用一些技术设备过滤相关内容的传播，也会在收受终端中安装一些技术设备，从而也就实际限制了社会大众对相关新闻或其他信息的收受。因而，新闻管理控制过程也是一个不断发明创造运用相关新技术的过程。当人们获得技术运用自由的时候，同

---

[1] 对于新闻控制主体（在我国主要表现为政党和政府）来说，面对的新闻传播主体可以从空间范围上分为两大类：境内和境外。对于境外传播主体，无法直接控制；对于境内传播主体，可以进一步分为两类，即公开合法的传播主体和非法隐蔽的传播主体。对于境外传播主体和难以发现的境内非法隐蔽的（地下）传播主体，管控主体不得不从收受主体一端进行新闻管控。

时也是必然受到技术使用约束限制的时刻。任何一个社会、一个国家都会通过政治方式、制度方式、技术方式，对各种技术的运用甚至是技术的发明创造做出控制和约束。这自然不是仅限于媒介技术，而是关涉整体的技术系统，或各个社会领域的技术现象。

综上所述，在技术与新闻活动方式之间，技术主导新闻传播主体的新闻生产方式，主导新闻收受主体的新闻收受方式，主导新闻控制主体的管理控制方式。原则上说，有什么样的技术方式，就有什么样的新闻活动方式，但对此不能做绝对理解。一定得明白，技术决定的是新闻活动的方式，并非是新闻活动的本质。一定社会的新闻活动以怎样的方式展开并不完全由技术决定，它只是其中的一个重要因素。如我在前面所说，新闻活动的整体情况是由社会整体决定的，一定社会的政治制度、经济制度、文化制度对新闻生产传播特别是建制性的或机构性的新闻生产传播活动具有更大的作用和影响，如何在新闻生产传播中运用技术当然会受到政治、经济、文化等其他社会系统的影响。

（3）技术发展主导新闻媒介形态的更新。①

在宏观意义上，技术本身既是人类需要的产物，同时又在不断创造着人类的需要，改变着人类自身的生存发展方式。② "技术不仅事实上支配了我们的生活，它还滋生了一种视技术为主导价值的观念。"③ 恩格斯说过："社会一旦有技术上的需要，这种需要就会比十所大学更能把科学推向前进。"④ "我们的世界因技术而改变。"⑤ "以技术为中介，文化、政治和经济融合成一个无所不在的体系，这个体系吞没或抵制一切替代品。"⑥ 现代技术是现代社

---

① 在本书第四章中，我对作为构成新闻内部系统的"媒介形态"要素的历史演进过程及其实质做过描述和揭示，这里侧重从技术与媒介形态间的关系展开讨论，重在揭示技术对于媒介形态演变的主导作用和影响，可以与第四章的内容互相补充。

② 技术是如何变革的，其根本的动力机制是什么，不是我们这里关注的问题，但诚如迈克尔·舒德森所言，"技术变革并不是自发产生的，它本身就需要理论来解释"。参见舒德森. 发掘新闻：美国报业的社会史［M］. 陈昌凤，常江，译. 北京：北京大学出版社，2009：28。我们把技术当作主动的既成因素，讨论它与媒介形态演进变革之间的关系。

③ 吴国盛. 技术哲学经典读本［M］. 上海：上海交通大学出版社，2008：329.

④ 马克思，恩格斯. 马克思恩格斯选集：第4卷［M］. 3版. 北京：人民出版社，2012：648.

⑤ 阿瑟. 技术的本质［M］. 曹东溟，王健，译. 杭州：浙江人民出版社，2014：1.

⑥ 马尔库塞. 单向度的人［M］. 张峰，译. 重庆：重庆出版社，1988：7.

会的产物，或者说现代社会是现代技术的产物。荷兰当代技术哲学家 E. 舒尔曼指出："技术在现代的、充满活力的文化现实中占据着重要地位。人们愈发广泛地承认，现代技术是现代文化得以建立的基础。在很大程度上，我们文化的未来无疑将被技术控制和决定。"① 事实上，麦克卢汉说过意义更为广泛的话，"一切媒介都要重新塑造它们所触及的一切生活形态"②。新闻业的自身发展，最典型地表现在新闻媒介形态的不断变迁上。每当一种具有普遍影响力的媒介形态生成，就会有相应形态的新闻业态出现。而媒介形态背后的核心支持是技术。因此，人们常常以媒介技术、媒介形态为标准，对新闻活动史进行时代性的划分。其实，在更为广泛的意义上，有人甚至通过技术及其体现技术的工具划分人类文明的不同时代。③

技术发展决定新闻媒介形态的演进是一条基本规律。因此，从新闻媒介形态变迁角度来考察新闻业的发展特征有着特别的意义，它不仅使人们能够看到新闻业内部的演变机制，同时也能够发现传播技术与新闻业的内在关系。就技术演进与媒介形态之间的关系而言，特别突出的有以下几点。

首先，在媒介形态本身的构成上，技术要素是媒介形态的核心或灵魂要素。我在第四章描述和揭示媒介形态本身的演进实质时指出，一种媒介形态主要有三大要素构成——技术、介质、符号。从结构上说，任何一种媒介形态都必须至少具备这三大要素，少了哪个都不行。在这一前提下，我们可以说，技术要素是更为重要的要素，处于核心或灵魂地位。正是技术要素决定了媒介形态相应的个性化介质需求，从而也决定了一种媒介形态能够承载的特有的个性化符号系统。印刷技术诉求的是能够承载印刷符号的介质（尽管这种介质不限于纸张，但纸张是印刷媒介的典型介质），电子技术诉求的是能够承载各种类型电子讯号（通过一定方式可以转换为相关符号）的介质。

媒介形态的如此要素构成方式，意味着每一种媒介形态都有一种或多种

---

① 舒尔曼. 科技文明与人类未来：在哲学深层的挑战 [M]. 李小兵，谢京生，张锋，等译. 北京：东方出版社，1995：1.

② 麦克卢汉. 理解媒介：论人的延伸 [M]. 何道宽，译. 北京：商务印书馆，2000：86.

③ "工具和器具是极具物质性的客体，我们甚至可以用它作为标准来对整个文明进行分类。" 参见吴国盛. 技术哲学经典读本 [M]. 上海：上海交通大学出版社，2008：109。

技术组合做支持，同样也意味着每一种新闻形态或新闻样态背后都隐藏着不同技术的支持。印刷新闻背后隐藏的是各种印刷技术，广播电视新闻背后隐藏的是各种广播电子技术。如今，各种新的不同以往的新闻形态、新闻样态背后都有一定的媒介形态、媒介技术的支持。比如，VR/AR 新闻背后有VR/AR 技术，传感器新闻背后有传感器技术，无人机新闻背后是无人机技术，大数据新闻背后是大数据技术，机器新闻背后是相关的智能技术，算法新闻背后有算法技术。不管是一种媒介形态新闻，还是一种具体的新闻样态，其背后无不拥有一定的技术支持。尽管生产什么样的新闻并不是完全由技术决定的，但如何生产新闻，以及新闻将以什么样的样态呈现在人们面前，却在很大程度上是由技术决定的，而且，在人们能够看到的未来发展趋势中，技术的作用只会越来越大，而不是越来越小。正是媒介形态的要素结构特征，从根本上决定了技术要素对于媒介形态、新闻形态或新闻样态的主导性作用。可以想象，当人机协同、人机合一的技术达到某种程度时，人类很可能不再需要外在携带的媒介终端，或者至少会创造出比现在的手机、穿戴设备更为自由方便的端口；当万物皆媒进一步成为现实时，互联网、物联网、人联网整体融合的时刻到来，如今的媒介形态将很有可能会失去它们特殊的媒介形态功能，与生活世界中其他物品作为媒介形态没有什么本真的区别。媒介形态的演进方向只能是越来越有利于和有益于人们使用的方向，因而，媒介技术也只会向如此的方向发展，即向更具人性魅力的方向演进。

其次，在媒介形态演进上，技术要素是媒介形态得以生成更新的根本动力。这可以说是技术与媒介形态之间最重要的关系。人类新闻活动的历史现象完全说明，有什么样的交往交流技术，就会有什么样的媒介形态。每当有新的变革性的技术特别是传播技术诞生，相应的新的媒介形态就会出现。因而，在历史视野中，新闻活动的历史规律就蕴含在媒介形态的历史演变之中，人们甚至将新闻活动的历史发展规律简化为新闻媒介形态之间的关系变化规律。显然，这里的实质问题是技术特别是传播技术的演进规律。可以说，技术特别是传播技术的演进与媒介形态的演进是基本一致的，而且，相对媒介形态来说，技术总是优先的，是动力性的要素，媒介形态不过是相关技术的显现形式。媒介形态的演进是现象性的，技术的演进才是更为本质的东西。

技术对媒介形态演进的动力作用突出表现在两个方面。一方面表现在它们的对应性上，即有什么媒介技术，就有什么样的媒介形态。印刷技术对应的是印刷媒介形态，传统电子媒介技术对应的是传统的广播电视媒介形态，网络技术对应的是网络媒介形态，融合媒体对应的是融合媒介形态，人工智能技术对应的是智能媒介形态。另一方面表现在动态的历史过程中，技术更新了，媒介形态就会更新，因而，技术的更新速度决定着媒介形态的演进速度，技术的质变意味着媒介形态的质变。从历史发展的总体进程看，传播技术是不断加速演进的，技术演进似乎是一个不断"进步"的过程，"后来的阶段总是会超越先前的阶段"①。与此相应，媒介形态、传播方式也是加速演进的。当我们回望传播媒介的发展历程，去触摸划时代的媒介里程碑时，就会发现：从前口语传播时代到口语传播时代，大约用了 140 万年；从口语传播时代进入文字传播时代，大约用了 10 万年的时间；从文字传播时代发展到印刷传播时代，大约用了 4 000 年的时间。而当人类进入新闻业时代之后，媒介发展的速度更加惊人，从单一的印刷传播时代到广播电视为主的电子时代，只有几百年的间隔；而从广播电视时代到网络传播时代只有几十年的时间。进入当代，网络媒介自身的演进以及与其他媒介的整合速度更是日新月异，令人目不暇接。② 每过几年，就会有新的网络传播技术面世，而每一新的传播技术出现，就意味着一种新的具体的媒介形式出现，都会对信息传播、新闻传播产生不小的影响。从整体上说，传播技术（还有其他相关技术）的飞速发展，以巨大的动力促成了新闻媒介形态的不断更新，也不断改变着新闻媒介生态的结构方式。延伸开来说，正是传播技术的飞速发展给当代新闻传播业带来了巨大影响，不仅改变了传统的媒介形态格局，也在很大程度上动

---

① 吴国盛. 技术哲学经典读本［M］. 上海：上海交通大学出版社，2008：325.

② 如果从世界上最早出现的现代报纸（1609 年）算起，报纸的存在超过了 400 年，广播（从1920 年算起）已有 100 年，电视（1930 年左右算起）已有 90 年，广播、电视几乎可以看作同一时代的产物；现代计算机（1948 年算起）超过 70 年的历史，互联网（20 世纪 60 年代后期算起）超过 50年的历史。

摇了世界新闻信息传播的传统秩序，使人类的信息传播、新闻传播进入了全球传播的时代，在一定程度上也使世界进入全球化的时代①。或者说，当今的国际传播、全球传播，本身就是全球化的表现，就是体现人类越来越成为命运共同体的重要维度。

再次，技术的历史发展主导着媒介形态的历史结构。每当一种新的媒介技术特别是那种影响广泛的新兴技术面世，既有的媒介形态结构就会逐步发生结构性的变化。按照这样的事实逻辑，新兴传播技术改变媒介形态结构就是很自然的事情了。传播技术更新换代加速提升的过程，也是不同媒介形态不断扬弃、更新叠加的过程。

技术发明创造本身就是一个历史过程。每一代都有每一代的代表性或主导性技术，而前代技术往往与后代技术相叠加，或者前代技术被后代技术吸纳改造。总而言之，代与代之间，总会形成新的技术生态结构，而新的技术生态结构又继续演变发展。这种技术累积的结构方式，决定着媒介形态的结构方式。一个时代或一定历史时期具有什么样的媒介生态结构，是由一定时代或一定历史时期具有的总体技术累积成果决定的。如果只有单一的印刷技术，那人类就只能拥有单一的大众化传播媒介报纸；如果人类有了印刷技术、广播技术、电视技术的历史积累，那就会在共时性上拥有"三足鼎立"的媒介形态结构。当传统媒介技术与新兴媒介技术同时存在时，新旧媒介生态就会共处于一个时代，形成复杂的媒介生态结构，这正是当前人类所处的媒介生态景象。但对于一个时代来说，总会拥有自身的主导媒介技术，从而也就从根本上决定了每一时代总会拥有自身主导的媒介形态。正因为如此，人们才能够用某一种媒介形态标示一个新闻业时代的主导性特征。当然，一个时代的主导性媒介形态可能是几种，而非仅仅一种。比如，传统媒介时代就出现了"三足鼎立"（报纸、广播、电视）的结构状态。即使在目前，我们恐怕还不能说是新兴媒介唯一主导的时代，只能说是传统媒介与新兴媒介共同主导的时代。我们看到，不管是在全球意义上还是在一定社会范围内，整体的

---

① 英国著名社会学家安东尼·吉登斯就认为，如果没有媒介和传播就不会有全球化。参见兰塔能.吉登斯和"全球化"一词：对安东尼·吉登斯的访谈［J］.传播与社会学刊，2008（5）：1-15。

新闻图景是由传统媒介与新兴媒介共同塑造的，并不是仅仅由新兴媒介塑造的。有学者甚至认为，"新闻——真正意义上的新闻，仍然要通过这些最'古老'的采集与制作方式生产出来。被互联网改变的，远远不是新闻生产最核心、最有价值的部分"①。同时，我们也应该注意到，由于人类发展的不平衡、不同步，媒介形态结构于不同社会、不同国家在历史性和共时性的表现上都有所差异。

进一步说，新旧技术的基本历史关系决定了媒介形态之间的基本历史结构关系。技术演进是持续性的，即它是不断进步提升的过程，这从原则上说是一个无限的过程②。如果这一判断是大致不错的，那就意味着媒介形态的更新也是一个无尽的过程。在这一过程中，人类不大会走回头路，只会采用越来越先进、高效、方便的技术和媒介。法国媒介学家雷吉斯·德布雷不无夸张地说道："归根到底，唯一跳出星球运转的循环意义以外的革命不是政治革命而是技术革命，因为只有它们才是不复返的。有了电流后就不再用蜡烛，有了汽轮船就不再用帆船。……最具有颠覆性的革命是没有人鼓吹、没有人策划甚至没有人宣布过的。它们既没有领袖也没有旗帜，悄悄地踮起脚尖，默默无闻地往前走：活塞，电流，数字化。"③ 显然，德布雷特别强调了技术演进发展的自主性和自发性，以及技术水平不断提升的历史进化性。就真实的历史来看，技术演进不是简单的替代过程，媒介形态的演进同样不是简单的替代过程，后继技术、后继媒介形态不是凭空而生的，总有对前代技术、前代媒介的继承，技术及其相应媒介形态的演进总体上是一个叠加的过程、扬弃的过程。"新媒介决不会自发地和孤立地出现——它们都是从旧媒介的形态变化中逐渐脱胎出来的。当比较新的形式出现时，比较旧的形式就会去适

---

① 常江，何仁亿. 迈克尔·舒德森：新闻学不是一个学科：历史、常识祛魅与非中心化［J］. 新闻界，2018（1）：12-17.

② 人的能力是有限的，但人的能力的边界到底在哪里却是不清楚的，人在某个具体领域的能力边界到底在哪里更是难以确定的。因而，我们可以在一般意义上说，人的技术能力是无限的，技术演进相对人类来说是个无限的过程，即只要人类不断演进，技术就会不断进步和提升。至于这样的演进对人类的生存是否好事，不是这里要讨论的问题。

③ 德布雷，赵汀阳. 两面之词：关于革命问题的通信［M］. 张万申，译. 北京：中信出版社，2014：25-26.

应并且继续进化而不是死亡","新出现的传播媒介会增加原先各种形式的主要特点"①。每当新的媒介诞生，进入原有的媒介生态结构，它就会在某种程度上改变原有的结构方式以及不同媒介功能的表现方式，"一种媒介进入信息生态环境里以后，将改变另一种媒介的习性"②。

媒介发展显然是一个进化的过程，而不是简单的替代过程。传播媒介的发展进程"不是依次取代的过程，是一个依次叠加的进程"③。我们完全可以猜测：即使人类新闻传播进入后新闻业时代，有了更加神奇的传播媒介出现，也不会彻底抛弃既存的所有新闻传播媒介，只能是扬弃式发展。当然，这并不是说，媒介之间的结构关系不会变化，也不是说媒介之间的地位作用关系不会变化，恰恰相反，新的传播媒介的诞生必然要以更新换代的方式、扬弃的方式，改变传播媒介的结构关系，改变它们之间的地位作用关系，不断在历史长河中建构新的媒介生态。当今，由网络技术、数字技术等造成的媒介融合步伐越来越快，不同媒介形态的优势整合更是势不可当。媒介融合使传播媒介进入了一体化的新时代，它使人类的感觉器官与心智能力以共时的方式进行传播与收受信息的活动，从而使人在信息活动中以完整的人的面目出现，超越了单一感觉或几种感觉的时代，进入感性与理性复合统一的时代。"信息终端越发达，人机交互方式越回归自然，终端也就越隐身于人、自然物体和环境之中。"④ 因此，"旧的媒体分类——比如说，印刷和广播电视媒体的分类——正随着数字时代的到来而在事实上失去意义。在一个多媒体和大媒体的时代，媒体事实上已经融合"⑤，回归类自然的媒介形态时代已经开启，正在勃兴的智能技术及其相应的智能媒介形态将给未来的媒介世界带来怎样的变化，尽管不太好预测，但我相信，智能技术创造的智能媒介，不管是发端还是终端（它们本身就是有机统一的），在外在表现或内在本质上，一

---

① 菲德勒. 媒介形态变化：认识新媒介 [M]. 明安香，译. 北京：华夏出版社，2000：24 - 25.

② 洛根. 理解新媒介：延伸麦克卢汉 [M]. 何道宽，译. 上海：复旦大学出版社，2016：132.

③ 郭庆光. 传播学教程 [M]. 北京：中国人民大学出版社，1999：28.

④ 彭兰. 未来传媒生态：消失的边界与重构的版图 [J]. 现代传播，2017 (1)：8 - 14，29.

⑤ 丹尼斯，梅里尔. 媒介论争 [M]. 王纬，等译. 北京：北京广播学院出版社，2004：2.

定会在形式上越来越接近人类的本然交流状态,"越是符合人类天然的各种感官的需求的媒体技术越是容易被人接受"①。诚如汤姆·斯丹迪奇所言,"媒体经过这段短暂的间隔(可称为大众媒体插曲)后,正在回归类似于工业革命之前的形式"②。现象学技术哲学家唐·伊德指出,"机器是按照具身的方向完善的,根据人的知觉和行为来塑造的",人类"希望技术能真正'成为我'"③。美国媒介学家保罗·莱文森同样表达了这样的信念,"媒介是朝着增加人类功能的方向进化和发展的"④,"媒介演化的趋势是继续不断地复制人类传播的自然模式,继续跨越时空地演化"⑤。但我同时认为,不能把这种"回归"过分夸张。事实上,每当技术提升一级,就意味着人类离开自然的本然状态远了一步,即使在形式上再相似,那也是技术或媒介中介化以后的相似,而非与原初状态的相似,"技术是人对自然或环境的反应——反作用。它建构出一个新的自然,一种介于人和原初自然之间的'超自然世界'"⑥。媒介技术的回归也只是部分媒介技术的形式回归,并不是所有媒介技术的回归。媒介形式的人性化回归,并不能改变媒介技术中介化的实质。人类在社会进化的过程中,本质上离自然越来越远,离"天人合一"的境界越来越远,这对人类到底是好事还是坏事,其实只有未来的历史才能说得明白,我们现在所做的各种判断,表达的不过是各自的信念和希望而已。

当然,需要说明的是,如果某一技术被历史发展彻底淘汰了,那么与其相应的媒介形态也会被彻底淘汰。如果某一技术被新的技术吸纳、更新、替代,一些要素沉淀在新技术之中,那么与新技术相应的媒介形态也会一并吸纳、承继过往相关媒介形态的一些要素。事实上,过往的一些传播技术已经基本不用了,比如传统的一些印刷技术、电报技术、海底电缆技术等已经出

① 牟怡. 传播的进化:人工智能将如何重塑人类的交流 [M]. 北京:清华大学出版社,2017:5.

② 同①60.

③ 吴国盛. 技术哲学经典读本 [M]. 上海:上海交通大学出版社,2008:375.

④ 莱文森. 人类历程回放:媒介进化论 [M]. 邬建中,译. 重庆:西南师范大学出版社,2017:中文版序言 2.

⑤ 莱文森. 软利器:信息革命的自然历史与未来 [M]. 何道宽,译. 上海:复旦大学出版社,2011:86.

⑥ 同③266.

局了，它们支持的媒介运行方式自然也消亡了。今天的新闻传媒生态结构不可能再回到传统新闻业时代了，传统的大众化传播结构已经动摇了，并新的结构正在形成。法国媒介学者雷吉斯·德布雷认为，"严格意义上的大众传播媒体时代已成过去。跃进式的数字文明改变了这一状况"①。其实，早在 20 世纪 60 年代，麦克卢汉就指出，"机械时代的形式正在让位于电力技术"②。我们可以加上一句，麦克卢汉时代的"电力技术"③ 正在让位于当今的智能技术，信息传播、新闻传播领域以至整个人类社会的智能时代已经开启，也许再过几个时代，人类社会的面貌与今天会全然不同，就像工业时代、后工业时代的人类面貌已经与农业时代、采猎时代的人类面貌完全不同一样。

最后，在媒介功能上，技术要素对不同媒介形态的功能构成及其功能发挥有着重要的基础作用和影响。不同的媒介形态可以产生和发挥相同的或相似的功能，但它们又各有自身的属性特点，因而总会有一些特殊的功能属性。不管是共同的、相似的功能还是特殊的、个别的功能，本质上都与支持它们的技术属性有关。有什么样的技术属性，才会有什么样的媒介功能，有什么样的媒介功能，才会有什么样的作用和影响。一定意义上说，一种媒介形态的功能属性、功能构成以及功能发挥都是支持这种媒介形态的技术属性、技术功能的体现。

不同媒介形态有着不同的功能侧重或功能偏向，这与不同技术有着不同的功能偏向是内在关联的。传统的书写技术主要是一种小范围的交流技术，它所支持的书写媒介形态也只能实现小范围的传播。因而，它的社会传播功能是相当有限的。但印刷技术就不同了，作为一种机械复制技术，本身就意味着它所支持的媒介进行规模化生产与传播的可能，意味着满足规模化信息需求的可能，意味着大众化传播的可能。这是由印刷技术本身潜在的功能决

---

① 德布雷，赵汀阳. 两面之词：关于革命问题的通信［M］. 张万申，译. 北京：中信出版社，2014：128.

② 麦克卢汉. 理解媒介：论人的延伸［M］. 何道宽，译. 北京：商务印书馆，2001：278.

③ 麦克卢汉所说的电力时代，实质上就是传统的电子时代。但我们应该注意的是，电力时代和电子时代并不是等同的概念，诚如罗伯特·洛根所说，电力技术用于照明和动力，电子技术用于广播电视之类的大众媒介以及计算机之类的互动媒介。参见洛根. 理解新媒介：延伸麦克卢汉［M］. 何道宽，译. 上海：复旦大学出版社，2016：301。

定的，也是其最具革命性的属性和功能。所以有人才会说，"把人们从此时此地的局限中解脱出来，印刷技术可谓居功至伟"①，"公共知识兴起于印刷术，近代科学是公共知识，没有印刷术就没有近代科学"②。也正是在这样的意义上，人们才把欧式印刷技术（德国人谷登堡 1450 年左右发明的印刷技术）的发明与运用看作现代传播开启的重要标志。广播技术支持的广播媒介，超越了文字阅读能力对人们的限制，使得那些不识字的普通社会大众可以直接收听相关信息，从而使广播成了识字率相对低下时代真正意义上的大众传播媒介③，显然，这是技术功能的作用展现。电视技术支持的电视媒介能够直接呈现事物的动态面目、感性形象，从而使人们能够直接看到生动鲜活的现场事态，与生活世界的真实离得最近，这就超越了报纸、广播的一些约束和限制，成为社会大众更为喜闻乐见的媒介形态。当今不断涌现的新兴媒介形态拥有过往传统媒介形态难以具备的功能，最典型的就是智能媒介，它们甚至可以在一定条件下进行相对自主的新闻生产（包括信息采集、加工制作、传播等），这都与智能媒介形态背后的智能技术直接相关。没有智能技术的支持，智能媒介的新闻写作是不可想象的；没有互联网技术、大数据技术、超级计算技术，个性化的新闻分发、传播就是不可能的。如此等等都在说明，不同的媒介形态有着不同的媒介功能偏向④，而背后的根本原因是不同的技术支持有着不同的功能偏向。

在更广泛的意义上看，不同媒介形态的操作使用、功能发挥，都与背后的技术支持具有一定的关联度。有些媒介形态需要机构化、组织化的操作使

---

① 芒福德. 技术与文明 [M]. 陈允明，王克仁，李华山，译. 北京：中国建筑工业出版社，2009：124.

② 爱森斯坦. 作为变革动因的印刷机 [M]. 何道宽，译. 北京：北京大学出版社，2010：11.

③ 印刷媒介（书籍、报纸、杂志）只是在文盲率降低到一定程度后或识字率提高到一定程度后，才成为可能的大众传播媒介。在世界新闻传播史上，直到 19 世纪二三十年代之后，报纸才先后在美国和欧洲部分国家成为真正意义上的大众化媒介。当然，报纸能够成为真实的大众化媒介，不仅仅是识字率大幅提高，更是社会整体发展水平提高的结果。

④ 针对传统媒介，人们经常说，有些媒介更易于传播比较深刻严肃的内容比如报纸，有些媒介则更易于提供娱乐性的内容比如电视。这显然与不同媒介形态的特征相关，而实质上则是与支持不同媒介形态的技术相关。电视摄像技术能够支持影像符号的生产与传播，其生动性、鲜活性是印刷技术能够支持的文字符号通常情况下无法匹敌的。而印刷技术支持的以文字符号系统为主的内容可以使人反复阅读、细细咀嚼，因而可以充分发挥人的理性能力，这是传统电视无法做到的。

用。比如，传统的报纸、广播（节目）、电视（节目）媒介的生产就得通过报社、电台、电视台的整体运作才能实现其功能作用。而有些媒介形态，不仅机构组织可以操作使用，私人个体也可操作使用。比如，在当前媒介环境中，个体通过操作运用一些以网络为基础的新兴媒介同样可以进行大众化传播。这都与支持这些媒介形态的技术特征高度相关。当然，我们需要明白，表面上个人化的新闻生产传播行为背后却有着具体的媒介平台支持。这再次说明，人是关系性的存在，个人的新闻生产传播行为离开一定的社会化新闻生产传播平台、中介或生产关系，在早已进入社会化大生产的人类社会来说是不可能的。

媒介功能的产生与发挥不是纯粹的技术问题，技术只是对媒介功能的产生与发挥具有潜在的作用和影响。比如，不管是传统媒介还是新兴媒介都可能产生民主功能，但能否实现这样的功能，不只是由支持它们的技术决定的，还依赖于一定社会政治、经济、文化等要素。但就传统媒介与新兴媒介相比，新兴媒介更易发挥民主功能、自由表达功能，这与支持它们的不同技术高度相关，与技术本身的属性与运用方式高度相关。传统媒介技术支持的是传统媒介平台，它们通常采用组织化的、机构化的方式，任何个体不可能获得按照自身意愿支配使用如此媒介的机会，但依托新兴媒介技术的网络媒介、社交媒介能够充分支持个体的自主性使用方式，从技术角度决定了人们有更大的可能冲破种种约束和限制，在一定程度上实现自己的自主自由传播。也正因为如此，在新兴媒介环境中，才会出现技术民主主义、技术乌托邦主义的种种表现。

通过上面的分析，我们可以看到，技术在媒介形态的要素构成、演进更新、功能属性等方面都具有主导性的地位和作用，但我们必须清醒的是，媒介形态的形成与演进并不只是单纯技术因素的结果，一种媒介形态的形成特别是使用原则上是所有社会因素共同影响作用的结果。有人甚至说，"媒介演变不是由技术决定的，信息技术只是手段，人类生存的欲望和认知事物的迫切追求，才是媒介演变的决定因素"①。这是更为深层的分析，是关于技术、

---

① 刘建明. 媒介进化定律的历史解码 [J]. 新闻爱好者，2018（5）：7-11.

媒介与人们欲望、需要关系的分析。确实，一种技术支持的媒介形态能否得到广泛的使用，以怎样的方式使用，主要使用在什么样的社会领域，不仅仅是由媒介形态本身及其背后的技术支持决定的，同时是由其他社会政治、经济、文化等因素决定的。舒德森说得很好，"在诸种社会因素中选择一种并将其不假思索地视为'唯一'或'首要'的因素，会让研究者陷入最基本的事实错误"①。这是我们在讨论技术与新闻业发展、技术与媒介形态演进、技术与媒介功能关系等问题上必须要有的总体性的方法论观念。"任何技术都凝聚着人的目的性，其目的性的实现受到社会、政治、经济、军事、文化、宗教、民族传统、心理因素等各种社会条件的制约。社会条件对技术制约表现为它对技术发展的方向、路线、进程、速度和规模起着影响和决定作用。"② 整体中的要素需要在整体中理解才行，"技术不是一个单一的力量，它必须依赖于特定时期的社会"③。麦克卢汉的观点还是比较辩证的，"技术形塑任何社会的社会经济互动。我们还可以补充说，社会里的社会经济互动同样在形塑技术。我们形塑我们的工具，我们的工具又形塑我们；同理，我们根据我们的社会经济需求和欲望形塑我们的工具。简言之，文化与技术共同演进"④。

（4）技术演进影响新闻观念的变化。

仅就技术与新闻活动的关系来看，技术不仅决定媒介形态的演进与更新，也在很大程度上影响着新闻意识、新闻观念、新闻思维方式的演进与变革。技术与新闻观念、新闻思维方式之间有着十分深刻和复杂的关系，需要进行专门深入的研究。需要预先说明的是，技术与新闻观念之间、与新闻思维方式之间并非简单的线性关系，更不是单一的因果关系。具体新闻观念的诞生、演进与更新，取决于多种社会因素，依赖于一定的社会历史情境，并不是有了什么技术就会立即产生什么样的新闻观念，或者有了什么样的新闻观念就会促成什么样的技术。但技术确实是新闻观念诞生与形成的重要条件，更是

---

① 常江，何仁亿. 迈克尔·舒德森：新闻学不是一个学科：历史、常识祛魅与非中心化 [J]. 新闻界，2018（1）：12-17.

② 贾英健. 虚拟生存论 [M]. 北京：人民出版社，2011：18-19.

③ 刘华初. 历史规律探究 [M]. 北京：人民出版社，2013：194.

④ 洛根. 理解新媒介：延伸麦克卢汉 [M]. 何道宽，译. 上海：复旦大学出版社，2016：68.

新闻观念得以演进与更新的重要动力，正如美国学者波兹曼所说，"新技术改变我们的知识观念和真理观念，改变深藏于内心的思维习惯"①。对此，这里只做一些初步的、原则性的分析和论述。

首先，技术是新闻观念诞生或形成的重要条件。作为生产力系统中的标志性要素，技术在一定意义上影响着整个人类社会的演进方式。每当技术发生时代性的进步，社会的生产方式、生产关系、整体结构都会发生历史性的变化，也自然会引发精神生产的变革、思维方式的变革。麦克卢汉指出，"撇开所有的价值观，我们必须认识到当今我们的电气技术已经对我们大多数普通人的感知方式和行为习惯产生了巨大的影响"②。人类进入网络时代后，互联网技术与各种新兴技术正在改变着工业时代的社会结构，人类的物质生产方式、精神生产方式都发生着翻天覆地的变革。

纵观人类新闻活动史，特别是现代社会以来的新闻事业史、产业史，有一条比较清晰的历史线索，这就是伴随技术特别是媒介技术的演进，相应的媒介形态诞生了，相关的新闻机构组织出现了，有关的职业甚至专业也逐步成为事实了，其中蕴含或隐藏着各种新的意识和观念。从新闻角度看，则可以说与媒介技术、与相关媒介形态相应的新闻意识、新闻观念、新闻思维也诞生了。如此媒介技术与新闻观念之间的宏观关系在现代西方新闻业的演进过程中是比较明显的。在中国，有人通过研究也做出过这样总体的历史性判断，"现代印刷技术、邮政系统、电报网络，以及铁路、电话、摄影术、电影等现代科技在中国的兴起，改变了信息传播的环境，为现代的新闻业和新闻观念奠定了基础"③。

具体一点说，不管西方东方，人们看到的基本情况都是，有了印刷技术就会有印刷新闻，就会有印刷新闻观念，有了广播电视技术就会有广播电视新闻，就会有广播电视新闻观念。有不同水平的印刷技术、广播电视技术，

① 波斯曼. 技术垄断：文化向技术投降 [M]. 何道宽，译. 北京：北京大学出版社，2007：6.
② 麦克卢汉. 谷登堡星汉璀璨：印刷文明的诞生 [M]. 杨晨光，译. 北京：北京理工大学出版社，2014：96.
③ 涂凌波. 现代中国新闻观念的兴起 [M]. 北京：中国传媒大学出版社，2016：88.

就会有不同水平的媒介形态，就会有不同样式、不同水平的新闻生产传播规模，其中新闻意识、观念、思维也会有所不同。有了互联网技术、数字技术以及各种新兴技术，就会形成以互联网为基础的一系列新兴媒介新闻形态，就会有与它们相应的一系列具体的新闻观念的诞生。当今，有了更为先进的智能技术就会诞生更为先进的智能媒介，就会生产传播智能新闻，智能新闻观念的出现也就成为自然而然的事情。当然，在技术、媒介形态、新闻样态与新闻观念之间，可能不是简单的、必然的线性关系，而是一种原则上的互动关系。但是，有一点恐怕是比较确定的，这就是没有相关的技术很难会有后果意义上的新闻观念诞生，这一基本逻辑应该说是相对稳定的。没有一定的媒介技术支持，一种新闻观念、新闻思维方式是不会凭空诞生的。试想，如果没有当年的电报通信技术，新闻的"倒金字塔思维"直到新闻的倒金字塔写作结构可能很难成为重要的新闻思维模式。[①] 如果没有电报技术，马克思就不大可能提出用"时间消灭空间"的传播观念。同样，如果没有当今的虚拟技术、没有令人眼花缭乱的各种新兴媒介技术及相关的传播方式，各种新兴的新闻样态、新闻观念，诸如虚拟新闻（观念）、游戏新闻（观念）、微博新闻（观念）、微信新闻（观念）、大数据新闻、传感器新闻、智能新闻（观念）等，都是难以想象的。总而言之，一定的媒介技术是相关新闻观念、新闻思维方式产生的重要条件。

其次，技术是新闻观念演进或更新的重要动力。"每每出现技术的革命性更新，人类社会也随即进入一种全新的形态，即社会能够发生整体上的结构变换，生产方式、消费方式、生活方式、思维方式等均会随之因应。"[②]新闻活动领域是对新技术更为敏感的一个社会领域，因而，技术变革对新闻生产传播方式的变革、对新闻观念和新闻思维的更新表现出更为突出的动力作用和影响。技术特别是媒介技术的发明、创造与运用，往往直接主导着人类新闻活动时代性的变革，自然也会造成人们对新闻现象时代性的理解和时代性

---

① 杨保军，陈刚. 报纸版面编排的倒金字塔结构 [J]. 中国编辑，2008（5）：24 - 27. 杨保军，周世林. 新闻文本生产中的思维特征分析 [J]. 中国地质大学学报（社会科学版），2013（2）：49 - 53.

② 杨保军，张成良. 论新兴媒介形态演进规律 [J]. 编辑之友，2016（8）：5 - 11.

的不同观念。因此，尽管在抽象意义上，新闻有其稳定的本质，但在具体历史展开过程中，不同时代的人们，不同社会环境中的人们，对新闻却有着差异性的理解。

没有现代技术①，就不会有现代新闻，也就产生不了现代新闻观念。当然，现代新闻、现代新闻观念不是由现代技术单一决定的，而是由社会整体发展决定的，政治、经济、文化、宗教等因素都对现代新闻观念的形成发挥着作用和影响。同时，新闻活动本身的变化演进也对现代社会的产生与发展有着重要的影响，它们之间是相互作用、相互影响的互动关系。

仅就技术对新闻观念的影响向度看，古代技术环境中只能产生古代新闻传播方式，新闻不过是小范围的类似传说、传言、流言的信息，人类也不会有什么明确的、自觉的新闻观念。现代技术不仅掀起了现代新闻的大幕②，也是形成现代新闻观念的重要动力。正是现代技术的不断发展，使得人类的新闻活动越来越成为公共性的活动。现代技术使新闻传播逐步超越了狭小的私人空间，使人们有可能超越自己现实的生活时空，去了解更远时空中自然社会的变化情况，也使人们能够逐步感受、想象自身与他人的共在。由此，在历史的整体演进中，现代新闻的一些标志性观念，诸如公共观念、共同利益观念、共同兴趣观念，才有可能逐步生成。正是在不断进步的现代传播技术支持下，人们表达的愿望激发了，人们呈现自己的观念、追求自己的理想

---

①　在技术分代上，人们通常按照社会整体进化史分为古代技术、近代技术和现代技术。古代技术主要指 18 世纪中叶蒸汽机技术之前的技术，近代技术指 18 世纪中叶以来的蒸汽机技术，现代技术指 19 世纪后半叶以来以电力为代表的技术。参见王鸿生. 科学技术史 [M]. 北京：中国人民大学出版社，2011：3. 其实，互联网诞生后，应该说技术发展已经进入了一个新的时代。我这里对技术不做细致的年代划分，笼统地将谷登堡印刷技术以来的媒介技术称为现代技术。由此开始，现代新闻逐步孕育，大概到 19 世纪大众化报纸（商业化报纸）开始，才能说现代大众化报纸真正出现了。

②　新闻学术界通常认为，15 世纪活字印刷技术（谷登堡印刷术）的发明和应用拉开了现代大众传播的序幕。有人这样写道："古登堡引入印刷技术的价值在于：它不仅改变了书籍的制作方法，带来了图书价格的大幅下降，而且'改变了欧洲社会知识储存和传播的总体基础'，并'代表了中世纪占据主导地位的口语和图像为基础的文化（oral and image-based culture）向现代社会阅读文化的转变'。"参见陈力丹，董晨宇. 英国新闻传播史 [M]. 北京：人民日报出版社，2015：30-31. 李彬认为，"现代报刊的度量问题首先体现在间隔多长时间的周期上，没有定期观念的报刊是同现代文明的需求格格不入的。定期性是现代报刊的一大基本要素与基本特征，定期性是衡量现代报刊与古代报刊最主要尺度，定期性是传播史上的分水岭（17 世纪初），隔开古代与现代的新闻传播活动"。参见李彬. 全球新闻传播史 [M]. 北京：清华大学出版社，2005：17.

（背后则是自身的根本利益）有了一定的中介手段和工具，更大范围的不同主体之间的多元、多层交流对话成为可能。与此相应，言论自由、出版自由、新闻自由等重要现代观念（不仅仅是新闻观念的范围），不仅有了孕育萌发的可能，而且有了不断成长更新的机会。今天人们所讲的"技术赋权"现象其实早就开启了，技术赋权的实际必然引发技术赋权的观念，技术提供的自由可能一定会转换成技术自由的观念。以网络为基础的新兴技术作为生产力，不仅成为变革更新人类新闻活动的动力，也成为变革更新传统新闻观念的重要动力。如今，与网络时代相适应的一系列新思想、新观念甚至新理论已经或正在孕育、诞生、成长。技术作为观念变化更新的动力因素变得越来越明显。

再次，现代新闻观念系统中一些基本观念的诞生与演进原则上都与媒介技术高度相关。可以说，现代新闻观念的诞生与演进过程总有技术的身影。现代新闻的时空观念、客观观念、真实观念、价值观念、公开观念、透明观念等，无不与现代媒介技术的演进有着内在的关系。而且，可以说，几乎所有的传统新闻观念，在今天的新兴技术环境中都在发生不同程度的变革和更新。与网络环境、智能环境相适应的传播观念、新闻观念已经迈开了生成和成长的步伐。这显然与媒介技术的革命性进化有着直接的关联。

比如，新闻传播的及时原则。及时原则也就是现代新闻的及时观念就是在越来越使新闻能够快速传播的技术支持下生成、演进的。加拿大学者哈罗德·英尼斯认为，报纸文明进入 20 世纪 20 年代，新闻工作的偏向最终成为对眼前的痴迷，"新闻业成了在瞬间批评瞬间的工具"①。时至今日，人们看到，新闻传播几乎与实时同步，甚至凭借大数据技术以及其他科学技术，对具有新闻意义的可能事件做出提前预报。进入互联网时代，传统的及时观念已经变成了"即时性、实时性、同步性、随时性、全时性、同时性"的观念。以快至上、速度为先、越快越有价值、争夺首发权等新闻时间观念已经变得稀松平常。"最新、最快"导致很多新闻内容"经常是耸人听闻的、不安的、

---

① 汤文辉. 媒介与文明：哈罗德·英尼斯的现代西方文明批判 [M]. 桂林：广西师范大学出版社，2013：32.

狂躁兴奋的、歇斯底里的、脆弱失望而又差错不断的"①。快速传播往往成为好新闻、好媒体的标准，也成为虚假新闻、不实新闻、"反转新闻"现象②产生的重要根源。可以说，新媒介环境下，时间要素正在成为某种失控的要素。一味求快，不管其他，已经成为今日新闻传播中相当普遍的现象，也是导致新闻秩序混乱、新闻失实的重要原因。因而，传统的"及时传播原则"恐怕要向"时效统一原则"转换。③但不管好坏，新闻的时间观念之所以会变革更新，其中最为重要的动力因素就是不断演进的媒介技术。

又如，新闻客观观念。美国学者凯瑞认为，"客观性的产生可以从西部联合电报公司（Western Union）长长的线路上语言在空间的延伸中去寻找"，"它（电报——引者）通过迫使通讯社制作'客观的'新闻，使新闻能够被任何政治派别的报纸使用"④。凯瑞的话实质上是说，新闻的客观理念背后有着电报技术因素的影响。当然，客观理念及其相应的客观报道方法的产生还有很多其他原因，并不是由电报技术单一决定的。⑤在今天的新兴媒介环境中，人们更易看到技术对新闻客观理念、客观方法的影响。各种带有不同智能水平的智能新闻生产（信息采集、加工、编辑、制作）与传播，诸如传感器新闻、无人机新闻、大数据新闻、机器新闻写作、算法推送等，都包含着不同于传统媒介时代的客观观念的因素和方法。各种智能技术、智能媒介看来更加中性、冷静，不受传播主体情感、意愿的直接作用和影响，能够更为全面地、无遗漏地获取信息、加工信息，至少在形式上、直接表现上似乎显现出

---

① 刘建明. 当代西方新闻理论 [M]. 北京：中国人民大学出版社，2015：37.

② 所谓"反转新闻"现象，是指在先新闻报道不断受到后来新闻报道纠正的现象。如此反反复复的新闻报道常常莫衷一是，使得人们到头来都难以弄清到底新闻事实的真相是什么。但是，在新兴媒介环境中，这种现象难以避免。人们总有一种倾向或欲望，想将自己获知的相关信息尽快告诉他人。这种现象好的一面是，它使新闻真相有可能在人们的互相纠错、互相补充中得到比较完整的呈现。

③ 及时原则强调的仅仅是传播的快速，但时效统一原则强调的是时间与效果的统一，是通过对传播时间的把控达到预期可能的传播效果。当然，这里的效果主要针对的是社会效果。参见杨保军，王阳. 论新媒介环境下新闻传播的"时效统一"原则 [J]. 当代传播，2018（3）：4-8，18.

④ 凯瑞. 作为文化的传播 [M]. 丁未，译. 北京：华夏出版社，2005：164-168.

⑤ 客观观念至少与商业新闻的兴起，与现代理性支持下的科学研究的兴起，以及新闻活动作为一种业态活动、职业活动的兴起高度相关。参见杨保军. 新闻观念论 [M]. 上海：复旦大学出版社，2014：70-72。

更强的客观性或客观操作性。准确点说，作为传播主体的人的主观性，在新技术条件下有了更深的隐蔽性①，使得智能新闻至少在表面上获得了更多的客观性。

再如，新闻真实观念。新闻真实主要是指新闻报道与报道事实对象之间的关系②，真实观念本质上就是对这一关系的看法。就新闻界的主流观点看，新闻报道可以反映和呈现报道对象的真实面目。当然，在新闻真实论上，也存在着反对再现论的建构主义者和怀疑主义者，存在着"多元主义"的真实观和真相观。在新闻真实问题上，人们通常最关注的是报道真实的实现问题，也就是报道如何符合报道对象的本来面目问题。技术的不断更新，也在影响着人们关于新闻真实如何实现的观念。在传统媒介时代，报道真实的实现，尽管传播者也会运用各种技术辅助工具和手段，但主要甚至单一依赖的还是记者的采访能力（观察、分析和判断）或认知能力。这意味着，记者身心能力的限度往往就是新闻真实能够达到的边界。但在新兴媒介技术支持下，新闻传播主体对客观世界的呈现、对新闻事实的反映，有了新的可能、新的境界。在新的技术支持下，对事实的观察、分析和把握可以在一定程度上超越人的身心能力的限制。一些记者无法到达的现场（比如，天灾人祸造成的特殊危险现场），机器可以到达，一些记者无法依靠自身认识能力把握的事实全局，新的计算技术可以实现，"与以往仅靠人进行的信息采集相比，智能化物体进行的信息采集可以达及人不能到达的领域，延伸到过去人的感官不能触及的信息维度，也可以实现全天候不间断监测"③。宏观一点说，"科学分析代表着向更大客观性的迈进，也更接近于对事物真实本性的描述"④。因而，

---

① 智能技术、智能媒介的运用并不意味着主体主观性的消退，只意味着主观性的隐蔽，不管什么样的高端技术、智能技术都是在人的操纵下运行的，更不要说所有的技术软件都是智能之源——人——设计的结果。所有设计者、运用者都会拥有自己的认知取向和价值取向，都会拥有各自的不可避免的主观性。何况智能技术、智能媒介生产的信息产品、新闻产品是否传播，传播主体是可以控制的。那些得到传播的新闻或其他信息产品，本质上是传播主体把关的结果，并不是机器纯粹把关的结果。

② 系统的新闻真实观念不限于报道真实，而是包括整个新闻传收过程以及影响传收过程的各种因素。参见杨保军. 新闻真实论 [M]. 北京：中国人民大学出版社，2006。

③ 彭兰. 新媒体传播：新图景与新机理 [J]. 新闻与写作，2018（7）：5-11.

④ 坎德尔. 新心智科学与知识的未来 [M]. 李恒威，武锐，译. 新疆师范大学学报（哲学社会科学版），2018（1）：7-24.

宏观真实、有机真实、前瞻真实、本质真实的实现，在新兴技术支持下，全有了更大的可能。过去难以实现的一些新闻报道，在一系列新兴技术的支持下，都可以实现了。^①这就是说，不断进步的信息采集技术、加工技术，使新闻报道可以反映、呈现报道对象的观念得到了进一步的强化。作为认识手段的技术进步使传播主体越来越坚信，比较全面、深入、准确地认识一定的新闻事实对象是可能的。但我们不可把大数据、算法之类的新技术神化，"无论从大数据的深度和广度来看，均难有真正意义的'全体数据'，就现实世界的复杂性而言，均是抽样数据"^②。对于新闻实践来说，大数据等技术的应用尚处于初级阶段。

综上所述，技术特别是媒介技术是新闻观念形成、演进、更新的必要条件和重要动力。但我也反复强调，它们之间并不是简单的线性关系、因果关系，尤其是在人类越来越进入比较自觉的发展时代后，关于如何运用技术的观念，对于如何发明创造技术有着重要的作用和影响。"我们的体制——我们的习惯、价值、组织、思想的风俗——都是强有力的力量，它们以独特的方式塑造了我们的技术。"^③技术史学家斯托·顿迈尔指出，"人类社会并不是一个装着文化上中性的人造物的包裹。那些设计、接收和维持技术的人的价值与世界观、聪明与愚蠢、倾向与既得利益必将体现在技术的身上"^④。在新闻学视野中，这意味着人类可以根据自身的新闻观念、新闻理想去自觉地创造性运用媒介技术，而不只是受制于媒介技术。

最后，需要强调的是，相对人类而言，技术本质上是工具和手段，不是主体和目的。技术是人的延伸，是主体能力的外化，不能成为主体本身。^⑤"技术本身并不具有决定性作用，人类行为的主体性才是关键。"^⑥不能因为

---

① 杨保军. 新媒介环境下新闻真实论视野中的几个新问题 [J]. 新闻记者，2014 (10)：33 -41. 杨保军. 新闻真实需要回到"再现真实"[J]. 新闻记者，2016 (9)：4 - 9.

② 梅宏. 大数据与数据驱动的智慧 [EB/OL]. (2018 - 01 - 08) [2019 - 11 - 01]. http：//www.qunzh.com/qkzx/qwwk/dzxt/2017/201706/201801/t201801018_36294.html.

③ 王伯鲁. 技术困境及其超越 [M]. 北京：中国社会科学出版社，2011：27.

④ 贾英健. 虚拟生存论 [M]. 北京：人民出版社，2011：19.

⑤ 杨保军. 简论智能新闻的主体性 [J]. 现代传播，2018 (11)：32 - 36.

⑥ 周永明. 中国网络政治的历史考察：电报与清末时政 [M]. 尹松波，石琳，译. 北京：商务印书馆，2013：15.

媒介技术对新闻观念的产生、形成、演变具有动力作用，就以为技术可以决定新闻传播主体的能动性和创造性。应该说，包括传播技术、媒介技术在内的所有技术都是人的发明创造，都是人的知识、智慧和实践能力的外化和体现。在各种技术面前，人类是也应该是永远的主人，而非奴隶。因此，人类不仅要不断地发明创造新兴技术，更应该不断学习如何合理驾驭使用技术。诚如有研究者指出的那样，"真正的危险并不在于计算机将开始像人一样思维，而是人将开始像计算机那样思维"①。如今，网络化、数字化、智能化已经成为时代的典型特征②，人类似乎越来越成为技术动物，为技术所左右，"人们耗费大量光阴得到某种新技术，而后又或多或少地自愿沦为这种新技术的囚徒"③。这也许在一定程度上难以避免，但并不应该。人类若是被自己发明创造的技术异化，那就适得其反了。因而，"未来媒体无论在技术和形态上怎么变化，依然会以内容传播为核心。传播什么样的内容，如何传播和把控，如何用好互联网，这是我们任重道远的课题"④。

本章中，我们讨论了社会整体发展对于新闻系统演变的决定作用即新闻依赖律，讨论了技术发展对于新闻活动历史演进的主导性作用即技术主导律。但必须说明，这只是新闻与社会本质关系的几个主要方面，并不是所有的方面。实际上，由于新闻活动是一种开放性的活动、渗透性的活动，弥漫贯穿在整个社会领域之中，因而，它与所有其他社会活动、社会领域都存在着相互作用、相互影响的关系，其间一定有着复杂、丰富而多样的具体互动关系，也应该存在着许多具体的互动关系规律。

但就现代新闻与现代社会的关系而言，最重要的一定是新闻与政治、新闻与经济、新闻与技术、新闻与文化之间的关系。这些关系我们实质上已经做了讨论，并得出了相关的结论。只是没有对有些关系比如政治与新闻、经济与新闻、文化与新闻，展开特别细致的讨论，对新闻与宗教、文学艺术、

---

① 张明仓. 虚拟实践论 [M]. 昆明：云南人民出版社，2005：297.

② 20多年前，尼葛洛庞帝就说过，"人类的每一代都会比上一代更加数字化"。参见尼葛洛庞帝. 数字化生存 [M]. 胡泳，范海燕，译. 海口：海南出版社，1996：272.

③ 布洛赫. 历史学家的技艺 [M]. 张和声，程郁，译. 上海：上海社会科学院出版社，1992：33.

④ 崔保国. 被互联网漫卷的时代 [J]. 新闻与写作，2016（12）：1.

社会伦理道德、军事外交等更是没有多少涉及，所有这些问题都是需要和值得专门探讨研究的。实际上，我们提及的每一关系领域，目前都有相关的研究成果。但我以为，就新闻规律层面来说，我们已经做出了总体性的探讨，也可以说认识到了一些最基本的关系规律、总体规律。

第七章 党媒视野中的特殊规律

民众的承认是报刊赖以生存的条件，没有这种条件，报刊就会无可挽救地陷入绝境。

——［德］马克思

我们面前摆着一个困难的然而是伟大的和容易收到成效的新任务：组织同社会民主主义工人运动紧密而不可分割地联系着的、广大的、多方面的、多种多样的写作事业。全部社会民主主义出版物都应当成为党的出版物。

——［苏联］列宁

舆论导向正确，就能凝聚人心、汇聚力量，推动事业发展；舆论导向错误，就会动摇人心、瓦解斗志，危害党和人民事业。

——习近平

对规律论研究来说，要探索普遍的新闻规律，更要探索特殊的新闻规律。"在适用范围上，自然科学发现的规律具有普遍性，自然科学也因此具有普适性，不分民族、国家；社会科学把握的规律更多地具有特殊性，或者说，社会科学所把握的规律在不同的民族、国家具有不同的表现形式。"[①] "不同的国家具有不同的历史条件，不同的文化传统，不同的社会现实，这就使不同的国家具有不同的社会发展规律。"[②] 当代中国新闻业的运行具有世界新闻业运作的一般特征，或者说遵循新闻业运作的一般规律。但中国新闻业与整个当代中国社会一样处于一种渐变的转型状态，拥有自身转型中的特殊性。改革开放40多年来，中国新闻业与当代中国社会一起发生了重大的变革。当代中国新闻传播业，以马克思主义新闻观为主导，以新闻资产国有制为主，以

---

① 杨耕. 社会科学的特殊性［N］. 光明日报，2017-04-24（11）.
② 同①.

旗帜鲜明的耳目喉舌性质，以突出的新闻宣传、新闻舆论功能，以社会主义市场经济的运作方式，形成了中国新闻业的基本模式，在世界新闻传播业系统中形成了特殊的色彩和风格。前面三章（第四、五、六章），我们实质上讨论的是新闻活动的普遍新闻规律，揭示的是人类新闻现象、新闻活动的共有特征和普遍具有的内在规则。在本章我们将聚焦当代中国新闻现象，特别是中国共产党领导的新闻事业，分析探讨中国共产党领导的"党媒"所具有的基本特征或特殊运行规律。

一、党媒特殊规律的根据

不管是在历史向度上，还是在现实横断面上，自从现代新闻业产生以来，都存在着不同性质、不同类型的新闻传媒。就目前世界范围的实际来看，依然存在着政党媒体、政府媒体、商业媒体、公共媒体和其他类型的媒体，而且，这些不同类型的新闻传媒存在运行于不同的国家（包括一些地区）制度与社会环境之中。从逻辑上说，作为新闻传媒，它们具有一些共同的特征，遵循一些共同的运行规律；同时，作为存在并运行于不同国家（地区）、不同社会中不同性质、不同类型的新闻传媒，它们必然拥有各自的特殊性，也必然拥有各自特殊的一些运行规则或规律。而要探讨中国共产党领导的新闻事业的运行规律，也即中国新闻业的基本运行规律[1]，最核心的对象是"党媒"[2]，最基本的根据是中国新闻业的特征，也就是中国语境中"党媒"的特征。

---

[1]　党（领导）的新闻事业、中国新闻（事）业，在本书中都是一个意思，主要是指中国共产党领导的在中国大陆展开的新闻业，不包括港澳台的新闻业。

[2]　一些学者把中国现有的新闻媒体分为两大类：一类是以党的机关报为代表的主要为党和政府工作直接服务的媒体，它们的目标受众主要是各级党政人员，特别强调新闻传播的政治性，被称为"党媒"；另一类是面对社会大众、商业色彩较强的新闻媒体，核心是为社会大众提供各种新闻及资讯服务。被称为"商媒"。"党媒"与"商媒"这样的划分尽管不是很准确，但大致反映了中国现有新闻媒体的基本情况。因此，我还是借用了"党媒"这一概念。而且，"党媒"这一概念已经相当普遍，不仅学术界作为学术概念使用，社会大众在日常交流中也在使用。更突出的是，政治家们在正式的讲话中，政党组织、政府机构也在正式的文献中使用"党媒"这一概念。

（一）"党媒"所指

"党媒"是"政党媒体"简化的说法，它是所有新闻传媒中的一类。所谓政党媒体是指政党创办或所属的媒体，其核心功能是为政党的宣传服务、为政党的利益服务。自然，政党媒体也会同时具有其他新闻媒体的一般功能。中国环境中言说的"党媒"，主要是指由中国共产党主办的新闻媒体。

在不同历史时代，在不同国家和社会之中，政党媒体的存在方式、表现形式不尽相同。就政党媒体的历史表现来看，首先是政党报纸（政治机关报）的存在。之后，伴随新技术和新媒体的诞生，一些政党也随之创办了自己的通讯社、广播机构和电视机构。而就最新情况来看，一些政党还拥有自己的互联网机构或其他形式的新兴媒介组织或媒介平台。

就目前世界范围看，在资本主义国家，一些政党拥有自己的新闻媒体，一些政党不会直接创办新闻媒体，但很多新闻媒体都有自身的政治倾向、政党倾向或政党背景，实际上发挥着政党媒体的某些功能。在社会主义国家，执政党都创办并拥有自己的机关媒体（如机关报、机关电台、电视台、新闻网站等），并在国家范围内的所有类型新闻媒体中占有领导地位。

就中国当前的现实情况来说，如果从执政党中国共产党的视野出发看待新闻媒体，大致可以对新闻媒体做这样的特征区别：一类是中国共产党直接拥有的新闻媒体，如主要由各级党委、党组织创办、拥有的机关类新闻媒体；另一类是除执政党机关新闻媒体之外但是由中国共产党领导的其他新闻媒体。这就是说，在我国，所有新闻媒体都是中国共产党领导下的媒体，其中一部分是党直接创办或所属的新闻媒体。另外需要注意的是，在我国，党和国家是高度统一的，不同国家机构创办拥有的新闻媒体（包括国有企业创办拥有的媒体），一定意义上也是党的媒体。诚如习近平所说，"党和政府主办的媒体是党和政府的宣传阵地，必须姓党"①。因而，可以笼统地说，中国的所有新闻媒体是党和国家领导的，也是党和国家所有的，只是在机关媒体与非机

---

① 中共中央宣传部新闻局．习近平总书记党的新闻舆论工作座谈会重要讲话精神学习辅助材料[M]．北京：学习出版社，2016：6.

关媒体之间有一些具体的区别。在新闻业学两界，人们已经形成某种习惯，将党的机关媒体称为"党媒"，而将非机关媒体称为"商媒"，这样的说法尽管揭示了两类媒体之间的一些不同特征，但实质上并不准确。

需要进一步说明的是，在互联网兴起之后，特别是进入新兴媒介时代以来，中国也像世界其他国家一样，媒介生态结构发生了革命性的变化。越来越多的民众个体，以及各种各样的社会主体，利用新兴技术手段，通过一些技术渠道和平台，实质上都可以充当大众化的新闻传播角色，而他们/它们并不是法律意义或政策意义上新闻传播主体的职业角色，即国家并没有给民众个体或职业新闻媒体以外的其他社会组织主体、群体（"脱媒主体"）赋予新闻生产传播的专门资格，但这些社会主体却能够在一定意义上实质性地生产新闻、传播新闻。一些非国有企业主体（比如互联网公司）在新闻生产传播中具有巨大的社会影响力，它们以平台媒体的身份活跃在信息传播领域、新闻传播领域，事实上已经改变了传统媒介时代的新闻传播结构，但这些传播主体并不是我这里考察的核心对象。当然，我在分析、探索"党媒"特殊运行规律的过程中，会兼顾他们/它们作为新兴大众化新闻传播主体、人际网络传播平台的作用和影响。

基于以上的基本理解，本书所说的党媒，在最宽泛的意义上是指中国共产党领导的所有新闻媒体，而在探讨党媒运作的基本规律时，针对的核心对象是中国共产党创办和实质拥有的新闻媒体。所谓实质拥有，主要是指那些属于国家所有的新闻媒体。中国共产党作为中国唯一的执政党，完全有能力管理控制国家所有的新闻媒体。

（二）特殊规律的根据

规律是事物的规律，是事物内在本质关系的反映。因而，要认识一定事物对象的规律，首要的任务是认识事物对象的属性和特征，这是事物规律的基本根据。要想总结、概括中国共产党"党媒"运行的特殊规律，就得把握党媒的基本特征，掌握中国新闻业的基本特点。根据中国共产党领导的新闻事业的历史发展特别是当前中国新闻业的实际情况，我们可以从以下一些主要方面认识党媒或中国新闻业的特征。这些特征就是形成中国新闻业特殊规律的根据。

1. 新闻业的主导观念

中国化的马克思主义是中国共产党领导整个国家的指导思想，这样的指导思想伴随历史的主题变化而不断更新发展，形成与时代特征相适应的时代化、中国化的马克思主义。① 中国新闻事业是国家事业系统的有机组成部分，属于领域性的社会事业，因而，马克思主义自然而然成为中国新闻业的根本指导思想，马克思主义新闻观自然而然成为中国新闻业的主导观念。任何其他新闻观、新闻观念，如果有益于至少是无害于马克思主义新闻观的主导地位，才会得到借鉴或吸纳，如果有害于或不利于马克思主义新闻观的主导地位，就会受到批判和限制。

在一般意义上说，"观"是主体关于一定对象的根本看法，对于一些特定的主体来说，"观"不仅是关于对象的根本看法，也是关于一定对象的系统看法，因而"观"便同时具有根本性和体系性②。"新闻观，是以'新闻'为对象的一种'观'，是关于新闻是什么、应该是什么以及如何进行新闻实践的根本而系统的看法。或者说，新闻观就是新闻主体从新闻认识论、新闻价值论和新闻方法论相统一角度形成的关于新闻的根本而系统的看法。"③ 从原则上说，不同的社会主体拥有不同的新闻观。因而，在任何一个社会中，人们关于新闻的根本看法总会形成多元化的基本结构，不同新闻观之间也会形成各

---

① 《中华人民共和国宪法》序言第七段写道：中国新民主主义革命的胜利和社会主义事业的成就，是中国共产党领导中国各族人民，在马克思列宁主义、毛泽东思想的指引下，坚持真理，修正错误，战胜许多艰难险阻而取得的。我国将长期处于社会主义初级阶段。国家的根本任务是，沿着中国特色社会主义道路，集中力量进行社会主义现代化建设。中国各族人民将继续在中国共产党领导下，在马克思列宁主义、毛泽东思想、邓小平理论、"三个代表"重要思想、科学发展观、习近平新时代中国特色社会主义思想指引下，坚持人民民主专政，坚持社会主义道路，坚持改革开放，不断完善社会主义的各项制度，发展社会主义市场经济，发展社会主义民主，健全社会主义法治，贯彻新发展理念，自力更生，艰苦奋斗，逐步实现工业、农业、国防和科学技术的现代化，推动物质文明、政治文明、精神文明、社会文明、生态文明协调发展，把我国建设成为富强民主文明和谐美丽的社会主义现代化强国，实现中华民族伟大复兴。

② 比如，每一个体都有自己对世界、人生、价值等的根本看法，表现为他们的世界观、人生观和价值观，但并不一定具有系统的、体系性的看法。而对那些专门的研究者来说，他们至少会从知识论的意义上，建立起关于一定对象根本而系统的观念，显现出关于一定对象根本而成体系的看法；对于一些比较严格的组织群体来说，它们关于一定对象的观念通常也会形成根本而成体系的看法。

③ 杨保军. 论"新闻观"[J]. 国际新闻界，2017（3）：91-113.

种可能的关系。中华人民共和国成立以来，特别是改革开放以来，伴随社会的整体转型以及新闻业的变革，就目前来看，已经形成了马克思主义新闻观（在当代中国的突出表现是偏向新闻宣传、新闻舆论的观念）、专业新闻观、商业新闻观、民众个体新闻观和脱媒主体新闻观等共同构成的观念生态结构。在如此新闻观念结构中，马克思主义新闻观始终居于核心地位，是党和政府通过权威方式、制度方式确立的用来指导支配中国新闻业的根本观念。

马克思主义新闻观，就是站在马克思主义立场上，用马克思主义观点、方法形成的关于新闻的看法，它是马克思主义新闻认识论、新闻价值论、新闻方法论的统一观念，从根本上反映了马克思主义对于"新闻（广义）的本质是什么、应该是什么、应该如何做新闻"的系统看法。

马克思主义新闻观是开放的、不断进化发展的新闻观，是随着历史发展而不断变化更新的新闻观。就当前中国来说，马克思主义新闻观的核心观念主要是党性原则观念、人民中心观念、新闻规律观念和正确舆论观念。[①] 党性原则观念强调党对新闻事业的绝对领导，人民中心观念强调为人民服务是新闻业的价值目标，新闻规律观念强调新闻业必须尊重新闻规律并按照新闻规律办事，正确舆论观念强调新闻传媒必须以正确的舆论引导人。

2. 新闻资产所有制的主导形式

在以往的相关著述中[②]，针对中国新闻业的资产所有制，尽管我在相关正文阐释中有不同的表述，但至少在"题目"中仍然概括为"单一国家所有制"。但在本书中，我将在标题意义上将其概括为"国家所有制为主"。因为，依据当前中国新闻传媒业的实际情况，新闻资产所有制构成确实发生了一些结构性的变化，甚至可以说，不是小变化，而是大变化，实际上已经打破了新闻资产的单一国家所有制结构状态。也正是这一基础性的并带有一定根本性的结构变化，使得中国的新闻舆论环境、新闻舆论场有了结构性的变化，

---

① 杨保军. 当前我国马克思主义新闻观的核心观念及其基本关系 [J]. 新闻大学，2017 (4)：18 - 25，40.

② 杨保军. 新闻理论教程 [M] . 2 版. 北京：中国人民大学出版社，2010. 杨保军. 新闻理论教程 [M] . 3 版. 北京：中国人民大学出版社，2014. 杨保军. 新闻领域的中国模式：描述、概括与反思：上 [J]. 新闻界，2011 (4)：3 - 7. 杨保军. 新闻领域的中国模式：描述、概括与反思：下 [J]. 新闻界，2011 (5)：3 - 8.

使得中国的新闻信息传播秩序发生了一些重要的变化。

在传统媒体领域，新闻媒体仍然属国家所有，在实行中主要有两种情况：一是任何非公有资本不得投资新闻媒体。这方面已经有明确的规定，2005年，国务院公布了《关于非公有资本进入文化产业的若干决定》，其中明确规定了非公有资本不得投资设立和经营的范围，具体包括通讯社、报刊社、出版社、广播电台、电视台、新闻网站等。二是新闻媒体要么直接隶属于国家机关（自然国有），要么必须有国家认定的主办单位和必要的上级主管部门，而这些上级主管部门也是国家机关或者党的组织部门①。

但是，新兴媒体的蓬勃发展，特别是新兴媒体在新闻领域的实际作用与影响，使我们不得不对新闻资产所有制的实际结构做出新的判断。事实上，正如一些学者所言，"以混合所有制为标志的传媒新体制基本成型"②。就当前来看，"传统媒体中属于党的喉舌性质的报纸、广播、电视仍坚持国家所有，但互联网上的大部分新媒体则属于民营资本所有"③，比如，以 BAT（百度、阿里巴巴、腾讯）为代表的民营资本在政策的支持下，以参股、合作、收购等多种方式在传统媒体和新媒体领域积极布局，对中国新闻业的整体结构与发展已经形成了重要的影响④。并且，从总体趋势上看，如果国家不出台相关的法规政策，延续现行的或更加宽松的政策，这种影响会越来越大。尽管国家相关法律、政策没有赋予非国家所有的互联网企业拥有独立的新闻采访权，但它们在实际上确确实实从事新闻生产和传播活动，为非职业新闻的生产传播提供了巨大的中介和平台，很多互联网企业已经成为影响巨大的平台媒体，为社会大众的新闻收受提供了巨大的分享、共享通道和平台。它

---

① 新闻媒体属国家所有，在现实中还有一种特殊的实行方式，这就是媒体所有权被划归到党的有关部门。比如，2007年12月上海《解放日报》集团上市，宣布其产权属于上海市委宣传部。这等于说《解放日报》集团属于党产。党和国家之间在媒体的所有权上到底是一种什么样的关系，本身就是值得研究的一个问题，其中自然关涉到宏观层面的国产与党产的关系问题。新闻学界对这一问题还少有研究，但这终究是绕不过去的问题。

② 李良荣，袁鸣徽. 中国新闻传媒业的新生态、新业态［J］. 新闻大学，2017（3）：1-7.

③ 同②.

④ 比如，阿里巴巴通过在传媒业的一系列的并购，已经成功在视频、社交媒体、传统媒体、电影业、新闻客户端等传媒业领域布局，传媒帝国已然成型。参见李良荣，袁鸣徽. 中国新闻传媒业的新生态、新业态［J］. 新闻大学，2017（3）：1-7。

们自身就是其他传统媒体无法竞争的信息分发者、新闻分发者，在新兴技术特别是大数据技术、计算技术、智能技术的支持下拥有日益增长的社会影响力。因而，从新闻资产所有制结构变化角度对其加以关注是十分必要的。这也是中国新闻资产所有制不同于传统媒介时代的突出特点。

新闻资产所有制是新闻业作为事业和产业的根本，是整个新闻业的经济基础。新闻资产所有权直接决定着一定新闻媒体的基本立场和价值取向，美国新闻学家卡斯珀·约斯特早就说过这样的话，"所有报刊的责任都依赖于其所有权和办刊方针"①。谁掌握了这个基础或根本，谁就从命脉意义上掌握了新闻话语权。新闻话语权当然不只是传播什么新闻和如何传播新闻的问题，更是关系到一个国家主导意识形态体系、社会核心价值观念体系的宣传与建构问题。不同的新闻话语倾向，会造成不同的话语图景。因此，建构什么样的新闻资产所有制结构，是事关新闻业性质、新闻话语走向的重大问题。

从新闻改进、改革的角度看，新闻资产所有制一定是新闻体制改革中的根本，也是最难之所在。人们很容易理解，经济权力和政治权力之间是可以转换的，一旦把经济权力（资产所有权就是最大的经济权力）放开，也就意味着放开了政治权力。因此，资产所有权不放手，政治权力就不易动摇。完全可以想象，一旦新闻资产可以私有，或者以其他形式所有，这就意味着在社会常态或非常态情况下会有不同于党和政府的声音出现，甚至有可能对党和政府发起某种政治挑战。因而，如何从中国实际出发，设计新闻改革的未来方向，建构新闻体制改革的目标，关键问题其实就是新闻资产的所有制问题。所谓的言论自由、表达自由、出版自由、新闻自由等，所谓的新闻批评、新闻监督、舆论监督等，说到底就是新闻资产的所有权问题。只要这个底线没有变动，所有这些问题，与当前的现状相比，都不会有实质性的变化。新闻资产所有权、所有权制度，永远都是新闻相对自主性的根本所在。

从新闻规律论的角度观察，则可以说，只要新闻资产所有制没有发生根本性的结构变化，即新闻资产牢牢掌控在党和国家手里，我们就可以在

---

① 约斯特. 新闻学原理［M］. 王海，译. 北京：中国传媒大学出版社，2015：89.

"党媒"意义上讨论中国新闻业的运行规律。如果说新闻资产所有制的国家所有为主制度发生了变化，那就很难在党媒意义上探讨中国新闻业的特殊规律。

3. 新闻业的基本属性

新闻业的基本属性，就是新闻业的性质特征问题。新闻业的属性，从根本上关涉新闻业的运行方式，更关系到新闻业的基本功能、基本价值取向。新闻业的性质、属性，直接关系到新闻业是谁的新闻业的问题，自然关系重大。就目前的实际来看，中国新闻业是在"双重基本属性"中定性、运行的。

所谓双重基本属性，是指新闻业既有意识形态属性、事业属性，又有一般产业的属性。前一种属性意味着新闻业是意识形态领域、思想领域的事业，构成新闻业的新闻媒体是新闻舆论机构，是事业机构，是思想宣传中心，是教育引导人民跟党走、跟政府走的工具。一句话，中国新闻业是党的事业，新闻媒体是党和政府的耳目喉舌，因而它必须坚守社会主义意识形态原则，坚守马克思主义的指导地位、统率作用，坚持党对新闻事业的绝对领导，以追求社会效益为至上目标，不能屈服于市场压力。后一种属性意味着新闻业是一种产业领域，新闻媒体是（新闻）信息生产企业，为社会提供的是以新闻为主的各种信息产品，新闻媒体机构也像其他企业一样在法律和道德允许的范围内追求最大经济效益①。新闻行业作为一种产业，它必须按照社会主义市场经济的逻辑展开运行，而所有新闻传媒原则上必须遵循经济规律展开运行。

构成当代中国新闻业主体的所有新闻媒体，就是在这种既有事业性质又有产业性质的双重属性中运行的。因而，政治逻辑、意识形态运作的诸多规则与经济逻辑、市场经济运作的诸多机制相互作用，共同支配着当代中国新闻业的实际运行状态。更为复杂的是，尽管作为整体的新闻业，其基本属性

---

① 但是，也有学者认为，在两种属性中定位，意识形态属性是明确的，但产业属性定位实质上是模糊的。因为，新闻媒体到底是不是企业，一直没有明确的官方说法，或者说说法是模糊的。从1978年开始的关于媒体实行"事业单位，企业管理"的制度至今没有改变。新闻媒体定位模糊也被看作新闻改革难以有重大突破的重要原因。其中暗含的理由仍然是新闻资产的所有制问题。如果是和其他企业一样的企业，那就意味着可以成为非国有的企业，也就意味着可以有非国有的新闻媒体出现。

是意识形态属性和产业属性，但对于不同的具体新闻媒体而言又有一定的区别。比如，对那些具有机关性质的新闻媒体，会更强调其意识形态属性，而对那些党领导的非机关性质的新闻媒体，会更强调其产业属性。这种侧重不同的属性强调，意味着对不同新闻媒体有着不同的政治要求①，也意味着它们在市场运行中实际上有着不同的边界。

就双重属性间的关系而言，在理论视野中，新闻业的意识形态属性从本源上受制于产业属性，应该说意识形态属性一定意义上不过是产业属性的反映和体现。经济是命脉，传播是表现。新闻业发展的根本动力来自社会需求，来自新闻市场，来自人们的信息需要。但是，在经济制度、产业性质已经确定的情况下，政治意识形态就是方向盘，把握新闻媒体以至整个新闻业发展方向的是政治上层建筑或政治统治权力。而且，很多情况下，新闻业采取怎样的产业方式，往往不是新闻业自在自然演变的结果，而是政治设计的结果。就实际来看，中国新闻业、新闻传媒领域的每一次重大结构性调整，首先是政治意志的体现，而非新闻产业演进发展的自然结果。因此，如果政治体制改革没有质的突破，新闻体制改革也就不会有实质性的变化。② 新闻业怎样布局、如何结构，具体的新闻媒体机构、传播体系的架构方式、建设方向，都会受到政治统治权力的重大影响。尤其是在较小的历史尺度上看，政治似乎有着更为强大的作用。

需要特别说明的是，产业属性意味着经济利益或商业利益的至上性，意识形态属性意味着政治利益的至上性，而这两种属性能否保证社会公共利益的实现，始终是值得探讨的问题。如何从根本属性上保证新闻业、新闻媒体、新闻职业自身理想——维护社会公共利益——的实现，即如何把新闻业建设成为真实的公共事业，如何把新闻媒介建设成为真实的公共平台，如何把新闻领域建设成为真正的公共领域，如何使新闻职业人成为真正的社会公仆，

---

① 事实上，这种属性侧重上的不同认定也关系到媒体的经济来源问题，对于机关性质的新闻媒体，党和政府会在必要的时候进行经济补贴，而对非机关性质的新闻媒体，就不大可能得到这样的待遇。

② 当年，针对中共十七大报告提出要保障人民的知情权、参与权、表达权、监督权，一些人认为，这有可能预示着政治改革、新闻改革会迈出新的步伐，至少在观念上说已经迈出了步伐。

我们以为在产业属性、意识形态属性之外，还必须强调新闻业的公共性。早在近一百年前，美国新闻学的重要奠基人之一约斯特就说过这样的话，"新闻业的宗旨和理念等都应该关系大众利益"，"新闻业的产品是公众关注的公共产品"①。"背叛了公众就是背叛了报纸"②，"只要人们以共同体的形式存在着，就存在公共性问题，公共性是共同体存在的基本属性"③。事实上，新闻的公共性根源并不在新闻本身，而在于人类生活的公共性，作为一定共同体的现代人群，需要媒体提供公共服务、担当公共责任。只有在根本属性上确立新闻业的公共性，才能在源头上保证社会公共利益的实现可能，才能使新闻产品成为真正的公共产品，而不仅仅是新闻商品或仅仅成为政治意识形态的宣传品。也就是说，在新闻业属性上，只有形成意识形态属性、产业属性与公共属性的三元结构，新闻业才会在政治利益、产业利益和公共利益之间获得更好或更为平衡的发展。也只有这样，在新闻业主体属性上，中国新闻业才能真正认定为、建设为党和政府的事业，同时也是人民的事业，是整个国家、社会的事业和产业。人们应该明白，每一种属性都有其相应的功能，每一种功能都会展现其可能的作用，从而从不同维度显现出新闻业的意义和价值。

4. 新闻传播的主要功能

新闻业有着多样化的功能④，但从逻辑上说，新闻业最重要的功能是生产传播新闻，这样的功能要落实到新闻传媒组织身上，要通过它们的新闻生产传播活动加以实现。就当代特别是当前中国的实际来说，新闻传播最突出的功能在区分的意义上，可以概括为具有内在紧密关系的两大方面：宣传功能和新闻功能。如果进一步凝结概括的话，这两大功能可以提炼为"正确引导舆论的功能"。也就是说，中国的新闻传媒特别是党媒的新闻功能，核心目的在于实现以正确的（新闻）舆论引导人。党媒和党领导的其他所有新闻媒

---

① 约斯特. 新闻学原理［M］. 王海，译. 北京：中国传媒大学出版社，2015：8.

② 同①102.

③ 孔伟. 哲学视域中的共同体理论：兼论马克思的共同体思想及其当代意义［J］. 中国人民大学学报，2018（3）：88-97.

④ 杨保军. 新闻理论教程［M］.3版. 北京：中国人民大学出版社，2014：第8章第5节.

体，就是要运用以新闻传播为核心的一切媒介方式，努力增强自身的"四力"①，完成自身的职责和使命②。

在历史视野中，如果以中国改革开放 40 多年走过的道路为参照，可以看到，尽管新闻传播的舆论宣传功能始终占据主导地位，但在不同历史发展阶段，新闻传播的主导功能也在伴随改革开放的进程中不断变化，主导功能也会根据党和国家在不同历史发展阶段主要任务的变化而有所偏向或侧重。粗略地说，改革开放初期，新闻传播的主导功能集中表现为政治功能，核心是为"拨乱反正、解放思想"服务，以促进党和国家的事业尽快进入正常轨道。当党和国家的工作重心全面转移到经济建设后，新闻传播的主导功能随之转移，集中表现为经济功能，为经济建设展开宣传、引导和服务。随着改革开放的深入发展、市场经济目标体制的确立，新闻传播监测环境、守望社会、传播文化、提供娱乐的多元功能得到比较全面的体现，尽管其间有过一些起伏波折，但新闻传播整体上为社会主义市场经济改革、政治民主发展、社会文化建设发挥了重要作用，为中国与世界的交往关系，以新闻方式做出了不可替代的贡献。中共十六大之后，确立了以人为本的科学发展观，中国社会进入全面建设小康社会阶段，新闻传播强调"三贴近"（贴近实际、贴近生活、贴近群众）、实行"走转改"（走基层、转作风、改文风），为坚持科学发展、全面建设小康社会发挥了重要的功能作用。中共十八大特别是中共十九大召开以来，中国社会进入了新时代，中国社会基本矛盾发生了重要的转变③。也正是在这个阶段前后，在一系列新兴技术的支持下形成了新的媒介生态环境，中国新闻业发生了初步的结构性变化，整个中国社会的新闻活动结构也与传统媒介时代相比发生了一定的结构性变化，社会大众以及其他一

---

①　"四力"是指新闻传媒的传播力、引导力、影响力和公信力。

②　关于中国新闻传媒以及新闻舆论工作者的职责与使命，习近平在 2016 年的"2.19"讲话中，提出了系统和明确的要求，这就是"高举旗帜、引领导向，围绕中心、服务大局，团结人民、鼓舞士气，成风化人、凝心聚力，澄清谬误、明辨是非，联接中外、沟通世界"。

③　习近平在十九大报告中指出，"经过长期努力，中国特色社会主义进入了新时代，这是我国发展新的历史方位。""中国特色社会主义进入新时代，我国社会主要矛盾已经转化为人民日益增长的美好生活需要和不平衡不充分的发展之间的矛盾。"参见秦金月．中共十九大开幕，习近平代表十八届中央委员会作报告（直播全文）[EB/OL]．（2017－10－18）[2019－10－11] http：//www. china. com. cn/cppcc/2017－10/18/content_41752399. htm。

些组织机构被新兴技术激活，成为重要的新闻传播力量。党和政府根据新的形势，提出了关于新闻业发展的一系列战略举措①，再次强调马克思主义新闻观的绝对主导地位，从而使新闻传播的功能发挥进入了一个新时代，集中表现为政治功能、经济功能、文化功能、社会功能的整合或统一，为新时代中国特色社会主义建设事业提供全面服务。

但不管主导功能发生怎样的历史变化，作为党、政府和人民耳目喉舌的中国新闻业及新闻媒体，为党和政府的工作大局服务，始终是其基本功能、主导功能，即坚持以正确的舆论引导人始终是新闻舆论工作的核心功能、主导功能。完全可以说，新闻舆论功能、新闻宣传功能一直占据着中国新闻业、新闻传媒功能系统的核心地位。尽管改革开放40多年来，新闻业、新闻传媒的多元功能不断释放，但舆论宣传功能并没有被相对弱化或淡化，而是得到不断的强化，中国共产党的历届最高领导人始终把坚持正确的舆论引导、新闻舆论引导，看作新闻宣传工作、新闻舆论工作的灵魂，看作新闻系统功能中的重中之重。应该说，在新闻与宣传两种主要功能的实现中进行传播，且把宣传功能看得更为重要，是当代中国新闻业功能论和功能实践中的突出特征之一。

中国新闻媒体从事新闻舆论宣传工作是公开的、旗帜鲜明的，不是遮遮掩掩的。它明白无误地宣称，要进行政治宣传和思想宣传，要教育人民、引导人民，贯彻落实党和政府的路线、方针和政策，实现党和政府的意志，要通过新闻媒体进行宣传、鼓动和组织，统一思想，统一意志，进行中国特色社会主义建设，实现伟大的"中国梦"。中国的新闻媒体，不像西方媒体那样，即使做了宣传，也要隐瞒自己的真实面目。在中国，在党、政府和普通百姓的心目中，新闻工作者不仅是职业新闻人，也是职业的宣传工作者、新闻舆论工作者，甚至是思想教育工作者。因而，不管是官方，还是民间，抑

---

① 比如，2014年8月18日，习近平在中央全面深化改革领导小组第四次会议上，提出新闻宣传工作的新目标："着力打造一批形态多样、手段先进、具有竞争力的新型主流媒体，建成几家拥有强大实力和传播力、公信力、影响力的新型媒体集团，形成立体多样、融合发展的现代传播体系"。参见共同为改革想招一起为改革发力 群策群力把各项改革工作抓到位［N］．人民日报，2014 - 08 - 19（1）。

或是新闻工作者自己，都把职业新闻工作者称为"新闻宣传工作者"或"新闻舆论工作者"，而非纯粹的新闻职业工作者、新闻专业工作者。事实上，在机关党媒工作的人员，更多的是新闻宣传工作者、新闻舆论工作者，而非纯粹的职业新闻工作者。只有明白这一点，才能真正理解中国新闻职业工作者的职责和使命，才能真正明白中国新闻功能的实现重点，才能真正明白当代中国新闻工作的真实特征。

对中国的新闻媒体来说，它们一方面把传播报道新闻本身作为直接目的，另一面则把报道新闻作为手段，以实现宣传目的，实现舆论引导的目的。所谓"新闻宣传"或"新闻舆论"正是这样的含义，而上升到新闻报道规律的"用事实说话"这一观念和原则不过是对这一含义略带学术味的表达。新闻媒体通常追求的一种境界则是在传播中将新闻与宣传统一起来，即在新闻报道中实现宣传，在宣传中报道新闻。宣传、舆论引导，始终是中国新闻旋转的中心。

对于不同的具体新闻媒体来说，它们在处理新闻与宣传的关系上有所差别。一般说来，产业属性较强的新闻媒体，也就是党和政府管理控制相对宽松的那些市场化媒体，更注重新闻报道，但在政治与新闻问题上，它们往往会自我设限、自我检查；而意识形态属性较强的新闻媒体，即我们前文所说的机关党媒，比如各种党报、党台（电台、电视台）以及一些重点新闻网站等，由于往往受到某一级党的组织和政府的直接领导、管理、控制，因而更注重新闻舆论宣传。这是中国新闻业在长期的事业发展中逐步形成的一种图景。这样的图景结构意味着，机关性党媒承担着更为重要的宣传功能，而非机关性的其他新闻媒体相对来说具有更多释放其他媒体功能的空间。

需要特别提醒的是，尽管新闻传媒的主导功能始终是新闻宣传功能、新闻舆论功能，但这不等于否认当代中国新闻业、新闻传媒其他功能的存在和发挥。实际上，当代中国新闻业最大的变化之一就是新闻媒体功能的多元化、多样化、多层次化得到一定的实现。人们看到，新闻传媒传播信息、报道新闻、表达意见、引导舆论、服务社会、指导生活、传播知识、普及教育、提供娱乐、裨益身心等功能①，中国的新闻传媒都已具备，都在发挥。但就当代新闻业来说，将新闻与宣传、新闻与舆论引导自觉、明确且有机地结合起来、统一起来，无疑具有十分明显的中国个性、中国特色甚至可以称作中国风格或中国气派。因此，我们可以在功能论的角度说，当代中国新闻业的突出特征是坚持宣传功能优先、舆论功能优先，坚持以新闻手段实现新闻舆论引导功能。

5. 新闻业的基本运行机制

与改革开放前单一的政治逻辑支配相比，当代中国新闻业的运行机制发生了巨大的变化，一种以政治逻辑为核心，并与其他多元力量相互作用、相互影响的基本运行机制基本形成。中国新闻业的特有性质、地位与功能作用，以及它在改革开放中所处的市场经济体制的新境遇、新环境，还有技术发展形成的新机遇、新挑战，使它必须面对多种社会力量，并在多重力量的促进与约束中求得生存和发展。与改革开放前的新闻事业相比，这也可以看作当代中国新闻业的典型特征之一。

如前所述，意识形态属性与产业属性已经成为中国新闻业、新闻传媒的基本属性，这自然决定了当代中国新闻业必须在双重基本属性中运行，必须在产业与事业中求得平衡，必须在社会效益与经济效益的追求中谋求统一。因此，新闻媒体既要遵守作为意识形态机构的诸多政治规范，按照意识形态领域的运行规律、工作方式进行新闻生产传播，又要以企业角色适应市场经济的逻辑规则，按照市场经济的要求或规律实行经营管理，探求盈利模式。在政治与经济之间，在两种属性之间，当代中国新闻业不会被市场经济的规则完全支配，但从大的历史趋势上可能会越来越受到市场经济规律的作用和影响。当然，对于党媒来说，也许会在新环境中以非市场经济的方式运行。我们看到，资本主义新闻业依赖的规范的力量主要是法律（交给了规范化的市场）和新闻界的自治，少部分交给了行政。当代中国新闻业规范的力量主要掌握在党和政府手中，但也开始越来越多地交到法治手中（部分交给了市场机制、市场规则），至少在形式上向这方面努力。人们看到，经过改革开放

---

① 童兵. 理论新闻传播学导论［M］. 北京：中国人民大学出版社，2000：109.

以来 40 多年的实践和探索，中国新闻业已经开始步入中国特色社会主义市场经济体制。西方世界各种经营新闻媒体的方式几乎在中国的土地上都有，报业集团、广播电视集团蜂拥而至，跨地区的媒体经营方式和跨媒介、跨行业的经营方式也是屡见不鲜，跨国经营也早已迈出了实质性的步伐。在当今新兴媒介蓬勃发展的潮流中，新兴的媒介融合机构、融合媒体以及平台化的媒体也如雨后春笋一般生机益然，一些巨型的媒体集团、传播体系也在建设之中。尽管其中有"看得见的手"的挥舞，但市场经济的逻辑和机制已经开始作为一种巨大的力量影响中国新闻业的生存与发展却是不争的事实。同样十分明显的是，在政治逻辑与经济逻辑之间，政治力量更大更强，始终是把控新闻业改革发展方向的根本力量。中国新闻业首先属于政治，然后才会属于其他，这一点是理解当代中国新闻业实际情况的根本所在。

当代中国新闻业，属于现代性质的新闻业。现代新闻业的重要价值取向，就是追求公共利益、满足公众兴趣。即使新兴媒介环境中的新闻生产传播在某种程度上消解了现代新闻的一些特性，显现出某些后现代的气息，诸如强调新闻生产传播的多元化、多样化、去权威化、去中心化、去职业化、去专业化，注重新闻的小众化、分众化和个人化需求等，但不可否认的是，公共性依然是新闻业的基本属性，也是人们希望新闻业保有的重要属性。因而，中国新闻业在强调意识形态属性、产业属性的同时，如前所说，也自然会显露出对公共属性的诉求，社会大众总是希望新闻传媒在为党和政府的新闻舆论引导服务的同时能够成为公众展开公共表达、公共交流的渠道、领域或平台。也就是说，双重基本属性定位、运行中的新闻业，如果想求得顺利的发展，就必须求得各种社会力量的满意：作为政治力量的政党、政府要满意，作为市场力量的社会大众要满意，作为新闻传媒经济命脉的广告主要满意[①]。其中，具有基础地位的是社会大众也即公众的满意。公众的信息需求、新闻需要、表达交流需求才是新闻业、新闻传媒生存发展的深层动力，也是新闻业得以持久良性运行的基本逻辑。如果得不到社会大众的认可，新闻传媒是

---

① 中国新闻学者喻国明曾经非常形象地提出"三老"满意比喻来说明当今中国新闻业生存发展的基本法则。参见喻国明. 解析传媒变局：来自中国传媒业第一现场的报告 [M]. 广州：南方日报出版社，2002。

无法得到持续生存发展的。

影响当代中国新闻业运行的另一重要力量就是技术力量。如我在上一章论述技术主导律所阐释的，现代新闻业的历史演进表明，技术发展始终是新闻业变革的基本动力，也是左右新闻生产方式、新闻生产关系的重要杠杆，这在技术进步日新月异的当代表现得更为明显。人们看到，技术作为媒介形态构成的基本要素，是媒介形态更新的内在动力。每当有划时代的技术特别是媒介技术、传播技术出现时，就会有新的媒介形态生成，就会有新的新闻传播图景出现。技术的发明创造和运用，不仅改变了媒介形态结构，也在改变新闻传播主体的结构，改变和调整各种新闻活动主体之间的关系。① 一言以蔽之，技术演进不断改变着新闻业的整体面貌。因而，技术逻辑是新闻业运行中极为重要的一股力量。毫无疑问，技术逻辑也是影响当代中国新闻业运行的重要力量。不难发现，正是生产技术、传播技术的飞速发展，激活了所有社会主体，改变了传统媒介时代整个新闻领域的结构性关系，从而使中国新闻业、新闻媒体必须面对各种新的新闻生产传播方式的挑战。技术发展，使世界新闻也使中国新闻在社会视野中发生了一种全新的结构变化。社会公众以及其他类型的社会主体成了再现、塑造、建构社会新闻图景的重要力量。机构新闻与民众个体新闻的有机互动已经进入新常态。这一切的背后最基本的逻辑力量就是技术逻辑的力量。

新闻业是整体社会事业的一个领域、一个子系统，必然会受到社会系统中所有其他领域和子系统的作用和影响。与此相应，它必然要受到多种规范、多种规律、多种力量的共同制约，"共同制约的结果是呈现出相当的复杂性，诸种力量最后形成了合力，由这股合力推动着传媒的发展"②。但我们也应该明白，在新闻业与其他社会领域的相互作用、相互影响的关系中，针对新闻业而言，有些社会力量大一些，有些则小一些。就政治力量、经济力量、公众力量和技术力量而言，可以说，任何一种力量对于新闻业的运行，对于新闻媒体的生存发展都是至关重要的。其中尤为重要的是，新闻业、新闻媒体

---

① 杨保军. 新闻主体论［M］. 北京：人民日报出版社，2016.
② 丁柏铨. 中国当代理论新闻学［M］. 上海：复旦大学出版社，2002：123.

不得不在各种力量的作用和约束中保持清醒的头脑，建构自己的发展战略，寻求具体的运作策略和措施。"不论别人怎样'忽悠'，我们都应该牢记，不能用商人思路规划意识形态，从技术角度认识和理解新闻舆论工作。"①

总而言之，当代中国新闻业、新闻媒体，是在政治、经济、社会（公众）、技术等基本力量的相互作用中演进的，是在这几大要素形成的共同机制中运行的。当然，不能忘记的是，所有这些力量或要素都离不开全球化的宏大背景，更离不开中国文化、中国历史的深刻作用②。

二、党媒特殊规律的核心构成

规律总是一定对象的规律，是一定对象本质特征及其内在关系的反映。党媒特殊规律反映的是党媒自身运行的内在稳定关系。界定了党媒所指，特别是比较全面地分析把握了中国新闻业（也就是党媒事业）的主要特征之后，我们就可以进一步分析、探索、总结、概括党媒作为新闻传媒之一类的特殊规律。我将主要从党媒的领导权、价值追求和实践方式三大方面对党媒特殊规律进行初步提炼或抽象。

（一）党媒运行的党性统摄律

如前所言，党媒就是党所创办拥有的媒体，是党所领导管控的媒体。党媒充当党的耳目喉舌的性质决定了坚持党性原则是党媒工作的必然选择，为党的事业服务必然是党媒的核心目标。当代中国是具有中国特色的社会主义中国，其最本质的特点就是坚持中国共产党的领导③。中国特色社会主义的

---

① 米博华. 构建中国新闻"主场"[J]. 新闻与写作，2018（8）：刊首语.
② 这里所说的中国文化，包括中国的传统文化，也包括中国的革命文化、建设文化，特别是中国改革开放以来所创造的新的文化，可以名之为改革文化、开放文化。也就是说，中国新闻业实际上总是运行在中国文化之中，它必然会按照中国的文化逻辑展开自身的演进轨迹。甚至可以说，政治力量、经济力量、社会（公众）力量、技术力量等不过是中国文化逻辑的多维具体表现。
③ 党的十八大以来，习近平提出并反复强调的一个重要论断，就是"中国共产党的领导是中国特色社会主义最本质的特征"。参见闻言. 党的领导是中国特色社会主义最本质的特征：纪念中国共产党成立95周年[EB/OL].（2016-06-23）[2019-10-20]. http://theory.people.com.cn/n1/2016/0623/c40531-28470766.html.

这一本质特征必然会贯彻到党所领导的事业的每一领域和所有方面，中国新闻业必然是具有中国特色的社会主义新闻业。因此，坚持党对新闻媒体的领导、党性对新闻工作的统摄，必然是中国党媒、中国当代新闻业最本质的特点，因而也成为党媒和当代中国新闻业运行的基本规律。

所谓党性统摄，就是说党性是党媒的灵魂①，是党媒的生命线。党性原则是主导和统领党媒事业、党媒工作的最高原则、总体原则，贯穿于新闻舆论工作的总过程和各个环节，包括新闻舆论工作的所有方面。或者说，党性原则始终是中国共产党领导的新闻事业、新闻舆论工作的根本原则。具体讲，有以下几个要点。

首先，党性统摄律的第一条也是首要的一条，就是党对新闻业、新闻舆论工作的绝对领导（权）。早在1944年，延安《解放日报》在创刊一千期的社论中就指出，"我们的报纸是中国共产党的党报，是人民大众的报纸，这是我们这个报纸的第一个特点"②。这不仅宣示了党性与人民性的统一性，也同时宣示了党性的优先性。党和党所领导的政府主办的媒体（包括各种新兴媒体）必须姓党，必须成为党和政府的耳目喉舌。除此之外，要"把各级各类媒体都置于党的领导之下"，没有例外。新闻业是党的事业的重要组成部分，因而在组织上必须自觉接受党的领导，严格按照党的组织原则和纪律规范办事，必须实行"政治家办报"③，把新闻业的领导权"牢牢掌握在忠于马克思主义、忠于党、忠于人民的人手里"④。

---

① 需要注意的是，"党性"中的"党"，不是指某一个具体的党的组织机构，更不是指某一个具体的党员个人，而是指整体上的党的组织，或观念上的全党。党性，集中通过党章来表现。

② 中国社会科学院新闻研究所. 中国共产党新闻工作文件汇编：下［M］. 内部资料，1980：66.

③ 这个口号是毛泽东首先明确提出来的。1957年6月7日，他在与当时准备兼任《人民日报》总编辑的吴冷西进行谈话时指出，要政治家办报，不是书生办报，办报要敢担风险，要有"五不怕"的精神——不怕撤职，不怕开除党籍，不怕离婚，不怕坐牢，不怕杀头。同年6月20日，在中共中央政治局会议上，毛泽东再提政治家办报，他指出，"报纸办得好坏，要看你是政治家办报还是书生办报。我是提倡政治家办报的"。1996年1月2日，江泽民在接见解放军报社师以上干部讲话时重提"政治家办报"的要求。政治家办报的核心思想是指办报者要有政治家的眼光和见识，能够从政治上总揽全局，能够抓住事情的要害，能够使新闻宣传工作紧密配合形势的发展变化，为党和政府的工作大局服务。另可参见吴廷俊. "政治家办报"：研究二十世纪五六十年代中国新闻史的一个关键词［J］. 国际新闻界，2010（3）：12-18。

④ 金炳华. 新闻工作者必读［M］. 上海：文汇出版社，2001：66.

需要进一步弄清楚的是，党对新闻业、新闻传媒的领导权不只是组织上、思想上、行动上的领导权，最基本的是对新闻资产所有权的占有。这种可以称为"经济领导权"的领导权，才是其他领导权的根本保证，是新闻话语权的基础。在当前媒介生态结构中，关于党对新闻业的领导权问题，更是特别强调对互联网媒体的领导，因为"过不了互联网这一关，就过不了长期执政这一关"①。传统媒体的所有权、领导权问题可以说已经解决，但如何领导网络新闻业仍然是目前正在探索的重大问题。互联网作为新时代的主导性媒体，任何执政者对其都不会轻视。

其次，党性统摄律要求所有新闻媒体必须在思想上、政治上、行动上与党中央保持高度一致。新闻媒体不能与党闹独立，其中具有前提性的要点是，新闻媒体、新闻舆论工作者要在思想深处、新闻观念上认同党的新闻舆论思想，认同具有中国特色的党媒理论和党媒观念体系，这样才有可能与党始终保持真实的一致。

中国共产党历来非常重视新闻宣传、新闻舆论工作，把它看成各项事业取得成功的重要法宝②，它是建党的工具、革命的工具、展开社会主义建设的工具，更是改革开放的工具。与过去相比，在当今媒介化社会已经成为现实的情况下，可以说，中国共产党比以往任何时候都更加重视新闻舆论工作。正因为如此，坚守党性原则便始终成为新闻舆论工作的"第一原则"，党性观念也自然成为中国马克思主义新闻观念体系中的"第一观念"。作为第一观念，党性统摄律特别强调的是，必须始终以马克思主义的基本理论为指导，特别要与时俱进，用当代中国化的马克思主义最新成果作为指导新闻工作的根本思想、根本观念。特别需要注意的是，这样的根本思想、根本观念往往

---

① 学习贯彻习近平总书记新闻舆论工作座谈会重要讲话精神［EB/OL］.（2016－02－19）［2019－10－20］. http://politics.people.com.cn/GB/8198/402525/index.html.

② 在中国共产党关于新闻舆论工作的最新权威表述中，认为做好新闻舆论工作，"事关旗帜和道路，事关贯彻落实党的理论和路线方针政策，事关顺利推进党和国家各项事业，事关全党全国各族人民凝聚力和向心力，事关党和国家前途命运"。参见人民日报评论员. 从全局出发把握新闻舆论工作［N］. 光明日报，2016－02－21（2）。

伴随着党的工作重心的转移变化、党的核心领导人物的代际更替而不断更新。[①] 2017 年召开的党的十九大向世界宣示，中国已经进入社会主义新时代、改革开放的新时代，中国社会的基本矛盾也发生了系统变化，那就意味着中国的新闻业必须遵循新时代中国共产党的新闻舆论思想，新闻媒体、新闻舆论工作者必须与这样的观念保持高度一致。那些专业主义的新闻观念、商业主义的新闻观念或其他什么新闻观念，只能是借鉴、吸收有用成分的对象。事实上，马克思主义新闻观始终是中国共产党指导新闻宣传、新闻舆论工作的观念，其他观念只能处于边缘地位，对主导观念产生一定的作用和影响。

再次，党性统摄律还会体现在党性与新闻舆论工作其他属性的关系之中。新闻（指新闻业、新闻领域、新闻传媒、新闻产品）的属性不可能是单一的，而是多元的、多样的。因而，如何对待党性与其他属性之间的关系是一个必须面对的问题，比如党性与人民性的关系[②]，党性与新闻传播真实性、客观性、公正性、公开性、透明性、对话性等的关系，以及党性与新闻（指新闻业、新闻领域、新闻传媒、新闻产品）的社会性或公共性、商品性等的关系。显然，这是一个复杂的问题。只有处理好党性与这些属性的关系，党性统摄律的要求才能真正落到实处。实际上，新闻舆论工作中存在的所谓党性的淡化、弱化问题，往往就是党性受到了新闻业其他属性的冲击，或者说，没有处理好党性与其他属性之间的关系。

在这众多的关系中，对于党媒或党领导的新闻事业、新闻舆论工作来说，规律性主要表现为以下方面：其一，党性高于所有其他属性。也就是说，如果在新闻舆论工作中这些属性之间出现了矛盾，那么毫无疑问，要以党性原

---

① 这也可以看作中国共产党党报理论、党报思想演变的一条特殊规律。人们看到，中国共产党党报理论、党报思想的演进发展基本上是以一代又一代党的最高领导人关于新闻宣传工作、新闻舆论工作的看法为线索的。他们之间的先后承继变化，反映了中国共产党在不同历史时代、历史阶段对新闻宣传工作、新闻舆论工作主导观念、思想、理论的历史图景。当然，党报理论、党报思想的演进关系，并不限于党的最高领导人相关思想的代际关系，还会体现在其他一些重要领导人的思想中，也会更多地体现在党关于新闻业、新闻工作的一系列路线、方针、政策文献之中，以及体现在一些学者的相关理论研究成果之中。

② 像党性中的"党"不是指某个党组织或党员个人一样，"人民性"同样如此，"人民性"中的"人民"，是指一定社会中的最广大的人民群众全体。关于党性与人民性的历史关系、现实归结，可参见陈力丹. 党性和人民性的提出、争论和归结：习近平重新并提"党性"和"人民性"的思想溯源与现实意义［J］. 安徽大学学报（哲学社会科学版），2016（6）：71-88。

则为最高原则，处理不同属性之间的关系。其二，党性从本质上与其他属性是统一的，党性并不是可以超越其他属性、脱离其他属性的一种"另类"特性，党性的落实与实现在很多方面、很大程度上要以其他属性为中介。比如，中国共产党历来强调新闻舆论工作要坚持党性与人民性相统一的原则，新闻舆论工作要始终坚持全心全意为人民服务的最高宗旨，其中就包含着新闻公共性或社会性的实现。人民性的内在要求落不到实处，党性也就悬空了。又如，党性原则要求党媒在新闻舆论工作中坚持实事求是的思想路线、人民中心的工作原则，这意味着党性必然要求新闻传播要坚守真实性、客观性、公正性、公开性、透明性，党性与这些属性之间逻辑上自然是统一的。新闻只有成为真实、客观、公正、公开、透明的新闻，才可以说是实事求是的新闻，是与党性原则一致的新闻。至于新闻的商品性，本质上与党性原则的要求并不冲突，社会主义市场经济中的新闻在交换消费中必然要以商品的面目出现，这是市场经济环境中新闻的基本属性，也是市场经济规律的必然要求。面对这样的客观事实，党性原则要求尊重事实，按照客观规律办事。因而，党性原则并非不承认新闻的商品性，其只是要求党媒必须承担社会责任，把社会效益置于优先地位，不能一味追求经济利益特别是不正当地追求经济利益。其三，党性原则的实现会受制于其他属性。党性并不是新闻（指新闻业、新闻领域、新闻传媒、新闻产品）孤立的属性，而是新闻众多属性中的一种核心属性。但不管党性的地位如何特殊和重要，作为新闻属性系统中的一个，在其功能实现过程中必然会受制于其他属性不同程度的作用和影响。因而，党性统摄律支配下的党媒新闻舆论工作会在党性原则的指导下，注意新闻工作过程中不同属性之间关系的处理。这些关系处理不好，落实党性原则也是一句空话。

最后，党性统摄律并不是抽象的、空洞的存在，而会体现在实际展开的新闻工作之中。党性观念（体现为马克思主义新闻观）、党性原则落实在工作层面上，就是要求党的新闻业必须与全党的奋斗目标保持一致，新闻舆论工作要始终为党的全局和大局工作服务，与党的战略部署、战略决策一致，与党的政策策略一致，与党的宣传方针、宣传口径一致。而广大新闻舆论工作者要努力成为党的政策主张的传播者、时代风云的记录者、社会进步的推动者、公平正义的守望者①。

具体一些说，党媒要经常性地、不间断地宣传马克思主义基本理论，要宣传中国化、时代化、大众化的马克思主义，特别要宣传每个时代主导性的马克思主义中国化的最新成果。党媒要紧紧围绕党和政府的路线、方针、政策展开宣传，要让广大人民群众及时知道、理解党的决策和主张。诚如毛泽东当年所说，"报纸的作用和力量，就在它能使党的纲领路线，方针政策，工作任务和工作方法，最迅速最广泛地同群众见面"②。党媒要围绕一定时期党和政府的核心工作，积极发现、报道能够促进核心工作的典型事实、典型人物，营造良好的国际、国内新闻舆论氛围、社会舆论氛围，努力主导、引领其他各种社会舆论和媒体舆论。党媒要按照新闻规律展开日常新闻工作，坚持贴近实际、贴近生活、贴近群众，坚持走基层、转作风、改文风，依靠人民、服务人民，呈现他们的真实情况，反映他们的真实呼声，维护他们的切身利益，真正做到"以人民为中心"。党媒需要发挥自身特殊的权威影响力，勇于开展新闻舆论监督，报道一些负面事实，揭露各种社会丑恶现象，以新闻舆论方式促进物质文明、精神文明、政治文明、社会文明、生态文明的不断进步。

（二）人民中心的价值律

党媒的直接利益当然是党的利益。任何政党都会运用自己手中掌控的工具和手段，为自身的存在与发展谋求利益。"任何新闻宣传都是为一定的党派和社会团体服务的，都是他们经济政治利益的集中反映。"③ 然而，不同政党的利益追求是不同的，代表的利益群体或利益集团也是不一样的。主体拥有什么样的价值观，就会成为什么样的利益追求者，"价值观是人们关于事物意义的根本看法。在一定意义上，国家、社会是由价值观维系起来的共同体，

---

① 学习贯彻习近平总书记新闻舆论工作座谈会重要讲话精神．［EB/OL］．（2016 - 02 - 19）［2019 - 10 - 20］．http://politics. people. com. cn/GB/8198/402525/index. html.

② 中共中央文献研究室，新华通讯社．毛泽东新闻工作文选［M］．北京：新华出版社，1983：149.

③ 习近平．干在实处 走在前列：推进浙江新发展的思考与实践［M］．北京：中共中央党校出版社，2006：258.

人则是彰显价值观存在的具体主体。有什么样的价值观，就会有什么样的国家、社会和个人"①。同样，一个政党拥有什么样的新闻价值观念，就会把新闻当成什么样的手段，就会有什么样的新闻活动主体。

中国共产党向人民承诺、向世人宣示，她没有自己的私利，她所追求的利益只有一个，那就是广大人民群众的利益，"以人民为中心是新时代坚持和发展中国特色社会主义根本立场"②。人民是可见的主体，并不是空洞抽象的存在。"人民既是一个整体，又由不同的社会群体构成，同时包含着具体的个体，'人民不是抽象的符号'，而是一个一个具体的人的集合。"③ 中国共产党的如此利益目标、价值追求、信念理想，从精神观念、社会理想层面上意味着，她所拥有的、领导的新闻业、新闻媒体必然以人民为中心。简单说，"属于人民，服务人民，依靠人民，这是社会主义新闻事业的显著特征"④。也就是说，为人民服务是党媒的终极性价值目标，这是稳定的、内在的具有规律性的要求。如果偏离了这样的价值取向，中国共产党的党媒就不可能同时属于人民，也就不再是真正的共产党的党媒，而会沦落成只为政党自身狭隘利益服务的工具。

中国共产党领导的党媒新闻业，之所以能够在观念上、实践上确立人民中心的价值目标、遵循人民中心的价值规律，最根本的是由中国共产党作为无产阶级政党的性质决定的，是由其奉行的历史观特别是历史主体观决定的。中国共产党坚持马克思主义的历史唯物主义。历史唯物主义始终把人民群众看作历史的主人，看作创造人类历史的主体，看作创造历史的真正英雄。历史，其实就是人民的历史。诚如有人所言："人民是历史活动的主体、历史的创造者；社会历史规律就是人民活动的规律"⑤。因而，人民中心观念是马克

---

① 沈湘平. 价值观研究亟需自觉的人类学视角 [J]. 哲学动态，2016（11）：5-11.
② 中共中央宣传部. 习近平新时代中国特色社会主义思想三十讲 [M]. 北京：学习出版社，2018：85.
③ 吴向东. 以人民中心的发展观 [N]. 光明日报，2018-01-15（15）.
④ 项德生，郑保卫. 新闻学概论 [M]. 武汉：武汉大学出版社，2000：278.
⑤ 同③.

思主义新闻观、马克思主义新闻价值观的自然核心观念①，人民中心的价值追求自然成为党媒运行的价值规律。这样的价值规律可以简称为人民中心价值律，具有以下一些基本要点。

其一，人民中心价值律最具决定意义的基础表现是，党的新闻事业也是人民的新闻事业。其实，早在 170 多年前，马克思就强调过，人民报刊的实质就是要体现"人民精神"，"它生活在人民当中，它真诚地和人民共患难、同甘苦、齐爱憎"②。党媒要始终站在人民的立场上。③ 1956 年《人民日报》改版时，毛泽东就曾指出，报纸"应该是人民的公共财产、公共武器、公共汽车，要全心全意为人民服务"④。

中国共产党始终把自己与人民群众的关系看作一体化的鱼水关系，是利益共同体。鱼是离不开水的，鱼只有始终以水为家，才能真正存活下去、成长起来。尽管新闻业的领导者是中国共产党，但人民群众是新闻业的主人，是新闻业发展的基础力量。新闻媒体并不只是党和政府的耳目喉舌，同时也是人民群众的耳目喉舌，而且充当党的耳目喉舌是为了成为人民的耳目喉舌，为了人民的根本利益。中国共产党的媒体，也应该是中国人民的媒体。只有如此，人民中心的价值观念与实际追求才能在根本上得到保证。⑤

其二，人民中心价值律体现在党媒的新闻舆论工作中，必须依靠人民群众。人民是历史活动的主体，社会历史规律就是人民作为历史主体的活动规律，"人民是社会物质财富的创造者，也是社会精神财富的创造者，也是实现

---

① 杨保军，王敏. 人民中心：马克思主义新闻价值观的核心特征［J］. 山西大学学报，2018 (6)：63 - 71.

② 中共中央宣传部新闻局. 马克思主义新闻工作文献选读［M］. 北京：人民出版社，1990：2.

③ 其实，我们关于新闻传媒的研究，也只有站在人民的立场上，才能实现真正的实事求是。我国哲学家陈先达先生在谈到历史评价问题时指出，"一个有学术良知的历史学家在评价历史人物和重大历史事件时，一定要坚持以人民为中心，站在人民的立场。以人民为中心和实事求是是一致的，相反往往会歪曲事实，只有以人民为中心，才能接近历史的真实"。参见陈先达. 论历史的客观性［J］. 贵州师范大学学报，2018（1）：1 - 9。

④ 童兵，林涵. 20 世纪中国新闻学与传播学理论：理论新闻学卷［M］. 上海：复旦大学出版社，2001：303.

⑤ 当然，除了新闻资产的国家所有制之外，如何使人民群众能够更为直接地拥有新闻资产，展开新闻生产传播，实现社会主义新闻自由，依然是中国新闻业在改进、改革过程中需要探索的重大问题。

社会变革的决定性力量"①。毛泽东讲过，"人民，只有人民，才是创造世界历史的动力"②。习近平也指出，人民是历史的创造者，群众是真正的英雄，人民群众是我们的力量源泉。

在作为社会现象的新闻活动中，每个人都是自然而然的新闻活动者。因而，人民群众本就是新闻活动的主体、社会舆论的主体。实际中，党媒运行所依赖的各种资源（物质资源、信息资源、人力资源等）本质上要么直接来自人民，要么是由人民群众创造的。因此，不仅是党媒，任何新闻传媒的正常运行实质上都离不开人民群众，都得依赖人民群众。事实上，马克思早就说过这样的话，"民众的承认是报刊赖以生存的条件，没有这种条件，报刊就会无可挽救地陷入绝境"③。而中国共产党历来就有"全党办报、群众办报"的观念和做法，毛泽东指出，"我们的报纸也要靠大家来办，靠全体人民群众来办，靠全党来办，而不能只靠少数人关起门来办"④。在今天这样的环境中，"群众办报"的观念当然不限于报业了，依靠人民群众办好新闻事业也与传统媒介时代有了很大的不同，但依靠人民群众建设新闻事业的基本观念依然是必要的。而且，如何依靠人民群众发展新闻事业，在当今可以说是更为重要而紧迫的问题。

在今天这样的新兴媒介环境中，在各种传播技术、媒介产品的支持下，人民群众已经在原则上成为类似职业新闻主体的新闻（包括新闻意见）生产、新闻传播的大众化主体，他们的新闻传播行为不再仅仅限于相对狭小的人际范围，更不限于现实的社会时空，而是进入了广阔的社会空间，进入了数据化的虚拟世界，进入了虚拟与现实连接互动的交融世界。这一切使人民群众在整体的新闻生产传播活动中，在新闻舆论、社会舆论的整体图景形成变化中，发挥着越来越大的作用和影响。就是说，在后新闻业时代已经开启的大背景下，一定社会的整体新闻图景、舆论状态、新闻舆论生态结构如何，早已不像传统新闻业时代那样主要甚至仅是由建制性的新闻舆论组织机构塑造

① 吴向东. 以人民为中心的发展观 [N]. 光明日报，2018-01-15 (15).
② 毛泽东. 毛泽东选集：第3卷 [M]. 2版. 北京：人民出版社，1991：1031.
③ 马克思，恩格斯. 马克思恩格斯全集：第1卷. [M]. 2版. 北京：人民出版社，1995：381.
④ 中共中央文献研究室，新华通讯社. 毛泽东新闻工作文选 [M]. 北京：新华出版社，1983：150.

的，而是由以人民群众为主体的各类社会主体共同塑造、建构的。① 因而，对党的耳目喉舌和党所领导的其他所有媒体来说，在新兴媒介环境条件下，更是需要与人民群众的新闻生产传播形成良性的互动关系。如何依靠人民群众的力量，更好地呈现现实世界，更好地营造舆论环境，是新闻舆论工作面临的新挑战。从原则上说，党媒系统所代表的机构性、组织性新闻舆论工作，只有得到人民群众的支持，赢得人民群众的信赖，并与人民群众的新闻传播、舆论表达形成良性的互动，才有可能真正实现预期的传播效果。

其三，人民中心价值律体现在党媒新闻舆论工作中，就是要以全心全意为人民服务为最高宗旨。毛泽东指出，"为什么人的问题，是一个根本的问题，原则的问题"②。人民群众的信息需求、新闻需要是党媒新闻舆论活动展开运行的重要动力，也是主要目标。如今，人类在整体上已经进入信息时代、媒介化社会，新闻早已成为人们日常生活的必要"资料"③。因此，完全可以说，在不断更新的信息环境中，"没有哪种公共服务比传播服务更重要"④。对于党媒来说，新闻舆论工作最终"为了谁"的问题，必须得到坚定而明确的回答：为了人民，为了人民的共同利益。要坚持把实现好、维护好、发展好最广大人民的根本利益作为新闻宣传工作、舆论工作的出发点和落脚点，这也应该成为整体新闻事业价值观的核心。

需要注意的是，党媒不仅仅是宣传工具、舆论工具，也是新闻生产传播机构，它具有多元化、多样性的功能。也就是说，以人民为中心或为人民服务的宗旨表明党媒不仅是党的思想中心、宣传舆论中心，也应该成为人民群众交流公共事务和公共议题的中心、互动的中介，成为广大人民群众实现知情权、表达权、监督权、参与权的重要平台。因而，忠于事实、追求真相、监

① 杨保军．"共"时代的开创：试论新闻传播主体"三元"类型结构形成的新闻学意义 [J]．新闻记者，2013（12）：32 - 41．杨保军．"新闻主体论"论纲 [J]．国际新闻界，2016（1）：88 - 101．杨保军．"脱媒主体"：结构新闻传播图景的新主体 [J]．国际新闻界，2015（7）：72 - 84．

② 毛泽东．毛泽东选集：第 3 卷 [M]．2 版．北京：人民出版社，1991：857．

③ 早在近 160 年前，马克思根据当时英国社会发展的状况就已表达过，报纸开始成为工人必要的生活资料。参见马克思，恩格斯．马克思恩格斯全集：第 48 卷 [M]．北京：人民出版社，1985：11 - 12．

④ 美国新闻自由委员会．一个自由而负责的新闻界 [M]．展江，王征，王涛，译．北京：中国人民大学出版社，2004：48．

测环境、守望社会、服务大众，应该是党媒新闻舆论工作的基本职能。这样的基本职能落到实处，最基本的就是满足人民群众的新闻需要，以专业的理念与方式为人民群众提供真实而充分的认知、理解、把握环境的最新信息，为人民群众提供准确而有效展开观察、分析、思考以至指导实际行动的基础信息。

其四，人民中心价值律内在要求的不只是为人民服务、以人民为中心或"以人为本"的价值原则和观念，更为重要的是将这样的原则、观念落实到具体的新闻舆论工作中，变成实际的行动，让广大人民群众真实分享到新闻事业发展的成果，感受到质量不断提高的信息服务、新闻服务。

具体说来，党领导的新闻业、新闻媒体，要尊重人民主体地位、发挥人民首创精神，保证人民"四权"（知情权、参与权、表达权、监督权）得到比较好的实现；坚持"三贴近"（贴近实际、贴近生活、贴近群众），坚持"走转改"（走基层、转作风、改文风），使新闻报道真正能够反映人民的生活状态，呈现中国的基本事实面貌。新闻报道、新闻宣传中，人民群众应该成为主角，应该成为主要目标对象，人民群众的实际生活、喜怒哀乐应该成为新闻报道的主要事实来源。新闻舆论工作，确实能够像党所要求的那样，把党的主张和人民的心声统一起来。党媒能够真正面向基层、服务群众、深入实际，多报道人民群众的工作生活，多反映人民群众的利益要求，多宣传人民群众中涌现的先进典型，激励全体人民信心百倍地创造美好生活。新闻报道、新闻宣传的内容、形式好坏，应该以人民群众是否满意、是否喜闻乐见为基本标准。"让群众满意是我们党做好一切工作的价值取向和根本标准，群众意见是一把最好的尺子。"[①]新闻能够用事实说话、用典型说话、用数字说话，能够化解矛盾，理顺情绪，引导各方面群众共同前进。在新兴媒介环境中，所有的新闻媒体都能够尽力而为，从自身的特点出发，积极探索运用新兴媒介手段、采用各种可能新闻方式有效展开新闻舆论工作，实现为人民服务的目标。

（三）舆论引导的方法律

党媒的直接目标是为党的工作大局服务，这就是以媒介方式、宣传方式、

---

① 习近平. 在党的群众路线教育实践活动总结大会上的讲话［M］. 北京：人民出版社，2014：10-11.

新闻舆论方式把党的意志转变为国家意志特别是转变为人民的普遍意志，使人民能够理解、认同党的路线、方针和政策，自觉自愿地贯彻、落实党的路线、方针和政策。① 坚持什么样的新闻舆论工作方式方法才能完成这样重要的任务，始终是党媒面对的重大问题。经过近百年的探索、研究和实践，中国共产党在一定程度上发现了党媒工作的方法规律，这就是坚持以正确的舆论引导人，对于新闻媒体来说，核心就是要用正确的"新闻舆论"引导"社会舆论"或"公众舆论"。因而，如何以正确的舆论、新闻舆论引导人，就成为党媒运行方法律的核心内容。依据既有的理论和观念、实践和经验，新闻舆论引导的方式方法的实质内容大致可以概括为以下几点。

首先，需要明确"正确的舆论"的含义。舆论历来是影响社会发展的重要力量。社会舆论或公众舆论是一种公众意见，是人们针对共同关心的现象、事件、事实、问题、人物等表达的态度（价值倾向）和看法。② 舆论表达的方式可以是言论的，也可以是行为的；可能是理性的，也可能是非理性的；可能是摆事实、讲道理，也可能只是通过情绪的表达来显示自己的倾向。既然是态度和看法，就有合理与不合理之分，就有正确与错误之分。因而，尽管不同态度、意见有权利在法律规范内自由表达、自由交流、展开对话，新闻媒体也有权利和责任反映不同的舆论、表达不同的舆论③，但党媒、党的新闻舆论工作必须反映和倡导正确的舆论，并正确引导舆论，而且要旗帜鲜明地与错误舆论展开积极的斗争。这里的前提问题便是，何谓正确的舆论。

---

① 当然，党媒的媒介方式、宣传方式、新闻舆论方式只是实现党的意志的一种渠道。

② 改革开放后我国舆论学研究先行者之一刘建明认为，"舆论不是固有的，通常被认为是权力中心之外的人的意见，表现为公众对事物的综合看法。从属性上看，舆论是公众整体意识的外化，用以评价现实生活"。参见刘建明. 舆论传播 [M]. 北京：清华大学出版社，2001：32。我国另一位舆论学研究者陈力丹认为，"舆论是公众关于现实社会以及社会中的各种现象、问题所表达的信念、态度、意见和情绪表现的总和，具有相对的一致性、强烈程度和持续性，对社会发展及有关事态的进程产生影响。其中混杂着理智和非理智的成分"。参见陈力丹. 舆论学：舆论导向研究 [M]. 北京：中国广播电视出版社，1999：11。

③ "事实上，在新闻传播中单一媒体的存在只能发出一种声音，难以真实反映大千世界复杂社会的存在镜像。在健全的舆论生态格局中，只要是合法媒体都应允许发出自己的声音，并表达不同群体的合理诉求，在新闻传播的多元舆论竞争中凸显主流媒体的公信力，进而实现主流媒体对大多数人群的有效辐射。"参见范玉刚. 尊重新闻传播规律，提高媒体舆论引导力 [EB/OL]. (2016 - 02 - 26) [2019 - 10 - 12]. http://theory.gmw.cn/2016-02/26/content_19050088.htm。

所谓正确的舆论，大致有这样几个要点。在大的原则上说，正确的舆论，就是能够遵循马克思主义的立场、观点、方法看问题，或者能够以理性、冷静、客观的合理合法态度与方式方法去观察分析对象、表达看法。在核心意义上说，特别是根据一定社会环境的现实性，对于党媒来说，判断舆论是否合理正确的根本标准，就是党和政府的有关路线、方针和政策，与其一致的才是合理正确的，相反的则是不合理的、错误的。在具体的工作层面上，那些能够促进实际问题解决的，有利于化解相关矛盾的看法和意见，可能是更为合理正确的意见。相反，那些故意挑起事端、激化矛盾的看法，那些只见现象、不见本质的意见或情绪化表达，更大可能是不合理的、错误的。当然，我们应该注意到，作为意见，很多舆论处在模糊区域，一时难以分辨清楚其实质含义或意向，不是简单的合理与否、正确与否的问题；很多意见都是合理中有不合理的成分，正确中有错误的成分，或者相反。何况舆论针对的常常是一些内涵比较复杂的事情，因而表达的意见总有一定的随意性、复杂性，包含着表达者的情感、情绪或者理想和信念，正确合理与否，不是立即就能分辨的，需要时间的证明、事实的检验。正因为这样，站在舆论前沿阵地的党媒以及党所领导的其他媒体，才有展开舆论引导的必要①，同时，也意味着展开正确的舆论引导并不是简单的事情。

其次，充分认识舆论引导的必要性和重要性。"不管舆论如何变化，为舆论的声音及其发展提供指导成为新闻业特殊而公认的功能。"② 对于党媒来说，其本身就是政治性、思想性很强的传媒，是政治立场鲜明的耳目喉舌，反映舆论、影响舆论、引导舆论本就是其重要的职能。在中国语境中，党媒特别是党和政府的机关媒体，在整体的新闻传媒结构中，更是具有不可替代的权威性。党媒主要通过新闻方式反映的舆论、呈现的舆论、塑造的舆论在

---

① 需要进一步说明的是，作为意见的舆论，不是纯粹的认识，因而判断舆论正确与否的标准更多的是现实性的或实践性的标准，而不是纯粹真理性的标准。舆论表达的不仅是认识论意义上的看法，还包含着表达者理性的或非理性的价值态度。意见表达方式本身也是一个重要问题，有些表达方式是合法的，有些可能是违法的。认识是否正确，原则上可以通过事实进行检验，但价值取向是否合理，具有强烈的主体性、主观性，不同的主体之间可能会有很大的差别。以什么样的价值取向作为合理的价值取向，才是舆论引导中的实质问题。在新闻舆论引导实践中，党媒主要是以是否与党的路线、方针、政策一致和是否有利于相关问题的解决来确定舆论引导方向的。

② 约斯特. 新闻学原理［M］. 王海，译. 北京：中国传媒大学出版社，2015：109.

整体的社会舆论场中往往具有决定性的影响力和引导力。即使当今时代由于媒介生态结构的变化，不同舆论场之间的关系变得十分复杂，但在关键时刻，普通社会大众还是比较看重建制性的新闻传媒，在中国人们通常更看重党媒的报道与表达。

关于正确的舆论及正确引导舆论对于党、国家和人民事业的重要性，党的历届最高领导人都有十分明确的论述。就新近的几届最高领导人来看，江泽民指出，"舆论导向正确，是党和人民之福；舆论导向错误，是党和人民之祸"①。胡锦涛指出，"舆论引导正确，利党利国利民；舆论引导错误，误党误国误民"②。"习近平指出，"舆论导向正确，就能凝聚人心、汇聚力量，推动事业发展；舆论导向错误，就会动摇人心、瓦解斗志，危害党和人民事业"③。他还强调，"好的舆论可以成为发展的'推进器'、民意的'晴雨表'、社会的'黏合剂'、道德的'风向标'，不好的舆论可以成为民众的'迷魂汤'、社会的'分离器'、杀人的'软刀子'、动乱的'催化剂'"④。这些论述足以说明正确的舆论和正确引导舆论在马克思主义新闻观中极为重要的地位，以及在新闻舆论工作中的特殊功能和作用。舆论引导之所以重要，一言以蔽之，就是因为舆论在相当程度上是"民心"的反映，标示着民意的方向和趋势。对于党媒来说，当然"要把提高舆论引导能力放在突出位置"⑤，"必须坚持巩固壮大主流思想舆论，弘扬主旋律，传播正能量，激发全社会团结奋进的强大力量"⑥。

当今社会已经成为信息社会，以互联网为基础的新兴媒介更是把时代带入了一个信息化、媒介化的时代。在这样的时代、这样的社会，各种信息、符号、数据营造的环境已经将人们的工作、学习、休闲近乎彻底地笼罩起来

---

① 金炳华. 新闻工作者必读 [M]. 上海：文汇出版社，2001：65.
② 胡锦涛. 在人民日报社考察时的讲话 [N]. 人民日报，2008-06-21（1）.
③ 学习贯彻习近平总书记新闻舆论工作座谈会重要讲话精神 [EB/OL].（2016-02-19）[2019-10-20].http://politics.people.com.cn/GB/8198/402525/index.html.
④ 做党和人民信赖的新闻工作者 [EB/OL].（2016-11-09）[2019-10-20].http://www.xinhuanet.com/politics/2016-11/09/c_1119877442.htm.
⑤ 同②.
⑥ 习近平. 习近平谈治国理政 [M]. 北京：外文出版社，2014：155.

了，信息流通、意见交流、精神交往对一定社会的整体演进发展影响越来越大。因此，如何在这样的环境中反映舆论、呈现舆论、塑造舆论、引导舆论，可以说是所有新闻传媒面临的基本任务。对于党媒来说，如何在复杂的舆论环境中，即在各种不同舆论场、舆论圈的纷争和各种不同舆论的博弈中，把社会舆论引导到党和政府期望的性质和方向上，引导到广大人民群众真切心愿、真实利益的方向上，显得更加至关重要。这不仅关系到一些具体矛盾的处理和化解，更关系到社会的稳定、人民的平安。针对任何事情，舆论不可能整齐划一，但正因为如此，作为党媒才需要塑造主导性的舆论，才需要把不同的社会舆论尽可能引导到主流舆论上来，引导到党和政府需要的方向上来，引导到有利于绝大多数人民群众利益实现的方向上来。

再次，作为意见的舆论是可引导的，也是应该引导的。不同的人对相同的事实拥有不同的态度和看法是很正常的社会现象，这是由不同人的诸多特征决定的。诸如人们所处的具体社会环境不同，人们所处的社会地位、社会阶层、社会群体不同，人们的实际利益取向不同、理想信仰不同，人们受教育的程度不同、认识事物的水平不同，更重要的是，不同的人抱持的政治态度可能不同、意识形态观念可能不同、人生价值追求可能不同，如此等等，都足以使人们面对同样的现象、同样的事情表达出不同的态度和意见。而那些相似的意见往往会聚合在一起，形成一定范围的群体意见或公众舆论。

显然，针对共同的对象，表现不同态度、表达不同意见不仅是人们的自由权利，也是自在自然的舆论现象，但不同意见、不同态度并不就是自然合理的。因为如上所言，有些态度是不合理的，有些意见是不正确的，而且，进一步说，态度是否合理、意见是否正确，原则上说也不是由态度、意见持有人的多少或人群的大小决定的。因而，进行一定的舆论引导不仅是必要的和应该的，有时也是相当艰难的。但舆论还是可以引导的，理由在于，依据实际经验和科学研究的相关结论，人们对待一定事物的价值态度、认识方向都是可以转换、改变的。从原则上说，尽管一些人会固执己见，坚持自己的不合理态度和错误意见，但很多人在明白真情、真相后，理解事情缘由后，愿意改变曾经的偏颇或错误看法。当然，在确定的环境中，转换、改变的程度对于不同的人、不同的事可能是不一样的。

最后，科学合理地运用舆论引导方法。如上所言，作为意见的舆论，是有合理与不合理、正确与错误之分的，舆论引导是必要的、重要的，舆论也是可引导的、应该引导的。那么，如何进行舆论引导？最基本的方法是什么？党媒依据马克思主义新闻思想的指导，特别是根据自身的历史经验与教训，认为坚持以正面宣传或正面报道为主，是实现正确舆论引导的关键，也是行之有效的方法。

所谓引导舆论，对于新闻传媒来说，就是用新闻舆论引导社会舆论，主要就是引导社会大众的意见走向，背后则是引导社会大众的价值取向，引导社会大众对相关现象、事件的看法和态度，直至行为选择。新闻舆论就是"借助于新闻传媒的力量而形成的舆论"①。从舆论结构上说，新闻舆论是社会舆论整体结构中的一种，不同的舆论拥有不同的主体。从狭义上说，新闻舆论的主体是机构化、组织化的新闻传媒，舆论客体就是新闻报道评论的现象和事实，反映、塑造或建构出来的意见就是新闻舆论，舆论实现方式或手段是新闻媒体的新闻报道与新闻评论等。这样的新闻舆论指向社会公众，目的在于让被引导者认同、接受引导者及其代表的相关主体的观念和做法，努力形成认识上的统一、行动上的一致、目标上的相同或相似。

中国共产党的党报理论、党报思想认为，展开舆论引导是党媒极其重要的职责，马克思、恩格斯在创办《新莱茵报评论》时，就曾公开申明"自己的目的——经常而深刻地影响舆论"②。中国共产党创办的第一份政治机关报就名为《向导》，强调的其实就是党媒的舆论引导作用。针对当今中国现实，习近平提出，"新闻舆论工作各个方面、各个环节都要坚持正确舆论引导。各级党报党刊、电台电视台要讲导向，都市类报刊、新媒体也要讲导向；新闻报道要讲导向，副刊、专题节目、广告宣传也要讲导向；时政新闻要讲导向，娱乐类、社会类新闻也要讲导向；国内新闻报道要讲导向，国际新闻报道也要讲导向"③。这是截至目前关于舆论导向问题最为系统全面的论述和要求，

---

① 丁柏铨，任桐. "新闻舆论的传播规律"初探 [J]. 新闻记者，2017 (12)：4-13.
② 马克思，恩格斯. 马克思恩格斯全集：第7卷. [M]. 北京：人民出版社，1959：600.
③ 中共中央宣传部新闻局. 习近平总书记党的新闻舆论工作座谈会重要讲话精神学习辅助材料 [M]. 北京：学习出版社，2016：6-7.

几乎覆盖了新闻传媒关涉的所有范围，可以说是无处没有舆论，无处没有舆论导向，无处没有舆论引导。党对新闻传媒的领导是全面的领导，新闻舆论引导也是全面的引导。

这里我们应该明白，通过新闻传媒所进行的舆论引导本质上不是强制的过程，而是引导者与被引导者平等对话交流的过程。舆论引导既要坚持一定的原则，又要有高超的艺术。用不同的方式引导舆论，应该遵守不同的规则。引导舆论的手段是多元多样的，每一种都有自身的要求。理论引导有自身的特点，文学艺术引导有自身的特征，新闻舆论引导自然有自身的特殊性。只有尊重每一种方法的特殊性，才有可能实现有效的舆论引导。

通过新闻传媒特别是新闻方式进行的引导，自然应该尊重新闻传播引导舆论的规律，也就是遵守新闻舆论的传播规律①，这是实现正确舆论引导的合理性基础。马克思、恩格斯当年积极通过报纸引导社会舆论，"但他们反对报刊愚弄舆论，而主张按照报刊工作规律办事，通过表达舆论而影响舆论"②。如果背离新闻规律、舆论传播规律③，在本来属于"软性的""柔性的"精神领域采取"硬性的""刚性的"方式去引导舆论，只能适得其反，引起社会大众的反感和不满。正确的新闻舆论引导，必须以事实为根本，然后动之以情、晓之以理，"纯粹的意见传播是宣传、是灌输，而不是新闻传播和新闻舆论传播"④。离开新闻事实本体面目的新闻舆论引导，离开新闻评论公正性的舆论引导，离开新闻内在精神⑤的新闻舆论引导，都不可能取得良好的舆论引导效果。

---

① 关于新闻舆论的传播规律，有学者根据新的媒介环境进行了比较系统的探讨，认为正确认识和把握新闻舆论的传播规律需要处理好三组关系：媒体意见与新闻事实的协调关系，新闻舆论与公众舆论的互动关系，算法技术与内容推送的辩证关系。这三组关系也就是新闻舆论传播规律的内涵。参见丁柏铨，任桐."新闻舆论的传播规律"初探［J］. 新闻记者，2017（12）：4-13。

② 陈力丹. 精神交往论：马克思恩格斯的传播观［M］. 修订版. 北京：中国人民大学出版社，2016：163.

③ 习近平在多次讲话中将新闻舆论传播领域的规律分为四种：新闻传播规律、新兴媒体发展规律、网络传播规律、新闻舆论的传播规律。参见丁柏铨，任桐. "新闻舆论的传播规律"初探［J］. 新闻记者，2017（12）：4-13。

④ 丁柏铨，任桐. "新闻舆论的传播规律"初探［J］. 新闻记者，2017（12）：4-13.

⑤ 我在《新闻精神论》中将新闻的内在精神概括为三条：求实为本的科学精神、公正至上的人文精神、和谐为美的自由精神。参见杨保军. 新闻精神论［M］. 北京：中国人民大学出版社，2007。

依据长期的实践经验发现，坚持正面宣传（正面报道）为主，是实现正确舆论引导的主要方法。但如何用具体的新闻方式方法实现正确的舆论引导，始终是新闻舆论引导工作中的难题。对于任何社会现象、社会事实特别是那些热点、难点、敏感社会事件，舆论的自然状态一定是意见多元、多样的。如何将不同意见引导到正确认识评价事件上来，引导到有利于问题解决、社会稳定上来，引导到有利于人民群众真实利益的实现上来？对党媒及党领导的其他媒体来说，根据历史积累的基本经验，实现正确舆论引导的主要方式方法首先是坚持正面宣传为主①、正面报道为主，"团结稳定鼓劲、正面宣传为主，是党的新闻舆论工作必须遵循的基本方针"②；然后是适度反映负面情况，展开新闻批评、舆论监督，因为"舆论监督和正面宣传是统一的。新闻媒体要直面工作中存在的问题，直面社会丑恶现象，激浊扬清、针砭时弊，同时发表批评性报道要事实准确、分析客观"③。可见，在正面宣传、正面报道与新闻批评、舆论监督之间，不是哪个能做哪个不能做的问题，而是如何处理好二者之间关系的问题，"关键是要从总体上把握好平衡"④。其实，不管是对正面事实的反映还是对负面事实的揭露，只要态度端正、方法得当，都可以起到正面效应。⑤

如何实现正确的新闻舆论引导，还要面对不断变化更新的媒介生态环境。在新兴媒介时代，自然需要特别做好网络正面宣传、正面报道。习近平明确

---

① 坚持以正面宣传为主的方针，是由曾经担任过中共中央高级领导人的李瑞环提出的。在 1989 年 11 月举办的全国新闻工作研讨班上，李瑞环作了题为《坚持以正面宣传为主的方针》的讲话。他说，新闻报道必须坚持以正面宣传为主的方针，"坚持这个方针，就是要准确、及时地宣传党的路线、方针、政策，实事求是地反映社会现实生活的主流，让人民群众用创造新生活的业绩教育自己，形成鼓舞人们前进的巨大精神力量，在当前就是要造成一个有利于稳定局面的舆论环境"。参见新华社新闻研究所. 新闻工作文献选编 [M]. 北京：新华出版社，1990：202。

② 中共中央宣传部新闻局. 习近平总书记党的新闻舆论工作座谈会重要讲话精神学习辅助材料. 北京：学习出版社，2016：7.

③ 同②.

④ 学习贯彻习近平总书记新闻舆论工作座谈会重要讲话精神. ［EB/OL］.（2016 - 02 - 19）［2019 - 10 - 20］. http：//politics. people. com. cn/GB/8198/402525/index. html.

⑤ 杨保军. 正效新闻·负效新闻·零效新闻：为解决老问题而提出的一组新概念 [J]. 今传媒，2006（8）：12 - 13.

要求，"加强网络内容建设，做强网上正面宣传"①。相比传统媒介针对的现实社会时空而言，以网络为基础的新兴媒介塑造建构出了一个无限的信息时空、数字生存时空，在这样的时空中人们获得了现实社会时空中难有的表达自由、交流自由。这无疑意味着，要在网络时空实现舆论引导是更加艰难的事情。越是复杂艰难的事情，越是需要精心细致的工作。除了通过法律的、政策的、技术的、道德的等综合治理手段，把网络空间塑造建设成为清朗的空间，同时还要做好对网民的具体引导，"要多一些包容和耐心，对建设性意见要及时吸纳，对困难要及时帮助，对不了解情况的要及时宣介，对模糊认识要及时廓清，对怨气怨言要及时化解，对错误看法要及时引导和纠正，让互联网成为我们同群众交流沟通的新平台，成为了解群众、贴近群众、为群众排忧解难的新途径，成为发扬人民民主、接受人民监督的新渠道"②。

网内网外或网上网下的客观存在，以及内外上下的紧密联系，要求党媒在新闻舆论引导工作中必须处理好二者之间的关系，使"网上网下要形成同心圆"③。现实世界、现实社会、现实生活是所有舆论产生的根源，现实世界中的现象、问题、事件是网上网下舆论的对象，这从根源上意味着网上网下的舆论是相通互动的。因此，党媒作为舆论引导主体，必须将二者贯通起来统筹引导，不能将不同的舆论场分割开来，因为社会舆论实际上是分割不开的，社会舆论孕育、生成、演变、消弭于社会环境之中，不同的舆论圈是相互渗透、相互影响的。舆论引导，一定意义上就是要将不同舆论场中的舆论引导到一个大方向上，即引导到党和政府希望的方向上，引导到有利益人民群众利益实现的方向上，引导到有利于相关问题合理正当解决的方向上。

再深入一步、具体一些，那就可以说，把握好"时度效"的辩证关系是实现正确舆论引导的方法精髓。不管是正面宣传、正面报道还是新闻批评、舆论监督，不管是针对传统媒体还是针对新兴媒介，高质量的舆论引导都要讲究一定的引导艺术。如何在舆论引导实践中把握好"时度效"，是实现正确舆论引导的具体机制。

---

① 习近平. 习近平谈治国理政：第 2 卷［M］. 北京：外文出版社，2017：337.
② 同①336.
③ 同①335.

新闻舆论引导的艺术集中表现在对"时度效"及其关系的把握上，即要"要抓住时机、把握节奏、讲究策略，从时度效着力，体现时度效要求"①。所谓时，就是时机、节奏。舆论引导者要通过对报道时间的掌控或驾驭，使真相得到更为真实、全面、客观的呈现，使社会大众能够在尽可能可靠的信息的基础上表达态度、发表意见，而不是见风就是雨，在新闻或舆论的不断反转中无所适从；对于舆论引导者自己，则更是要把握好时机，在事实基础上旗帜鲜明地表达看法，真正发挥意见旗帜和灵魂的作用。所谓度，就是力度、分寸。舆论引导者运用什么样的内容、采用什么样的方式设置议题、展开报道、进行引导，首要的当然是尊重事实，并且依据事实制定合规律性与合目的性的传播引导策略，要考察传收环境的特征，要分析广大受众的心理，不能自以为是，从引导者的主观愿望出发，或是大张旗鼓、铺天盖地，或是偃旗息鼓、遮遮掩掩，这些有失分寸的传播方法只会导致不良的传播后果。所谓效，就是效果、实效。新闻报道、新闻宣传、新闻舆论都有自己的目的，都会追求预期的效果。因此，对于从事党媒舆论引导工作来说，不能盲目报道、不能虚张声势、不能好大喜功，简单追求轰动效应，而是要在为社会大众提供真实新闻服务、信息服务的过程中，在满足社会大众新闻需求的过程中，赢得人们的信赖，从而产生真正的引导力和影响力。

（四）三个规律的关系

上面，我们从领导权、价值追求、实践方式三个维度，初步考察、分析、总结、概括了中国共产党领导的新闻媒体的运行规律，它们分别为党性统摄律、人民中心律、舆论引导律（舆论引导的方法律简称）。由于中国新闻业就是党领导的新闻事业，因而这些规律实际上也是当代中国新闻业的基本运行规律。那么，紧随的问题便是，这些规律之间有着怎样的内在关系。

首先，这三个规律共同构成了党媒规律的有机系统。同类事物应该遵循同样或相似的规律，越是特殊的事物，其运行规律可能越是特殊，每一个别

---

① 中共中央宣传部新闻局 . 习近平总书记党的新闻舆论工作座谈会重要讲话精神学习辅助材料 [M]. 北京：学习出版社，2016：7.

事物都有自己的个性特征，因而总会拥有自身的某些个别运行规则。党媒作为新闻传媒体系中的一类，应该拥有自身的特殊规律体系。中国语境中的党媒，作为更为特殊化、个别化的新闻传媒存在，也应该拥有自身更为特殊化的、个别化的规律体系。因而，从总体上说，比起一般的新闻传媒规律来，中国语境中的党媒规律系统可能更为复杂，或者说具有中国特色。

党媒的规律系统应该既包含一般新闻传媒的运行规律，同时也包含党媒的特殊运行规律，党媒是在这两类规律的共同作用下运行的。而本章讨论的三个规律——党性统摄律、人民中心律和舆论引导律，则属于中国语境中党媒可能具有的特殊规律。一般规律与特殊规律共在，只能说明党媒运行规律更为复杂，也意味着党媒作为新闻传媒在新闻传播实践、新闻宣传实践、新闻舆论活动中，需要面对和处理更为复杂和更多的各种关系，兼顾党媒作为新闻传媒特殊类型的各种功能作用。因而，一般规律与特殊规律之间的关系也不是三言两语就可以说得清楚的。关于一般规律与特殊规律的关系问题，我将在下文专列一节进行专门分析和阐释。

在党媒特殊规律意义上，作为针对同一对象的不同维度规律——党性统摄律、人民中心律、舆论引导律——必然具有客观上的内在统一性，它们一起构成党媒的特殊规律体系或系统，它们之间的相互作用、相互影响共同构成党媒的基本运行机制。尽管每一具体规律的地位、作用可能具有一定差别，侧重偏向有所不同，三个规律之间也会形成相互制约的关系，但作为同一规律系统中的分支规律，它们之间有着内在的一致关系，会以系统性、整体性的方式支配党媒的运行。

其次，在党媒特殊规律系统中每一规律都有自身的相对独立性。不同规律处于规律系统的不同地位或层次，每一规律的作用都有自身的侧重。

第一，党性统摄律是党媒最具特色的运行规律，属于党媒本体性的规律。因而，党性统摄律也可以称为党媒本体律。党媒姓党，党性是党媒最典型的个性特征，决定着党媒的性质。因而，它是标识党媒与其他媒体相区别的最为突出的特性。党媒的属性定位，从根本上决定了党性统摄律是党媒运行的主导性规律、统率性规律、"第一规律"、"生命规律"。这就像"党性观念"是马克思主义新闻观念体系中总体性、统领性的观念以及"第一观念"一样，其实，党性观念或党性原则正是党性规律的体现。

党性统摄律揭示的是党媒的所有权和领导权问题，是党性在党媒作为媒体所具有的众多属性中的地位作用问题。党性统摄律，意味着党性会贯穿在党媒的所有方面、所有细节，是全覆盖性的、弥漫性的、渗透性的存在，党媒作为新闻传媒具有的其他属性都要受到党性的支配。作为具有本体性、根源性的规律，它像血液一样灌注、流通、循环在党媒作为党的有机体的所有部分。

这一规律表明，只要是党媒，就自然具有党性，必然具有党性，也应该具有党性，也得始终坚守党性。一旦失去党性，也就等于失去了党媒的本性，党媒便不再存在，党的或党领导的新闻业也将化为乌有。正因为如此，中国共产党才会把党性作为党媒的第一性，把党性原则作为党媒工作的第一原则。

第二，人民中心律是党媒运行的价值律，它揭示了党媒运行的价值根源、价值动力与价值追求、价值目标，居于党媒规律系统的灵魂地位。

党媒源于谁，依靠谁，为了谁，对这些重要问题的客观回答正是通过人民中心律呈现的，也是人民中心律的主要内容。中国共产党是来源于人民的政党，它拥有的一切同样来源于人民，它的发展壮大依赖于人民的支持和信任。因而，中国共产党必然以全心全意为人民服务为宗旨，没有自己的特殊利益，党的意志与人民的意志是统一的，党的主张与人民的主张也是统一的。进而，党性与人民性是统一的，这就从根本上决定了党媒在新闻舆论工作中必然主张和践行人民中心的价值观念，人民中心律就会在党媒运行中生成为党媒的价值规律。

实际上，人民中心律本质上反映的就是党媒与人民群众（社会大众）的根本关系，从源头上说则是反映了中国共产党作为马克思主义政党对人民群众在历史演进中地位作用的看法，即人民群众是历史发展的主体，是创造历史的英雄。这种历史主体观、群众观体现在党媒领域的具体表现就是，党媒不仅姓党，是党的耳目喉舌，同时还是人民群众的耳目喉舌。党创办运作党媒本身不是目的，党媒不过是党用来展开各种工作、进行各种事业（革命、建设、改革开放）的手段。更为重要的是，党媒是党以新闻舆论手段实现为人民服务的有效工具。随着人类社会的整体发展，特别是信息社会的普遍到来，它是为人民服务越来越重要、越来越离不开的重要工作方式方法。

人民中心律表明，在马克思主义新闻观体系中，在中国共产党的党报理论、党报思想体系中，党媒自然会把"人民中心观念"始终作为党媒新闻舆论工作的价值目标观念。也就是说，人民中心律揭示了这样一个基本道理：党媒以及党媒的新闻舆论工作必须依靠人民、服务人民，人民中心观念对整个新闻舆论工作具有目标指向性的作用。党的媒体也应该是人民的媒体，只有这样的媒体才是真正为社会利益服务的媒体。

第三，舆论引导律反映的是党媒主要工作方式方法的内在特征，属于党媒新闻舆论工作的方法律。党媒的具体工作方式方法，像其他新闻媒体一样，丰富多彩、多种多样，并且会伴随时代的进步特别是媒介技术本身的演进不断创造出新的方式方法，但党媒的性质决定了它必须坚持正面宣传、正面报道为主，并在党的统一领导下适度开展新闻批评、舆论监督，以实现正确的舆论引导。

作为新闻媒体，党媒像其他新闻媒体一样，自然要以报道新闻、传播信息作为自己的基本工作，但对党媒来说，报道新闻并不是其根本目的所在，党媒的直接目的在于通过报道新闻、发表言论实现正确的舆论引导，新闻传播不过是党媒实现新闻舆论引导的核心手段，而舆论引导的目的则是落实党性原则、实现人民中心追求的手段。因此，与党性统摄律、人民中心律相比，舆论引导律揭示的乃是党媒工作方式方法的内在机制。

最后，这三个规律之间既有内在的统一性，也具有一定的相互制约性。如前所述，作为同一对象——党媒——的三个具体的各有侧重的规律自然具有内在的统一性，而作为三个不同的规律自然具有相对的独立性。在这种统一性与相对独立性之间，就会形成不同具体规律之间的相互制约性。

党媒姓党，党媒的党性决定了党性统摄律对其他两条规律具有直接的统领支配作用。党媒的价值追求、舆论引导都是在党媒存在的前提下进行的。党性统摄律内在地要求党媒以人民为中心①，以党的意志引领人民的意志，

————————

① 新闻舆论工作的人民中心观念，是中国共产党整体人民中心观念的领域体现。习近平在党的十九大报告中指出，"不忘初心，方得始终。中国共产党人的初心和使命，就是为人民群众谋幸福，为中华民族谋复兴"。参见新华社. 习近平说，中国共产党人的初心和使命就是为中国人民谋幸福为中华民族谋复兴［EB/OL］.（2017－10－18）［2019－10－15］. http：//cpc. people. com. cn/19th/n1/2017/1018/c414305-29594083. html.

用党的路线、方针、政策引导人民的思想和行动。如果党性不能统摄、领导、支配党的媒体、党的新闻事业，党媒、党的新闻事业实质上也就不再是党媒、不再是党的新闻业了，进而党媒的人民中心追求、新闻舆论引导也就自然不存在了，这两条规律也就失去了依托的客观基础。显而易见，在党媒规律体系中，党性统摄律具有绝对的核心统领地位，人民中心律、舆论引导律受制于党性统摄律，一定意义上都是党性统摄律的某种延伸、派生和具体表现，这是这三条规律之间的本质关系。

但这三条规律间的这一本质关系，并不意味着其他两条规律对党性统摄律没有制约作用。实际上，党性统摄律的内在要求，既要体现在人民中心律中，更要通过舆论引导律来实现。而且，在人民中心律与舆论引导律之间更是有着直接的内在关系，我们在下面分而述之。

党性与人民性的统一性，决定了党媒的核心价值指向是为人民服务。党性是党媒的方向盘，人民性是党媒的前进目标。因而，是否以人民为中心，是检验党媒新闻舆论工作的核心标准。如果这一目标没有落在实处，党性原则便是空洞的，党性统摄也便失去了意义。人民中心的价值观念、价值目标的实现情况，是可以直接检验的；党媒的新闻传播、新闻舆论工作到底有多强、多大的传播力、引导力、公信力，产生了怎样的实际效果，是可以通过经验和科学方法实证检验的；广大人民群众对党媒的新闻舆论工作满意不满意、答应不答应、高兴不高兴，是可以通过自己的经验、体会以及观察、分析、研究做出评判的。不仅党媒要接受党的评价，而且一定意义上说，人民群众才是评价党媒新闻舆论工作实际效果的核心主体，人民的评价才是终极性的评价。新闻舆论工作是接近日常生活世界的工作，党媒的一举一动，人民能够看在眼里、记在心上。党媒的新闻舆论工作是否做到了贴近生活、贴近实际、贴近群众，人民是最有评价权利的主体。

党媒党性的落实，最终要通过具体的新闻舆论工作来体现。因而，能否以正确的舆论引导人，是否实现了正确的舆论引导人，是检验党媒工作有效性的直接标准，也是检验党媒党性是否落实的直接方法。党媒对党的路线、方针、政策的宣传，对党和政府关注的重大国内国际问题的报道，对人民群众关注的重要问题、热点问题、难点问题的报道，对各种政治腐败、经济腐败以及社会不良现象的批评和揭露，都是党和政府以及广大人民群众直接可见的事情，也是党和政府以及人民群众可以时时感受到的工作。人们并不能直接看见党性，但可以看到、经验到、体会到具体的新闻宣传和新闻报道工作，可以感受到新闻舆论引导的效果。

在人民中心与舆论引导之间，更是有着直接的内在关系。人民是一个整体性的概念，也是想象的共同体。在现实社会中，他们实际生存、生活、工作于不同的具体社会时空，存在、活动于不同的社会阶层、社会群体、社会领域当中。他们拥有各自的特殊利益，同时作为共同体拥有共同的利益。他们都会通过各种各样的渠道表达自己的诉求、表达自己的意见，从而形成复杂多变的舆论生态。如何进一步有效交流意见、形成共识，就需要党媒和党所领导的其他媒体提供平台，并展开必要的舆论引导。因而，"人民中心"的实现，总是需要"真实新闻""正确舆论"的反映和引导。从规律论的角度看，人民中心律内在需要舆论引导律去实现。

三、特殊规律与一般规律的关系

事物的存在都是个别的，因而一般的东西总是隐藏在个别之中，所谓"个别就是一般"。一般规律是从特殊、个别对象中抽象出来的共同规律，而那些无法从一定范围内所有事物中抽象出来的"剩余规律"就是特殊规律、个别规律。这就从根本上决定了任何特殊事物、个别事物必然受到一般规律的支配，同时还要受到特殊规律、个别规律的直接作用。比较新闻学研究专家托马斯·哈尼奇指出，"客观和公正理念主导了世界各地的许多编辑部，预示着'职业意识形态的散播'，或是'意识形态的传输'——从西方到东方。在巴西、德国、印度尼西亚、坦桑尼亚和美国，这些千差万别的国家中存在着专业惯例、编辑流程和社会化过程的相似性。同时，研究显示仍有巨大的差异，而且记者们的专业视角和实践深受国家媒介体制的影响"[①]。可见，只

---

① 乔根森，哈尼奇. 当代新闻学核心 [M]. 张小娅，译. 北京：清华大学出版社，2014：436.

有把普遍与特殊结合起来，才能真正理解具体的新闻现象。这也是我们理解中国语境中党媒规律与一般新闻传媒规律的基本理论前提，也是我们把握党媒规律与一般新闻传媒规律的方法论框架。

（一）党媒遵循一般规律

党媒是新闻媒体中的一类，因而，不管它有怎样的特殊性、个别性，它都会遵循新闻传媒的一般规律或普遍规律，"普遍规律是指对任何事物都毫无例外的普遍适用的规律"①。"报纸在中国的发展，多半是向世界各国学习而展开，自不会不同于世界报纸发展的规律。"② 因而，"应该避免把新闻简化为特殊的地方表现。把所有解释分解为'地方主义'无助于建立合理的概念"③。事实上，中国共产党的党报理论、党报思想，在强调党性原则、人民中心、思想引导（舆论引导）的同时，也始终都在强调党媒必须尊重新闻规律、按照新闻规律办事这一基本原则，规律观念是马克思主义新闻观的基础观念。有学者的总结概括恰好说明了这一点，习近平的新闻舆论观，就是"坚持党性原则，尊重新闻传播规律，坚持以人民为中心的工作导向"④。所谓党媒遵循一般新闻规律，就是指党媒遵循我们在前几章依据人类新闻活动以及所有新闻媒体运行总结概括出来的新闻规律。⑤

首先，党媒和党领导的新闻事业，在宏观上遵循新闻依赖律和技术主导律。新闻依赖律揭示了新闻传媒、新闻业与社会整体发展状况的关系，指出新闻传媒、新闻业的整体运行水平总是与社会整体发展水平相适应的，新闻发展整体上依赖社会的发展。一个整体发展不良、整体发展水平不高的社会，不会拥有优良的、发展水平很高的新闻业。一个处于封建形态的社会不可能

---

① 周宝玺. 矛盾规律研究 [M]. 北京：中国人民大学出版社，2013：162.

② 朱至刚. 早期中国新闻学的历史面相：从知识史的路径 [M]. 厦门：厦门大学出版社，2016：53.

③ 乔根森，哈尼奇. 当代新闻学核心 [M]. 张小娅，译. 北京：清华大学出版社，2014：404.

④ 陈力丹. 坚持党性，尊重规律，以人民为中心：习近平新闻舆论观的两个要点和一个落脚点 [J]. 新闻记者，2018（7）：8-10.

⑤ 必须说明的是，我在本书总结概括的一般新闻规律，只是我在前人探索基础上的进一步研究结果，也仅仅是我现在认识水平上的总结。这些总结是否准确、合理、正确，仍是有待进一步研究的事情。

具有资本主义性质的新闻业，一个资本主义社会不会拥有社会主义性质的新闻业。[①] 在中观意义上，新闻依赖律揭示了新闻与社会主要领域的关系，指出新闻业特别受制于一定的社会经济、政治、文化等，可以说，有什么样的经济制度、政治制度、文化制度，就会有什么样的新闻制度和新闻运行方式，就会有什么样的新闻传媒和新闻业。

技术主导律揭示的是新闻传媒、新闻业与一定社会整体技术发展状况的关系，特别关注的是传播技术或媒介技术与新闻传媒、新闻业的关系，与整体新闻现象、新闻活动的关系。这是把能够标志一定社会生产力发展水平的技术工具从社会整体系统中单抽出来，然后在新闻学视野中分析技术与新闻发展之间的关系后得出的结论。技术主导律指出，在技术视野里，技术作为新闻生产力系统中最活跃、最重要的动力因素，对新闻传媒、新闻业、新闻活动的发展水平有着十分重要的作用和影响。新闻媒介形态、新闻生产方式、新闻产品样态、新闻生产关系等的变化更新，从根本上说是由新闻生产力系统特别是其中的技术因素决定的。

所谓党媒遵循一般新闻规律，在新闻依赖律、技术主导律意义上就是说党媒像其他新闻媒体一样，总是存在、运行于一定的社会环境之中，受制于一定社会整体的发展水平和运行状况，受制于一定社会整体的技术发展状况，特别是传播技术、媒介技术的发展水平。而且，进一步说，作为党媒，当然会特别受制于一定社会的政治制度和政治文明程度，受制于一定社会的政党制度和政党发展状况。可以说，有什么样的政治制度、政党制度，就会有什么样的政党媒体。

当然，党媒也会像其他新闻媒体一样，在受制于社会整体发展水平、受制于社会整体技术发展水平的前提下，会以新闻方式、新闻宣传方式、新闻舆论方式，对约束、限制党媒的各种社会力量、社会因素产生或大或小的能动作用，它们整体上是一种互动的关系。应该特别指出的是，党媒特别是执

---

① 注意，这里所说的是整体意义上的关系不是说在封建社会不会有资产阶级性质的具体媒体存在，在资本主义社会不会有无产阶级性质的具体媒体存在，而是说在封建社会封建官报一定占据着主体地位，新闻业在整体上也是封建性质的，同样，在资本主义社会无产阶级性质的媒体只能是个别性的、非主流的存在，无产阶级性质的新闻业更不可能成为资本主义社会主导性的新闻业。

政党拥有的党媒，对于社会的整体发展特别是对政治权力的运行，对社会大众的舆论引导，有着巨大的作用和影响。在中国语境中，由于整个新闻业就是党领导的事业，因而，党媒对于党的政治建设，对于社会的整体发展，更是有着任何其他社会力量不可替代的重要作用和影响。

其次，党媒和党领导的新闻事业，在新闻活动过程中遵循新闻传收中的三大核心规律——传收选择律、传收效用律、传收接近律。[①]

如我在第五章相关论述中所说，不管什么类型、性质、层次的新闻传媒，一旦展开运行，其中的核心关系就一定是传播主体与收受主体之间的关系，表现为传播需要与收受需要之间的关系。新闻传收过程就是传播主体与收受主体之间互相选择、追求传收效应最终实现传收接近的过程，新闻传收是展开社会相互交流、理解的重要方式，是塑造、建构社会共同体的重要方式。传收互动是新闻活动系统得以展开的总体性规律。

党媒，特别是中国语境中的党媒，作为一类特殊的新闻媒体，本身就把人民中心作为自身的价值目标，把新闻舆论引导作为自身的核心工作，把正面报道、正面宣传为主作为自身的核心工作方式。这就意味着，它更会受到这三种规律的支配，也更会遵循这三种新闻传收中的基本规律。党媒会始终把人民大众作为自身的核心受众对象，始终以满足人民大众的信息需求、新闻需要为核心目标，始终追求能与人民群众同呼吸、共命运，成为真实的共同体。

最后，党媒在自身的演进过程中遵循媒体系统要素演进规律。[②] 要素演进规律是针对媒体系统构成要素的，揭示每一要素的历史演进机制，指出每一要素都有自身相对独立的存在方式和演变方式，它们的变化演进体现了新闻业的整体变化和发展。

党媒也是一种新闻媒体系统，也是由传播内容、传播者、媒介形态、收受者等要素构成的。因而，只要党媒持续存在、不断发展，构成媒体系统的每一要素就会遵循自身的演进规律。

---

① 关于新闻传收这三个规律的具体内容，参见第五章"新闻传收的核心规律"相关内容，此处不再重复叙述。

② 关于要素演变规律的具体内容，参见本书第四章"新闻系统要素演进规律"，此处不再重述。

（二）特殊规律是支配党媒运行的根本规律

党媒之所以是党媒，主要在于它的特殊性，而非它与其他类型媒体的共同性。党媒与其他类别新闻媒体最大的区别就是它的党性，正像商业媒体的根本特性在于它的商业性一样。因而，按照党媒的党性以及党性支配下的特殊规律展开运行，才是党媒的根本逻辑。在规律论视野中，支配党媒运行的核心规律必然是党媒的特殊规律。

从客观逻辑上说，事物的存在是具体的、个别的，每一事物都具有自身的特殊性或个性，只有按照它们的特殊性或个性展开运行才能成为它们自己，才能显示出自身特有的功能意义。特殊事物之所以特殊，就是因为其是在特殊规律支配下运行的。有学者指出，"自然界存在着本质上不同的各种层次等级，而其中每一个层次，都有自己的特殊规律在起支配作用。正是这一科学结论告诉我们，任何一种适用于自己的范围和层次的科学理论，永远不会随着有更高的概括性的理论产生而被抛弃"①。自然领域如此，社会领域也大致相似，"在不同的国家和民族，社会发展的一般规律会表现出与一定的客观历史条件相联系的特殊性"②。我们不能因为一般规律的普遍性而否认特殊规律的特殊性。在新闻传媒领域，党媒作为一类特殊的新闻媒体类型，只有按照党媒的特殊规律运行才能体现党性、实现党性，发挥党媒特有的功能作用。

根据我们前文的论述，所谓党媒受制于党媒特殊规律，在中国语境中就是指党媒是在党性统摄律、党媒价值律（人民中心律）和党媒方法律（舆论引导律）支配下展开运行的。说到底，党媒之所以受制于党媒特殊规律，是由党媒承担的实际工作、完成的核心任务决定的。说穿了，党媒规律就是在直接为党工作的实际工作过程中形成的。宏观一些说，党媒的这些基本规律，是在党媒和党媒事业百年的实践运行中逐步形成的，并不是某个领导人想当然地创造出来的，也不是党报理论、党报思想总结概括的结果，理论研究与

---

① 周宝玺. 矛盾规律研究［M］. 北京：中国人民大学出版社，2013：150.
② 有林，张启华. 论马克思揭示的社会发展一般规律［M］. 北京：中央民族大学出版社，2005：23.

探索只是发现、命名、阐释这些客观规律的途径和方法。① 当然，党报理论、党报思想也会在与党媒实践的互动中对党媒规律的形成产生一定的作用和影响。

伴随中国共产党领导的革命事业、社会主义建设事业、改革开放事业的展开，党媒始终以党的耳目喉舌开展工作。正是在这样的历史过程中，在党媒与党的关系中，党媒与人民大众的关系中，以及党媒与整个社会各个方面的关系中，逐步形成了党媒的特殊规律。这些规律包含的特殊内容、特殊要求，自然与中国历史、中国文化的特殊历史源流相关，自然与中国革命、中国的社会主义建设、中国的改革开放的特殊性相关，也自然与中国和世界的关系相关。只有理解了这一系列的特殊性，才能真正理解中国共产党领导的新闻事业的特殊性和党媒的特殊性，也才会理解党媒为什么会有这些特殊的规律，为什么会在这样一些规律的支配下运行。

党媒在按照特殊规律运行时，不可能摆脱一般新闻规律的约束，而会将新闻领域一般规律的要求转化为党媒的一些基本要求。比如，在新闻依赖律作用下，党媒会自觉处理自己与党的关系、与其他各种政治力量的关系、与经济和商业的关系。在技术主导律作用下，党媒同样会高度重视技术对党媒事业的整体性作用和影响。在新闻传收互动律作用下，党媒更会特别注意自己在具体新闻业务领域的操作方式方法，会自觉要求新闻报道坚持真实、客观、公正、及时、公开、透明、对话等基本原则和要求，努力实现与作为新闻收受主体的社会大众的接近关系或共同体关系。如此等等说明，党媒在以党媒的规律展开工作时，不会违背自己作为一般新闻媒体的基本工作规律。当然，党媒毕竟是党媒，它与其他类型的新闻媒体是不完全一样的。因而，党媒规律也并不一定适应其他类型的新闻媒体。列宁的这段话还是值得牢记的，"任何真理，如果把它说得'过火'……加以夸大，把它运用到实际适用的范围之外，便可以弄到荒谬绝伦的地步，而且在这种情形下，甚至必然会变成荒谬绝伦的东西"②。

---

① 将中国语境中中国共产党党媒的运行规律概括总结为三个规律——党性统摄律、人民中心律、舆论引导律，只是我作为研究者所做的理论凝结，是否准确合理，还需要进一步的探索。不同研究者针对同一事实现象，可能会有不同的发现，规律揭示是一个不断认识、不断积累的过程。

② 列宁. 列宁全集：第31卷［M］. 2版增订版. 北京：人民出版社，2017：42.

由于党媒也是新闻媒体，因而，它会自然自在受到一般新闻规律的支配。如果背离一般新闻规律，它就会受到新闻规律"惩罚"，即它所做的新闻报道以及依托新闻所进行的新闻宣传、新闻舆论引导很可能产生不了预期的作用和影响，达不到实际的目的，即党媒很难产生实际的引导力、影响力、公信力。果真如此，传播力也就落空了。这是由新闻规律的作用机制决定的，对此，我将在"新闻规律的作用机制"一章中专门论述。

（三）党媒特殊规律与一般新闻规律是统一的

在理论逻辑上说，党媒既要遵循一般新闻规律，同时又要遵循党媒特殊规律。因此，这两类规律之间的关系便成为党媒运行过程中必须关注的重要问题。马克思主义新闻观或党媒新闻理论一直强调尊重事实、尊重规律、按规律办事。可以说，尊重新闻规律始终都是党媒新闻工作、新闻宣传（舆论）工作的基础性原则或基本观念。事实上，毛泽东早年就要求新闻让事实说话[①]，邓小平也表达过类似的思想[②]，胡锦涛曾明确要求新闻宣传工作要尊重新闻规律[③]。习近平在 2009 年就提出"新闻舆论的传播规律"这样的说法，要求领导干部尊重新闻舆论的传播规律。2016 年在党的新闻舆论工作座谈会上，习近平更是明确提出，新闻媒体要适应国内外形势发展，"尊重新闻传播规律，创新方法手段"[④]，"党的新闻舆论工作是一门科学，必须按照规律办事"[⑤]。他们所说的新闻规律、新闻传播规律、新闻舆论的传播规律等，尽管

---

① 毛泽东从事新闻宣传的重要方法之一就是"请看事实"。他指出，"我们反攻敌人的方法，并不多用辩论，只是忠实地报告我们革命工作的事实"。参见中共中央宣传部新闻局. 马克思主义新闻工作文献选读［M］. 北京：人民出版社，1990：135.

② 邓小平指出，"我们的报刊、电视和所有的宣传工作都要注意这个问题"，"不能拿空话而是要拿事实来解除他们的这个忧虑"。参见邓小平. 邓小平文选：第 3 卷［M］. 北京：人民出版社，1993：111. 让事实说话，是典型的新闻方式，是新闻传播的规律性要求。

③ 早在 2002 年，胡锦涛就讲过过"尊重舆论宣传的规律"；2008 年他在视察《人民日报》时，更是明确要求"按照新闻传播规律办事"；在 2009 年北京召开的世界媒体峰会开幕式上，胡锦涛在开幕致辞中说，媒体"要切实承担社会责任，促进新闻信息真实、准确、全面、客观传播"，"应该遵守新闻从业基本准则"。

④ 习近平在党的新闻舆论工作座谈会上强调：坚持正确方向创新方法手段 提高新闻舆论传播力引导力［N］. 人民日报，2016-02-20（1）.

⑤ 学习贯彻习近平总书记新闻舆论工作座谈会重要讲话精神［EB/OL］.（2016-02-19）[2019-10-20］. http：//politics. people. com. cn/GB/8198/402525/index. html.

侧重指向有所不同，但精神实质都是一致的，这就是新闻报道、新闻宣传、新闻舆论工作要按规律办事。这里的规律当然既包含党媒的特殊规律，也包含党媒作为新闻传媒的一般规律。可以说，党媒特殊规律和一般新闻规律本就是在统一意义上运用这些概念的。党媒尊重一般新闻规律与党媒特殊规律的统一要求，是党媒作为新闻传媒展开新闻传播、新闻宣传、新闻舆论自然而然的事情。

第一，在认识论意义上，党媒特殊规律与一般新闻规律是统一的。"新闻规律观念"是马克思主义新闻观体系中基础性或根基性的观念，具有特别重要的地位和作用。马克思主义认识论始终承认，一定时空范围内的同类事物存在着共性，同时承认构成同类事物的个体（个别事物）具有自身的个性。因而，同类事物既有普遍的运行规律，同时也会存在各自特殊的运行规律，而且这两类规律是统一的，一般规律是通过个别规律来体现或表现自身的。同样，马克思主义新闻观或党媒新闻理论认为①，人类新闻活动、新闻业、新闻媒体的运行（包括传统媒体和新兴媒体）具有自身的客观规律，具有普遍或一般的规律。同时，马克思主义新闻观或党媒新闻理论认为，新闻规律也像其他社会活动规律一样，存在普遍规律下的特殊表现，即存在于具体环境的新闻活动、新闻业、新闻媒体存在着一些适应特殊环境的特殊规律。因而，对于党媒来说，其是在一般新闻规律和党媒特殊规律共同作用下运行的，两类规律会以共时同在的方式影响党媒的运作，或者可以进一步说，普遍规

---

① 在当代中国语境中，党媒新闻理论本质上就是中国特色社会主义新闻理论，也是马克思主义新闻观的集中表现。因此，党媒新闻理论、中国特色社会主义新闻理论、马克思主义新闻观三者是统一的、一致的。需要注意的是，在历史维度上，这三者是有所不同的。马克思主义新闻观是以马克思主义的诞生为基本起点的，至今已经走过了100多年的演变史，最重要的几个时代节点是马恩时代、列宁时代和中国时代。中国共产党的党媒思想、党媒观念直到党媒新闻理论，应该以中国共产党的成立为起点，至今已经有了近100年的演变史，最重要的几个时代节点是从中国共产党成立到中华人民共和国成立、从中华人民共和国成立到十一届三中全会召开、从十一届三中全会召开至今（整个改革开放时代）。而中国特色社会主义新闻理论广义上应该以中华人民共和国的成立为起点，即以中国社会主义建设的真正开启为起点，狭义上则应该以中国特色社会主义理论的提出为起点，其中自然包含着中国特色社会主义新闻理论。中国特色社会主义新闻理论的历史大致有这样几个节点：中华人民共和国成立初到改革开放前，这一时期还没有明确提出中国特色社会主义理论；改革开放开始到2012年，这一时期中国共产党明确提出了社会主义初级阶段理论、中国特色社会主义理论，其中理论逻辑上自然包含着中国特色社会主义新闻理论；2012年起，特别是中共十九大以来，明确提出了中国特色社会主义新闻理论。

律会凝结灌注在特殊规律之中产生自身的作用。

第二，在实践论意义上也就是在新闻舆论实践中，党媒特殊规律与一般新闻规律也是统一的。马克思主义新闻观或党媒新闻理论要求，党媒在新闻宣传、新闻舆论实践中，既要遵循党媒规律，同时也必须遵循一般新闻规律。其中最为根本的原因在于，对于党媒来说，既受党媒规律支配又受一般规律支配是客观事实，而非主观想象。中国共产党是马克思主义政党，马克思主义理论是其理论基础和基本的指导思想。马克思主义的精髓是"实事求是"。"实事求是"的首要要求就是尊重事实，也就是尊重客观规律。因而，党媒实践的基本姿态或立场就是尊重这两类规律的统一性。首先，党媒最直接的目的就是运用以新闻为核心的工作方式为党的事业服务。党媒的党性从根本上决定了党媒只有按照党媒规律展开工作，才能完成自身作为党媒的职责。党媒作为新闻媒体的工作方式，内在要求其必须遵循一般的新闻规律。因而，为了实现党性要求，党媒必须在实践上实现一般规律与特殊规律的统一。其次，党媒的价值目标决定了党媒的新闻舆论实践必须努力实现这两类规律的统一。人民中心的价值追求能否转换成有效的新闻舆论工作实践，人民中心的观念能否真正赢得人民群众的信任，当然取决于多种因素，但对作为新闻媒体的党媒来说，最基本的要看党媒能否以新闻为本位，能否按照新闻规律的基本要求展开工作，能否以新闻专业观念、专业方式、专业伦理、专业精神、专业操作展开工作，完成作为新闻媒体最基本的职责、实现新闻的基本功能，即满足人民的新闻需要，实现人民的知情权。新闻媒体只有以新闻方式展开工作，才能产生新闻功能以及建立在新闻功能基础之上的派生功能或延伸功能①。进一步说，党媒期望实现的新闻舆论引导，只有以新闻规律所要求或体现的真实、客观、全面、公正、及时、公开的新闻方式展开，只有以符合新闻惯例、符合新闻伦理道德的方式展开，才能达到预期目标。因而，一言以蔽之，党媒只有实现一般新闻规律与党媒特殊规律的统一要求，才有

① 新闻的基本功能或本位功能是信息告知功能，但在这一功能基础上，在新闻与政治、经济、文化等的关系中，新闻会派生、延伸出各种其他社会功能。这些派生性、延伸性的功能，要想正常发挥作用，最基本的是不能违背新闻的本位功能，不然就将违背新闻规律。参见杨保军. 新闻本体论 [M]. 北京：中国人民大学出版社，2008：204。

可能实现人民中心这样的价值目标。最后，党媒的工作方针、工作方法要求党媒必须按照这两类规律的统一要求展开新闻舆论工作。坚持以正确的舆论引导人是党媒的基本工作方针，坚持以正面宣传、正面报道为主是党媒的基本工作方法。用正确的舆论进行正确的引导，这是党媒的直接职责和任务，也是党媒规律的内在要求。完成这样的任务、履行这样的职责，作为新闻媒体的党媒当然不能以纯粹宣传的方式、说教的方式进行，而必须以新闻方式、运用新闻方法进行。所谓新闻方式、新闻方法，最根本的就是真实报道新闻事实，呈现一定社会真实图景。在中国语境中，新闻报道只有实现了对中国社会整体真实状况的反映和呈现，只有实现了对一个个具体新闻事实的真实报道，也就是只有实现了具体真实与整体真实的统一，才能说是从根本上遵循了新闻传播一般规律的要求①。实现这种统一真实的关键方法是坚持正面报道、正面宣传，这并不是预先的主观设定，而是因为现实中国的整体状况、主导或主流状况是优良的、积极光明的，因此，以正面报道、正面宣传为主的新闻报道方针是符合新闻一般规律的，同时也是符合党媒宣传、鼓动、组织、引导要求的。

　　第三，尽管一般新闻规律与党媒特殊规律本质上是统一的，但在新闻实践中也可能存在一些矛盾冲突。大致有这样几点需要注意。其一，一般新闻规律更强调新闻媒体的相对独立性，而党媒特殊规律更强调党对新闻媒体的绝对领导。新闻业是社会事业的有机组成部分，对社会的运行发展发挥着独特的功能作用，在长期的历史演进过程中，形成了领域内部的一些习惯和规则，客观上有其自身的相对独立性。新闻职业，作为现代社会分工意义上一种相对独立的职业，也在追求自身的自主性和独立性。新闻专业，有其支持新闻职业、新闻业的内在知识体系、技术体系、伦理规则体系等，更是拥有

---

　　① 中国共产党的党媒，奉行的新闻真实观就是统一真实观。我在一篇论文中指出，当代中国马克思主义新闻真实观，在坚持"事实真实"这个根本观点、"过程真实"这个实现方式观念外，其明确而典型的个性特征是强调新闻真实的"统一性"或"全面性"，可以名之为"统一真实观"。其主要内容如下：在针对个别事实的新闻报道中，要求"部分真实"与"整体真实"的统一；在针对目标报道领域的报道中，要求"具体报道真实"（具体真实）与"领域报道真实"（领域真实）的统一；在针对一定社会范围的报道中，要求"微观真实"与"宏观真实"的统一。参见杨保军. 统一性：当代中国马克思主义新闻真实观的典型特征 [J]. 新闻大学，2018（1）：27-34，148。

自身的相对独立性。这些都可以看作一般新闻规律的基本体现和要求。在党媒规律视野中，新闻业是党的事业，党媒不能向党要求自主性和独立性，必须接受党的绝对领导，党媒是党的肌体的有机组成部分，不能随意割舍或分离。显而易见，在新闻媒体的自主性、独立性上，这两类规律的实际作用方向是有差异的。但是，我们在讨论新闻依赖律时就已经指出，新闻媒体的运行发展，整体上是依赖社会发展的，从根本上说是不可能超脱政治、经济、文化特别是政治的直接影响的，这是规律性的现象，是不以主观意志为转移的客观事实。与党媒比起来，其他类型的新闻媒体可能只是相对政治来说，具有更多一些的自主性、独立性而已，并不是独立于政治、经济、文化力量的存在。其二，一般新闻规律更强调新闻监测环境、守望社会的信息功能、监督功能，党媒特殊规律则更强调新闻的舆论反映功能、塑造功能，特别是新闻舆论的引导功能。源于欧美的现代新闻，经过几百年的演进以及向全球的扩散，逐步形成了以报道事实为核心的基本专业观念①，倾向于在新闻传播过程中将事实信息与媒体的意见信息分开，将评判事实信息的权利交给新闻收受主体。但党媒却强调在报道事实的基础上，要立场鲜明地做出是非判断，用党的观念，用党的路线、方针、政策公开引导社会大众。显然，一般规律的要求与党媒规律的特殊要求是有所不同的。但是，我们仍然要注意到，无论党媒以外的其他媒体如何宣称其中立性或价值无涉的观念，它们在实际的新闻报道中却总是在用自身的立场和偏好设置议题、选择报道对象，也都在表达自己的意见。这一切都表明，新闻媒体总在以这样或那样的方式发挥着舆论引导作用，只是不同的媒体舆论引导的方向或具体方式方法有所区别而已。其三，一般新闻规律更强调新闻报道侧重关注具有新闻价值的事实变动情况，更注重公共利益和公共兴趣，党媒特殊规律则在一般新闻规律要求的基础上更加强调新闻的宣传价值、引导意义，强调媒体作为党和政府耳目喉舌的功能作用。现代新闻业、新闻传媒、新闻传播，特别强调自身的公共性，即强调自身要通过新闻方式满足公众的新闻需要，维护公共利益，不管

---

① 需要注意的是，这是一个笼统的说法。事实上，在欧美不同国家，所谓的专业新闻观念表现是不一样的。英美新闻侧重事实信息与意见表达的区分，在法国新闻具有更多的文学性特色，而在德国新闻媒体则更注重意见信息。

何种所有制的新闻媒体都不能只是为了某个利益集团的特殊利益而运行。党媒则公开宣称，党媒是党的耳目喉舌，必须为党的利益服务，要宣传党的主张，引导社会大众与党同心同德、共同奋斗，为实现党的目标服务。但是，我们看到，这些表面表述的不一在本质上却并没有什么区别，公共利益就是人民的利益，党媒的根本目标是使人民满意。因而，如果党媒或其他类型的媒体都能像它们宣示的那样去做，它们遵循的基本原则、运行的内在机制（规律）就没有什么水火不相容的地方。

最后需要指出的是，对于党媒来说，在新闻舆论工作实践中，一般新闻规律是通过贯穿在党媒特殊规律之中产生作用和影响的。也就是说，在实际中，人们看到，党媒是按照统一的党媒原则、党媒规律展开工作的，并不是说党媒的一部分工作是按照一般新闻规律展开的，另一部分工作是在党媒特殊规律支配下展开的。果真如此，媒体是会"精神分裂"的。

第八章　新闻规律的实践体现

一家报纸的首要功能就是传递消息。消息的传播是新闻事业的基本功能。

——［美］卡斯珀·约斯特

作为职业新闻人，不论拥抱何种工具和技术，我们必须维系的核心原则，包括了公正、准确和完整（fairness，accuracy，and thoroughness），这也是职业新闻能够继续生存下去的核心所在。

——［美］吉默尔

让事实说话，而不是让宣传者说话。

——［美］罗伯特·K.默顿

新闻规律本身是看不见、摸不着的，但却体现在新闻与社会的整体关系现象中，体现在新闻与政治、经济、文化、技术等不同社会领域的关系现象中，更会体现在新闻实践活动特别是职业新闻活动之中，具体化为一些实实在在的活动原则、标准和规范性要求。对于人类来说，新闻规律是在认识活动中去蔽、显现的，是在实践活动中体现的。在本章，我将主要从职业新闻生产传播的角度，分析阐释新闻规律在新闻活动中的一些主要体现。事实上，所谓尊重新闻规律，按照新闻规律开展新闻活动、新闻舆论活动也集中表现在对新闻生产传播的诸多具体要求上。大概正是因为如此，人们通常直接把这些新闻传播要求等同于新闻规律，但无论从实践上还是理论上，规律与规律的体现必定是不同的。

一、规律体现的基本含义

像其他所有规律一样，反映新闻活动内在本质关系及其稳定变化趋势的新闻规律，其存在方式是隐蔽的，不是感性直观的；但也像任何其他规律一样，新闻规律总会有一定的现象表现，并体现为新闻实践活动中的诸多具体要求。人们平日里看到的许多新闻现象并不是新闻规律，而是新闻规律的外在表现或体现，"事物的表现同事物的本身，从根本上来说是一致的，但是也不能完全一致"①。通过前面几章的分析阐释可以看出，新闻规律的构成系统而复杂。从新闻系统内部看，存在着系统要素及其关系的演变规律；从新闻系统与社会整体环境的关系看，存在着互动关系规律；从普遍与特殊之间的关系看，存在着一般规律与特殊规律。凡此种种意味着新闻规律在实践中的表现或体现同样丰富多彩。在本节，我将主要从普遍体现与特殊体现两个方面初步解释一下新闻规律感性表现或实际体现的基本内涵。

（一）新闻规律的普遍体现

不管是人类新闻活动的一般规律、新闻业运行的普遍规律，还是新闻活动、新闻业在一定历史时代或一定社会范围的特殊规律，都会表现在具体的新闻活动之中，表现在具体环境中的新闻业运行之中。我们研究探寻新闻规律，就是通过也只能通过对不同新闻现象的观察、分析、探究才能实现。反过来说，新闻规律都会体现在具体的新闻现象、新闻活动之中。我所说的普遍体现，是相对特殊规律的特殊体现来说的，主要是针对新闻普遍规律或一般规律而言的。新闻普遍规律会体现在不同社会的新闻活动之中。新闻系统内部规律会体现在不同社会环境中的新闻活动之中；同样，新闻传收规律也会体现在不同社会环境的新闻传收活动之中；而新闻关系规律（新闻与社会的关系）也会体现在不同社会与新闻的关系之中。所谓普遍体现，就是说这些规律在不同社会的新闻活动特别是职业新闻活动中会有相似的表现。反过来说，正是因为有着普遍的表现或体现，我们才能把这些规律称为普遍新闻规律。下面分而述之。

---

① 有林，张启华. 论马克思揭示的社会发展一般规律 [M]. 北京：中央民族大学出版社，2005：70.

　　首先，新闻系统内部规律主要体现在新闻活动或新闻现象之中。新闻系统内部规律主要包括两大方面：一是新闻系统要素演变规律；二是系统要素之间的关系规律，核心是传收关系规律。新闻系统要素演变规律，即新闻内容、传播主体、媒介形态、收受主体的历史演变规律。这些要素的相对独立性决定了它们在新闻活动的历史演进中拥有各自的演变规律，有着各自的实际表现。

　　新闻内容的基本历史演变规律是新闻信息不断清晰化（自成一类信息的过程）、丰富化的过程。清晰化的历史过程主要表现如下：前新闻业时代，新闻信息与其他信息混沌不分；新闻业时代，新闻信息与其他信息相对分离；后新闻业时代，新闻信息进入人们具有普遍新闻意识的"泛化"状态，即比起新闻业时代，新闻信息与其他信息之间的边界似乎不是那么清晰，到底什么是新闻好像进入了新的"混沌"时代。丰富化的历史过程主要表现为从前新闻业时代到后新闻业时代，新闻信息反映、呈现的范围越来越广、越来越大，从起初相对狭窄的生存、生活环境信息不断扩展到人类生存、生活、工作、休闲等所有领域。如今，可以说凡是人类能力所及的地方，新闻都会关注，都是新闻内容的来源。新闻内容的丰富化过程始终伴随着人类生活内容本身的丰富化过程。

　　传播主体的历史演变规律就是一个所有社会主体不断扩大和提升新闻传播自由度的历史过程。这一过程主要表现如下：前新闻业时代，人们尚无自觉的新闻意识，新闻传播行为限于狭小的人际交流范围，所有的社会主体都是相当有限的新闻传播者；进入新闻业时代，人类在保有人际新闻传播方式的同时，逐步建构起了制度化、机构化或组织化的新闻传播方式，出现了社会领域意义、分工意义上的大众传播主体或职业（专业）新闻传播主体；后新闻业时代开启后，所有的社会主体包括新闻职业主体和非新闻职业主体，或所有的个体和群体，原则上都可以成为大众化、公共化、社会化的新闻传播主体，大大扩展和提升了新闻传播主体的自由程度，新闻业时代的传收主体界限被实质性地冲破，传播主体结构变化进入了又一个新的时代。

　　媒介形态是由技术、介质和符号共同构成的传收系统，其历史演进规律是，媒介形态不断叠加同时又不断扬弃，媒介形态更新速度不断加快、融合程度不断加深，媒介形式上越来越智能化、人性化或越来越逼近人类自然交流的形态和情境①。媒介形态历史演进规律的过程主要表现如下：前新闻业时代，人体及其感觉器官是最重要的媒介形态，这样的生物媒介形态决定着人们的交流方式和范围；新闻业时代，人们发明创造了不同的机械媒介形态，这些媒介形态成为人类新闻交流的中介方式；后新闻业时代开启后，媒介形态逐步进入更高层次的融合形态，智能媒介在人类新闻交流活动中的地位越来越突出。就未来发展看，一个泛媒介化的趋势已经显现出来，人机一体化的媒介形态将会逐步成为普遍现象。②

收受主体的历史演进规律就是作为新闻信息收受者的主体，在新闻活动历史过程中会不断超越新闻收受的被动性和狭隘性，增强自身的主动性和积极性，这是社会大众获得更多新闻自由的过程，也是受众获得解放的过程。这一过程主要表现如下：前新闻业时代，收受者是传收互动中的自然的收受者；在新闻业时代的大众化新闻传播面前，人们成为被动性比较突出的新闻收受者；后新闻业时代，人们不仅成为积极性、主动性越来越强的新闻收受者，而且再次进入传收主体高度一体化的状态，当然已经超越了前新闻业时代的人际交流水平，进入既可进行人际交流又可进行大众传播的传收角色一体化状态。

需要说明的是，由于不同社会的历史发展是不同步的、不平衡的，因而，新闻系统要素在历史演进过程中形成的规律在不同社会的具体新闻历史体现或表现是有所不同的。但从总体上看，不管在哪一社会，每一要素大致都要经过这样的历史演变过程。如果在人类整体意义上看，就更是如此。正因为这样，我们才能抽象出所谓的新闻要素演进规律，才能以比较简要的方式从理论上理解和把握人类新闻活动的历史线索。

---

① 所谓媒介的人性化趋势，按照莱文森的说法，是指媒介朝向更好地复制人类沟通模式的方向演变，也就是在形式上类似前技术时代的自然传播状态。参见莱文森. 人类历史回放：媒介进化论[M]. 邬建中，译. 重庆：西南师范大学出版社，2017。

② 按照当前媒介技术的发展逻辑，越来越多的事物会被媒介化，都会成为人们交流信息的中介物，也就是不无夸张的"万物皆媒"。果真如此，媒介形态概念将会不断泛化，去媒介形态就会成为必然。

尽管新闻系统内部要素间的关系十分复杂①，但基础性的或总体关系表现为新闻传播主体与收受主体间的关系，即新闻传收关系。新闻传收主体之间的总体关系是一种互动关系，这种关系的总体规律就是新闻传收互动律，具体表现为我在本书第五章集中论述的新闻传收选择律、新闻传收效应律和新闻传收主体接近律。这些规律都会体现或表现在具体的新闻传收活动之中，成为人们看得见、摸得着或能够感受到、体会到的现象和关系。

人们所说的新闻现象，其实就是由以新闻信息传收为核心的活动形成的。新闻传收活动中传播主体与收受主体关系的各种具体的感性表现，也就是传收互动律的反映和体现。在职业新闻活动中，职业新闻传播主体之所以会自觉遵循诸多采写编评等的操作原则和方法，遵守基本的职业伦理道德规范，以专业方式展开新闻生产传播活动，收受主体之所以在新闻收受活动中表现出各种各样的自主选择行为、信息偏好，表现出不同的各有个性特点的新闻收受方式，其实都是新闻传收互动律的具体表现。当今技术支持下的新闻算法分发，更是体现了新型的传收互动方式。同样，在非职业新闻现象中，传播主体为什么总是想方设法传播那些能够刺激吸引社会大众的信息，而收受主体为什么总会搜寻那些他们自己认为有意义有趣味的信息，传收主体之间为什么会形成一定的圈子群体（价值、趣味群体），其实都是新闻传收互动律的具体体现。

由于传收矛盾是新闻活动中的基本矛盾，也是主要矛盾，传收互动律是新闻内部系统展开过程中的核心规律，所以，我将在下文专列一节讨论核心新闻规律的主要体现，这里就不再多论了。

其次，新闻活动是社会环境中的活动，因而，新闻系统与社会环境的关系规律才是更为宏观的新闻运行规律。这样的规律主要表现在新闻与社会相互作用、相互影响的实际关系之中。人们能够看到的则是新闻系统与社会政治、经济、文化以及日常社会生活之间的一些具体关系。

通过第七章的讨论，我们发现，在新闻与社会之间，基本的规律是新闻

---

①　构成新闻内部系统的要素——内容、传者、媒介、收者——之间可以形成多对相互作用、相互影响的关系，正是这些关系形成了新闻内部系统的运行机制，也就是内部系统视野中的新闻规律。

对社会的整体依赖关系。这种依赖规律主要表现为社会整体制度及发展水平决定着新闻活动的制度与水平，最典型的表现就是一定社会的经济制度、政治制度决定着新闻制度，更直接的表现则是政治制度、经济制度决定着新闻业的表现形式、新闻传媒的运行方式。所有这些关系，人们通过一定社会中新闻活动的实际展开（特别是职业新闻活动的运行）都可以看到，而新闻对于社会环境的反作用更是人们在日常生活世界中可以直接观察到的现象。

透过世界新闻史，可以看到近现代报刊的大致历史演变路径——封建社会的官报时期、资产阶级的政党报刊时期和商业报刊时期。"西方国家的新闻传播史虽然各有自身的文化传统和发展特点，但是多数国家的报刊发展的历史，都经历了较为明显的依次发展的三个阶段：官报时期、党报时期和商业报刊时期。"[①] 报刊的这种历史表现，不仅仅是报刊自身发展的结果，更是西方文化发展、社会形态演变、政治经济整体发展的结果，是这种结果的报刊体现。现代报刊孕育、诞生、成长于 15 世纪中后期的欧洲，此时的欧洲是典型的封建社会王权时期，初级形态的现代报刊要么控制在王权之手，要么由封建王权政府部门直接创办。到了资产阶级革命前后（不同国家的具体历史时期有所差别），由于原有社会形态的变化和新的社会形态、新的国家政治制度的逐步确立，资产阶级政党报刊时期到来。当资产阶级政权稳固下来特别是资本主义商业经济得到蓬勃发展时，与自由民主政治、自由资本主义经济相应的大众化商业报刊时期也就到来了。由于社会形态的转化或者说政治制度、经济制度等的变革总有一个前后时期的交融阶段甚或反复过程，因此，人们也会看到，资产阶级政党报刊时期还会存在封建官报，而资本主义商业报刊时期同样还会存在政党报刊，如此表现正好反映了社会变迁、政治变革的复杂性，也体现了新闻依赖律具体表现的复杂性，社会有变化、政治有变化，新闻就会跟着变化。

即使在中国短暂的近现代报刊史上，也同样经历了这样的历史演变路径：起初是封建政府的官报；之后随着资产阶级启蒙力量、革命力量登上历史舞台，资产阶级政党以及其他性质政党的诞生，出现了政党性质的报刊；而随

---

① 陈力丹，董晨宇. 英国新闻传播史［M］. 北京：人民日报出版社，2015：12.

着资本主义经济的发展、资本主义商业的兴起，也出现了资产阶级性质的商业化报刊。同样，在一个半殖民地半封建的旧中国，在一个各种政治力量不断博弈、各种政党展开角逐的旧中国，各种性质的报刊都会显露自己的面目，共同体现了社会形态以及社会政治、经济、文化光怪陆离的面目，自然也呈现了新闻与社会整体发展变化之间，与政治、经济、文化等之间的实际关系。中华人民共和国的历史，更是非常清楚地显现了新闻依赖律的面目。中华人民共和国成立后前30年的计划经济制度、统一集中的政治，使中国的新闻媒体成为了计划的媒体、按照政治要求运行的媒体；改革开放以来，伴随经济制度、经济体制的变化转型，伴随社会主义民主政治的进步，伴随社会文化价值观念的变化，新闻媒体呈现出前所未有的活跃面貌，在新闻领域，不仅有党和政府的机关媒体，也有了在党领导下偏向市场化、商业化的媒体。

如果面对当今现实，我们更是可以清楚看到新闻依赖律的外在体现。在西方发达资本主义国家，尽管它们一再宣称新闻媒体的自主性和独立性，但事实却是新闻媒体难以独立于政治的影响，更难外在于商业力量的作用，也深深植根于历史文化土壤之中。新闻媒体必须在国家经济制度、政治制度的框架内活动，也就是说新闻活动必然受制于国家的现行政治制度和经济制度。诚如有学者所说，"正如公共领域的独立性常常受到来自市场、国家、道德、宗教组织的倾轧，新闻业的自主性也常受到威胁，常因边界被僭越而令人忧虑不已"①。在中国，新闻对于政治的依赖就更是直接明了的事情，新闻事业是党的事业，新闻媒体是党的耳目喉舌，是党的工具和手段。而在中国迈开市场经济体制建设步伐后，人们也越来越明显地看到，新闻媒体的运行越来越受制于商业力量的作用和影响。新闻与政治、经济、文化等的这些整体性关系都会通过具体的新闻报道活动体现出来。因此，社会大众通过观察新闻媒介报道的内容以及报道的方式，就可大致明白新闻对于政治、经济、文化等的宏观依赖关系。

世界新闻史以及现实新闻活动中的这种普遍表现，恰好表明新闻演变对

---

① 陈楚洁. 意义、新闻权威与文化结构：新闻业研究的文化-社会路径 [J]. 新闻记者，2018 (8)：46-61.

于社会整体发展、变革的依赖。一定时代中的新闻，不可能超越时代的整体发展水平；一定社会中的新闻，不可能超越社会的整体发展水平。新闻对于社会的主动作用和影响，即新闻对于时代的引领，对于社会进步的促进，也总是以一定社会力量、政治力量的生成为基本条件的，新闻很难孤立地发挥作用，很难成为独立的社会力量，新闻背后总是有着更为强大的经济力量或政治力量。从总体上说，新闻以自己的方式体现了社会的整体变革演进面目，是社会整体变革的一个重要面相。

最后，在新闻与技术之间，基本的规律是技术主导新闻业的发展，特别表现为媒介技术主导着媒介形态的变革。因此，在现象层面，人们就会看到，有什么样的媒介技术就会有什么样的媒介形态，有什么样的媒介技术结构就会有什么样的媒介形态结构。当然，这并不是说技术是媒介形态变革、新闻业发展的唯一决定因素，果真如此认为就陷入了技术决定论的偏颇境地。

技术对于媒介形态的主导作用，在人类新闻活动史中表现得十分明显，是可以看得见、摸得着的现象。在漫长的前新闻业时代，或者说在漫长的前媒介技术时代，由于没有近现代意义上的媒介技术，人类只能把生物体本身作为信息媒介，只能依赖自身的视听等天然的感觉系统展开信息交流活动，体态语、口语就是最好的媒介技术，也是天然的媒介形态。等有了文字书写技术，文字就成为另一种重要的媒介形态。近现代社会开启之后，印刷技术、电报技术、电话技术、摄影技术、电影技术、无线电技术、广播技术、电视技术等的发明创造，将人类带入了机械技术、电力技术时代（传统电子技术时代），将人类的新闻活动带入了近现代新闻业时代。与这些技术相应，新的媒介形态一个接一个地诞生，即报纸媒介、电报媒介、电话媒介、摄影媒介、电影媒介、广播媒介、电视媒介等一个接一个地成为人类生产、传收各类信息的媒介。当现代电子技术、计算机技术、光纤技术、卫星技术接连诞生，特别是近几十年来互联网技术以及一系列新兴技术、智能技术被发明创造出来之后，人类新闻活动开始进入一个全新的时代，最突出的表现就是这一系列技术造就了完全不同的新的媒介形态和新的媒介形态结构方式，它们已经将人类新闻业带入了后新闻业时代，也就是不同于传统新闻业的时代。

不同历史时代的媒介技术，造就了不同时代的媒介形态。不同媒介形态以历史叠加、历史扬弃的方式形成不同历史时代整体的媒介形态系统，最典型的就是形成了传统新闻业时代的三大媒介形态结构，形成了当代已见雏形的融合（平台）媒介结构。如此不断变革更新的媒介形态结构体现的正是媒介技术结构的变化与更新，反映的正是技术主导新闻媒介、主导新闻业整体发展状况的基本规律。

（二）新闻规律的特殊体现

仅就当代新闻业来看，世界上仍然存在着不同社会性质（如资本主义与社会主义）的新闻业，它们客观上有着不同的理念、不同的运行方式。新闻业内部的各种要素有着相对特殊的内在关系，即具有不同的运行机制与规律，自然就会在新闻实践中有不同的特殊体现。在更普遍的意义上说，所有社会的新闻活动、新闻业都是具体的、特殊的，都有自己的个性，都有自身相对特殊的运行规律。同样，不同类型的新闻媒体都是具体的、特殊的，也都拥有自己的个性，都有自身相对特殊的运行规律。这些特殊的规律都会有自身特殊的表现或体现方式。但我这里主要关注的是中国语境中的党媒事业和党媒，即我主要阐释的是党媒新闻规律的特殊体现问题。

在上一章，依据中国党媒的客观情况，我将党媒特殊规律主要概括为三条：具有全局意义的党性统摄律、价值追求上的人民中心律和工作方针方法上的舆论引导律。这些规律都会表现在党媒实际的新闻宣传、新闻舆论工作当中，体现为党对党媒工作的要求。由于党媒本身是一个庞大的系统，分为不同的层级和具体的类别①，针对不同层次、类型的党媒，这些特殊规律会有诸多不同的具体要求，我们很难在此细致地一一解释。这里，我将从总体层面上阐释一下这些特殊规律在党媒新闻宣传、新闻舆论工作中的核心体现。

---

①　这里说的党媒，主要指那些党委机关媒体。从纵向上看，存在不同层次的党媒，主要有中央级（如《人民日报》）、省级（如《陕西日报》）、地市级（如《渭南日报》）和县级（如《富平报》）；从横向上看，存在不同领域的党媒，比如党领导的政府的各个部委可能拥有自己的机关媒体，大型国有企业大都拥有自己的机关媒体，这些都是带有机关性质的党媒。如今，党媒已不限于报纸，还包括电台、电视台和有关网站。在历史演进中，党媒本身的系统结构也会随着历史情况的变化而变化。比如，原来的中央电视台、中央人民广播电台、中国国际广播电台就在 2018 年组合建设为中央广播电视总台。

首先，党媒特殊规律体现为党对党媒的绝对领导，突出体现为党对党媒的经济领导权和业务领导权，具体体现为党的组织部门会直接指派重要党媒的核心负责人，主要是经营管理党媒资产的负责人（通常就是党媒的法人代表，如通讯社、报社的社长，电视台、广播电台的台长）和党媒新闻业务的负责人（通常就是党媒的总编辑）。而在党媒组织机构内部，高一级的党组织会通过低一级的党组织（比如党委会通过分党委，分党委会通过党支部）逐级实现党的领导。党媒自身的党组织会通过指派不同具体部门的负责人，直接将党对党媒的领导权落到实处，落实到党对党媒每一层面的具体领导。应该说，党媒领导权是党性统摄律最典型、最实质的体现方式或实现方式。正是领导权，从根本上决定着党媒的话语性质与话语方式。不允许私人创办新闻媒体，不允许国有资本之外的任何其他资本进入新闻业务领域，就是为了从本源上保证党媒和党领导的其他媒体的话语权的唯一性或纯洁性。

其次，党媒特殊规律体现在党对党媒新闻舆论工作诸多不同层面或不同维度的要求之中。党性统摄律集中体现为党性原则的诸多要求，主要是党媒必须实行政治家办报，党媒必须充当党的思想中心、宣传中心、舆论中心，党媒必须与党中央保持高度一致，党媒必须坚持党性与人民性的统一等。人民中心律集中体现为党媒必须把为人民服务、为社会主义服务作为自身的工作宗旨，党媒在坚持社会效益优先的原则下实现社会效益与经济效益的统一，党媒必须把广大人民群众满意不满意、答应不答应、高兴不高兴当作自身新闻舆论工作成效的重要检验标准。舆论引导律体现为党媒必须以正确的方式实现正确的舆论引导，即党媒必须用党的意志统领人民的意志，必须用党的路线、方针、政策引导社会舆论。党媒不仅要坚定不移地跟党走，而且要宣传、鼓动、组织、引导人民群众与党中央保持高度一致。

最后，党媒特殊规律最终体现在党媒的日常工作中，即党性原则的总体要求、人民中心的价值理想、舆论引导的方法实施都要体现在日复一日具体的新闻报道、新闻宣传、新闻舆论引导工作中。这就是说，像其他新闻规律要体现在日常新闻现象中一样，党媒的特殊运行规律总要体现在党媒的常态工作运行中、表现中。以下几个层面或侧面的总结概括，可以看作党媒特殊规律更为微观的体现，也是可以看得更为清楚的体现。

党媒必须严格遵守党的新闻宣传、新闻舆论工作纪律。所有的新闻媒体，作为组织机构，都会有自己的工作程序和惯例，也会有自己的工作政策、原则和规范。中国语境中的党媒更是如此，它拥有比较严格的新闻政策、工作规范或纪律要求。透过党媒历史，可以看到，党在不同历史时期都会根据不同情况出台一些新闻政策、制定一些宣传指导原则、提出一些具体工作要求。其核心目的只有一个，就是要求党媒必须严格围绕党的中心工作展开新闻报道和新闻舆论引导。

党性统摄、人民中心、舆论引导这些规律性、总体性的原则，都会落实为具体的工作规范、工作规矩，体现在党对党媒以及党媒新闻宣传工作人员的纪律要求上。这些要求不仅会通过党和政府对新闻工作的政策方式（表现为党和政府关于新闻工作的决议、规定、通知以及相关会议文献等）体现出来，也会体现在新闻职业道德规范①中。党媒特殊规律的政策化、规范化，当然不限于观念上的要求，更会成为行为上的规则。党媒及其工作人员，如果能够严格遵守党的新闻政策、新闻舆论工作纪律，就会受到肯定、表扬和鼓励，相反，就会受到否定、批评和惩罚。党媒特殊规律一旦体现在实际工作中，就不再是抽象的原则，而是具体的要求。

---

① 在《中国新闻工作者职业道德准则》（中华全国新闻工作者协会第七届理事会第二次全体会议 2009 年 11 月 9 日修订）中，除了第三条、第四条、第七条可以看作对所有类型媒体、新闻职业工作者（当然包括党媒和党媒新闻舆论工作者）的要求外，其他几条明确体现着党媒特殊规律的要求。

第一条　全心全意为人民服务。要忠于党、忠于祖国、忠于人民，把体现党的主张与反映人民心声统一起来，把坚持正确导向与通达社情民意统一起来，把坚持正面宣传为主与加强和改进舆论监督统一起来，发挥党和政府联系人民群众的桥梁纽带作用。

第二条　坚持正确舆论导向。要坚持团结稳定鼓劲、正面宣传为主，唱响主旋律，不断巩固和壮大积极健康向上的舆论。

第三条　坚持新闻真实性原则。要把真实作为新闻的生命，坚持深入调查研究，报道做到真实、准确、全面、客观。

第四条　发扬优良作风。要树立正确的世界观、人生观、价值观，加强品德修养，提高综合素质，抵制不良风气，接受社会监督。

第五条　坚持改革创新。要遵循新闻传播规律，提高舆论引导能力，创新观念、创新内容、创新形式、创新方法、创新手段，做到体现时代性、把握规律性、富于创造性。

第六条　遵纪守法。要增强法治观念，遵守宪法和法律法规，遵守党的新闻工作纪律，维护国家利益和安全，保守国家秘密。

第七条　促进国际新闻同行的交流与合作。要努力培养世界眼光和国际视野，积极搭建中国与世界交流沟通的桥梁。

党媒作为党的一个工作部门（机构、组织），实际上是党的组织系统或精神系统的延伸。因而，尽管党媒在工作内容、工作方式上具有相对独立性，但党媒组织的上级党组织根据工作需要会直接管理、监督党媒的工作，且在必要的时候直接接手媒体的具体业务工作。因而，可以看到，党媒的党性统摄律、人民中心律、舆论引导律，不仅会体现在常态的新闻报道、新闻宣传工作中，更会特别体现在针对特殊环境、特殊事件的具体报道、宣传、引导之中。针对一些特殊事件、特殊现象，相关党委组织部门往往会提出具体的报道、宣传、引导要求。党的有关部门，主要是党委宣传部门，甚至会直接或间接（主要通过各级记协组织）地策划、设计、组织有关重大新闻报道。比如，针对关于党的全国代表大会的报道、不同层级"两会"的报道、一些党和政府重大活动的报道、一些重大典型的报道等，党的宣传部门往往会直接向党媒下发通知、布置任务，要求全国或全省一盘棋，以比较统一的甚至完全相同的方式、"规定动作"（比如统一设置相关报道栏目、统一使用新华社通稿或转载《人民日报》的重要稿件等手段），在统一时间展开新闻报道和新闻宣传，形成规模化的新闻宣传效应、舆论引导效应①。所有这些做法，都充分体现了党性统摄律在党媒具体工作层面的作用。事实上，党媒的特殊规律会通过全方位、全视角的方式落实到党媒工作的每一个分支、每一个细节。

二、核心新闻规律的主要体现

传收互动律是新闻规律系统中的核心规律，这一规律集中体现在新闻传收活动中，特别表现在对新闻传播主体新闻生产传播活动的要求中。应该说，职业新闻传播活动最能体现新闻规律的内在要求，以至于人们往往把职业新闻传播的"基本要求"直接视为新闻规律。但从理论逻辑上说，这些要求并

---

① 党媒之所以会出现千报一面、千台一声的图景，就是因为党的宣传部门对党媒发出了统一的要求。因而，党媒会以统一的方式呈现重大新闻事实、新闻事件，形成统一的舆论氛围、舆论引导方向。

不就是新闻规律本身，而是新闻规律在新闻传播实践中的体现。在本节，我将以职业新闻传播为主要对象，适度兼及非职业新闻传播，分析论述核心规律在新闻传播中的突出体现，特别是在职业新闻传播行为中的体现。这也是本章的重点所在。

（一）新闻规律对传播本源的要求——新闻事实

新闻传播实现新闻效应的方式，传播主体满足收受主体新闻需要同时实现自身传播需要的方式，在传播源头上的根本要求，就是寻找具有新闻性或新闻价值的客观事实，这样的事实就是新闻事实①。这可以说是新闻规律最基本的要求，也是新闻规律在传播活动中最基本的体现，是现代新闻观念区别于前现代新闻观念的典型特征②。下面，我将从正反两大方面阐释这种体现的具体表现内容。

首先，以新闻事实为本源的传播才是"新闻"传播，并且只有以新闻事实为本源的新闻传播，才是新闻规律内在要求的体现。每一种社会活动特别是社会分工意义上的职业社会活动，都有其特殊的活动领域、工作对象、活动方式和活动目标（功能特征），如此才能与其他领域、其他活动区别开来。职业新闻传播活动的工作对象就是事实世界③，并且特别关注事实世界中的"新闻事实"④。在一般意义上说，职业新闻传播活动的基本任务就是通过反映呈现或报道传播事实世界中的新闻事实信息，从而实现自身监测

---

① 关于"新闻事实"的系统论述，可参见杨保军. 新闻事实论［M］. 北京：新华出版社，2001。需要特别说明的是，我在此处所说的新闻事实，是指作为本源存在的客观性新闻事实，不是指已经被主观化或符号化呈现在新闻报道中的新闻事实，后一意义上的新闻事实属于新闻陈述或事实再现、描写甚至塑造或建构。

② 狭义的现代新闻观念即新闻是什么的观念，本身是一个历史的演进过程。大致到了19世纪二三十年代美国商业报纸兴起之后，直到19世纪中后期，才形成了比较明确的新闻是关于事实报道的观念，才把新闻与意见、新闻与文学、新闻与传说、新闻与其他一般信息区分开来。

③ 所谓事实世界是一个整体性的说法，就是在事实论的视野中把自然社会、人类社会看成由各种各样事实构成的动态世界。

④ 有不少学者批评现在的新闻学是"事学"，而非"人学"，至少是重事不重人。这种批评的观念是合理的，但未必批评得合理，或未必批评在了点子上。新闻学研究的核心对象是人们关于新闻信息的交流活动，新闻信息依赖新闻事实而存在，因而，新闻学必然要研究新闻事实。但这不等于新闻学只重事实不重人。其实，新闻学关注新闻事实，自然而然就会关注人，因为新闻事实是"人事"，是人所创造的事实，或是人所关注的与人相关的自然变化，而非纯粹的事物。

环境、守望社会、服务大众等基本职责或基本功能。实际上，这早已成为人们对现代新闻业的基本共识。有学者明确指出，新闻业是"以事实为基础的话语实践"①。"新闻业——一种依赖于日常事实的行业，一种反映人类生活万象并呈现每个人的观点的行业。它将整个人类更加紧密地联系在一起，使人们对人类各民族有更加清晰的认识。"② 约斯特百年前关于新闻业的基础以及基本功能作用的看法仍是基本成立的。应该说，他的见解抓住了新闻业的核心。

如果在新闻传播名义下却以"非新闻事实"为新闻本源，那就意味着从本源上背离了新闻传播的内在要求，即背离了新闻规律，因而也就不可能产生传收活动中的新闻选择、新闻效应和以新闻为中介的传收主体间的接近关系。新闻规律适用的范围或体现的边界，只能是关于新闻事实的报道活动，不能任意扩大新闻规律的适用范围，或者说，新闻规律约束着新闻活动的合理边界。在此之外的信息传播活动，体现的是其他类型的传播规律。尽管在不同类型信息传播活动之间会有交融，比如在以事实信息为核心对象的新闻传播与以观念信息为核心对象的宣传传播（政治传播、公关传播、舆论传播、广告传播等）之间总有一些内在的关系，因而总有一些共同的传播规律，但新闻毕竟不是宣传、不是公关、不是广告，它们拥有各自的个性特征和目标追求。一旦传播主体把新闻传播搞成了其他传播，通过新闻传播追求其他类型传播的目标，也就失去了新闻传播的特殊意义，背离了新闻规律的本源性要求。

其次，在现实新闻传播活动中，在对待新闻事实这个源头问题上，不同传播主体处于不同的社会环境、不同的具体情境之中，因而会有不同的态度，也会表现出不同的认知水平，最终则会体现出不同的职业水准或专业水平。而在新闻规律论的视野中，则可以说，不同传播主体在新闻传播活动中会体现出不同的规律实现态度和能力。

---

① 潘忠党. 在"后真相"喧嚣下新闻业的坚持：一个以"副文本"为修辞的视角 ［J］. 新闻记者，2018（5）：4-16.

② 约斯特. 新闻学原理 ［M］. 王海，译. 北京：中国传媒大学出版社，2015：15.

在新闻事实范围内，存在着典型性新闻事实或非典型性新闻事实①，即存在着新闻性强弱差异或新闻价值大小不同的新闻事实。那些能够依据媒体定位、编辑方针发现和捕捉到较高质量新闻事实的传播主体，能在新闻本源问题上更好地体现新闻规律的要求。相反，那些经常捕捉不到重要新闻事实或遗漏了重要新闻事实的传播主体，就很难在传播活动中很好地体现新闻规律的内在要求。衡量新闻媒体的新闻或新闻舆论的传播力、影响力、引导力、公信力的大小强弱，从源头上说，首要的就是看新闻媒体能否经常性地捕捉到更有新闻价值的新闻事实，要看传播主体是否经常性地自觉积极传播新闻事实信息。如果新闻媒体一味从自身的传播需要出发，偏向关注自己想关注但没有多少新闻价值的一些事实，而忽视社会主体普遍的新闻需要，偏离社会主体欲知、未知而又应知的重要事实，那就等于在传播活动的起始阶段造成了传播需要与收受需要之间的错位，那就无异于从源头上埋下了失去影响力、引导力、公信力的"祸端"，而其内在的根本原因，就是没有体现新闻传播必须从源头上更加关注新闻事实的规律性要求。

在新闻事实与非新闻事实之间总是存在一个模糊地带或区域，因此，只有那些更具新闻敏感性、新闻鉴别力的传播主体，才能将不易发现的新闻事实选择出来，以符合新闻规律的方式传播新闻。相反，那些新闻敏感性差、新闻鉴别能力低的传播主体，尽管也在以新闻的名义传播新闻，但实质上选择的是并没有多少新闻价值的事实，因而并没有体现新闻规律在本源环节上的要求。尤其是在新兴媒介环境中，不少传播主体似乎被信息大潮冲击得不知所措，往往在新闻事实与非新闻事实之间不做仔细鉴别，不做比较精准的排序，便把相关信息推送给收受者。可想而知，这不可能成为符合新闻规律要求的新闻传播。人们之所以抱怨信息越来越多，新闻却越来越少，其中的源头性的原因可能正在这里。不可否认，在新兴媒介环境中，传统媒介时代的新闻价值观念已经受到冲击，用来衡量新闻价值有无、大小的

---

① 在新闻事实与非新闻事实之间，可以从新闻性强弱或新闻价值大小出发，将事实分为典型性新闻事实、比较重要的新闻事实、一般性新闻事实、介乎新闻事实与非新闻事实之间的事实和非新闻事实。需要注意的是，不同的新闻媒体，由于定位不同、目标受众不同、目标报道领域不同，因而它们各自认定新闻事实的标准除了普遍遵守的一般标准外，还会有各自个性化的标准。

一些标准需要更新，以适应新的环境。但是，新闻事实必须具有新闻性的基本要素，新闻事实所包含的信息必须是适合传播的信息，这些基本要求在原则上依然是稳定的。① 如果过度偏离这些基本要求，新闻传播就不再是具有监测环境、守望社会、服务大众等基本功能的传播，本质上就是背离新闻规律的传播。

再次，"伪新闻"、失实新闻、虚假新闻等是在新闻源头上就开始完全违背新闻规律要求的典型表现。在实际的新闻传播活动中，有些传播主体不仅不传播新闻事实信息，而且会从自身的暂时利益出发，以各种故意的或非故意的方式（更多时候是故意的）传播非新闻事实信息，甚至策划、制造失实的、虚假的新闻事实信息。

与传统新闻媒介时代相比，在新兴媒介环境中，"伪新闻"现象相当普遍甚至泛滥②，其典型表现就是在新闻传播名义下传播大量的非新闻事实信息，也就是没有反映报道真正的新闻事实。职业新闻主体本来应该特别关注那些新近或正在发生的显著而重要的事实，关注那些与公共利益、公众兴趣相关的新闻事实，关注那些具有普遍社会意义、社会价值的事实，但在现实新闻实践中，不少传播主体（包括新闻组织主体和职业个体）出于各种原因（政治的、经济的、商业利益的或是价值偏好的）大量传播那些琐碎无聊的所谓新闻事实信息，炒作那些新闻价值、社会价值不大的所谓新闻事件、新闻人物，放大、膨化那些本无多少新闻价值、社会价值的事实要素和细节，制造出五花八门的新闻噱头和娱乐化景观，而一些真正应该关注的新闻事实、新闻要素却被有意无意地遮蔽了、湮没了。如此种种做法，满足的基本上是社会大众的虚假新闻需要，而非真实新闻需要，在相当程度上陷入了娱乐至死的泥潭，诚如有人所言，"在信息和交流渠道不断增长的情况下，世界被撕裂为色彩斑斓的娱乐碎片"③。凡此种种现象，严重背离了现代新闻的公共精神

---

① 关于什么样的事实可以成为新闻事实，什么样的新闻信息是适合传播的新闻信息，可参见杨保军. 新闻理论教程［M］. 3版. 北京：中国人民大学出版社，2014：86-108。

② 关于"伪新闻"及相关现象的系统分析，可参见杨保军，朱立芳. 伪新闻：虚假新闻的"隐存者"［J］. 新闻记者，2015（8）：11-20；杨保军，李泓江. 新闻的"漂移"与应对之道［J］. 新闻记者，2018（10）：19-28。

③ 吴国盛. 技术哲学经典读本［M］. 上海：上海交通大学出版社，2008：431.

和规律性要求。如果不能在新闻源头上体现新闻规律的内在要求，新闻传播将失去自身监测环境、守望社会、服务大众等基本功能。在民众新闻传播活动中，这类现象更是严重，很多人缺乏基本的媒介素养和新闻素养，缺少基本的新闻意识和新闻观念，把自己的意见、情绪、想象当作事实，在大肆传播中不仅无益于人们对事实真相的了解，甚至遮蔽了事实的真实面目，严重背离了新闻规律的基本要求。

更为严重的是，少数传播主体捏造事实、制造虚假新闻，传播谣言、混淆视听，破坏了正常的信息秩序和新闻信息秩序。虚假新闻之所以严重背离了新闻规律、损害了新闻规律，根本原因在于，传播虚假新闻的主体从源头上就背弃了新闻传播必须反映客观存在的新闻事实的内在要求。捏造事实、制造新闻、传播谣言是破坏新闻传播规律的典型行为。这些做法使社会大众无法了解一个真实的世界，因而对新闻、新闻舆论的传播力、影响力、引导力、公信力具有致命性的负面作用。它从根源上断送了新闻传播的合理性与正当性。因此，如何从源头上减少虚假新闻，始终是一定社会特别是新闻界面临的基本任务。当然，更为重要的是，如何使社会大众能够在新闻视野中把握一定社会整体的真实面目是更为重要的问题。如果一定社会中的职业新闻媒体不能在新闻视野中呈现社会的整体面貌，也就是不能在源头上关注新闻事实的整体表现，那将会比个别失实、造假形成的危害更加严重[①]。

最后，在新兴媒介环境中，以互联网为基础的新兴技术正在以结构性的力量改变着世界，改变着人类生产、生活、思维的方式。在新闻领域，媒介生态结构、传播主体结构、传收主体关系等都已发生了深刻的变革，一个新的不同于传统新闻业时代的新时代已经成为事实，非职业新闻的大众化传播已经成为普遍现象。从客观上说，非职业新闻传播主体的数量远远超过了职业主体，前者天然地分布在生活世界的角角落落。职业新闻传播主体的整体

---

① 虚假新闻有宏观层次、中观层次和微观层次的不同表现，层次越高，危害越大，但不管哪个层次的失实或虚假，首先都是在源头上没有尊重新闻事实的客观表现。参见杨保军. 新闻真实论[M]. 北京：中国人民大学出版社，2006：251－313。

力量，更不要说个别媒体的力量，无法与非职业新闻传播主体的传播力量相比。① 因而，非职业新闻传播主体如何选择内容、传播新闻，能否体现新闻规律的基本要求，对整体新闻传播图景的塑造具有巨大的作用和影响，因而需要从源头上给予高度关注。

与职业新闻传播主体相似，不管是民众个体还是脱媒主体的新闻传播活动（包括原创新闻传播与大量的新闻转发活动、新闻再生产和再编辑活动）要想成为真正的新闻传播、真实的新闻传播，就得以新闻事实为本源，而不是以非新闻事实为本源。也就是说，新闻规律对新闻传播主体的客观诉求没有例外。就现实来看，尽管民众新闻对整体新闻传播有着越来越大的影响力，但由于各种各样的原因（利益、价值取向或新闻专业能力等），民众新闻常常更易偏离新闻事实的本来面目，更易出现凭借传播者想象、猜想、推理的情况，也就是说，更易从新闻源头上出现错误，或凭空而来，或添枝加叶，或张冠李戴，违背新闻必须反映事实的内在要求。屡见不鲜的新闻反转现象，从正面讲是逼近新闻事实真实面目的过程，从负面讲就是一些所谓的新闻传播者没有依据真实存在的新闻事实进行传播造成的结果。因而，在新兴媒介环境中，无论是职业传播主体在选择民众提供的相关事实信息时，还是人们在转发收受相关信息时，都要更加谨慎，多一些质疑和反思。顺便可以指出的是，就目前的情况和长远的趋势来看，社会大众作为收受主体，对职业新闻传播主体的期望越来越高，而不是越来越低，他们希望职业传播主体能够以职业内在的专业性和权威性为社会提供真实、客观、全面的报道，从源头上体现新闻规律的内在要求。

综上所述，就新闻传播过程来看，新闻规律首先体现在如何对待新闻传播本源问题上，即如何对待新闻事实问题上。如果这一先在环节处理不好，不能把新闻事实当作真正的本源，那么尊重新闻规律、按新闻规律办事在实

---

① 这里需要注意，我们不能把非职业新闻传播主体的影响力无限扩大或神话化。人们不难发现，常态的新闻报道仍然是由职业新闻传播主体进行的，人们对事实世界最新变动的了解和获知主要还是依赖职业新闻传播主体的新闻报道。但是，每当遇到特殊事件，遇到公共事件、危机事件时，民众作为新闻传播主体的传播力量就会凸显出来，他们往往与职业新闻传播主体互动（有合作互补，也有矛盾冲突），从而一起呈现事实的整体图景。

践中就是一句空话。

（二）新闻规律对内容陈述的要求——客观真实

新闻规律是新闻活动的本质关系，而新闻传收是新闻活动的核心关系，这就从根本上决定了新闻规律必然会体现在新闻传收主体的活动之中，并首先体现在传播主体的生产传播活动中。所谓体现在传播主体的新闻生产传播活动上，就是体现在对新闻传播主体的诸多具体要求上。这些具体要求既有认识论的要求即以新闻方式正确认识反映事实世界的最新变动情况，也有价值论（伦理道德）的要求即以新闻方式为社会公众提供有意义的新闻报道，以维护公共利益、满足公共兴趣，还有方法论的要求即以新闻本质所内在要求的方式方法生产新闻、传播新闻。

如果仅从新闻传播环节上观察，新闻传收规律对传播主体的要求集中体现在新闻传播原则上。经过长期的新闻实践活动和相关的理论探索，职业新闻领域已经形成了比较成熟的、公认的新闻传播原则，这就是人们耳熟能详的真实、客观、全面、公正、及时、公开等新闻传播准则或规范性要求。这些基本的传播原则或要求，也被看作专业新闻观念在新闻业务操作层面上的基本传播观念和方法。诚如我国学者李良荣指出的，"新闻要求真实、全面、客观、公正，这是任何社会的常识。真实的反面是虚假，全面的反面是片面，客观的反面是主观，公正的反面是偏见。谁也不会说我的报道是假的、主观的，这是常识性的问题，因此新闻专业主义理念能够被社会接受"[①]。国外也有学者指出，"作为职业新闻人，不论拥抱何种工具和技术，我们必须维系的核心原则，包括了公正、准确和完整（fairness，accuracy，and thoroughness），这也是职业新闻能够继续生存下去的核心所在"[②]。如果新闻传播主体在操作层面上能够比较好地遵循这些基本原则或要求，也就等于遵循了新闻

---

① 李良荣. 新闻机构与平台的新闻专业主义不能丢［EB/OL］.（2017-06-20）［2019-05-18］. https://mp.weixin.qq.com/s? _ biz=MzI0NjAzMjU1Mg%3D%3D&idx=2&mid=2705014581&sn= 7ade6f5d5c5e0a02de443550f9162097.

② 於红梅. 从"We Media"到"自媒体"：对一个概念的知识考古［J］. 新闻记者，2017 （12）：49-62.

活动中最重要的规律。

人们通常所说的这些新闻传播原则，是对新闻传播的整体要求，是对新闻活动核心规律——新闻传收规律——的整体体现。若是进一步分析，就可发现不同原则有着不同的侧重，真实、客观、全面更侧重对传播内容的要求（事实原则），公正更侧重对传播态度、传播价值取向的要求（价值原则），及时、公开则更侧重对传播方式的要求（方法原则）。当然，由于它们是对同一活动的不同侧面的要求，因而这些不同侧重有着内在的统一性。在本小节，我们先来讨论新闻规律在新闻内容陈述上的核心要求——客观真实。

其一，实现真实报道，是新闻规律的基础性、根本性要求，是新闻活动作为人类一种认识世界的方式的直接目标。当人们反复言说"真实是新闻的生命"时，足以说明真实对于整个新闻存在的意义。"新闻业是'以事实为基础的话语实践'"①，"所有新闻的基本元素即真实性"②，"新闻只为真相负责，这是新闻专业主义同文学虚构、流言蜚语、国家宣传、商业广告和公关的根本区别"③，"对'做新闻'来说，即便可能无法避免地偏离本质意义上的真相，也不意味着造假"④。事实上，人们关于真实对于新闻之重要性、必要性的论述已经汗牛充栋了⑤，没有必要赘述了。

作为社会整体结构中的一部分，新闻活动的特殊功能就在于监测环境、守望社会、服务大众等，而这一切的基础乃是提供及时而真实的信息。可以肯定的是，无论技术，尤其媒介技术如何快速发展，无论媒介生态如何更新变化，无论社会形态如何变革演进，对真实新闻的需要都是人们的基本需要。

① 潘忠党. 在"后真相"喧嚣下新闻业的坚持：一个以"副文本"为修辞的视角 [J]. 新闻记者，2018（5）：4-16.

② 约斯特. 新闻学原理 [M]. 王海，译. 北京：中国传媒大学出版社，2015：50.

③ 彭增军. 因品质得专业：人人新闻时代新闻专业主义的重塑 [J]. 新闻记者，2017（11）：27-34.

④ 舒德森. 新闻的真实面孔：如何在"后真相"时代寻找"真新闻" [J]. 周岩，译. 新闻记者，2017（5）：75-77.

⑤ 关于新闻真实问题的系统论述，可参见杨保军. 新闻真实论 [M]. 北京：中国人民大学出版社，2006。

如今，在所谓的"后真相"① 传播氛围中，言论膨胀、情绪泛滥严重影响了人们对事实世界的了解和把握。因而，在海量信息汹涌澎湃的情境中，真实的、高质量的新闻其实是稀缺的，回归新闻本位、回归事实世界似乎成为我们必须再次喊出的口号。

其二，真实是从认识论意义上对新闻传播提出的直接要求、总体要求。真实，就是报道结果与报道对象相符合。与事实相符合，是检验新闻真实的唯一标准。在新闻真实问题上，理解新闻真实的意义② 并不难，如何实现真实报道进而实现新闻真实才是真正的难题③。因而，人们从理论到实践一直都在探索实现真实报道的原则、方式和方法。

在新闻传播诸多原则要求中，如果说真实属于总体性的要求，那就可以说客观、全面是实现新闻真实的基本原则和方法，客观报道、全面报道是新闻规律进一步的体现。只有既客观又全面的报道，才有可能实现准确报道，才能真正揭示报道对象的真相，满足人们知情的需要。迈克尔·舒德森认为，新闻专业主义的核心意涵是对客观性与真理的追求④。我在《新闻精神论》中则把"求实为本"认定为新闻精神体系的基础要素或"第一精神"⑤。

自从客观理念产生以来，这个新闻传播中的"不死之神"就受到人们的一再反思和批评，各种与客观理念相区分甚至相对立的新闻观念纷纷登场，但又纷纷谢幕。时至今日，人们普遍认为客观理念仍然是职业新闻传播的基

---

① 1992年，美国《国家》杂志一篇关于海湾战争的文章就曾使用过"后真相"（post-truth）一词，"后真相"意指"情绪在传播中的影响力大于事实"。2016年，《牛津词典》将"后真相"概念选为年度英文词，意指"在舆论形成时摆客观事实不如诉诸情绪"。

② 新闻真实的意义当然不限于新闻系统内容，更重要的是新闻真实对于整个社会良性运行的意义。关于新闻真实之意义的系统分析，可参见杨保军. 新闻真实论 [M]. 北京：中国人民大学出版社，2006。

③ "真实报道的实现"与"新闻真实的实现"是两个有着内在联系的不同问题。前者针对的是传播主体与新闻事实（报道对象）之间的关系，后者针对的不仅是传播主体与新闻事实之间的关系，还有新闻报道（新闻文本）与新闻收受主体之间的关系。前者只要达到报道与事实的符合，就可以说实现了报道真实，但后者从原则上说，只有在报道真实的基础上得到了新闻收受主体的认可和相信，才能说新闻真实最终实现了。

④ 舒德森. 发掘新闻：美国报业的社会史 [M]. 陈昌凤，常江，译. 北京：北京大学出版社，2009：5.

⑤ 相关内容可参见杨保军. 新闻精神论 [M]. 北京：中国人民大学出版社，2007。

本理念，客观方法仍然是职业新闻报道传播新闻信息的基本方法，人们对客观理念及其方法的理解也大致相似①。在我看来，客观理念在其起源阶段确实具有商业利益的考虑，也有意识形态的策略，但就现在来看，客观理念的灵魂是科学理念，内在精神是理性精神，蕴含的价值理念是一律平等，它承认作为客观事实的新闻事实外在于、先在于（独立于）新闻传播主体，它认为传播主体是可以认识把握新闻事实的，它相信传播主体有能力并能自觉将事实信息（客观）与意见信息（主观）区分开来。因而，在观念和方法上，客观报道的基本要求是"事实是事实，意见是意见"，马克思所说的"根据事实来描写事实"，而不是"根据**希望**来描写事实"②，本质上与客观理念的基本精神是一致的。著名报人金庸说过"评论自由，事实神圣"③，也是要求将意见与事实分开。客观针对的是事实的实际面目、实在状况，针对的是事实本身，因而它是实现真实报道的基本方法。新闻真实论中的真实多元主义或真相多元主义、建构主义，都是违背客观精神的，新闻真实应该是再现的真实、反映的真实，我们不能因为新闻认识过程不可避免的主观性而否认新闻事实的客观性、真相的唯一性，更不能凭借主观想象建构新闻事实的形象，这就像"历史事实不是历史学家凭空想象的结果"④ 一样。

　　全面原则可以说是对客观理念的进一步补充和强化，是实现真实报道的高水准的要求。全面使客观成为全面的客观，而不是片面的客观。片面的客观造成的结果是片面的真实，而片面的真实就是不真实，至少是失实，因而片面的客观就不再是真实的客观，很可能遮蔽了客观，掩盖了新闻事实的真实面目。片面的客观由于其客观的一面、真实的一面，对于社会大众往往会

---

① 哈克特和赵月枝认为，客观性"是一种规范化的理想，一套新闻写作应瞄准的目标"，"客观性要求记者们去追求另一套与新闻评论有关的规范化的目标，传播有价值的意义和解释世界的能力"，"客观性体制也包含着一套采写新闻的实践和'统一的技术标准'"，"客观是有关新闻的公众话语中的一个活跃成分"，"客观性说到底是一种意识形态"。参见哈克特，赵月枝. 维系民主? 西方政治与新闻客观性 [M]. 沈荟，周雨，译. 北京：清华大学出版社，2005：60 - 64。

② 马克思，恩格斯. 马克思恩格斯全集：第 1 卷 [M]. 北京：人民出版社，1956：191.

③ 李以建. 金庸的功夫世人只识得一半 [J]. 新华文摘，2019（2）：98 - 101.

④ 许兆昌. 深刻认识历史叙事的价值 [N]. 人民日报，2018 - 10 - 15（16）.

形成某种欺骗性。现实中不少新闻报道，仅仅看其报道出来的事实，是没有问题的，但它却是传播主体选择出来的单面或几面事实，而非全面事实，因而，相对事实整体来说，这样的新闻仍然是失实的。至于那些宏观上坚持一面为主的报道方针，逻辑上更是存在着整体失实的危险①。全面，就是要看到目标报道领域的各个方面，看到具体事实的方方面面，看到事实的局部与整体。全面，是周全而系统的客观。如果新闻报道既做到了客观报道同时又做到了全面报道，那就与新闻事实的真实面目逼近了。只有客观全面的报道，才是实事求是的报道，才是真实的报道。

当然，不管是客观还是全面，在真实报道的实现中都是有限的，没有哪个传播主体能够达到绝对的客观、绝对的全面，因而新闻真实不可能实现百分之百的真实②。所有的客观、全面，只能是传播主体在新闻报道过程中认识到的、把握到的客观和全面，而"我们天生有一种倾向，会关注某些发现，忽视另外一些"③。新闻真实，说到底是传播主体在各种因素的制约下能够达到的真实，记者"尽其所能也不能为大众提供一份现实的翻版，而只能提供置于某种框架下的现实，某种增强版的现实，某种版面或是屏幕限定的现实，某种被'出版'本身的魔力染指过的现实"④。普遍一些说，作为主体的人，不管从事什么活动，只能实现主体能力范围的目标，但追求最佳目标始终是职业新闻工作者应该努力的方向。

实现真实报道的原则是稳定的，但实现真实报道的方式方法却是不断变化的，每一时代都有可能为新闻真实的实现提供新的方式方法，从而使人类

---

① 从理论逻辑上说，坚持一面报道为主的原则，必然造成人们对目标报道领域的片面知情。比如，西方媒体关于中国的报道总是坚持"负面为主"，导致人们在这样的报道中不可能了解一个客观的中国；同样，坚持"正面为主"，逻辑上也存在这样的风险。中国新闻媒体坚持正面报道为主的原则，除了选定的价值取向之外，如此报道的合理性在于中国社会的主导情况、主流事实是正面的。因而，这一原则本身就是实事求是的原则，它从主观原则设定上防止了"只见支流、不见主流"的报道可能。

② 这里需要注意，不能因为说传播主体实现不了绝对的客观、绝对的全面，就将客观与主观、全面与片面相混淆。客观就是客观，主观就是主观，它们是可界分的；全面就是全面，片面就是片面，它们是可识别的。同样，真实就是真实，是可以与失实、虚假区别开来的。

③ 肯里克，科恩，纽伯格，等. 反科学思维的心理根源 [N]. 光明日报，2018-08-08 (14).

④ 舒德森. 新闻的真实面孔：如何在"后真相"时代寻找"真新闻"[J]. 周岩，译. 新闻记者，2017 (5)：75-77.

以新闻方式认识到、把握到的事实世界更加客观、全面、真实。客观、全面是实现真实的观念和方法，但实现客观、全面的方法却在不断更新进步。在单一的报纸时代，客观、全面主要依赖记者的直接观察和调研、分析和认知，因而能否达到客观、全面主要依赖的是记者的直接认识能力。肉眼看不到的现象就难以成为描述的对象，只能成为推理、猜测、想象的对象，而这对于新闻真实是充满风险的事情。当有了摄影技术，有了录音技术，有了摄像技术，有了初级的计算机技术时，这些客观的记录手段和方法就可以帮助记者提高客观、全面的程度，在某些方面可以在一定程度上克服记者主观性的负面影响，从而使客观、全面提升到更高的层次。到了今天这样的时代，更是有了大量的新技术、新方法可以帮助传播主体获取信息、加工信息、编辑信息甚至制作（写作）传播信息，诸如显微与放大技术、传感器技术、无人机技术、大数据技术以及不断发明创造出来的新兴媒介技术、智能技术，它们的恰当运用都会进一步提高客观、全面的可能性，使真实报道的水平不断提高。当然，需要特别指出的是，无论技术如何发达高明，它们依然是技术，依然只是人类支配运用的工具和手段。它们不是主体，不是人。人才是主体，传播主体才是新闻报道传播中的真正主体。保证新闻客观性、全面性的决定因素只能是人，而非各种延伸性、辅助性的技术。各种技术可以促进客观、全面的报道，提升客观、全面报道的整体水平，但它们本身很难具备评判主客观的能力，很难具备评判是否全面的能力，更没有能力回答新闻为什么必须真实、全面、客观这样兼具认识论和价值论的问题。在我看来，任何先进的智能技术，都是在人的设计、操纵下运行的，它们在本质上不可能超越人的能力。人可以超越技术，但技术不能从根本上超越自身。智能技术的独立工作方式，是以主体人为前提存在的相对独立，是主体设定范围内的独立，而非真正的自由自主。任何对技术的神化，本质上都是对人的神化。被技术逻辑左右的主体逻辑，只能说是失败的逻辑。新闻报道是否真实的认识责任、伦理责任，只能由作为主体的人来承担，而不是作为工具的技术来承担。

其三，体现新闻规律的真实原则上说只能是新闻真实或新闻报道范围内的真实，并不能必然反映和呈现一定社会的整体真实面目，再现和传播根本就不存在完美①。各种超越新闻范围的真实要求，都是新闻认识难以做到的，本质上都是不尊重新闻规律的表现。

　　新闻报道的对象是新闻事实，并不是所有事实。新闻事实只是事实世界中非常有限的具有新闻价值的那部分；即使在新闻事实范围内，由于各种可能的原因、条件的约束和限制，也不大可能呈现所有具有新闻价值的事实。因而，新闻真实呈现的只能是新闻事实范围内的真实，是事实世界的部分真实。超越新闻真实范围，也就超越了新闻规律的内在要求。新闻认识，正是通过对新近或正在发生的事实的及时关注，特别是对那些与公共利益、公众兴趣相关的事实的关注、反映和呈现，展示出新闻自身特殊的监测环境、守望社会、服务大众等功能。新闻报道不应该关注一切，只应该关注它应该关注的，这样才能实现自身的特殊职责。当然，新闻真实会在一定程度上呈现社会真实、经济真实、政治真实、文化真实等，因为新闻事实不过是社会领域事实中有新闻价值的事实，属于社会事实的一部分。

　　新闻真实的有限性，不仅限于关注对象的有限性，还在于各种可能因素的影响。由于新闻活动是贯穿、渗透、弥漫于整个社会的活动，因而从原则上说，所有社会因素都有可能在不同的情境中影响新闻真实的实现。从大的方面说，新闻传播主体的整体素质与能力、报道对象的复杂性、报道环境中的各种可能力量与因素等，都会直接或间接影响新闻报道活动、影响新闻的真实性。在今天的新兴媒介环境中，影响新闻真实的因素更加复杂多变。不同新闻活动（参与）主体特别是不同新闻传播主体之间的相互作用、相互影响，一方面使新闻报道有可能在交流对话中更加全面系统、细致深刻，另一方面也可能使新闻报道鱼龙混杂、真假难辨。各种报道方式、报道手段、报道技术的多样化，一方面使新闻事实可以得到多视野、多角度、多层次的呈现，另一方面也会使新闻报道令人眼花缭乱、难分主次。技术进步，媒介更新，主体多元，只能说从大的方向上、趋势上为新闻真实的实现带来了更多有利因素，但并不必然意味着新闻真实的实现更加简单容易。诚如有人借用

---

　　① 莱文森. 软利器：信息革命的自然历史与未来 ［M］. 何道宽，译. 上海：复旦大学出版社，2011.

狄更斯的修辞方式所说，"现在是一个新闻最多的时代，也是新闻最差的时代。我们比以往更多地获得新闻，同时也更容易看见'真相'，但追究真相更难。我们已经生活在一个全民新闻时代了，人人都可以发布新闻，但事实的真相反而难以辨认了"①。但是，在我看来，尽管新闻真实是有限度的，媒介生态环境变得越来越复杂，但新闻真实的实现在总体趋势上是乐观的。当更多的人能够有机会、有方法观察、分析、探究、交流事实的真相时，真相还是有更多可能在多元主体的"对话"过程中呈现在社会大众面前的。事实上，与过往的大众媒介时代（报纸、广播、电视为主的时代）相比，尽管人们更多受到信息泛滥的搅扰和迷惑，但在遇到真正的公共事件时，遇到与公共利益、公众兴趣高度相关的新闻事实时，人们还是有更多机会、更多渠道、更多平台最终获知事实真相的。

新闻真实是新闻层次或新闻性质的真实，不是一般的情报真实、科学真实，不是法律真实，更不是历史真实、理论真实、文学真实、广告真实或其他类型的真实。作为真实，新闻真实与其他认识方式追求的真实具有一定的共同性。但每一种认识方式实现的真实性都有自身的个性或特征，并以此显示自身独特的存在与价值。因而，在真实问题上，我们更应该关注新闻真实的个性特点。

新闻真实拥有自身的特征②，每一特征都是新闻规律的具体体现。新闻真实是事实性真实，它体现了新闻是对事实的报道这一新闻的本质要求、内在根基，因而"事实是新闻真实性的试金石"③，除了事实标准之外，检验新闻真实没有其他标准；除了以新闻实践方式检验新闻真实外，再没有第二种可行、可信的方式，"真新闻，而不是假新闻、宣传、谣言，总是把真相放在首位；它不会让诚实的报道屈从于意识形态或政治鼓动。它不会讨好广告商，或逢迎出版商的商业利益，甚至不会迎合读者的口味"④。新闻真实是过程性

---

① 科瓦奇，罗森斯蒂尔. 真相：信息超载时代如何知道该相信什么［M］. 陆佳怡，孙志刚，译. 北京：中国人民大学出版社，2014：推荐者序 2.

② 关于新闻真实个性特征的系统分析与论述，可参见杨保军. 新闻真实论［M］. 北京：中国人民大学出版社，2006：98－152。

③ 约斯特. 新闻学原理［M］. 王海，译. 北京：中国传媒大学出版社，2015：50.

④ 舒德森. 新闻的真实面孔：如何在"后真相"时代寻找"真新闻"［J］. 周岩，译. 新闻记者，2017（5）：75－77.

真实，所有新闻报道真实原则上只能通过不断的报道才能实现，它体现了新闻活动作为认识活动的过程性特点，体现了新闻认识的规律。新闻真实是及时的、公开的真实，它体现了新闻真实与新闻传播方式的内在关联性，新闻真实是新闻传播方式约束下、限制下的真实。新闻真实总会显现出不同媒介形态的特点，它体现的正是媒介方式的内在属性，反映了新闻真实总是与媒介技术相关、与新闻符号系统相关的内在规律性关系。这也意味着，每当有新的媒介形态生成，每当不同的媒介形态整合或融合一体，新闻真实就会获得新的呈现方式，其实现也有可能达到新的水平。比如，在当今媒介环境中，新闻整体真实的实现有了更大的可能，有机真实已经成为基本事实，前瞻真实有了技术保障，而真实的证明、检验也拥有了过往没有的技术手段[①]。

（三）新闻规律对传播目标的价值要求——服务公众

如前（第五章）所述，作为新闻活动的核心关系，新闻传收的内在规律是传播需要与收受需要的趋近，是传播主体与收受主体的亲近，是传收主体成为真正的共同体。新闻传收关系的如此内在机制体现在传播主体身上，特别是职业新闻传播主体身上，就是要把服务公众、满足公众新闻信息需求作为最基本的目标。只有传播主体能够提供满足社会公众需要的新闻，两者之间才有可能建立起真实的接近关系。事实上，现代新闻的基本属性就是公共属性，目标指向就是为公共或公众利益服务。不管什么性质的新闻传媒，如果不能为公众提供基本的信息服务，其他目的都难以达到[②]。

首先，公众利益是新闻传播的基本出发点，或者说，公众利益是新闻传播的基本目标追求。源于西方扩散到全球各地的现代新闻在其历史演进过程

---

① 比如，一系列新兴媒介形态促成了一系列新的新闻呈现方式，诸如大数据新闻、传感器新闻、VR/AR 新闻、微博新闻、微信新闻、机器新闻等等，也使新闻真实获得了新的呈现方式，达到了新的实现水平。参见杨保军. 新媒介环境下新闻真实论视野中的几个新问题［J］. 新闻记者，2014（10）：33-41；杨保军. 新闻真实图景的重构：新闻传播主体"三元类型结构"形成的影响分析［J］. 新闻与写作，2014（8）：23-27。

② 中国共产党的党媒，尽管是党的耳目喉舌，但在价值理念上坚持"以人民为中心"或为人民服务，追求的是党性和人民性的统一。其实，人民性就是一定意义上的公共性，核心指向就是人民利益、公众利益。社会公众就是人民群众，它们之间没有本质的区别。

中，形成了自己的基本功能属性、价值追求，这就是为公众利益服务。尽管现代新闻从欧美发达地区向全球各地扩散过程中经历了各地的"本土化""在地化"转换或转型，但新闻要为社会公众利益服务这一基本精神、基本目标还是稳定的。

早在近百年之前，就有美国学者指出，"没有任何人类的代理机构能像新闻业这样与公众保持着连续、亲密和持久的关系。无论新闻业的影响力是深远的还是肤浅的，也无论是好的方面还是坏的方面，这种影响力的确普遍存在于生活的方方面面。因此，新闻业的产品是公众关注的公共产品"，"新闻业的宗旨和理念等都应该关系大众利益"①。新闻事业应该成为公共事业，新闻传媒应该成为公共平台，新闻传播应该成为公共传播，新闻产品应该成为公共产品。这已经是人们的基本共识，但客观上远未实现。实际上，不管什么性质（社会主义与资本主义）的新闻媒体、什么类型的媒体（政治类媒体、商业类媒体、公共媒体等），如今都不同程度地面临着如何实现公共性的问题。从原则上说，新闻公共性的实现依赖特定的历史环境、社会环境，需要注意到不同社会、不同国家的具体情况，但这属于特殊规律所关注的具体问题，我们不在这里展开讨论。

为公众服务，最基本的是传播与公众利益相关的新闻信息。"新闻报道主要关注公众利益的相关信息"，"新闻的任务是汇集和传播具有重要公共意义或者公众兴趣的消息"②。这是现代新闻在传播内容上的核心定位或主要内容指向。在传统新闻业时代，只有建制性的或职业化的新闻媒体组织能够展开大众化新闻传播。因而，它们能够形成相对统一的新闻内容选择标准，尤其是在一定的社会范围内，职业新闻传播机构会遵守相同的法律标准、政策标准、道德标准和相似的新闻价值标准③。职业新闻媒体基本会按照新闻行业

---

① 约斯特. 新闻学原理 [M]. 王海，译. 北京：中国传媒大学出版社，2015：8.

② 同①30.

③ 对于运行于现代国家中的职业新闻传播主体，它们在选择传播内容上必须遵守所在国家的相关法律法规，不能刊载或传播法律法规禁止的内容，必须遵守所在国家的新闻政策，必须遵守所在社会的公共道德规范，这些属于新闻内容选择的底线性标准，实质上是一定社会公众共同意志在新闻领域的反映。当然，不同类型、层次的新闻媒体还会按照新闻价值标准选择内容，这是对新闻规律最基本的尊重。除此之外，新闻传媒还会依据自身媒体的特征以及自身个性化的追求选择传播内容。

的历史惯例和基本职责，将主要内容定位在公众利益范围内，否则，它们很难在现代社会中维持正常的运行。即使是那些偏向一定利益集团的大众化传播媒体，要想赢得广泛的社会影响，获取社会公众的基本信任，维护自身更为广泛的利益，也不得不关注社会公众的需要和兴趣。在新兴媒介环境中，事情变得比过去更加复杂了。一般信息与新闻信息总量无疑都在迅猛增长，互联网早已成了信息的海洋，但这并不意味着在新闻媒体中传播的与公众利益相关的信息迅速增多了。大众化新闻传播主体的多元化，丰富了信息、新闻信息的构成，从理论上说使人们获得了更多关注公众利益、社会利益的可能和机会，这也是基本事实。但是，人们看到的另一面是，伴随着大众化传播主体的多元化，职业新闻传播主体的权威性受到了一定的冲击和消解，鸡零狗碎的信息开始泛滥甚至成灾，那些真正有意义、有价值的新闻信息却相对没有增加多少，而且那些重要的信息常常为次要的信息甚至无关痛痒的信息所湮没，娱乐新闻和新闻的娱乐化更是遮蔽、淡化了人们投向严肃新闻的注意力。社会公众似乎离新闻近了，但似乎又离真正的新闻远了。以互联网为基础的新兴媒介时代毕竟为时不长，人类还难以真正看清它对新闻业的整体性历史影响。因此，在新的时代环境中，新闻传播特别是职业新闻传播如何为公众利益服务，如何生产传播与公众利益相关的新闻，如何处理与其他各种类型信息传播主体的关系，重新赢得自身的公信力、影响力或权威地位，确实是亟须探讨和实践的重大问题。

为公众服务，需要以公众喜闻乐见的方式反映事实、传播新闻。传播什么和怎样传播，永远是一对具有内在关联的问题，也是将新闻选择律、新闻效应律落实在新闻实践中的关键问题。高质量的新闻内容，如果得不到恰当方式的传播，其有效性或新闻效应就会大大减损。因此，传播主体不仅要了解公众的新闻信息需要，也要进一步掌握公众所处的信息环境、收受信息的心理及思维特征等，如此才能实现有针对性的传播，实现服务公众的目标。

公众喜闻乐见的方式有着极为丰富的内容，大致包括这样几个主要方面。第一，新闻传播方式要与传播内容的性质特征相匹配。不同的新闻事实具有不同的客观性质和特征。比如，有些事实是事件性的，有些是非事件性的；有些是硬事实（比较重要而严肃的事实），有些是软事实（比较有趣味的事

实）；有些是物质性的事实，有些属于精神性或观念性事实①。针对如此等等
不同性质、类型、特征的事实，传播主体自然需要选择那些能够更好地呈现
不同事实特征的不同方式方法，这样才能使收受主体更好地了解知晓事实的
真实情况。第二，新闻传播方式要与传播的媒介形态相适应。新闻内容总要
通过一定的媒介载体、媒介符号形式得到传播，因而，传播方式的选择要充
分考虑不同媒介形态的个性特点，要充分发挥不同符号系统及其相互整合、
融合的优劣短长。媒介形态的属性特征是客观的，报纸、广播、电视、网络
以及各种丰富多彩的新兴媒介样式都有各自的客观特点。尽管从原则上说，
同样的事实内容可以通过不同媒介形态、不同符号方式、不同新闻样态传播，
但不同媒介形态适合的传播内容是有所区别的、有偏向的，有些媒介形态更
适合感性有趣的内容，有些媒介形态则更适合揭示隐蔽复杂的内容。因而，
传播者在选择传播新闻的方式时，要尊重和适应不同媒介形态、符号系统的
个性特征，努力使内容与媒介形态之间形成较好的匹配关系，这样才有可能
产生较好的传播效果。第三，新闻传播方式要与传播指向的社会环境或社会
语境相协调。新闻传播总是一定社会语境、情境中的传播，或者是指向一定
社会语境、情境中的传播，而所有新闻收受主体总是处在一定的社会环境或
特定的社会语境中。因而，传播主体就得考虑一定社会语境、情境的状态和
特征，特别要注意社会环境或社会语境的变化情况。恰当的传播内容和传播
方式有可能缓和或消除一些情绪，而不恰当的传播内容和传播方式则有可能
激发一些情绪、激化一些矛盾。所谓传播的时机、时效很大程度上就是对传
播社会语境、情境的把控。第四，新闻传播方式要与目标受众的收受能力、
意愿、兴趣相匹配。新闻传播并不只是简单的信息告知活动，而总是在追求
某种预期的目标，期望得到新闻收受主体的认同和接受。进一步说，表征事
实的信息与人们之间会形成不同的认知关系、情感关系、利益关系。这就从
根本上决定了传播主体在选择传播方式时，要充分注意到目标受众的整体认
识水平、收受意愿、情感取向和获取新闻的节奏。只有在这些方面更符合绝

①　关于新闻事实的基本类型研究，可参见杨保军. 新闻事实论［M］. 北京：新华出版社，2001：26-47。

大多数目标受众的实际状况，才有可能取得更好的新闻传播效应。第五，在新兴媒介环境中，对于职业新闻传播主体来说，在传播方式上还得特别注意处理好与非职业新闻传播主体的关系。从区别意义上说，非职业的新闻传播主体只要不违背一定国家社会的法律法规、道德底线，可以比较随意地传播新闻，可以任意选择其喜欢的、擅长的风格和方式传播新闻、表达意见，但对职业传播主体就不一样了，不管采用什么样的具体传播方式方法，都必须以专业精神、专业态度、专业方式展开新闻传播，只有这样才能显现出专业的权威性和可信性。与此同时，在很多情况下，职业传播者还要积极借鉴非职业传播者创造的一些新鲜方式，有时甚至会直接借用后者的传播方式。总而言之，在互联网环境中，必须拥有互联网思维和互联网做法，这样才有可能满足互联网环境中人们的收受需求。

为公众服务，要求新闻传播主体特别是职业新闻传播主体，以恰当方式发表意见、引导舆论。职业新闻传播主体运作的大众化传播媒介具有多样化、多层次的基本功能，比如政治功能、经济功能、文化功能、娱乐功能等[①]。新闻的功能同样也是多元、多样、多层的，其中在基本的信息告知功能之外有着各种延伸性、派生性的功能[②]，传播主体往往会依托这些功能对社会公众进行一定的舆论引导。

通常意义上，职业新闻传播主体由于特有的职业优势，处于一定社会的信息前沿阵地，比普通社会公众了解、知晓、把握更多的与公众利益、公众兴趣相关的信息。因此，应该说，比起社会大众来职业新闻传播主体对于一些事情的未来发展、变化趋势有着较好的判断基础和能力，进而提供充分的新闻信息，进行必要的舆论引导就成为职业新闻传播主体的职责之一。新闻信息本身就具有引导功能，只要传播新闻，实际上就会对人们形成某种程度的引导。至于那些专门的新闻策划或报道议程设置，更会对新闻收受主体形

---

① 需要注意的是，新闻媒介、新闻传播、新闻，不仅具有正向的功能，产生正面效应，也有负向功能，可能产生负面效应。

② 我将新闻的功能分为"本体或本位功能"与"派生或延伸功能"，本体功能指新闻的直接告知功能（事实是什么），延伸功能指新闻在与其他社会领域的关系中显现出来的可能功能。参见杨保军. 论新闻的本体功能和派生功能 [J]. 理论月刊，2010 (3)：5-11。

成某种引导作用或影响①。在最低限度上，作为事实信息的新闻也会成为收受主体思想甚或行为的基本参考资料。除了新闻报道，传播主体更是可以通过发表意见、表达观点的方式，直接介入社会舆论领域，影响社会公众的观念和意见，向自己期望的方向引导社会舆论。与新闻报道的间接引导相比，这可以称为直接的意见引导。对于职业新闻传播主体来说，如何通过引导社会舆论的方式为社会公众利益服务，就是更为直接而重要的问题。

从一般意义上说，作为职业新闻传播主体，如果试图在舆论引导上产生预期的效果，至少应该注意这么几个要点：第一，在发表观点、意见时（通过各种言论方式），应该坚持职业或专业立场，坚守相对独立自主的立场，而不是站在某一利益主体的立场上，如此发表的意见、观点才会赢得社会大众的信赖。尽管任何观点、看法本质上都是主观的，但人们更容易把建立在专业基础之上的意见看作权威性的、公正的、可信的意见。因而，职业新闻传播主体在发表意见时，要力求超越常识经验，提供专业判断、专业认知，使社会大众能够真正看清、看透相关现象、事件、事实的本质，这样才能为社会公众提供高水平的服务。第二，职业新闻传播主体的新闻舆论引导必须坚持以事实为根据，这是以新闻意见方式实现舆论引导的根本，离开事实的意见是空洞而虚弱的。新闻舆论的根本特点就在于它的意见建基于新闻事实，它的力量根源于事实。离开事实根据的引导很可能就是误导，而扭曲事实的引导必然属于错误引导。新闻舆论引导不能离开新闻本位，必须坚守求实为本的新闻精神。这样表达的意见更能赢得公众的信赖。第三，要注意新闻舆论引导的具体艺术与方式。如何具体展开新闻舆论引导，是相当复杂的问题。除了前面所说的事实为本、专业精神这些大的原则之外，更为细致的是可操作的原则和方式，这关涉到报道事实的时机、意见表达的强度、具体情理的适度以及传收情境的特点等，需要专门的操作层面的研究。

其次，公正传播是新闻传播的基本立场，也是服务大众应该坚守的立场。

---

① 对"引导"可以在两个意义上理解：一是客观引导，即传播主体没有引导意图的引导，这时的引导可以称为新闻引导，新闻起到的是信息参考作用；二是主观引导，即传播主体有意图的专门引导。对于传播主体的有意引导，收受主体有自己的独立判断和自主选择，因而，有引导不等于收受主体就会按照传播主体的意图去理解新闻或指导行为。

这里的基本逻辑是，要想以新闻方式服务大众，就得坚守公正传播的立场。

立场，就是传播主体进行新闻传播的立足处，以及展开新闻传播的基本态度，包含着传播主体的价值取向和价值追求，以及传播主体对新闻价值的理想和信念。

任何新闻传播主体都是有立场、有倾向的主体，都有自身的利益追求以及所代表的利益群体，也都有自身的理想和信念，"每一家媒体对世界都有自己特殊看法"①。但在理想性上或者说在新闻伦理意义上，新闻传播主体应该坚守公正传播。公正传播主要体现在这样几个维度上：在事实论上，公正传播就是尊重客观事实真实面目的传播，也就是忠于事实，坚持真理，揭露真相。在价值论上，公正传播就是站在公众利益的立场上进行的传播。在方法论上，公正传播就是坚持现代职业新闻的基本传播原则和要求，并能随着媒介生态环境的不断变化，尊重新兴媒介传播规律的传播。事实论与价值论之间的基本逻辑关系是，只有坚守事实为本，才能实现公众利益，才能坚持公正立场。在事实论、价值论与方法论之间，事实论的落实，价值论的追求，最终都得通过方法论的原则与要求去实现。

关于公正传播，我们在上文已经从事实论角度（传播内容）和价值论视野（服务公众）有所论述，这里不再重复，在具体层面上，公正传播最为艰难、尖锐的问题是利益关系问题。能否在新闻传播中处理好不同利益主体之间的关系，是实现公正传播的关键。核心问题主要体现在以下两个方面。

公正传播的一个核心是，处理好报道对象中不同主体之间的事实关系和利益关系。新闻报道直接指向的是新闻事实，但更为关注的是新闻事实关涉到的主体。因而，所谓公正传播，在具体层面上，不仅要处理好构成新闻事实的不同部分之间的平衡关系，更要处理好新闻事实关涉到的不同主体之间的关系。这里的关键是，传播主体要客观全面认识新闻事实的整体情况，冷静理性对待当事各方的利益关系，以平等的态度对待新闻事实中的当事各方，给予各方陈述事实、表达意见的机会，以避免造成偏见、偏听和偏信的现象。传播主体更是不能将自身的利益、情感偏向性地介入事实的报道中。这里特

---

① 莫利纽克斯. 媒体的马克思主义分析［M］. 杨倩，译. 北京：中国传媒大学出版社，2018：12.

别需要注意的是，公正不是说是非不分、善恶不分、美丑不分，而是说真善美与假恶丑要通过对事实本身的描述来呈现，而不是通过传播主体的情感认定去展示。传播主体是通过让事实说话的方式，让人们看清事实的面目，看清当事各方的真善美与假恶丑。①将不同主体的言行描述出来，真善美与假恶丑就能呈现出来，人们就能看清楚谁是谁非、谁对谁错、谁美谁丑。当然，在新闻实践中如何达到公正平衡，还需要具体事实具体处理，具体情境具体对待，不是几条原则就能完全解决问题的。何况一些新闻事实本身的复杂性不是一下子就可以看得明白的，必须有一个历时的过程。理论逻辑容易说明白的问题，客观实践中并不都是那么容易做得到。

公正传播的另一核心是，处理好传播主体利益与其他主体利益的关系问题，这可以说是实现公正传播中更为艰难的事情。如上所说，公正传播的实质，就是站在谁的立场上的传播，以什么利益为重的传播，并不只是简单的新闻报道平衡问题②，这里关涉到新闻公正、新闻正义问题。从原则上说，新闻传播是一种公共传播活动，传播主体的所有新闻传播都是事关自身利益与他者利益、公众利益的传播。因此，如何处理不同主体利益之间的关系，能显现出传播主体的价值取向与基本立场。

就现实来看，新闻报道中的利益关系具体而复杂，但传播主体面对的利益关系主要有三类：一是与政治组织的利益关系，主要表现为新闻传播主体（媒体组织）与政党、政府和其他政治组织的关系；二是与商业组织的利益关系，主要表现为传播主体与各种商业主体的关系，实质上则是传播主体自身的商业利益问题；三是与社会公众的利益关系，实质上是传播主体如何处理追求自身利益与服务公众利益之间的关系问题。所有这些利益关系，由于历史时代的不同、社会环境的差异，在不同时代、不同社会会有很大的差别。但这里我将从理想观念出发，阐释作为职业新闻机构应有的态度和立场。

---

① 但谁都明白，客观事实本身是不会说话的，能说话的是主体，不是纯粹的事实本身。在新闻报道中，让什么样的事实说话，让哪方当事人说话或说更多的话，很大程度上依赖于传播主体的选择。正因为这样，才关涉到平等对待的问题、公正报道的问题。

② 公正如果仅仅作为微观的新闻报道方法，则与平衡报道没有区别，主要指平等对待新闻报道对象中的相关各方，而不能偏向任何一方。

对于职业新闻传播主体来说，公正传播就是从公众利益出发展开传播，因而，从原则上说，所有与公众利益相违背的传播都应该拒绝，传播主体公正处理自身利益与其他利益的标准只能是公众利益，而非其他任何利益。

面对政治力量的不当干涉（应该清楚的是，政治力量对新闻传播主体的干预并不都是不当干涉），新闻传播主体应该勇敢而有智慧地拒绝。任何政党或政治力量总是想借用新闻媒体的传播力量宣扬自己的观念和主张，实现自身的追求和目标，这是没有什么问题的。但在现实社会中，一些政治力量会想方设法干预媒体的正常新闻报道活动，通过施压、公关或其他手段限制媒体对一些新闻事实的报道。如果这些事实报道事关公众利益，同时又不违背国家的相关法律规定，那么作为职业新闻传媒，当然应该维护公众利益，履行自身服务公众的职业责任。对于政党、政府领导下的新闻媒体来说，这里的原则显然是不适用的，因为这样的媒体相对党和政府没有独立性和真正的自主性。但这不等于说在媒体与党和政府之间就不存在矛盾。我们甚至可以说，在这样一种关系中媒体与党和政府的关系在很多时候更为复杂。党和政府的利益追求在意愿上也许与公众利益一致，但在实际操作上并不一定就能做得到位，此时，作为党和政府领导下的新闻媒体其实生存在夹缝之中。就实际经验看，由于媒体不能与党和政府闹独立，因而，即使媒体能够发现不足和错误，往往也很难从公众利益出发展开相关报道。约斯特的论述富有启示，他说："人民的利益和权利是新闻业的终极关注，政党的生存和权利只能通过其对公共福利的贡献来验证，而无论这些政党多么值得称赞，它们必须旨在实现其终极目标。只要政党实际上成为人民的代表，反映人民的意愿，并忠诚而有效地代表人民的利益服务于政府事务，它们就能够实现其终极追求。"① 当然，此外媒体也可能出于自身利益的考量，不顾相关政治力量的正当约束和管理，从而实质性地损害了政党利益，同时也损害了公众利益。我们不能天然地以为新闻媒体总会正确认识公众利益，并持之以恒地维护公众利益。

在实现公正传播问题上，新闻媒体更为经常面对的难题是如何处理自身

---

① 约斯特. 新闻学原理［M］. 王海，译. 北京：中国传媒大学出版社，2015：106.

的商业利益。对于那些商业利益偏向的媒体来说，对于那些政治宣传偏向的媒体来说，从新闻的理想性上说，它们需要做的工作是矫正自身的新闻传播观念，力求使自身的传播以公众利益为基本目标，或者说至少使自身的利益与公众利益取得协调关系。① 作为现代市场经济体制中运作的新闻媒体，追求并保持一定的经济利益是完全正当和必需的，这是维护并保证媒体正常运行的基本条件，也是为公众利益服务的基础。但是，诚如有学者所说的，尽管"商业实力、商业原则和商业方式都是新闻业有效运行的必要条件，但它不能完全被利润支配和驱使，否则会给整个行业带来灾难或损害。新闻产品的制作不仅是一种企业行为。作为规律，每一家报社都是建立在所倡导的某种原则之上，旨在支持某种事业，履行公共服务职能或者满足公共需求"②。这就是说，新闻企业或新闻组织机构有其特殊性，不能完全按照一般企业那样去运作，去追求纯粹的经济利益（事实上，任何企业都需要顾及社会公众利益，都需要担当一定的社会责任，而不只是关注自身的经济利益）。"假如这家报社的运营处于利润的支配之下，无视新闻业目标和基本原则的话，它注定要停刊。" "对于整个人类而言，报纸的生存最依赖于永久的公众信任。"③ 对于新闻媒体来说，从一般意义上看，公正传播的基本要求就是符合专业观念的传播，正如有人所言，"新闻专业主义不是毛，而是灵魂。有了这个灵魂，新闻业才是我们需要的看门狗；没有这个灵魂，你商业模式再成功，无非一头猪，肥了资本家而已"④。

在公正传播立场上，对于职业新闻传播主体来说，还有一个比较困难的问题，就是如何处理与公众舆论的关系。舆论，作为公众针对公共问题的意

---

① 对于一个国家或一个社会中的新闻媒体生态来说，总是存在着不同观念偏向或利益偏向的媒体。有些媒体抱持的就是重商观念或重商主义，会把实现自身的商业利益作为基本目标。有些媒体抱持的是宣传偏向的观念或主义，会把实现自身的政治主张、政治观念或其他主张观念作为新闻传播的基本目标。有些媒体则把为公众利益服务作为核心观念和目标。这种结构现象是正常的社会表现，但从理想性上说，人们总是希望有更多的新闻媒体甚至所有的新闻媒体都能够以公众利益为核心目标。事实上，正是不同类型或不同利益偏向的媒体存在，才会显现出媒体之间服务水平的高低不同、服务境界的优劣差异，也才会形成人们对不同新闻媒体的信任程度的差别。

② 约斯特. 新闻学原理［M］. 王海，译. 北京：中国传媒大学出版社，2015：20.

③ 同②.

④ 彭增军. 主义与生意：新闻模式与商业模式的悖论［J］. 新闻记者，2018（1）：69 - 75.

见，本身就是多元的、多样的，也是各有立场、各有倾向的。面对公众舆论的可能偏向，传播主体需要保持一定的定力，要做恰当的选择，要做正当的舆论引导。这里的关键就是坚持实事求是，坚持客观、全面地报道事实，不能为公众舆论所左右。社会舆论的力量是巨大的，也是多元多样的，但作为传播主体必须明白，社会公众在很多时候并不是那些能够接近事实真相的主体，他们表达的许多意见（表现为社会舆论）只是自己的情绪或情感，并不是基于新闻事实的理性认识和判断，有些意见是正确的，有些可能是错误的，更多的可能是模糊混乱的。因而，职业新闻传播主体的新闻报道如果被社会舆论左右甚至绑架，那就很难揭示事实真相，很难理性引导舆论，真正为公众利益服务。尤其是在当今的新兴媒介环境中，事实往往被意见遮蔽，真知常常被情绪冲淡。很多意见实际建构在假定的事实上，不少道理并没有事实的支撑。我们不能轻易说这些意见、道理是偏激的或错误的，但我们必须指出，这样的意见、道理不是新闻基础上的意见和道理，很可能是一般的意见和道理，但这与实事求是、具体问题具体对待的新闻精神是不那么一致的。顺着舆论走、跟着舆论走的新闻报道、意见表达并不必然就是为人民服务、为公众利益服务。如何处理好传播需要与收受需要之间的关系，始终是传播主体面临的基本问题。

最后，传播主体积极与公众展开交流对话，是实现为公众服务的有效方式。在报纸、广播、电视占据媒介生态主导地位的时代，新闻传播的主导方式是单向的，公众基本上处于被动受传的地位和状态，因而，很难在传收主体之间形成有效的新闻交流与对话。这对新闻媒体通过新闻传播实现公众利益目标造成了一定的障碍。在当今新兴媒介生态结构中，新闻的生产传播方式发生了一些革命性的变化。传播主体间、传收主体间的广泛对话交流成为可能，与传统媒介时代相比，传收主体间能够更好地相互了解、相互理解。这意味着，新闻的对话性在增强，新闻的透明性或透明度在增强，如此等等，都为较好实现公正传播、为公众利益服务提供了更好的条件和保障。由于"对话新闻""新闻透明"是新兴媒介环境中比较突出的新特点，在新闻规律的体现中具有特殊的意义，我将在后文中专列一节展开讨论，在此就不多说了。

（四）新闻规律对传播方式的要求——及时公开

新闻的本质①决定了新闻内容、新闻价值的特殊性，也决定了其在传播方式上的特殊诉求，即新闻传播的特殊性不仅体现在它特别关注事实世界的特殊变动内容上，还特别体现在反映呈现特殊内容的特殊传播方式上，这就是新闻传播方式——及时、公开的反映、报道方式。这样的方式就是新闻传收规律的内在要求，或者说就是新闻传收规律在新闻传播方面的主要体现。从普遍意义上说，只有通过这样的传播方式，才能保证新闻价值的较好实现。尽管新兴媒介环境，创造了一系列新的具体传播方式，但在及时与公开这些基本要求上，依然是稳定的，当然也有一些新的变化，我将在后文专门讨论。就及时与公开而言，其具体要求如下。

第一，及时、快速、实时、随时的认识才是新闻认识。作为人类认识世界的一种方式，新闻认识可能没有科学认识那么深刻，没有哲学认识那么抽象，没有文学艺术认识那么形象，没有法律认识那么严格，但其在具体认识过程中追求及时、快速、实时、随时却是科学认识、哲学认识等其他认识方式无法比拟的。这是由新闻认识追求内容的新鲜性从根本上决定的。

现代职业新闻的基本职责是监测环境、守望社会、服务大众等，其中守望社会、服务大众是以监测环境为前提、为方法的。环境就是人们生活其中的事实世界，包括自然世界和社会世界。事实世界的时刻变化影响着人们的日常生活世界，影响着人们的生命、生存和生活。监测就是认识，就是观察、分析、报道环境的变化。因而，及时、快速、实时、随时了解掌握事实世界的变化就成为所有人的基本需要，这是人们有效行为的基础和保障。显然，保持对事实世界的敏感反应，应该成为新闻认识主体的天性。职业新闻传播主体必须时刻保持对事实世界的警觉状态，用不断更新变化的新知识、新眼光、新方式、新技术认识其中有意义、有价值的事实变化。这些原则上的要求体现在具体的新闻实践中，就是快速采访，力争以最快的速度进入新闻现

---

① 新闻作为现象，是对新闻事实的反映、报道、陈述、描写或呈现，但新闻（也就是纯粹的新闻）本质上乃是事实信息，并不包含新闻报道中不可彻底避免的属于传播主体的情感、意见信息。

场，以最快的速度获取关于新闻事实、新闻事件的所有可能信息，为向社会大众提供及时准确的事实信息提供前提条件。

第二，快速的报道传播才是新闻方式的突出特征。将新闻认识的结果以尽可能快的速度告知受众、传向社会是新闻传播的内在要求。新闻价值的重要根源之一在于时新，新闻价值的实现在于及时传播、随时传播。时间就是价值，对新闻传播来说，越来越成为真理，也越来越成为常识。

每个时代都有自己的主导新闻传播方式，都有自己的新闻传播速度，这是由不同时代人类社会的整体发展水平特别是媒介技术的整体发展水平决定的。人类新闻传播的历史演进，就是一个传播速度不断加快的过程。曾经以年、月、日、时为计算单位的速度，如今在很多时候用分、秒来衡量，以至于今天已经进入一个"时间压缩或消灭空间"的时代，传播的速度对于地球上的人类来说可以超越空间的限制，空间距离不再成为人们沟通信息的主要障碍。人们在全球范围内共时、实时、随时收受新闻信息已经成为基本事实。我想特别指出的是，当今的移动互联网技术使过去不可想象的"随时传播""随时收受""随时互动"等一系列"随时"交流行为成为现实，使信息、新闻信息获得了价值最大化的可能。①

人们在很多情况下都可以通过新闻媒介同步观察一些新闻事件的实时展开情况。进一步说，随着媒介技术的不断发展进步，对一些重要事实的趋势变动的预知、预告成为可能，最快的新闻传播不仅是实时传播，甚至还有一些预告性、提前性的报道，传播者可以通过相关技术（大数据技术、超级计算技术是当代最为典型的技术方式）将可能的事实情况提早告诉受众。正如我在一篇文章中所说，比较准确的"前瞻（新闻）真实"成为可能。② 新闻传播速度的不断加快，提升了新闻的价值，扩大了新闻的社会影响力。新闻监测环境、守望社会、服务大众等功能呈现出新的景象。

---

① 伴随移动互联网技术以及物联网、人联网等技术的快速发展，"随时"交流已经成为基本事实。因而，从学术角度看，"随时传播""随时收受""随时互动"等一系列被"随时"定义的概念，以及"随时"本身可以从日常生活概念转换或上升为学术概念。

② 比如，在大数据技术的支持下，新闻传媒机构已经可以对大规模的人员流动情况（比如我国春运、五一、十一等节假日期间的人员流动）做出比较准确的预告新闻。参见杨保军. 新媒介环境下新闻真实论视野中的几个新问题［J］. 新闻记者，2014（10）：33－41。

第三，公开是新闻认识方式、传播方式上的又一典型特征。从大的原则上说，新闻认识是一种公开的认识、公开的传播。新闻认识与传播的公开性，体现了新闻的公共性。新闻传播原则上应该是为所有人服务的，而不只是为某些人服务的。其实，新闻的公共价值正是在公开的传播中实现的，新闻的公共性也是在公开传播中体现的。新闻作为事实信息的服务性是在公开中获得的，新闻舆论作为一种社会舆论的影响力也是在公开传播中获得、实现的。新闻的价值、新闻的力量，来源或保障之一便是它的公开性。

新闻认识活动，不是遮遮掩掩的认识活动，而是公开透明的认识活动。在普遍情形中，任何新闻传播主体（职业的或非职业的），如果出于公众利益获取新闻信息，就应该以公开身份、公开方式，遵守相关法律和规定公开获取信息。[①] 新闻传播，是面向整个社会大众的传播，它不是开小会，不是局限于某个小范围的传播，也不是点到点的秘密情报传播。从原则上说，一定的新闻传播总是局限于一定的影响范围，这是由媒体的能力以及媒体的定位决定的。尽管具体的新闻媒体实际上都是有边界的存在，不会奢望无边的广泛传播和影响，但所有新闻媒体、所有新闻传播主体，都渴望自己的新闻受众越多越好，自己的传播影响范围越广越好，都希望自己拥有最大的传播力、影响力、引导力和公信力。公开、广大，是新闻传播内在的渴望。

新闻公开的要义当然不只在于新闻认识和新闻传播方式上，更在于新闻信息的公开或者说新闻信源的公开上。实际上，只有新闻信源公开了，新闻认识、新闻传播的公开性才有可能真实有效地实现。新闻关注的是公众利益，关注的信息也是公众关注的信息，而这样的信息在现实社会中并不是自然公开的，而是需要一定的社会主体通过一定的方式来公开。公共信息主要由拥有公共权力的政府（政党）及其具体相关机构、人员拥有，由各种与公众利益、公众兴趣相关的企事业机构、社会群体、公众人物拥有，由偶然成为新闻信源主体的各种可能的社会主体拥有。这些不同的主体如何将拥有的公共

---

① 就目前世界各国的实际来看，各种公共信源主体普遍愿意或能够接受的（不管是主动的还是被动的）是职业新闻传播主体的采访，并不接受民众个体作为公民记者的采访。如何看待或区分职业新闻传播主体权利与公民记者权利两者的关系，还是一个尚未得到深入研究的问题。

信息提供给传播主体，提供给社会大众，并不是一个简单的事情。① 如何公开与公众利益有关的信息，需要国家通过法律、政策建构一定的信息公开制度。事实上，世界各国在不同程度上以不同方式实现各自的信息公开。只有具备了比较完善的信息公开制度，才会形成真正的新闻公开景象。而且，从历史的大尺度上看，伴随社会文明的进步、信息技术的提高，公共信息的公开程度只能越来越高，这是所有类型民主社会、民主政治的基础。

第四，需要特别注意的是，及时、公开的新闻认识、新闻传播活动并不是一味简单追求纯粹快速公开的活动，而是总会考虑到新闻传播效应、效果的活动，是一种"快速有度、公开有度"的传播活动。这种"度"的把握，可以说是新闻规律在传播方式上体现出来的精髓。因为，传播主体遵循规律不是为了遵循规律，而是为了求得更好的新闻传播效果。效果总是与"度"有着内在的关系。

在时间问题上，职业新闻传播主体不仅追求快速，也会注意效果，总体上把握的是"时效"原则，即通过对传播时间的驾驭，追求更加有利于公众利益的新闻传播。求快是新闻传播总体时间原则，但具体如何实现快速认识、快速传播却要看新闻事实的具体特性，要看具体的社会情境、传播语境。毛泽东当年所说的"新闻、旧闻、不闻"② 传播策略或艺术还是值得仔细琢磨的。快速传播的方式要求，必须与新闻内容的真实原则、新闻价值的正向原则相协调，以求得新闻传播正面效应的最大化。③ 比如，很多情境中，在快速传播与新闻真实实现之间就有不可调和的内在矛盾。只要求快，就很难保证新闻真实；而为了实现报道真实，就得有足够的时间保障，就不能快速传播。因而，如何把握二者之间的平衡关系，就对传播主体提出了高标准的要

① 在新兴媒介环境中，越来越多的民众个体会将一些自认为与公众利益相关的信息公开传播，这确实大大增强了社会大众对相关信息的获取可能，但同时也带来了两方面的问题：一是可能将并不能公开的信息当作新闻公开了；二是越来越多的属于鸡零狗碎的垃圾信息充满网络空间，在相当程度上影响了人们对公共信息的及时了解。

② "三闻说"是毛泽东政治家办报思想的体现，要求党的新闻工作者要根据政治要求为所传播的信息把关，参见童兵，陈绚. 新闻传播学大辞典［M］. 北京：中国大百科全书出版社，2014：31。我们可以扩展开来，在一般意义上理解传播时间与传播效果之间的关系。

③ 正因为如此，我们曾经在一篇论文中提出，传统的新闻及时传播原则应该修正为新闻传播时效原则。参见杨保军，王阳. 论新媒介环境下新闻传播的"时效统一"原则［J］. 当代传播，2018（3）：4 - 8，18。

求。为了保证快，就得把已经确证的信息先传播出去；为了保证真，就要通过新闻报道的过程性一步一步去实现。如果二者必选其一，传播主体则通常会以真实为本，放缓传播速度，或是在快速传播中加以特别说明。①媒介技术的不断进步，可以更好地解决快速传播问题，但并不能从根本上解决新闻真实的实现问题，因为真实在很多情况下与媒介技术无关，不是有了先进的信息获取技术、生产传播技术，就必然获得所有的真实信息。

在公开问题上，职业新闻传播主体也并不是追求绝对的公开，而是会充分注意到公开与效果的关系。比如，在采访环节上，在不违背新闻职业伦理原则的前提下，可能会采取一些隐蔽身份、隐蔽采访手段的新闻认识方式（被称为隐性采访），这种隐蔽只能有一个正当理由，这就是为了以新闻方式更好地实现或维护公众利益②。又如，在信源保护问题上，"公开是常态，保护是例外"③，职业新闻传播主体只是在特殊情况下才会答应一些新闻信源主体提出的不公开身份的请求，因为，一旦保护成了常态，也就无法确保新闻的真实性和可信度。在现实中，绝大部分机构新闻的生产过程也是不会对外公开的，社会公众也没有多少机会去了解传播主体的新闻生产情况。人们只是希望并在一定程度上相信职业新闻传播者会以专业精神、专业方式生产传播新闻。依据既往的新闻实际，人们也都知道，有些新闻生产过程是不怕公开的，而有些就未必了。凡是那些以不正当方式（违法甚至犯罪，违背社会道德、职业道德）生产传播或不生产、不传播的新闻都是不敢公开的。那些"有偿新闻"当然不敢公开自身的生产过程了，而"有偿不闻"更是直接埋藏了应该的公开报道，至于"新闻敲诈"则是在隐蔽与公开中获利的无耻手段。

---

① 大多数新闻媒体，为了不遗漏重要新闻的报道，通常都会抢发新闻，在不能完全确保新闻真实的情况下会在新闻报道中说明相关信息还在进一步确证中。但对民众个体传播者来说，往往就无所顾忌了，即使是一些道听途说得来的信息，也常常被有鼻子有眼地传播出来，这也是造成新闻信息极为混乱的重要原因之一。不少新闻的反复反转，与这样的新兴传播环境高度相关。

② 职业记者能否采用隐性采访方式，一直是新闻界争论的问题。从理论上说，我认为，隐性采访方式是可以采用的，但只有在特殊情况下才能采用。为隐性采访辩护的理由只有两条：一是技术条件，在公开方式下无法获得真实关键新闻信息，只剩下隐性采访这种唯一的方式才可能得到；二是利益条件，隐性采访仅仅是为了维护公众利益，而非其他任何利益。

③ 林爱珺，孙娇娇. 自由传播为原则，限制传播为例外：媒介传播公共信息的基本原则 [J]. 国际新闻界，2009（12）：71-74.

（五）新闻规律在传收主体关系中的整体表现

前面四小节，主要是从传播维度对新闻核心规律的体现做了阐释。在本小节，我将从新闻传收主体的整体关系出发，分析传收规律的表现。

尽管新闻现象、新闻活动的表现极为纷繁复杂，并且伴随时代的变化、社会的演进不断以新的面貌呈现在人们面前，但贯穿其中的基本关系始终是关于新闻信息的传收活动，解决的基本矛盾始终是传播需要与收受需要之间的矛盾、事实与新闻的矛盾。因而，传收互动即传播主体与收受主体之间的互动，始终是人类新闻活动的主线或主要互动关系。新闻核心规律正是在这样的互动中形成的，也是在这样的互动中体现、表现的。

从新闻传播主体维度看，传收规律主要表现为新闻把关、议题设置、舆论（意见）引导等直接行为，它们被看作新闻传播主体建构现实、塑造舆论的典型方式。这些存在于职业新闻传播与非职业新闻传播中的基本行为①清楚地说明了新闻规律是主体性规律，是在传播主体的目的性新闻活动中生成、表现的规律。这些基本行为典型而具体地呈现了新闻选择律、效用律、接近律的基本内涵。新闻把关就是新闻选择律在传播主体一方的直接表现，在机构新闻的每一道关口或每一个重要环节上都存在着专业化的新闻把关行为，这一点并没有因媒介环境的变化而变化。记者的工作就"是挑选和塑造成为新闻的少量信息，如果没有把关这是不可能的"，"把关是挑选、写作、编辑、定位、安排调度、重复或者修改即将成为新闻的信息的过程"②。对于民众个体来说，传播什么、怎样传播、如何转发，其实都涉及相关主体选择的意识和

---

①　对于职业新闻传播主体来说，新闻把关、议题设置、舆论（意见）引导等是明确的，依然像传统媒介时代一样没有本质的变化，只是在新的媒介环境中采用了更多的新方式、新手段。在非职业新闻主体——民众个体和"脱媒主体"——的新闻生产传播中，新闻把关、议题设置、舆论（意见）引导等也是普遍存在的经验事实。其中，脱媒主体的这些行为与职业新闻传播主体是高度相似的，但对于民众个体的新闻传播来说，情况则比较复杂。从原则上说，理性的新闻传播行为总是存在着把关、存在着预期的目的，但就实际来看，一些传播行为是比较随意的，并没有高度自觉的把关意识。因此，机构新闻生产传播的把关、议题设置、意见引导等与民众个体的新闻生产传播还是有很大不同的，需要专门的观察、分析和研究。事实上，学术界早已针对网络新闻现象，对传统新闻传播学说、理论展开了新的检视和探索，也已得到了一些新的结论。

②　乔根森，哈尼奇. 当代新闻学核心［M］. 张小娅，译. 北京：清华大学出版社，2014：77.

行为，没有选择的本能化的任意传播必定是少量的，甚至可以说是不存在的。议题（议程）设置就是传播主体实现传播需要的突出表现方式，是传播主体追求特定新闻效应的典型操作方式。新闻报道突出什么、弱化什么，其中当然有许许多多的不当之处，有可能损害公众利益，但传播主体设置议题（议程）却是常态的事实，这是新闻活动作为主体性活动的必然表现。对于非机构化的民众个体传播者来说，也许我们不能说所有传播者都会设置议题，或者都有能力设置议题，但我们确实看到，那些有一定影响力的个体传播者（俗称的大 V 或意见领袖）有着很强的议题设置能力。他们像机构新闻传播主体一样，也会通过议题设置的方式追求自身的传播目标、满足自己的传播需要。而且，在新的媒介环境中，人们甚至会看到，在某些议题上，一些个体的新闻传播、意见表达可能会形成比机构新闻更大更强的影响力，充分彰显了互联网新的结构化力量使所有传播主体都成为传播网络上的节点，哪个节点上的主体（节点主体）① 能够在具体的新闻传播中形成更大的影响依赖的并不只是常态的传播力量，还有特定的传播情境或语境。舆论（意见）引导就是传播主体希望通过新闻报道、意见表达，将收受主体引导到与传播主体自身观念、行为一致的方向上来，使收受主体成为与传播主体同道上的主体或成为共同体。这是新闻接近律的直接体现，也是传播主体追求的重要传播目标。

从新闻收受主体维度看，传收规律主要表现为选择性收受、新闻效应反馈、与传播主体关系的变化等行为中。新闻选择贯穿体现在所有新闻活动主体的新闻行为之中，每一类区分意义上的新闻活动主体（如信源主体、传播主体、控制主体、收受主体、影响主体）都有各自的新闻选择标准和方法，新闻选择律自然也会体现在所有主体行为中。在收受主体身上主要表现为选择性收受，即收受者总是按照自己的新闻需要选择媒介、选择新闻、选择具体的接受方式②，总是选择对自己有用的和自己感兴趣的新闻。即使在当今

---

① 关于节点主体的阐释，参见孙玮. 微信：中国人的"在世存有"［J］. 学术月刊，2015（12）：5 - 18。

② 新闻收受者基于各种可能原因，对于自己收受到的新闻信息，有些可能完全认同，有些可能部分认同，有些可能完全不认同，从而形成完全接受、部分接受、拒绝接受（完全不接受）等收受的结果状态。

算法推送盛行的背景下，传播者推送什么，仍然受到收受者自己的选择影响。新闻收受的结果，总要在收受主体身上产生一定的效应，诸如改变了收受者针对一定对象的认知、态度和行为。如果有这样的可能效应或结果产生，就会具体表现为收受主体对相关传播主体、新闻媒介、新闻报道的评价。比如，新闻收受者会采取不同方式（公开或暗自）欣赏、赞扬、肯定传播主体，或者否定、批评、谴责传播主体，或者向传播主体提出一些意见和建议等。那些没有引起收受主体任何反应的新闻传播属于无效传播，属于传而未收的"半截子"传播①。传收规律最终还是要体现在传收主体之间的关系上，体现在收受主体一方主要有两大方面的表现：一是收受者会追随那些有亲和力、吸引力、公信力、影响力的媒体和传播者，表现出他们对传播主体的高度信赖，愿意与传播主体成为共同体；二是收受者会抵制、反对、拒绝那些缺乏亲和力、吸引力、公信力、影响力的媒体和传播者，不愿意与一些传播主体成为共同体。因而，在实际的新闻现象中，人们总是看到，传播主体始终都在探索满足收受主体需要的内容与方式，而收受主体始终都在寻求能够满足自身需要与兴趣的媒介和新闻，这样两种新闻活动取向正是传收主体接近律的自然体现。传收规律是看不见的，但人们能够体会到、看到传收主体之间各种具体关系的表现。

当今时代，媒介技术飞速发展，已经造成了不同于传统媒介时代的新闻传播景象。但是，新闻媒介生态结构的变化并没有从根本上改变新闻传收活动的总体规律，也没有改变总体规律的具体内容——新闻选择律、效用律、接近律。当然，我们应该看到，在新兴媒介环境中，新闻规律的具体体现或表现方式已经发生变化。比如，仅就我们这里讨论的核心主体新闻传收主体来说，在后新闻业时代开启后，大众化新闻传播主体进一步多元化了，所有社会主体都成了可以展开大众化传播的主体，从而改变了新闻生产传播的传统结构方式；同样，不仅收受主体传者化了，仅就收受行为本身来说也已经

---

① 在新兴媒介环境中，人们看到，一些报纸、广播、电视的新闻传播已经成为"半截子"传播，日复一日的报纸发行、广播电视新闻播放，很少有人主动收受了。这些传统媒介的新闻内容，只有转换成为新兴媒介渠道中的内容，才能得到比较有效的传播。媒介即信息，这句话在新兴媒介时代越来越显现出真理性。

发生了巨大的变化，传统的大众化收受方式已经转变成了高度互动化的收受方式，比较单一的传统大众新闻收受方式已经转变成了兼具大众化、小众化、分众化、个性定制化等复合的或融合的收受方式，传统媒介时代那种传收分离的状态在新兴媒介环境中正在转变为传收一体化的状态。这些变化不是背离了我们所揭示的新闻规律，而是进一步体现了新闻规律揭示的新闻活动的可能趋势。新的新闻活动景象使人们看到，传收主体的一体化开始在新的层次上形成，典型表现就是传统新闻业时代的大众化新闻收受角色在后新闻业时代开启后正在发生大众化、公共化、社会化的传者角色转换，导致"生产-消费"融合角色的形成。当新的媒介技术提供了足够的可能后，收受者也会转换角色或身份，直接以大众化、公共化、社会化的生产者、传播者的方式满足新闻需要——传播需要与收受需要，从而使人类新闻活动进入一种新的图景、新的境界，这可以说是新闻传收目的律——传收主体接近化、一体化、平等化——的进一步显现。事实上，对于人类新闻活动来说，新闻传收的终极目标就是以新闻方式（传收新闻信息的开放方式）增强人们对自身所处环境变动情况的知悉和把握，促进人们之间的相互了解和理解，实现不同主体之间真实的精神交往、文化交往、实践交往，造就优良的社会运行和发展，以形成一定社会范围内真正的共同体，甚至是人类命运共同体。无论是社会分工意义上的职业新闻，还是自古有之的自然自在的不断发生形式变化的民间新闻，都会长期存在下去，但它们都是为了使人类成为共同体，而不是成为分裂性的存在，传收主体的一体化是人类新闻活动的必然趋势。

三、新兴媒介环境中的规律体现

真实、客观、全面、公正、及时、公开等新闻传播原则、规范或要求，是人们在传统媒介时代总结概括出来的，体现了新闻规律的内在要求。这些基本要求同样适用于当今时代新兴媒介环境中的各种新闻传播。媒介技术、媒介环境的一次次变革，并没有改变现代新闻的本质，新闻的本质仍然是事实信息，但新的技术、新的媒介确实以新的结构性力量改变了人类生产新闻的能力与关系，确实改变了人类新闻活动的一些方式方法，也改变了新闻在整个人类社会运行、社会生活中的地位与作用。与此相应，一些新的新闻生产传播原则、要求凸显出来了，比如新闻传播的对话原则、透明原则。这些原则与过往的传播要求有着内在的联系，具有内在的统一性，但又有所不同、有所差异。应该说，它们在既有原则基础上，依据新的传播环境，对新闻传播特别是职业新闻传播提出了更高的要求。它们更好地体现了在新兴媒介环境中的新闻传收规律，"我们必须科学认识网络传播规律，提高用网治网水平，使互联网这个最大变量变成事业发展的最大增量"①。因而，我在此单列一节，对它们展开专门的讨论。

（一）对话新闻的新追求

后新闻业时代开启之后，新闻生产的"共时代"随之到来②，一些不同于传统新闻生产主导观念（客观理念）的新观念相伴而生，对话新闻观念就是典型表现之一。在我看来，对话新闻观念与客观新闻理念并不矛盾，而是适应了新的媒介环境，契合了新的新闻生产、传播、消费方式，是对客观新闻理念的有益深化和补充。在更宏观的意义上，对话新闻是整个社会民主化、平等化发展对新闻领域提出的内在要求。我们"可以将新闻的本质理解为建立在公共协商基础上的文化实践"③，新闻是对话的一部分。对话新闻观念以及具体的对话方式，能够更好地实现新闻的真实、客观、全面、公正、及时、公开、透明等，能够使不同社会主体在新闻活动中形成更为平等和谐的关系，也更有利于新闻作为社会公共产品的功能实现。进一步说，对话新闻观念的落实能够使新闻活动中的核心主体——传收主体——形成更好的接近关系、共同体关系。也就是说，对话新闻观念以及对话式新闻生产、传播、消费方式，是新闻传收核心规律在新兴媒介环境中的体现，也可以说是新闻规律的

---

① 张洋. 举旗帜聚民心育新人兴文化展形象，更好完成新形势下宣传思想工作使命任务［N］. 人民日报，2018 - 08 - 23 (1).

② 后新闻业时代与共时代，不过是对同一现象的不同描述，但后新闻业时代是一个总体性的概念，共时代是侧重从传播主体的结构出发做出的描述。参见杨保军. "共"时代的开创：试论新闻传播主体"三元"类型结构形成的新闻学意义［J］. 新闻记者，2013 (12)：32 - 41。

③ 乔根森，哈尼奇. 当代新闻学核心［M］. 张小娅，译. 北京：清华大学出版社，2014：14.

必然要求。扩展开来讲，对话新闻观念及其做法能够促进所有区别意义上不同类型新闻活动主体（如信源主体、报道对象主体、传播主体、收受主体、控制主体）之间的和谐关系。下面，我就这一论断做出分析阐释。

第一，从概念内涵上说，对话新闻并不是简单分类意义上的一种新闻类型，也并不仅仅是指"参与式新闻"活动或参与式新闻作品①。就目前来看，关于对话新闻，人们有两种基本理解方式：一是将"对话"作为新闻活动的观念和方式，通过对话观念的指导、对话方式的展开，进行新闻生产传播；二是把"新闻"作为不同社会群体之间展开各种领域交流对话的一种方式，特别是作为不同国家之间展开对话交流的一种方式。显然，前一种理解主要指向新闻活动内部，后一种理解则指向新闻的社会交流对话功能，即把新闻看作不同主体之间展开对话交流的工具或手段，一定意义上可描述或定义为"新闻对话"②。

当然，可以进一步说明的是，"新闻对话"中一定存在着"对话新闻"活动。也就是说，对话新闻的两种理解之间、两种话语实践之间其实有着一定的内在关系③。通过新闻对话，既可以协调解决新闻领域的问题，也可以作为文化交流、意识形态对话或其他领域问题协调处理的手段。实际上，人们不难发现，在当今全球化背景下，不同对话在不同群体之间广泛展开，可以说全球化时代就是一个对话的时代，而新闻对话越来越成为不同国家之间、文化之间、意识形态之间展开对话交流的前沿手段、"前站"性手段。

但就此处的讨论来说，需要预先说明的是，我所说的"对话新闻"是指新闻生产传播本身的对话观念和对话方式，不是指以新闻方式展开的不同国

---

① 参与式新闻（participatory journalism）主要是指普通社会大众可以借助新兴媒介技术、网络技术主动地参与到新闻活动中来，与职业新闻主体共同展开新闻的生产与传播活动。以参与方式生产的新闻，在结果形态上可以称之为参与式新闻报道或作品。

② 李希光曾以"新闻对话与世界和平"为主题发表演讲，其主要观点是对话新闻适应全球化潮流，能够使不同文化和意识形态通过对话实现信息自由流通。显然，他主要是在后一种意义上使用对话新闻概念的。参见清华大学新闻中心. 清华教授李希光出席全球创意领袖峰会并做主题演讲［EB/OL］.（2009 - 09 - 27）［2019 - 05 - 18］. http://news. tsinghua. edu. cn/publish/thunews/10303/2011/20110225232330015294730/20110225232330015294730 _. html。

③ 不同主体之间可以通过新闻方式展开对话，如此对话中的新闻可以通过对话观念、对话方式进行生产，而对话过程、对话结果本身又可以成为对话新闻的内容。

家之间、不同文化之间或不同群体之间的对话交流方式。也就是说，我这里考察的主要是新闻生产传播活动本身，暂不考虑通过新闻活动实现的其他交流活动。实际上，以新闻作为对话交流方式，是早已有之的普遍现象①，但新闻活动观念、活动方式意义上的"对话新闻"观念，主要是在新兴媒介环境中提出的一种与传统客观新闻理念有所不同的新的新闻活动观念②。当然，在没有这样自觉明晰观念的时候，不等于没有对话新闻的事实存在，因为客观上新闻就是在主体间的关系中生产的、传播的、收受的，内在地包含着对话过程。对话新闻观念及其实践方式可以说是新闻核心规律在新兴媒介环境中的一种最新体现形式，其实质内涵可以从以下几点加以理解。

首先，对话新闻观念进一步揭示了新闻呈现的实质。新闻本质上是事实信息，新闻报道（新闻文本）本质上是对新闻事实所包含的事实信息的反映和呈现。但是，就目前的新闻现实来看，不管传播主体是否愿意，新闻在反映和呈现事实信息的过程中都离不开不同新闻活动主体的参与互动，即离不开新闻活动主体之间的对话交流。在本源意义上，新闻（报道）就是对话的产物。

在新兴媒介环境中，那种传播主体单打独斗式的、不顾其他相关主体看法的事实呈现方式已经难以适应新的要求。人们越来越意识到，只有不同新闻活动主体相互作用、相互影响，共同协作、共同努力、平等对话，才有更大可能将事实的真实面目比较完整全面真实准确地呈现出来。因而，对话新闻的核心是说，不管是整体的新闻动态图景，还是具体的以报道或文本方式呈现的新闻，都是在不同新闻活动主体的对话过程中生产传播、收受理解的。

---

① 作为一种交流方式和交流手段，新闻会在不同群体的交往交流过程中自然形成"对话"作用。不过，发生在不同群体之间的新闻对话，比如不同国家之间的新闻对话，有时可能是友好的，有时可能是敌对的，但更多时候可能摇摆在友好与敌对之间，这主要取决于不同群体之间或主体之间的实际利益关系。新闻对话更多地依赖于政治对话、经济对话、外交对话中的关系。这也是由我所论述的新闻依赖律决定的。

② 关于对话新闻的研究，可参见蒋晓丽，李玮. 从"反映论"到"对话观"：论多重语境下新闻的转向 [J]. 湘潭大学学报（哲学社会科学版），2012（6）：141-145；李习文. "对话新闻"：理想、契机与障碍 [J]. 南京政治学院学报，2010（1）：112-115；李习文. 论中国现实语境下的"对话新闻" [J]. 国际新闻界，2010（2）：46-50；史安斌，钱晶晶. 从"客观新闻学"到"对话新闻学"：试论西方新闻理论演进的哲学与实践基础 [J]. 国际新闻界，2011（12）：67-71。

离开不同主体间的对话交流，新闻活动本身是不可理解的。实际上，新闻现象、新闻活动本身就是人类对话交流的一种现象和活动。

其次，作为新的新闻生产传播观念，我认为，对话新闻观念是对传统新闻客观理念的重要深化和补充，而非一种与客观新闻理念对立的完全不同的新闻观念①。客观新闻理念强调事实世界的客观性、事实的可知性，相信新闻主体有能力认识反映新闻事实的真实面目，要求新闻传播主体要以客观理念和客观方式反映事实、报道新闻。在传统新闻业时代，客观新闻理念指导支配的新闻活动可以说偏向职业新闻传播主体的新闻报道活动，认为新闻图景主要是由职业新闻传播主体相对独立认识反映呈现的结果，但客观新闻理念同时承认客观呈现的有限性，也承认职业新闻传播主体的客观反映活动会受到其他各种参与新闻活动的主体的影响，即媒体和记者都是社会场域或社会环境中的存在，必然会受到自身所在新闻领域内部以及社会环境中各种可能因素的作用和影响。对话新闻观念强调新闻是对话的产物，是不同新闻活动主体对话的产物，而非传播主体单一反映事实的产物。应该说，对话新闻观念比较及时准确地反映了当今人类新闻活动的最新突出特点，或者更为准确地说，在新兴媒介环境中自觉明晰地反映了新闻本源性的对话特性，这无疑深化了人们对新闻反映呈现过程的看法。在新兴媒介环境中，传播主体的多元化，传收主体的一体化，不同新闻活动（参与）主体的互动化、共动化，使得人们清楚地看到，新闻呈现不再是职业新闻传播主体垄断独行的领域，也不是职业新闻传播主体独立反映报道事实世界的结果，更不是非职业新闻传播主体随心所欲的传播结果，而是多元主体共同反映、协商、对话的结果。人们面对的新闻图景是由人们共同再现、塑造、建构出来的，其中充满了各种各样的对话。因此，对话新闻观念抓住了整个人类新闻活动方式的新变化，抓住了作为业态存在的新闻领域的新变化，提供了新的视野，这是对话新闻观念的新贡献。

但是，在我看来，对话新闻观念要真正发挥作用，就必须建立在客观新闻理念基础之上。不同主体展开对话的基础和根据必须是客观事实即客观存

---

① 如果有人把对话新闻观念作为客观新闻理念的对立面去定位或理解，在我看来是偏误的见解，没有去深入分析理解二者之间的内在关系。

在的新闻事实，而非纯粹的主观意愿或意见。离开新闻事实的对话，可以是意见对话、思想交流，但不再是新闻对话，也不可能生产出真正的对话新闻。进一步说，离开客观新闻理念的对话新闻观念，离开客观反映的对话呈现，都会失去坚实的事实根基。参与新闻生产传播的对话主体都得以承认新闻事实的客观性为根基，以客观反映新闻事实为前提，这样的对话新闻才有新闻的意义。那种从自身希望、意愿出发而不是从事实出发的对话，生产出来的只能是建构性的新闻，而非再现性的新闻。我反复说过，新闻生产不可能彻底超越建构，但我们更需要的是再现性的新闻，因为前者离实际更远，而后者更接近实际，我们不能因为存在着一些不可超越的现象，就认为所有现象都是合理的、应该的，新闻生产必须和应该向其合理的方向努力，而不是向不合理的现象靠近。①

最后，对话新闻观念在新的环境中进一步揭示了、体现了新闻活动本性上的公共性。新闻活动本性上就是一种公共性的活动，生产的信息应该是公共信息，是原则上能为所有人的思想、行为提供参考的公共信息、公共知识。当然，这样的公共性在不同历史时代、不同社会环境中的具体表现是不同的。不难发现，现实的人类利益矛盾纷争使新闻活动难以始终成为体现其内在本性的公共活动，而是在历史的过程中不断生成其本性、展现其本性。新兴媒介环境中对话新闻观念的提出，对话新闻生产方式的逐步实现，可以说是新闻公共性在新环境中的新诉求，也是新闻公共性更好的实现途径和方式。

在更高或更宏观的层次上看，对话新闻观念诉求的是不同社会主体在新闻生产传播中的公正性平等关系。对话新闻观念内在要求新闻的自由性、民主性，新闻生产、传播的权利不能为任何主体所垄断或独霸，不能成为任何人的特权。具有公共性的新闻应该通过公共平台来生产和传播，新闻所呈现的事实应该置于公共领域来评价和讨论，因为新闻事关公共利益、公众兴趣。在一定社会范围内，新闻是"我们"的新闻，是"大家"的新闻，而不是一部分人为另一部分生产传播的新闻，不是一部分人要求另一部分人必须接受

---

① 杨保军. 再论"新闻事实"：技术中介化的新闻事实及其影响［J］. 新闻记者，2017（3）：22-30.

的新闻。对话新闻观念希望的是公正平等的对话，并且相信，只有在这样的对话中，才可能生产传播更为客观、全面、真实、公正、透明的新闻。即使是职业新闻传播主体，也不过是新闻对话中的一方，而非超然于其他社会主体关系的孤独中介者。美国学者哈林曾经针对美国传统新闻专业主义观念提出自己的建议："第一，新闻界不能仅以政治权威与公众之间的中介自居，而是要以如何拓展民主的政治讨论为框架来重新设想自己的角色；第二，与其摆出自己超脱党派政治的专家姿态，不若开放自己活动的'后台'，重新进入市民社会，成为民众当中的对话者之一，也让公众了解新闻从业者的发声逻辑"①。尽管哈林强调的并不是新闻生产本身的对话性，但他却从根本的意义上指出了职业新闻传播主体应该成为整个社会展开对话的平等的一方，可以说，内在包含着深刻的对话观念。

当然，我们也应该看到，在现实新闻活动中不同社会主体的新闻对话能力、对话水平、对话意愿是有所差别的，在具体的新闻情境中不同参与主体的实际参与程度也是不同的，因而发挥的作用自然会有所不同，这是正常且常态的现象。但对话新闻观念内在要求的，并不是绝对的平等，而是要求人们尊重所有新闻活动参与者的意愿，公正对待不同新闻活动主体的认知和看法，使新闻真正成为不同主体客观反映基础上的对话结果。而对于职业新闻传播主体来说，则更应该根据新的媒介环境、社会变化，改进更新传统的客观新闻理念，成为新闻活动中更为积极的沟通者和对话者，成为更为专业的对话者。职业新闻传播主体，由于特有的新闻专业性，在新闻对话过程中理应具有更大的权威性，与此同时，理应承担更大的职业责任。

第二，从历史维度看，新闻活动始终都是人类间交流对话的一种方式。新闻活动是人类的基本活动方式之一，是普遍而必然的活动，是所有人的活动。新闻信息的传收过程天然就是人类之间的对话交流活动。因而，新闻活动在本体论意义上就具有对话性的特征。可以说，人类新闻活动的规律就是在以传收对话为主的活动中形成的、表现的。因而，从新闻规律论的角度探

---

① 潘忠党. 在"后真相"喧嚣下新闻业的坚持：一个以"副文本"为修辞的视角 [J]. 新闻记者，2018（5）：4-16.

索新闻活动对话性的表现是有根据的，自然也是非常必要的。

交流、对话是新闻活动的本体特征，只是不同时代有不同时代的具体特点，不同时代有不同时代具体的交流对话方式。对话的实质是不同新闻活动主体间的互动，或者说对话其实就是互动的表现方式。其实，新闻活动从其本性上就是人类间的信息互动活动，从其产生之日起就是人与人之间的交流互动活动，且一直延续至今，并将继续延续下去。当现代新闻诞生之后，前现代的以人际交流对话为主的新闻互动交流方式被弱化了，职业新闻传播逐步成为人类主导性的新闻图景再现、塑造、建构方式。如今，新兴媒介时代又将人类带入了一个新的互动交流的时代，使交流对话进入一个新的境界。可以说，在宏观历史尺度上，人类的互动交流在新闻活动领域走过了一条否定之否定的历史螺旋上升路线，大致经历了三个时代。

其一，前新闻业时代的强对话模式。人类古老的新闻交流方式是自在自然的、面对面的对话交流方式。在间接媒介没有形成或者比较粗糙低级的历史时代，人类只能依赖自身的身体及感觉器官展开直接在场的交流，口语必然是核心的甚至是唯一的交流信息的手段。文字发明后，并没有改变口语直接交流对话的主导局面。在现代社会开启之前，人类尽管发明了文字，但从文字到文字传播实质都是垄断性的存在、小范围的传播，即通过文字方式的传播交流主要限于占社会人口极少数的社会精英层面或特殊人群。可以想象，人们今天所说的新闻生产、传播、消费，对于大众传播产生之前的人类来说，最典型的表现形式就是直接的人际交流对话形式，这可以说是新闻的原初强对话时代。当然，那时的新闻也不是我们今天理解的新闻，只不过是人们关于生命世界、生活世界中各种信息的自然交流，其中包含着或混杂着我们今天所说的新闻信息。

其二，新闻业时代的相对弱对话模式。在欧式印刷技术（谷登堡印刷术）产生之后，伴随欧洲现代社会的开启，现代新闻也一并成长[①]，标志现代新

---

① 现代社会是针对传统封建社会而言的社会，是资本主义逐步兴起的社会。在这一过程中，也诞生了与传统时代不同的新闻生产传播方式，这样的方式生产传播的新闻可以称为现代新闻。从大的原则上说，可以想见，现代社会与现代新闻总体上是一种互生互长的关系。当然，关于现代新闻的起源属于历史事实问题，需要专门研究。至于现代新闻与现代社会之间的历史关系，则更是需要建立在历史事实基础上展开说明和解释。

闻传播方式的大众传播模式也逐步产生。在现代新闻业发展到比较成熟的时候，新闻的单向传播特性得到了进一步的强化，导致新闻交流的主要模式由前新闻业时代的直接对话模式逐渐转向以单向为主的大众传播模式，大大弱化了新闻生产、传播、使用的对话性，至少在形式上显现出"新闻职业垄断"或"职业中心化"的传收结构图景。在职业新闻造就的大众传播模式中，更强调职业新闻传播者的主体性，即更强调专业新闻工作者的自主性、积极性和创造性，偏向于将其他新闻活动主体（如信源主体、报道对象主体、收受主体）看作工作对象性客体或工作客体，这在一定程度上减弱或淡化了新闻活动主体之间的主体间性关系，突出了职业新闻传播者与其他新闻活动主体之间的主客体性关系。但这并不是说，面对面的新闻交流没有了，新闻对话或对话新闻没有了，而是说新闻的主导生产传播方式发生变化了。如果以欧美发达国家为参照，我们大致可以说，时至今日，大众化新闻生产传播模式占据主导地位的时间大致有两个世纪，这对人类历史长河来说不过是一瞬间的事情。① 但在这不到两个世纪期间（19世纪三四十年代至今），大众化新闻生产传播模式却对人类新闻生产传播活动带来了巨大的影响，对人类社会的方方面面产生了巨大的作用和影响，而且，就现在来看，这样的模式尽管已经受到新兴媒介的冲击，并且出现了与其他模式融合的事实和进一步发展的趋势，但它依然会继续存在下去并继续发挥其他模式不可替代的独特作用。可以肯定的是，现实的和未来的新闻传播模式是诸多模式的共在和融合。新闻业时代的客观理念也会与后新闻业时代（新兴媒介时代）凸显的对话新闻观念、透明观念等观念进一步融合，造就出适应新时代特点的更为有效合理的新闻理念。

---

① 欧洲现代社会大致起源于文艺复兴运动前后，现代新闻的开端通常以欧式活字印刷机的诞生为时间起点。但作为领域性的社会事物，其孕育、萌芽、诞生、演进、成长、发展等都是一个历史的过程，而非某个具体的时间点可以界定。欧洲现代新闻的诞生成长过程至少可以这样描述，从15世纪中后期开始，经过几个世纪，直到19世纪末20世纪初，作为业态的新闻业才比较完整地形成。学术界通常认为，17世纪初定期报刊的出现是现代新闻事业形成的标志，19世纪三四十年代美国商业报纸的普遍兴起与全球化扩散促成了现代意义上独立的新闻信息观念以及信息形态的新闻，19世纪末20世纪初客观性等现代新闻理念出现了，专业新闻观念逐步成型了，所有这些描述了现代新闻的历史演进过程。

其三，后新闻业时代开启后新的强对话模式。以互联网为基础的新兴媒介技术、智能媒介技术的日新月异已经创造出了新的媒介环境、新的新闻活动景象，使得对话新闻回归现实，升级到了新的螺旋层次，使得对话新闻观念迅速勃兴，拓展了新闻观念的领域，使得对话方式成为新闻生产传播的重要方式，开辟了新闻生产传播的新境界。尽管我们现在还不能轻易说对话新闻已经成为新闻生产传播的新兴主导方式，但至少可以说对话新闻观念已经成为客观新闻理念的重要补充，一定意义上甚至可以说对话新闻观念标示了后新闻业时代新闻生产、传播、消费的一个新特征。

进一步说，从当今现实看，无论是在整体上还是一定的维度上，新闻活动已经呈现出强烈的对话性特点。仅就新闻生产本身来看，不同传播主体之间的对话交流已经超越了以往任何一个时代的水平。在社会层面上，已经生成了职业新闻与非职业新闻之间的宏观对话状态，职业传播主体与非职业传播主体（民众个体、脱媒主体）已经成为新闻生产传播的共同主体，双方之间有合作有矛盾，有协调有冲突，在总体性的博弈关系中共同塑造新闻图景。在非职业新闻生产传播主体内部，同样也形成了广泛的对话关系。不同个体之间、不同群体之间、不同个体与不同群体之间，都有可能在新闻活动中形成丰富多彩的对话关系。人们不难看到，每当有重大突发事件、热点新闻出现甚至是不起眼的一些趣味新闻出现时，几乎总会在一定社会范围内形成"网络狂欢"或"舆论喧嚣"，不同的社会群体、组织、个体传播者，真是八仙过海各显神通，通过冷静理性的或激情非理性的方式展开各种对话，一起揭示、呈现事实的真实面目，共同塑造起伏不定的舆论波、舆论场。在职业新闻生产领域，则早已形成了不同机构新闻主体之间的对话习惯，如今这样的对话更为常态化。人们能够经常性地看到，只要有重大新闻发生，不同类型、不同层次、不同性质的新闻传播主体之间就会争先恐后展开报道。由于不同新闻机构组织的立场不同、关注侧重不一、价值取向不同，就会形成自然的对话交流景象，更不要说，不同的媒体之间还会主动展开"友好的"或"对抗的"对话。但不管如何，只要这样的对话发生，从总体上就有利于新闻事实真实面目的揭示，就有利于各种意见的展示和表达。更引人注目的是，在快速发展的智能技术的支持下，已经出现了"人-机"互动的共同主体形式，机器新闻不再是新鲜的事情，至少在形式上人与机器一起成为共同的新闻生产传播主体，因此有人甚至担心智能机器会代替人成为新闻生产传播的主导性主体，职业新闻记者将成为不复存在的职业①。如果在更广泛的意义上看，不管哪类新闻生产传播主体，如今不仅形成了一定社会范围内、国家范围内的对话，也形成了跨社会的、跨国的对话，一种不同于传统时代的全球新闻、国际新闻景象正在形成。应该说，对话新闻在新兴媒介环境中已经成为常态。

以上所描述的传播模式的时代进化表明，新闻的对话性只会越来越强，越来越广泛。尽管对话性、互动性相对较弱的大众传播模式或单向传播模式还将继续存在，但双向、多向互动、共动的交流性、对话性传播模式会越来越占据主导地位。也就是说，在新闻活动领域，新闻互动会进一步普遍化，传收互动会走向普遍互动，即所有参与新闻活动的主体（区分意义上的信源主体、传播主体、控制主体、收受主体、影响主体等）之间都会展开某种形式、程度、范围的对话活动。因而，不管是具体的新闻面目还是整体的新闻图景，原则上都是在不同新闻活动主体间的对话中、互动中形成的。"我们为我们"再现、反映、塑造、建构新闻图景的情况会越来越成为常态。

第三，对话新闻观念及其相应的对话新闻活动贯穿在整个新闻活动过程之中，即这一观念体现或具体落实在新闻生产、传播、收受、管控的完整过程之中。如果以传播主体为基点，我们可以做出这样几方面的阐释。②

首先，新闻是传播主体与信源主体、报道对象主体③对话的结果。不管是职业新闻传播主体还是非职业新闻传播主体，展开新闻生产传播的第一个环节都是与报道对象主体的对话，与新闻信源主体的对话，表现为具体的观

---

① 在我看来，与人相比，智能机器无论多么发达，它本质上都是人作为主体的发明创造，它都是人的本质的对象化产物，因而，机器就是机器，不是人，也不是主体，只能是人的工具。再高级的工具，在属性上仍然是工具。工具是手段，不是目的，只有人可以成为目的。关于机器在新闻生产中的主体性问题，可参见本书第四章中的相关论述。

② 我在《新闻主体论》一书中，就是以传播主体为基点，讨论了传播主体与其他新闻活动主体之间在新闻活动中的关系。这样的关系在对话新闻观念中，也可以描述或定性为对话关系。参见杨保军. 新闻主体论 [M]. 北京：人民日报出版社，2006。

③ 对于记者或新闻报道者来说，报道对象主体和信源主体都可以看作信源主体，事实上我通常在理论研究中也是将两者作为同一主体类型对待的。但在区别意义上，报道对象主体作为信源主体是比较被动的，而拥有一定新闻信息的信源主体在记者面前通常是比较主动的，对记者或媒体的新闻报道具有更大的制约性。

察、采访、分析与理解等活动①。新闻最终能够呈现出怎样的事实面目，并不是由传播主体单一决定的，而是由可能的多元信源主体、报道对象主体与传播主体及其所在媒体组织机构共同决定的。有学者早已指出，"归根结底，新闻不是记者想什么，而是其信源说什么，而且经由新闻机构、新闻流程和惯例为中介，摒弃了很多记者个人化的偏爱"②。这些不同主体之间的对话方式、对话质量将从根源上决定新闻报道的事实信息质量，"从长期来看，记者信源之间的相互影响有可能影响人们对世界如何运转所持的习以为常的假设"③。不同主体之间能否展开真实、真诚、明确的交流对话，从源头上影响着新闻的真实性、真实度，自然也会影响新闻传播的后续所有环节，影响新闻的真实性，影响新闻价值的实现。④ 再细致一些说，如果新闻事件、新闻事实本身比较复杂，存在着多元信源主体、多元报道对象主体，那么二者之间自然也会形成直接的或间接的对话，形成某种可能的竞争性或合作性关系，这同样会在原初意义上影响整个新闻报道关涉的各个后续结果。关于不同传播主体之间本身的差异性，我们已在上文做过分析。

其次，新闻是传播主体与控制主体、影响主体对话的结果。新闻传播主体传播什么、怎样传播、为谁传播，必然要受到一定社会中控制主体的管理和控制，也必然会或大或小、或强或弱地受到各种可能影响主体的作用和影响。不管是建制性、机构化的新闻传播主体（包括脱媒主体），还是民众个体传播主体，二者的新闻传播活动都要受到一定国家、社会相关法律、政策等规范的约束和限制，二者选择的传播内容、传播方式至少要遵循相关法律、政策、道德等基本社会规范，否则就会受到惩罚或社会舆论的谴责。对于现代新闻来说，新闻传播的法律边界、政策界限、道德底线存在于任何国家、任何社会，它们划定了新闻自由的范围，适用于一定社会范围的任何传播主体。超出这些规范的新闻传播，属于滥用新闻自由。相对于传播主体来说，

---

① 对于民众个体、脱媒主体来说，经常会报道传播发生在自己身上的新闻，即既把自己作为信源主体同时又当作报道对象主体，此时展开的对话可以称之为自我对话。

② 乔根森，哈尼奇. 当代新闻学核心［M］. 张小娅，译. 北京：清华大学出版社，2014：110.

③ 同②119.

④ 杨保军. 简论新闻源主体［J］. 国际新闻界，2006（6）：41-45.

控制主体处于高位一方，以体现国家意志、公民共同体意志或政党意志的方式，管理控制传播主体的新闻生产传播行为。在形式上，控制主体从原则上是"说话"的一方，而传播主体属于"听话"的一方，当然，控制主体本身的行为也是有边界的，这个边界就是体现人们共同意志的法律规范。超越边界的控制自然是不合法、不合理的。同时，任何新闻的生产与传播原则上都会关涉到公众的利益，还会特别关系到一些组织、群体、个体的特殊利益，所有利益相关者（可能是物质利益，也可能是精神利益）都可能在能力所及范围内影响、干涉正常的或不正常的新闻传播，以维护自身正当的利益或追求不正当的利益。在这些控制与反控制、影响和反影响的过程中，都要展开传播主体与控制主体、影响主体之间的对话。不管是什么性质、什么方式的对话，我们都可以说，新闻在结果意义上是不同主体对话的产物，而非传播主体独霸垄断话语权的产物。

最后，新闻是传播主体与收受主体对话的结果。我们反复说过，新闻活动中最基本的关系是传收关系，最基本的主体间关系是传播主体与收受主体之间的关系，其他关系的作用和影响最终都会落实到这一基本关系上，或者都要通过这一关系来体现实际的效应或效果。因而，传收主体之间的对话互动才具有终极意义。

对话新闻最深层的体现，就是传播需要与收受需要之间的对话。从传播主体一方看，为了实现自身的传播需要，总要（不得不）了解目标受众的新闻需要，创造目标受众的新闻需要；从收受主体一方看，总是希望传播主体生产传播自身需要的新闻、感兴趣的新闻，以及能够反映和维护其利益的新闻。只有在传播需要与收受需要之间形成有效的匹配关系，传收主体之间的关系才真正达到优良状态。为了实现这样的目标，人们看到，传播主体特别是职业新闻传播主体会自觉通过各种经验方式、科学方式获取受众信息（诸如受众市场调查、受众数据信息的采集分析、受众座谈会、专家评点会、研讨会等），了解和把握受众对新闻传播的真实反应和评价；而收受主体也会自觉不自觉地通过各种渠道、方式（当前最为典型的渠道就是互联网媒介）反馈自己收受新闻中的感受和评价（诸如向媒体写信、留言、公开评论、专业的媒介批评等），这种传收主体之间的互动其实就是双方之间的对话。如果这样的对话是有效的，传收双方就能更好地满足各自的需要。而从新闻生产传播的角度看，则可以说，新闻是在这样的对话过程中不断生产传播的。

在对话新闻观念视野中，新闻是对话的表现，也是对话的结果，新闻在对话中生成，也在对话中新生，有可能在对话中消失，也在可能在对话中延续。人们看到，新闻不仅在媒介通道中传播，也在媒介通道中发酵，"新闻在网络的传播不只是一个资讯流通的过程，也可以是一个新闻事件转化和发酵的过程"①。发酵过程其实就是对话过程，新闻传播与新闻事件之间的对话本质上是不同新闻主体之间的对话。新闻传播主体不仅与信源主体在对话，也在与所有关注新闻报道的主体对话，新闻就是在这样的过程中不断生成演化的，新闻事件也可能会在这样的过程中生成新的面目。

应该说，对话观念、对话方式确实更为真实地揭示和呈现了现实的新闻生产传播方式。因而，我们反复说，它在一定程度上弥补了客观理念和客观新闻生产传播方式的不足。客观理念、客观方式更多强调的是新闻主体特别是新闻生产传播主体面对新闻事实的主客反映关系，而对话新闻观念则把新闻生产传播置于主体间的关系中加以理解，更符合新闻生产传播的实际情况。媒介环境变了，客观实际变了，这必然意味着过往的一些观念需要更新、需要弥补、需要改变。

（二）新闻透明的新境界

如前文所说，与传统新闻媒介相比，以互联网为基础的新兴媒介形态在新闻生产传播中有自身的特征，新闻规律在它们身上有着不同的体现。随着整个社会环境的变革、技术的进步，新闻生产传播形成了一些新的观念，诸如对话观念、透明观念。上小节我们讨论了对话观念，本小节我们专注于透明观念②。

---

① 李立峯，王海燕．数字化时代的新闻与公共传播［M］．//强月新．新闻与传播评论：2017（秋冬卷）．北京：中国传媒大学出版社，2018：12.

② 关于新闻透明的问题，人们用不同的概念语词表述，诸如新闻透明性、新闻透明观念、新闻透明原则等，在我看来，它们指称的新闻现象或新闻实践在总体上都是相同的，正像新闻客观性、新闻客观理念、新闻客观原则一样。因此，这几个概念可以在不同的语境中依据语境的要求具体选用，这里并不存在概念的不一致问题。当然，我在论述过程中，在观念上将"透明"看作一种新闻观念或理念，在指导新闻实践上把它看作一种工作原则，原则的贯彻与落实就是透明性的方法，当用"透明"来反映新闻生产传播工作的特征时，可以描述为新闻的"透明性"。

"新闻透明"既是个老观念又是个新观念，它似乎与新闻的公开性没有本质的区别，但其实还是有一定差别的。应该说，新闻的透明性或新闻透明观念是在新兴媒介环境中提出的新问题，是针对客观理念、传统的公开观念提出的一种带有一定新意的新闻理念，它有自身独特的内涵和实践上的基本要求①。如果说新闻公开原则是新闻规律的体现，那就可以说，新闻透明性原则是新闻规律在新兴媒介环境中的进一步体现。下面，我就新闻透明关涉的几个基本问题加以阐释，目的在于说明它是如何体现新闻规律的，特别是如何体现传收主体接近律的。

第一，关于新闻透明的系统含义，可以从三个问题着手去分析、阐释和回答。这三个问题是：谁的透明？即新闻透明的主体是谁。透明什么？即新闻透明的实质内容是什么。如何透明？即新闻透明的实现途径和方法是什么。

首先，新闻透明观念指向的对象是新闻领域自身，而不是新闻领域之外，主要指向的是传播主体特别是职业新闻传播主体，而不是其他新闻活动主体，但会关涉其他主体及其新闻行为。透明是传播主体的"自我敞开"或"自我解蔽"，而不是外在力量的"揭开"或"去蔽"，是主动让人看到、看见、看明白，而不是他者的窥探或窥视。因而，透明观念的实践主体主要指向传播主体。

透明的核心目的在于解决新闻业面临的信任问题。作为公共事业的新闻业，作为以公共服务为基本目标的新闻传播，在全球范围内，越来越受到人们的质疑，信任度在不断下降。新闻界到底在做什么，又是如何做的，这是社会公众越来越关心的问题。美国学者科瓦奇和罗森斯蒂尔在《新闻的十大基本原则》中指出，"对公众保密是一个错误。当公民对新闻工作者和政府当

---

① 从时间上看，一般认为，"新闻透明"是由比尔·科瓦奇和汤姆·罗森斯蒂尔在21世纪初出版的《新闻的十大基本原则》中最先提出的。参见科瓦奇，罗森斯蒂尔. 新闻的十大基本原则：新闻从业者须知和公众的期待 [M]. 刘海龙，连晓东，译. 北京：北京大学出版社，2011。就目前来看，国内关于新闻透明的研究并不多，代表作如下：夏倩芳，王艳. 从"客观性"到"透明性"：新闻专业权威演进的历史与逻辑 [J]. 南京社会科学，2016（7）：97-109；孙藜. 从客观性到透明性：网络时代如何做新闻？[J]. 当代传播，2013（1）：19-22。另外，胡杨的硕士论文《新闻生产的"可视化"：新闻透明性理念在中国的实践》、李泓江的硕士论文《论新闻透明性》都对新闻透明性做了比较系统的研究。参见胡杨. 新闻生产的"可视化"：新闻透明性理念在中国的实践 [D]. 北京：中国人民大学，2017；李泓江. 论新闻透明性 [D]. 北京：中国人民大学，2018。

局越来越不信任时，这种不利于公众的行为只会让新闻工作遭到更多质疑"①。"用核实加以约束，尤其是透明的观念，是新闻工作者解决偏见问题的最有效方式之一"②。显然，新闻透明的责任主体主要指向传播主体（主要是职业新闻传播主体，包括组织机构主体和个人主体），核心目的则在于解决传播主体与收受主体（社会公众）之间的信任问题，提升新闻业、新闻传播的公信力和影响力，期望在新的媒介环境中建构起传收主体之间更好的信任关系，而这正是新闻传收主体接近律的内在要求和体现。

其次，新闻透明到底透明什么，透明的具体内容是什么？如上所说，作为一种观念的新闻透明指向的透明责任主体主要是职业新闻传播主体，因而，从理论逻辑上说，透明的内容自然就是传播主体的新闻实践活动，即传播主体的新闻生产传播活动。

宏观上看，传播主体的新闻生产传播活动包含两大方面：一是传播内容，二是传播方式或形式。因而，所谓公开、透明，意味着传播主体需要把新闻生产的内容、过程、程序、方式方法在必要时展示给社会公众。如此一来，传播主体以外的其他相关新闻活动主体的行为，如果与新闻生产传播的内容形式相关，也就同样有可能展示在公众面前。而与此同时，以社会公众为主的各种社会主体也就有可能、有机会参与、监督传播主体的新闻生产传播行为，还可以延伸监督其他相关活动主体的新闻行为，如此就使"监督新闻"能够真正落到实处③。可见，新闻透明性内在体现了新闻的公共性。实际上，新闻活动既然是关涉公众利益、公众兴趣的发生在公共领域中的活动，那就自然而然应该是公开的、透明的，就理所应当接受社会公众的监督，没有必要遮遮掩掩。只有如此，才能在传收主体之间建立起更好的信任关系。如果传播主体对传播的内容、方式不透明，受众就无法知道新闻是怎么来的，这种不明来源的新闻要想赢得信任是相当难的。有学者就指出，"观众很少可以

---

① 科瓦奇，罗森斯蒂尔. 新闻的十大基本原则：新闻从业者须知和公众的期待［M］. 刘海龙，连晓东，译. 北京：北京大学出版社，2011：87.

② 同①92.

③ 在公共知识领域，人们把新闻媒体针对其他社会主体言行的监督报道行为称为"新闻监督"，与此对应，把社会公众对新闻媒体行为的监督称为"监督新闻"。

确定媒介报道是对议题和事件的准确或完整的呈现。更重要的是，消费者无法知道媒介呈现的东西是否真的包含了当日最最重要的事件和议题"①。而要让受众比较好地了解新闻媒体报道的实际情况，透明就是必要的。

最后，如何实现透明，即如何使新闻生产传播的内容与方式达到透明？新闻透明不只是一种新闻理论观念，更是一种新闻实践观念，直接指向新闻实践活动，必须落实在具体的新闻生产传播活动中，必须有具体的措施和方法。但需要说明的是，我们这里不可能在微观措施与方法层面展开论述，只能提供一些总体性的原则。依据当前新兴媒介环境的实际来看，实现新闻透明的途径包括两个大的方面，一是传播主体特别是职业新闻传播主体自身的公开、透明，二是社会公众的监督与参与。

对传播主体来说，在观念上需要充分自觉到新闻透明不仅是应该的，也是自身的责任，即传播主体的公开、透明应该是主动自觉的行为，"这项责任要求新闻工作者尽可能如实、公开地告诉受众，他们知道什么以及不知道什么"，"新闻工作者愿意公开其所作所为，是在表明新闻工作者对真相非常在意"②；在行动上，则需要贯彻落实到采写编评制播等新闻生产传播过程的各个环节。完整的透明才是透明，半透明或部分透明等于不透明。我在相关论述中已经指出，"新闻传播主体不能隐瞒或遮蔽新闻事实的本来面目，在每一个传播环节上，都能够以公开的方式处理新闻信息"，而这种新闻生产传播过程本身的公开，"是新闻传播公开原则的实质性内容，是新闻媒介能够成为'社会公器'的基本条件之一"③。当然，传播主体自身新闻生产传播行为的透明，需要其他相关主体的配合和透明，很多新闻生产传播过程都是不同主体之间相互作用、相互影响的结果，但这不是我们这里关注的主要问题，我们是在假定其他主体透明的情况下展开讨论的④。

---

① 乔根森，哈尼奇. 当代新闻学核心 [M]. 张小娅，译. 北京：清华大学出版社，2014：243.

② 科瓦奇，罗森斯蒂尔. 新闻的十大基本原则：新闻从业者须知和公众的期待 [M]. 刘海龙，连晓东，译. 北京：北京大学出版社，2011：110-111.

③ 杨保军. 新闻理论教程 [M]. 3 版. 北京：中国人民大学出版社，2014：75.

④ 传播主体新闻透明的实现需要许多条件，其中最为重要的前提条件之一便是其他新闻活动主体特别是新闻信源主体的透明，人们传统上关于信息公开的讨论，实际上主要针对的就是信源主体，特别是政府这个最大的信源主体而言的。

对社会公众来说，总是渴望知道职业新闻传播主体到底是如何生产传播新闻的，新闻生产传播的内部机制是什么，为什么在新闻生产传播中会出现各种各样的怪相和丑恶现象，诸如传媒假事件、虚假新闻、有偿新闻、有偿不闻、新闻敲诈等。在传统媒介时代，作为受众的社会公众很难了解职业新闻生产传播的内幕。职业新闻生产传播处于垄断状态，职业新闻传播主体处于相对主动的地位，社会公众则处在相对被动的地位，因而对于公众来说，总是难以猜透新闻生产传播中的各种可能奥秘。对于新闻生产传播中那些丑恶行为，也难以揭其遮羞布。如今，在新的媒介环境中，由于整体政治民主、社会文明程度的提升，社会整体透明度的增强，特别是有了新的媒介技术的强大支持，社会公众不仅能够更好地实现对职业新闻传播主体新闻生产传播活动的监督，而且在很多情况下能够直接参与到有些新闻的报道、评论之中，可以直接呈现新闻事实的面目。这从总的原则上看，显然有利于实现新闻的公开与透明。俗语所说的"群众的眼睛是雪亮的"，确实在新兴媒介环境中有了更多的实现机会和可能，从而使试图遮掩新闻生产不再那么容易，新闻生产传播中的各种不正当的交易行为不再那么肆无忌惮。也许正是因为这样的基本原因，新闻透明观念才会成为今天人们普遍认可的新闻观念。

需要特别说明的是，虽然作为公共性活动的新闻实践应该是公开的、透明的，但就像新闻自由的实现一样，新闻的公开、透明也是一个历史过程，公开、透明也是有条件的、有限度的，不是无条件的、绝对的。新闻透明也并非传播主体完全可以自律的事情，它会受到一定社会各种规范的他律性约束和限制。职业新闻生产传播的透明途径、方法及其结果上的程度，本质上是整个社会各方力量协商博弈的结果，也依赖于整个社会透明特别是政治透明的程度，这是由我们前面阐释的新闻依赖律决定的。尽管从价值论或方法论意义上看，新闻透明是应该的和可行的，但从认识论上看，做到绝对透明是不可能的，如果再从新闻实践论的角度看，考虑到社会现实的复杂性以及新闻生产传播所面对的各种复杂利益关系，完全可以想象，绝对透明更是不可能的。因而，如何实现新闻透明，对于一个社会来说，其实是个系统工程，关涉到社会的方方面面，并不是职业新闻传播主体单独可以实现的。但话又必须说回来，在社会环境基本稳定的条件下，新闻透明的关键主体就是新闻传播主体特别是职业新闻传播主体，而不是其他主体；关键是新闻内容、新闻方式的公开、透明，而不是其他主体新闻活动的透明。就当下的实际来看，新闻生产传播在实践中能够透明到什么程度，以怎样的具体方式实现透明，更多依赖于传播主体对于透明的认识和态度。

第二，新闻透明观念是新兴媒介环境促生的观念，但又不是全新的、无历史根源的新闻观念，而是与传统的客观理念、公开理念有着历史的、现实的内在关系，与新闻业、新闻传媒的本性有着内在的关系。当然，作为一个新近强调的观念，必然拥有自身的特殊含义。因此，有必要就它与一些传统观念之间的关系加以简要的分析阐释。

其一，就公开与透明二者之间的关系来看，它们既有一些相同的内容，也有一些相区别的内容。传统的新闻公开主要有两方面的含义：一是指新闻媒体自身新闻生产传播活动的公开；二是新闻信息资源主体的公开，主要是拥有公共利益信息资源最多的政府的信息公开①，所指向的对象是其他主体的行为而非新闻媒体本身的行为。显然，正是在这后一点上，新闻透明与传统的新闻公开是有所不同的。新兴媒介环境中兴起的新闻透明观念，还特别强调社会公众对新闻传播主体新闻生产传播行为的监督，以及对新闻活动的参与，这样的观念和做法在传统新闻业时代尽管已经出现②，但只有到了今天这样的后新闻业时代，才具有较好的现实可行性。社会公众可以运用新兴媒介技术提供的条件积极参与新闻生产传播活动，监督职业新闻传播主体的新闻生产传播行为。因此，我们也可以说，这是新闻透明观念不同于新闻公开观念的一点新表现。

进一步说，针对职业新闻传播主体而言，在公开与透明之间，有着内在的统一性，即它们的基本精神是一致的、价值取向是一致的。仅在新闻生产传播范围看，职业新闻传播主体的公开，是社会公众能够监督参与其新闻生产传播活动的前提条件。只有门窗打开了，人们才有机会看得见、进得去，

---

① 杨保军. 新闻理论教程［M］. 3 版. 北京：中国人民大学出版社，2014. 杨保军. 全面理解新闻的"公开性"：5·12 特大地震报道的启示［J］. 理论视野，2008（6）：10-14.

② 尽管在传统媒介时代，社会公众可以通过社会舆论方式、媒介批评方式对职业新闻传播主体的新闻行为展开监督，但从总体上看，无法直接参与到新闻生产传播活动中去。因而，传统媒介时代的新闻透明是相当有限的，公众的低度参与和弱监督无法给职业新闻传播主体造成主动公开、透明的压力。

从而真实地实现监督和参与，有效地展开不同新闻活动主体的互动。而在新闻规律论的视野中，可以说，比起传统的新闻公开，新闻透明能够更好地体现传收主体接近律的内在要求。

其二，就透明观念与客观理念之间的关系来说，我以为，透明观念还很难与客观理念等量齐观，它们还不是同一层级的观念。透明观念更多的是在新兴媒介环境中对职业新闻传播主体提出的新要求。透明观念的提出，意味着职业新闻传播主体必须清楚认识到，传统新闻业时代正在远去，后新闻业时代正在开启，职业新闻生产传播活动必须适应新的社会环境、媒介环境，职业新闻传播主体必须敞开自己的胸怀、揭开自己的面纱、公开新闻生产传播的内在机制，在不断提升专业新闻生产传播水平的同时，主动积极地与社会公众展开对话交流，在互动中与社会公众建立充分的信任关系，促进新闻能够更高质量地揭示报道社会的真实景象。

如上所述，透明观念更多的是与整体性客观理念中公开观念相并列的观念，是对传统公开观念的进一步深化和扩展。它像新闻对话观念一样，在新兴媒介环境背景下，进一步深化和扩展了客观理念的外延，深化了客观理念的内涵。与全面、公正、及时、公开等原则相比，透明原则可以说是在新兴媒介环境中对新闻生产传播提出的更高要求，是为了更好地实现新闻的真实、客观、全面、公正和公开。透明的新闻生产传播，无疑有利于促进新闻公正、全面、真实的实现，从而可以赢得或提升公众对传播主体的信任，因而是新闻核心规律的内在诉求和体现。

第三，新闻透明有什么样的意义和价值，为什么要在新兴媒介环境中特别强调这样的观念？在前文分析新闻透明观念的实质内涵，阐述透明观念与客观理念、公开观念的基本关系时，我们实际上已经对这些问题做出了零散的回答，这里加以集中阐释。

首先，新闻透明观念是因媒介环境变化而生的观念，是为了应对新闻业公信力不断下滑现象而产生的，因而是具有强烈实践指向和问题意识的新闻观念。这意味着透明观念在根源上就是具有新闻实践价值的观念，而非纯粹的理论观念。

以互联网为核心的技术发展，开启了人类新闻活动的后新闻业时代，展现了一个新的新闻生态环境，迅速打开了人们观察、认识、体验、实践新闻活动的新境界。社会公众自身可以直面一些新闻事件，可以凭借新兴媒介技术，互通有无，呈现环境中的最新变动状态，传统的职业新闻垄断地位、特权方式受到冲击甚至被打破。更为重要的是，新的技术发展、媒介生态结构使得社会公众终于可以普遍经验到、体会到新闻生产传播的一些实际运作机制，揭开了过往新闻生产传播的某些神秘面纱。当人们有了新的参照时，当人们自己能够以大众化传者的身份生产传播新闻时，他们发现新闻报道与真实世界并不那么匹配，事实世界与符号世界之间相去甚远，相对事实世界，新闻符号具有很强的虚拟性、偏向性。因而，社会公众对职业新闻的可靠性出现了普遍怀疑的现象，导致对职业新闻的信任度不断下降①。这对职业新闻媒体、职业新闻传播主体来说，当然是极为严峻的挑战。如何解决信任度下降甚至可以说是信任危机的问题，新闻透明观念及其相应的做法也许便是方法之一。让人们看到并参与到新闻生产传播之中，自然拉近了传播主体与社会公众之间的空间距离和心理距离，从常理上说有利于信任关系的建立和维持。

其次，如上所说，新闻透明观念直接指向的核心问题是传收主体之间的信任问题，但信任的根基在于传播主体能够向社会公众不断提供真实、客观、全面、公正的新闻报道，使社会公众尽可能通过新闻方式认识把握世界的比较真实的变动。作为新闻实践观念的透明观念，具体的目标就在于解决这些问题，从而体现出这一观念特别的意义和价值。

真实的新闻、全面的新闻、公正的新闻，永远都是社会公众普遍期望的"好"新闻，是能够体现新闻规律内在要求的新闻。在效用意义上，只有如此品质的新闻才能真实满足人们的知情需要，对人们的工作、学习、生活形成真实的参考意义，对社会的良性运行与发展起到促进作用和影响。

作为实践观念的透明观念要求传播主体公开新闻生产传播的过程，这自然会对传播主体形成一种约束和压力，迫使其必须提高自省意识和责任意识。

①　需要注意的是，人们对职业新闻信任度的下降，并不仅仅是因为新兴媒介环境的影响，还有其他诸多因素，只是在新兴媒介环境中社会公众有了更多的机会与可能发现职业新闻生产传播中存在的各种问题。

如果新闻生产传播确实能够成为透明的生产传播，按照常理，在众目睽睽之下，传播主体在新闻真实问题上不敢马马虎虎、敷衍了事，更不敢弄虚作假、捏造事实。在对待新闻事件或新闻事实中不同主体的关系时，传播主体会更倾向坚持公正、平衡的原则，维护社会的正义观念，选择客观公正的处理方式。在呈现事实的图景时，传播主体会更加细致认真，以专业方式对待所有细节，会努力避免片面，自觉注意到事实的方方面面。同时，透明观念，若是能够成为普遍的新闻理念，成为社会公众的基本媒介素养或新闻素养，就会在某种程度上激发和调动社会公众监督参与职业新闻活动的积极性，从而使职业新闻活动成为受监督的活动，成为与社会公众不断互动的活动，这无疑有利于新闻业在一定社会整体中的健康发展。

进一步扩展开来说，如果越来越多的社会主体（包括个体、组织主体、一般群体主体）认同新闻透明观念、拥有新闻透明观念，那么，在非职业的新闻生产传播活动中可能也会注意到新闻的真实、客观、全面、公正问题，这样自然有利于新闻真实的整体实现，有利于一定社会形成良好的信息秩序、新闻秩序。

综上所述，可以看出，新闻透明观念是适应新兴媒介环境的新闻实践理念，是对传统客观新闻理念特别是公开观念的深化和扩展。作为新闻实践观念，它的核心任务在于指导解决传收主体之间的信任问题，目标则是建设新闻规律内在诉求的传收主体亲近关系以至所有新闻活动主体间的和谐关系。因而，新闻透明观念是认识把握后新闻业时代新闻现象的新观念，是适应新兴媒介环境的新的新闻价值观念，也是新闻核心规律得以实现的新的方法论观念。当然，就目前的实际来看，新闻透明观念更多的还是理论观念，而非实践观念，人们对如何实现这样的观念要求实际上还没有多少真正的途径和办法，至于能否把这样的观念要求转化成制度性的要求，我以为还需要慎重探讨。

第九章　新闻规律的作用机制

一个社会即使探索到了本身运动的自然规律，……它还是既不能跳过也不能用法令取消自然的发展阶段。但是它能缩短和减轻分娩的痛苦。

——［德］马克思

当我们不知道自然规律的时候，自然规律是在我们的认识之外独立地存在并起着作用，使我们成为'盲目的必然性'的奴隶。一经我们认识了这种**不依赖于**我们的意志和我们的意识而起着作用的（如马克思千百次反复说过的那样）规律，我们就成为自然界的主人。

——［苏联］列宁

许多事物，比如社会、经济活动和市场活动，以及文化行为显然是人为的，但却能够自主地发展，形成一种自我组织的机制。

——［美］纳西姆·尼古拉斯·塔勒布

发现规律、研究规律的目的当然不限于认识论的目的，更在于实践论的追求。新闻规律在新闻实践中是如何产生作用的，其内在的机制是什么，理应是更为重要的问题。新闻规律是客观存在的主体性规律，是自在自然的存在，不以任何个人的意志为转移，因而有其产生作用的自发机制。就像自然规律一样，作为社会规律之一的新闻规律是可认识的，是主体可发现、可把握的存在，因而也是可以自觉运用的规律。新闻规律的作用机制很可能就是在自在与自觉的某种统一中展开的，而新闻规律的作用也是在自发与自觉的某种统一中发挥的。我们只有找到新闻规律产生、发挥作用的机制，我们的新闻规律研究才会具有真正的实践价值。

一、新闻规律产生作用的实质

新闻规律是如何作用于新闻活动的，而所谓"作用"的实际含义又是什么，这属于新闻规律产生作用的实质问题。在回答这一问题的基础上，我们才能进一步讨论新闻规律的具体作用方式，以及不同作用方式之间的相互关系，进而揭示新闻规律产生作用的基本机制。

事物的功能作用及其实现方式，首先有赖于事物本身的性质及属性特征。新闻规律的性质及属性特征从根本上决定着新闻规律的作用方式。关于新闻规律的性质及属性特征我在本书第一章已经做过系统分析，这里不再重复。依据前文的论述，我们知道，新闻规律是在人类新闻活动中形成的规律，内在于新闻活动之中，拥有一系列的属性特征，但最为重要的属性是两点，即客观性和主体性。

客观性，揭示了新闻规律的自在性，即不依赖于主体意志的特性，因而其在根源上决定了新闻规律必然会自然自在地或自发地作用于新闻活动，或者更准确地说，新闻规律本身就内在于新闻活动之中。这意味着，只要人类展开新闻活动，新闻规律就会自然而然地产生作用，影响人们的新闻行为，与新闻活动主体是否意识到、自觉到它的存在没有关系。

主体性，揭示了新闻规律的属人性特征，即新闻规律是人的新闻活动的规律，是相对自然规律而言的社会性、主体性规律。这意味着，只要调整和改变人自身的新闻活动方式，就有可能适应新闻规律。当然，如果调整或改变得不恰当，也有可能背离新闻规律。因而，对于新闻活动主体来说，能否发现或准确认识、运用新闻规律，才是规律产生何种作用的关键前提。

新闻规律的客观性与主体性从根本上决定了规律作用的实质：客观性决定了新闻规律产生作用的自发性，它不依赖于或超越了新闻活动主体的自觉性，即无论是否自觉到新闻规律的存在，新闻规律都会作用于新闻活动；主体性则恰好决定了新闻规律产生作用必须通过新闻活动主体这个中介，因而，只有主体认识了规律并运用规律，规律才能以自觉的方式在新闻活动中发挥作用。当然，主体也有可能认错了新闻规律，却自以为认准了新闻规律。无论怎么说，所谓新闻规律发挥作用的实质就是规律产生作用的方式，即自发作用与自觉运用。同时，这里也在逻辑上指出了自发作用与自觉运用的方向可能一致也可能不一致，因而它们之间会出现诸多的矛盾现象。明白了新闻规律作用的实质，我们就可以在下文中具体分析阐释自发作用与自觉运用的内涵，以及这两种方式之间形成的规律作用机制。

二、新闻规律产生作用的方式

新闻规律是客观存在的内在于人类新闻活动的稳定机制，不管人们是否意识到、认识到它的存在，它时时刻刻都在新闻活动中自在自然地发挥着作用，以客观的力量调节着人们的新闻行为。而作为能够自觉反思自身行动的理性存在，人类总能够在某种程度上认识自身各种活动的特征和规律，进而能够遵照规律的要求，充分发挥自身的积极性和创造性，历史地展开新闻活动。因而，从总体上看，自发与自觉的统一，正是新闻规律产生作用的基本方式。在本节，我们先就"自发"与"自觉"两种基本作用方式加以详细的分析阐释，关于新闻规律的自发与自觉统一作用方式将在下一节讨论新闻规律的作用机制时专门论述。

（一）新闻规律的自发作用

不管是自然事物还是社会事物，作为客观存在都有自在自发的一面，都会按照自身的机制与方式展开运行。马克思就曾明确指出，"社会经济形态的发展是一种自然历史过程"[①]。纳西姆·尼古拉斯·塔勒布指出，"许多事物，比如社会、经济活动和市场活动，以及文化行为显然是人为的，但却能够自主地发展，形成一种自我组织的机制"[②]。哲学家阿伦特也表达过类似的思

---

① 马克思. 资本论：第 1 卷 [M]. 北京：人民出版社，1975：12.
② 塔勒布. 反脆弱 [M]. 雨珂，译. 北京：中信出版社，2014：26.

想，"一切自然过程都有这样一个特征，那就是无需人的帮助就可以产生"①。所谓新闻规律的自发作用方式，就是指新闻规律会自在自动地在新闻活动过程中产生作用和影响，以客观力量或客观效应的方式调节人们新闻观念、新闻行为的现象。具体一些说，有这样几个要点。

其一，新闻规律是客观的，内在于新闻活动之中，会自发地对主体的新闻活动产生作用。规律的客观性揭示了规律不以任何人主观意志为转移的特性；规律不会为强权低头，也不会为弱者撑腰，它本身是无意识、无目的的存在，它以客观的超越姿态自动自主地对新闻活动产生作用和影响，"规律是超越了我们自由意志的"②，"客观世界不管人是在梦中还是醒过来，都按自己的规律在发展"③。规律的客观性意味着新闻规律对新闻活动的最基本的作用方式就是自在自发的作用方式，这是一种"独立自主"的规律作用机制。

自发作用的核心含义是，不管新闻活动主体是否意识到、认识到新闻规律的存在和作用，是否自觉按照新闻规律展开新闻活动，这些主体的行为都要受到新闻规律的作用和影响。只要有新闻活动存在，就有新闻规律存在，就有自发的作用存在。不管是在新闻活动成为人们的自觉活动之前还是之后，不管是在人们认识到新闻规律之前还是之后，它的作用在新闻活动过程中都是实际存在的。简言之，自发作用不受制于主体的意愿，不受制于主体的认知，也不受制于主体的选择。恩格斯就曾指出，"一种社会活动，一系列社会过程，越是超出人们的自觉的控制，越是超出他们支配的范围，越是显得受纯粹的偶然性的摆布，它所固有的内在规律就越是以自然的必然性在这种偶然性中去实现自身"④。

自发作用是自在的，新闻活动主体常常会以不知的方式按照新闻规律从事新闻活动，这正如不知逻辑学的人也会按照符合逻辑的方式思考，不懂语法的人也会按照语法规则说话一样。然而，这毕竟是低水平的新闻活动方式，

---

① 吴国盛. 技术哲学经典读本 [M]. 上海：上海交通大学出版社，2008：113.
② 赵汀阳. 一个或所有问题 [M]. 南昌：江西教育出版社，1998：96.
③ 芒福德. 技术与文明 [M]. 陈允明，王克仁，李华山，译. 北京：中国建筑工业出版社，2009：27.
④ 马克思，恩格斯. 马克思恩格斯选集：第4卷 [M]. 3版. 北京：人民出版社，2012：192.

缺乏足够主体性的活动方式，是把新闻活动的成功性建立在偶然运气之上的自在活动方式。当人类新闻活动处于缺乏新闻意识的时代，新闻规律的作用方式自然是自发的。即使到了今天这样的信息时代，新闻活动主体如果没有自觉的新闻规律意识，没有认识到真实的新闻规律，仍然不可能去自觉地运用新闻规律，只能依赖规律的自发作用。比如，以互联网为代表的新兴媒介，到底有着怎样的运行演进规律，与传统媒介有着怎样的内在关系，对于今天的人们来说，主要不是答案而是问题。也就是说，人们还没有在整体上认识和把握以互联网为基础的新兴媒介的发展演变规律。至于凭借新兴媒介的新闻传播规律更是需要探索的新问题，它与传统媒介形态的新闻规律有着怎样的关系还是远未得到基本答案的问题。因而，当今人们凭借新兴媒介新闻活动，仍然可能是在规律自发为主的支配下的活动。

新闻规律的自发作用，当然存在一定的作用范围，存在一定的作用边界，这要看新闻规律本身关涉的客观对象情况。如果是普遍的新闻规律，它的自发作用就会存在并作用于所有的新闻活动。比如，新闻依赖律是新闻活动与社会整体关系的普遍规律，技术主导律是人类新闻活动普遍的历史规律，这样的规律就会超越具体的历史时代、具体的社会范围，产生普遍的自发作用，贯穿于人类新闻活动的整体历史过程。又如，以服务公众利益为宗旨的现代新闻传播都会受到现代新闻传播规律的普遍作用，因而现代新闻演进过程中形成的真实、客观、全面、公正、及时、公开等以及新兴媒介时代初步显露出来的对话、透明等传播原则都会内在地产生作用。如果是特殊的新闻规律，它的自发作用就只能存在并作用于特殊规律所针对的特定新闻活动范围。比如党媒运行的特殊规律，就只能存在和作用于党媒范围，不可能自发作用于所有类型的新闻媒体，而中国党媒的特殊规律更是只能存在和作用于中国党媒新闻活动范围。再如，基于不同媒介形态的新闻活动，除了具有一些超越不同媒介形态的共同规律外，同时存在着基于不同媒介形态个性特征的活动规律。诸如印刷新闻、广播新闻、电视新闻、新兴媒介新闻等，它们的生产传播具有各自的一些个性特征，拥有各自的一些特殊规律，而这后一类特殊规律只能自发地作用在基于特定媒介形态的新闻活动范围内。总而言之，所有新闻活动都会受到普遍规律、特殊规律的自发作用。

其二，新闻规律作用的自在自发性从根本上意味着新闻规律对新闻活动主体的新闻行为具有一种强制性的作用和影响。当然，这不是新闻规律作为客观规律的目的性作用，而是自发作用。

所谓新闻规律的强制性作用，是指这种作用可以超越新闻活动主体的主观意愿，可以无视新闻活动主体的利益追求，以一种无目的的自然而然的力量和方式作用于新闻活动主体的新闻活动、新闻行为，使得新闻活动主体不得不承受新闻规律的作用和影响。简而言之，客观性具有相对主观性的超越性①，因而，自发作用具有相对新闻活动主体的强制性，从而使一切新闻行为都处于新闻规律的约束之中，不存在不受新闻规律支配、约束的新闻活动。规律自发作用的强制性，是相对新闻活动主体而言的一种表现，即新闻规律会自然而然地对新闻活动产生作用，"强制性"不过是说新闻活动主体"超越"或"逃脱"不了新闻规律的作用和影响。

进一步说，强制性强调的是新闻规律会必然对新闻活动主体的新闻行为产生作用，但这并不是说新闻活动主体会自然而然地遵从新闻规律，这是由新闻规律作为社会性、主体性活动规律的特性决定的。自然规律的主体是自然世界、自然事物自身，自然事物的运动不具有自觉选择性，即不具有自主的目的性，仅是自然规律支配下的运动。比如，整个宇宙的物理运动，是在物理规律支配下的运动，各种星球的运动方式不过是物理运动规律的表现。又如，自然生态运行是在生态规律支配下的运行，生物生长是在生物生长规律自发作用下的生长。但人作为主体的实践活动却是在主体目的支配下、指引下展开的活动，这种目的性尽管超越、超脱不了规律的自发作用，但如此目的支配、指引下的活动也并不一定遵循规律，即人的活动的主动性、目的性有时可能不自觉地遵循了规律，有时则可能没有遵循规律（当然，人的自主性、能动性使人能够主动认识规律、运用规律。对此，我将在下文专门讨

①　这是由客体具有相对主体的先在性和外在性决定的。这一点对自然规律来说是易于理解的，即自然规律先在于、外在于人类而存在，自然事物先在于、外在于人类而存在。但对社会规律来说，规律的先在性和外在性应该理解为规律的自主性，即社会规律不会依赖任何主体的目的性而存在，而是在人类主体各自的目的性活动的合力中形成的，这样的规律相对任何具体的活动主体来说在一定意义上也可以说是外在的和先在的。

论）。比如，党媒的党性统摄律会自然而然地作用于党媒的运作之中，但一些党媒工作者的新闻行为有时可能遵循了这样的规律，有时可能没有遵循这样的规律，其中有可能是不自觉地（无意地）不遵循，也有可能是自觉地（故意地）不遵循。但不管是不自觉地还是自觉地遵循或不遵循，党媒规律本身照样会产生作用，显示出其作为党媒规律对于党媒运行的强制性作用，也就是对于党媒工作者的强制性作用。其具体表现就是，那些遵循了党性统摄律的工作主体就能在党媒的新闻舆论工作中取得良好的工作效果，而那些没有遵循党性统摄律的工作主体就不会取得良好的工作效果。这正是规律强制性效应对新闻活动主体的意义所在，也是我们下文将做专门讨论的一点。

其三，新闻规律自发作用的效应或结果为新闻活动主体提供了认识反思新闻活动的可能和机会，特别是发现、认识新闻规律的可能和机会，因而也成为规律由自发作用向自觉运用转化的重要中介。

一般说来，新闻活动主体的一些新闻行为可能暗合了新闻规律，从而使新闻活动得以顺利有效地展开。同时，又总会有另外一些新闻行为可能与新闻规律的内在要求相背离，这种情况下，尽管新闻活动可能照样展开，但却难以取得活动主体预期的新闻效应或结果，甚至适得其反，这可以说是受到了新闻规律的惩罚。这种现象，人们特别容易在改造自然的活动中看到。比如，正是因为在开发、利用自然资源的过程中没有遵循自然运行规律，自然就会"报复"人类，空气污染、水土流失、疾病蔓延等严重现象正是自然规律以其客观效应、客观力量对人类不遵循自然规律的惩罚。其实，作为主体规律的社会规律也是这样，如果人类进行社会活动不遵循相关的规律，就会受到规律的报复和惩罚。① 新闻领域也一样，新闻规律的自发作用方式往往就是以"后果"的形式显示自己的存在与作用。将后果客观地呈现在新闻活动主体的面前，正是规律以其客观的力量对新闻活动主体的一种提醒和警示。"某一事物的'内在规律'并不是一目了然、明摆着的，而是在事物的矛盾运

---

① 比如，中国的无产阶级"文化大革命"试图以阶级斗争的方式，政治革命、文化革命的方式发展生产力，但这却严重违背了社会主义初级阶段经济发展的规律。到头来适得其反，使国家的经济状况临近崩溃的边缘。

动中以各种偏离的形式出现，规律表现为宏观上的特点。"① 偏离行为造成的相对主体预期的恶性效应和结果，更易让人发现，更易让人警醒。看得出，在新闻规律的自发作用方式中，新闻活动主体在规律面前是被动的，而非主动的，是规律用它客观的力量调整着新闻活动主体的行为，而新闻活动主体对规律的自觉运用，但这种现象却提供了认识规律的机会。

细致一些说，新闻规律自发作用下的新闻效应或结果有可能是"良果"，也有可能是"恶果"。在前一种情况下，成功是成功之母的逻辑积淀提升为人们的新闻活动经验，促使新闻活动主体自觉到新闻规律的存在和作用，逐步实现规律作用方式从自在自发到自觉自为的转变；在后一种情况下，失败是成功之母的逻辑累积凝聚成人们的新闻活动教训，促使新闻活动主体反思、追问失败的原因，从而促进人们对新闻规律的发现、认识和把握，进而使规律发挥效用的方式有可能实现从自在到自觉的转变。人们需要明白，新闻活动主体会犯错误，但新闻规律本身不会犯错误，规律是自在自然的存在，自在自然地发挥作用，它会以客观效应或结果的方式提醒或警告人类。德国哲学家莱布尼茨说过"天意会纠正人类犯下的错误"②，我们可以把这里的天意理解为规律，理解为规律的力量③。

（二）新闻规律的自觉运用

新闻规律的客观性决定了它会自然而然地产生作用，影响新闻活动主体的新闻行为，这就是我们上面所说的新闻规律的自发作用。自发作用不会依赖于新闻活动主体的自觉性和能动性，自发作用也并不意味着新闻活动主体的新闻行为会自然而然地按照新闻规律办事。自发作用是一种盲目的客观力量，对新闻活动主体的新闻行为的影响也是盲目的，并不必然有利于新闻价值的实现。因而，如何使新闻规律能够产生与主体活动目的相一致的作用，

---

① 陈力丹. 精神交往论：马克思恩格斯的传播观 [M]. 修订版. 北京：中国人民大学出版社，2016：301.

② 安托内萨. 莱布尼茨传 [M]. 宋斌，译. 北京：中国人民大学出版社，2015：55.

③ 当然，更为复杂的事情是，一种活动的成功可能只是暗合了使活动成功的规律，也可能符合了相关主体的目的性，但这样的活动并不一定是合理的。合理的活动以及合理的活动成果，还需要不同的尺度去评价，对个人是合理的，对群体、对社会不一定是合理的，其中的问题还相当复杂。

实现合规律性与合目的性的统一，就成为新闻规律论必须探讨的重大问题。既有的新闻研究与新闻实践已经告诉人们，新闻规律像自然规律、其他社会规律一样，是可认识的、可把握的、可运用的，"在客观存在的自然界和社会及其客观规律面前，人总是在发挥自己的主观能动性去认识世界和改造世界"①。以此逻辑，人们在新闻活动中可以自觉地运用新闻规律，让新闻规律按照人们的主观追求发挥作用。但是，要以自觉的方式运用新闻规律，是一个需要做出多种艰苦努力的过程。新闻活动主体只有正确认识了、准确把握了新闻规律，并且找到了运用新闻规律的有效途径和方法，才有可能自觉合理地运用新闻规律，提高新闻活动的效果。在本小节，我们就来深入细致地探讨新闻规律的自觉运用问题。

1. 认识规律是自觉运用规律的前提

新闻活动是有规律的活动，新闻规律是可认识的规律。尊重规律、自觉运用规律的前提是认识规律、理解规律、掌握规律。理论探索、研究的直接目的就是认识规律，为规律的自觉运用提供基础，"人们探索外部世界的'客观规律'，在最终意义上，并不是为了解释和说明外部世界，而是为了掌握外部世界的'客观规律'来实现人自己的目的"②。"当我们不知道自然规律的时候，自然规律是在我们的认识之外独立地存在并起着作用，使我们成为'盲目的必然性'的奴隶。一经我们认识了这种**不依赖于**我们的意志和我们的意识而起着作用的（如马克思千百次反复说过的那样）规律，我们就成为自然界的主人。"③ 自然领域如此，作为社会领域之一的新闻领域同样如此。从原则上说，只要我们能够正确认识新闻规律，我们就有可能合理运用规律，从而在新闻活动中成为主人，而不是奴隶。那么，如何理解"认识规律是自觉运用规律的前提"这一问题呢，有以下几个要点。

第一，没有正确的规律认识，就不可能有合理的规律运用。只有认识到真实的新闻活动规律，才能实现有效的规律运用，从而实现合规律性与合目

①　冯俊. 改革开放的辩证法：学习习近平总书记关于全面深化改革方法论的重要论述［N］. 光明日报，2018 - 11 - 09 (15).
②　孙正聿. 哲学通论［M］. 修订版. 上海：复旦大学出版社，2018：188.
③　列宁. 列宁选集：第2卷［M］. 3版修订版. 北京：人民出版社，2012：152 - 153.

的性的高度统一。需要在此说明的是，这里说的是"正确认识"与"自觉运用"之间的关系，不是说没有规律认识就没有规律作用。实际上，我们在前面反复说过，规律的自发作用是不依赖于主体意愿也不依赖于主体规律认识活动的。

作为客观规律，自然规律隐藏在事物的运动变化之中，人类活动规律则隐藏在人类活动中，生成在人类活动的过程之中。认识了事物的规律，才能真正理解事物的运行方式和现象表现。所谓理解自然，就是理解自然规律，理解了自然的规律，才算理解了自然。意大利科学家伽利略说过，"哲学写在这本伟大的书里，宇宙总是敞开让我们观察，但除非你首先学会理解其语言，学会阅读其书写，否则你就读不懂这本书"①。同样，人们只有理解了社会演进的历史规律，理解了各个社会领域演变发展的规律，读懂社会这本大书，才能真正理解各种社会现象丰富多彩或光怪陆离的表现。进一步说，人们只有理解了自然规律，才有可能自觉运用自然规律，有效合理地改造自然；人们只有理解了社会规律，才能自觉运用社会规律，改造社会和人类自己，更好地发展人类自身。显然，无论是从理论逻辑上还是实践逻辑上说，认识、理解规律是自觉运用规律的前提。

人们对规律认识的程度，将决定其对规律自觉运用的水平。不认识、不理解规律，就难以运用，更不可能自觉地、高水平地、有效地运用。但人们在现实中经常会看到这样的现象，一些人（包括实践者和研究者）动不动就说自己发现了规律、认识了规律。翻开一些学者的著述，一下子大大小小罗列了几十条所谓的新闻规律、舆论规律、宣传规律，其实不过是一些新闻传播、舆论引导、观念宣传的具体原则、规范、要求和方法，它们至多是可能的相关规律的体现，而非规律本身。发现、认识规律一定是一个艰难的过程，没有那么轻而易举，而运用规律更是一个艰苦的探索过程。

规律认识作为规律运用的前提，还有一种特殊的情况需要特别加以注意。在规律认识与规律运用中，由于各种可能原因，难免会出现这样的现象，即

---

① 洛根．字母表效应：拼音文字与西方文明［M］．何道宽，译．上海：复旦大学出版社，2012：149.

把错误的认识当成了正确的认识（更多时候是正确认识与错误认识的混杂），最终导致规律运用成为错误的运用。因而，人们常常看到，无论是整个的历史进程，还是一定社会领域的具体活动，总会起伏不定、曲折演进，人类似乎必须通过不断付出历史代价的方式发展自身。事实确实如此，世界是复杂的，而人类的能力是有限的。就我国新闻领域来看，这种由认识错误、理论错误导致的行为错误、实践错误，在过往的历史中已经有过多次惨痛的教训①，即使在现实社会中违背新闻规律的现象也不是什么新鲜的事情。一些新闻活动主体由于自身的各种原因，把不是新闻规律的东西当作新闻规律，把一些错误的规律当成了正确的规律。还有一些新闻活动主体故意背离新闻规律，不按照新闻规律生产传播新闻、管控新闻、解读新闻。凡此种种，毫无疑问都会带来或大或小的负面效应，既会损害新闻业本身的健康成长，也会损害新闻对于社会良性发展应有的作用发挥。

尽管认识的错误确实难免，由认识错误导致的行为错误、实践错误也同样不可避免，但是，这不能成为我们一再犯错的借口，不能成为我们推脱责任的理由。正因为一些错误难免，作为今天已经具有高度理性或自觉性的人类，就应该在改造自然、改造社会、改造自身的活动中，更加谨慎，避免盲目冲动、自以为是，设计、建立、寻求更为有效的途径和方法，将错误发生的可能降到最低限度，努力实现合规律性与合目的性更好的统一。

认识了规律，理解了规律，也不一定把自觉运用规律投入到实践活动中去，这种现象普遍存在于社会各个领域。比如，现在的很多研究成果（其实就是对规律的认识成果）停留在实验室内，停留在研究者的思想中，停留在相关著述中，它们只是束之高阁的理论认识，是一些编码符号。因此，从规律认识到规律的自觉运用其实还有一段相当长的路要走，需要找到有效的途径和方法。规律运用，不像具体实践方法、措施的采用是具体的、可操作的，规律本身是具有相当原则性的东西，是相当抽象的认识，是总体性的概括，

---

① 在中华人民共和国成立之后的 30 年中，特别是在无产阶级"文化大革命"阶段，由于我们对整个社会基本矛盾的错误认识，对新闻基本功能的错误认识，使得新闻媒体、新闻传播成了阶级斗争的工具，不同政治派系之间斗争的武器，不仅给我国新闻业造成了重大损害，也对整个社会的发展带来了巨大的负面效应。

是对事物本质的把握，属于理论观念。因而，将规律认识这个理论前提贯彻到规律实践这个行动层面还有一个相当复杂的过程。对此，我在后文会专列一部分加以原则性的讨论。

第二，作为自觉运用的前提性认识活动，新闻规律认识过程是一个特别注重理论反思性和实践反思性的认识过程。规律深藏在事物的内部，发现它、认识它、把握它都是一个十分艰难的过程。但人类的高明所在，人类比起其他动物的特殊所在，就在于人类能够反躬自省，能够觉知自己的思想，能够反思自己的所作所为。英国哲学家伊格尔顿指出，"反躬自省对我们就像宇宙空间弯曲或像海浪有曲线一样自然。它不需要我们跳出自己的皮囊，没有这样的自我监控，作为一个物种，我们本就不可能生存下来"①。人类是在不断反省自我的过程中前进的。

规律认识中的反思无非有两个宏观方向或范围：一是不断反思规律认识本身，即对规律的理论认识活动本身要不断反思总结，从中发现问题、深化认识，以更准确地认识和把握规律；二是不断反思人类的新闻实践活动，从中发现新闻活动的新现象、新特征，探究可能的新规律。这两个方向上的反思性认识活动是同等重要的，也是内在统一的。但与理论反思相比，对实践活动的反思可能更加重要。认识新闻规律的关键在于认识客观的新闻活动。如何才有更大可能"摸索"到新闻规律？我以为，除了观察、分析常态的新闻活动现象，要特别关注新闻活动过程中产生的一些并不一般的现象。诸如，有些新闻媒体、有些新闻活动方式能够取得长期的优良社会效果，能够得到社会公众的信任和支持，而有些新闻媒体、有些新闻活动方式却难以取得良好的社会效应，经常受到社会公众的批评和谴责。从对一定数量的"成功"与"失败"的现象的观察分析中，从对这些新闻活动结果的再认识中，我们也许更易窥探到新闻活动的规律。事实上，人们只有得到规律的"奖赏"或"惩罚"，才会真正觉察到规律的自发作用，才会抓住时机去认识探索规律。

第三，作为运用的前提，规律认识无疑是非常重要的，但必须始终清醒

---

① 伊格尔顿. 理论之后［M］. 商正，译. 北京：人民出版社，2009：59.

地意识到，人类对新闻规律的认识是有限度的，是有历史局限性的。人类可以认识社会规律、历史规律，可以认识各个社会领域的具体规律。但这种认识是一个历史的进化过程，并且是曲折起伏的过程。人们在一定的历史时空中，对新闻规律的认识，也像对其他任何事物运动变化规律的认识一样，不可能达到绝对的把握，不可能认识所有的新闻规律，更不可能对所有的规律都达到真理性的认识。

认识能力的有限性与认识对象的无限性，决定了人们不可能成为全知、全能的"上帝"。因而，对新闻规律的认识和把握，是伴随人类新闻活动演进的长久过程。在规律认识中，不可能一劳永逸。人类的新闻活动，与人类的其他实践活动一起，在不断发展变化、不断推陈出新，因此新闻规律的具体表现样式、客观的作用方式也会发生变化。新闻规律的历史性、变动性、特殊性等特征，要求人们必须实事求是、具体问题具体分析。不同历史时代、不同社会范围的新闻活动有其共同性、相似性，但更有其特殊表现，这就需要人们从实际出发，从具体的环境与事实出发，这样发现、认识到的新闻规律才会成为一定环境中真正可以作为自觉运用前提的规律。诚如有人所说，"任何实践主体都应该依据时间、地点、性质等社会历史条件去认识和运用实践规律"①。

本书前面相关章节总结、概括出来的一些新闻规律，只是我们在前人认识、实践基础上得到的一些初步结论，是在我们现有认识水平上得出的一些有限的认知结果。毫无疑问，还有我们没有认识到的人类新闻活动的普遍规律，至于那些与不同国家、不同社会个性特征高度相关的特殊规律，我们更是没有足够的能力去认识。而新兴媒介的发展规律，它们在新闻生产传播中新生的可能规律，我们目前还没有足够的能力认识它、把握它，我们只能在新兴媒介的演进过程中紧跟实践的最新发展，一步一步地去认识、去把握。至于后新闻业时代开启后带来的人类新闻活动整体结构性变化会对建基于新闻业时代的新闻规律认识带来怎样的实质性影响，对我们来说，应该还是刚

---

① 田心铭．认识的反思［M］．北京：人民出版社，2000：187.

刚开始探索的重大问题。① 进一步说，即使我在前面各章总结概括出来的一些新闻规律，也一定存在着整体错误的可能或包含着一些错误的因素，只是限于认识能力我们现在还没有看到而已。

2. 尊重规律是自觉运用规律的基本姿态

在客观规律面前，人类面临的首要难题是认识规律，而在认识规律之后的规律运用中最为关键的就是尊重规律。尊重规律、敬畏规律是自觉运用规律过程中应有的、必有的姿态或态度，客观规律"是人必须服从的冰冷的铁的必然性"②，"对任何规律，我们都必须尊重和敬畏"③，这是一种理性的、科学的精神。人们看到，无视规律、不尊重规律，在人类社会活动中是相当普遍的现象，造成的恶果屡见不鲜，已经严重影响了人类生存、生产、生活的各个领域。相反，历史却"一次次雄辩地证明，只要人类遵从自然规律，'道法自然'，科学终将造福人类"④。同样，只要人类顺应历史发展规律，理性恰当地自觉运用社会规律，社会就能比较平稳地向前演进，各个社会领域就能比较平稳地向前发展，人类就有可能减少"自作自受"的痛苦。在我们关注的新闻活动领域，背离新闻规律的所谓新闻活动也是经常发生的，导致新闻难以正常实现其应有的社会功能和作用，或是超越新闻自身的功能范围发挥一些不该发挥的作用和影响。那么，怎样做才算是尊重新闻规律呢？下面，我就这一问题做出分析和阐释。

第一，尊重新闻规律就是要遵守人们已经认识到的新闻规律的普遍要求。尽管人类无法左右客观规律的自发作用，但人类却可以透过自发作用现象，发现规律的作用机制，认识规律，进而可以顺应、遵守规律，按照规律办事。

---

① 实事求是地说，本书关于新闻规律的探讨，尽管已经比较充分地注意到了人类新闻活动的最新发展变化，但研究的核心对象无疑还是"新闻业"（职业新闻为核心），而不是"后新闻业"（职业新闻与非职业新闻在大众化传播模式中的共在）。但我们已经注意到，新闻业时代的新闻学（包括新闻规律研究）针对的主要对象是职业新闻生产传播现象，而建立在互联网基础上的新时代新闻学，则以作为社会现象的新闻活动为对象，不再局限于职业新闻现象。其中，最根本的原因就在于，在新的媒介环境中，整体的新闻生产方式已经发生了结构性的变化，导致人类新闻活动的关系也已发生了结构性的变化，职业新闻与非职业新闻的共在（尽管职业新闻在常态新闻生产传播中依然占据着核心地位）已经成为我们所处时代的基本事实。

② 金观涛. 系统的哲学 [M]. 厦门：鹭江出版社，2019：120.

③ 丁柏铨. 浅议网络传播规律 [J]. 中国地质大学学报（社会科学版），2017（6）：127-137.

④ 贾英健. 虚拟生存论 [M]. 北京：人民出版社，2011：288.

因此，在我们这里讨论的新闻活动中，新闻活动主体首先需要遵从新闻规律的要求。

与规律的自发作用相比，自觉运用规律对人类来说当然是更为重要的事情，因为正是在自觉运用过程中，人类可以充分发挥自身的能动性和创造性，把合规律性与合目的性统一起来。但要实现这样的目标，就得遵从规律的要求。在新闻活动领域，就得遵守新闻规律的要求。我们在分析新闻规律的构成时，已经指出新闻规律是系统性的规律，是由反映不同层次、不同范围、不同类型的新闻活动构成的。因而，尊重新闻规律，不仅要尊重整体的新闻规律系统，更要特别重视特定的新闻规律，这样才能使尊重规律落实到新闻实践活动之中。比如，对于现代新闻活动来说，特别是现代职业新闻生产传播活动来说，人们已经认识到新闻传播要想实现正面的社会效应，就必须把公共利益作为新闻工作的基本目标，必须遵守真实、客观、全面、公正、及时、公开等新闻传播原则，因为这些原则体现了新闻核心规律（新闻选择律、新闻效应律、新闻接近律）的内在要求。而在新兴媒介环境中，传统的新闻传播原则有了新的发展，一些新的更加适应新的传播环境的原则也被提了出来，诸如对话原则、透明原则等。如果新闻生产传播连这些最基本的原则都不遵守，那新闻生产传播就不可能发挥自身监测环境、守望社会、服务大众等最基本的功能效应。又如，现代新闻业是现代社会的有机构成部分，是社会系统的一个子系统，尽管它与社会整体及其他社会领域处于互动作用之中，但它在整体上却受制于一定社会的发展水平，特别受制于一定社会的政治文明水平。因而，作为新闻活动主体，就得处理好与一定社会政党、政府的关系，适应社会发展的整体状况。当然，作为一定社会新闻事业的管理控制主体，政府同样要尊重新闻规律，以符合新闻规律的观念、方式、手段去管理控制新闻活动。再如，人类新闻活动史已经表明，人类新闻活动的整体方式、整体发展水平很大程度上受制于技术特别是媒介技术的演进状况，即受到我们前述的技术主导律的支配。这就提醒所有新闻活动主体特别是新闻控制主体、新闻生产传播主体，必须尊重技术发展规律，在一定社会整体新闻业的发展中，在一定媒体自身的发展中，必须紧跟时代步伐，注意媒介技术的不断进步，及时调整新闻业的整体结构，主动更新新闻媒体的新闻生产传播方式。

遵守新闻规律，对于已经认识了的规律，已经被新闻实践活动证明确实属于新闻活动内在本质联系的规律，遵守或自觉运用起来有章可循，比较容易。但在现实新闻活动中，人们对有些规律尚不清楚，甚至对有些规律一无所知。对于那些没有认识的规律，自然不存在尊重与否的问题，也谈不上自觉运用；但对那些尚不清楚、还未确定的认识，则要冷静、理性、慎重对待，不能在发挥主体能动性、主观创造性的口号下任意而为。比如，在新旧媒介演进关系中，截至目前，人类只是看到了媒介技术、媒介形态之间的大致宏观走向，并未把握到新旧媒介之间不断更新、持续扬弃的内在机制。因而，在实践上，既不能墨守成规，无视新技术、新媒介带来的重大影响，也不能贸然激进，彻底放弃旧媒介在新闻生产传播中的地位和作用。遵守规律，也就是尊重事实，根据客观事实的变动随时调整自身的行动策略和方式。

第二，尊重新闻规律就是按照新闻本性①展开新闻活动。或者说，尊重新闻本性的新闻活动内容、活动方式才是合理的，才是符合新闻规律的新闻活动。有学者精辟地指出，"只有符合事物的本来状态才是最合理的，这就是自然合理。这里的'自然'，是指自然而然，是万事万物的本然状态。自然合理就是中国的科学思想，它强调一切都要合乎事物的本性"②。"自然律的领域，不存在创造自由。"③ 在规律面前，首先是尊重，按规律办事，然后才有可能获得自由。不管是改造自然的活动，还是社会领域的活动，都是如此。因而，按照新闻本性展开新闻活动，就是自然而然的新闻活动，也是应该的新闻活动方式，这可以说是对新闻规律最基本的也是最大的尊重。

按照新闻本性展开新闻活动，并不是什么难以理解的事情。新闻活动主体在区分的意义上有多种类型（新闻信源主体、传播主体、控制主体、收受主体、影响主体等），不同新闻活动主体的活动内容、活动方式各有侧重、各

---

① 注意，这里的"新闻"是个为了叙述方便的代称，是指整个新闻活动，包括新闻业、新闻传媒、新闻媒介、新闻传播、新闻等。因而，所谓按照新闻本性展开新闻活动，啰唆一点说，就是按照新闻业的本性、新闻传媒的本性、新闻媒介的本性、新闻（狭义）的本性等展开活动。

② 楼宇烈．中国传统哲学的思维底蕴［N］．人民日报（海外版），2016－06－14（10）．

③ 吴国盛．技术哲学经典读本［M］．上海：上海交通大学出版社，2008：460．

有特点。因而，按照新闻本性展开新闻活动是所有新闻活动主体共同应该遵守的。当然，不同新闻活动主体按照新闻本性展开活动，会有不同的具体要求和表现。这里，我不打算针对每一类主体的活动展开论述，而是主要以新闻传播主体为参照，简要阐述一下按照新闻本性展开新闻活动的几个关键点。

首先，按照新闻本性展开新闻活动就是要选择有新闻价值的新闻内容。新闻是对事实的反映和呈现，但仅是对事实世界中部分事实的关注和报道。选择什么样的事实作为对象，作为新闻传播的内容，自然是新闻传播活动中最重要的事情。这里的前提是为谁传播，也就是传播的内容对谁具有价值。尽管价值具有相对性，但价值主体确定之后，价值及其大小也就具有了相对确定的特征。一般价值如此，新闻价值同样如此。

人们知道，现代新闻在其演进中已经明确回答了新闻价值的主体指向问题，新闻是为社会公众服务的，新闻传播是维护社会公众利益的信息活动、舆论活动，新闻价值主体的核心构成就是社会公众[1]。因而，与社会公共利益、公众兴趣相关的新闻内容，就是有新闻价值的内容，就是符合新闻本性的内容[2]。在当今新的媒介环境中，作为大众化的新闻传播主体，不管是职业的还是非职业的，只有选择了与公共利益、公众兴趣相关的内容，新闻传播才有可能具有影响力和公信力。相反，那些围绕个人或小集团利益旋转的传播主体，即从个人或小集团利益出发选择新闻内容的传播主体，从源头上就错置了价值主体，错用了新闻价值标准，自然不会赢得社会大众的信赖，也不可能赢得真正的社会影响力，更不可能产生引导社会大众的新闻效应。

其次，按照新闻本性展开新闻活动就是要尊重传播新闻的原则和方式。针对如何传播有新闻价值的新闻内容，在现代新闻的演进过程中形成了一些

---

① 在当代中国语境中，现代新闻所说的社会公众其实就是党报理论中所说的人民群众，"人民中心"的新闻价值观是符合现代新闻价值理念的。人民中心价值观就是说，人民是新闻价值主体，人民是新闻价值的真正创造主体，也应该是新闻价值的目标主体，更是党媒赖以生存发展的主体。因而，只有与人民普遍利益、普遍兴趣紧密相关的新闻内容，才是有新闻价值的内容。

② 公共利益、公众兴趣是新闻内容选择的总体性标准，它转化在具体的新闻选择中就是传统新闻价值要素学说所说的具有"时新性、重要性、显著性、相关性、趣味性"的内容。需要注意或者纠偏的是，传统新闻价值要素学说属于"半截子"新闻价值理论，因为它将这样的标准直接指向传播主体，这虽然没有错误，但传播主体不过是整个新闻传收过程的中介主体，这些要素的真正主体指向应该是收受主体，即社会公众。那些要素揭示的内容特征应该主要针对收受主体而言，而不是传播主体。

稳定的基本原则，尽管这些原则会伴随技术进步、媒介形态结构变化而不断充实更新，甚至会产生更加符合新时代（后新闻业时代）的新的传播原则和方式，但这并不是问题的实质，问题的实质在于不同的内容、不同的传播目的有不同的传播原则和要求，这是尊重传播规律的内在要求。

可以肯定的是，只要是信息传播，就会遵从一些共同的原则和要求，但不同类型的信息，不同领域的信息，各有自身的特性，各有自身的传播目的，因而，在传播的方式方法上就会各有自身的独特要求。比如，宣传传播，重点在于让收受主体接受认同传播主体的观念，因而需要反复说明传播主体的观念，灌输和重复传播就成为其典型的特征之一；军事情报或商业秘密的传播，目标只在于有限范围的知悉，因而它只能采用严格的点对点的快速秘密传播方式；知识传播，由于不同知识的层次性以及难度有所不同（有专业化的知识、大众化的知识等），传播的目的也有所差异，因而也就决定了它必须采用专业化的（如专门的教育传播方式）或大众化的（可以通过大众媒介）传播方式。对于新闻来说，它的内容的新近性、新颖性以及传播目的的公众信息服务性决定了它必须真实、客观、及时、公开、透明地传播，只有遵循了这样的传播原则和要求，才有可能最大限度地发挥新闻传播的作用和影响，实现新闻的意义和价值。

第三，尊重新闻规律就是在新闻活动中让新闻发挥其应该发挥的功能作用。这大致包括两个方面：一方面，让新闻以自己的性质与方式发挥其能够发挥、应该发挥的功能作用；另一方面，不应该让新闻"过度"发挥作用，即超越或越过自身的功能边界，发挥它不应该发挥的作用。这一点，比起上面所说的按照新闻本性及其传播方式来展开新闻活动更为复杂，其中在"应该"与"不应该"之间，以及"适度"与"过度"或"越界"之间很难找到清晰的界限，总有一个模糊的地带存在。但什么是应该、什么是不应该，什么是适度的、什么是过度的，还是有一些基本的评判原则或标准的。

先来看第一大方面，让新闻以新闻的方式发挥作用。这是以承认新闻的特殊性为前提的，即新闻会以自身特定的内容、特定的传收方式，对社会、个人产生一些特殊的作用和影响。所谓特殊性，是指其他信息传播不能替代的属性功能，或难以发挥的作用影响，这也正是一种事物能够存在的特殊根据，以及特殊意义和价值所在。人类普遍的新闻活动能够逐步产生出一个行业、一种职业，其中一个重要原因恐怕就是新闻具有特殊的社会意义与价值，需要专业化的生产和传播。

在现代新闻学视野中，新闻本质上是一种特殊的事实信息，新闻有许多属性和功能，将新闻置于不同的社会关系、社会情境中，其就会产生或发挥不同的作用和影响。但是，作为一种新近或正在发生的、具有新闻价值的事实信息，新闻最基本的功能（本位或本体功能）是信息功能（解除人们认知不确定性的功能），最基本的作用就是满足人们的事实信息需求，让人们了解事实世界最新的有意义的变动情况，将人们的生活世界与事实构成的环境世界勾连起来，并在此基础上为人们的言行提供参考，这便是人们已经形成高度共识的监测环境、守望社会、服务大众等基本功能。有人将新闻与新闻媒介合一后指出，"无论何种媒介环境，新闻传统意义上的三大功能：启蒙大众、监督权力和提供论坛依然是其根本"[1]。因此，所谓新闻应该发挥的功能作用，从原则上说，就是它的特殊的信息服务功能和作用，以及以信息功能为基础的一些恰当的延伸功能和作用。

然而，新闻是复杂社会活动中的产物，也是复杂社会运行中的传播，因而，新闻会被不同的社会主体作为实现不同目的的手段和工具，从而发挥不同的功能和作用，这才使正当运用与滥用新闻成为问题。当新闻被用作实现其他目的（新闻信息服务以外的目的）的时候，哪些是应该的，哪些是不应该的，实在非常难以清楚认定，必须在具体情境中做出实事求是的具体分析和评判[2]。事实上，在新闻运用中，人们无法对职业新闻传播主体之外的其他社会主体提出具有约束力的道德原则，只能以一定社会、国家的法律与相关新闻政策作为"硬规范"去设定正当运用新闻手段的边界。在新闻学意义

① 彭增军. 稻草人与看门狗：作为体制存在的新闻业［J］. 新闻记者，2018（9）：32-36.

② 为了实现其他目的而运用新闻手段，是相当普遍的社会事实。但怎样的运用才是正当的、合理的，显然不只是新闻学内部的事情，还是不同学科共同关注的现象。有些新闻手段的运用，也许在新闻学视野中是不正当的，最起码是道德上不应该的，但在其他一些社会视野中也许被认为是正当的、高明的，比如，利用虚假新闻实现一些所谓"正当"的目的。此时，新闻只能看作实现政治、军事、经济等方面目的的技艺，只是形式上的新闻，而不能看作实质上的新闻。如何认定、评判新闻手段运用中的正当性，需要做专门的研究，不是这里三言两语可以说清楚的问题。

上，我们只能说，任何社会主体，在常态社会环境中，在运用新闻手段实现其他目的的过程中，都应该尊重新闻的"第一原则"——事实原则（它是新闻本性也可以说是新闻规律最重要的体现）①，不应该捏造事实，制造虚假新闻，欺骗社会公众，而应以真正的事实为基础传播新闻、运用新闻。

对于职业的或专业的新闻传播主体来说，那就是另一回事了。正当生产传播新闻、运用新闻是其应有的规范。职业新闻负有职业责任（职责），这是职业新闻传播主体必须履行的义务。要想实现职责、完成义务，就必须按照专业原则、职业伦理规范展开新闻生产传播活动，这些原则、规范体现的就是新闻本性、新闻规律的内在要求。对于职业新闻传播主体来说，如果让新闻超越其正当目标、正当方式和基本功能发挥作用，那就要谨慎对待。传播主体可以在事实信息告知的基础上监督权力、引导大众、传播文化、提供娱乐，实现新闻的多元化、多样化、多层次的功能作用，但那应该是自然而然的事情，是蕴含在新闻基本功能作用中的事情，不能强迫社会大众接受认同传播主体的信息或意见。"新闻是把事物的真实面貌揭露出来，言论是把事物内在规律揭示出来，因而新闻的指导作用是精神的、理智的，它不能指令任何人干什么、不干什么"②。实际上，新闻是在人们自主选择、理解、收受的过程中发挥作用的。如果传播主体偏离"让事实说话"③的基本新闻方式，就会适得其反，引发人们的反感，获取不了预期的效果。因而，让新闻按照自身的特性发挥作用，是职业新闻传播主体应该坚守的底线。然而，在现实中，人们不难发现，按照新闻规律传播新闻的口号喊得非常响亮，可许许多多的新闻传播活动却在新闻传播的名义下大张旗鼓地"用事实""说话"，在传递和张扬传播主体的观念④，而非新闻事实信息，这就与新闻传播的内在要求、新闻的本性背道而驰了。

对于民众个体传播主体和组织化、群体化的脱媒主体来说，如果声称自己的传播是大众化的新闻传播，那就要遵守新闻规律的基本要求，用新闻方

① 杨保军. 新闻理论教程［M］. 3 版. 北京：中国人民大学出版社，2014：第 6 章第 1 节.
② 孙旭培. 新闻学新论［M］. 北京：当代中国出版社，1994：49.
③ 杨保军. 着眼群众利益尊重新闻事实［N］. 人民日报，2003-12-04（14）.
④ 陈力丹. 陈力丹自选集［M］. 上海：复旦大学出版社，2004：72-75.

式传播新闻内容，让新闻发挥其作为事实信息的基本功能。如果新闻事实信息本身有足够的内涵、有足够的社会信息含量，它自然就会引发社会大众的关注，激发广泛的社会舆论。那些借助一点新闻事实信息便"大喊大叫"的所谓新闻传播，在本性上是与新闻特征背离的。因而，也许在一次两次的偶然机会中会引起人们的关注，但这种"后真相"式的情绪化"新闻"传播，用言论、情感遮蔽了事实真正面貌的"新闻"传播，天长日久，只会引起人们的普遍反感，大大降低民众新闻的可信性和影响力，造成社会大众间互不信任的恶劣境况。那些希图以新闻方式宣传自我，却不以为公众提供事实信息服务为主要目的的脱媒主体，可以说从一开始就背离了新闻的基本功能，也就不大可能产生新闻效应。这样一些传播主体，应该卸下伪装，直接说自己是为了宣传、公关或做广告，至多是提供一些资讯或实用信息而不是新闻，主要是为了自身的利益而不是通过新闻方式为了大众的利益。总之，不管什么样的业余或非职业的新闻传播主体，让新闻以自身特有的方式发挥最基本的功能作用永远都是正当而有效的做法。

再来看第二大方面，让新闻发挥应该发挥的作用，尽可能避免发挥其不应该发挥的作用，对此又可以分为两个小的方面加以理解。

其一，不能超越新闻规律的作用范围运用新闻，做一些新闻不应该做的事情，或者说，用其他领域的规律来支配新闻传播活动，僭越新闻规律的支配范围。

我国新闻学者陈力丹在解读马克思关于报刊"内在规律"的论断时指出，"马克思在这里从内、外两方面谈到尊重报刊的内在规律：对于报刊内部的工作人员来说，不应为了政治需要或经济利益而不遵循报刊的工作规律；报刊外部，更不能强加给报刊职能以外的要求"①。超越新闻的作用范围，就是无视新闻规律，就是对新闻规律的不尊重。让一个领域、一种事业、一种职业、一种

---

① 陈力丹. 精神交往论：马克思恩格斯的传播观［M］. 修订版. 北京：中国人民大学出版社，2016：300. 马克思关于报刊规律的话是这样说的，"要使报刊完成自己的使命，首先必须不从外部为它规定任何使命，必须承认它具有连植物也具有的那种通常为人们所承认的东西，即承认它具有自己的**内在规律**，这些规律是它所应该而且也不可能任意摆脱的"。参见马克思，恩格斯. 马克思恩格斯全集：第1卷［M］. 2版. 北京：人民出版社，1995：397。

专业做它自身职责、职能之外的事情，一定是强其所难，一定是对其自身的扭曲变形。更为显而易见的是，它不可能做好与其本性特征不相符合的事情，不可能产生良好的社会作用。其中的道理浅显直白，没有必要长篇大论。

从理论原则上说，只有按照新闻规律进行的传播，才能叫作新闻传播，但自觉按照新闻规律进行新闻传播活动在实践中并不容易，面临诸多障碍或挑战。由于各种可能的原因，正常的新闻传播活动经常会受到新闻系统内外各种力量不正当的干扰和影响，导致新闻生产传播活动往往背离新闻规律的内在要求。现实中，人们普遍知道，新闻具有宣传功能、舆论功能、广告功能以及其他各种可能的社会功能，但新闻就是新闻，新闻不是文学，新闻不是宣传，新闻不是舆论，新闻不是广告，新闻不是公关，新闻也不是其他任何事物，而是它自身[①]。因而，一旦让新闻偏离其本性，偏离其主要功能，去发挥其他功能作用，那就意味着背离新闻规律，更谈不上对新闻规律的尊重。因此，当人们试图运用新闻实现新闻以外的目的时，需要掌握好分寸尺度，不能超越新闻事实能够说明的问题、解释的现象，不能把新闻这种"软性"的社会服务手段当作"硬性"的社会管控手段。这种能与不能，应该与不应该的罗列论证，不能周全地说明问题，但我们应该明白，所谓尊重新闻规律，其中重要的一点就是让新闻做它能做的、应做的事，不能让它做它不能做也做不好的事。那些媒介中心主义甚至新闻中心主义的观念，都是不符合客观实际认识的。尽管新闻媒介、新闻传播在今天这样的信息时代、媒介化社会中对人类社会的整体发展、对人们的社会生活影响越来越大，但新闻毕竟不是社会生活的根本基础，说到底，它属于"意识"形态的一种，是对事实世界反映和呈现的方式之一。我们不能夸大它的作用，更不可以滥用它的功能。

其二，在更严格的意义上说，也是更需要特别注意的是，不能把仅仅适用于一定范围的新闻规律推及运用于更大的范围。这种"过度运用"新闻规

---

①　对于新闻媒体、新闻职业工作者来说，需要清醒地认识到，新闻媒体不是政府机关、不是法院，也不是社会舆论的代表、不是社会道德的高地，因而，不能超越媒体和媒体工作者本身的职责界限进行所谓的媒介审判、道德审判或代理政府机构做一些不应该做的事情（除非受政府机构委托公布、传播一些公共信息）。所有这些做法，都存在背离新闻规律的风险。

律的观念和实践，既会导致理论错误，更可能带来实践上的灾难。

在本书前面的相关章节中我已经指出，人类新闻活动规律是有普遍与特殊之分的，不同层面的规律适用于不同的新闻活动范围。这自然意味着，尽管我们要尊重人类认识到的所有新闻规律，但真正尊重新闻规律，需要从相关的客观现实出发，认识和评判哪些规律是根源于一定实际的，而哪些不是。只有那些根源于一定客观实际的规律，才是可直接运用的规律，而那些根源于其他客观实际的规律更多地具有参考借鉴的意义，很难直接运用①。面对中国现实，人们看到，一些人把基于西方自由主义新闻业的理论观念即新闻专业主义观念套用到中国特色新闻业身上，那显然是牛头不对马嘴的。它既不能解释中国的新闻实际，也无法有效指导中国的新闻实践活动。② 其实，反过来也一样，如果用当代中国马克思主义新闻观去指导欧美新闻业，那岂不是笑话？也许，当人类演进到大同时代，天下真成了一个体系，人类真成了实实在在的命运共同体，国家消亡了，社会差别几乎没有了，人类新闻活动有了共同的观念和方式，但那是遥不可及的事情。对于当下的人类，从各自的实际出发，借鉴他人的经验，才是更为迫切而重要的。

当然，我们也应该注意到，新闻活动毕竟是人类的普遍活动，现代新闻

---

① 当然，更难的问题不是类似这里的逻辑分析，而是人们对同一实际的认识。同样一个国家的实际，人们认识的结果是不一样的，做出的理论评判是不一样的，因而做出的实践选择也不会一样。同样一个国家、一个社会，到底应该选择什么样的发展方式（政治制度、经济制度、社会制度、发展道路等），人们的认识、判断、实际选择是有差别的，甚至是对立的。不管是理论选择还是实践抉择，其正确与错误、合理与不合理，不是短期能够做出认定鉴别的，只能留待历史实践的长期检验。尽管历史会有起伏曲折，但历史的选择可能就是众多选择中的较好选择，它是一定社会中大多数人做出的选择。

② 当代中国马克思主义新闻观与新闻专业主义之间的争论就是这种套用过程中的典型表现。新闻专业主义观念是源于欧美现代新闻业演进过程中的产物，而当代中国马克思主义新闻观，尽管有马克思、恩格斯、列宁等经典作家作为源头，但最为重要的乃是，它是根源于中国实际的产物，或准确点说，它是马克思主义新闻观与中国实际相结合的产物。基于两种客观实际的两种观念，在两种实际上缺乏高度相似性的情况下，很难互相融合，达到统一。不说别的，新闻专业主义观念的根本在于强调新闻传媒的自主性和独立性（这是自由主义新闻观念的必然选择，更是西方自由民主政治制度的必然选择），即强调独立于政党、独立于政府、独立于媒体，独立于经济力量、独立于社会公众；而中国马克思主义新闻观最强调的乃是新闻宣传、新闻舆论工作的党性原则，即新闻业是党的事业，新闻媒体是党和政府的耳目喉舌。显而易见，这是两种完全不同甚至对立的新闻观念、新闻主义。所以，试图用新闻专业主义观念指导、改造中国的新闻实践，简直是天方夜谭。或者说，如果要用新闻专业主义观念指导中国的新闻实践，那无异于以革命的方式改变中国的新闻业性质，而这就不仅仅是新闻领域的事情了。历史能做出这样的选择吗？答案是否定的。因而，看似新闻领域之内的观念之争、主义之争，其背后却有着更为重大和深远的问题。

业毕竟是由欧美而逐步全球化的人类事业，因而有些新闻规律是普遍适用的，是应该普遍遵守的，并且，这可以说是尊重新闻规律、遵守新闻规律、运用新闻规律的基础。比如，任何国家的新闻业，尽管拥有不同的具体制度、性质和属性，发挥着偏向侧重不同的功能作用，但其作为人类整体现代新闻业的一部分，在业务操作上都应该尊重新闻本性，按照新闻的特征传播新闻，即按照真实、客观、全面、公正、及时、公开、透明等原则传播新闻①。事实上，这一点不仅在理论上有着世界范围内的共识，在实践上世界各国的职业新闻媒体也会遵守这些最基本的传播原则和要求。因而，对于我们来说，不能因为强调特殊或特色而忘记甚至拒绝尊重普遍性的新闻规律。人类的现代化进程、现代性展开，在不同国家显然具有不同的具体路径和方式，但现代化作为人类的发展方式，似乎是不可避免的。新闻事业，作为现代化进程或现代社会演进的有机构成部分，对人类应该有一些共同性的要求。

3. 发挥主观能动性是自觉运用规律的根本

认识新闻规律、尊重新闻规律本身就是自觉运用新闻规律的有机组成部分，但它们主要属于前提与态度问题，还不是直接的运用，因此，我从理论逻辑上分出一段，专门分析阐释狭义的规律运用问题。我将以新闻活动过程的目的、手段与结果为基本参照，分析说明"发挥主观能动性是自觉运用新闻规律的根本"这一论断。

"从规律作用的方式看，自然规律发生作用的条件是在自然界诸因素自发的、盲目的相互作用的过程中形成的，自然规律也是通过这种自发的、盲目的相互作用实现的；历史规律得以存在并发生作用的条件是在人们自觉的、有目的的活动中形成的，并只有通过人们自觉、有目的的活动才能实现。"②因而，在普遍意义上说，运用规律的过程也就是人类创造历史的过程，但这是一个理性、严肃的过程，稍有不慎，就会生成悲剧。"创造历史虽是人之荣

---

① 即使是这些基本的原则和要求，在不同国家、社会的具体落实也是有差别的。比如，对于新闻真实，欧美新闻专业主义观念指导下的新闻传播更强调非常态的新闻事实的真实，更强调具体新闻事实的真实；但在马克思主义新闻观指导下的中国新闻传播中更强调整体真实与具体真实的统一。参见杨保军. 统一性：当代中国马克思主义新闻真实观的典型特征 [J]. 新闻大学，2018 (1)：27-34。

② 杨耕. 社会科学的特殊性 [N]. 光明日报，2017-04-24 (11).

耀，却也是险途，或是自我折磨的悲剧/肃剧，或是自成笑话的喜剧/谐剧，少有岁月静好的无戏剧状态。"① 整个人类历史如此，每一人类具体的社会活动领域同样如此。

新闻规律属于历史规律系统中的具体社会领域规律，是主体活动的规律。因而，新闻规律是在主体新闻活动中形成的，也是在主体新闻活动中发挥作用的。作为目的性活动者，自觉运用新闻规律，应该成为新闻规律产生作用的主导方式。自觉运用的关键，在于在实际的新闻活动中充分发挥新闻活动主体的能动性，即发挥主体的积极性与创造性。这里的要点有以下几个方面。

其一，人是目的性的存在，从本质意义看，人的活动都是目的性的活动。恩格斯曾经讲过一段被人们反复引用的话，"在社会历史领域内进行活动的，全是具有意识的、经过思虑或凭激情行动的、追求某种目的的人；任何事情的发生都不是没有自觉的意图，没有预期的目的的"②。作为人类活动的一种方式，新闻活动也是有目的的活动，因而也是可以自觉发挥主观能动性的活动。目的性上的主观能动性，突出表现为对新闻活动目的合理性的反思性认识与确立上。

新闻规律作为新闻活动的实践规律，就存在于、作用于新闻活动过程之中，因而，新闻活动主体能动地运用新闻规律首先面对的就是活动的动机以及由动机而生的目的问题。这里的核心是，什么样的新闻活动目的才是合理的。此处，我仍然像上文一样，主要以新闻传播主体的新闻活动为参照，来分析阐释这一问题。

所谓新闻活动目的就是为什么要展开新闻活动，对于传播主体来说，就是为什么要展开新闻生产传播活动。③ 而目的上的能动性，表现在活动目的

---

① 赵汀阳. 四种分叉 [M]. 上海：华东师范大学出版社，2017：23.
② 马克思，恩格斯. 马克思恩格斯全集：第21卷 [M]. 北京：人民出版社，1965：341.
③ 对于不同类型的新闻活动主体，这样的基本问题的具体内容会有变化。比如，对新闻控制主体来说，问题就是，为什么要进行新闻控制活动？为谁进行新闻控制活动？对新闻收受主体来说，问题就是，为什么要收受新闻？而对于新闻影响主体来说，问题就是，为什么要对其他新闻活动主体的活动特别是新闻传播主体的传播活动进行影响？不同活动主体对这些问题的回答（包括语言回答与行动回答，行动活动当然是更为重要的终极性回答），不仅能够说明其新闻活动的目的，也能在一定程度上表明其是否真正尊重新闻规律，以及运用新闻规律的方式。

是由新闻传播主体自己确定的。这里包含两层互有内在关联的问题：一是传播主体的新闻生产传播直接目的是什么，二是这样的生产传播是为谁服务的。只有对这两个问题做出恰当合理的理论回答、实践回答，才能断定传播主体的新闻生产传播活动遵从了新闻规律，能动地运用了新闻规律。

依据前文的论述，我们知道，新闻规律像其他任何规律一样，是可知的，可把握的，可自觉运用的。因而，当人们认识到新闻规律是什么时，就有可能根据自己的新闻活动目的去主动积极地运用它。但这只是理论逻辑，并不一定是实践事实。实际上，自觉的新闻活动，并不一定就是自然遵守新闻规律的活动，更不一定是自觉运用新闻规律的活动。有些自觉的新闻活动，也许恰好是背离新闻规律的活动。更为极端的情况是（但并不少见），有些人可能明知一些新闻规律是什么，却故意不按照新闻规律的要求办事。因而，人们的新闻活动容易达到"自觉"的（也就是有目的的）水平，但自觉地传播、自觉地控制、自觉地收受、自觉地影响等，与自觉地按照新闻规律展开相关新闻活动并不是一回事。自觉是有性质与程度之分的。低水平的自觉仅仅是主体对自身思维、行动的觉知，可能并不真正知道自身思维、行为的正确与否、合理与否，就像一些人只是觉知到自己对一些事物的需要，但并不真正知道这些需要是否是自己真实的需要、合理的需要。高水平的自觉，不仅觉知到自己在做什么，还能进一步觉知到所作所为的正确性和合理性。新闻活动主体，只有对自己的新闻行为达到高水平的自觉状态，才有可能真正自觉地合理运用新闻规律。

那些以自身政治利益、商业利益或其他利益为核心的新闻活动，那些以新闻方式展开的宣传活动、舆论活动、公关活动，都是高度自觉的传播活动，也是目的性非常强烈的活动，我们不能轻易说这样的传播活动就是错误的活动或不应该的活动，但如果这样的活动是打着新闻的旗号的活动，那就是对新闻活动的嘲讽，是对新闻活动规律的讽刺和玷污。退一步说，就算新闻名义下的活动对于一般社会主体（非职业新闻传播主体）来说是可以理解和容忍的，若是由职业新闻传播主体做出的，那在新闻活动的目的性上无疑也是不正当的、不合理的，背离了新闻生产传播活动的基本职责，背离了新闻规律的内在要求，可以说是"能动地、自觉地"偏离了新闻活动的目的，也偏离了对新闻规律的正当运用。

对于职业新闻传播主体来说，在普遍意义上，其生产传播新闻的直接目的是反映和呈现事实世界最新的有意义的变动状态，最终目的则是为满足社会公众的新闻信息需求服务，并以此为中介，实现为公众利益服务的目标①。这是职业新闻传播主体的"标准目的"或"目的标准"，是用来衡量检验、反思批判其他生产传播目的的基本尺度。所谓自觉运用新闻规律的能动性，在新闻传播目的上就是指新闻传播主体特别是职业新闻传播主体能够主动、积极、自觉地将自己的传播目的设定在这样的目标上，能够运用这样的目的尺度去比照自己设定的目的、实践的目的。当然，更为重要的是，传播主体能够及时地将偏离了"标准目的"的新闻行为调整到应有的目的轨道上、目标靶位上，使自身的新闻生产传播活动真正符合新闻规律的要求。

其二，能动地运用新闻规律最为实在的也是最为关键的环节，表现在新闻方式或新闻手段的具体选择运用上。能否恰当合理地运用新闻方式、新闻手段，能否创造性地运用不断变化更新的新闻方式和新闻手段，是最能体现一定新闻活动主体规律运用能动性的。

纵观人类新闻活动史，可以明确看到，人类新闻活动演进的明显标志集中表现在新闻活动方式、新闻活动手段的变化上，表现在媒介形态的不断更新上。人们看到，每一历史时代都有自身典型的新闻活动方式，包括新闻生产传播方式，以及相应的新闻收受方式与新闻管理控制方式等。支持新闻活动方式持续变革的因素一定很多，但最具基础性的动力要素是整体上不断发展提升的社会生产力，表现在新闻领域主要是媒介技术的不断发明与创造。因此，新闻活动主体主观能动性的发挥至为重要的一个方面便是紧跟时代步伐，快速认识并把握不同时代的新兴媒介技术及其发展变化规律，并在一定程度上能够以前瞻的眼光预测未来的可能发展方向。实践上，则是能够不断创新新兴媒介技术的运用方式方法，扩大新闻生产传播的规模，提高新闻生产传播的效率，开辟新闻生产传播的新境界。

---

① 这是现代职业新闻生产传播活动的普遍目标，但这并不否认不同国家、不同社会根据自身实际、自身经验事实对这一普遍目标的本地化调整。

　　就一定时代横断面上说，人们能否认识到新闻系统与社会系统的整体关系特征，能否认识到一定社会新闻活动的整体状态及其发展趋势，能否认识到所处时代主导媒介技术的合理运用方式，是体现新闻活动主体自觉运用新闻规律能力、水平的重要标志。规律，本就是对事物整体内在变化和发展趋势的揭示。如果不能把握一定历史时代、一定社会范围新闻活动的这种整体大势走向，人们就会感到迷茫和焦虑，也就很难谈得上对新闻规律的自觉运用。其实，每当进入一个新的媒介时代、新闻时代，总会有一个存在历史性困惑甚至不知所措的焦虑阶段，总会有一个摸着石头过河的历史时期。历史依赖性决定了人们不可能以断裂的方式进入新时代，总要经历一个新旧时代交融的历史过程，最终开创出具有新时代特点的新方式、新手段、新境界。从印刷新闻时代到广播新闻时代，从广播新闻时代到电视新闻时代，人类都经历过这样的状态。然而，每一种具有时代主导性的媒介技术都具有自身不同以往的性质与功能属性，都有可能创造出不同以往的新闻活动局面，这就意味着人们不能一味使用老观念、老办法解决新问题。新的媒介技术很可能会生成新的新闻生产传播规律，每个时代必须探索属于时代特有的重大问题。面对今天的新兴媒介时代或后新闻业时代，面对不断新生的、各领风骚三五年甚至两三年的新兴媒介技术、媒介样态，整个人类都能感受到它们的巨大的结构性作用和影响，"一网打尽""横扫天下"的互联网到底会怎样演进发展，会给整个人类新闻业、新闻活动带来怎样的影响，还难以看得十分清楚。因而，如何恰当合理地使用（也就是合规律地运用）各种科学技术和媒介技术支持的新闻生产传播方式方法、新闻收受方式方法、新闻管理控制方式方法，已经成为人们全面关注和探索的问题。所谓能动地有创造性地运用新闻规律，在新闻行业层面、媒体层面最集中的表现就是认识新兴媒介演进规律，认识新老行业之间、新老媒介之间的更迭关系、融合关系、扬弃关系，能够合理地把新闻理论观念转化为新闻实践观念，转化为新闻实践活动。

　　除了类似上面所说的纵横宏观表现，在能动地运用新闻规律的过程中，最容易出问题的往往发生在新闻手段的微观运用层面上。也许活动主体的新闻活动动机、目的是正当的、合理的，但新闻活动方式、活动手段运用得不合理、不恰当很可能就会改变整个新闻活动的性质，既有可能违反相关的法律规范，更有可能撞破社会道德底线，引发社会舆论的谴责。以新闻传播主体为例，对隐性采访手段的过度使用，对匿名新闻信源的过度保护，对职业道德与社会道德关系的不当处理，对一些新闻生产过程的过度保密（不公开、不透明)①，甚至在具体新闻报道操作层面上传播时间的不当掌控、新闻价值大小的失度评判等，都可能与新闻传播的真实、客观、公正、及时、公开、透明等原则背离，从而实质上违背了新闻规律的基本要求。在智能媒介时代，更是出现了复杂的新闻伦理关系、法律关系。数据的采集、挖掘、运用很可能关涉到他人的隐私，涉及相关的政治、军事或商业机密，如何合理运用各种技术手段已经成为非常紧迫的问题②。至于新闻管理控制中那些可能有碍新闻自由的做法，诸如没有法律依据的传播限制，过度灵活的新闻政策管理、纪律要求，个别凭借主观意志（主要是官僚意志、权力意志）的任意妄为，都有可能在形式上或本质上与新闻规律的内在要求相背离，从而对新闻业的健康发展、新闻功能的正常发挥造成严重的损害③。

其三，能动地运用新闻规律还特别表现在对新闻活动结果、效应的不断反思上，并通过反思，调整和改善后续的新闻活动。新闻活动的目的、活动的方式、活动的手段到底是否正当合理，仅凭它们自身是不能完全说清楚的，还必须经过新闻活动结果的检验和证实。因此，对新闻活动结果与新闻规律运用之间关系的分析，对于如何能动地运用新闻规律是一个非常重要的环节。这里，我仍然主要以新闻传播主体为参照，分析阐释它们之间的关系。

不断反思新闻活动结果是深化认识新闻规律的重要方法，也是能动地运

① 关于这些具体问题，可参见杨保军. 新闻真实论 [M]. 北京：中国人民大学出版社，2006；杨保军. 新闻道德论 [M]. 北京：中国人民大学出版社，2010。

② 杨保军，杜辉. 智能新闻：伦理风险·伦理主体·伦理原则 [J]. 西北师大学报（社会科学版），2019（1）：27-36.

③ 就我国来看，如何既合规律又合目的地管理控制新闻活动，包括职业新闻生产传播活动和一般社会主体的新闻活动，是更为紧迫而重大的问题。这里的关键点大致有这样两个：新闻控制主体确实要认识和尊重现代新闻活动特别是职业新闻活动的性质、特征、功能和作用，让新闻能够以新闻本性、新闻方式展开运行，把尊重新闻规律落实在行动上、实际中，而不是停留在文件中、口头上；在高度重视新闻工作党性原则的同时，还要关注新闻活动的公共性，真正实现党性与人民性的统一，真正实现"人民中心"的价值追求。尽管新闻管理控制应该采取综合治理的观念和方法，但最为核心的途径与方法，对于现代社会中的现代新闻来说，应该是法治的方法，而不是其他的方法，特别要减少那些应急性的临时抱佛脚式的管控办法，坚决禁止那些凭借主观意志、主观偏好的命令式管控方法。

用规律的表现。对于新闻传播主体来说，最为重要的活动结果表现在新闻生产传播的效应上，即表现在新闻生产传播的生产能力（传播力）、影响力、引导力和公信力上。这些众多的宏观"能力"，不是抽象空洞的，而是可以通过具体的经验事实证实的、实证数据描述的，是可指标化进行研究和衡量的[①]。这些能力也会表现在所有具体新闻的生产传播中，通过一篇篇新闻报道、新闻评论表现出来，自然也是在不同程度上可检验、可证实的，更是普通社会大众在新闻收受过程中可经验、可体会的。新闻生产传播结果（效应、效果）的可观察性、可认识性、可检验性使得新闻传播主体能够目标比较明确地反思自身的新闻观念和新闻行为，能在一定程度上评判自身新闻生产传播活动的合规律性与合目的性。

进一步说，认识和反思新闻活动结果的过程，不仅是检验既有规律真理性的过程，也是修正既有认识并产生新认识的过程。正是在这样的过程中，新闻活动主体才能通过"实践是检验真理唯一标准"的根本方法，通过"实践出真知"的途径发现问题（老问题和新问题），探索问题，进而修正旧有的认识、发现新的新闻规律。尽管主体的活动是自主的，是目的性的活动，是有目标取向、利益追求的活动，但这并不等于主体活动就能自然而然地按照规律行事。如果主体的目的性活动一再遭到挫败，难以取得预期的效果，理性的活动主体就会反思自己的行为。诚如有学者所说，"科学起源于实践中的波折，实践中有波折才能够产生科学，否则，就不会出现对世界的一种客观的认识。因为人首先是一个生活中的人，实践中的人，第二步才是理论反思。理论反思起源于实践行为的失败"[②]。那些违背了新闻规律的新闻活动，天长日久，总会遭到规律客观力量的反作用，遭到规律的"惩罚"，这就会形成一种特殊的机制，迫使新闻活动主体认识反思自身的行为。这种认识反思活动

---

① 对新闻传播主体（主要针对新闻传媒机构）新闻生产传播各种能力的实证研究，在我国已经成为普遍的现象。研究者针对不同层面或范围（比如全国范围、地方范围）、不同行业领域（比如报业、广播业、电视业、新兴媒介行业等）、不同新闻传媒机构的"四力"（传播力、影响力、引导力、公信力），已经建构起了不断细化和成熟化的指标体系，相关成果也以各种年度报告的形式系列出版。这些以实证研究为主的成果，为新闻传播主体认识整体的新闻生产传播情况提供了重要的资料基础，而从理论上说，则可以促进新闻传播主体进一步反思它们遵循新闻规律的基本情况。

② 吴国盛. 技术哲学讲演录 [M]. 北京：中国人民大学出版社，2016：140.

往往就是从结果开始，一步一步溯本求源，探究真正的问题。果真能这样，自然有利于新闻规律的认识和发现，进而增强自觉运用新闻规律的能动性。

什么样的传播内容是符合新闻规律的内容，什么样的方式是符合新闻规律的方式，其实用不着过多的理论分析，通过新闻传播的实际效果调查评估，甚至通过社会大众的舆论评价，就可以看得比较清楚。那些通过新闻方式追求宣传、公关、广告效果的做法，那些通过发掘、放大新闻事实当中娱乐要素细节、追求新闻娱乐效果的做法，都不可能取得长久的、社会大众认可的传播效果。但问题是，很多传播主体对这些现象缺乏清醒的认识，更缺少认真的反思。人们不难发现，不少职业新闻传播主体，确实不是无所事事、麻木不仁，而是辛辛苦苦，忙得不亦乐乎，但实质上却是沉醉在自娱自乐之中。因为这些传播主体生产出大量的"半截子"产品，进行的也是"半截子"传播①，深层的原因就在于没有真正尊重新闻规律，没有自觉地、能动地运用新闻规律展开真实的新闻传播。这些传播主体生产传播的很多内容本质上就不是新闻，而是其他什么东西。因而，从传播结果反思新闻行为，是比较有效的认识新闻规律的途径和方法，也是新闻活动主体应该自觉运用的方法。

总而言之，不管哪类新闻活动主体的活动，都是有目的的新闻活动，都是需要采取具体行为方式、具体手段的活动，都是追求预期结果的活动。因而，自觉的、能动的规律运用，需要合理设定新闻活动目的，合理并创造性地运用新闻方式和新闻手段追求合理的新闻活动结果，而将这一过程或将这三个环节有机统一起来，才有可能真正达到合规律性与合目的性的统一境界。

4. 不断探索自觉运用规律的途径和方法

认识规律是运用规律的前提，尊重规律是运用规律的正确态度，发挥主观能动性是自觉运用规律的根本，但这些仍然属于总体的原则问题，而要将认识了的规律真正运用到新闻实践活动中去，还需要具体的途径和方法。只有找到了途径和方法，理论理念才能转变成实践理念，才能现实地发挥作用。

---

① 所谓"半截子"传播，是指那些传而不通的传播，即传播者将信息传播出去了，但却很少有人甚至无人接收接受的传播。仅以报纸为例，我们看到，一些单位订阅了报纸，甚至一些报纸被免费送到了一些地方（如高等院校的学生宿舍），但却翻阅甚少甚至根本没有阅读，早上送来的报纸到晚上就像垃圾一样被扔掉了。

实现规律的自觉运用是艰难的，但事情其实也没有那么复杂。事实上，把握了新闻规律，在一定意义上也就等于把握了新闻活动的方法，实践规律与实践方法本质上是统一的。发现了一种新闻规律，就意味着人们懂得了应该如何去进行实际的新闻活动，也就等于找到了合理生产、传播、收受、控制等的方法。因此，新闻规律理论同时具有新闻活动方法论的意义、实践论的意义，这也正是探讨新闻规律的实践价值之所在。然而，话再说回来，如何将认识到的新闻规律运用到新闻活动实际之中，其间还有一系列不同层次的中介环节。大部分情况下，并不是说认识到了新闻规律的存在就可以自觉地运用了。对规律的正确认识原则上还属于理论理念，只有将其转化为实践理念才能具体应用到新闻活动中去。就实际经验看，事情的难度往往真的不在于能否发现、认识新闻活动规律，而在于人们难以正确地、合理地运用规律，因为从理论到实践需要诸多具体的、可行的操作程序和方法，更需要正确地运用规律的观念和态度。作为理论研究，我们只能指出其中的道理，具体的方法设计还要通过实证的研究来获得，通过实践的过程去创造。因此，对于如何具体运用新闻规律这个"接地气"的问题，作为更倾向于方法论的理论研究，我在这里不可能给出直接可操作的具体方法，只能提出一些寻找途径与方法的原则①。新闻规律是在整体的新闻活动中生成的，也必然体现在整体的新闻活动之中。针对一定的社会范围，自觉运用新闻规律，应该也必须落实在不同的层面。

首先，在一定社会中自觉遵循新闻规律在最宏观层面上的做法，就是建立符合现代新闻业发展的优良新闻制度，建立符合新闻业发展趋势的优良新闻制度。"制度总是人类的实践创设，是为了人类的目标服务的。"② "制度是

---

① 规律应用在实际中表现为理论的应用，也就是人们平常所说的理论与实际相结合的问题。正确的理论也就是反映了一定对象本质的理论、反映了一定对象规律的理论，在指导实际的过程中有诸多的中介环节。比如，自然科学研究发现了某一自然规律，提出某一自然科学理论，并不会将该理论立刻投入到相关实践应用中，而是需要诸多的中介转换，如转化成具体的技术、技术产品、技术应用手段等，还要经过一次又一次的试验，才有可能使理论、规律发挥真实的作用。其实，历史规律、社会领域规律也是如此，而且，比起自然规律的实际运用来，作为具体的主体性规律，运用起来更加复杂艰难。

② 汪行福. "复杂现代性"论纲［J］. 天津社会科学，2018（1）：46－54，67.

任何一个组织所以具有强大力量的原因，而成功的制度必须是个公正的制度，只有公正的制度才能形成巨大的力量。"① 好的制度是事业成功的关键，不能将一种事业的正常发展建立在个别人的贤明上，这样也是靠不住的。"组织制度、工作制度方面的问题更重要。这些方面的制度好可以使坏人无法任意横行，制度不好可以使好人无法充分做好事，甚至会走向反面。"② 优良的新闻制度，体现的是新闻规律的内在要求；反过来说，优良的新闻制度，也就是保证新闻规律正常发挥作用的方式。这可以说是对新闻规律最大的也是最重要的能动运用方式。一个社会领域的制度建设显然不是这个领域单独的事情，而是关涉到一个社会、一个国家整体政治制度、经济制度和社会制度。其实，由于新闻系统作为相对社会整体系统的依赖性存在（新闻依赖律），这也是很自然的事情。建设一个社会领域的优良制度自然会涉及方方面面的诸多要素和关系，这是我难以在这里展开系统研究的问题。此处，我将紧紧围绕本书的主题，从新闻规律论的角度提出一些建立优良新闻制度的初步看法，目的是通过制度方法实现对新闻规律的自觉能动运用。

从规律论角度看，只有合乎新闻规律要求的新闻制度，才有可能是优良的新闻制度。也就是说，合乎新闻规律是建立优良新闻制度的前提或基础。符合规律的根本就是符合实际，规律揭示的就是实际之所是；而新闻规律，正是对新闻实际的深层揭示、正确认识、总体把握。因而，优良的制度，应该是符合实际的制度。对于国家范围内的新闻制度来说，即符合一个国家新闻事业的实际，符合一个国家整体发展水平的实际，符合新闻与社会基本关系的实际。准确认识并把握新闻活动实际以及与新闻活动紧密联系的实际，是建立优良新闻制度的坚实基础。只有符合新闻规律的制度，才可能进而成为合目的性的优良制度。合规律性是合目的性的基础，合目的性必须建立在合规律性之上。

进一步说，好的新闻制度应该是能够在时代水平上自觉运用新闻规律的

---

① 赵汀阳. 没有世界观的世界［M］. 2 版. 北京：中国人民大学出版社，2005：201.
② 邓小平. 邓小平文选：第 2 卷［M］. 2 版. 北京：人民出版社，1994：333.

制度。一个国家、一个社会的新闻制度，要能反映新闻发展的时代水平，反映社会发展的时代水平，要特别能够体现时代性的整体政治文明水平，体现时代性的整体法治文明程度，这是由新闻与政治的紧密关系决定的①。认识新闻规律的一个重要任务，就是反映新闻与社会的关系，特别是新闻与政治的关系。只有准确反映一定社会中的这一关系，才能切实建立有效的新闻制度。总而言之，优良的新闻制度不仅能够较好地规范新闻业自身的发展，也能够较好地规范新闻系统与其他社会系统的关系的发展。那些将新闻生产传播限制在时代水平之下的新闻制度自然是不良的新闻制度。而所有这些，都首先有赖于对客观之"是"的准确把握。

能够保证新闻业健康发展的新闻制度，才是符合新闻规律的制度，才是正当运用新闻规律的方式。新闻规律，反映的是新闻领域、新闻活动的内在关系，揭示的是新闻领域、新闻活动发展的整体趋势。每个时代都有主导性的新闻生产传播方式，与此相应，有着主导性的新闻规律。及时在规律层次上认识把握时代主导性新闻活动方式是建立引领性新闻制度的基本保障。能够保证和促进新闻业未来发展的新闻制度才是引领性的制度、优良的制度。优良的新闻制度，根本目的就在于保证新闻领域、新闻业的长期健康发展。优良的新闻制度，就是能够保证新闻正常功能发挥作用的制度，能够保证一定社会范围内新闻自由正常实现的新闻制度。如果一种新闻制度不能保证其制度范围内新闻传媒真实、客观、全面、公正、及时、公开、透明地反映报道事实世界中的最新变动，不能保证新闻传媒比较好地实现监测环境、守望社会、服务大众等基本职责，不能比较好地满足社会公众的知情需要，那么这样的新闻制度必然是不良的新闻制度。如果一种新闻制度将新闻的功能引向了非新闻的功能方向，那么即使新闻发挥不到其正常的应有的社会功能作用，这种制度也一定是不良的、违背新闻规律的制度。历史上的法西斯新闻制度就是这种现象的典型表现。

---

① 我在前面相关章节已经指出，依据马克思主义的社会结构理论，新闻领域作为社会上层建筑意识形态之一种，受到政治上层建筑的强烈影响，特别受制于一定国家政治制度的制约，甚至可以说新闻制度就是政治制度的一部分。因此，一个国家政治文明的水平，往往更为直接地表现在新闻文明的程度之中，体现在建制性的新闻生产传播之中。

好的新闻制度，不仅是合乎已经认识到的新闻规律的制度，也是有利于人们进一步探索新的新闻规律的制度，是能够不断弥补不足、修正错误、完善自身的制度。新闻活动也像其他社会领域活动一样，总在不断变化演进，一系列的新现象、新问题层出不穷，等待人们去认识、去探索，新的规律等待人们去发现、去总结。如今，人类新闻活动方式已经开启了融合时代、智能时代，而这样的时代将会如何发展，将会给人类的新闻活动以至整个人类的生存发展带来怎样的影响，都是亟待探讨的重大问题。只有那种鼓励人们积极探索的制度、积极创造创新的制度才可能是优良的制度。那些这也不行那些不行，捆绑人们手脚的制度，一定不是什么好的制度。尽管制度具有稳定性，不能朝令夕改，但好的制度同时具有一定的灵活性和开放性，能够伴随新的实际变化而不断更新改善。

新闻制度有不同的类型、不同的层次①，但不管哪种类型、哪个层次的制度，从原则上说，只有首先合乎新闻规律这个最基础的要求，才有可能是好的制度。新闻制度在人类历史演进过程中的不断更新变化，在一定社会中的不断演进发展，重要的客观根据就是新闻活动内容、新闻方式本身的变化更新，而新闻制度作为新闻观念、新闻认识的规范化体现②，其中的内涵就是人们对新闻活动内在关系、内在发展趋势的认识和把握。合乎规律就是合乎客观事实，合乎规律就是合乎客观实际的要求；规律的本质就是对实际所是的反映，符合规律的制度本质上就是客观实际的内在要求。因而，如果连最基本的新闻规律都不遵守，那就等于无视客观实际情况，等于新闻制度是主观的、任意的，那注定不会成为优良的新闻制度。

优良新闻制度的建立从原则上说是一定社会中所有主体的事情，但就现实而言，主要是国家的职责、政府的职责，在新闻学视野中也就是新闻控制主体的职责。因此，政府及执政党，能够认识新闻规律、尊重新闻规律，自

---

① 一个社会领域如新闻领域的制度大都是系统的，通常包含法律制度、行政制度（如果是党媒，还有党的组织制度，表现为新闻纪律等）。这些制度大都有不同的层级，如国家级（中央级）、地方级，不同的新闻传媒机构还会有自己的一些机构组织制度。

② 关于新闻观念与新闻制度关系的系统分析，参见杨保军. 新闻观念论［M］. 上海：复旦大学出版社，2014：第9章。

觉能动地运用新闻规律，对于一定社会、一个国家新闻事业的良性发展有着
至关重要的、其他社会力量不可替代的作用。一定意义上说，政府掌握着新
闻制度建设的直接权力，即政府是制度建立、建设的直接组织者、领导者，
因而，能否建立优良的新闻制度，能否建立符合新闻规律的新闻制度，关键
要看是否有一个优良的政府，是否有一个优良的执政党①。

其次，如何尊重新闻规律并积极探索运用新闻规律更多地表现在新闻传
媒行业特别是新闻传媒组织机构这一中观层面上。对于现代新闻业来说，媒
体组织机构是新闻生产传播的核心主体。尽管进入互联网时代之后，所有的
社会主体都可以成为大众化的新闻传播主体，从而使新闻传播主体构成发生
了结构性的变化，但就目前的现实与可预见的未来看，常态的主导性新闻生
产主体依然是现代社会分工意义上的职业新闻传播主体，机构化新闻依然是
人类的主导性新闻产品。因此，职业新闻传播主体能否尊重新闻规律、创造
性地运用新闻规律，才是新闻规律能动运用的关键所在。当然，如果其他社
会主体在新闻传播中也能够按照新闻本性传播新闻，那人们就有一个更为优
良的新闻传播图景。

如何尊重新闻规律并能动地运用新闻规律，对新闻传媒机构包括传统的
新闻媒体机构和新兴的新闻媒体组织来说②，主要表现在两大方面。其一，
在一般意义上，现有的各种性质、各种类型的新闻传媒都应该遵循现代新闻
业已经形成的专业理念和专业新闻生产传播原则。起源于西方世界的现代新
闻业经过几百年的演进发展，塑造了职业新闻传媒机构的基本形象，确定了
其应该履行的基本职责和应该实现的基本社会功能，也建构了人们对现代新
闻机构的各种期待。也许这一切都会在社会变迁中、在新闻业的发展中逐步
变化，开辟出新的图景。但就目前来看，以新闻为本位，以公众利益为目标，

---

① 在中国，新闻宣传工作纪律或新闻舆论工作纪律，作为执政党对新闻领域的规范性要求，对
新闻工作往往有着更为直接而重要的作用。因此，党的新闻舆论工作纪律能否真正尊重新闻规律、能
否能动地运用新闻规律，更是直接关系到新闻事业的命运和发展。

② 需要注意的是，传统的新闻媒体机构也是相对意义上的说法，今天所说的传统媒体与互联网
诞生之前的传统媒体已经大不一样了，它们本身已经新媒体化了，已经转变成了一定程度上的新媒
体、融合媒体，不再是传统意义上单一的媒介形态。比如，当今的报纸不只是简单的纸质媒介形态，
同时也是可以进入其他媒介的一个端口。人们可以通过印刷在纸面上的二维码，迅速进入其他媒介。

以客观呈现为手段，以职业伦理为规范，是现代新闻业公认的主要内在特征，也是对新闻传媒机构主体的基本要求。也就是说，如果职业新闻传播主体背离了这些基本要求，也就等于偏离了甚或背离了现代新闻规律的内在诉求。因此，对所有的新闻传媒来说，所谓尊重新闻规律并能动地运用新闻规律，底线要求是在业务范围内能够严格遵守现代新闻形成的这些基本规则①。对于那些非职业的新闻传播组织、群体（脱媒主体）来说，如果声称自己的信息传播是新闻传播，那就尽可能向这些基本原则的要求靠近，至少能够保证传播的是具有一定新闻价值的事实信息。在今天的新闻生态结构中，有目共睹的事实是，这些组织、群体尽管没有职业新闻组织机构的明确身份，但它们在整体的新闻生产传播特别是传播中力量越来越大，影响力也越来越大，因而，它们能否尽可能按照这些基本原则的要求展开自己的新闻活动，显得越来越紧迫和重要。当然，对于一个国家来说，如何管理这些组织机构的新闻活动，维护正常的新闻秩序、信息秩序，也是紧迫而重要的事情。其二，在新兴媒介背景下，更为重要的问题是，所有新闻传媒机构都应积极探索新兴媒体的新特点、新功能、新规律，探索新老媒体之间的整合规律、融合演进规律，探索新兴媒体在新闻生产传播中的特殊规律。互联网发明创造出来之后，特别是在整个社会领域得到规模化、普遍化的应用之后，已经成为重构人类社会生产生活的巨大力量，对整个人类新闻活动的重构更是具有颠覆性的影响。毫无疑问，人类新闻活动已经进入一个历史性的变革时代、转型时代。然而，直至目前，我们更多的是看到了、感受到了也投入了这样的时代，但还没有认识把握如此时代的内在发展趋势，更没有清晰认识把握新兴媒体的特殊演进规律，以及它在信息、新闻、宣传、文化等方面生产传播的特殊规律。当然，我们也看到，大量的研究早已展开，相关的成果连篇累牍，但就总体情况来看还处于对不断涌现的新兴媒体基本特征、基本功能的认识

---

① 这里所说的在业务范围内严格遵守现代新闻形成的这些基本原则，是说不管什么社会性质的媒体（如资本主义社会和社会主义社会），不管什么类型的媒体（如政党媒体、商业媒体等），只要生产传播新闻，就应该遵循这些原则。至于不同媒体依据各自特殊环境需要遵守的特殊原则，那是另一个层面的问题。对于现代新闻制度来说，最基本的就是要保障新闻传媒基本功能、基本职责的顺利实现。

阶段，尚没有上升到探析整体发展规律的水平①。由于以互联网为基础的新兴媒体不过几十年的发展时间，其特殊规律的形成本身也有一个历史的过程，因而，要在短时期内抽象总结出其发展规律既缺少足够的客观根据，也不大符合认识规律。

新闻传媒机构是新闻生产传播的主导性实践主体，遵循新闻规律、探索新闻规律、能动实践新闻规律，不是仅仅谈谈原则的问题，而是要贯彻落实到具体的新闻操作之中，这需要具体细致的研究。如何自觉运用新闻规律，真正操作起来是相当复杂的事情，只举一例以说明问题。比如，新闻选择律的能动运用，首先要求新闻传播主体有明确的受众定位，即必须准确选择本媒体的目标收受者，而合理确定本媒体的目标收受者需要依据媒体自身的传播目标展开具体的受众市场分析，这是一个需要运用科学方法展开实证考察研究的过程，不是拍拍脑袋就可解决的。只有依据传播目标解决了受众定位问题，才能进一步确定媒体的内容定位、传播的标准定位和风格定位等问题，进而才能具体安排人财物的有效使用方法。可见，即使人们依据过往的经验、实践、认识发现并把握了某些新闻规律，如果没有相应的运用规律的具体方法和途径，那么规律认识还只能停留在理论理念的层面，无法转化成为真正能对新闻传播实践发挥直接作用的实践理念、应用观念。而且，规律的能动运用，还必须考虑到具体新闻媒体所在环境的特征，必须处理好媒体与各种可能影响因素之间的关系。完全可以说，比起发现认识新闻规律来，能动运用新闻规律是一个更为复杂、艰苦而细致的过程。

还需要指出的是，我们必须注意到，当今大众化新闻传播主体的结构性变革，即由传统的一元化职业新闻传播主体转变成如今的"三元类型主体"（参见前文相关论述）结构，必然使新闻生产传播规律出现新的变化。因而，遵循新闻规律，积极探求新闻规律，能动运用新闻规律，不能只是针对职业

---

① 关于新兴媒体在信息传播中的规律性研究，目前仍然主要处于"检验老理论、老规律"的阶段，即大量的理论研究都在针对传统三大媒介的规律性认识在新兴媒介中还是否适用或适用到何种程度展开研究。比如，关于把关人理论、议程设置理论、知沟理论、沉默螺旋理论等，众多的研究者都在重新考察它们是否适用于网络环境中的信息传播情况。当然，在此基础之上，人们已经开始探索既有理论的新发展，已经开始探索新环境中的特殊规律。但实事求是地说，到目前为止还没有什么真正有影响的原创性成果出现。

新闻机构主体的事情，也不仅仅是职业新闻机构主体的主要任务，新闻规律的能动运用越来越成为整个社会主体的事情。其实，新闻活动本就是所有社会主体身在其中的活动，天然地关系到所有社会主体。实际上，职业新闻生产传播与非职业新闻生产传播之间的关系已经成为人们关注的重要问题，这两类生产传播主体之间应该建立什么样的关系，这种关系有什么样的规律性表现，也已成为实践中、研究中的热点问题，甚至整个新闻学都要在新的背景下进行转型①。从大的原则上说，只有所有的新闻传播主体都能够遵循新闻规律，能动地运用新闻规律，我们才能够为我们自己呈现、塑造、建构一个良好的新闻图景。新闻规律的自觉意识应该成为全民意识，一个社会、一个国家的新闻能否按照新闻规律展开，真正关系到的恰好是所有人的利益。新闻的公共性，内在要求所有公民应该自觉提升自身的媒介素养和新闻素养，其中，最为抽象的说法可能就是对新闻规律的自觉。

最后，新闻活动是具体的人的活动。不管什么身份、什么角色的新闻活动，在微观层面上最终都要落实在具体的个体身上，落实在所有新闻活动个体的新闻行为之中。那些反映和体现着新闻规律的总体性规范要求（诸如真实、客观、全面、公正、及时、公开、透明、对话等新闻传播原则），以及针对新闻职业工作特点、体现新闻规律内在要求的职业伦理道德准则，只有落实到每一个体的具体工作中去，才能真真切切地产生作用。因而，关于新闻规律的能动运用问题，还必须在新闻活动个体层面上加以讨论。这里，我继

---

① "互联网新闻学"总名称下的各种新兴新闻学分支，诸如新媒体新闻学、数字化新闻学、数据新闻学、智能新闻学、对话新闻学等等令人眼花缭乱。不管是否准确恰当，本质上都是新闻学可能转型的表现。顺便可以指出的是，在我看来，新闻学作为学科名称应该是稳定的，尽管它的内涵、外延在不同的时代有不同的表现。那种动不动就说新闻学要被新闻传播学替代了，甚至被传播学替代了，那种动不动就要改变整个学科名称的做法太沉不住气了，太没有学科自信心了，实际反映的很可能是一些人确实没有真正研究新闻问题，或者说真的不知道新闻学在研究什么问题。因而，一有风吹草动便惊慌失措，要么叫喊自己也不知是什么意思的新闻无学论调，要么赶紧见风使舵、改换门庭。这在我看来，尽管没有那么可笑，但多少显得有点滑稽。哲学、文学、历史学的名称是稳定的，政治学、社会学、经济学等社会科学的名称也是稳定的，它们其实像新闻学一样，也面临着网络时代的机遇和挑战，但它们没有那么慌慌张张投机式地改换门面。新闻学作为学科名称，可不能像新闻报道那样，日日常新。

续以传播主体特别是职业新闻传播主体为参照，展开分析阐述。①

尊重新闻规律并能动地运用规律，落实在每一个体身上，自然会少了规律的抽象意义，多了实实在在的特点。对于职业新闻工作者来说，那就是在新闻采写编评制播等各个环节都要遵守具体的新闻业务操作规范。比如，新闻采访、写作、编辑等都有各自的基本规则，这些规则是在长期的新闻实践中逐步总结概括出来的，实际上就是新闻规律的具体体现。对它们的认识把握可以使老新闻工作者驾轻就熟或熟能生巧，使新新闻工作者比较迅速地进入职业工作状态，提高新闻工作的效率。新闻规律的自觉运用，只有落实到这些微观的层面上，才能使自觉运用真正发挥作用。比如，作为一份报纸的版面编辑，不管是用传统的编辑手段（如用版样纸编辑版面）设计编排版面，还是用新兴的电子手段（如用版面编辑软件编辑版面）设计编排版面，只有掌握了版面空间、版面符号以及各种版面编辑手段的基本运用规则，理解了版面编排与报纸编辑方针之间的内在关系（也就是内在规律），才能真正编排出比较好的版面，编辑出使所有新闻稿件各就其位、适得其所的版面，从而实现版面编辑为稿件增值、吸引读者的基本目标。

新闻规律的能动运用，即新闻规律的创新性、创造性运用，其实常常首先表现在具体的业务操作中。如何以新的观念、新的方式方法、新的技能技巧展开采访、写作、编辑、评论、制作、主持等，都是在新闻实践中慢慢摸索到的、体会到的，是在长期的业务实践中创造的，而非凭空想象的。这些由个体在新闻实践中创造的方式方法、技能技巧，如果普遍有效，就可以抽象概括为更为普遍的工作原则，甚至成为有效的业务工作规律。而更为宏观的、抽象的新闻工作规律，正是在这些规律基础上的进一步总结和概括。这意味着，广大的职业新闻工作者只有普遍自觉地反思新闻实践，总结新闻实践的经验教训，才能更为有效地认识规律、发现规律，才能更加普遍自觉地尊重规律、能动地运用规律。

进一步说，认识发现新的规律也主要是从最基本的实际工作层面开始的。

---

① 我在前文关于认识规律、尊重规律、自觉运用规律的讨论中，基本上是以传播主体为参照的，因而这里的分析阐释与前面的相关讨论实际上可以形成一定的互补关系。

新闻规律不是凭空而来的，而是在具体的新闻实践中形成的，也自然体现在具体的新闻工作中，自然地表现在基层一线的新闻工作者身上。当后新闻业时代开启后，人类新闻活动整体上进入了一个新的时代，它实质上意味着人类的新闻活动方式进入了一个新的时代，其中的主要动力因素是新闻生产传播技术、工具的变革，突出表现为新的新闻生产传播方式的不断涌现，新的新闻形态或新闻样态的不断生成。以三大传统媒介为代表的新闻业时代没有的新闻样态，诸如大数据新闻、VR/AR 新闻、传感器新闻、算法新闻、机器新闻、游戏新闻、融合新闻等等不断涌现，真是令人眼花缭乱。而新闻业时代未曾想象到的职业新闻与民众新闻之间的高度互动，更是展现出全新的新闻活动景象。如此种种新闻的生产传播中，很可能蕴含着不同于传统印刷新闻、广播新闻、电视新闻的新的新闻生产传播规律[①]，而这些新的可能的规律就是在千千万万个新闻工作者还有其他新闻活动者的新闻实践中生成的，甚至可以说新的可能的新闻规律就是在他们日复一日的新闻实践中创造的。显然，新的新闻生产传播规律能否及时总结出来，与职业新闻工作者为主的新闻活动主体的反思性、自觉性、能动性有着直接的关系，而能否能动积极地运用规律更是与他们密切相关。对于研究者来说，也只有通过对新的新闻实践活动的长期观察、分析、探索，才有可能认识发现新的规律，从而使新闻规律研究本身获得深化和发展。

三、新闻规律产生与发挥作用的机制

如前所述，从总体上说，新闻规律生成、存在和作用于新闻活动之中。[②]由于人们对新闻规律存在着能否认识、能否自觉运用的问题，因而，尽管新

---

① 新的新闻生产传播规律的出现，自然意味着新的新闻管理控制规律、新的新闻收受规律等都有可能生成。

② 由于除了人类新闻活动的历史规律之外，还存在着其他的与具体新闻活动直接联系的具体新闻规律（本书第三章"新闻规律的系统构成"），因此，对新闻规律的作用还须有针对具体规律的具体理解，这里只是一个总体性、抽象性的表达，不能理解为所有的新闻规律都是先验性的存在，然后作用于新闻活动之中。对此，我在新闻规律生成论（参见第二章）中已经做了论述。

闻规律只有一种，但新闻规律对新闻活动存在两种相对独立的作用方式或基本模式：一是自发作用方式；二是主体的自觉运用方式。[①] 在历史视野中，这两种作用方式并不是始终共在共时的，而是有一个历史的变化过程。而在逻辑上，则应该存在自发与自觉共在的规律作用方式或基本模式，可以称之为"自发与自觉的统一方式（模式）"。在本节，我们先对新闻规律主导作用方式的历史变迁加以简要描述，然后再来讨论新闻规律对新闻活动的基本作用机制，特别是新闻规律在现实新闻活动中的主要作用机制。

（一）新闻规律作用的历史逻辑

新闻活动是人类诞生以来就有的并将伴随人类存在而持续下去的活动。因而，一些具体的新闻活动方式（主要指新闻的传收方式）可能有生有灭，但新闻现象却与人类相伴始终，新闻则是人类永远的需要。如果以我对人类新闻活动大尺度的历史分期——前新闻业时代、新闻业时代、后新闻业时代——为基本参照，就可以将新闻规律对人类新闻活动的主导作用方式分为三个大的历史理论（理想）类型：自发作用为主导的时代、自发作用与自觉运用共在的时代、自觉运用为主导的时代。[②]

1. 自发作用为主导的时代

所谓自发作用为主导的时代，是指在人类还没有明确新闻意识、更没有明确新闻规律意识的新闻活动时代。西方现代新闻诞生之前的时代，大致都可以划归这一时代。在这样的历史时代，新闻规律对新闻活动的作用只能是自在自发的方式。我们尽管无法清晰界定如此时代的开端与终点（事实上也没有如此清晰的始终时间点），但依据人类的历史活动可以推断有这样的历史过程。

就截至目前的人类历史来看，可以肯定的是，更长时段的新闻活动是没

---

① 新闻规律只有一种，可以自发产生作用，也可以自觉加以运用，但不能说存在两种新闻规律，一种是自发作用的规律，一种是自觉运用的规律。同一规律，如果人们能够准确认识它、正确运用它，它就更多地会以自觉的方式发挥作用。

② 我之所以采用"历史逻辑"而非"历史时代"的划分方法，是因为若按历史时代划分则很难以清晰明了的历史事实为依据，只能以大的历史演进可能为基础。因而，随后的历史时代描述，只是基于大的历史过程的一种理想划分。

有或缺乏明确新闻意识、新闻规律意识的新闻活动，是自发自在的新闻活动。这样的新闻活动，是与其他活动混在一起的信息传收活动。我们把其中的一些信息活动界定为新闻活动，那不过是以现代新闻标准、现代新闻观念对历史活动的想象与推断，当时的人类根本没有这样的分类意识。如果以现在的欧洲地区为参照，可以看到，越是靠近现代新闻活动①，新闻活动的自觉意识越明晰。也就是说，人类关于新闻活动的自觉意识，以及其中包含的新闻规律意识，本身就有一个漫长的历史产生过程。在这些意识诞生之前，新闻规律对新闻活动的作用都属于自发为主，还谈不上人们对新闻规律的自觉运用。

在自在自然为主的新闻活动时代，人类的主导信息交流、新闻交流方式是面对面的人际方式即口头新闻方式，以及文字产生之后的少量的书信新闻方式。因而，当时的新闻规律也只能生成于、存在于这些方式之中，不可能有大众新闻传播诞生之后的各种新生的新闻规律，也不可能有先验的新闻规律。以直接面对面的人际交流为主的新闻传收方式，拥有自身的特殊规律，这样的规律自在自发地支配着或作用于当时的新闻活动，直到人类新闻活动进入比较自觉的新时代。

2. 自发作用与自觉运用共在的时代

所谓自发作用与自觉运用共在的时代，是指这样一个历史时期：一方面，新闻规律仍然以自发的方式作用于人类的新闻活动；另一方面，人类已经有了一定的新闻意识、新闻规律意识，能够在一定程度上认识把握并运用一些新闻规律，但总体上还比较初级。因此，自发作用与自觉运用共在的现象就出现了。之所以将这样的时代描述为自发与自觉共在的时代，是因为在这样的时代，已经不是自发作用单一占据主导地位，但同时，自觉运用规律也没有占据主导地位。在现代新闻诞生之后，直到现代专业新闻意识、专业新闻

---

① 所谓现代新闻活动，是以现代社会的产生为参照的一种界定或说法，它大致起源于欧洲中世纪的结束、文艺复兴运动的开启这个时期。现代社会始于资本主义社会的诞生、现代人性的觉醒。而现代新闻活动更为代表性的开启时代，通常以 15 世纪中期现代欧式活字印刷术（谷登堡印刷术）的诞生为标志，以印刷新闻的出现为标志，但这本身就是一个历史阶段，而非一个明确的时间点。

观念诞生，也就是 15 世纪中期直到 19 世纪末大致都可以划归这样一个时代。①

　　当人类能够把不同的活动内容、活动方式在一定程度上自觉地加以区别，形成不同领域的活动观念和活动实践时，那就意味着人类已经初步自觉到了、认识到了不同活动的一些基本特性和特征，即在一定程度上认识和把握了不同领域活动的一些基本规律，也就意味着在受相关规律自发支配的同时开启了自觉运用相关社会活动领域规律的时代。人类历史上不断进行的社会分工过程，从一个侧面表明了人类活动自觉性的演进情况。回望历史，人们可以发现，起初整体混沌性的社会活动状态有一个不断分化成不同社会领域活动的过程，有一些活动比较早地分离独立出来，有一些活动则相对晚一些，有一些活动则是伴随历史演进新生的，当然也有一些活动会在历史的演进过程中逐步消亡。那些个性特征比较明显的社会活动，同时又是人类须臾不可离的社会活动，在历史演进过程中会逐步成长为职业化、专业化程度比较高的领域活动。

　　新闻活动，作为人类的一种基本活动方式，也经历了这样的基本历史逻辑。尽管从自发新闻活动到自觉新闻活动在客观上有一个漫长的历史过程，但以现有的新闻史认识框架为参照，我们大致可以说，书信新闻时代是自觉新闻活动的重要起点时期，周期性报纸的出现则可以看作自觉新闻活动的重要标志时期。② 这些历史时期的到来，说明人类已经初步有了不断成长的专门化新闻意识。伴随周期性报纸的持续发展，直到 19 世纪三四十年代商业报纸的兴起，可以说是一个新闻意识、新闻观念不断增强的过程。在这样一个历史过程中，新闻意识越来越明确，人们对新闻的本质特征、基本功能以及

---

　　① 现代新闻的孕育、诞生、演进、基本成型，是一个经历了几百年的漫长过程。大致到了 19 世纪三四十年代美国便士报的兴起，以及随后向世界各地的扩散，才逐步形成了超越"意见形态"的"信息形态"报纸。而代表新闻专业意识、专业观念的新闻事实观念、真实观念、客观观念，直到 19 世纪末 20 世纪初才在美国诞生。美国新闻社会学家舒德森就曾指出，"直到 19 世纪末，美国新闻业才在诸多行业中确立了自己的专业理念和理想"。参见舒德森 . 发掘新闻：美国报业的社会史［M］. 陈昌凤，常江，译 . 北京：北京大学出版社，2009：51。

　　② 我们不能将某一封新闻书信的产生、某一张周期性出版的新闻报纸作为新闻意识产生的标志。新闻意识，像其他意识、观念的产生一样，一定是在一个相对较长的历史过程中形成的，而不是在某一个时间节点上突然诞生的。

新闻活动特别是机构新闻活动的基本目标有了进一步的认识。在规律论视野中，这也就意味着人类有了一定的新闻规律意识（有新闻规律意识的重要表现之一，就是对新闻本质的揭示、对新闻基本功能的认定）。对新闻的自觉、新闻活动的自觉，则意味着人类能在一定程度上遵从新闻规律、自觉运用新闻规律。但需要指出的是，在这一历史时期，由于人类对新闻规律的认识把握水平还比较低（表现为专门化的新闻观念还在形成中，职业新闻工作共同体尚未形成，统一的新闻职业规范还没有出现），因而新闻规律自发作用的影响还相当大。因此，我们只能比较粗略地将这一时代描述为自发作用与自觉运用共在的时代。

3. 自觉运用为主导的时代

所谓自觉运用为主导的时代，是指人类新闻活动整体上已经进入了自觉新闻意识为主导的时代，特别表现为人类不仅有了明确的新闻规律意识，而且对新闻规律有了相伴时代发展的及时认识和把握，并能积极能动地按照新闻规律展开新闻活动。也就是说，在这样的时代，自觉运用新闻规律占据了新闻规律产生作用的主导地位；但是，由于人们不可能完全彻底地认识新闻规律，也因各种可能因素的影响不能完全自觉地按照新闻规律办事，因而自发作用依然存在。所以，这样的时代也只能定性地描述为自觉运用为主导的时代。

当新闻领域成为相对独立的社会活动领域，新闻事业成为人类所有事业中一个重要的分支，新闻工作成为社会分工意义上相对独立的职业，并且有了不断提升的专业理论、专业知识、专业技能和专业伦理要求时，也就产生了越来越明确的相对独立的新闻意识、新闻观念，人们对新闻的本质属性、社会功能、生产传播的原则以及新闻与社会的关系等也有了进一步明确的认识。也就是说，人们在规律层面上对新闻活动有了更加深入的认识和把握。这时就可以在整体上说人类新闻活动进入了自觉运用规律为主的时代。这样的时代，在人类新闻活动意义上大致可以从 19 世纪末 20 世纪初算起直到现在，并将一直延续下去。

一旦人类认识到、自觉到新闻规律的存在而进入整体能动运用新闻规律的时代，从总的历史趋势上看，人类就会越来越尊重规律、越来越重视规律的作用，就会更加自觉地认识发现规律、把握运用规律。这是人类作为理性存在的最为典型的表现。就像人类一旦自觉到自然规律的存在，就会想尽一切办法去继续发现自然规律、遵循自然规律、创造性地运用自然规律一样，在社会活动领域，只要人们自觉到相关活动规律的存在（整体的历史演进规律和具体的社会领域规律），就会充分发挥自身的能动性、创造性，积极认识规律、运用规律，提高人类社会活动的效率。

　　能动地、创造性地运用规律，突出表现为从实际出发，把理论观念（这里就是规律观念）作为基本指导思想，形成合规律性与合目的性相统一的合理实践观念，进而投入实践活动。人们在日常社会实践中，依据科学（包括人文学科和社会科学）认识对自身相关领域工作的主动谋划、预先设计，以取得更为合意的活动结果，其实就是对相关规律的能动运用，就是理论与实践相结合的过程。就我们关注的新闻活动领域来看，大到一定社会、国家对新闻业发展的整体战略谋划，小到一家新闻媒体关于一个具体新闻事件的策划报道，无不体现着对新闻规律的能动运用，差别只在于有的是对人类新闻业发展规律的能动运用，有的是对新闻传收规律或具体的新闻报道规律的能动运用。当然，不可否认的是，不管是哪个层面的规律运用，都存在着恰当与否、正确与否的问题，没有人能够保证自己百分之百地遵循了新闻规律、创造性地运用了新闻规律。完全可以预想，人类新闻活动的自主性、自觉性会伴随人类自身的整体能力不断提升变得越来越强，人们也将越来越自觉地认识和把握新闻规律，越来越具有能动运用新闻规律的能力。

　　进入自觉运用新闻规律为主导的时代，也意味着尊重新闻规律、自觉运用新闻规律是所有社会主体的责任，而不只是研究者的责任、职业新闻工作者的责任、或只是新闻管理控制者的责任。新闻活动本就是所有人的活动，新闻需要本就是所有人的基本需要，只有所有社会主体普遍尊重新闻规律、按照新闻规律办事，新闻活动才会成为普遍的合规律性的活动。媒介素养、新闻素养越来越成为公共素养，其实质就是希望广大社会公众能够了解媒介（包括新闻媒介）的特征，认识新闻的属性，能够更好地运用媒介、对待新闻。人们如果能够注意到当今全新的新闻传播环境，能够注意到当今新闻活动整体性的结构变革，那就更能认识到所有社会主体遵循新闻规律展开新闻活动的必要性和重要性。试想，当所有社会主体能够以大众化、公共化、社会化的身份生产新闻、传播新闻、收受新闻时，当互联网上每个节点的传播都有可能影响整体网络的信息流动、影响他人的言行时，当每一种新兴媒介的运用都有可能塑造新的信息秩序、新闻景象时，我们能否遵循新闻规律，能否能动地运用规律就极有可能是事关所有社会主体实际利益的大事。因此，人们能够普遍进入的活动领域，人们能够普遍运用的技术，人们能够普遍参加的活动，就需要人们普遍遵守规律，承担普遍应该担当的责任。新闻领域、新闻活动、新闻技术就是这样的领域、活动和技术。新闻规律是主体性规律，尽管它的形成不依赖于每一个具体人的意志，但它却是通过所有人的新闻活动发挥作用的，而新的新闻活动规律，如新兴媒介实践规律，也将在人们普遍的新兴媒介实践活动中形成。我们应该明白，有怎样的活动主体、怎样的主体活动方式，就会有怎样的活动特征。人类在整体上刚刚进入新兴媒介环境，进入新老媒介交融的时代，新的时代会以什么样的方式演进变革并不是十分清楚，尚需我们不断探索。

最后，需要特别指出的是，我在上面关于新闻规律作用方式或模式的历史描述，只是说从规律论的角度看新闻规律的作用方式大致经过了这样几个历史时代。尽管从人类整体意义上说，如今已经进入了自觉运用（新闻规律）为主导的时代，但这不等于说人类已经完全认识把握了新闻规律，更不是说所有的新闻活动主体都已经处于自觉新闻规律的状态。事实上，规律认识本身是一个历史过程，而不同主体在各自的新闻活动中能否自觉运用新闻规律，实在是千差万别。尽管近乎所有的新闻活动主体都会宣称自己尊重新闻的特征，但在现实中有些主体能够能动地运用已经认识到的新闻规律，并能积极探索新的新闻规律，有些主体可能无所谓自觉不自觉地运用新闻规律或者说主要是在新闻规律的自发支配下展开新闻活动，有些主体可能会明知故犯即明确知道新闻的属性特征是什么、基本功能是什么，也知道新闻传播应该做什么不应该做什么，却偏偏要通过新闻方式、新闻手段做一些新闻不应该做的事情。毫无疑问的是，新闻如果做了并且做好了它应该做的事情，就会给社会的整体发展带来优良的效应；新闻如果没有做它应该做的，特别是没有做只有它能够做的和应该做的事性①，那就会造成难以弥补的损失②；新闻如果不仅没有做它应该做的，还做了它不应该做的，那就只会弱化它应该发挥的功能，甚至危害社会、损害社会公众利益。

（二）新闻规律的作用机制

机制是指系统内部不同要素之间形成的比较稳定的相互作用关系或方式，它支配着一个系统的状态或运动变化的趋势。我这里所说的新闻规律的作用机制，实际上就是讨论新闻规律的两种基本作用方式——自发作用与自觉运用——在新闻活动中的相互关系。上一小节大致描述了两种基本作用方式的历史逻辑也即历史机制，本小节的重心则在于进一步说明新闻规律自发与自觉两种方式共在时的基本机制。依据自发作用与自觉运用的特点，我们可以把新闻规律的作用机制大致分为具有独立性的两种，即自然（也可称之为自发自在机制）机制和自主机制（也可称之为自觉能动机制）。自然机制就是新闻规律自行产生作用的机制，自主机制就是新闻活动主体自主运用新闻规律的机制。在人类有了自觉的新闻意识、新闻规律意识之后，这两种机制是共在共时的。因而，针对现代新闻产生以来的新闻活动，特别是新闻职业、新闻专业诞生以来的新闻活动，也就是人类有了比较明确的新闻意识、新闻规律意识的新闻活动，我们可以说，新闻规律产生作用的总机制是自然机制与自主机制形成的统一机制，简化为"自然与自主统一机制"。下面，我就这一规律作用的总体机制加以阐释。

第一，新闻规律作用的自然机制是永恒的。这里的所谓永恒是在人类存

---

① 人类创造一种社会活动，就是因为它在社会发展、人民生活中有着特殊的意义和价值，是一种在一定历史时期必不可少的活动。

② 比如，监督功能（新闻监督以公共权力组织以及公共权力拥有者及其行为为核心监督对象，同时会监督所有与公共利益相关的其他社会主体及其行为）就是现代新闻传媒通过新闻手段具有的最基本的社会功能之一，而且这样的功能是其他任何机构组织不可替代的，新闻传媒凭借其特有的及时、公开、透明传播方式，凭借其新闻真实、新闻公正、新闻公开的力量，凭借其背后受托的社会公众的力量，能够形成广泛和强大的社会舆论影响力，使得任何社会主体，不管是组织主体还是个体，都不敢轻易忽视。也就是说，新闻监督由于新闻自身的特性而具有强大的舆论威慑力量，对政治文明、社会文明健康发展有着特殊的作用和影响。但是，如果新闻传媒不能正常履行它的社会监督功能，甚至失去这样的职能，那只能说是整个社会的损失，而不仅仅是新闻传媒基本功能的失却。

在意义上而言的，即只要人类新闻活动存在，新闻规律自然作用机制就存在；而对于具体的新闻活动方式来说，所谓永恒也是相对该新闻活动方式的存在而言的，即只要某种具体的新闻活动方式存在，相应的规律作用自然机制也就存在。如果人类消亡了，人类新闻活动自然消亡了，依赖人类新闻活动的新闻规律也就消亡了。如果某种具体的新闻活动方式被历史淘汰了，蕴含其中的具体规律也就消亡了。当然，已经消亡的具体新闻活动方式、具体新闻活动规律也许会以历史扬弃的方式沉淀到一些新的新闻活动方式之中、新闻规律之中。比如，当年根源于电报技术的倒金字塔新闻写作方式（也可以看作微观层面上的新闻写作规律），尽管因电报技术的退出而不再依赖电报技术本身存在，但其作为一种基本规范却被新闻写作传承下来，因为它反映了新闻传播更高层次的价值规律的内在诉求，也反映了人们收受新闻的心理规律，即能在最短的时间内获得最重要的信息。从原则上说，凡是在历史上存在过的新闻活动方式以及相应的具体新闻活动特点，只要反映了新闻的内在特性，就会在后续的新闻活动之中以某种方式得到传承。

在新闻规律被认识之前，被人类自觉能动地运用之前，不仅新闻规律是自在的，其作用方式也是自在自然的。在这样的状态中，我们只能说新闻规律的作用机制是自然机制，不受人为的自觉干扰和影响，有目的的新闻活动既可能遵循了新闻规律，也可能背离了新闻规律，但都是不自觉的。进一步说，即使人们认识了新闻规律，能够自主运用新闻规律，也并不意味着规律自然作用机制就不存在了。事实上，需要特别指出的是，自主机制的形成并不意味着自然机制的消亡。自然机制永远是规律产生作用的基础机制，正是因为自然机制的永久性存在，才构成了新闻活动主体需要不断认识规律、尊重规律的客观根据。从本质上说，自主机制不过是对自然机制的认识、把握和转换。在本体论层面上，规律作用机制只有一个，那就是自然机制。而且，不断新生的新闻活动方式意味着一些具体的新闻活动规律会不断生成，这是相伴人类新闻活动的持续历史过程。尽管新的规律是在人类自身的目的性活动过程中形成的，但这并不意味着人类随时都能认识、预测相关活动的内在联系和演变趋势。

自然机制是自发的，但自主机制却需要主体的能动性。人们认识新闻规律总有一个过程，自主运用更需要艰苦的探索，需要具体的途径和方法，因而不可能把规律的自然作用机制一下子转换为自主作用机制；人的认知能力、实践能力的有限性，意味着人们认识新闻规律总有一定的限度，自主运用也有一定的限度，因而不可能完美地运用自主作用机制。但自然机制不会受这些主体因素的限制，它仍会自然而然地产生作用。总而言之，作为客观规律，新闻规律一经产生，就会自在自发地对新闻活动产生作用，直至新闻规律所依赖的客体对象退出历史舞台。

第二，新闻规律作用的自主机制在新闻活动的历史演进过程中，总体上会变得越来越强，越来越具有主导地位。通过前文对新闻规律作用方式的历史描述可以看出，规律的主导作用方式有一个由自发主导向自觉主导的总体历史进化过程。主体机制的生成与作用地位的不断增强，不仅基于我们对人类整体能力历史进化的信念，更根源于人类新闻活动史已经创造的基本事实。

人们认识新闻规律的目的是充分发挥新闻活动主体的能动性，提高对新闻规律自觉运用的水平，努力把对新闻规律的理论把握转化成为运用规律的方法，实现规律论与方法论的统一，最终提高新闻活动的效率。这一过程的核心，其实就是把新闻规律的自发作用方式转化为、提升为自觉作用方式。这意味着尽管规律的自发作用机制永远存在，但它并不会成为永远的主导作用机制。随着人们对新闻规律认识水平、把握程度的提高，自觉自主的运用方式就会越来越成为主导的作用方式，而自发自然作用机制也会逐步转化为以主体自觉能动运用为主的自主机制。

自主机制的有效运行，需要新闻活动主体自身的素质保障、能力保证。自主机制的实现水平或者说自主机制的效率，取决于新闻活动主体对新闻规律的认识水平、对新闻规律的尊重程度，更有赖于在此基础之上的新闻实践能力和创新创造能力。从原则上说，对新闻规律的认识水平越高，对新闻规律越是尊重，新闻实践和创新创造能力越强，自主机制就越有效率。自主机制的有效运行，需要新闻活动主体发挥积极性，不断创造能够能动运用新闻规律的客观条件，提升主体运用新闻规律的能力。对认识的、正确把握的新闻规律的运用，还需要各种各样的落实条件，而有些条件可能具备，有些条件只能在将来具备。因此，对新闻规律的运用不可能是完美无缺的，只能在一定程度上、一定水准上自觉运用新闻规律。事实上，在新闻传播学视野中，人类依据自身信息交流、新闻交流需要的不断创造发明，媒介技术、媒介形态、新闻生产传播方式的不断更新发展，既可以看作新闻规律的客观作用，也可以看作人类的主动行为，是两种机制共同作用的结果。我们看到，面对新兴媒介环境，只有少部分新闻媒体能够引领潮流、不断发展壮大，而大部分新闻媒体只能跟随潮流、追赶潮流，而不管是引领潮流者还是追赶潮流者，很多都是自发的甚至是盲目的，是在技术演进、媒介生态变革的自发机制作用下的自然选择，并没有完全认识把握媒介技术、新闻发展的趋势。大浪淘沙，生生灭灭，残酷而又自然，人们知道有规律，但又不可能在短时间内发现、认识和把握规律，因此，由自然机制到自主机制其实是相当艰难的转化过程。在前进的道路上，付出一定的代价就是历史演进的方式。

自主机制的展开，不仅会受到主体自身诸多条件的限制，也会受到规律运用主体所在社会环境的约束。新闻规律产生与发挥作用机制的形成，并不只是新闻领域内部的事情，还会关涉到整体的社会环境状况。人们能不能自主运用新闻规律，特别是如何自觉运用新闻规律，会受到社会政治、经济、文化整体状况的影响，特别会受到新闻控制主体（政府和相关政党）的左右。对此，我们在讨论新闻依赖律时已经做了清晰的阐释。人们看到，有些社会会通过比较稳定的法律规范、新闻政策等，为新闻活动提供足够的自由度，形式上表现为更看重新闻规律的自发作用机制①；另一些社会则可能更强调自主作用，特别表现为新闻控制主体会更强调对一定社会范围内新闻事业发展的整体规划或顶层设计，甚至会直接管理控制重要新闻传媒的日常业务行为，但这些做法至少在形式上都会被说成按照新闻规律办事。不管哪类情况，可以肯定的是，在现实社会中，新闻规律的自主运用机制其实并不是某一类新闻活动主体的专门权利，而是由所有社会主体间的相互作用关系从整体上决定的。新闻规律的自主机制，依赖于社会发展的整体文明水平，特别是政治文明、法律文明水平。

---

① 如在发达资本主义国家，总体上实行的是自由主义新闻制度，尊崇的是新闻专业主义观念，因而强调更多的是让整个新闻业自由发展，透露出来的信念则是新闻业也像其他行业一样，有其自身的演进规律，会在市场机制这只看不见的手的调节下有效运行。

　　自主机制主导时代的到来，意味着新闻活动主体在新闻活动中变得越来越自由。新闻规律运用一旦进入自主机制为主的阶段，也就意味着新闻自由进入了新的阶段，至少我们可以从认识论的角度这样说。① 人们只有认识了新闻规律，把握了新闻规律，他们的新闻活动才有可能是自由的。恩格斯曾经说过，只有掌握了客观规律，"人们才完全自觉地自己创造自己的历史；只是从这时起，由人们使之起作用的社会原因才大部分并且越来越多地达到他们所预期的结果。这是人类从必然王国进入自由王国的飞跃"②。自主活动的程度确实在一定意义上标志着活动的自由程度，但与此同时，人们应该明确意识到，越是自主的活动，越是自由的活动，越是需要承担责任的活动。自主、自由是自觉能动的体现，也是承担责任的前提条件。真实的自主本就以理性为根基，不以任意为表现。自主的新闻活动主体要为自己的新闻行为自觉负责，要及时反思修正违背客观规律的错误。"人类作为人类自己行为的主体，一方面有权利按照自己的需要、尺度和能力去认识世界、改造世界；另一方面，也有责任承担这一切后果，这就是权利和责任的统一。"③

　　第三，自然机制是永恒的作用机制，自主机制是人们对新闻活动有了自觉意识、对新闻规律有了自觉意识之后的作用机制。因而，对今天人类的新闻活动来说，从总体上看，新闻规律作用的机制必然是也应该是自然机制与自主机制的某种统一。这种统一性有其认识论的根据、方法论的可行。新闻规律是客观的，有其自身的自在自发作用，但新闻规律是可认识、可掌握的，因而规律也是可以自主运用的，这就表明在客观逻辑和主观逻辑上，新闻规律的作用机制可以达到或实现自然机制与自主机制的统一。而且，从新闻活动演进的历史趋势上看，这两种机制的统一程度会越来越高，突出表现为人类新闻活动的自觉自主程度会越来越高。这种统一机制的形成与实现过程，主要是用自主机制统一自然机制的过程，并不是轻而

　　① 杨保军. 认识论意义上的新闻自由［J］. 新闻大学，2008（2）：71-74. 必须指出的是，在现代社会，尽管新闻规律认识水平影响新闻自由的实现水平，是新闻自由实现的重要基础，但新闻自由主要不是认识上的自由，而是法律上的自由。也就是说新闻自由只有成为法律认可的权利，才会成为现实的自由权利，不会轻易受到其他权力的干涉、威胁。

　　② 马克思，恩格斯. 马克思恩格斯选集：第3卷［M］. 3版. 北京：人民出版社，2012：815.

　　③ 李德顺. 当代哲学思维的变革和挑战［J］. 新华文摘，2017（13）：39-42.

易举的事情。更需预先指出的是，总体趋势上的自主机制统一自然机制，并不能说明每一次具体的新闻活动都能做到这一点。事实上，正是在自然机制的不断自发作用中，人们才一步步反思认识自然机制的，从而使自主机制能够不断提高效率。

首先，实现统一机制要承认和尊重客观存在的自然机制，始终以自然机制为基础。即使人类早已对新闻活动展开了专门的研究，并且形成了一系列的成果，对新闻活动的特点、属性、功能、规律等有了一定的认识，但我们仍然要清醒地意识到，自主机制本质上不可能完全超越自然机制，绝对掌控自然机制，自然机制总在产生着基础性的作用。人类确实能够自觉运用规律，但这并不意味着可以排除规律的自发作用；人类确实能够自主运用新闻规律，但这并不意味着可以任意自由地使用新闻规律。马克思说过，"一个社会即使探索到了本身运动的自然规律，……它还是既不能跳过也不能用法令取消自然的发展阶段。但是它能缩短和减轻分娩的痛苦"①。美国哲学家杜威在谈到人的自觉与命运（实际就是不可控制、难以预料的自发力量）的关系时指出，"我们考察各种情况，尽量做出最明智的抉择；我们采取着行动，除此之外，其余便只有依赖于命运、幸运或天意"②。这提醒人们能动运用规律的前提条件是尊重自然机制，不可随意超越自然机制。人们对自然机制认识得越清楚，把握得越到位，自主机制才会越有效。自主机制能否占据规律作用的主导地位，能否实现对自然机制的统一，关键在于人们对自然机制本身的认识水平和把握程度。在规律面前，人只能做自己能做的，不能做自己不能做的，自觉只能认识把握有限的自在，自在却不管不顾，自然而然地发挥作用，这说明达到自在与自觉的统一其实是相当困难的过程。

其次，统一机制的目标应该是促进"合理"新闻活动的展开。合理就是使新闻活动达到合规律性与合目的性的统一，既尊重实际，又满足需求。这里的关键问题显然是如何处理好合规律性与合目的性的关系，这二者统一了，人们的新闻活动也就自由了，也就进入我所说的和谐为美的自由境界了③，

---

① 马克思，恩格斯. 马克思恩格斯文集：第5卷 [M]. 北京：人民出版社，2009：9-10.
② 吴国盛. 技术哲学经典读本 [M]. 上海：上海交通大学出版社，2008：2064.
③ 杨保军. 新闻精神论 [M]. 北京：中国人民大学出版社，2007：第4章.

"美是合规律性与合目的性的统一"①。其实，在一般意义上，诚如马克思所说，人的高明之处就在于能够把对象的尺度与自身的需要统一起来，"动物只是按照它所属的那个种的尺度和需要来构造，而人却懂得按照任何一个种的尺度来进行生产，并且懂得处处都把固有的尺度运用于对象；因此，人也按照美的规律来构造"②。由于新闻活动者是能动的主体，因而问题的关键所在，就是新闻活动主体能否合理设定自己的新闻活动目的，使活动目的成为真正的"应该"，从而实现"是"与"应该"的真实统一。从新闻规律作用机制角度看，则是新闻活动主体如何处理好自主机制与自然机制的统一问题。

　　如上文所说，自主意味着某种自由，新闻活动主体在新闻规律面前的自由选择，必须是尊重规律的选择。恩格斯在谈及人的目的性与自然规律之间的关系时曾指出，"自由不在于幻想中摆脱自然规律而独立，而在于认识这些规律，从而能够有计划地使自然规律为一定的目的服务"③。显而易见，合规律是合目的的基础，建立在规律基础上的目的才是可行的、合理的。针对自然的活动如此，社会领域的活动同样如此，社会领域也存在着自身的客观规律。在新闻活动中，新闻活动主体的核心动力因素是主体的新闻需要④，以及建立在新闻需要基础之上的其他延伸性需要。很多情况下，新闻需要只是实现延伸需要的手段，其作为一种手段比本身更为重要。满足或实现新闻需要是新闻活动主体的直接目的，也是其追求的直接目标。因而，新闻活动主体确立合理的新闻需要，是其合理运用新闻规律的关键，自然也是实现自主机制与自然机制相统一的关键。

　　历史的和现实的新闻实践一再告诉我们，人们确实是在按照自己的目的性从事新闻活动，但并不是始终按照新闻规律进行新闻活动，并不是始终按

---

　　① 段虹. 从世界历史到命运共同体再到共产主义：交往关系视角的旨趣和逻辑转换［J］. 马克思主义与现实，2018（3）：124-129.

　　② 马克思，恩格斯. 马克思恩格斯文集：第1卷［M］. 北京：人民出版社，2009：163.

　　③ 马克思，恩格斯. 马克思恩格斯选集：第3卷［M］. 3版. 北京：人民出版社，2012：491.

　　④ 新闻需要，是针对新闻活动主体通过新闻方式满足的需要的一个总的说法。在不同新闻活动主体那里，新闻需要的具体表现是有差异的。比如，对传播主体来说新闻需要直接表现为传播需要，对收受主体来说直接表现为收受需要，而在控制主体那里则直接表现为控制需要，但就本质来看，不同主体都有对"新闻"的某种需要。

照合理的目的性展开活动。这些遵循不同原则的新闻活动有着不同的结果，人们往往也只能通过历史"结果"认清当初选择的正确与否、合理与否。在新中国的历史上，只是在反右运动、"大跃进"运动、"文化大革命"运动过去十几年甚至几十年之后，人们才普遍认识到当初的一些新闻行为是错误的、荒诞的，很多新闻报道不仅背离了新闻规律，也背离了基本常识。当然，其中的原因不能单一归罪于当时的新闻界。而且，历史的错误还有可能重复，只是会以不同的面目出现。现实中我们不难看到，"表演业与政治、闲暇与工作、新闻与娱乐之间的旧有界限正在彻底崩溃"①。但有些界限的崩溃是合理的，有些则未必，新闻不像新闻，成了广告、成了公关、成了文学、成了娱乐、成了私人化的而非大众化的信息，这当然是不合理的，因为它背离了新闻作为事实信息的本性，背离了新闻指向公共利益、公众兴趣的目标，阻碍了新闻功能的正常发挥。"人们的活动确有合乎规律与违背规律之别，因而自觉地认识规律、遵循规律才成为必要。"② 但人们在很多时候更多的是以合目的性运用新闻规律的，而不是以合规律性运用新闻规律的。当目的不受规律的约束时，那很可能成为脱缰的野马，新闻很可能就成为一些人手中任意使用、胡作非为的手段。尊重规律，在规律允许的范围内能动地运用规律，才不至于使人们成为自身欲望的奴隶，被自己并不合理的需要左右。当然，人们也不能只是顺从规律，坐等规律的自发作用，成为规律的奴隶，掉进宿命的陷阱。

最后，统一机制的实现是一个需要理论上不断认识反思、总结概括的过程，需要实践上不断探索实现途径、实现方法的过程，而且，这两个过程本身也应该是相统一的。就人类新闻活动演进的总体趋势看，自然机制与自主机制的统一是一个不断提升统一层次、提高统一水平的过程。

我们在前文实际上反复讲过，自主机制与自然机制的统一基础是对新闻规律的发现、认识和把握。不管是自然科学，还是社会科学、人文学科，认识的目的都是发现对象的内在本质，认识对象的变化规律，这自然是一个需

---

① 托夫勒. 权力的转移 [M]. 刘江，陈方明，张毅军，等译. 北京：中共中央党校出版社，1991：363.

② 田心铭. 认识的反思 [M]. 北京：人民出版社，2000：234.

要持续不断展开探究的艰苦工作。对新闻规律的认识，像对其他规律的认识一样，需要专门地探索研究，并不是用一句不负责任的、无知的"新闻无学"就能打发的。新闻活动对于整个人类生存、生活、生产、发展的重要性（并且越来越重要），探索研究新闻活动基本规律的必要性（并且越来越必要），已经无须反复唠叨了，更为重要的是如何展开研究才能更有效地发现规律、认识规律和掌握规律。我这里不可能以此为论题事无巨细地专门论述，但就新闻规律研究的一些着眼点、着手处提出一些基本原则还是必要的。

在所有研究原则之前之上的是理性的自由研究原则，所有研究者需要独立思考、自由探索、平等对话、广泛交流，遵循已经形成的学术规范，勇敢大胆创新，真诚地讲真话。新闻规律蕴藏在新闻实践活动之中，因而最重要的研究观念、研究方法是从实际出发，其中的核心是从整个人类新闻活动史出发，从一定社会范围内特殊的新闻活动史出发，从现实的新闻活动实际出发，从可能的新闻活动整体发展趋势出发。新闻规律蕴藏在新闻活动与其他社会活动的关系之中，蕴藏在新闻活动与社会整体关系之中，因而探索新闻规律，要有系统的、整体的、跨学科的视野、观念和方法；立足新闻学科，融合其他学科，才能更好把握新闻研究对象。新闻规律说到底蕴藏在也表现在具体的新闻生产、传播、收受、管理、控制等活动之中。因而，发现认识新闻规律最基础的途径和方法是面向微观的、中观的实际活动，如此总结概括出来的新闻规律才是可靠的、可运用的新闻规律。新闻活动的普遍性、弥漫性、渗透性、交融性，意味着对新闻规律的研究可以采用多元化的、多样化的人文方法、科学方法以及人文与科学相统一的方法。研究者需要对研究结果不断反思，形成理论研究自身的不断深化、持续积淀。

自然与自主的统一机制，是一种实践机制，是需要新闻活动主体在新闻实践活动中不断探索、寻求具体统一路径、统一方法的机制。新闻理论研究的目的除了指向理论本身的完善之外，更为重要的是指向新闻实践。理论上的机制统一并不意味着新闻实践上的统一，理论的自洽并不就是实践的完美。理论上的战略、策略、谋划、设想、方案，只有得到实践的检验、证实，才能体现理论的意义和价值。自觉的理论，只有在向自觉的实践转换过程中，才能更好地发现真实问题，从而将研究、实践一起引向深入。

机制的统一过程，在新闻实践中突出表现为自主机制统一自然机制的过程，本质上是减少规律自发作用、加强规律能动运用的过程。因而，这里最重要的问题主要有这样几个方面：

一是增强规律运用的自觉性，减少新闻活动的盲目性。这种自觉性表现在不同层面，对不同新闻活动主体也有不同的要求。比如，对于一定国家、社会的新闻控制主体来说，要通过合法的方式建立优良的新闻制度；对于新闻传播主体来说，要在具体的新闻业务活动中遵守新闻生产传播的基本原则和要求，要针对不同环境、不同媒介形态、不同目标受众生产传播高质量的新闻；对于职业个体新闻工作者来说，需要在采写编评制播等各个环节按照专业要求展开业务工作；对于非职业的民众个体新闻传播者来说，则要逐步提高媒介素养、新闻素养，尽可能尊重新闻传播的事实原则。

二是在实践中不断改进、完善自主统一自然的机制。新闻规律落实到新闻实践之中并不是抽象的，而是体现在日日常新的实践工作中。新闻领域是变动最快的领域，是受社会变化、媒介技术变化影响较大的领域，新问题、新现象层出不穷。因此，紧跟时代发展，随时调整具体实践方法，创新创造新的生产传播方式，才是通过自主机制统一自然机制的主导方式。

三是在今天这样的新闻环境中，应该让越来越多的人认识这种机制，实践这种机制，增强新闻活动的整体自觉性、能动性。马克思在《〈黑格尔法哲学批判〉导言》中指出，"批判的武器当然不能代替武器的批判，物质力量只能用物质力量来摧毁；但是理论一经掌握群众，也会变成物质力量"①。理论一经群众掌握，那将是更大的力量。新闻规律一旦被认识、被自觉地运用，就能使新闻活动在整体上更靠近其本性，使新闻活动能够以其应有的功能和方式产生更好的社会效应。

---

① 马克思，恩格斯．马克思恩格斯选集：第 1 卷［M］．3 版．北京：人民出版社，2012：9．

参考文献

一、本版类

著作类

陈力丹. 舆论学：舆论导向研究 [M]. 北京：中国广播电视出版社，1999.

陈力丹. 世界新闻传播史 [M]. 上海：上海交通大学出版社，2002.

陈力丹. 马克思主义新闻思想概论 [M]. 上海：复旦大学出版社，2003.

陈力丹. 陈力丹自选集 [M]. 上海：复旦大学出版社，2004.

陈力丹，董晨宇. 英国新闻传播史 [M]. 北京：人民日报出版社，2015.

陈力丹. 精神交往论：马克思恩格斯的传播观 [M]. 修订版. 北京：中国人民大学出版社，2016.

陈继静. 法国新闻传播史 [M]. 北京：人民日报出版社，2017.

陈嘉映. 说理 [M]. 北京：华夏出版社，2014.

丁柏铨. 中国当代理论新闻学 [M]. 上海：复旦大学出版社，2002.

邓小平. 邓小平文选：第 1 卷 [M]. 2 版. 北京：人民出版社，1994.

邓小平. 邓小平文选：第 2 卷 [M]. 2 版. 北京：人民出版社，1994.

邓小平. 邓小平文选：第 3 卷 [M]. 北京：人民出版社，1993.

方汉奇. 中国新闻事业通史：第 1 卷 [M]. 北京：中国人民大学出版社，1992.

方汉奇. 中国新闻传播史 [M]. 北京：中国人民大学出版社，2002.

冯友兰. 中国哲学简史 [M]. 北京：北京大学出版社，2013.

冯平. 评价论 [M]. 北京：东方出版社，1995.

甘惜分. 新闻学大辞典 [M]. 郑州：河南人民出版社，1993.

郭庆光. 传播学教程 [M]. 北京：中国人民大学出版社，1999.

郭湛. 主体性哲学：人的存在及其意义 [M]. 昆明：云南人民出版社，2002.

黄旦. 新闻传播学 [M]. 修订版. 杭州：杭州大学出版社，1997.

黄旦. 传者图像：新闻专业主义的建构与消解 [M]. 上海：复旦大学出版社，2005.

贾英健. 虚拟生存论 [M]. 北京：人民出版社，2011.

金观涛. 系统的哲学 [M]. 厦门：鹭江出版社，2019.

列宁. 列宁全集：第 31 卷 [M]. 北京：人民出版社，1958.

列宁. 列宁全集：第 38 卷［M］. 北京：人民出版社，1959.

列宁. 列宁选集：第 1 卷［M］. 3 版修订版. 北京：人民出版社，2012.

列宁. 列宁选集：第 2 卷［M］. 3 版修订版. 北京：人民出版社，2012.

刘大椿. 科学技术哲学概论［M］. 北京：中国人民大学出版社，2011.

刘建明. 舆论传播［M］. 北京：清华大学出版社，2001.

刘建明. 当代新闻学原理［M］. 北京：清华大学出版社，2013.

刘建明. 当代西方新闻理论［M］. 北京：中国人民大学出版社，2015.

刘华初. 历史规律探究［M］. 北京：人民出版社，2013.

刘海龙. 大众传播理论：范式与流派［M］. 北京：中国人民大学出版社，2008.

刘华蓉. 大众传媒与政治［M］. 北京：北京大学出版社，2001.

李瞻. 新闻学：新闻原理与制度之批评研究［M］. 台北：三民书局，1973.

李良荣. 新闻学概论［M］. 上海：复旦大学出版社，2003.

李彬. 全球新闻传播史［M］. 北京：清华大学出版社，2005.

李彬. 传播学引论［M］. 北京：高等教育出版社，2013.

朗劲松. 中国新闻政策体系研究［M］. 北京：新华出版社，2013.

罗以澄，吕尚彬. 中国社会转型下的传媒环境与传媒发展［M］. 武汉：武汉大学出版社，2010.

马克思，恩格斯. 马克思恩格斯全集：第 2 卷［M］. 北京：人民出版社，1957.

马克思，恩格斯. 马克思恩格斯全集：第 7 卷［M］. 北京：人民出版社，1959.

马克思，恩格斯. 马克思恩格斯全集：第 21 卷［M］. 北京：人民出版社，1965.

马克思，恩格斯. 马克思恩格斯全集：第 20 卷［M］. 北京：人民出版社，1971.

马克思，恩格斯. 马克思恩格斯全集：第 23 卷［M］. 北京：人民出版社，1972.

马克思，恩格斯. 马克思恩格斯全集：第 25 卷［M］. 北京：人民出版社，1974.

马克思，恩格斯. 马克思恩格斯全集：第 48 卷［M］. 北京：人民出版社，1985.

马克思，恩格斯. 马克思恩格斯全集：第 1 卷［M］. 2 版. 北京：人民出版社，1995.

马克思，恩格斯. 马克思恩格斯全集：第 3 卷［M］. 2 版. 北京：人民出版社，2002.

马克思，恩格斯. 马克思恩格斯全集：第 31 卷［M］. 2 版. 北京：人民出版社，1998.

马克思，恩格斯. 马克思恩格斯全集：第 32 卷［M］. 2 版. 北京：人民出版社，1998.

马克思，恩格斯．马克思恩格斯全集：第 44 卷［M］. 2 版．北京：人民出版社，2001.

马克思，恩格斯．马克思恩格斯文集：第 5 卷［M］. 北京：人民出版社，2009.

马克思，恩格斯．马克思恩格斯选集：第 1 卷［M］. 3 版．北京：人民出版社，2012.

马克思，恩格斯．马克思恩格斯选集：第 4 卷［M］. 3 版．北京：人民出版社，2012.

毛泽东．毛泽东选集［M］. 2 版．北京：人民出版社，1991.

苗东升．系统科学辩证法［M］. 济南：山东教育出版社. 1998.

牟怡．传播的进化：人工智能将如何重塑人类的交流［M］. 北京：清华大学出版社，2017.

彭漪涟．逻辑规律论［M］. 上海：三联书店上海分店，1994.

芮必峰．新闻生产中的力量博弈［M］. 北京：中国传媒大学出版社，2018.

孙旭培．新闻学新论［M］. 北京：当代中国出版社，1994.

苏恺之．我的父亲苏秉琦：一个考古学家和他的时代［M］. 北京：三联书店，2015.

苏秉琦．满天星斗：苏秉琦论远古中国［M］. 北京：中信出版社，2016.

孙正聿．辩证法研究［M］. 长春：吉林人民出版社，2007.

孙正聿．哲学通论［M］. 修订版．上海：复旦大学出版社，2018.

童兵．马克思主义新闻思想史稿［M］. 北京：中国人民大学出版社，1989.

童兵．理论新闻传播学导论［M］. 北京：中国人民大学出版社，2000.

童兵，林涵. 20 世纪中国新闻学与传播学理论：理论新闻学卷［M］. 上海：复旦大学出版社，2001.

童兵．比较新闻传播学［M］. 北京：中国人民大学出版社，2002.

童兵，陈绚．新闻传播学大辞典［M］. 北京：中国大百科全书出版社，2014.

童世骏．意识形态新论［M］. 上海：上海人民出版社，2006.

汤文辉．媒介与文明：哈罗德·英尼斯的现代西方文明批判［M］. 桂林：广西师范大学出版社，2013.

唐海江．清末政论报刊与民众动员：一种政治文化的视角［M］. 北京：清华大学出版社，2007.

田心铭．认识的反思［M］. 北京：人民出版社，2000.

陶富源. 实践主导论：哲学的前沿探索［M］. 合肥：安徽人民出版社，2001.

涂凌波. 现代中国新闻观念的兴起［M］. 北京：中国传媒大学出版社，2016.

许倬云. 许倬云观世变［M］. 桂林：广西师范大学出版社，2008.

项德生，郑保卫. 新闻学概论［M］. 武汉：武汉大学出版社，2000.

吴国盛. 技术哲学经典读本［M］. 上海：上海交通大学出版社，2008.

吴国盛. 技术哲学讲演录［M］. 北京：中国人民大学出版社，2016.

吴璟薇. 德国新闻传播史［M］. 北京：人民日报出版社，2017.

王海明. 伦理学方法［M］. 北京：商务印书馆，2003.

王鸿生. 科学技术史［M］. 北京：中国人民大学出版社，2011.

王伯鲁. 技术困境及其超越［M］. 北京：中国社会科学出版社，2011.

习近平. 习近平谈治国理政［M］. 北京：外文出版社，2014.

习近平. 习近平谈治国理政：第1卷［M］. 北京：外文出版社，2018.

徐培汀. 中国新闻传播学说史（1949—2005）［M］. 重庆：重庆出版社，2006.

新华社新闻研究所. 新闻工作文献选编［M］. 北京：新华出版社，1990.

杨保军. 新闻事实论［M］. 北京：新华出版社，2001.

杨保军. 新闻价值论［M］. 北京：中国人民大学出版社，2003.

杨保军. 新闻理论教程［M］. 北京：中国人民大学出版社，2005.

杨保军. 新闻理论教程［M］. 2版. 北京：中国人民大学出版社，2010.

杨保军. 新闻理论教程［M］. 3版. 北京：中国人民大学出版社，2014.

杨保军. 新闻活动论［M］. 北京：中国人民大学出版社，2006.

杨保军. 新闻真实论［M］. 北京：中国人民大学出版社，2006.

杨保军. 新闻精神论［M］. 北京：中国人民大学出版社，2007.

杨保军. 新闻本体论［M］. 北京：中国人民大学出版社，2008.

杨保军. 新闻道德论［M］. 北京：中国人民大学出版社，2010.

杨保军. 新闻观念论［M］. 上海：复旦大学出版社，2014.

杨保军. 新闻主体论［M］. 北京：人民日报出版社，2016.

杨保军. 新闻理论研究引论［M］. 北京：中国人民大学出版社，2009.

俞燕敏，鄢利群. 无冕之王与金钱：美国媒体与美国社会［M］. 北京：中国社会科学出版社，2002.

有林，张启华. 论马克思揭示的社会发展一般规律［M］. 北京：中央民族大学出版社，2005.

赵汀阳．一个或所有问题［M］．南昌：江西教育出版社，1998．

赵汀阳．没有世界观的世界［M］．2 版．北京：中国人民大学出版社，2005．

赵汀阳．四种分叉［M］．上海：华东师范大学出版社，2017．

郑超然，程曼丽，王泰玄．外国新闻传播史［M］．北京：中国人民大学出版社，2000．

周宝玺．矛盾规律研究［M］．北京：中国人民大学出版社，2013．

张军芳．报纸是"谁"：美国报纸社会史［M］．北京：中国传媒大学出版社，2008．

张云鹏．文化权：自我认同与他者认同的向度［M］．北京：社会科学文献出版社，2007．

张明仓．虚拟实践论［M］．昆明：云南人民出版社，2005．

朱至刚．早期中国新闻学的历史面相：从知识史的路径［M］．厦门：厦门大学出版社，2016．

中国社会科学院新闻研究所．中国共产党新闻工作文件汇编：下．内部资料，1980．

中共中央宣传部．习近平新时代中国特色社会主义思想三十讲［M］．北京：学习出版社，2018．

中共中央宣传部新闻局．马克思主义新闻文献选读［M］．北京：人民出版社，1990．

中共中央宣传部新闻局．习近平总书记党的新闻舆论工作座谈会重要讲话精神学习辅助材料［M］．北京：学习出版社，2016．

中共中央文献研究室，新华通讯社．毛泽东新闻工作文选［M］．北京：新华出版社，1983．

论文类

白红义．新闻权威、职业偶像与集体记忆的建构：报人江艺平退休的纪念话语研究［J］．国际新闻界，2014（6）：46 - 60．

白红义．新闻创新研究的视角与路径［J］．新闻与写作，2018（1）：24 - 31．

毕宏音．人工智能发展的社会影响新态势及其应对［J］．重庆社会科学，2017（12）：50 - 58．

常江，何仁亿．迈克尔·舒德森：新闻学不是一个学科：历史、常识祛魅与非中心化［J］．新闻界，2018（1）：12 - 17．

陈先达．论历史的客观性［J］．贵州师范大学学报，2018（1）：1 - 9．

陈力丹．党性和人民性的提出、争论和归结：习近平重新并提"党性"和"人民性"的思想溯源与现实意义［J］．安徽大学学报（哲学社会科学版）．2016，40（6）：71 - 88．

陈力丹. 新闻传播学科建设若干热点问题的思考 [J]. 新闻记者, 2017 (9): 70 - 80.

陈力丹. 互联网的非线性传播及对其的批判思维 [J]. 新闻记者, 2017 (10): 46 - 53.

陈力丹. 坚持党性, 尊重规律, 以人民为中心: 习近平新闻舆论观的两个要点和一个落脚点 [J]. 新闻记者, 2018 (7): 8 - 10.

陈昌凤. 未来的智能传播: 从"互联网"到"人联网" [J]. 人民论坛·学术前沿, 2017 (23): 8 - 14.

陈昌凤. 让算法回归人类价值观的本质 [J]. 新闻与写作, 2018 (9): 刊首语.

陈新夏. 人的发展研究的理论范式 [J]. 马克思主义与现实, 2016 (1): 52 - 58.

陈楚洁. 意义、新闻权威与文化结构: 新闻业研究的文化-社会路径 [J]. 新闻记者, 2018 (8): 46 - 61.

陈静茜, 白红义. 新闻业能做什么?: 美国宾夕法尼亚大学芭比·泽利泽 (Barbie Zelizer) 教授学术访谈. 新闻记者, 2018 (7): 84 - 90.

程金福, 胡祥杰. 现代新闻业起于何时 [J]. 新闻大学, 2014 (5): 25 - 30.

崔保国. 被互联网漫卷的时代 [J]. 新闻与写作, 2016 (12): 1.

从全局出发把握新闻舆论工作 [N]. 光明日报, 2016 - 02 - 21 (2).

戴木才. 社会主义核心价值观的融通之"道" [N]. 光明日报, 2017 - 04 - 10 (11).

丁柏铨. 中国新闻理论体系调整之我见 [J]. 新闻大学, 2017 (5): 29 - 37.

丁柏铨. 浅议网络传播规律 [J]. 中国地质大学学报 (社会科学版), 2017 (6): 127 - 137.

丁柏铨, 任桐. "新闻舆论的传播规律"初探 [J]. 新闻记者, 2017 (12): 4 - 13.

丁方舟. "新"新闻价值观的神话: 一项对即时性、互动性、参与性的考察 [J]. 新闻记者, 2018 (1): 81 - 89.

段虹. 从世界历史到命运共同体再到共产主义: 交往关系视角的旨趣和逻辑转换 [J]. 马克思主义与现实, 2018 (3): 124 - 129.

陈锡添. 东方风来满眼春. 深圳特区报 [N]. 1992 - 03 - 26 (1).

叶泽雄. 论马克思人类学视野中的"历史规律" [J]. 哲学研究, 2014 (12): 31 - 35.

冯俊. 改革开放的辩证法: 学习习近平总书记关于全面深化改革方法论的重要论述 [N]. 光明日报, 2018 - 11 - 09 (15).

高培勇. 新时代中国经济学研究面对的重大问题 [N]. 人民日报, 2018 - 01 - 08 (16).

宫京成．正确理解中国特色新闻学需要探讨的几个问题：兼与陈力丹教授商榷［J］．新闻记者，2017（10）：65－71．

郭苏建．中国政治学科向何处去：政治学与中国政治研究现状评析［J］．探索与争鸣，2018（5）：48－52．

郭湛，桑明旭．面向未来的公共主义发展观［J］．中国人民大学学报，2016（6）：30－37．

韩东晖．"科学为王"的时代哲学有什么价值［N］．解放日报，2018－04－17（11）．

何怀宏．人机伦理调节的底线［N］．北京日报，2018－08－27（15）．

胡锦涛．在人民日报社考察工作时的讲话［N］．人民日报，2008－06－21（1）．

胡正荣．智能化：未来媒体的发展方向［J］．现代传播，2017（6）：1－4．

黄鸣奋．信息时代科学与艺术互动的三种模式［J］．中国文艺评论，2017（12）：4－12．

蒋晓丽，李玮．从"反映论"到"对话观"：论多重语境下新闻的转向［J］．湘潭大学学报（哲学社会科学版），2012（6）：141－145．

孔伟．哲学视域中的共同体理论：兼论马克思的共同体思想及其当代意义［J］．中国人民大学学报，2018（3）：88－97．

柯佳时．AI和物联网带来新闻分发新可能［N］．新京报，2018－11－08（33）．

李良荣，袁鸣徽．中国新闻传媒业的新生态、新业态［J］．新闻大学，2017（3）：1－7．

李德顺．关于价值与核心价值［J］．新华文摘，2008（12）：35－37．

李德顺．当代哲学思维的变革和挑战［J］．新华文摘，2017（13）：39－42．

李成旺．重释历史唯物主义本真精神的三个视角［N］．光明日报，2018－03－21（11）．

李建民．多元主义视角下的社会科学研究方法再思考［J］．中国社会科学评价，2018（2）：19－25．

李军．经济学发展须回归学科本质要求［J］．新华文摘，2017（1）：55－58．

李培超，陈吕思达．论马克思伦理思想的基本范式［J］．湖南师范大学社会科学学报，2017（6）：59－66．

李平．不确定性时代呼唤"非理性"［J］．清华管理评论，2016（11）：75－81．

李以建．金庸的功夫世人只识得一半［J］．新华文摘，2019（2）：98－101．

李习文．"对话新闻"：理想、契机与障碍［J］．南京政治学院学报，2010（1）：112－115．

李习文. 论中国现实语境下的"对话新闻"[J]. 国际新闻界，2010（2）：46-50.

林爱珺，孙娇娇. 自由传播为原则，限制传播为例外：媒介传播公共信息的基本原则 [J]. 国际新闻界，2009（12）：71-74.

刘建明. 媒介进化定律的历史解码 [J]. 新闻爱好者，2018（5）：7-11.

刘森林. 中西马克思主义理论对话的语境差异：以"物化"为例 [J]. 贵州师范大学学报，2016（4）：1-8.

刘森林. 辩证法的现实性与开放性 [J]. 新华文摘，2016（13）：36-37.

吕新雨，赵月枝，吴畅畅，等. 生存，还是毁灭："人工智能时代数字化生存与人类传播的未来"圆桌对话 [J]. 新闻记者，2018（6）：28-42.

楼宇烈. 中国传统哲学的思维底蕴 [N]. 人民日报（海外版），2016-06-14（10）.

梅宏. 大数据与数据驱动的智慧 [EB/OL].（2018-01-08）[2019-11-01]. http://www.qunzh.com/qkzx/qwqk/dzxt/2017/201706/201801/t20180108_36294.html.

米博华. 构建中国新闻"主场"[J]. 新闻与写作，2018（8）：刊首语.

闵大洪. 从边缘媒体到主流媒体：中国网络媒体20年发展回顾 [J]. 新闻与写作，2014（3）：5-9.

潘忠党. 在"后真相"喧嚣下新闻业的坚持：一个以"副文本"为修辞的视角 [J]. 新闻记者，2018（5）：4-16.

庞金友. 消解民粹主义 [J]. 新华文摘，2017（11）：10-12.

彭兰. 机器与算法的流行时代，人该怎么办 [J]. 新闻与写作，2016（12）：25-28.

彭兰. 未来传媒生态：消失的边界与重构的版图 [J]. 现代传播，2017（1）：8-14，29.

彭兰. 移动化、社交化、智能化：传统媒体转型的三大路径 [J]. 新闻界，2018（1）：35-41.

彭兰. 新媒体传播：新图景与新机理 [J]. 新闻与写作，2018（7）：5-11.

彭增军. 权力的丧失：社交媒体时代新闻人的职业危机 [J]. 新闻记者，2017（9）：65-69.

彭增军. 因品质得专业：人人新闻时代新闻专业主义的重塑 [J]. 新闻记者，2017（11）：27-34.

彭增军. 主义与生意：新闻模式与商业模式的悖论 [J]. 新闻记者，2018（1）：69-75.

彭增军. 稻草人与看门狗：作为体制存在的新闻业 [J]. 新闻记者，2018（9）：32-36.

邱耕田．论整体性发展［J］．北京大学学报（哲学社会科学版），2017（5）：5-14.

邱耕田，唐爱军．论社会发展的三种机制［J］．新华文摘，2017（5）：40-45.

任平．论"21世纪马克思主义"的出场路径与当代使命［J］．吉林大学社会科学学报，2017（6）：115-125.

孙正聿．我国人文社会科学研究的范式转换及其他：关于文科研究的几点体会［J］．学术界，2005（2）：7-22.

孙正聿．马克思与我们［N］．光明日报，2016-07-07（11）.

孙正聿．哲学理念创新与文明形态变革［N］．人民日报，2016-08-08（16）.

孙正聿．注重理论研究的系统性、专业性［N］．光明日报，2017-01-09（11）.

孙向晨．哲学反思与现代性的价值形态［J］．学术月刊，2016（10）：5-11.

孙飞宇．中国社会学的"中"与"西"［J］．新华文摘，2017（22）：19-22.

孙利天．现代性的追求和内在超越［J］．中国社会科学，2016（2）：5-9.

孙利天，王丹．社会历史的辩证法：辩证法的高阶问题与当代处理［J］．新华文摘，2017（1）：40-43.

孙玮．微信：中国人的"在世存有"［J］．学术月刊，2015（12）：5-18.

孙玮．赛博人：后人类时代的媒介融合［J］．新闻记者，2018（6）：4-11.

孙藜．从客观性到透明性：网络时代如何做新闻?．当代传播，2013（1）：19-22

沈湘平．价值观研究亟需自觉的人类学视角［J］．哲学动态，2016（11）：5-11.

隋岩，常启云．社会化媒体传播中的主体性崛起与群体性认同［J］．新闻记者，2016（2）：48-53.

史安斌，钱晶晶．从"客观新闻学"到"对话新闻学"：试论西方新闻理论演进的哲学与实践基础［J］．国际新闻界，2011（12）：67-71.

史安斌，张耀钟．虚拟/增强现实技术的兴起与传播新闻业的转向［J］．新闻记者，2016（1）：34-41.

史安斌，王沛楠．2018年全球新闻传播业新趋势：基于六大热点话题的全球访谈［J］．新闻记者，2018（4）：17-25.

史剑辉．新闻观：人文主义转向何以可能?：南京大学杜骏飞教授专访［J］．新闻记者，2018（10）：29-36.

宋建武．智能推送为何易陷入"内容下降的螺旋"：智能推送技术的认识误区［J］．人民论坛，2018（17）：117-119.

宋建武，黄淼．信息精准推送中主流价值观的算法实现．新闻与写作［J］．2018

（9）：5 - 10.

唐绪军 . 由"宣传"到"舆论"意味着什么？［N］. 中国社会科学报，2016 - 04 - 29（4）.

谭天，张子俊 . 我国社交媒体的现状、发展与趋势［J］. 编辑之友，2017（1）：20 - 25.

唐海江，吴高福 . 西方政治媒体化评析［J］. 国际新闻界，2003（2）：17 - 22.

屠忠俊 . 中国新闻业技术改造的总体态势（之八）［J］. 当代传播，2000（2）：15 - 18.

王中 . 谈谈新闻学的科学研究［J］. 新闻战线，1980（1）：12 - 14.

王宏宇，隽鸿飞 . 作为总体性的生产［J］. 新华文摘，2015（11）：42 - 44.

王辰瑶 . 新闻创新：不确定的救赎［N］. 中国社会科学报，2016 - 05 - 05（3）.

文军 . 社会转型与转型社会：发展社会学的中国观照及其反思［J］. 中国社会科学评价，2017（4）：25 - 31.

吴廷俊 . "政治家办报"：研究二十世纪五六十年代中国新闻史的一个关键词［J］. 国际新闻界，2010（3）：12 - 18.

吴晓明 . 历史事物中的主观意图及其客观阐释［J］. 新华文摘，2017（1）：40 - 44.

吴飞，任澂澂 . "否思"新闻学［J］. 新闻与写作，2018（1）：16 - 23.

吴江，张小劲 . 大数据国际政治研究的回顾与展望［J］. 华中师范大学学报，2016（4）：1 - 10.

吴向东 . 以人民为中心的发展观［N］. 光明日报，2018 - 01 - 15（15）.

吴根友 . 中国哲学的时代任务与创新的可能性［J］. 学术月刊，2016（10）：15 - 17.

汪行福 . "复杂现代性"论纲［J］. 天津社会科学，2018（1）：46 - 54，67.

夏倩芳，王艳. 从"客观性"到"透明性"：新闻专业权威演进的历史与逻辑. 南京社会科学，2016（7）：97 - 109.

许成钢 . 人工智能、工业革命与制度［J］. 新华文摘，2018（15）：44 - 47.

许晔 . 下一代人工智能：引领世界发展的新兴驱动力［J］. 新华文摘，2018（2）：119 - 124.

许兆昌 . 深刻认识历史叙事的价值［N］. 人民日报，2018 - 10 - 15（16）.

杨保军 . 着眼群众利益尊重新闻事实［N］. 人民日报，2003 - 12 - 04（14）.

杨保军 . 试论新闻传播规律［J］. 国际新闻界，2005（1）：59 - 65.

杨保军 . 新闻传收（受）活动矛盾探究［J］. 湖南大众传媒职业技术学院学报，2006（3）：5 - 9.

杨保军 . 传播态新闻作品的信息构成分析［J］. 当代传播，2006（6）：13 - 14.

杨保军. 简论新闻源主体 [M]. 国际新闻界，2006 (6)：41-45.

杨保军. 新闻理论研究的现状与趋势 [J]. 当代传播，2006 (6)：4-9.

杨保军. 正效新闻·负效新闻·零效新闻：为解决老问题而提出的一组新概念 [J]. 今传媒，2006 (8)：12-13.

杨保军. 姿态 结构 重心：关于新闻理论研究的几点思考 [J]. 国际新闻界，2006 (9)：21-25.

杨保军. 认识论意义上的新闻自由 [J]. 新闻大学，2008 (2)：71-74.

杨保军. 试论作为社会控制手段的新闻控制 [J]. 当代传播，2008 (13)：9.

杨保军. 传播态新闻语境信息构成分析 [J]. 当代传播，2008 (5)：10-14.

杨保军，陈刚. 报纸版面编排的倒金字塔结构 [J]. 中国编辑，2008 (5)：24-27.

杨保军. 简论"后新闻传播时代"的开启 [J]. 现代传播，2008 (6)：33-36.

杨保军. 全面理解新闻的"公开性"：5·12特大地震报道的启示 [J]. 理论视野，2008 (6)：10-14.

杨保军. 新闻理论研究态度与方法论观念：关于新闻理论研究的宏观思考 [J]. 现代视听，2008 (8)：18-25.

杨保军. 简论新闻活动主体的构成及其总体关系 [J]. 今传媒，2009 (10)：23-25.

杨保军. 论新闻的本体功能和派生功能 [J]. 理论月刊，2010 (3)：5-11.

杨保军. 我国新闻理论研究的宏观走向 [J]. 当代传播，2011 (2)：4-9.

杨保军. 新闻领域的中国模式：描述、概括与反思：上 [J]. 新闻界，2011 (4)：3-7.

杨保军. 新闻领域的中国模式：描述、概括与反思：下 [J]. 新闻界，2011 (5)：3-8.

杨保军，涂凌波. "走出"新闻学与"走入"新闻学：提升当前新闻学研究水平的两种必须路径 [J]. 国际新闻界，2012 (5)：6-13.

杨保军，周世林. 新闻文本生产中的思维特征分析 [J]. 中国地质大学学报（社会科学版），2013 (2)：49-53.

杨保军. "共"时代的开创：试论新闻传播主体"三元"类型结构形成的新闻学意义 [J]. 新闻记者，2013 (12)：32-41.

杨保军. 新时期中国新闻系统的结构变迁解析 [J]. 兰州大学学报（社会科学版），2014 (1)：77-84.

杨保军. 新闻真实图景的重构：新闻传播主体"三元类型结构"形成的影响分析

［J］. 新闻与写作，2014（8）：23－27.

杨保军. 新媒介环境下新闻真实论视野中的几个新问题［J］. 新闻记者，2014（10）：33－41.

杨保军. "脱媒主体"：结构新闻传播图景的新主体［J］. 国际新闻界，2015（7）：72－84.

杨保军，朱立芳. 伪新闻：虚假新闻的"隐存者"［J］. 新闻记者，2015（8）：11－20.

杨保军. 试论民众新闻观念的实质及其可能影响［J］. 编辑之友，2015（10）：5－11.

杨保军. "新闻主体论"论纲［J］. 国际新闻界，2016（1）：88-101.

杨保军，张成良. 论新兴媒介形态演进规律［J］. 编辑之友，2016（8）：5－11.

杨保军. 新闻真实需要回到"再现真实"［J］. 新闻记者，2016（9）：4－9.

杨保军. 论"新闻观"［J］. 国际新闻界，2017（3）：91－113.

杨保军. 再论"新闻事实"：技术中介化的新闻事实及其影响［J］. 新闻记者，2017（3）：22－30.

杨保军. 当前我国马克思主义新闻观的核心观念及其基本关系［J］. 新闻大学，2017（4）：18－25，40.

杨保军. 统一性：当代中国马克思主义新闻真实观的典型特征［J］. 新闻大学，2018（1）：27－34，148.

杨保军，李泓江. 新闻理论研究的当代中国特征［J］. 新闻界，2018（2）：23-39，46.

杨保军，王阳. 论新媒介环境下新闻传播的"时效统一"原则［J］. 当代传播，2018（3）：4－8，18.

杨保军，王敏. 人民中心：马克思主义新闻价值观的核心特征［J］. 山西大学学报，2018（6）：63－71.

杨保军，李泓江. 新闻的"漂移"与应对之道［J］. 新闻记者，2018（10）：19－28.

杨保军. 简论智能新闻的主体性［J］. 现代传播，2018（11）：32－36.

杨保军，杜辉. 智能新闻：伦理风险·伦理主体·伦理原则［J］. 西北师大学报（社会科学版），2019（1）：27－36.

杨耕. 社会科学的特殊性［N］. 光明日报，2017－04－24（11）.

杨耕. 在实践中感悟和把握马克思主义的真理力量：纪念《实践是检验真理的唯一标准》发表40周年［N］. 光明日报，2018－05－11（7）.

杨立新. 用现行民法规则解决人工智能法律调整问题的尝试［J］. 中州学刊，2018（7）：40－49.

杨生平，李鹏．唯物史观与解释学历史观的根本区别及其关联［J］．新华文摘，2018（3）：38－40.

殷晓蓉．传播学历史维度的特点［J］．新闻记者，2016（3）：30－41.

喻国明，张文豪．VR新闻：对新闻传媒业态的重构［J］．新闻与写作，2016（12）：47－50.

喻国明，韩婷．算法型信息分发：技术原理、机制创新与未来发展［J］．新闻爱好者，2018（4）：8－13.

喻国明，杨莹莹，闫巧妹．算法即权力：算法范式在新闻传播中的权力革命［J］．编辑之友，2018（5）：2－7.

於红梅．从"We Media"到"自媒体"：对一个概念的知识考古［J］．新闻记者，2017（12）：49－62.

余婷，陈实．人工智能在美国新闻业的应用及影响［J］．新闻记者，2018（4）：33－42.

于沛．阐释学与历史阐释［J］．历史研究，2018（1）：4－8.

袁贵仁．社会主义意识形态的本质体现［J］．新华文摘，2018（12）：1－2.

张康之，向玉琼．网络空间中的政策问题建构［J］．中国社会科学，2015（2）：123－138.

张桂林．中国政治学走向世界一流的若干思考［J］．政治学研究，2018（4）：2－13.

张江．理论中心论：从没有文学的"文学理论"说起［J］．文学评论，2016（5）：5－12.

张江．评"人人都是他自己的历史学家"：兼论相对主义的历史阐释［J］．新华文摘，2017（10）：60－64.

张汝伦．哲学对话与中国精神的重建［J］．中国高校社会科学，2016（2）：4－12.

张志安，束开荣．新媒体与新闻生产研究：语境、范式与问题［J］．新闻记者，2015（12）：29－37.

张志安，刘杰．人工智能与新闻业：技术驱动与价值反思［J］．新闻与写作，2017（11）：5－9.

张森．政府传播视角下环境信息公开的现状与出路［J］．新华文摘，2016（21）：151－155.

张一清．颠覆性技术和社会变革［J］．新华文摘，2017（17）：24－28.

张瑾．科技在社会变革中担当什么角色［N］．北京日报，2018－02－12（14）.

章淑贞，蒲玉玺．网络空间时代的传媒研究需要范式创新：专访《传媒蓝皮书》主编

崔保国 [J]. 新闻与写作, 2018 (8)：76 - 79.

赵月枝. 为什么我们今天对西方新闻客观性失望? [J]. 新闻大学, 2008 (2)：9 - 16.

赵义良. 唯物史观的精神内核及其生成逻辑 [J]. 中国社会科学, 2016 (7)：65 - 82.

赵立兵, 文琼瑶. 超越危局：新闻业应立足于公共生活：美国威斯康星大学传播艺术系教授潘忠党学术专访 [J]. 新闻记者, 2017 (12)：14 - 21.

郑杭生. 学术话语权与中国社会学发展 [J]. 中国社会科学, 2011 (2)：27 - 34.

钟蔚文, 王彦. 传播教育者要警惕"训练无能"：台湾政治大学传播学院名誉教授钟蔚文谈治学与从教 [J]. 新闻记者, 2017 (12)：29 - 33.

周书环. 比较媒介体制研究与拉丁美洲特色：政治传播学者丹尼尔·哈林教授访谈 [J]. 新闻记者, 2018 (6)：43 - 49.

左亚文, 吴朝邦. 论"对象化"与人的本质的实现 [J]. 华中师范大学学报, 2016 (4)：63 - 69.

二、翻译类（包括著作与论文）

拉普. 技术哲学导论 [M]. 刘武, 康荣平, 吴明泰, 译. 沈阳：辽宁科学技术出版社, 1986.

盖伦. 技术时代的人类心灵：工业社会的社会心理问题 [M]. 何兆武, 何冰, 译. 上海：上海科技教育出版社, 2008.

吴国盛. 技术哲学经典读本 [M]. 上海：上海交通大学出版社, 2008.

曼海姆. 意识形态与乌托邦：知识社会学导论 [M]. 李步楼, 尚伟, 祁阿红, 等译. 北京：商务印书馆, 2014.

瓦耶纳. 当代新闻学 [M]. 丁雪英, 连燕堂, 译. 上海：复旦大学出版社, 2011.

布洛赫. 历史学家的技艺 [M]. 张和声, 程郁, 译. 上海：上海社会科学院出版社, 1992.

迪尔凯姆. 社会学方法的准则 [M]. 狄玉明, 译. 北京：商务印书馆, 1995.

莫斯可. 传播政治经济学 [M]. 胡正荣, 张磊, 段鹏, 等译. 北京：华夏出版社, 2000.

麦克卢汉. 理解媒介：论人的延伸 [M]. 何道宽, 译. 北京：商务印书馆, 2000.

哈克特, 赵月枝. 维系民主? 西方政治与新闻客观性 [M]. 沈荟, 周雨, 译. 北京：清华大学出版社, 2005.

洛根. 字母表效应：拼音文字与西方文明 [M]. 何道宽, 译. 上海：复旦大学出版社，2012.

麦克卢汉. 谷登堡星汉璀璨：印刷文明的诞生 ［M］. 杨晨光，译. 北京：北京理工大学出版社，2014.

德布雷，赵汀阳. 两面之词：关于革命问题的通信 ［M］. 张万申，译. 北京：中信出版社，2014.

洛根. 理解新媒介：延伸麦克卢汉 ［M］. 何道宽，译. 上海：复旦大学出版社，2016.

维尔. 世界报刊史：报刊的起源、发展与作用 ［M］. 康志洪，王海，译. 北京：科学出版社，2018.

舒尔曼. 科技文明与人类未来：在哲学深层的挑战 ［M］. 李小兵，谢京生，张锋，等译. 北京：东方出版社，1995.

怀特. 分析的时代：二十世纪的哲学家 ［M］. 杜任之，译. 北京：商务印书馆，1981.

施拉姆，波特. 传播学概论 ［M］. 陈亮，周立方，李启，译. 北京：新华出版社，1984.

巴格迪坎. 传播媒介的垄断 ［M］. 林珊，三泰玄，范东生，等译. 北京：新华出版社，1986.

马尔库塞. 爱欲与文明 ［M］. 黄勇，薛民，译. 上海：上海译文出版社，1987.

马尔库塞. 单向度的人 ［M］. 张峰，译. 重庆：重庆出版社，1988.

弗洛姆. 弗洛姆著作精选：人性·社会·拯救 ［M］. 上海：上海人民出版社，1989.

托夫勒. 权力的转移 ［M］. 刘江，陈方明，张毅军，等译. 北京：中共中央党校出版社，1991.

尼葛洛庞帝. 数字化生存 ［M］. 胡泳，范海燕，译. 海口：海南出版社，1996.

菲德勒. 媒介形态变化 ［M］. 明安香，译. 北京：华夏出版社，2000.

米尔斯. 社会学的想像力 ［M］. 陈强，张永强，译. 北京：三联书店，2001.

罗斯金，等. 政治学 ［M］. 林震，王锋，范贤睿，等译. 北京：华夏出版社，2002.

阿什德. 传播生态学：文化的控制范式 ［M］. 邵志择，译. 北京：华夏出版社，2003.

莱文森. 思想无羁：技术时代的认识论 ［M］. 何道宽，译. 南京：南京大学出版社，2003.

洛厄里，德弗勒. 大众传播效果研究的里程碑 ［M］. 刘海龙，译. 北京：中国人民大学出版社，2004.

波兹曼. 娱乐至死［M］. 章艳，译. 桂林：广西师范大学出版社，2004.

丹尼斯，梅里尔. 媒介论争［M］. 王纬，等译. 北京：北京广播学院出版社，2004.

美国新闻自由委员会. 一个自由而负责的新闻界［M］. 展江，王征，王涛，译. 北京：中国人民大学出版社，2004.

凯瑞. 作为文化的传播［M］. 丁未，译. 北京：华夏出版社，2005.

波斯曼. 技术垄断：文化向技术投降［M］. 何道宽，译. 北京：北京大学出版社，2007.

芒福德. 技术与文明［M］. 陈允明，王克仁，李华山，译. 北京：中国建筑工业出版社，2009.

伯格，卢克曼. 现实的社会建构［M］. 汪勇，译. 北京：北京大学出版社，2009.

舒德森. 发掘新闻：美国报业的社会史［M］. 陈昌凤，常江，译. 北京：北京大学出版社，2009.

本尼迪克特. 文化模式［M］. 王炜，等译. 北京：社会科学文献出版社，2009.

戴比尔，梅里尔. 全球新闻事业：重大议题与传媒体制［M］. 郭之恩，译. 北京：华夏出版社，2010.

爱森斯坦. 作为变革动因的印刷机［M］. 何道宽，译. 北京：北京大学出版社，2010.

霍尔. 超越文化［M］. 何道宽，译. 北京：北京出版社，2010.

莱文森. 软利器：信息革命的自然历史与未来［M］. 何道宽，译. 上海：复旦大学出版社，2011.

科瓦奇，罗森斯蒂尔. 新闻的十大基本原则：新闻从业者须知和公众的期待［M］. 刘海龙，连晓东，译. 北京：北京大学出版社，2011.

库兹韦尔. 奇点临近［M］. 李庆诚，董振华，田源，译. 北京：机械工业出版社，2011.

莱文森. 新新媒介［M］. 何道宽，译. 上海：复旦大学出版社，2013.

乔根森，哈尼奇. 当代新闻学核心［M］. 张小娅，译. 北京：清华大学出版社，2014.

阿瑟. 技术的本质［M］. 曹东溟，王健，译. 杭州：浙江人民出版社，2014.

斯蒂芬斯. 新闻的历史：第 3 版［M］. 陈继静，译. 北京：北京大学出版社，2014.

塔勒布. 反脆弱［M］. 雨珂，译. 北京：中信出版社，2014.

科瓦奇，罗森斯蒂尔．真相：信息超载时代如何知道该相信什么［M］．陆佳怡，孙志刚，译．北京：中国人民大学出版社，2014.

默顿．社会理论和社会结构：第2版［M］．唐少杰，齐心，等译．南京：译林出版社，2015.

约斯特．新闻学原理［M］．王海，译．北京：中国传媒大学出版社，2015.

莱文森．人类历程回放：媒介进化论［M］．邬建中，译．重庆：西南师范大学出版社，2017.

本森，内维尔．布尔迪厄与新闻场域［M］．张斌，译．杭州：浙江大学出版社，2017：52.

杜斯，布朗．追溯柏拉图：传播学起源概论［M］．王海，译．北京：科学出版社，2018.

汤因比，池田大作．展望二十一世纪：汤因比与池田大作对话录［M］．荀春生，朱继征，陈国梁，译．北京：国际文化出版公司，1985.

史蒂文森．认识媒介文化：社会理论与大众传播［M］．王文斌，译．北京：商务印书馆，2001.

艾伦．新闻文化［M］．方洁，陈亦南，牟玉涵，等译．北京：北京大学出版社，2008.

伊格尔顿．理论之后［M］．商正，译．北京：人民出版社，2009.

安托内萨．莱布尼茨传［M］．宋斌，译．北京：中国人民大学出版社，2015.

莫利纽克斯．媒体的马克思主义分析［M］．杨倩，译．北京：中国传媒大学出版社，2018.

鲍曼．流动的现代性［M］．欧阳景根，译．北京：中国人民大学出版社，2018.

艾丹米勒．机器人的崛起与人类的法律［J］．李飞，敦小匣，译．新华文摘，2017（24）：153-156.

列克托尔斯基．什么是哲学［J］．张百春，译．学术交流，2018（5）：165-174.

维乐．论技术德性的建构［J］．陈佳，译．东北大学学报（社会科学版），2016（9）：441-449.

沃勒斯坦．结构性危机：一次迥异的危机［J］．张发林，译．北京大学学报（哲学社会科学版），2017（1）：5-10.

舒德森．新闻的真实面孔：如何在"后真相"时代寻找"真新闻"［J］．周岩，译．新闻记者，2017（5）：75-77.

坎德尔. 新心智科学与知识的未来 [M]. 李恒威，武锐，译. 新疆师范大学学报（哲学社会科学版），2018（1）：7-24，2.

卡尔森. 自动化判断？算法判断、新闻知识与新闻专业主义 [J]. 张建中，译. 新闻记者，2018（3）：83-96.

兰塔能. 吉登斯和"全球化"一词：对安东尼·吉登斯的访谈 [J]. 传播与社会学刊，2008（5）：1-15.

肯里克，科恩，纽伯格，等. 反科学思维的心理根源 [N]. 光明日报，2018-08-08（14）.

后　记

可能真是老了，说话越来越啰唆，本计划上限 30 万字左右的《新闻规律论》，一落笔就超过了 40 万字。文章总是自家的好，舍不得删了，就这样吧。有兴趣的读者，只能面对"裹脚布"了。

《新闻规律论》是我撰写的新闻基础理论研究系列专论的第十论，与已经出版的九论①合起来，总字数大概有 400 万字了。也许再过一些年头，有了时间，修整一下，我会将它们"打包"，以"新闻十论"的方式奉献给读者。

就《新闻规律论》本身来说，一定意义上可以说是对前"九论"的提升和凝结。我在导论中说过，一个学科、一个领域的研究，直接的学术目的就在于发现和揭示相关对象的规律，然后才谈得上以合理的方式为实践服务。人们知道，"马克思一生所追求的就是：通过对社会历史发展一般规律的分析和揭示，通过对资本主义生产方式及其发展规律的研究，为工人阶级以及每个人的解放和全面发展指明方向和道路"②。规律研究的意义与价值无须多言，关键在于我们的研究做得如何。我的研究尽管持续了二十多年，但对新闻规律研究来说，才是刚刚起步。

回头望去，二十多年过去了，我由青年、中年开始进入老年，黑发变成

---

① 从 1998 年开始到现在，我专注于新闻理论基础研究，先后出版了《新闻事实论》（2001）、《新闻价值论》（2003）、《新闻真实论》（2005）、《新闻活动论》（2005）、《新闻精神论》（2007）、《新闻本体论》（2008）、《新闻道德论》（2010）、《新闻观念论》（2014）、《新闻主体论》（2016），在这已经出版的九部专论中，有六部著作获得了各种奖项。其中，作为我的博士论文的《新闻事实论》（2001 年新华出版社出版）于 2002 年获得中国人民大学优秀博士论文奖，于 2003 年获得全国百篇优秀博士论文奖；《新闻价值论》（2003 年中国人民大学出版社出版）、《新闻活动论》（2005 年中国人民大学出版社出版）、《新闻道德论》（2010 年中国人民大学出版社出版）先后于 2006 年、2009 年、2013 年获得第四届、第五届、第六届中国高校人文社会科学研究优秀成果奖三等奖、二等奖和三等奖；《新闻精神论》（2007 年中国人民大学出版社出版）于 2010 年获得第十届中国人民大学优秀科研成果著作奖；《新闻观念论》（2014 年复旦大学出版社出版）于 2017 年获得第七届吴玉章人文社会科学成果优秀奖。这些获奖在一定程度上说明学界肯定了我的研究成果，更重要的是鼓励了我持续的研究工作。

② 李培超，陈吕思达 . 论马克思伦理思想的基本范式［J］. 湖南师范大学社会科学学报，2017（6）：59－66.

了"二毛"、白发，但当年的愿望也由头脑中的想象一步一步变成了摆在面前的文本，思想变成了可触可摸的感性事实，说实话，也是相当欣慰的。不过，这些著作只是对既往劳动心血的奖赏，一经面世，便是过去时了，对自己其实也就不那么重要了。至于这些著作对学术研究的意义和价值，更不是我自己能够评判的事情，只能留给他人和历史来衡量。我想做的是眼下与未来的新事情，继续自己的观察分析、读书思考、写作出版，争取对新闻学研究做出一些新的贡献。

"十论"，毕竟是我从年轻写到老的。我没功劳也是有苦劳的，对新闻学研究特别是新闻理论研究多多少少有一些切身的体会。因而，借着本书的出版机会，拣几条在我看来比较重要的谈谈自己的感受或看法。其实，一说出来，一写下来，看上去就既不高妙也不深邃，基本上属于老生常谈。但回头一想，老生常谈的东西也许恰好属于长期经验的结果，属于不断认识反思的结果，属于学术研究中可称之为规律性的东西。其实，规律似乎抽象，但并不神秘，就是事物内部稳定的关系，它影响甚或决定着事物的发展趋势。稳定的东西差不多也就是老生常谈的对象，但也是常谈常新的对象。

做新闻基础理论研究，需要人文社科的全面素养，特别是一定水平的哲学修养，这大概是我最深的感受。我在大专时代学了点物理学的皮毛，读研究生时转向哲学，到了博士、博士后专攻新闻学。不断的学科转换，当然不利于学术的专门积累，人的时间精力毕竟是有限的。因而，尽管读博开始，我有意做了基础补课，但谈起新闻学科的方方面面，我这个没有经过科班训练的人还是感到底气不足，不大敢张口说什么话。但学科转换也有好处，只要善于对知识、思维、方法进行迁移，一定会对最终专注的学科研究产生促进作用。其实，学术研究达到一定层次或境界，就能深深感受到所有学科之间都是相融相通的，而哲学就是那个最重要、最有效、最必需的融通剂、催化剂或润滑油。说实话，这几十年以来，我读得最多的书不是新闻学、传播学，而是哲学以及其他人文社科类的著述，但我却把它们都凝结在了新闻学的研究上。其他方面的思考或成果则以零碎的眉批、笔记等形式存留着，也许将来有了兴致和时间，整理出来，公之于众，也算是对自己其他兴趣的一种奖赏，但这是后话了。

　　新闻学是一门应用性比较强的社会科学，同时也是一门具有浓烈人文色彩的社会科学。但越来越多的研究者看重前半句，轻视后半句。结果就是，新闻业务研究风生水起，新闻理论研究却半死不活。如今，实事求是地说，已经没有多少人特别是年轻人真正坚守在新闻理论研究领域了，在各种所谓"转型"的名义下，新闻理论研究者相对量越来越少。大概正是因为这样（当然还会有其他原因），新闻理论研究至今少有像样的成果，也似乎没有能够说出来让人眼前一亮或心悦诚服的理论。新闻理论研究的疲软导致新闻学的学术地位、学术属性百十年来反反复复成为"鸡肋"式的问题，甚至一些"阿猫""阿狗"式的人，动不动就像谈论中国男足一样地谈论中国新闻学。这当然让我们这些新闻理论研究者深感尴尬和不快，间或也会有一些生气或愤怒。然而，这是谈论者的自由，我们没有任何权利封堵人家自由的嘴巴。只是希望信口开河者少一些，严肃认真者多一些。建设性的态度总比破坏性的态度要好一些。我们需要的是奋斗而不是愤怒（愤怒有时也是必要的），发愤图强才是正确的选择。

　　谁都知道，一个学科成为学科的重要标志，在一定的历史时期内，就是它拥有比较明确的研究对象，拥有相对独立的理论体系，形成相对稳定的基础知识系统，具有比较成熟的方法论观念及方法系统。实现这样的目标，自然需要一个历史过程，需要整个学科研究者以及其他相关社会力量的共同努力。但我这里想说的是，对于个体研究者而言，要想对学科基础建设做出一点贡献，必须具有把握对象本质的意愿和观念，这就是我所说的哲学素养。有学者说，"现代中国无论自然科学、人文科学还是社会科学，大都缺乏有足够分量的理论，这与哲学不受重视有极大关系"①。这样的看法也许把哲学太当回事了，但我与说此话的学者感觉相似。我在读美国人比尔·科瓦奇和汤姆·罗森斯蒂尔合著的《真相》② 一书时，针对有学者认为"新闻学是应用学科，新闻理论不能做成哲学"的说法，写下了这样一则眉批，"不是新闻理论不能做成具有哲学意味的学问，而是我们没有哲学家的素养与智慧；新闻，

---

　　① 张汝伦. 哲学对话与中国精神的重建［J］. 中国高校社会科学，2016（2）：4-12.
　　② 科瓦奇，罗森斯蒂尔. 真相：信息超载时代如何知道该相信什么［M］. 陆佳怡，孙志刚，译. 北京：中国人民大学出版社，2014.

这个贯通整个社会神经系统的存在，如果缺乏哲学式的全局胸怀与透彻见底的眼光，我们的新闻理论就只好永远处于无学的深渊，而难以达致高瞻远瞩的境界"。新闻学当然不是哲学，"哲学"不过是处理一些新闻根本问题的应有方式①，"任何一个学科的基础性构造都是哲学性的"②。但是，我们的学者如果没有这样的哲学意识和能力，又如何深究新闻学的基本问题呢？我所做的系列专论研究特别是本书关于新闻规律的探讨，毫无疑问是新闻理论中最具哲学意味的课题，是最需要我们做出哲学思考的课题。如果没有对规律问题的一般理解和把握，对于新闻规律问题，至少从理论上是无处下手的。我在请教中国人民大学哲学院一位哲学教授的微信中说，不把握一般规律，何谈特殊规律。当然，从特殊而一般，是另一条必要的路径。

要做出像样的新闻理论研究，像做其他任何学科的理论研究一样，尽管需要许多条件，但自主自由的环境实在是基本的、不可缺少的条件。自主自由的探索，多元、多样理论、观念、见解、观点、方法之间的不断对话、交流和碰撞，是学术繁荣、理论成长的充分必要条件。知识社会学创始人卡尔·曼海姆指出，"对一种观点造成局限的那种狭隘性和制约性往往可以通过与其他相反观点的冲突和碰撞而得到纠正，这似乎是内在于历史过程本身的现象"③。没有相对宽松自由的学术环境，与政治关系特别紧密的新闻领域（包括新闻研究领域）就难以产生真正有影响的理论，也很难形成对社会有意义、有价值的真知灼见。其中的道理古今中外讲的、写的、呼吁的、呐喊的、以实际斗争方式争取的实在是太多了。但这仍然是需要不断奋斗的事情。历史的真实面目就是这样，没有免费的午餐。学术自由的现实意义在于学者在研究活动中拥有学术的自主权，亦即"特定学术主体在话语行动中的主体性、

---

① 美国政治哲学家施特劳斯在谈及"政治哲学"时指出，"'政治哲学'这一表述中，'哲学'表示处理的方式：这种处理方式既要追根究底又包罗万象"。参见施特劳斯. 什么是政治哲学 [M]. 李世祥，等译. 北京：华夏出版社，2014：2. 我大致也是在这一意义上理解新闻哲学中"哲学"一词的，它主要是一种观念和追根究底的方法。

② 赵汀阳. 一个或所有问题 [M]. 南昌：江西教育出版社，1998：16.

③ 曼海姆. 意识形态与乌托邦：知识社会学导论 [M]. 李步楼，尚伟，祁阿红，等译. 北京：商务印书馆，2014：111.

自主性、自抉性和能动性等资格和能力"①。这种自主权的拥有，使得学者可以无所顾忌，以科学与真理为行动的最高目标。社会学家米尔斯认为，"如果社会科学不是独立自主的，它就不可能成为对公众负责的行业"②。这种对学术职业神圣职责的强调构成了学术自主自由的合法性基础。

但我这里想多说的几句不是针对环境，而是针对研究者自身。把自己的无能、懒散归咎于环境的严苛是再容易不过的事情，抱怨环境既改变不了环境，也改变不了自己。其实，自律的研究才可能成为真正自主自由的研究。这里的自律，是指尊重科学精神、理性精神的研究，是指把学术研究当作学术研究的姿态，是指严格遵守公认学术规范的做法。严肃而理性的学术探讨，难度不在于提出自己的观点和见解，而是为自己的观点、见解提出可信的根据和符合逻辑的理由。我国哲学家赵汀阳认为，"人类从来不缺乏伟大的言论或思想，缺乏的是确保可信的证明或证据"③。学问的真功夫其实就在于为自己的观念做出证明和证实。学术不是心灵鸡汤，不是名言警句，不是断言断论，不是胡编乱造，不是简单的我认为、我以为、我相信，更不是我觉得、我设想、我希望。对于研究新闻活动的学者，我们可以做个虽然不十分准确但很好理解其中内在精神的比喻：学术研究像消息报道一样，让事实说话；学术研究也像新闻评论一样，用道理服人。

作为研究者，每个人都有自身的兴趣和特长，甚至有自己的偏爱或冷门取向，别人没有什么权力说三道四、指手画脚。但学术研究并不是纯粹个人的事情，用时髦的话说，它在为社会提供公共产品。学术研究者作为一个至少是形式化的共同体，事实上在不断向人们提供知识、道理甚至是真理，会在不同程度上影响他人和社会。正因为如此，学术批评才有其存在的客观根据，不然，人们对别人的研究没有必要评头论足、说高道低。因而，研究什么，如何研究，为什么研究，就不是简单的任意而为的事情，还需要考虑它对学术的意义、它对社会的价值。

就我国目前新闻学术研究来看，不同的人有不同的侧重和偏向。比如，

---

① 郑杭生. 学术话语权与中国社会学发展 [J]. 中国社会科学，2011 (2)：27-34.
② 米尔斯. 社会学的想像力 [M]. 陈强，张永强，译. 北京：三联书店，2001：115.
③ 赵汀阳. 四种分叉 [M]. 上海：华东师范大学出版社，2017：22.

有人偏向理论研究，有人偏向实践研究；有人侧重宏观研究，有人侧重微观研究；有人长于逻辑分析，有人善于经验实证。如此等等，都是很正常的现象。但是，最近这些年的新闻学研究也确实存在一些需要研究者警惕或注意的现象。试举几个方面一说：一是跨学科名义下的"两头生、两不熟"研究现象。跨学科、多学科、超学科研究本是学术研究的内在要求，自是好事。但一些研究者既"走不出"新闻学科，也"走不入"新闻学科，生拉硬扯，急于求成，搞出一些低水平的四不像成果。"走入"新闻学又"走出"新闻学不是一件轻而易举的事情，需要长期努力。① 二是琐碎无聊的研究论题增多。像其他人文社科领域的研究一样，新闻学研究领域也出现了越来越多的琐碎化、碎片化现象。好像需要研究的问题已经穷尽了，没有什么问题可研究了。一些人挖空心思做的一些研究，看上去甚是精致奇妙，但却没有什么真正的意义，所谓研究至多是一次研究旅行或夏令营训练活动。还是要说，不能只是为了发表论文而做所谓的研究，还是要关注真实的问题、重要的问题。借用托马斯·阿奎那的一句话，"有关最崇高事物最细微的知识也要胜过有关琐碎事物最确定的知识"②。我国哲学家陈先达指出，"不研究规律而沉迷于细节，就是只见树木，不见森林"③。发现不了真实的问题、有意义有价值的问题，恰好表明研究能力的疲弱和研究热情的惨淡。三是令人头晕目眩的方法炫耀。这一类研究总体上可以说形式很美、思想很丑。我国著名考古学家苏秉琦认为，"无论信息技术如何发达，总不会代替你的大脑回答所有问题。人的思想和灵魂，始终要起主导作用"④。现在的很多研究，没有研究者的独立见解，也看不出研究者的思想观点，只是用一些规范的实证方法、新生的网络技能建构一套研究框架或模式。这些研究者用这种研究框架今天套这个事件，明天套那个事件，不痛不痒解说几句，学术研究真是变成了论文的生产流水线，这在根本上玷污了学术研究的探索求新精神。除了这几种典型的现

---

① 杨保军，涂凌波．"走出"新闻学与"走入"新闻学：提升当前新闻学研究水平的两种必须路径 [J]．国际新闻界，2012 (5)：6-13．

② 施特劳斯．什么是政治哲学？[M]．李世祥，等译．北京：华夏出版社，2014：3．

③ 陈先达．论历史的客观性 [J]．贵州师范大学学报，2018 (1)：1-9．

④ 苏恺之．我的父亲苏秉琦：一个考古学家和他的时代 [M]．北京：三联书店，2015：319．

象外，学术界一直批评的食洋不化现象仍然存在。我们看到，有些研究不食中国本土烟火的表现已经相当严重。一些论文名义上研究的是中国现象、中国问题，却没有一条中文文献，甚至没有几个中国案例。一些研究者也不屑阅读大陆本土研究者的著述，点缀几篇，也多是港台学者的相关成果。学术研究本就是具有一定普遍性的理论活动，可以互相学习、互相借鉴、互相参照，而不论中外远近。研究中国问题却无视中国研究者的成果，多少显得轻薄荒诞。把基于其他实际的地方理论不经消化转换就套用到中国来，总有些牛头不对马嘴的感觉。理论、知识、观念、方法等都可以借鉴，但不能简单套用。"按照历史唯物主义的基本要求，思想是所在环境的产物，思想主张必须反映自己所在的社会环境，按照社会环境的具体要求，发出自己的思想之声。脱离自己所处的具体社会环境，把出自其他社会环境的思想遵照形式上、语词上类似或一致的要求直接挪移，直接拷贝语词和形式上一致的理论观念和理论逻辑，是会导致历史错位和理论荒谬的。"[1] 因而，我赞同这样的看法，"必须对一切脱离历史具体、试图无批判地推广运用到任何对象上去的抽象的普世理论予以拒绝"[2]。至于那些语录连篇、口号满嘴的所谓研究，在我看来在学术意义上不值一说。那种东西当然有它自身的意义和价值，但那不是学术研究，也不是思想创造。

新的技术革命带来的影响太大了，正在改变人类的生产方式、生活方式、思维方式。"在这个时期，处理事情的老办法不再奏效，过去习得和沿袭的生活方式不再适合于当今的人类状况，而应对挑战的新方式和更加适合于新情况的新生活方式又尚未发现、就位和发挥作用……"[3] 同样，新闻传播领域实在变化太大、太快了，作为学术研究者，尽管可以不追潮流、不赶时髦，平心静气、沉着应战，但不能以甘坐冷板凳的名义、鸵鸟投沙的愚蠢忽视新闻活动现实的巨大变化和最新发展。我们需要跟上时代步伐，观察新现象，发现新问题，掌握新方法，开辟新境界，这对新闻学科似乎显得更加紧迫和

---

① 刘森林. 中西马克思主义理论对话的语境差异：以"物化"为例 [J]. 贵州师范大学学报，2016（4）：1-8.

② 赵义良. 唯物史观的精神内核及其生成逻辑 [J]. 中国社会科学，2016（7）：65-82.

③ 鲍曼. 流动的现代性 [M]. 欧阳景根，译. 北京：中国人民大学出版社，2018：3.

必要。美国学者芭比·泽利泽指出，"新闻研究没有跟上它随时间而发生的广泛的、常常出乎意料的变迁"①。理论研究尽管没有必要慌慌张张地追赶现实，但具有前瞻性的探索乃是理论研究的应有职责。

这些年来，没有哪个学科像新闻传播学科这样变化迅速，最根本的原因是新闻传播实际的变化日新月异。社会发展、技术进步，已使人类新闻活动在整体上进入了后新闻业时代。沿着报纸新闻学、广播新闻学、电视新闻学、网络新闻学而来的历史逻辑看上去还能延续，但事实上已经到了转型的历史节点上，以职业新闻活动为核心对象的新闻学研究正在向作为普遍社会现象的新闻活动转移，新闻学研究的范式很可能从职业范式向社会范式转换。毫无疑问，在今后很长一段时期内，职业新闻活动仍然是新闻学研究的主要对象，但作为社会普遍现象的新闻活动（职业新闻活动与非职业新闻活动）中，职业新闻生产传播活动与非职业新闻生产传播活动的关系将会成为越来越重要的问题。而伴随媒介化社会、媒介化生存的到来与不断升级，"新闻关系"会越来越成为新闻传播学研究的重心。② 至于技术进步带来的新的不断涌现的新闻活动现象、活动方式，自然需要研究者先知先觉，能够及时观察分析，做出前瞻性的探究。一言以蔽之，我们踏上了时代的征程，就得以时代的精神姿态和方法勇往直前。

作为中国研究者，要特别关注中国问题。作为具体的研究者，我们很难将自身从自己的传统文化中、历史依赖中、现实社会中彻底剥离出来，任何研究者都不可能成为超脱环境的赤裸裸的研究者。"个体所属的文化提供了构成它生活的原始材料"，"每一个男女的每一种个人兴趣都是由他所处的文明的丰厚的传统积淀所培养的"③。冯友兰在谈论中国哲学时提到，"在思想的时候，人们常常受到生活环境的限制。在特定的环境，他就以特定的方式感受生活，因而他的哲学也就有特定的强调之处和省略之处，这些就构成了这

---

① 乔根森，哈尼奇. 当代新闻学核心 [M]. 张小娅，译. 北京：清华大学出版社，2014：32.
② 杨保军. 姿态 结构 重心：关于新闻理论研究的几点思考 [J]. 国际新闻界，2006 (9)：21 - 25. 杨保军. 新闻理论研究的现状与趋势 [J]. 当代传播，2006 (6)：4 - 9. 杨保军. 新闻理论研究态度与方法论观念：关于新闻理论研究的宏观思考 [J]. 现代视听，2008 (8)：18 - 25.
③ 本尼迪克特. 文化模式 [M]. 王炜，等译. 北京：社会科学文献出版社，2009：164.

个哲学的特色"①。冯友兰的如此看法，同样适用于今天的新闻研究者。从事新闻理论研究的人之生活世界、职业世界内嵌于特定的地域环境、文化圈层、社会结构，其行为方式、思维习惯乃至语言表达无时无刻不在体现着地域与文化特征。中国新闻理论研究的主体，绝大多数为生于中国、长于中国、为中国文化所浸润的中国人，所进行的新闻理论研究活动毋庸置疑潜含着中国元素、中国文化、中国特征。我在本书导论中说过一段话，可以再次引述在这里来表明我的态度。"不同的国家具有不同的历史条件，不同的文化传统，不同的社会现实，这就使不同的国家具有不同的社会发展规律。"② 中国的新闻学研究，应该更多从中国的实际出发，从中国的经验出发，探讨新闻规律在中国新闻现象中的特殊形式，更多地为中国的新闻业发展提供理论参考。当代中国新闻学的重要开启者甘惜分、王中等老一辈学者，始终主张新闻理论研究应特别关注社会现实，注重具体问题具体分析，"新闻学的研究既不能脱离整个社会现实，孤立地考察新闻事业，也不能从主观动机和愿望出发，更不能从虚幻的社会存在出发，而必须从社会的普遍联系中、从活生生的社会现实中，从不断变更的群众生活条件中，探索新闻事业的客观规律"③。对于中国新闻理论工作者来说，自然要特别关注中国事实、中国经验、中国问题。对于中国的马克思主义新闻学研究者来说，要始终坚信，"当代中国化马克思主义不仅当然有条件成为 21 世纪马克思主义，而且中国方案具有重大的、独特的原创地位"④。如此特点的马克思主义应该体现在中国所有的人文社科领域。我在一篇文章中说过，"我们是中国人，我们应该首先观察中国社会，发现中国问题，解决中国问题，做好中国的事情"⑤。这与民族主义没有任何关系，这只是需要我们做的工作。中国新闻理论研究要从中国国情与实际需要出发，针对中国问题，提出本土化的理论与设想。当然，与此同时，我也一再说明，我们必须清晰认识到，这是一个全球化的时代，这是一个如

① 冯友兰. 中国哲学简史 [M]. 北京：北京大学出版社，2013：15.
② 杨耕. 社会科学的特殊性 [N]. 光明日报，2017 - 04 - 24 (11).
③ 王中. 谈谈新闻学的科学研究 [J]. 新闻战线，1980 (1)：12 - 14.
④ 任平. 论 "21 世纪马克思主义" 的出场路径与当代使命 [J]. 吉林大学社会科学学报，2017 (6)：115 - 125.
⑤ 杨保军. 我国新闻理论研究的宏观走向 [J]. 当代传播，2011 (2)：4 - 9.

政治家们所说的走向人类命运共同体的时代，是一个世界与中国相互结构并且已经变得谁也离不开谁的时代，"世界各处都声息相通，动静相关"①。这样的基本事实，从根本上决定了我们的所有研究包括新闻研究必须有时代精神、世界眼光、人类胸怀。

《新闻规律论》画上了句号，"新闻十论"暂时打上了小结②，此时此刻，要感谢的人实在是太多了。

在这几十年间，最先衷心感谢的人无疑只有一个，那就是我的夫人成茹女士。她总是不允许我在各种文字中提及她，但这由不得她了。键盘毕竟在我手下，"我的键盘我做主"。说老实话，没有她几十年如一日的支持关爱，没有她几十年如一日的操持家务，没有她几十年如一日的辛劳付出，我会成为什么，还真是一件说不清的事情。我不是那个伟大的男人，但在我背后确实有一位平凡而伟大的女性。

当然，一路走来，要感谢的人实在是太多了。我们的父母，我们的兄弟姐妹，我从小学开始直到博士后的所有老师，我的同学、同事、朋友，我的博士研究生、硕士研究生、本科生、中学生，还有那些见过面、没见过面的"主体间"学术与人生交流者、对话者，以及将我像样的或不像样的文字编辑奉献给读者们的出版人……就本书的编辑出版而言，我要特别感谢中国人民大学出版社人文分社副社长翟江虹女士与责任编辑汤慧芸女士、谢旋先生奉献的智慧和辛劳。

对不同的人，我自然应该有不同的感谢方式，但对所有人最好的感谢方式，也许就是我作为学者的方式，应该继续努力，好好学习，天天向上，创造更好的思想，写出更好的著作，而作为老师，还要教出更好的学生……

特别说明：本人为中国人民大学新闻与社会发展研究中心研究员，本书可视为该中心研究成果。

杨保军

2019 年 5 月 30 日于北京世纪城时雨园

---

① 许倬云. 许倬云观世变 [M]. 桂林：广西师范大学出版社，2008：17-18.
② "新闻十论"写完，只是个"小结"。我计划在 2022—2025 年"打包"整理出版"新闻十论"（至少十卷）。

图书在版编目（CIP）数据

新闻规律论/杨保军著 . -- 北京：中国人民大学出版社，2019.12
（新闻传播学文库）
ISBN 978-7-300-27852-0

Ⅰ.①新… Ⅱ.①杨… Ⅲ.①新闻学—研究 Ⅳ.①G210

中国版本图书馆 CIP 数据核字（2019）第 293339 号

新闻传播学文库
新闻规律论
杨保军　著
Xinwen Guilülun

出版发行	中国人民大学出版社	
社　址	北京中关村大街 31 号	**邮政编码**　100080
电　话	010 - 62511242（总编室）	010 - 62511770（质管部）
	010 - 82501766（邮购部）	010 - 62514148（门市部）
	010 - 62515195（发行公司）	010 - 62515275（盗版举报）
网　址	http://www.crup.com.cn	
经　销	新华书店	
印　刷	天津中印联印务有限公司	
规　格	170 mm×240 mm　16 开本	**版　次**　2019 年 12 月第 1 版
印　张	30.75 插页 2	**印　次**　2019 年 12 月第 1 次印刷
字　数	465 000	**定　价**　98.00 元